BIBLIOTHÈQUE COMMUNALE DE LILLE.

CATALOGUE

DES

OUVRAGES LÉGUÉS

PAR

M. le Marquis de GODEFROY DE MÉNILGLAISE.

HISTOIRE

1re PARTIE

LILLE
IMPRIMERIE L. DANEL.
1893.

CATALOGUE

DES OUVRAGES LÉGUÉS

PAR

M. le Marquis de GODEFROY DE MÉNILGLAISE.

CATALOGUE

DES

OUVRAGES LÉGUÉS

PAR

M. le Marquis de GODEFROY DE MÉNILGLAISE.

HISTOIRE

1ⁱᵉ PARTIE

LILLE

IMPRIMERIE L. DANEL.

1893.

EXTRAIT DU TESTAMENT

DE

Monsieur Denys-Charles, Marquis de GODEFROY DE MÉNILGLAISE

Je possède une bibliothèque, qui n'est pas sans quelque réputation, formée principalement à Lille par mes pères durant le cours et à l'occasion de leur charge héréditaire de Directeurs de la Chambre des Comptes. Elle est riche en documents sur l'histoire de France, sur l'histoire de la Flandre et des Provinces Belgiques. Désirant donner un témoignage d'affection à mes concitoyens, parmi lesquels j'ai jadis exercé des fonctions d'administration municipale et hospitalière, ménager aux études qui ont illustré ma famille et servi mon pays, un asile durable, être utile aux travailleurs futurs qui en tireront parti mieux que moi encore, je lègue à ladite ville de Lille ladite bibliothèque, imprimés, manuscrits et portefeuilles, sous cette explication restrictive motivée par le but même que je me propose.

C'est-à-dire que l'on délivrera à la Ville les livres inscrits en un catalogue tout entier de ma main, ledit catalogue consigné en un petit registre in-octavo, réglé, chiffrant 204 pages, cartonné en noir, portant sur la garde, avant le premier feuillet : *Habent sua fata libelli. — M. le Mis de God. M. manu propria.*

On y ajoutera une certaine quantité de petits volumes disposés par paquets, la plupart ouvrages de circonstance, appartenant à des temps maintenant anciens, et ayant à cause de cela un intérêt rétrospectif. Je n'ai pas eu le loisir de les cataloguer ; mais il doit en

VI

exister dans les portefeuilles quelques inventaires dressés par mon
père qui en faisait grand cas.

On y ajoutera encore les manuscrits et portefeuilles provenant de
mes pères et renfermés dans deux armoires de l'entresol inférieur
de mon appartement, rue de Grenelle-Saint-Germain, 13, à Paris.
Plus, les travaux d'érudition de mes pères et les miens : Traduction
de Meyer; préparations de mes publications de Lambert d'Ardres,
Gilbert de Mons, Voyages de Georges Lengherand ; un exemplaire
manuscrit de mon voyage en Suisse (1820), et un de mon voyage en
Italie (1830-1831).

N. B. — Ne pas mêler les papiers provenant des Intendants
MM. Lebret, *lesquels sont la propriété de ma femme.*

J'espère que la ville de Lille voudra bien accepter ce legs, en
souvenir des cinq générations de Godefroy qui se sont succédé
dans ses murs et y ont mené une existence laborieuse et honorée.
Je serais reconnaissant que l'Administration municipale voulût bien
assigner à ladite bibliothèque un local à part, et sous le nom que je
porte, nom auquel mes pères ont obtenu quelque célébrité.

Si le legs entraînait des droits et frais, ils ne seraient pas comme
les précédents à la charge de ma succession.

Le surplus de mes livres, qui formera encore une belle quantité de
volumes, sera partagé amiablement entre mes enfants après que ma
femme aura prélevé pour elle tous ceux qui lui conviendront.

Telles sont mes intentions et volontés dernières, rédigées, écrites
et signées par moi, à Saint-Michel-le-Cloucq (Vendée), le sept du
mois de septembre mil huit cent soixante-quinze.

Signé : Denys-Charles GODEFROY DE MÉNILGLAISE.

Enregistré à Paris, le 21 juillet 1877.

Conformément à ce testament, la ville de Lille est entrée, à la mort du marquis de Godefroy, en possession de cette bibliothèque, reste précieux des collections importantes de livres et de documents rassemblées par cinq générations de savants (1) et dispersées malheureusement en partie, lors de la Révolution de 1789.

L'Administration municipale a tenu à honneur, non-seulement d'assurer un local spécial à la Bibliothèque Godefroy, ainsi que le désirait le testateur, mais elle a voulu, en publiant le catalogue de ses livres, assurer pour toujours l'homogénéité de cette collection et faire connaître en même temps à tous les hommes d'étude les trésors et les raretés qu'elle renferme.

La rédaction de ce catalogue a été entreprise par notre prédécesseur M. Ch. Paëile et continuée par M. V. Henry; c'est à nous qu'il a été donné de terminer cette besogne, de classer et de livrer à l'impression les fiches des 11.500 volumes de cette bibliothèque.

Nous avons suivi, autant que possible, pour ce classement, la méthode bibliographique de Brunet et les deux volumes qui paraissent aujourd'hui comprennent : le premier, la première partie de l'Histoire, et le second, la Théologie, les Sciences et Arts et les Belles-Lettres.

_____

(1) Voir pour la biographie des aïeux de M. de Godefroy, l'ouvrage qu'il a publié sous le titre : Les Savants Godefroy, Mémoires d'une famille pendant les XVIᵉ, XVIIᵉ et XVIIIᵉ siècles. Paris, Didier, 1873; in-8º.

Nous espérons mettre sous presse incessamment le second volume de l'Histoire ainsi qu'un dernier volume qui comprendra tout ce qui regarde la Jurisprudence. Nous pourrons alors dresser une table onomastique où seront relevés tous les noms d'auteurs cités dans les quatre volumes du catalogue.

Malgré l'aridité de cette besogne, malgré les difficultés de tous genres suscitées par l'accomplissement de cette tâche, nous avons été heureux de la mener à bonne fin en songeant qu'elle pourra peut-être faciliter les travaux des savants et surtout qu'elle constitue un hommage de reconnaissance envers un homme qui, par le don de sa magnifique bibliothèque, s'est mis au rang des bienfaiteurs de sa ville natale.

E. D.

HISTOIRE.

1 *Gerardi Joannis* Vossii. Ars Historica sive de Historiæ, & Historices naturā, Historiæque scribendæ præceptis, Commentatio. Ad Illustrissimum Virum, Joannem Berckium. Editio hæc secunda dimidia fere parte propria manu auctoris est locupletata. *Lugduni Batavorum,* ex Officinā Joannis Maire, 1653. In-4°, 1 vol., titre rouge et noir.

2 Discovrs des Vertvs et des Vices de l'Histoire, et de la maniere de la bien escrire. Par M. Le Roy [de Gomberville], Conseiller, Notaire & Secretaire du Roy. A *Paris*, chez Tovssaint dv Bray, M.DC.XX. In-4° car., 1 vol. de 175 pp. chiff., titre rouge et noir, couv. parchemin.

3 Méthode pour étudier l'Histoire, avec un catalogue des principaux historiens et des remarques sur la bonté de leurs Ouvrages, et sur le choix des meilleures éditions. Par M. l'abbé Lenglet Du Fresnoy. Cartes géographiques. *Paris*, Pierre Gandouin, 1729. 4 vol. in-4°.

4 Traité des différentes sortes de Preuves qui servent à établir la vérité de l'histoire ; par le *R. P. Henri* Griffet, Auteur d'une Histoire de Louis XIII, imprimée à Paris en 1760. A *Liège*, chez J. F. Bassompierre, M.DCC.LXIV. In-12, 1 vol.

5 Essais d'appréciations historiques, ou Examen de quelques points de philologie, de géographie, d'archéologie et d'histoire ; par *Jules* Berger de Xivrey, Docteur en Philo-

sophie, Membre du Conseil de la Société de l'Histoire de France, etc. *Paris*, Desforges [impr. Vᵉ Dondey-Dupré], MDCCCXXVII. In-8°, 2 vol.

6 Dix ans d'études historiques, par *Aug.* THIERRY, membre de l'Institut. *Bruxelles*, J. P. Meline, 1835. In-12, 1 vol.

GÉOGRAPHIE GÉNÉRALE ET ANCIENNE.

7 De orbis terræ concordia Libri Quatuor, mvltiivga ervditione ac pietate referti, quibus nihil hoc tam perturbato rerum statu uel utilius, uel accommodatius potuisse in publicum edi, quivis æquus lector indicabit *Gvlielmo* POSTELLO BARENTONIO mathematum in academia Lutetiana professore regio, authore. S. n. d'imp., s. lieu d'imp., s. d. mais probablement *Bâle.* 1544 (d'après M. de Godefroy). 1 vol. in-f°.

8 Le grand Dictionnaire géographique et critique. Par M. BRUZEN LA MARTINIERE, Géographe de sa Majesté catholique *Philippe V, Roi des Espagnes et des Indes.* A *la Haye*, chez P. Gosse, R. C. Alberts, P. de Hondt. A *Amsterdam*, chez Herm. Uytwerf & Franç. Changuion. A *Rotterdam*, chez Jean Daniel Beman. M. D. CC. XXVI [XXIX]. In-f°, 9 tom. en 10 vol., tit. rouge et noir.

9 Dictionnaire de Géographie sacrée et ecclésiastique, contenant le dictionnaire géographique de la Bible, par BARBIÉ DU BOCAGE; une introduction à la géographie chrétienne depuis la prédication de l'Evangile; par M. BENOIST, auteur d'une traduction des œuvres choisies de St Jérôme, publié par M. l'Abbé MIGNE, éditeur de la Bibliothèque universelle du clergé. Chez l'Editeur, aux ateliers catholiques du petit Montrouge. Imp. Migne. 1848-54. 3 vol. in-4°.

Tomes 28 à 30 de la Collection générale de l'Encyclopédie théologique.

10 Nouvelle géographie universelle, descriptive, historique, industrielle et commerciale des quatre parties du monde comprenant : I. Un précis d'Astronomie. II. Un traité de Cosmographie. III. Les grandes divisions du globe. IV. La situation, étendue et description des Républiques, Empires, Royaumes, États, Provinces et Colonies. V. Leur climat, air, sol, etc.... VI. Un abrégé d'histoire naturelle etc. VII. Observations sur les changemens arrivés sur la surface de la terre etc. VIII. Le génie, les mœurs etc. des différents peuples. IX. Leurs langues, connaissances, arts etc. X. La topographie des provinces etc. XI. Les formes des gouvernemens, des nations etc. XII. Les longitudes et distances, comptées de Paris. — Avec des tableaux offrant les divisions, étendue et la population de chaque pays. — Une table chronologique des événemens remarquables etc... Une liste des Savans de l'Univers, par *William* Guthrie traduit de l'anglais par *F. R.* Noel. *Paris*, Hyacinthe Langlois, Lib., 1802. 6 tomes comprenant 9 volumes in-8°.

11 Géographie moderne rédigée sur un nouveau plan, ou description historique, politique, civile et naturelle des Empires, Royaumes, États et leurs Colonies ; avec celle des mers et des îles de toutes les parties du monde, renfermant la concordance des principaux points de la géographie ancienne et du moyen-âge, avec la géographie moderne, par *J.* Pinkerton traduit de l'anglais avec des notes & augmentations considérables par *C. A.* Walckenaer, précédée d'une introduction à la géographie mathématique et critique, par *S. F.* La Croix de l'Institut national des Sciences et des Arts, accompagnée d'un Atlas in-4° de 42 cartes, dressées par Arrowsmith. *Paris*, Dentu, Imp.-Lib., an XII (1804). 6 vol. in-8°.

12 Le grand Théâtre des différentes cités du Monde, décrites par *George* Braun (Bruin ou Le Brun) de Cologne, dessinées et gravées par *Fr.* Hogenberg et *Simon* Van

DEN NOEVEL. *Bruxelles*, (?), 1572-1618. Gr. in-f°, 3 vol., beaux frontisp. gravés de l'édition latine, plans et gravures, manquent les titres.

13 Spieghel der Zeevaerdt, vande nauigatie der Westersche Zee, binehoudende alle de Custēvā Vranckrÿck Spaignen ēn t'principaelste deel van Engelandt, in diuersche Zee Caertē begrepē, met den gebruycke van dien, nu met grooter naersticheÿt by ēe vergadert ēn ghepractizeert, Door *Lucas Iansz.* WAGHENAER Piloot ofte Stuÿrman Residerende Inde vermaerde Zeestadt Enchuÿsen. Cum Priuilegio ad decennium. Reg. 1. 5. 8. 3. Ma^{tis} et Cancellarie Brabantie. Ghedruct tot *Leyden* by Christoffel Plantijn voor Lucas Janssz Waghenaer van Enckhuysen. Anno M. D. LXXXIIII. In-f°, 2 part. en 1 vol., la 1re de 40 pp. chiffre et 23 feuilles signées, la IIe de 2 ff. non cotés et xx feuilles signées (manquent la feuille 4 de la Ire et la feuille viij de la IIe, la feuille 19 de la IIe signée xxj), plus à la fin de la IIe une carte sans signature.

14 Epitome dv Theatre dv Monde d'*Abraham* ORTELIUS : auquel se représente tant par figures que characteres, la vraye situation, nature et propriété de la terre universelle, Reueu, corrigé et augmenté de plusieurs cartes, pour la dernière fois. *Anvers*, Plantin, 1590. In-12 oblong. 1 vol.

Les cartes sont gravées par Philippe Galle.

15 *Lucæ* de LINDA Descriptio Orbis & omnium ejus Rerum publicarum. Nunc primum in Germania edita, et innumeris locis emendata, plurimis suppleta, ac à multis, iisque gravissimis erroribus purgata. *Jenæ*, Impensis Matthæi Birckneri, Typis Johannis Wertheri, Anno Chr. cIↄ. Iↄc. LXX. Pet. in-8°, 1 vol.

16 *Michaelis Antonii* BAUDRAND Parisini Geographia Ordine litterarum disposita. *Parisiis*, Apud Stephanum Michalet. M. DC. LXXXII, [LXXXI]. In-f°, 2 tom. en 1 vol.

17 Archontologia Cosmica sive Imperiorvm, Regnorvm, Principatvm, Rervmqve Pvblicarvm omnivm per totvm Terratum orbem commentarii lvcvlentissimi, qvibvs cvm ipsæ Regiones, earvmqve ingenia, ac termini, tvm incolarum mores, opes provinciarum, mercimonia ac negotiatio, robur militare, forma dominii, Religionis cultusque ratio, successionis denique Principum ad nostra usquè tempora deducuntur, & tabulis æri incisis veluti speculo quodam Lectoris oculis subjiciuntur. Opera et studio *J O Lvdovici* Gotofredi, qvi eos primo Gallice per D. T. V. Y. Sacri Cubiculi apud Regem Christianissimum Equitem conscriptos : Nuper verò ex novissimo et auctiore exemplari Parisiensi in sermonem Latinum convertit, novisque accessionibus locupletavit et in tres libros divisit. *Francofvrti*, Sumptibus Matthæi Meriani, 1638. 1 vol. in-f°, front., plans et cartes.

18 Varia Geographica [edidit *Abraham* Gronovius]. Joannis Frederici Gronovii Dissertatio de Gothorum sede originaria adversus Philippum Cluverium, Eorumdemque in Imperium Romanum irruptionibus. Libellus Provinciarum Romanarum & Civitatum Provinciarum Gallicarum cum notis *Andreæ* Schotti, & *Laurentii Theodori* Gronovii; Ejusdemque Animadversiones in Vibium Sequestrem. *Joannis Caspari* Hagenbuchii Exercitatio geographicocritica, qua Ostiones, nec Germaniæ, nec Britanniæ populum, sed Galliæ Celticæ Osismios esse conjicitur. Accedunt Animadversiones in Strabonis Γεωγραφικῶν Libros novem, depromtæ e M. S. Codice Mediceo. *Lugduni Batavorum*, Apud Cornelium Haak, 1730. In-8°, 1 vol.

19 2 vol. gr. in-f°, sans tit. ni tab., contenant des cartes et descriptions de tous les pays du monde.

20 Mémoires et Plans géographiques des principales Places de France, Italie, Allemagne, Hollande, et Flandre Espagnole ; Avec ce qu'il y a de plus curieux & de plus

remarquable. Presentez à son Altesse Serenissime Monseigneur le Comte de Toulouze Grand Amiral de France,
par un ancien Officier Gentilhomme Breton. A *Paris*,
chez Charles de Sercy. M. DC. XCVIII. In-12, 1 vol.

21 Recherches sur la Géographie systématique et positive des
Anciens ; pour servir de base à l'histoire de la géographie
ancienne, par *P. F. J.* GOSSELIN, de l'Institut National
de France. A *Paris*, de l'Imprimerie de la République.
[*puis* Impr. Impér., et chez de Bure frères.] An VI
[1813]. Gr. in-4°, 4 vol.

22 Recherches géographiques et critiques sur le livre de
Mensura Orbis Terræ, composé en Irlande, au commencement du neuvième siècle, par DICUIL ; suivies du texte
restitué par *A.* LETRONNE. *Paris*, chez Germain Mathiot,
[impr. J. B. Imbert], 1814. In-8°, 1 vol.

23 Lettres sur l'Atlantide de Platon et sur l'ancienne Histoire
de l'Asie. Pour servir de suite aux Lettres sur l'origine
des Sciences, adressées à M. de Voltaire. Par M. BAILLY.
A *Londres*, chez M. Elmesly et à *Paris*, chez les frères
Debure. M. DCC. LXXIX. In-8°, 1 vol., avec carte.

24 Dissertation sur l'Atlantide, suivie d'un essai sur l'histoire
de l'Arrondissement de Trévoux, aux temps des Celtes,
des Romains et des Bourguignons : par M. l'abbé
JOLIBOIS, curé de Trévoux. *Lyon*, Imprimerie de L.
Boitel, 1846. In-8°, 1 vol.

25 *Philippi* CLVVERI Sicilia antiqva ; cum minoribus insulis,
ei adjacentibus. Item, Sardinia et Corsica. Opus post
omnium curas elaboratissimum ; tabulis geographicis,
ære expressis, illustratum. *Lvgdvni Batavorvm* ; Ex
officinâ Elseviriana. Anno CIↃ IↃC XIX. In-f°, 1 vol.,
tit. gravé, cartes hors texte.

26 Anonymi Ravennatis qui Circa Sæculum VII Vixit de
Geographiâ libri quinque ex ms. Codice Bibliothecæ

regiæ eruit et Notis illustravit *D. Placidus* PORCHERON, Monachus Benedictus Congreg. S. Mauri. *Parisiis*, apud Simonem Langronne, M DC LXXXVIII. 1 vol. pet. in-8° tranche rouge. Notes manuscrites en tête du vol.

27 La Germanie, traduite de TACITE par *C. L. F.* PANCKOUCKE avec un nouveau commentaire extrait de Montesquieu et des principaux publicistes etc. Atlas. 12 planches, (texte en regard). *Paris*, Imp. Panckoucke, M DCCC XXIV.

28 Fragments des Poemes géographiques de SEYMNUS de Chio et du faux DICÉARQUE, restitués principalement D'après un manuscrit de la Bibliothèque royale ; précédés d'observations littéraires et critiques sur ces fragments ; sur Scylax, Marcien d'Héraclée, Isidore de Charax, le stadiasme de la Méditerranée ; par M. LETRONNE, membre de l'Institut royal de France. *Paris*, [imp. A. Pihan de la Forest] librairie de Gide, 1840. In-8°, 1 vol.

29 POMPONIUS MELA , traduit en français sur l'édition d'Abraham Gronovius, le texte vis-à-vis la traduction, Avec des *Notes critiques, géographiques et historiques*, qui ont pour objet de faciliter l'intelligence du texte et de justifier la traduction ; de mettre en parallèle les opinions des Anciens sur les principaux points de Géographie, de Chronologie et d'Histoire, et de présenter un système complet de Géographie comparée. Par *C -P.* FRADIN, Professeur de Géographie et d'Histoire à l'École centrale du département de la Vienne. A *Paris*, chez Ch. Pougens, A *Poitiers*, chez E.-P.-J. Catineau, XII-1804. In-8°, 3 vol., avec cartes géographiques.

30 Pythéas de Marseille et la Géographie de son temps, par *Joachim* LELEWEL. Ouvrage publié par *Joseph* STRASZÉWICZ, orné de trois cartes géographiques, *Paris*, chez l'éditeur, imprimerie de Bourgogne et Martinet, 1836. Pet. in-4°, 1 vol.

[*Même vol.*] Linguistique. Considérations sur les Lois

de la progression des langues, par V^r DERODE, chef d'institution, Officier d'académie, etc. Extrait des Mémoires
de la Société royale des sciences, de l'agriculture et des
arts de Lille. *Lille.* Imprimerie de L. Danel, Grande-
Place, 1840. In-8°, 74 pp., 2 tabl. phonétiques et 3 cartes
géogr.

COLLECTIONS. — VOYAGES AUTOUR DU MONDE.

31 Voyage autour du monde par la frégate du roi *la Bou-
deuse* et la flute *l'Étoile.* En 1766, 1767, 1768 & 1769.
Nouvelle édition augmentée. [Par *Louis-Antoine* DE
BOUGAINVILLE]. A *Neuchatel,* de l'Imprimerie de la
Société Typographique. M. DCC, LXXV. In-12, 2 vol.

32 Voyages autour du monde, et vers les deux pôles, par
terre et par mer, pendant les années 1767, 1768, 1769,
1770, 1771, 1773, 1774 & 1776. Par M. *Pierre--Marie-
François,* [vicomte] DE PAGÈS, Capitaine des Vaisseaux
du Roi, Correspondant de l'Académie des Sciences de
Paris. A *Berne,* chez la nouvelle Société Typographique
& à *Lausanne,* chez Jean-Pierre Heuback & Compagnie,
1783. In-8°, 3 tom. en 1 vol.

33 Relation des Voyages entrepris par ordre de Sa Majesté
Britannique, actuellement régnante ; pour faire des
découvertes dans l'Hémisphère Méridional, et successivement exécutés par le Commodore BYRON, le capitaine
CARTERET, le capitaine WALLIS & le Capitaine COOK, dans
les Vaisseaux *le Dauphin, le Swallow & l'Endeavour* :
Rédigée d'après les Journaux tenus par les différens
Commandans & les Papiers de M. BANKS, par *J.* HAWKES-
WORTH, Docteur en Droit, et enrichie de Figures & d'un
grand nombre de Plans & de cartes relatives aux pays
qui ont été nouvellement découverts, ou qui n'étoient
qu'imparfaitement connus. Traduite de l'anglois [par
SUARD]. A *Paris,* chez Saillant & Nyon, Panckoucke,
M. DCC. LXXIV. In-4°, 4 vol.

34 Voyage dans l'Hémisphère Austral, et autour du Monde, fait sur les vaisseaux du roi, *l'Aventure*, & *la Résolution*, en 1772, 1773, 1774 & 1775. Écrit par *Jacques* Cook, Commandant de *la Résolution* ; dans lequel on a inséré La Relation du Capitaine Furneaux, & celle de M. Forster. [*celle-ci formant le t. V, sous le titre d'*Observations faites pendant le second voyage de M. Cook, sur la Géographie, l'Histoire naturelle, et la Philosophie morale, *etc.*] Traduit de l'anglois [par Suard], Ouvrage enrichi de Plans, de Cartes, de Planches, & de Vues de Pays, dessinés pendant l'Expédition, par M. Hodges. A *Paris*, Hôtel de Thou, rue des Poitevins, M. DCC. LXXVIII. In-4°, 5 vol., portr. de Cook.

35 Troisième voyage de Cook, ou voyage à l'Océan Pacifique, ordonné par le Roi d'Angleterre, pour faire des découvertes dans l'Hémisphère Nord, pour déterminer la position & l'étendue de la Côte Ouest de l'Amérique Septentrionale, sa distance de l'Asie, & résoudre la question du passage au Nord. Exécuté sous la direction des Capitaines Cook, Clerke & Gore, sur les vaisseaux *la Résolution* & *la Découverte*, en 1776, 1777, 1778, 1779 & 1780. Traduit de l'anglois [de *J.* Cook et *J.* King] par M. D******* [*J.-N.* Demeunier]. Ouvrage enrichi de Cartes & de Plans, d'après les relèvemens pris par le Lieutenant *Henry* Roberts, & d'une multitude de Planches, de Portraits & de Vues de pays, dessinés par M. Webber. A *Paris*, Hôtel de Thou, rue des Poitevins, M. DCC. LXXXV. In-4°, 4 vol.

36 Voyage de découvertes à l'Océan Pacifique du Nord, et autour du Monde, entrepris par ordre de Sa Majesté Britannique ; exécuté, pendant les années 1790, 1791, 1792, 1793, 1794 & 1795, par le Capitaine *George* Vancouver ; traduit de l'Anglais par *P. F.* Henry ; et accompagné d'un Atlas composé de diverses planches et de cartes géographiques. A *Paris*, de l'Imprim. de Didot Jeune, an X. 6 vol. in-8° le 6°, forme l'Atlas.

37 Voyage de découvertes , à l'Océan Pacifique du Nord , et
autour du Monde, entrepris par ordre de sa Majesté britannique ; exécuté, pendant les années 1790, 1791, 1792,
1793, 1794 et 1795, par le capitaine *George* VANCOUVER;
traduit de l'anglais par *P. F.* HENRY ; et accompagné
d'un Atlas composé de diverses planches et de cartes
géographiques. A *Paris*, de l'imprimerie de Didot jeune,
[libr. Le Petit jeune et Gérard] an X. 5 vol. de texte
in-8, et un atlas de même format.

VOYAGES DIVERS.

38 Itinerarivm *Beniamini* TUDELENSIS ; in qvo res memorabiles
qvas ante qvadragintos annos totum fere terrarum orbem,
notatis itineribus, dimensus vel ipse vidit, vel a fide
dignis, suæ ætatis hominibus accepit, breviter atque
dilucide describuntur. Ex Hebraico Latinum factum
Bened. ARIA MONTANO interprete. *Antverpiæ*, Chr.
Plantinus, 1575. Pet. in-4°, 1 vol.

39 Voyages de *Benjamin* de TUDELLE ; autour du monde ,
commencé l'an 1173 , de *Jean* DU PLAN CARPIN , en Tartarie, du frère ASCELIN et de ses compagnons vers la
Tartarie , de *Guillaume* DE RUBRUQUIN , en Tartarie et
en Chine, en 1253, suivis des additions de VINCENT DE
BEAUVAIS et de l'histoire de *Guillaume* DE NANGIS , pour
l'éclaircissement des précédents voyages. *Paris*, imprimé
[chez Béthune] aux frais du gouvernement pour procurer
du travail aux ouvriers typographes, août 1830. In-8°,
1 vol.

[*Même vol.*] Voyages en Afrique, Asie, Indes Orientales et Occidentales , faits par *Jean* MOCQUET , garde du
cabinet des singularités du roi, aux Tuileries, divisés en
six livres. *Paris*, imprimé aux frais du gouvernement,
août 1830. In-8°.

40 Voyages de *Mirza* Abu Taleb Khan, en Asie, en Afrique
et en Europe, pendant les années 1799, 1800, 1801, 1802
et 1803 ; écrits par lui-même en persan. Suivis d'une
réfutation des idées qu'on a en Europe sur la liberté des
femmes d'Asie ; par le même auteur. Le tout traduit du
persan en anglais, par M. *Charles* Stewart, Ecuyer,
M. A. S. Professeur de langues Orientales au Collège de
la Compagnie des Indes Orientales à Hertfort. Et traduit
de l'anglais en français par M. J. C. J. [Jansen]. A
Paris, [imp. Charles], chez Treuttel et Würtz, et à
Strasbourg, 1811. In-8°, 2 tom. en 1 vol.

41 *Abrah.* Gölnitzi, Dentisc. Vlysses Belgico-Gallicvs, sidus
tibi dux et Achates per Belgivm Hispan. Regnvm Galliæ,
Ducat. Sabaudiæ, Tvrinvm usq. Pedomonti Metropolin.
Cum Privilegio, *Amsterodami*, Ex officina Elzeviriana,
cIɔ Iɔc LV. Pet. in-12, 1 vol., tit. orné.

42 Variorum in Europa itinerum deliciae ; seu ex variis
manu-scriptis selectiora tantum inscriptionum maxime
recentium monumenta. Quibus passim in Italia et Germania, Helvetia & Bohemia, Dania & Cimbria, Belgio et
Gallia, Anglia et Polonia, etc., Templa, Aræ, Scholæ,
Bibliothecæ, Mussia, Arces, Palatia... Cippi, Sacella,
Sepulcra, etc. Conspicua sunt. Præmissis in clariores
urbes Epigrammatibus Julii Cæsaris Scaligeri. Omnia
nuper collecta et hoc modo digesta a *Nathane* Chytræo
[*Nathan* Kochhaef]. Editio tertia. *S. l.*, Ch. Corvinus,
1606. In-8°, 1 vol.

43 *Lvdovici Henrici* Lomenii, Briennæ comitis, Regi a Consiliis, actis et epistolis, Itinerarivm. Editio altera auctior
et emendatior. Curante *Car.* Patin, D. M. P. [cum Indice
geographico *Nicolai* Sanson, Abbavillæi, et tabula geographica Itineris *ab eodem* delineata]. *Parisiis*, Cl.
Cramoisy, 1662. Pet. in-4°, 1 vol. Titre et portrait du
comte de Loménie de Brienne, gravé par Éloi Rousselet.

sur les dessins de Lebrun, & un paysage de Laponie gravé par Sylvestre.

La première édition est de 1660. La carte de Sanson manque à beaucoup d'exemplaires. « Ce qui fait le mérite de la première édition pour les curieux c'est » un passage trop libre supprimé dans celle-ci, qui, d'ailleurs, a reçu des addi-» tions qui la rendent meilleure. » (Note de M. de Godefroy-Ménilglaise).

44 Voyage de NÉARQUE, des bouches de l'Indus jusqu'à l'Euphrate, ou Journal de l'expédition de la flotte d'Alexandre, Rédigé sur le Journal original de Néarque conservé par Arrien, à l'aide des éclaircissemens puisés dans les écrits et relations des Auteurs, Géographes ou Voyageurs, tant anciens que modernes ; et contenant l'Histoire de la première navigation que des Européens aient tentée dans la mer des Indes : traduit de l'anglais de *William* VINCENT, par *J. B. L. J.* BILLECOCQ, Homme de Loi. De l'imprimerie de Crapelet. A *Paris*, chez Maradan, [an] 8. In-8°, 3 vol.

45 *Pausanias*, ou voyage historique, pittoresque et philoso-phique de la Grèce, traduit du grec en français par ·M. l'abbé GEDOYN, chanoine de la Sainte-Chapelle, et abbé de Beaugency, de l'académie française. Nouvelle édition revue et corrigée d'après le texte original et les meilleurs Commentateurs ; augmentée du Voyage autour du Monde, par SCYLAX, traduit du grec en français par *J. Ch.* PONCELIN et enrichie de notes, de remarques, d'observations du chevalier FOLLART, sur les batailles de Messénie, du Mont-Ithome et de Mantinée, de cartes géographiques, et de divers plans de batailles, exécutés par les meilleurs géographes. A *Paris*, chez Debarle, Imp.-Lib., 1797. 4 vol. in-8°.

46 Les Juifs d'Europe et de Palestine. Voyage de MM. KEITK, BLACK, BONAR et MAC CHEYNE envoyés par l'Église d'É-cosse, traduit de l'anglais par le traducteur de la vie et des ouvrages de J. Newton. [Mlle de CHABAUD-LATOUR] Avec une carte de la Judée et un plan de Jérusalem.

Paris, chez L.-R. Delay [imp. A. René], 1844. In-8°, 1 vol.

47 Bibliothèque Nationale. Les Voyageurs Belges du XIIIe au XVIIe siècle, par le baron *Jules* DE SAINT-GENOIS. — *Bruxelles*, A. Jamar, éditeur, *s. d.* [1847]. In-12, 1 vol., tit. orné, nombreuses lithographies.

VOYAGES : FRANCE.

48 Voyages en France, pendant les années 1787-88-89 et 90, Entrepris plus particulièrement pour s'assurer de l'état de l'Agriculture, des Richesses, des Ressources et de la Prospérité de cette Nation ; Par *Arthur* YOUNG, Écuyer F. R. S. Membre de plusieurs Académies. Traduit de l'Anglais par *F. S.* [SOULÈS], Avec des Notes et Observations par M. DE CASAUX , et des Cartes géographiques de la Navigation et du Climat. — A *Paris*, chez Buisson, 1793, l'an second de la République. In-8°, 3 vol.

49 Voyage bibliographique, archéologique et pittoresque en France, par le *Rév. Th. Frognall* DIBDIN. Traduit de l'anglais, avec des notes, par *Théod.* LICQUET, conservateur de la bibliothèque publique de Rouen. [*les tom. III et IV*, par *G. A.* CRAPELET, imprimeur]. — A *Paris*, chez Crapelet [et Renouard], M DCCC XXV. In-8°, 4 vol.

50 Voyage de Provence contenant tout ce qui peut donner une idée de l'état ancien et moderne des Villes, les Curiosités qu'elles renferment, la position des anciens Peuples, des Anecdotes littéraires, d'autres qui regardent les Hommes célèbres, l'Histoire Naturelle, les Plantes, le Climat, etc., etc. Cinq Lettres sur les Trouvères & les Troubadours , & la Vie de trois Troubadours. Par M. l'Abbé PAPON: Nouvelle Édition. — A *Paris*, chez Moutard, M.DCC.LXXXVII. In-12, 2 vol.

51 De Lyon à Seyssel, Guide historique et pittoresque du Voyageur en chemin de fer, promenade dans l'Ain par un Dauphinois. *Lyon*, Imp. de Louis Perrin, M.DCCC LVIII. 1 vol. in-8°, avec gravures hors texte (titre noir & rouge).

L'auteur est le Mis DE QUINSONAS.

VOYAGES : ESPAGNE, PORTUGAL ET ITALIE.

52 Hispaniæ et Lvsitaniæ Itinerarium, Nova & accurata descriptione, iconibusqz novis et elegantibus loca eorundem præcipua illustrans. [auctore *Martino* ZEILLERO]. — *Amstelodami*, Apud Ægidium Ianssonium Valckenier, 1656. In-12, 1 vol., tit. orné, cartes géographiques hors texte.

53 Itinéraire descriptif de l'Espagne, et Tableau élémentaire des différentes branches de l'administration et de l'industrie de ce royaume, par *Alexandre* de LABORDE. A *Paris*, [impr. de P. Didot l'aîné], chez H. Nicolle, et Lenormant, M.DCCC.VIII. In-8, 5 vol.

54 Atlas de l'itinéraire descriptif de l'Espagne par *Alexandre* de LABORDE. 29 planches.

(Dans le même volume se trouve) : Dictionnaire géographique de l'Espagne et du Portugal suivi d'un itinéraire de ces deux Royaumes traduit de l'Espagnol, revu et augmenté d'un apperçu historique et géographique de l'Espagne et du Portugal par M. DEPPING, précédé d'une belle carte routière de l'Espagne & du Portugal. *Paris*, Masson et Yonnet. Lib.-Imp. Béraud, 1829. 1 vol. in-8°.

55 Journal du Voyage de *Michel* DE MONTAIGNE en Italie, par la Suisse & l'Allemagne en 1581 & 1583. Avec des Notes par M. DE QUERLON. — A *Rome*; et se trouve à *Paris*, chez Le Jay, M.DCC.LXXIV. In-12, 2 vol.

56 Remark on several parts of Italy, etc. In the Years, 1701, 1702, 1703. [by *Joseph* ADDISON] — Verum ergo id est, si quis in cœlum ascendisset, *Cicer. de Amic.* — ***London,*** Printed for Jacob Tonson, 1705. In-8°, 1 vol.

57 Voyage d'un François [*J.-J.* LE FRANÇOIS DE LA LANDE, astronomc] en Italie, Fait dans les Années 1765 & 1766. Contenant l'Histoire & les Anecdotes les plus singulières de l'Italie, & sa description ; les Mœurs, les Usages, le Gouvernement, le Commerce, la Littérature, les Arts, l'Histoire Naturelle, & les Antiquités. A *Venise*. Et se trouve à *Paris*, chez Desaint. M.DCC.LXIX. In-12, 8 vol.

58 Atlas de cet ouvrage. Pet. in-f°, 23 cartes, sans titre.

59 Nouveaux Memoires, ou Observations sur l'Italie et sur les Italiens, par deux gentilshommes suédois, [par *P. J.* GROSLEY, de Troyes]. Traduits du Suédois. — A *Londres*, chez Jean Nourse. M.DCC.LXIV. In-12, 3 vol., tit. rouge et noir.

60 Voyage sur la scène des six derniers livres de l'Énéide, suivi De quelques observations sur le Latium moderne. Par *Charles Victor* DE BONSTETTEN, Ancien Baillif de Nion. A *Genève*, chez J. J. Paschoud, an XIII. In-8°, 1 vol.

61 Voyage à l'isle d'Elbe, suivi d'une notice sur les autres isles de la Mer Tyrrhénienne ; par *Arsenne* THIÉBAUT DE BERNEAUD, Secrétaire émérite de la Classe de Littérature, Histoire et Antiquités de l'Académie Italienne. A *Paris*, chez D. Colas, et Le Normant, an 1808. In-8°, 1 vol., planches.

62 Voyage en Sardaigne, de 1819 à 1825, ou Description statistique, physique et politique de cette île, avec des recherches sur ses productions naturelles et ses antiquités ; par le Chev. *Albert* de LA MARMORA, Capitaine à

l'état-major de S. E. le vice-roi de Sardaigne. *Paris*,
[imp. Pinard] Delaforest, Arthur Bertrand, 1826. —
In-8°, 1 vol.

VOYAGES : PAYS-BAS, ALLEMAGNE, AUTRICHE-HONGRIE, SUISSE.

63 Voyage de *P. J.* GROSLEY en Hollande, suivi d'un Extrait
de sa Correspondance pendant ses voyages en Italie ;
publié séparément de la collection des œuvres inédites
de cet écrivain, par *L. M.* PATRIS-DEBREUIL, éditeur. A
Paris, de l'imprimerie de C.-F. Patris, 1813. In-8°, 1 vol.

64 Guide de la Haye, Dans lequel outre la description particulière de cette Place, on voit la constitution de tous les
Colleges, qui s'y assemblent. Ensemble Une Addresse
pour trouver les Hôtels de tous les Ambassadeurs, Comme
aussi pour sçavoir les Bureaux de toutes les Postes,
Ouvrage curieux & fort necessaire. A *La Haye*, chez
Adrian Moetjens. M.DCCX. Pet. in-12, 1 vol. de xxxii-
104 pp. et 3 ff. non cotés.

65 Voyage pittoresque de la Flandre et du Brabant, Avec des
Réflexions relativement aux Arts & quelques Gravures.
Par Mr. *J. B.* DESCAMPS, Peintre du Roi, Membre de
l'Académie Royale. A *Rouen*, Ric. Lallemant, M.DCC.
LXIX. In-8°, 1 vol., tit. rouge et noir.

66 Voyage philosophique et pittoresque, sur les rives du
Rhin, à Liège, dans la Flandre, le Brabant, la Hollande, etc. fait en 1790, par *George* FORSTER, l'un des
Compagnons de Cook ; Traduit de l'Allemand, Avec des
Notes critiques sur la Physique, la Politique et les Arts,
par *Charles* POUGENS. A *Paris*, chez F. Buisson. L'an
troisième de la République Françoise. In-8°, 2 vol.

67 Voyage dans les départemens du Nord, de la Lys, de
l'Escaut, etc., pendant les années VII et VIII, par le

citoyen BARBAULT-ROYER, ex-Haut–Juré de Saint-Domin-
gue. A *Paris*, chez Lepetit, et à *Lille*, chez Vanackère,
Messidor an VIII. In-8°, 1 vol. de VIII-200 pp.

68 Deliciæ Germaniæ sive totivs Germaniæ itinerarivm.
Complectens indicem vervm omnivm viarvm, per quas
commodissime ex vrbibvs, oppidis, castris tam Superioris
quam Inferioris Germaniæ singulis ad eorum singula iter
institui possit.... libellvs.... primum.... vernacula lingua
conscriptus, postmodo.... in latinum sermonem traductus
per *Matthiam* QVADVM, sculptorem. *Coloniæ Agrippinæ*,
S. Hemmerdenus, A. D. 1600. In-4°.

69 Relief pittoresque de Francfort-sur-M. à Darmstadt et par
la Bergstrasse à Heidelberg, dessiné d'après nature par
M. H. ROSENKRAUZ, gravé en acier sous la direction de
M. le professeur FROMMEL. *Franckfurt. sur-m.*, Fries-
drich-Wilmans, 1831, à la suite : une petite brochure intitulée : Begleiter auf der Bergltralse. von A. L. GRIMM,
Francfurt. am Main Fried. Wilmans, 1831. 15 pp.

70 Rheinreise von Strassburg bis Rotterdam Zweite, erwei-
terte und verbesserte Auflage der Rheinreise, von Professor *J. A.* KLEIN mit architektonisch-historischen Be-
merkungen über die Bauwerke am Rhein von dem
Königl. Preuss. Bau-Inspektor. von Lassaulx. Nebst
Zwölf Ansichten und Zwei Karten. *Koblenz*, bei K.
Badeker, s. d. 1 vol. pet. in-8°.

71 Voyage fait à Mvnster en Westphalie, et autres lieux
voisins, en 1646. & 1647, par M. IOLY, chanoine de Paris,
Avec quelques Lettres de M. OGIER, Prestre & Prædica-
teur, & autres choses. A *Paris*, chez Jean de la Tovrette,
M.DC.LXX In-12, 1 vol.

72 Cassel und dessen Umgebungen. Eine Skizze für Reisende.
Von Geheimen Rath *D. Ph.* von APELL. Neue Vermherte
und verbesserte Ausgabe. mit fünf. Ausichten in Stahls-
tich. *Cassel*, bei Joh. Christian Krieger, 1831. 1 vol.
in-12.

73 Voyage pittoresque et historique de l'Istrie et de la Dalmatie, rédigé d'après l'itinéraire de *L. F.* CASSAS, par
Joseph LAVALLÉE, de la Société philothecnique (*sic*), de
la Société libre des Sciences, Lettres et Arts de Paris,
etc. Ouvrage orné d'Estampes, Cartes et Plans, dessinés
et levés sur les lieux par Cassas, peintre et architecte,
auteur et éditeur du Voyage pittoresque de la Syrie, de
la Phénicie, de la Palestine et de la basse Egypte, et
gravés par les meilleurs artistes en ce genre, sous la
direction de NÉE, Graveur et seul éditeur de l'ouvrage.
[*Paris*, imp. P. Didot l'aîné, an X — M.DCCC.II.]. —
Tr. gr. in-f° à grandes marges, papier fort, frontisp.
gravés, nombreuses eaux-fortes hors texte, 1 vol.

74 ΟΥΡΕΣΙΦΟΙΤΗΣ Helveticus, Sive Itinera Per Helvetiæ
Alpinas Regiones Facta annis M.DCCII. M.DCCIII.
M.DCCIV. M.DCCV. M.DCCVI. M.DCCVII. M.DCCIX.
M.DCCX. M.DCCXI. Plurimis Tabulis æneis illustrata à
Johanne Jacobo Scheuchzero, Tigurino, Med. D. Math.
Prof. Acad. Leopoldino Carolinæ. In quatuor Tomos
distincta. *Lugduni Batavorum*, Typis ac Sumptibus
Petri Van der Aa, M.DCC.XXIII. In-4°, 2 vol., frontisp.
gravés, nombreuses gravures sur cuivre.

75 Voyage en Suisse, fait dans les années 1817, 1818 et 1819;
suivi d'un Essai historique sur les mœurs et les coutumes
de l'Helvétie ancienne et moderne, dans lequel se trouvent
retracés les événemens de nos jours, avec les causes qui
les ont amenés, par *L.* SIMOND, Auteur du Voyage d'un
Français en Angleterre. A *Paris*, chez Treuttel et Würtz.
A *Strasbourg* et à *Londres*, 1822. In-8°, 2 vol.

76 Voyage historique et littéraire dans la Suisse Occidentale.
[par *Jean Rodolphe* SINNER, membre du conseil souverain du canton de Berne]. Nouvelle édition augmentée.
En *Suisse*, M.DCC.LXXXVII. In-8°, 2 vol.

VOYAGES : ILES BRITANNIQUES, ROYAUMES SCANDINAVES, RUSSIE
ET RÉGIONS SEPTENTRIONALES.

77 Les Voyages de Monsievr DES HAYES, Baron de Covr-
mesvin, en Dannemarc. Enrichis d'Annotations. Par le
Sieur *P. M. L. A Paris*, chez François Clovsier.
M.DC.LXIV. In-12, 1 vol.

[*In eod. vol.*] Les Voyages de M. QVICLET a Constan-
tinople par terre. Enrichis d'Annotations. Par le Sieur
P. M. L. A Paris, chez François Clovsier, M.DC.LXIV.
In-12. (V. n° 90.)

78 Mémoires et Observations Faites par un Voyageur en
Angleterre, [*Henry* MISSON DE VALBOURG, publié par
son frère *Max.* MISSON] sur ce qu'il a trouvé de plus
remarquable, tant à l'égard de la Religion, que de la
Politique, des mœurs, des curiositez naturelles, & quantité de Faits historiques. A *la Haye*, chez Henri van
Bulderen. M.DC.XCVIII. In-12, 1 vol.

79 Lettres sur les Anglois et les François et sur les voyages.
[Par MURALT]. *Cologne*, s. n. d'impr., 1725. In-12, 1 vol.

80 Lettres sur les Anglois, les François et les Voyages, avec
la lettre sur l'Esprit fort, l'instinct divin recommandé
aux hommes, et l'apologie du caractère des Anglois et
des François, etc. Tome II. Imprimé à *la Haye*, et se
vend à *Paris*, chez David l'aîné, M.DCC.XLVII. 1 vol.
in-12.

81 Voyage en Angleterre, en Écosse et aux îles Hébrides;
ayant pour objet Les Sciences, les Arts, l'Histoire naturelle et les mœurs; avec La Description minéralogique
du pays de Newcastle, des montagnes du Derbyshire, des
environs d'Edinburgh, de Glasgow, de Perth, de S.-
Andrews, du duché d'Inverary et de la grotte de Fingal,
avec figures, par *B.* FAUJAS-SAINT-FOND. A *Paris*, chez
H. J. Jansen, 1797. In-8°, 2 vol.

82 Journal d'un Voyage au Nord, En 1736. & 1737. Enrichi de figures en taille-douce. Par M. OUTHIER, Prêtre du Diocèse de Besançon, Correspondant de l'Académie Royale des Sciences. A *Amsterdam*, chez H. G. Löhner, M.DCC.XLVI. In-12, 1 vol.

83 Lettres sur l'Islande, par M. de TROIL, Évêque de Linkœping, traduites du suédois. Par M. LINDBLOM, secrétaire. Interprète du Roi au Département des Affaires Étrangères. Avec Figures. A *Paris*, de l'Imprimerie de Monsieur [P. Fr. Didot le jeune]. M.DCC.LXXXI. In-8°, 1 vol.

84 Tableau de la Mer Baltique, considérée sous les rapports physiques, géographiques, historiques et commerciaux, avec une carte, et des notices détaillées sur le mouvement général du commerce, sur les ports les plus importans, sur les monnaies, poids et mesures. par *J. P.* CATTEAU-CALLEVILLE. A *Paris*, chez Pillet, [et Michaud frères], 1812. In-8°, 2 vol.

85 Relation dv Voyage de Moscovie, Tartarie, et de Perse, fait à l'occasion d'vne ambassade, enuoyée au Grand-Duc de Moscouie, & du Roi de Perse : par le Duc de Holstein : Depuis l'an 1633 iusque en l'An 1639. Traduite de l'Alleman du sieur OLEARIVS, Secretaire de ladite Ambassade. Par L. R. D. B. (Le Président de Brandebourg. c'est-à-dire WIQUEFORT). *Paris*, François Clovzier, 1656. 1 vol. in-4°.

86 Les Voyages de *Jean* STRUYS, En Moscovie, en Tartarie, en Perse, aux Indes, & en plusieurs autres païs étrangers ; Accompagnés de remarques particulières sur la qualité, la Religion. le gouvernement, les coutumes & le négoce des lieux qu'il a vus ; avec quantité de figures en taille douce dessinées par lui-même ; & deux l'ettres (*sic*) qui traitent à fond des malheurs d'Astracan. A quoi l'on a ajouté comme une chose digne d'être suë, la Réla-

tion (*sic*) d'un Naufrage, dont les suites ont produit des
effets extraordinaires. Par Monsieur GLANIUS. A *Ams-
tredam* (*sic*), Chés la Veuve de Jacob van Meurs.
M.DC.LXXXI. In-4°, 1 vol., tit. rouge et noir, frontisp.
gravé.

87 Voyages en Russie, en Tartarie et en Turquie, par
M. *Édouard-Daniel* CLARKE, professeur de minéralogie
à l'université de Cambridge ; traduits de l'anglais, avec
trois cartes géographiques et deux plans. *Paris*, chez
Buisson, Arthus Bertrand, 1813. In-8°, 3 vol.

88 Voyages entrepris dans les Gouvernemens méridionaux
de l'Empire de Russie, dans les années 1793 et 1794, par
M. le Professeur PALLAS ; traduits de l'allemand, par
MM. DELABOULAYE et TONNELIER. Avec 28 vignettes et un
Atlas de 55 planches. *Paris*, impr. J. P. Jacob, 1805.
2 vol. in-4°.

89 Voyage au Mont Caucase et en Géorgie, par M. *Jules*
KLAPROTH, professeur royal des langues et de la littéra-
ture asiatiques, avec une carte de la Géorgie. *Paris* [Imp.
Roy.], Librairie de Charles Gosselin, M.DCCC.XXIII.
In-8°, 2 vol.

VOYAGES : GRÈCE, ORIENT, TERRE SAINTE.

90 Le Voyage de M. QUICLET a Constantinople, par terre [en
1658]. Par le Sieur *P. M. L.* A *Paris*, chez Pierre
Promé [*s.d.*]. Pet. in-12, 1 vol. de 162 pp. chiffrées et
2 pp. de table. (Voir n° 77.)

91 Voyage d'Italie, de Dalmatie, de Grèce & du Levant, fait
aux années 1675 & 1676, par *Jacob* SPON, Docteur Médecin
aggrégé à Lyon & George Wheler, gentilhomme anglais.
Lyon, Cellier, 1778, in-12, 3 vol. Cartes, gravures
& plans.

92 Voyage Littéraire de la Grèce, ou Lettres sur les Grecs,
anciens et modernes, avec un parallèle de leurs mœurs.
Par M. GUYS [*Pierre-Augustin*], Sécrétaire (*sic*) du Roi.
Troisieme Edition, ornée de dix belles planches. On y a
joint divers voyages [en Italie], & quelques Opuscules
[Discours, Essai sur les élégies de Tibulle, Poésies
légères] du même. A *Paris*, chez la veuve Duchesne,
M. DCC. LXXXIII. Gr. in-4° car. à grandes marges, 2
vol., rel. pl. veau fauve marbré, tr. dor., belles grav.
sur cuivre.

93 Voyages dans l'isle de Chypre, la Syrie et la Palestine,
avec l'Histoire générale du Levant; par M. l'Abbé
MARITI; traduit de l'italien. A *Paris*, chez Belin, 1791.
In-8°, 2 vol.

94 Voyage historique, littéraire et pittoresque dans les Isles
et Possessions ci-devant Vénitiennes du Levant; savoir :
Corfou, Paxo, Bucintro, Parga, Prevesa, Vonizza,
Sainte-Maure, Thiaqui, Céphalonie, Zante, Strophades,
Cérigo et Cérigotte; contenant la description de chacune
de ces îles et possessions, l'histoire et les monuments
anciens, le gouvernement, la religion, les mœurs, les
usages, les productions locales, l'industrie, la navigation,
le commerce. Par *André* GRASSET-SAINT-SAUVEUR jeune,
ancien Consul de France. A *Paris*, chez Tavernier, an
VIII. In-8°, 3 vol. (manque l'atlas).

95 Voyage historique et politique au Monténégro, contenant
l'Origine des Monténégrins, la Description du pays, les
Mœurs de cette nation, ses usages, Coutumes, Préjugés;
son Gouvernement, sa Législation, ses Relations politiques, sa Religion, [etc.) Orné d'une carte et de douze
gravures coloriées, par M. le Colonel *L. C.* VIALLA DE
SOMMIÈRES, Gouverneur de la province de Cattaro.
Paris, [imp. Et. Imbert] Alexis Eymery, 1820. In-8°,
2 vol.

96 Voyage en Bulgarie pendant l'année 1841. par *M*. BLANQUI ,
   membre de l'Institut de France. *Paris*, W. Coquebert ,
   Éditeur. Imp. Schneider & Langrand. 1843, 1 vol.
   in - 18.

97 Relation iovrnaliere dv Voyage dv Levant , faict et descrit
   par Messire *Henry* DE BEAVVAU Baron dvdit liev, et de
   Manonuille, Seigneur de Fleuuille. A *Tovl* , par François
   dv Bois, 1608. In-8°, 1 vol.

98 Relation d'un voyage du Levant , fait par ordre du Roy ,
   contenant l'Histoire ancienne & moderne de plusieurs
   Isles de l'archipel de Constantinople, des côtes de la Mer
   Noire , de l'Arménie , de la Géorgie , des Frontières de
   Perse et de l'Asie Mineure, avec les plans des villes &
   des Lieux considérables , le génie , les mœurs , le commerce
   & la religion des différens peuples qui les habitent ; Et l'explication des médailles et des monumens
   antiques. Enrichie de descriptions & de figures , d'un
   grand nombre de plantes rares, de divers animaux , et
   de plusieurs observations touchant l'histoire naturelle ,
   par M. PITTON DE TOURNEFORT , Conseiller du Roy. A
   Lyon, chez Anisson & Posuel , M. DCC. XVIII. 3 vol.
   in - 8°.

99 Voyage de Dalmatie , de Grèce et du Levant. Par Mr.
   George WHELER. Enrichi de Médailles , & de Figures
   des principales Antiquitez qui se trouvent dans ces lieux,
   avec la Description des Coutumes, des Villes, Rivières,
   Ports de Mer, & de ce qui s'y trouve de plus remarquable. Traduit de l'Anglois. A *La Haye*, chez Rutgert
   Alberts, 1723. In-12, 2 vol., tit. rouge et noir, frontispice
   gravé, cartes, plans et vues.

100 Voyages dans le Levant, dans les années 1749, 50, 51 & 52.
   Contenant les observations sur l'Histoire Naturelle , la
   Médecine, l'Agriculture et le Commerce, & particulière-
   ment sur la Terre Sainte & l'Histoire Naturelle de

l'Ecriture. Par *Frédéric* HASSELQUIST, Docteur en Médecine, Membre des Sociétés Royales d'Upsal & de Stoc-
kholm. Publiés par ordre du Roi de Suède, par *Charles*
LINNÆUS... Traduits de l'Allemand par M. *E*. (EIDOUS, de
Marseille). *Paris*, Saugrin, 1768. In-12, 1 vol.

101 Voyage de Constantinople à Bassora, en 1781, par le Tigre
et l'Euphrate, et Retour à Constantinople, en 1782, par
le Désert et Alexandrie ; par l'Académicien SESTINI. Traduit de l'Italien [par le comte de FLEURY]. A *Paris*, chez
Dupuis, l'an VI. Pet. in-4°, 1 vol.

102 Voyage de la Troade, fait dans les années 1785 et 1786,
par *J.-B.* LECHEVALIER, membre de la Société des
Sciences et Arts de Paris, du Lycée de Caen, des Académies d'Edimbourg, de Gottingue, de Cassel & de
Madrid. Troisième Edition, revue, corrigée et considérablement augmentée. *Paris*, Deutu, Imp. Lib., An X
(1802). 3 vol. in-8°.

103 Recueil de Cartes, Plans, Vues et Médailles, pour servir
au Voyage de la Troade. Par *J.-B.* LECHEVALIER.
Paris, Dentu, an X (1802). In-f°, 1 vol. de 37 planches.

104 Voyage de Syrie et du Mont-Liban, contenant la descrip-
tion de tout le Pays compris sous le nom de Liban &
d'Anti-Liban, Kesroan, &c., ce qui concerne l'Origine,
la Créance, & les Mœurs des Peuples qui habitent ce
Pays : la description des Ruines d'Héliopolis, aujourd'huy
Balbek, & une Dissertation historique sur cette Ville ;
avec un abrégé de la Vie de Monsieur de Chasteüil,
Solitaire du Mont-Liban ; & l'Histoire du Prince Junès,
Maronite, par Monsieur de LA ROQUE. A *Paris*, chez
André Cailleau, M. DCC. XXII. In-12, 2 vol.

105 Six mois en Orient en M DCCC LI et M DCCC LII, par
M. *J.* BOTTU DE LIMAS. A *Lyon*, chez N. Scheuring,
Lib. Imp. Louis Perrin, 1861. 1 vol. in-8°, gravures hors
texte, titre noir & rouge.

106 En Orient. Voyage en Galilée , par le *R. P.* de DAMAS.
Paris , Librairie St.-Germain-des-Prés. Putois-Cretté ,
Lib. Éditeur. *Arras* , typog. Rousseau – Leroy , 1867.
1 vol. in-12.

107 En Orient. Voyage au Sinaï , par le *R. P.* de DAMAS.
Paris , Putois-Cretté , Édit. St.-Germain , Imp. Toinon,
1864. 1 vol. in-12.

108 Itinéraires de la Terre Sainte des XIIIe, XIVe, XVe, XVIe
& XVIIe siècles, traduits de l'Hébreu, et accompagnés de
tables, de cartes et d'éclaircissements , par *E.* CARMOLY,
Membre de la Société asiatique de Paris , de la Société
des Antiquaires de Londres. *Bruxelles* , A. Vandale, Lib.
Édit. Imprimerie de Delevingne et Callewaert, 1847.
1 vol. petit in-4°.

109 Le Saint voyage de Jérusalem , par le Baron d'ANGLURE,
1395. Accompagné d'éclaircissements sur l'état présent
des Lieux Saints. [Par l'abbé *Em.* DOMENECH]. *Paris* ,
Pouget-Coulon, 1858. In-12, 1 vol.

Ce voyage fait partie de la *Bibliothèque catholique de Voyages et de Romans.*

110 Voyaige d'oultremer en Jhérusalem par le seigneur de
CAUMONT, l'an M CCCC XVIII , publié pour la première
fois d'après le manuscrit du Musée britannique , par le
Marquis DE LA GRANGE , membre de l'Institut. A *Paris* ,
chez Auguste Aubry. [*Evreux* , imp. A. Herissey].
M DCCC LVIII. In-8°, 1 vol., tit. rouge et noir, papier
de fil.

111 Chy Sensuyuent | Les gistes repais | tres ₵ despens : Que
| moi *Jasques* LE | SAIGE Marchand de drapz de | soye
demourant a Douay | ay faict. De Douay a Hierusalem
| Venise / Rhodes / Rõme | Nostre da | me de le Lorette.
Auec la description des | lieux. portz . cites : villes : et
aultres passai | ges. Que moy Jasques le saige ay faict
lã | mil chincq cens xviij. Auec mon retour. | Imprime

Nouuellement a *Cambray* Par Bonauĕtu | re Brassart.
Au despens dudict Jacques | [*s. d.*, avant 1523]. In-4°,
caract. gothiques. 1 vol. de 108 ff. non cotés signés
A — F F.

> *F° 1 r°* : titre ci-dessus. — *F° 2 r°* : Le xixᵉ iour de march
> An. xv, cens. et xviii. de | uant pasque. Parti de Douay dõt il
> y eult vi : hõ- | mes de bien qui macõpaignerent iusq̃s a
> vallen- | chesnes. . . . . — *F° 108 v°*,
> *in fine* : Imprime a Cambray Par Bonauĕture brassart | De-
> mourant aupres de la Magdalaine En mon- | tant a sainct
> gery : |

Exemplaire parfaitement complet d'un des premiers livres qui aient été imprimés
dans la Flandre française. Les bibliographes ne signalent que deux exemplaires
de cette édition , l'un qui ne comprend que 105 feuillets , à la Bibliothèque Nationale, et le second dans la collection Godefroy de Ménilglaise.

112 Les Voyages dv Sʳ de VILLAMONT [en 1589]. Augmentez
en ceste derniere Edition de son Secöd | Voyage, & du
dessein de son Troisiesme. [ainsi que d'une Description
du Royaume de France, par le même]. [S. l. n. d. *Paris*,
Jean Aubray ?] In-8°, 1 vol. de 12 ff. non cotés, 276 ff.
cotés et 22 ff. de table.

L'ouvrage contient la table du livre Iᵉʳ , mais ne commence qu'au livre II , où
est traicté du voyage de Hierusalem , etc.

113 Les Voyages du Sʳ DE VILLAMONT (gentil-homme Angevin).
Augmentez en cette dernière édition de son Second
Voyage , & du dessein de son troisième. *Paris*, chez
Jean Avbray. 1602. Pet. in-8°, 1 vol.

Le Premier livre contenant « les belles descriptions des villes & forteresses de
» l'Italie, & des Antiqvitez & choses sainctes & modernes qui s'y voyent » manque
dans cet exemplaire. — Le titre du volume est lacéré.

114 Voyage d'Alep à Jérusalem à Pâques en l'année 1697, par
Henri MAUNDRELL , Maitre és Arts , Membre du Colege
(*sic*) d'Exeter, & Chapelain de la Facture Angloise à
Alep. Traduit de l'Anglois. A *Utrecht*, chez Guillaume
van Poolsum , M. D. CCV. In-12, 1 vol., tit. rouge
et noir.

115 *Christophori* HEIDMANNI Palæstina , sive Terra Sancta ,
Paucis capitibus distincte ordineqve congruo explicata, ex
autographo Auctoris ipso correcta , Et *Henrici* ERNSTII
addendis sive annotationibus illustrata , nunc demum
AUCTARIO SPANHEMIANO locupletior & qvartùm edita.
Sumptibus Gottlieb Heinr. Grenzii, Bibl. Hannov. et
Gvelpherb. M. DC. LXXXIX. In-4° car., 1 vol., fron-
tisp. gravé.

116 Historia dell' antica , e moderna Palestina descritta
in tre parti. Dal *R. P. F. Vincenzo* BERDINI Min.
Of. mentre era Commissario Generale di terra Santa
Nella quale fi hà particolare descrittione de' luoghi più
Singolari del Sito , qualità di effi , gouerno , Costumi ,
guerre riuolutioni, & altri successi notabili. Opera vtile ,
e necessaria non solo à Professori di antichità , e d'His-
torie, ma anco alli Predicatori. Con due Tauole vna de'
Capitoli, e l'altra delle cose più notabili Consegrata al
Reuerendissimo P. F. Benigno da Genova , Commissario
Generale de Min. Off In *Venetia*, con licenza & Priuilegio
1642. Appresso Gio. Battista Surian. 1 vol. in-4°.

117 La Terre Saincte, ov description topographiqve très particulière des Saincts Lieux et de la Terre de Promission ,
avec un traitté de quatorze nations de différente Religion
qui l'habitent, leurs mœurs , croyance , cérémonies et
police. Vn discours des principaux poincts de l'Alcoran ,
l'histoire de la vie et mort de l'Emir Fechrreddin ,
Prince des Drus et vne relation veritable de Zaga Christ.
Prince d'Ethyopie, qui mourut à Ruel , près Paris , l'an
1638, le tovt enrichy de figvres , par *Eugène* ROGER ,
Récollect, missionnaire de Barbarie. A *Paris* , chez
Antoine Bertier, M. DC. XLVI. 1 vol. in-4°.

118 *Hadriani* RELANDI Palæstrina ex monumentis veteribus
illustrata. *Trajecti Batavorum* , ex libraria Guilielmi
Brœdelet. M. D. CC. XIV. In-4°, 2 tom. en 1 vol.
d'une seule série de pagination, tit. rouge et noir, fron-

·tispice, portrait, cartes et tableaux gravés, rel. parchemin orné.

119. Theatrvm Terræ Sanctæ et Biblicarvm Historiarvm cùm
tabulis geographicis ære expressis. Avctore *Christiano*
ADRICHOMIO DELPHO. *Coloniæ Agrippinæ*, svmptibvs
Thomæ von Collen bibliopolæ in Platea Lata, anno
MDCCXXII. Gr. in 4°, 1 vol., tit. gravé, grandes cartes
gravées hors texte.

120 Les Voyages de Jésus-Christ, ou Description géogra-
phique des principaux lieux et monuments de la Terre-
Sainte, avec une carte et le plan de Jérusalem, par
C. M. D* M*. [DUBOIS DE MAISONNEUVE]. A *Paris*, imp.
Béthune. Chez Rusand, Bricon, 1831. In-8°, 1 vol.

121 Les Saints Lieux, pélerinage à Jérusalem, en passant par
l'Autriche, la Hongrie, la Slavonie, les Provinces Danubiennes, Constantinople, l'Archipel, le Liban, la Syrie,
Alexandrie, Malte, la Sicile et Marseille, par Mgr MISLIN
abbé mitré de Sainte-Marie-de-Deg en Hongrie, camérier
secret de Sa Sainteté Pie IX. *Paris*. Jacques Lecoffre et
Cie, [impr. Simon Raçon]. 1858, In-8°, 3 vol.

VOYAGES : ASIE.

122 Voyages de *C. P.* THUNBERG, [naturaliste suédois] au
Japon, par le Cap de Bonne-Espérance, les Isles de la
Sonde, &c. Traduits, rédigés et augmentés de notes
considérables sur la Religion, le Gouvernement, le
Commerce, l'Industrie et les Langues de ces différentes
contrées, par *L.* LANGLÈS, Conservateur des Manuscrits
orientaux de la Bibliothèque nationale, et revus, quant à
la partie d'Histoire naturelle, par *J. B.* LAMARCK, Professeur au Muséum national. Avec des Planches [et le portrait de Thunberg gravés sur cuivre]. A *Paris*, chez
Benoît Dandré, Garnery, Obré,[impr. Crapelet] An IV
(1769). In-4°, 2 vol.

123 Ambassades mémorables de la Compagnie des Indes
Orientales des Provinces Unies, vers les Empereurs du
Japon. Contenant plusieurs choses remarquables arrivées
pendant le voyage des Ambassadeurs ; et deplus (*sic*), la
Description des Villes, Bourgs, Châteaux, Forteresses,
Temples & autres bâtimens : Des animaux, des Plantes,
Montagnes, Rivières, Fonteines ; des mœurs, coutumes,
Religions & habillemens des Japonois : Comme aussi
leurs exploits de guerre, & les révolutions, tant anciennes
que modernes que ces Peuples ont essuyées. Le tout
enrichi de Figures dessinées sur les lieux, & tiré des
Mémoires des Ambassadeurs de la Compagnie, [par
Arnold MONTANUS]. A *Amsterdam*, chés Jacob de Meurs,
M. DC. LXXX. In-f°, 1 vol., frontisp. gravé, nombreuses
gravures sur cuivre, tit. rouge et noir.

124 Relation du Voyage à la recherche de **La Pérouse**, fait
par ordre de l'Assemblée Constituante, pendant les
années 1791, 1792, et pendant la 1re et la 2e année de la
République Françoise. Par le C^{en} LABILLARDIÈRE, Correspondant de la ci-devant académie des sciences de Paris.
A *Paris*, chez H. J. Jansen, an VIII de la république
françoise. In-8", 2 vol.

125 Atlas du voyage de La Billardière, 1 vol. gr. in-f°, sans
tit., contenant 43 gravures dessinées par PIRON, REDOUTÉ,
AUDEBERT, et gravées par COPIA, PERÉE, etc., et une
carte dressée par *J. D.* BARBIÉ DU BOCAGE.

126 Voyages dans l'Hindoustan, à Ceylan, sur les deux côtes
de la Mer-Rouge, en Abyssinie et en Égypte, durant les
années 1802, 1803, 1804, 1805 et 1806, par le vicomte
George VALENTIA ; traduits de l'anglais par *P.-F.* HENRY;
Et accompagnés d'un Atlas, composé de deux nouvelles
cartes de la Mer-Rouge, ainsi que de Plans, d'Inscriptions anciennes et de Vues diverses, exécutées sur les
lieux par M. *H.* SALT, Secrétaire-dessinateur de sa seigneurie. *Paris*, chez Mme Ve Lepetit, [imp. A. Egron],

1813. In-8°, 4 vol., les plans, cartes et gravures reliés avec le texte.

127 Description du Tibet, d'après la relation des Lamas Tangoutes, établis parmi les Mongols ; traduit de l'allemand [de PALLAS] avec des notes, par *J*. REUILLY, Auditeur au Conseil d'État, correspondant de l'Institut, A *Paris*, chez Bossange, Masson et Besson. 1808. In-8°, 1 vol.

128 Voyage du capitaine Hiram Cox dans l'Empire des Birmans, avec des notes et un essai historique sur cet empire, les peuples qui occupent la presqu'île au-delà du Gange, et sur la Compagnie Anglaise des Indes Orientales. Par *A.-P*. CHAALONS D'ARGÉ, Attaché à la Bibliothèque du Dépôt de la Guerre. Orné de figures, de costumes coloriés, et de la carte du théâtre de la guerre entre ce peuple et les Anglais. *Paris*, Arthus Bertrand, [impr. Carpentier-Méricourt], 1825. In-8°, 2 tom. en 1 vol.

129 Miroir Oost & West-Indical, Auquel sont descriptes les deux dernieres Navigations, faictes es Années 1614, 1615, 1616, 1617 & 1618, l'une par le renommé Guerrier de Mer, *George* DE SPILBERGEN, par le Destroict de Magellan, & ainsi tout autour de toute la terre. Icy sont aussi adioustées deux Histoires, l'une des Indes Orientales, l'autre des Indes Occidentales. L'autre faicte par *Jacob* LE MAIRE, lequel au costé du Zud (*sic*) du Destroict de Magellan a descouvert un nouveau Destroict. Le tout embelli de [20] belles Cartes & Figures [sur bois] [par CORNELISSEN DE MAYR]. A *Amsterdam*, chez Ian Iansz, l'An 1621. In-4° obl., 1 vol. de 2 ff. non cotés et 172 pp. chiffrées.

130 Voyage de *Gautier* SCHOUTEN aux Indes Orientales, commencé l'an 1658 et fini l'an 1665. Traduit du Hollandois. Nouvelle édition revue par l'auteur & considérablement augmentée, enrichie de figures en taille-douce. *Rouen*, Machuel, 1725, In-12, 2 vol.

131 Voyage aux Indes Orientales, par le *P.* PAULIN DE S.
BARTHÉLEMY [*Jean - Philippe* WERDIN], Missionnaire ;
traduit de l'italien par M*** [MARCHENA], Avec les observations de MM. ANQUETIL DU PERRON, *J. R.* FORSTER et
Silvestre DE SACY ; Et une dissertation de M. ANQUETIL
sur la propriété individuelle et foncière dans l'Inde et
en Égypte. A *Paris*, chez Tourneisen fils, 1808. In-8°,
3 vol.

132 Atlas pour servir au Voyage aux Indes Orientales, par le
P. PAULIN DE SAINT-BARTHÉLEMY, Missionnaire. A *Paris*,
chez Tourneisen fils, Lib., 1808, un atlas de 13 planches
numérotées de I à XII plus une carte.

133 Description géographique, historique et commerciale de
Java et des autres îles de l'Archipel Indien, par MM.
RAFFLES, ancien Gouverneur-général anglais, à Batavia
et *John* CRAWFURD, ancien Résident à la Cour du Sultan
de Java ; Contenant des détails sur les mœurs, les arts,
les langues, les religions et les usages des habitans de
cette partie du monde, ouvrage traduit de l'anglais, par
M. MARCHAL, ex-employé du gouvernement ; Ouvrage
orné de Gravures et de Cartes coloriées. *Bruxelles*,
chez H. Tarlier, et chez Jobard, 1824. In-4°, 1 vol.

134 Voyage dans les Mers de l'Inde, fait par ordre du Roi à
l'occasion du passage de Vénus sur le disque du soleil, le
6 juin 1761, et le 3 du même mois 1769, par M. LE GENTIL,
de l'Académie Royale des Sciences. A *Paris*, de l'Imprimerie Royale, M. DCC. LXXIX - M DCC. LXXXI.
2 vol. in-4°. Le 1er vol. contient 13 planches et le 2e
14 pl.

135 Voyage du Comte DUPRAT dans l'Inde, écrit par lui-même.
A *Londres*, 1780. In-8°. Pièce de 133 pages.

136 Voyage à Calcutta, à Bombay, et dans les provinces supérieures de l'Inde Britannique, pendant les années 1824 et
1825, suivi d'une notice sur Ceylan, et d'un voyage à Madras

et dans les provinces méridionales, en 1826 ; Par *Réginald* HÉBER, Évêque de Calcutta, traduit de l'anglais par M. PRIEUR DE LA COMBLE. *Paris*, [imp. et] librairie orientale de Dondey-Dupré, M.DCCC.XXX. In-8°, 2 tom. en 1 vol.

137 Voyages de *François* BERNIER, docteur en médecine de la faculté de Montpellier, contenant la description des états du Grand Mogol, de l'Indoustan, du royaume de Cachemire, etc. Où il est traité des richesses, des forces, de la justice et des causes principales de la décadence des États de l'Asie, et de plusieurs événemens considérables ; et où l'on voit comment l'or et l'argent, après avoir circulé dans le monde, passent dans l'Indoustan d'où ils ne reviennent plus. *Paris*, imprimé aux frais du gouvernement pour procurer du travail aux ouvriers typographes, août 1830. In-8°, 2 tom. en 1 vol.

138 Voyages de l'embouchure de l'Indus à Lahor, Caboul, Balkh et à Boukhara ; et retour par la Perse, pendant les années 1831, 1832 et 1833, par M. *Alexandre* BURNES, traduits par *J.-B.-B.* EYRIÉS. *Paris* [imp. Fain]. Arthus Bertrand, M.DCCC.XXXV. In-8°, 3 vol.

139 L'ambassade de *D.* GARCIAS DE SILVA FIGUEROA en Perse contenant la politique de ce grand Empire, les mœurs du Roy Schach abbas, et une relation exacte de tous les lieux de Perse et des Indes, où cet ambassadeur a esté l'espace de huit années qu'il y a demeuré, traduite de l'Espagnol par Monsieur de VICQFORT. A *Paris*, chez Lovis Billaine, M DC.LXVII. 1 vol. in-4°.

140 Voyages du chevalier CHARDIN, en Perse, et autres lieux de l'Orient, enrichis d'un grand nombre de belles figures en taille-douce, représentant les antiquités et les choses remarquables du pays. Nouvelle édition, soigneusement conférée sur les trois éditions originales, augmentée d'une Notice de la Perse, depuis les temps les plus

reculés jusqu'à ce jour, de Notes, etc.; par M. *L.* Langlès, membre de l'Institut, professeur de persan à l'école
spéciale des langues orientales vivantes Atlas. *Paris*,
de l'imprimerie de Le Normant, 1811. Tr. gr. in-f°, 1 vol.
comprenant portr. de Chardin, 1 feuillet de tit. 1 carte
sans n° et 82 pl. numérotées. Atlas de l'ouvrage suivant.

141 Voyages du chevalier *Chardin*, en Perse, et autres lieux
de l'Orient, enrichis d'un grand nombre de belles figures
en taille-douce, représentant les antiquités et les choses
remarquables du pays. Nouvelle édition, Soigneusement
conférée sur les trois éditions originales, augmentée
d'une Notice de la Perse, depuis les temps les plus
reculés jusqu'à ce jour, de Notes, etc., par *L.* Langlès,
Membre de l'Institut, Professeur de Persan à l'École
spéciale des Langues orientales vivantes. *Paris*, Le
Normant, imprimeur-libraire, 1811. In-8°, 10 vol.

142 Voyage en Perse de MM. *Eugène* Flandin, peintre, et
Pascal Coste, architecte attachés à l'ambassade de
France en Perse pendant les années 1840 et 1841, entrepris par ordre de M. le Ministre des affaires étrangères
d'après les instructions dressées par l'Institut, publié sous
les auspices de M. le Ministre de l'intérieur. Relation du
Voyage par M. *Eugène* Flandin. *Paris*, Gide et Jules
Baudry, [impr. J. Claye], M.DCCC.LI [-1852]. In-8°,
2 vol.

143 [Collection de Voyages modernes, traduits de l'anglais.
T. XI-XII]. Voyage dans l'Asie Mineure, l'Arménie et
le Kourdistân, dans les années 1813 et 1814; Suivi de
remarques sur les Marches d'Alexandre, et la Retraite
des Dix-Mille, Par *John Macdonald* Kinneir, Capitaine
au service de l'honorable Compagnie des Indes, traduit
de l'anglais, par *N.* Perrin. Avec une grande carte.
Paris, librairie de Gide fils, [impr. J. Smith], 1818. In-8°,
2 vol.

144 Voyages dans le Béloutchistan et le Sindhy, suivis de la description géographique et historique de ces deux pays, avec une carte, par *Henry* POTTINGER, Lieutenant au service de la Compagnie des Indes, traduit de l'anglais par *J.-B.-B.* EYRIÈS. *Paris*, Gide Fils [impr. A. Egron], 1818. In-8°, 2 vol.

145 Voyage en Turcomanie et à Khiva, fait en 1819 et 1820; Par M. *N.* MOURAVIEV, Capitaine d'État-Major de la Garde de S. M. l'Empereur de toutes les Russies, contenant Le Journal de son Voyage, le Récit de la Mission dont il était chargé, la Relation de sa Captivité dans la Khivie, la Description géographique et historique du pays ; traduit du russe par M. *G.* LECOINTE DE LAVEAU, Revu par MM. *J. B.* EYRIÈS et *J.* KLAPROTH. A *Paris*, [imp. David], chez Louis Tenré, 1823. In-8°, 1 vol.

146 Nouvelle Relation de la Chine contenant la description des particularitez les plus considérables de ce grand Empire composée en l'année 1668, par le R. P. *Gabriel* de MAGAILLANS, de la Cie de Jésus, Missionnaire apostolique et traduite du Portugais en François par le Sr B. (BERNOUT). A *Paris*, chez Claude Barbin, M.DC.LXXXVIII. 1 vol. in-4° avec un plan de la Ville de Pékin.

147 Voyage de l'Ambassade de la Compagnie des Indes Orientales Hollandaises, vers l'empereur de la Chine, en 1794 et 1795 ; Où se trouve la description de plusieurs parties de cet Empire inconnues aux Européens ; Tiré du Journal d'*André-Everard* VAN-BRAAM HOUCKGEEST, Chef de la Direction de cette Compagnie, publié par M. *L. E.* MOREAU DE SAINT-MÉRY. A *Paris*, chez Garnery ; A *Strasbourg*, chez Levrault. An 6 de la république (1798, v. st.). In-8°, 2 vol.

148 Voyages à Peking, Manille et l'île de France, faits dans l'intervalle des années 1784 à 1801, par M. de GUIGNES, Résident de la France à la Chine, Correspondant de l'Institut. A *Paris*, de l'Imprimerie Impériale. [chez **Treuttel et Würtz**], M.DCCC.VIII. In-8°, 3 vol. **(Voir le n° suivant)**.

149 Voyages à Péking, Manille et l'Ile de France faits dans l'intervalle des années 1784 à 1801, par M. de Guignes. Atlas composé de 97 planches [dessinées par DE GUIGNES et gravées par DESEVE]. 1 vol. gr. in-f°, sans tit.

150 Voyage à Péking, à travers la Mongolie, en 1820 et 1821, par M. *G.* TIMKOVSKI ; traduit du russe par M. N********, revu par M. *J.-B.* EYRIÈS ; Publié, avec des Corrections et des Notes, par M. *J.* KLAPROTH ; ouvrage accompagné d'un atlas qui contient toutes les planches de l'original, et plusieurs autres inédites. *Paris*, [imprimerie et] librairie orientale de Dondey-Dupré père et fils, M.DCCC.XXVII. In-8°, 2 vol. (Voir le n° suivant).

151 Voyage à Péking, à travers la Mongolie, en 1820 et 1821, par M. *G.* TIMKOVSKI, traduit du russe, par M. N******, et revu par M. *J.-B.* EYRIÈS ; Ouvrage publié, avec des corrections et des Notes, par M. *J.* KLAPROTH. Atlas. *Paris*, Dondey-Dupré, M.DCCC.XXVII. Pet. in-f°, 1 vol. de 32 p. de texte et 12 planches.

152 Souvenirs d'un Voyage en Sibérie par *Christophe* HANSTEEN, Directeur de l'Observatoire de Christiania, accompagnés d'une carte itinéraire dressée par l'auteur. Traduits du norvégien par Mme COLBAN et revus par MM. SÉDILLOT et DE LA ROQUETTE. *Paris*, Perrotin, [impr. Simon Raçon], 1857. In-8°, 1 vol.

153 Journal historique du Voyage de M. DE LESSEPS, Consul de France, employé dans l'expédition de M. le comte de la Pérouse, en qualité d'interprète du Roi ; Depuis l'instant où il a quitté les frégates Françoises au port Saint-Pierre & Saint-Paul du Kamtschatka, jusqu'à son arrivée en France, le 17 octobre 1788. A *Paris*, de l'Imprimerie Royale. M.DCC.XC. In-8°, 2 vol.

154 Le Nord de la Sibérie, voyage parmi les peuplades de la Russie Asiatique et dans la Mer Glaciale entrepris par ordre du gouvernement russe et exécuté par MM. de

WRANGELL (aujourd'hui amiral), chef de l'expédition, Ma-
tiouchkine et Kozmine officiers de la marine impériale
russe, traduit du russe, par le prince *Emmanuel* GALITZIN,
accompagné d'une carte, et orné de deux dessins. *Paris*,
Imprimerie Crapelet, librairie d'Amyot, 1843. In-8°, 2 vol.

155 Voyage à la Nouvelle Galles du Sud, à Botany-Bay, au
port Jackson, En 1787, 1788, 1789; par *John* WHITE,
Chirurgien en chef de l'établissement des Anglais. Ouvrage où l'on trouve de nouveaux détails sur le caractère
et les usages des habitans du cap de Bonne-Espérance,
de l'île Ténériffe, de Rio-Janeiro et la Nouvelle Hollande,
ainsi qu'une description exacte de plusieurs animaux
inconnus jusqu'à présent, Traduit de l'Anglais, avec des
notes critiques et philosophiques sur l'histoire naturelle
et les mœurs ; Par *Charles* POUGENS. A *Paris*, chez
Pougin, Au 3 de la République, (1795, v. st.) In-8°, 1 vol.

VOYAGES : AFRIQUE.

156 Voyage de MM. LÉDYARD et LUCAS en Afrique, Entrepris
et publiés par ordre de la Société anglaise d'Afrique ;
avec le plan de fondation de cette Société, suivis d'extraits
de Voyages faits à la rivière de Gambie, [par *François*
MOORE] et d'un Mémoire, concernant la grande quantité
d'or qu'on trouve près de cette rivière ; traduit de l'anglais par *A. J. N.* LALLEMANT, l'un des secrétaires de la
Marine. A *Paris*, chez Xhrouet, Déterville, An XII
(1804). In-8°, 1 vol. en 2 part. d'une seule série de pagination.

157 Voyages d'ALI BEY EL ABBASSI [*Domingo* BADIA Y LEIBLICH]
en Afrique et en Asie pendant les années 1803, 1804,
et 1805, 1806, 1807. [ouvrage revu par *J.-B.-B.* DE
ROQUEFORT]. A *Paris*, de l'imprimerie de P. Didot l'aîné,
M.DCCC.XIV. In-8°, 3 vol., manque l'atlas.

158 Voyages de Monsr SHAW, M. D. dans plusieurs provinces
de la Barbarie et du Levant : contenant des observations
géographiques, physiques, philologiques et mêlées sur
les Royaumes d'Alger et de Tunis, sur la Syrie, l'Egypte
et l'Arabie Petrée, avec des cartes et des figures. Traduits de l'Anglois. A *La Haye*, chez Jean Néaulme,
M.DCC.XLIII. In-4°, 2 tom. en 1 vol., tit. rouge et noir,
nombreuses gravures hors texte.

159 Voyage aux sources du Nil en Nubie et en Abyssinie, *puis*
Voyage en Nubie et en Abyssinie, entrepris pour découvrir les sources du Nil pendant les années 1768, 1769,
1770, 1771 & 1772 ; par M. *James* BRUCE. Traduit de
l'Anglois par *J. H.* CASTERA. [auquel on a joint Quatre
Voyages dans le pays des Hottentots et la Cafrerie, en
1777, 1778 et 1779, par le lieutenant *William* PATERSON,
traduit de l'anglais sur la seconde édition, par *M.* CAS-
TERA]. A *Paris*, [Panckoucke] Hôtel de Thou [puis chez
Plassan, imprimeur-libraire]. M.DCC.XC. [-XCI]. In-8°,
10 vol.

160 Cartes et Figures du Voyage en Nubie et en Abyssinie par
James BRUCE. A *Paris*, chez Plassan, Imp.-Lib.,
M.DCC.XCII. Atlas composé de 88 cartes ou planches ou
textes en Caractères arabes.

161 Voyage dans la haute et basse Égypte, fait par ordre de
l'ancien gouvernement, et contenant des observations de
tous genres, par *C. S.* SONNINI, Ancien Officier et Ingénieur de la Marine Françoise. Avec une Collection de
40 Planches, gravées en taille-douce par *J. B. P.* TAR-
DIEU, contenant des Portraits, Vues, Plans, Carte
Géographique, Antiquités, Plantes, Animaux, etc.
dessinés sur les lieux, sous les yeux de l'Auteur. A
Paris, chez F. Buisson, Imprimeur-Libraire, an 7 de la
république. 3 vol. in-8°.

162 Voyage dans la Haute et Basse Égypte, fait par ordre de
l'ancien gouvernement et contenant des observations de

tous genres, par *C. S.* Sonnini, ancien officier et Ingénieur de la marine française et membre de plusieurs sociétés savantes et littéraires. *Paris,* P. Buisson, Imp.-Lib., an VII de la Republique. 1 vol. in-4°, contenant 40 planches gravées en taille-douce par J. B. P. Tardieu.

163 Voyage en Abyssinie, entrepris par ordre du gouvernement britannique, exécuté dans les années 1809 et 1810, et dédié à son Altesse royale le prince régent d'Angleterre, par *Henry* Salt, écuyer ; traduit de l'anglais par *P. F.* Henry ; Accompagné d'un Atlas composé des Cartes, Plans, Inscriptions, Portraits et Vues diverses, dressés et dessinés par l'auteur. A *Paris,* chez Magimel, [impr. Demonville], 1816. In-8°, 2 vol.

164 Voyage en Abyssinie, entrepris par ordre du Gouvernement Britannique, exécuté dans les années 1809 et 1810, par *Henry* Salt, Écuyer ; traduit de l'anglais par *P.-F.* Henry. Atlas. A *Paris,* chez Magimel, 1816. 1 vol. in-f° obl., contenant 32 cartes et planches.

165 500 Lieues sur le Nil, par *Charles* Didier. *Paris,* Lib. Hachette ; Lahure Imp., 1858. 1 vol. in-12.

166 Voyage dans l'Afrique Occidentale, pendant les années 1818, 1819, 1820 et 1821, depuis la rivière Gambie jusqu'au Niger, en traversant les États de Woulli, Bondoo, Galam, Kasson, Kaarta et Foulidou ; par le Major *William* Gray et feu Dochard, chirurgien d'état-major, dédié au comte de Bathurst, ministre des colonies, enrichi de vues pittoresques et de costumes lithographiés, traduit de l'anglais par Mme *Charlotte* Huguet. *Paris,* chez Avril de Gastel, et chez Ponthieu, [impr. David], 1826. In-8°, 1 vol., 14 pl.

167 Voyage dans le Timanni, le Kouranko et le Soulimana, contrées de l'Afrique Occidentale, fait en 1822 par le Major Gordon-Laing, traduit de l'anglais par MM. Eyriès et de Larenaudière, précédé d'un essai sur les progrès

de la géographie de l'intérieur de l'Afrique et sur les principaux voyages et découvertes qui s'y rattachent, par M. de LARENAUDIÈRE, avec une carte et huit planches. *Paris*, Delaforest, Bertrand, Libraires ; Everat, Impr., 1826. 1 vol. in-8°.

168 Journal d'un voyage à Temboctou et à Jenné dans l'Afrique Centrale, précédé d'observations faites chez les Maures Braknas, les Nalous et d'autres peuples, pendant les années 1824, 1825, 1826, 1827, 1828, par *René* CAILLIÉ, avec une carte itinéraire et des remarques géographiques, par M. JOMARD , Membre de l'Institut. *Paris*, Imprimerie Royale, M.DCCC.XXX. 3 vol. in-8°, avec le portrait de l'auteur en frontispice au 1er vol. et carte et planches.

169 Journal d'une expédition entreprise dans le but d'explorer le cours et l'embouchure du Niger, ou Relation d'un voyage sur cette rivière depuis Yaourie jusqu'à son embouchure ; par *Richard* et *John* LANDER ; traduit de l'anglais par Mme *Louise* Sw. [SWANTON]-BELLOC. *Paris*, Paulin, [impr. Dezauche], 1832. In-8°, 3 vol, av. grav.

170 Voyage dans l'Afrique Australe, notamment dans le territoire de Natal, dans celui des Cafres Amazoulous et Makatisses et jusqu'au tropique du Capricorne, exécuté durant les années 1838, 1839, 1840, 1841, 1842 & 1843 & 1844, accompagné de dessins et cartes par M. *Adulphe* DELEGORGUE (de Douai). Avec une Introduction par M. *Albert* MONTÉMONT. *Paris*, A. René et Cie , 1847. In-8°, 2 vol.

171 Nouveau Voyage dans le Pays des Nègres, suivi d'Études sur la Colonie du Sénégal et de Documents historiques, géographiques et scientifiques par *Anne* RAYFENEL, commandant particulier de Sainte-Marie de Madagascar, exécuté par ordre du gouvernement. *Paris*, imprimerie et librairie de Napoléon Chaix et Cie , 1856. Gr. in-8°, 2 vol. avec carte et lithographies.

172 Voyage dans la partie méridionale de l'Afrique ; fait dans

les années 1797 et 1798, par *John* BARROW, ex-secrétaire de lord Macartney, et Auditeur-général de la Chambre-des-Comptes au Cap de Bonne-Espérance ; contenant des observations sur la géologie, la géographie, l'histoire naturelle de ce continent, et une esquisse du caractère physique et moral des diverses races d'habitans, suivi de la description de cette importante Colonie. Traduit de l'anglais, par *L.* DEGRANPRÉ. *Paris*, Dentu, an IX (1801). In-8°, 2 vol.

173 Nouveau Voyage dans la partie méridionale de l'Afrique, Où l'on examine quelle est l'importance du Cap de Bonne-Espérance pour les différentes puissances de l'Europe, accompagné d'une description statistique de la colonie, rédigée sur les documens les plus hautentiques (*sic*) ; enrichi de huit belles cartes, par *John* BARROW, Ex-Secrétaire du comte de Macartney, Auditeur-général des Comptes au Cap de Bonne-Espérance, etc. Traduit de l'anglais. [par *C.-A.* WALCKENAER]. *Paris*, Dentu, M.D.CCCVI, In-8°, 2 vol.

VOYAGES : AMÉRIQUE.

174 *Joannis* BISSELII, è Societate Jesu, Argonauticon Americanorum, sive, Historiæ Periculorum Petri de Victoria, ac Sociorum eius, Libri XV. *Monachii*, Formis Lucæ Straubii, Sumptibus Ioannis Wagneri Bibliopolæ. Anno Christi, M.DC.XLVII. Pet. in-12, 1 vol.

175 Relation du voyage du Port-Royal de l'Acadie, ou de la Nouvelle France, dans laquelle on voit un Détail des divers mouvements de la Mer dans une traversée de long cours, la Description du Païs, les Occupations des François qui y sont établis, les Manières des differentes Nations Sauvages, leurs superstitions & leurs chasses ; Avec une Dissertation exacte sur le Castor. Par M^r DIÉ-

REVILLE, embarqué à La Rochelle dans le Navire de la
Royale Paix. Ensuite de la Relation on a ajouté le Détail
d'un combat donné entre les François & les Acadiens,
contre les Anglois. A *Rouen*, Jean-Baptiste Besongne,
1708. In-12. Pièce de 238 pages, plus 7 pages pour la
Relation du combat.

176 Itinéraire pittoresque du fleuve Hudson et des parties
latérales de l'Amérique du Nord, d'après les dessins originaux pris sur les lieux, par *J.* MILBERT. Tome Ier,
Tome 2e. *Paris*, H. Gaugain et Cie, éditeurs-lithog., 1828,
impr. J. Tastu. 2 vol. gr. in-4°.

177 Relation du voyage de la Mer du Sud aux côtes du Chily
et du Pérou, fait pendant les années 1712, 1713 & 1714,
dédiée à S. A. R. Monseigneur le duc d'Orléans, régent
du Royaume, avec une réponse à la Préface critique du
livre intitulé, Journal des observations physiques, mathe-
matiques & botaniques du R. P. FEUILLÉE, contre la relation du voyage de la mer du Sud, et une chronologie des
Vicerois du Pérou, depuis son établissement jusqu'au
tems de la Relation du voyage de la mer du Sud, par
M. FREZIER, Ingénieur ordinaire du Roy. Ouvrage enrichi de quantité de planches en taille-douce. *Paris*, chez
Nyon, Didot, Quillau, M.DCC.XXXII. 1 vol. in-4°.

178 Voyage historique de l'Amérique Méridionale fait par ordre
du roi d'Espagne, par *don George* JUAN, commandeur
d'Aliaga dans l'Ordre de Malthe, et par *don Antoine* de
ULLOA. Tous deux Capitaines de Haut-Bord de l'Armée
Navale du Roi d'Espagne. Ouvrage orné des figures,
plans et cartes nécessaires. Et qui contient une Histoire
de Yncas du Perou, Et les Observations Astronomiques
& Physiques, faites pour déterminer la Figure & la Grandeur de la Terre.[traduit de l'espagnol par de MAUVILLON].
A *Paris*, chez Charles-Antoine Jombert, M.DCCLII.
In-4°, 2 vol., tit. rouge et noir, frontisp. gravés sur cuivre
et gravures sur cuivre hors texte.

179 Relation des îles **Pelew**, situées dans la partie occidentale de l'Océan Pacifique; Composée sur les Journaux et les communications du Capitaine Henri Wilson et de quelques-uns de ses Officiers, qui, en août 1783, y ont fait naufrage sur l'*Antelope*, Traduit de l'anglais, de *George* KEATE, Ecuyer. A *Paris*, chez Maradan, M.DCC.XCIII. In-8°, 2 tom. en 1 vol., cartes et gravures.

180 Relation abrégée d'un Voyage fait dans l'intérieur de l'Amérique Méridionale, Depuis la Côte de la Mer du Sud, jusqu'aux Côtes du Brésil & de la Guyane, en descendant la Riviere des Amazones, par M. DE LA CONDAMINE, de l'Académie des Sciences, avec une Carte du Maragnon, ou de la Rivière des Amazones, levée par le même. Nouvelle édition Augmentée de la Relation de l'Emeute populaire de Cuença au Pérou, Et d'une Lettre de M. Godin des Odonais, contenant la Relation du Voyage de Madame Godin, son Epouse, etc. A *Maestricht*, chez Jean-Edme Dufour & Philippe Roux, M.DCC.LXXVIII. In-8°, 1 vol.

181 Voyages de la Chine à la côte nord-ouest d'Amérique, faits dans les années 1788 et 1789; Précédés de la relation d'un autre Voyage exécuté en 1786 sur le vaisseau *le Nootka*, parti du Bengale; D'un Recueil d'Observations sur la Probabilité d'un Passage Nord-Ouest; Et d'un Traité abrégé du Commerce entre la Côte Nord-Ouest et la Chine, etc., etc. Par le Capitaine *J.* MEARES, Commandant le Vaisseau *la Felice*. Traduits de l'Anglois, Par *J. B. L. J.* BILLECOCQ, Citoyen Français. Avec une Collection de Cartes géographiques, Vues, Marines, Plans et Portraits, gravés en taille-douce. A *Paris*, chez F. Buisson, An 3e de la République. In-8°, 3 vol.

182 Collection de Cartes géographiques, Vues, Marines, Plans et Portraits, relatifs aux Voyages du Capitaine *J.* MEARES, Traduits de l'Anglois, Par *J. B. L. J.* BILLECOCQ, Citoyen Français; précédée D'une Table indicative de la correspondance des Planches avec les diverses parties de l'Ouvrage. A *Paris*, chez F. Buisson, An 3ᵉ de la République. Atlas. Pet. in-plano, 1 vol.

183 Voyage au Brésil, dans les années 1815, 1816 et 1817, par S. A. S. Maximilien , prince de Wied-Neuwied ; traduit de l'allemand par *J. B. B.* Eyriès, ouvrage enrichi d'un superbe atlas, composé de 41 planches gravées en taille-douce, et de trois cartes. *Paris*, Arthus Bertrand, [impr. Cosson, 1821 [-22]. In-8°, 3 vol.

184 Voyage au Brésil, Dans les années 1815, 1816 et 1817, par S. A. S. Maximilien, Prince de Wied-Neuwied , traduit de l'allemand par *J.-B.* Eyriès, trois volumes in-octavo, accompagnés d'un superbe atlas, composé de quarante-une belles planches gravées en taille-douce, dont plusieurs coloriées et de trois cartes. A *Paris*, chez Arthus Bertrand, [lith. Wagner, à *Leipzig*], 1822. 1 fort vol. in-f° obl. Atlas de l'ouvrage précédent.

CHRONOLOGIE. — CHRONIQUE.

185 L'Art de vérifier les Dates des Faits historiques , des Chartes , des Chroniques et autres anciens Monumens , depuis la Naissance de Notre-Seigneur, par le moyen d'une Table Chronologique , où l'on trouve les Olympiades , les années de J. C., de l'Ere Julienne ou de Jules César, des Eres d'Alexandrie & de Constantinople , de l'Ere des Séleucides , de l'Ere Césaréenne d'Antioche , de l'Ere d'Espagne, de l'Ere des Martyrs, de l'Hégire ; les Indictions, le Cycle Pascal , les Cycles Solaire & Lunaire, le Terme Pascal, les Pâques, les Epactes, & la Chronologie des Eclipses ; avec deux Calendriers perpétuels, le Glossaire des Dates, le Catalogue des Saints, le Calendrier des Juifs ; la Chronologie historique du Nouveau Testament ;

célles des Conciles, des Papes, des quatre Patriarches
d'Orient, des Empereurs Romains, Grecs ; des Rois les
Huns, des Vandales, des Goths, des Lombards, des Bulgares, de Jérusalem, de Chypre ; des Princes d'Antioche ;
des Comtes de Tripoli ; des Rois des Parthes, des Perses,
d'Arménie ; des Califes, des Sultans d'Iconium, d'Alep, de
Damas ; des Empereurs Ottomans, des Schahs de Perse
des Grands Maîtres de Malte, du Temple ; de tous les
Souverains de l'Europe ; des Empereurs de la Chine ; des
Grands Feudataires de France, d'Allemagne, d'Italie ; des
Républiques deVenise, de Gênes, des Provinces-Unies, &c.
[par *D. M.-Fr.* DANTINE, *D.* URSIN DURAND et *D. Ch.* CLÉ-
MENCET]. Troisième édition. Par un religieux bénédictin
de la congrégation de S. Maur. [*D. François* CLÉMENT]. A
Paris, chez Alexandre Jombert jeune, M.DCC.LXXXIII.
[-LXXXVII]. Gr. in-fol., 3 forts vol.

186 L'art de vérifier les dates, depuis l'année 1770 jusqu'à nos
jours ; formant la continuation, ou troisième partie de
l'ouvrage publié, sous ce nom, par les religieux bénédictins de la Congrégation de St-Maur. Cette partie, rédigée
par une Société de Savants et Hommes de lettres, est
publiée par M. le chevalier DE COURCELLES, ancien Magistrat. Tomes 1, 2, 3, 4, 5, 6, 7, 8, 8bis, 9, 10, 11, 12, 12bis,
13, 14, 15, 16, 17, 18, 19. *Paris*, Arthus Bertrand,
Treuttel et Wurtz, lib., imp. Moreau, 1821-1830. Ensemble
21 vol. in-8°, dont 3 vol. de tables, portant les nos 8bis, 12bis
et 19. (Le nom de M. de Courcelles ne se trouve que sur
les vol. 1 et 2. Les vol. 15, 16, 17 et 18 ont été publiés par
M. DE FORTIA).

187 L'Art de vérifier les dates des faits historiques, des inscriptions, des chroniques, et autres anciens monuments, avant
l'ère chrétienne ; par le moyen d'une Table Chronologique,
où l'on trouve les Années de la Période Julienne, les
Années du Monde, les Olympiades, les Années de Rome,
l'Ère de Nabonassar, l'Ère des Séleucides ou des Grecs,
l'Ère Césaréenne d'Antioche, l'Ere Julienne, l'Ere d'Es-

pagne, l'Ere Actiaque, le Cycle de Dix-Neuf Ans ou Nombre d'Or, etc., etc., et la Chronologie des Éclipses ; avec une Dissertation sur l'Année ancienne ; l'Abrégé de l'Histoire Sainte ; les Grands-Prêtres des Hébreux ; les Gouverneurs de Syrie ; les Rois d'Égypte ; ceux de Tyr et de Sydon (*sic*) ou de Phénicie ; les anciens Rois de Syrie ; les Rois Séleucides de Syrie ; ceux de Babylone, d'Assyrie, de Médie, de Perse, des Parthes, d'Arménie, de Bactrie , d'Emèse, d'Edesse , d'Albanie , de Colchide , d'Ibérie , d'Adiabène, de Cappadoce. de Pont, de Thrace, de Macédoine, de Bosphore Cimmérien, de Pergame, d'Epire, de Sicile, etc., etc.; les Empereurs de la Chine ; l'Histoire Romaine et celle des Carthaginois, par un Religieux de la *congrégation* de Saint-Maur ; [D. *François* CLÉMENT]. Imprimée pour la première fois sur les manuscrits des Bénédictins, mis en ordre par M. [VITON] de SAINT-ALLAIS, chevalier de plusieurs Ordres. A *Paris*, chez Moreau, imprimeur [et Arthus Bertrand, libraire], 1819. Pet. in-4°, 5 vol.

188 L'Art de vérifier les dates des faits historiques, des chartes, des chroniques, et autres anciens monuments, depuis la naissance de Notre-Seigneur, par le moyen d'une Table Chronologique, où l'on trouve les Olympiades, les Années de J.-C., de l'Ere Julienne ou de Jules César, des Eres d'Alexandrie et de Constantinople, de l'Ère des Séleucides, de l'Ère Césaréenne d'Antioche, de l'Ere d'Espagne, de l'Ère des Martyrs, de l'Hégire; les Indictions, le Cycle Pascal, les Cycles Solaire et Lunaire, le Terme Pascal, les Pâques, les Épactes, et la Chronologie des Éclipses ; avec deux Calendriers Perpétuels, le Glossaire des Dates, le Catalogue des Saints ; le Calendrier des Juifs ; la Chronologie historique du Nouveau Testament ; celle des Conciles, des Papes , des quatre Patriarches d'Orient, des Empereurs Romains , Grecs ; des Rois des Huns, des Vandales, des Goths, des Lombards, des Bulgares, de Jérusalem, de Chypre, des Princes d'Antioche ; des

Comtes de Tripoli ; des Rois des Parthes, des Perses, d'Arménie ; des Califes, des Sultans d'Iconium, d'Alep, de Damas ; des Empereurs Ottomans ; des Shahs de Perse ; des Grands-Maîtres de Malte , du Temple ; de tous les Souverains de l'Europe ; des Empereurs de la Chine ; des grands Feudataires de France, d'Allemagne, d'Italie ; des Républiques de Venise, de Gênes, des Provinces Unies, etc., etc., etc., par un Religieux de la congrégation de Saint-Maur ; [D. *François* CLÉMENT]. Réimprimé avec des corrections et annotations, et continué jusqu'à nos jours, par M. [VITON] DE SAINT-ALLAIS, chevalier de plusieurs Ordres. A *Paris*, Valade, imprimeur du roi, 1818. [-1819]. Pet. in-4°, 18 vol.

189 Dictionnaire de l'art de vérifier les dates des faits histo-- riques, des Chartes, des chroniques et autres anciens monuments depuis la naissance de Notre-Seigneur jusqu'à l'année 1750 par le moyen d'une table chronologique, avec deux calendriers perpétuels, la chronologie historique des Conciles, des Papes. Nouvelle édition d'après les Religieux Bénédictins de la congrégation de St-Maur, publié par M.... Tome unique. S'imprime et se vend chez Migne, éditeur, 1854. 1 vol. in-8°, tome 49ᵉ de la nouvelle Encyclopédie Théologique.

190 Atlas historique, généalogique , chronologique et géographique de *A*. LESAGE, comte de las Cases. Édition populaire et d'étude. Chez Selloye, éditeur, imp. Paul Renouard. 1 vol. in-fol.

191 Atlas synchronistique, géographique et généalogique, pour servir à l'étude de l'Histoire moderne de l'Europe, depuis l'avènement de François Iᵉʳ jusqu'à la Restauration, 1515- 1815, par *Charles* IMBERT DES MOTTELETTES. A *Paris*, chez l'auteur et chez F. G. Levrault, libraire ; à *Strasbourg*, même maison. *Paris*, imp. Paul Renouard, MDCCC XXXIV. 1 vol. in-fol. Cartes et tableaux.

192 [Fasciculus temporum, auctore *Wernero* Rolewinck, Carthusiensi. *Venetiis*, apud Erhardum Ratdolt, M. CCCC. LXXXIV.] 1 vol. in-fol. de 8 ff. non cotés et 66 ff. cotés].

F^0 1, r^0, blanc ; v^0 : Nicolao Mocenico Magnifici. D. francisci patricio veneto Erardhus *(sic)* ratdolt. Salutē. | — F^0 *sq.*, r^0: Tabula cōmodissima super libro | sequēti qui fasciculus diciī temporū | In q̄ qdē vbicūq3 pūcī ante numeR | apparet : gesta ī priori folioR latere : | vbi vo post ī posteriori ut reperiēī | denotaī. | — *Post VII folia tabulæ*, F^0 1 r^0 : ( ) Eneratio ჶ generatio | laudabit opera tua : ჶ | potentiā tuā pnunciabūt. | — F^0 65 r^0, *in fine* : Erhardus Ratdolt Augustensis impressioni parauit. | Anno salutis. M.cccc.lxxxiiii. v. calen. Junii. Venetiis | Inclyto principe Johanne Mocenico.

193 Chronicorvm mvltiplicis historiæ vtriusque testamenti, *Christiano* Massæo Cameracenate authore, Libri viginti. *Antverpiæ*, excvdebat Ioannes Crinitvs, anno M. D. XL. Cum Priuilegio cesareo. In-fol. 1 vol.

194 Chronicorum libellvs, maximas quasque res gestas, ab initio mundi, apto ordine complectens : ita ut annorum ratio, ac præcipuæ vicissitudines, quæ in regna, religionem, et in alias res magnas incidunt, quam rectissime cognosci ac observari queant. *Iohanne* Carione mathematico auctore. *Parisiis*, Carolus Langelier, 1543. In-8°, 1 vol.

195 Temporum brevis Descriptio, auctore *Gilberto* Genebrardo. *Parisiis*, ap. Martinum Juvenem, MDLXV. In-fol., 1 vol. de 14 ff. non cotés (non compris les ff. de garde), imprimés alternativement au v° et au r°, sans f. de titre, couv. parchemin.

F^0 I^0 v^0 *legitur* : Temporum breuis descriptio, quatenus scriptoris sacris confirmari potest, cvm multiplici Hebræorum, Græcorum, & Latinorum Theologorum enumeratione, atque causis, cur hi inter se dissentiant. Antonio Pratteo Abbati de Bon Liev, Mecœnati svo Gilbertvs Genebrardvs benedict. — F^0 XIV^0, r^0, *in fine*, *legitur* : Parisiis, excudebat Martinus

Iuuenis, ad insigne D. Christophori via S. Io. Lateranēsis. Anno
Domini millesimo quingentesimo sexagesimo-quinto , mense
Ianuario.

196 *Gilb*. GENEBRARDI, theologi Parisiensis, divinarvm hebraï-
carvmque literarum Professoris Regii, Notæ chronicæ siue
ad Chronologiam et historiam universam methodus omnibus studiosis utilis & fortasse necessaria. *Parisiis*, Oliva
P. l'Huillier, 1543. [A la fin du Privilége qui est imprimé
au verso du titre, on lit : Achevé d'imprimer par Pierre
Menier, 1584]. Pet. in-8°, 1 vol.

197 *Martini* POLONI, archiepiscopi Consentini, ac Summi Pontificis pœnitentiarii, chronicon expeditissimum, ad fidem
veterum manuscriptorum codicum emendatum & auctum :
Opera *Suffridi* PETRI , Leonardiensis Frisii. V. I. C.
Antverpiæ, Christ. Plantinus, 1574. In-8°, 1 vol.

Le fameux passage de la Papesse Jeanne, qui, au Jugement de Bayle et
d'autres bons critiques protestants, a été interpolé dans cette chronique, se trouve
à la page 318.

198 Chronicon VICTORIS Episcopi Tvnnvnensis. Chronicon
Ioannis BICLARENSIS, Episcopi Gervndensis. Legatio Lvit-
prandi Episcopi Cremonensis, ad Nicephorum Phocam
Græcorum Imperatorem nomine Othonis Magni Imp.
Avgvsti. Synodus Bauarica, svb Tassilone Bavariæ Dvce
tempore Caroli Magni. Omnia nunc primùm in lucem edita
stvdio et opera *Henrici* CANISII Noviomagi I C. et SS. Ca-
nonvm Professoris Ordinarij in Academia Ingolstadiensi.
Ingolstadii , ex officina Typographica Ederiana , apud
Andream Angermarivm, 1600. In-4° car., 1 vol.

199 Rervm toto orbe gestarvm Chronica A Christo nato ad
nostra vsque tempora, avctoribus EUSEBIO Cæsariensi episcopo B. HIERONYMO presbytero SIGEBERTO Gemblacensi
monacho ANSELMO Gemblacensi abbate *Avberto* MIRÆO
Brvxell. aliisq. Omnia ad antiquos codices mss. partim
comparata, partim nunc primùm in lucem edita. Operã ac

studio eiusdem Avberti Miræi, Canonici & Scholarchæ Antuerp. *Antverpiæ*, apud Hieronymvm Verdvssivm. Anno M. DC. VIII. In-4°, 1 vol., couv. parchemin.

200 Historiographia ALBERTI, Abbatis Stadensis, a condito orbe usque ad auctoris ætatem, id est, annum Iesu Christi, M. CC. LVI, deducta & nunc primùm evulgata. Qvo opere cvm aliis in partibvs vetvs historia, imprimis vero res germanicæ illustrantur, tum Saxoniæ & Metropol. Cranianæ fundamenta aperiuntur. E bibliotheca magnifici et illvstris viri Henrici Ranzovii, Equitis Holsati, Proregis Danici in Ducatu Schlesuic. *VVillebergæ*, Impensis Clementis Bergeri, excudebat Iohan. Schmidt, anno 1608. In-4° car., 8 ff. non cotés et 222 ff. cotés, suivis de 1 f. blanc, 16 ff. cotés intitulés *ad Annales Alberti, Abbatis Stad. Appendix genealogica*, et 4 ff. non cotés d'*emendanda et adiicienda*, titre encadré.

201 Opvs Chronographicvm Orbis vniversi a mvndi exordio vsque ad annvm M. DC. XI. Continens Historiam, Icones, et Elogia, Svmmorvm Pontificvm, Imperatorvm, Regvm, ac Virorvm Illvstrivm ; in duos Tomos diuisum. Prior Auctore *Petro* OPMEERO Amstelrodamo (*sic*) Batavo, à Petro fil. euulgatus. Posterior Auctore *Lavrentio* BEYERLYNCK Cive et Canonico Antverpiano. *Antverpiæ*, ex typographeio Hieronymi Verdvssii, cl⊃. l⊃. cxi. In-fol., 1 vol., titre gravé, gravvres dans le texte.

202 IDATII [Lemicæ Hispaniarum urbis] Episcopi, Chronicon & Fasti Consvlares. Opera & Studio *Jac.* SIRMONDI ; Societatis Iesv Presbyteri. *Lvtetiæ Parisiorum*, apud Seb. Cramoisy, 1619. In-8°, 1 vol.

203 Canon chronicvs compendiosvs [auctore UBBONE EMMIO, Frisio] Alter Priore plenior, paginis LV universum mundi tempus à principio usque ad nos exhibens. [*S. l. n. d., Groningæ*, 1619]. In-fol., 1 vol.

[*In eod. volum.* : I] Canon chronicvs plenior, In quo

universum tempus ab exordio mundi usque ad nos per lineas varias collaterales in vicenas partes æquales perpetuò divisas, ab Vbbone Emmio In eorum, qui sacræ & prophanæ historiæ studiosi sunt, usum concinnatus, Vnà cum reb. maximè memorabilibus, quæ in mundo evenerunt, suis locis breviter notatis. [*S. l. n. d.*, *Groningœ*, 1619]. In-fol., titre rubr.

[II] Chronologia rervm Romanorvm, cvm serie consvlvm ; Præmissis prolegomenis prolixis : Eodem auctore Vbbone Emmio, Lucem non parvam Historiæ Romanæ conferens. *Groningœ*, excudebat Ioannes Sassivs, Sumptibus Elseviriorvm, MDCXIX. In-fol.

[III] Appendix genealogica illustrando operi chronologico adjecta, ad eundem nobilissimum & amplissimum virum D. Abelem Coendervm ab Helpen, avtore eodem Vbbone Emmio. *Groningœ*, excudebat Ioannes Sassivs, Sumptibus Elseviriorvm, M DC XX. In-fol.

204 *Dionysi* Petavii, Avrelianensis e Societate Iesv, Rationarivm temporvm in partes dvas, libros tredecim tributum. In quo ætatum omnium sacra profanaque historia, chronologicis probationibus munita summatim traditur. Editio tertia nonnullis accessionibus auctior facta et ab Auctore recognita. *Parisiis*, Seb. Cramoisy, 1636. In-8°, 1 vol.

Cet exemplaire, dont la reliure porte sur le dos et les plats un semis de L couronnés, a été donné en prix par les Jésuites du Collége de Clermont à Louis de la Trémoille, comte d'Olonne, fils de Philippe, marquis de Royan, comte d'Olonne, sénéchal de Poitou, et de Madelaine Champrond.

Né en 1626, Louis de la Trémoille se signala à la bataille de Nordlingen, en 1664, et mourut sans postérité le 3 février 1686, âgé de 60 ans.

205 Ephemerides, ov Iovrnal chronologiqve et historiqve, contenant succinctement les choses plus remarquables, qui sont auenuës de Iour en Iour, de Mois en Mois, & d'An en An, depuis le commencement des Siècles, jusqu'à l'Année 1664. de celui-ci. Le tout extrait des Fastes, tant sacrées que prophanes (*sic*) & diuisé en deux Parties, l'une

d'Hyuer, & l'autre d'Esté. Par le R. P. *Dom* Pierre de S. Romvald [*Pierre* Guillebaut], Religieux Feüillent (*sic*). Seconde Edition. A *Paris*, chez François Clovsier, M.DC. LXIV. In-12, 2 vol.

206 ΠΑΣΧΑΛΙΟΝ seu Chronicon Paschale a Mundo condito ad Heraclii Imperatoris annum vicesimum. Opus Hactenus Fastorum Siculorum nomine laudatum, deinde Chronicæ temporum Epitomes, ac denique Chronici Alexandrini lemmate vulgatum : nunc tandem auctius et emendatius prodit, cum nova Latina versione & Notis Chronicis ac Historicis, cura et studio *Caroli* du Fresne, D. du Cange, Regi à Consiliis & Franciæ apud Ambianos Quæstoris. *Parisiis*, e Typographia Regia, M. DC. LXXXVIII Gr. in-fol., 1 fort vol., belle impression grecque.

207 Annales Veteris et Novi Testamenti, a prima mundi origine deducti, una cum Rerum Asiaticarum et Ægyptiacarum Chronico, a temporis historici principio usque ad extremum Templi et Reipublicæ Judaicæ excidium producto. *Jacobo* Usserio, Archiep. Armachano et Hiberniæ Primate, Digestore. Accedunt Tria Ejusdem Opuscula, I. De Chronologia Veteris Testamenti. II. De Macedonum et Asianorum Anno Solari. III. De Symbolis. Quibus omnibus præfixa est Jacobi Usserii Vita, à *Th.* Smitho S. T. D. conscripta. Editio nova. *Genevæ*, apud Gabrielem De Tournes et Filios, M. DCC. XXII. Gr. in-fol. 1 fort vol., titre rouge et noir, portr. d'auteur.

208 Tablettes Chronologiques de l'Histoire Universelle, sacrée et profane, ecclésiastique et civile, depuis la Création du Monde jusqu'à l'an 1775 ; avec des Réflexions sur l'Ordre qu'on doit tenir, & sur les Ouvrages nécessaires pour l'étude de l'Histoire. Par M. l'Abbé Lenglet du Fresnoy. Nouvelle Édition, revue, corrigée & augmentée par *J. L.* Barbeau de la Bruyère. A *Paris*, chez les Frères de Bure, P. M. Delaguette, M. DCC. LXXVIII. Pet. in-8°, 2 vol.

209 *Evsebii* Pamphili Chronicorvm Canonvm Libri dvo. Opvs
ex Haicano Codice a Doctore *Iohanne* Zohrabo Collegii
Armeniaci Venetiarvm Alvmno diligenter expressvm et
castigatvm *Angelvs* Maivs et *Iohannes* Zohrabvs nvnc
primvm conivnctis cvris latinitate donatvm notisqve illvstratvm additis græcis reliqviis edidervnt. *Mediolani,*
Regiis typis, MDCCCXVIII. Gr. in-4", 1 vol.

[*In eod. volum.*] : Samvelis Præsbyteri (*sic*) Aniensis
Temporvm vsqve ad svam ætatem Ratio e libris histori-
corvm svmmatim collecta Opvs ex Haicanis qvinqve Codicibvs ab *Iohanne* Zohrabo Doctore Armenio diligenter
exscriptvm atqve emendatvm Iohannes Zohrabvs et
Angelvs Maivs nvnc primvm conivnctis cvris latinitate
donatvm notisqve illvstratvm edidervnt. *Mediolani,* Regiis
typis, MDCCCXVIII. Gr. in-4".

210 Chronique de *Robert* de Torigni, Abbé du Mont-Saint-
Michel, suivie de divers Opuscules historiques de cet
Auteur et de plusieurs Religieux de la même Abbaye, le
tout publié d'après les manuscrits originaux [sous les
auspices de la Société de l'Histoire de Normandie], par
Léopold Delisle [Conservateur de la Bibliothèque Natio
nale]. *Rouen,* chez A. Le Brument [*puis* Ch. Météric],
imp. H. Boissel, M DCCC LXXII [-LXXIII]. In-8", 2 vol.

HISTOIRE UNIVERSELLE.

211 Almanach pour l'an 1563. Composé par M. *Michel* Nostradamus, docteur en Medecine, de Salon de Craux en Prouence.

> Quant le deffault du Soleil lors sera
> Sur le plein iour le monstre sera veu,
> Tout autrement on l'interpretera,
> Cherté n'a garde, nul n'y aura pourueu.

A *Paris,* pour Barbe Regnault. Pet. in-16. — 62 pages
non foliotées.

La dédicace de cet almanach est : « a Tres-Noble & Tres-Puissant seigneur,

» Monseigneur Françoys de Lorraine, duc de Guise, Michel Nostradamus son
» humble & tres-obeissant serviteur, desire ioye, salut & felicité. »

Une main du temps, à la marge du calendrier, à la date du 24 février, a mis en
annotation : mort du duc de Guyse, celui-là même à qui l'almanach est dédié.

212 Enneades *Marci Antonij* | Sabellici Ab orbe con- | dito
Ad inclinatio- | nem Romani | Imperij. | [*Nota typogra-*
phica]. [*Venetiis*, Albanesoti, 1498]. In-fol., 1 tome en
2 vol., titre rouge avec marque xylographiée, caractères
romains, 14 ff. non cotés ccccLxII ff. cotés et 1 f. non coté.

F^o 1, *r^o* : *lit. rub.* ; *v^o* : M. Antonius Sabellicvs : Avgvstino
Barbadico Serenissimo | Venetiarvm Principi et Senatvi Felici-
tatem. | — *F^o* I, *r^o* : Marci Antonii Coccii Sabellici in Rapso-
diam histo- | riarvm ab orbe condito. Præfatio. | — *F^o* ccccLxII,
r^o, *in fine* : Marci Antonii Coccii Sabellici | Rapsodiæ Histo-
riarvm ab orbe condito. Ennea- | dis septimæ. Liber | nonvs et
vlti- | mvs felicissime ex- | plicit. | Lavs Deo. | — *F^o eod.*, *v^o* :
M. Antonivs Sabellicvs Democrito. | — *F^o ultimo*, *r^o* : Regis-
trum. | — *F^o eod.*, *v^o*, *in fine, litt. rubr.* : Impressvm Venetiis
per Bernardinvm et Ma- | thevm Venetos. Q vivvlgo (*sic*)
dicvntvr li Al- | banesoti. Anno Incarnationis Domini- | ce.
MCCCCXCVIII. pridie calendas Apri- | lis. Regnante inclito
Avgvsti- | no Barbadico serenissimo | Venetiarvm Principe. |
feliciter divq ve (*sic*) et favstesv-(*sic*) | perstite. | div. [*Nota*
typogr. rubra].

213 Del Governo ed Amministrazione di diversi Regni e Repu-
bliche cosi antiche como moderne, libri XXI, di M. *Fran-*
cesco Sansovino. In *Venetia*, appresso Giovanni Antonio
Bertano, MDLXXVIII. In-4°, 1 vol., le titre manque, 7 ff.
non cotés et 200 ff. cotés.

214 L'Histoire des Histoires, avec l'Idée de l'Histoire accomplie. Plvs le Dessein de l'Histoire nouuelle des François :
et pour Auant-jeu, la Refutation de la Descente des fugitifs
de Troye, Œuvre ny veu ny traicté par aucun. [Par le
sieur Voisin de la Popelinière]. A *Paris*, chez Iean
Hovzé, 1599. Pet. in-8°, 1 vol.

5

215 Historiæ vniversæ, sacræ et profanæ Tomus alter, qvi est, de rebvs ab Alexandri magni monarchia, gestis ad saluti- ferum Christi Domini Natalem. ad Illvstr.ᵐᵘᵐ et Rever.ᵐᵘᵐ Dom. D. Iacobvm Boonen, Ecclesiæ Machliniensis Archi- episcopvm, Auctore D. *Andrea* Hoio Brugense, Regio, in Academiâ Duacenâ, Eloquentiæ & Historiarum Profes- sore. *Dvaci*, ex Officinâ Typographicâ Baltazaris Belleri, Anno 1629. In-fol. 1 vol.

216 Ημερ-ενιαυτο-γενεα-χορο γραφιας (*sic*) Nucleus, Insigni Lectionis variæ fructu locuples. Historiæ cùm Sacræ tùm Prophanæ (*sic*) cognitione compendiosissima atque utilissima præ- gnans. Excolendæ juvandæq, memoriæ perquam accom- modus. Multis magni momenti Symbolis, recens auctus atque excultus. Authore R. P. *F. Gabriele* Bucelino, Monacho Theologo Weingarttensi, Ordinis S. P. N. Bene- dicti. *Ulmæ*, Sumptibus Viduæ Joh. Görlini, Anno M.DC. LXXII. In-12, 1 vol., faux-titre gravé, cartes gravées sur bois, 306 ff. non cotés.

217 Histoire du Monde, par M. [*Urbain*] Chevreau. Troisième édition, revue, corrigée & augmentée de la suite de l'His- toire des Empereurs d'Occident, jusqu'à l'Empereur Charles VI, à présent régnant, et de plusieurs autres additions considérables dans le corps de l'ouvrage. Par M. l'abbé [*René* Aubert, sieur] de Vertot. *Amsterdam*, D. Mortier [*Paris*], 1717. In-12, 8 vol. Titre gravé.

218 Histoire générale civile, naturelle, politique et religieuse de tous les peuples du Monde ; avec des observations sur les mœurs, les coutumes, les usages, les caractères, les diffé- rentes langues, le Gouvernement, la Mythologie, la Chro- nologie.... des différents peuples de l'Europe, de l'Asie, de l'Afrique & de l'Amérique. Par M. l'Abbé [*Claude-Fran- çois*] Lambert. *Paris*, Prault, 1750. In-12, 12 vol.

219 Discours sur l'Histoire Universelle, à Monseigneur le Dauphin : Pour expliquer la suite de la Religion, et les

changements des Empires. Par Messire *Jacques-Bénigne*
Bossuet, Evêque de Meaux &c. *Paris*, Babuty, 1771.
In-12, 2 vol.

220 Histoire des différents Peuples du monde, contenant les
Cérémonies religieuses et civiles, l'Origine des Religions,
leurs Sectes & Superstitions, & les Mœurs & Usages de
chaque Nation ; dédiée à Monseigneur le comte de Saint-
Florentin ; par M. *Contant* Dorville. A *Paris*, chez
Hérissant, Fils, J. P. Costard, M. DCC. LXX. [-LXXI].
In-8°, 6 vol.

221 L'Esprit des Usages et des Coutumes des différens Peuples.
Ouvrage dans lequel on a réuni en corps d'Histoire tout
ce qu'ont imaginé les Hommes sur les alimens & les repas,
les Femmes, le mariage, la naissance & l'éducation des
Enfans, les Chefs & les Souverains, la Guerre, la distribution des rangs, la servitude et l'esclavage, la pudeur, la
parure, les modes, la société, & les usages domestiques,
les loix pénales, les supplices, la Médecine, la mort, les
funérailles, les sépultures, etc. A *Londres*, et se trouve à
Paris, chez Laporte, M.DCC.LXXXV. In-8°, 3 vol.

222 Univers pittoresque ou histoire et description de tous les
peuples, de leurs religions ; mœurs, coutumes, etc. (avec
gravures). *Paris*, Firmin Didot frères, in-8°.

Europe: Grèce, par Pouqueville ; 1835, 1 vol.— Italie,
par Artaud, et Sicile, par de Lasalle; 1835, 1 vol. —
Suisse et Tyrol, par *P.* de Golbéry ; 1838, 1 vol.—Suède
et Norwège, par *P.* Lebas ; 1838, 1 vol. — Allemagne,
par *P.* Lebas ; 1838, 2 vol.—Russie, par Chopin; Crimée,
Circassie et Géorgie, par *C.* Famin; Arménie, par Boré ;
1838, 2 vol. — Turquie, par *J. M.* Jouannin et *J.* Van
Gaver ; 1840, 1 vol. — Pologne, par *C.* Forster ; 1840,
1 vol. — France, par *P.* Lebas ; 1840-1845, Annales historiques, 2 vol. Dictionnaire encyclopédique, 12 vol. —
Angleterre, Écosse et Irlande, par *L.* Galibert et *C.* Pellé;

1842, 4 vol. — États de la Confédération germanique, pour faire suite à l'histoire générale de l'Allemagne, par *P*. LEBAS. (Autriche, Prusse et Confédération germanique); 1842, 1 vol. — Belgique et Hollande, par VAN HASSELT; 1844, 1 vol. — Espagne, par *J*. LAVALLÉE et *A*. GUÉROULT; îles Baléares et Pythiuses, par *F*. LACROIX; Sardaigne, par GREGORY; Corse, par FRIESS DE COLONNA; 1844-47, 2 vol. — Villes anséatiques, par ROUX DE RO-CHELLE; 1844, 1 vol. — Portugal, par *F*. DENIS; 1846, 1 vol. — Danemarck, par *J. B.* EYRIÈS; 1846, 1 vol. — Italie ancienne, Annales par DURUY, FILON, LACROIX & JANOSKI. — Italie ancienne, Institutions par les mêmes; 1851, 2 vol. — Iles de la Grèce, par *L*. LACROIX; 1853, 1 vol. — Provinces Danubiennes, par CHOPIN et UBICINI; 1856, 1 vol. — Grèce moderne, par BRUNET DE PRESLE et *Alex*. BLANCHET; 1860, 1 vol. — Ens. : 26 volumes.

Asie : Chine (1re partie), par *G*. PAUTHIER; 1837, 1 vol. — Perse, par *L*. DUBEUX; 1841, 1 vol. — Inde, par DUBOIS DE JANCIGNY et *X*. RAYMOND; 1845, 1 vol. — Palestine, par MUNK; 1845, 1 vol.— Arabie, par *Noël* DESVERGERS, avec carte de l'Arabie et note sur cette carte, par JOMARD; 1847, 1 vol. — Tartarie, Béloutchistan, Boutan et Népal, par M. DUBEUX et *V.* VALMONT; Afghanistan, par *X*. RAYMOND; 1848, 1 vol. — Syrie ancienne et moderne, par *J*. JANOSKI, VEYDT et *J*. DAVID; 1848, 1 vol. — Japon, Indo-Chine, Ceylan, par DUBOIS DE JANCIGNY; 1850, 1 vol. — Phénicie, Babylonie, Assyrie, Palmyrène, par *F*. HŒFER; 1852, 1 vol. — Chine moderne, 1re partie, par PAUTHIER; 2e partie, par BAZIN; 1853, 1 vol. — Asie mineure, jusqu'à 1402, par *P*. LE BAS et CHÉRON; 1863, 1 vol. — Asie mineure, description des provinces et des villes, par *C*. TEXIER; 1862, 1 vol. — Ens. : 12 volumes.

Afrique : Égypte ancienne, par CHAMPOLLION-FIGEAC; 1839, 1 vol. — Esquisse générale de l'Afrique et Afrique ancienne, par D'AVEZAC; Carthage, par DUREAU DE LA-MALLE et *J*. JANOSKI; Numidie et Mauritanie, par *L*. LA-

CROIX ; Afrique chrétienne et domination des Vandales en Afrique, par *J.* JANOSKI ; 1844, 1 vol. — Sénégambie et Guinée, par *A.* TARDIEU ; Nubie, par *S.* CHÉRUBINI ; Abyssinie, par *Noël* DESVERGERS ; 1847, 1 vol.—Iles de l'Afrique, par d'AVEZAC, FROBERVILLE, *F.* LACROIX, *F.* HŒFER, MAC CARTHY, *V.* CHARLIER ; 1848, 1 vol. (Y compris Malte et le Goze). — Afrique australe, cap de Bonne-Espérance, Congo, etc., Afrique orientale, Mozambique, Monomotapa, Zanguebar, Gallas, Kordofan, etc. Afrique centrale, Darfour, Soudan, Bornou, Tombouctou, Grand-Désert de Sahara, Empire de Maroc, par *F.* HŒFER ; 1848, 1 vol. — Égypte, depuis la conquête des Arabes jusqu'à la domination française, par *J. J.* MARCEL ; sous la domination française, par *A.* RYME ; sous la domination de Méhémet-Aly, par *P.* et *H.* ; 1848, 1 vol. — Algérie, par CARETTE et ROZET ; Tripoli et Tunis, par MARCEL; 1850, 1 vol. — Ens. : 7 volumes.

Amérique : Brésil, par *F.* DENIS ; Colombie et Guyanes, par *C.* FAMIN ; 1837, 1 vol. — États-Unis d'Amérique, par ROUX DE ROCHELLE; 1837,1vol.—Chili, Paraguay, Uruguay, Buenos-Ayres, par *C.* FAMIN ; Patagonie, par *F.* LACROIX; 1840, 1 vol. — Mexique et Guatémala par LA RENAUDIÈRE ; Pérou, par LACROIX ; 1843, 1 vol. — Histoire des Antilles et des colonies françaises, espagnoles, anglaises, danoises et suédoises, par *E.* REGNAULT. — Suite des États-Unis, depuis 1812 jusqu'à nos jours, par *E.* REGNAULT et *J.* LABAUME.— Possessions anglaises dans l'Amérique du Nord, par *F.* LACROIX.— Les Californies, l'Orégon et les possessions russes en Amérique, par *F.* DENIS ; 1849, 1 vol. — Ens. : 5 volumes.

Océanie ou cinquième partie du monde, revue géographique et ethnographique de la Malaisie, de la Micronésie, de la Polynésie et de la Mélanésie, par M. *G. L.* DOMENY DE RIENZI. Tome 1er, Tome 2e, Tome 3e. *Paris*, 1836-37, 3 vol.

Ensemble 67 volumes in-8°.

223 Vie et mœurs des nations de l'Europe. Se vend à *Lille*, chez P. S. Lalau, Imprimeur, près l'Hôtel-de-Ville. 1 plac.

224 La Paix et la Trève de Dieu, Histoire des premiers développements du tiers-état par l'Église et les associations, par *Ernest* SEMICHON, Avocat, membre du Conseil général de la Seine-Inférieure, *Paris*, Didier et C^le, *Rouen*, impr. A. Péron], 1857. In-8°, 1 vol.

HISTOIRE ECCLÉSIASTIQUE GÉNÉRALE A DIVERSES ÉPOQUES ET DANS DIFFÉRENTS PAYS.

225 EUSEBII Cæsariensis Episcopi, Historia Ecclesiastica interprete RUFINO, edente *Gauffrido* BOUSSARDO. *Parisiis*, Fr. Regnault, circa 1500, in-8°, 2 col. goth., 1 vol.

Descriptio bibliographica : Fol. 1° recto : Hystoria ecclesiastica. *Sub his verbis insigne typographicum Francisci Regnault conspicitur, et legitur deinde :* Venundatur parisius a Fran | cisco Regnault in vico Sancti Ia | cobi sub signo diui Claudii. | *Eodem folio verso, longis lineis :* Prologus | Gaufridus Boussardus theologorum minimus, dño Stephano | poncher iuris pontificii pariter et imperatorii interpreti Celeber- | rimo &c. *Fol. 2° verso, duobus columnis :* Incipit Plogus Rufini presbyteri | in hystoriã ecclesiasticam ad | Cromatium episcopum. | *F° 3° recto :* Icipit liber prim^9 historie Ec- | lesiastice Eusebii cesariensis | . *Fol. 131° verso, prima columna :* Eusebii Cesariensis ecclesiasti | ca finit historia per Magistrum | Goffredum boussardum sacre pa- | gine doctorem eximium exactissi | me correcta & emendata Parisius | impressa expēsis honesti viri Frā | cisci regnault commorãtis in vico | Sancti Jacobi in intersignio diui Claudii. | *Fol. sequenti recto incipit operis tabula, quæ vigenti duobus foliis constat, in cujus fine leguntur quinque disticha in Eusebium a Bussardo eximie castigatum, concinnata a Publio Fausto Andrelino, Forolivinensis regio Poeta.*

Cette édition est extrêmement rare et précieuse. Elle est inconnue à Hain et à tous les bibliographes que nous avons pu consulter.

226 *Nicephori Callisti* XANTHOPVLI, scriptoris vere Catholici, Ecclesiasticæ Historiæ libri decem et octo. Sacratiss. Rom. Regis Ferdinandi liberalitate, opera veró ac Studio doctiss. viri *Ioannis* LANGI, Cōsiliarij Regij, e Græco in Latinum sermonem translati, nuncq, denuō castigatiores, et Scholiis ad marginê permultis superadditis, auctiores in lucem editi. Quorum eximia vtilitas, præ cæteris Ecclesiasticorum scriptorum historiis hactenus editis, cùm in Ioan. Langi ad S. R. Maiest. tum ipsius Nicephori, lucubrationis huius suæ initio statim adiecta præfatione, satis luculenter exponitur in duos diuisimus tomos : quorum prior duodecim cōplectitur libros : posterior verō sex. *Parisiis*, apud Stephanum Petit, M. D. LXVI. Tom. prim. cum indice. 1 vol. petit in-4°.

Ce 1ᵉʳ volume va jusqu'à la mort de Théodose.

227 ABDIÆ, Babyloniæ primi Episcopi ab Apostolis constitvti, de Historia certaminis Apostolici, libri X. · *Julio* AFRICANO interprete. B. Matthiæ Apostoli, Marci, Clementis, Cypriani et Appolinaris vitæ, ex scriniis primitiuæ Ecclesiæ Notariorum depromptæ. Vita B. Martini Sabariensis, Turonensis Episcopi, a SEVERO SULPITIO conscripta. Quæ nunquam hactenus excussa prodeunt. S. Marcialis, discipuli Domini, vita ab AURELIANO, quem idem sibi Episcopum Lemovicensem substituit, descripta S. MARTINI, Turonensis, Episcopi, fidei Confessio, brevibus scholiis a F.*Thoma* BEAUXAMIS, Carmelita Parisino, illustrata.[Edente *Johanne* FABRO, theologo Sorbonico]. *Parisiis*, Belot, 1751. In-8°, 1 vol.

228 ANASTASII [S. R. E.] Bibliothecarii Historia Ecclesiastica, sive Chronographia tripertita. Ex M S. Codice Bibliothecæ Vaticanæ. Collata ad M S. Exemplar Longobard vetvstiss. Casinens. Biblioth. vnde Rom. Exemplar manavit. Nunc denuo ad fidem veterum Librorum emendata Accedunt Notæ *Caroli Annibalis* FABROTI I C. quibus obscura quæque Anastasij illustrantur. Item Glossaria duo,.

quibus vocabula mixo-barbara collata cum Græco Nice-
phori, Georgij Syncelli, & Theophanis, exponuntur. [*Item* :
Anastasii S. R. E. Bibliothecarii Historia, de Vitis Romanorvm Pontificvm, a B. Petro Apost. ad Nicolavm I. nvm-
qvam hactenvs typis excvsa : deinde Vita Hadriani II. et
Stephani VI. auctore GVILLELMO Bibliothecario. Ex Biblioth.
Marci Velseri Augustanæ R. P. II. Viri. Accessere variæ
Lectiones, partim ex Codd. MSS. Biblioth. Vaticanæ,
partim ex Conciliorum Tomis, & Annalibus Ecclesiasticis
Cæsaris Baronii Cardinalis excerptæ. Item variæ Lectiones, ex tribus Codicibus MSS. collectæ, & Index Glossa-
rum Anastasij. Operâ *Caroli Annibalis* FABROTI I C.]
Parisiis, e Typographia Regia. [curante Sebastiano Cramoisy, Regis ac Reginæ Regentis Architypographo.]
M. DC. XLIX. Gr. in-f°, 1 vol.. comprenant : 6 ff. non
cotés de f.-tit., tit. et index, 263 pp. chiffr., 5 pp. d'index,
1 feuillet de marque d'imprimeur, 1 feuillet blanc, 8 ff. non
cotés de tit., préface, éloges et index, 313 pp. chiffr.,
7 pp. d'index et 1 feuillet de marque d'imprimeur, belle
rel. cuir frappé et gaufré.

229 Θεοδωριτου Επισκοπου Κυρου και Ευαγριου Σχολαστικου Εκκλησι-
αστικη Ιστορια. Εκλογαι απο των Ιστοριων Φιλοστοργιου και
Θεοδωρου. THEODORITI Episcopi Cyri et EVAGRII Scholastici
Historia Ecclesiastica. Item. Excerpta ex Historiis PHILOS-
TORGII et THEODORI LECTORIS. *Henricus* VALESIUS Græca ex
MSS. Codicibus emendauit, Latinè vertit, & Annotatio-
nibus illustrauit *Parisiis*, Typis Petri le Petit, Regis
Typographi : M. DC. LXXIII. In-f° à 2 col., 1 vol.

230 Historiæ Ecclesiasticæ Scriptores, Græce et Latine,
Henrico VALESIO Interprete, *scilicet* :
Ευσεβιου του Παμφιλου Εκκλησιαστικη Ιστορια. *Eusebii* PAM-
PHILI Ecclesiasticæ Historiæ Libri decem. Ejusdem de
Vita Imp. Constantini Libri quatuor. Quibus subjicitur
Oratio Constantini ad Sanctos, & Panegyricus Eusebii
Henricus Valesius Græcum textum collatis IV. Mss. codi-

cibus emendavit, Latine vertit, & Adnotationibus illustravit. Accesserunt Criticæ plurium eruditorum Observationes, variantes Lectiones, & Tabulæ Geographicæ,
quibus Gulielmus Reading editionem suam Cantabrigien-
sem locupletavit.

Σωκρατους Σχολαστικου και Ερμιου Σωζομενου Εκκλησιαστικη
Ιστορια. SOCRATIS SCHOLASTICI et HERMIÆ SOZOMÊNI Historia
Ecclesiastica. Henricus Valesius... Adjecta est ad calcem
Disputatio Archelai Episcopi adversus Manichæum.

Θεοδωροιτου Επισχοπου Κυρου και Ευαγριου Σχολαστικου
Εκκλησιαστικη Ιστορια. Εχλογαι απο των Ιστοριων Φιλοστοργιου
και Θεοδωρου. THEODORITI Episcopi Cyri et EVAGRII SCHO-
LASTICI Historia Ecclesiastica. Item Excerpta ex Historiis
PHILOSTORGII, & THEODORI LECTORIS. Henricus Valesius...
Augustæ Taurinorum, M. DCC. XLVI-M. DCC. XLVIII.
Ex Regia Typographia. Gr. in-f°, 3 vol.

331 Historia Apostolica ex antiquis monumentis collecta opera
et studio *Antonii* SANDINI. J. U. D. & in Seminario Patavino Bibliothecæ Custodis. Editio quarta Italica retractatior & auctior curis postumis Auctoris. *Patavii*, Typis
Seminarii, M DCC LXV. Apud Joannem Manfrè. Pct.
in-8°, 1 vol.

232 Histoire de l'Eglise, depuis Jésus-Christ jusqu'à présent,
divisée en quatre parties. La première contient L'Histoire
du Gouvernement de l'Eglise dans ses Diocèses d'Alexandrie, d'Antioche, d'Afrique, des Gaules, de Constantinople, & de Rome. La seconde, L'Histoire de ses principaux Dogmes, du Canon des Ecritures, des Traditions,
des huit Conciles Œcuméniques, de la Justification, de la
Grâce, & de l'Eucharistie. La troisième contient celle de
l'adoration du Sacrement, du culte des Anges, de la Vierge,
des Saints, de leurs Reliques, & de leurs Images, depuis
Jésus-Christ jusqu'à la naissance des Albigeois. Et la
quatrième, L'Histoire des Albigeois, & de la Succession
de l'Eglise, jusqu'à présent. Par Mons' [*Jacques*] BASNAGE

[DE BEAUVAL, ministre protestant]. A *Rotterdam*, chez Reinier Leers, M DC XCIX. In-f°, 2 vol., tit. rouge et noir.

233 Histoire Ecclesiastique par Mr FLEURY, prêtre, abbé du Loc-Dieu, ci-devant sous-précepteur du Roy d'Espagne, de Monseigneur le Duc de Bourgogne & de Monseigneur le Duc de Berry. [*puis* prieur d'Argenteuil et Confesseur du Roy]. A *Paris*, chez Jean Mariette, [Pierre Aubouin, Pierre Emery]. M. DCC. XIII [1699-1720]. In-4°, 20 vol.

[*A partir du t. XXI*] Histoire Ecclésiastique, pour servir de continuation à celle de Monsieur l'Abbé Fleury [par le P. J.-Cl. FABRE et GOUJET]. A *Paris*, chez Hippolyte-Louis Guérin, M. DCC. XXVI [-XXXVIII]. In-4°, 16 vol., en tout 36 vol., collection complète.

T. Ier : les deux premiers siècles. — T. II : 3e siècle. — T. III : 313-361. — T. IV : 361-395. — T. V : 395-429. — T. VI : 429-485, — T. VII : 485-490. — T. VIII : 483-678. — T. IX : 679-794. — T. X : 795-859. — T. XI . 858-925. — T. XII : 925-1053. — T. XIII : 1053-1099. — T. XIV : 1099-1153. — T. XV : 1153-1197. — T. XVI : 1198-1230. — T. XVII : 1230-1260. — T. XVIII : 1260-1300. — T. XIX : 1300-1339. — T. XX : 1339-1414. — T. XXI : 1401-1431. — T. XXII : 1431-1455. — T. XXIII : 1456-1484. — T. XXIV : 1485-1507. — T. XXV : 1508-1520. — T. XXVI : 1521-1528. — T. XXVII : 1528-1535. — T. XXVIII : 1536-1545. — T. XXIX : 1545-1550. — T. XXX : 1550-1555. — T. XXXI : 1555-1560.—T. XXXII : 1561-1562.—T. XXXIII : 1562-1563. — T. XXXIV : 1563-1569. — T. XXXV : 1570-1584. — T. XXXVI : 1585-1595.

234 Table générale des Matières contenues dans les XXXVI volumes de l'Histoire Ecclesiastique de M. Fleury & du P. Fabre, Avec les dates des principaux événemens : [Ouvrage qui peut servir de Dictionnaire pour l'Histoire Ecclésiastique : [par RONDET]. A *Paris*, chez Jean Desaint

& Charles Saillant, Jean-Thomas Herissant, Laurent Durand, M DCC. LVIII. In-4°, 1 vol.

235 Observations sur l'histoire ecclésiastique de Monsieur l'abbé Fleury, &c., adressées à Nostre S. P. le Pape Benoist XIII et à nos Seigneurs les Evesques. S. n. d'imp. M DCC XXVI. 1 br. 46 p. in-4° (par le P. HONORÉ DE S. MARIE, Carme déchaussé).

236 Observations sur l'Histoire Ecclésiastique de Monsieur l'Abbé Fleury, &c., Adressées à Nostre S. P. le Pape Benoist XIII, & à Nos Seigneurs les Evêques (Par le P. *Blaise* VAUXELLE, en religion, HONORÉ DE SAINTE-MARIE). A *Malines,* chez Laurent Van der Elst, 1729, in-12. Pièce de 91 pages et une Approbation de 5 pp. non foliotées, donnée à Malines le 27 mars 1729, par H. Stevart, licentié en Théologie, doyen de St Rombaut.

Le P. Honoré de Ste Marie, né à Limoges, le 4 Juillet 1651, mourut à Lille, en 1729, au Couvent des Carmes. Il était entré dans l'Ordre, à Toulouse, en 1671.

237 Justification des Discours & de l'Histoire Ecclésiastique de M. l'abbé Fleuri, contre les reproches & les calomnies de quelques Religieux Flamans : Principalement au sujet de la Doctrine du Clergé de France & de plusieurs abus introduits dans l'Église. Seconde édition revue & corrigée. [Par le P. OSMONT DU SELLIER, capucin, connu sous le nom de PÈRE TRANQUILLE de Bayeux]. *Nancy (Hollande).* aux dépens de Joseph Nicolaï, 1737 & 1738, in-11. 2 tom. en 1 vol.

Le p. Osmont prétend réfuter les *Observations sur l'Hist. Ecclésiastique de M. Fleuri* du P. Honoré de Ste-Marie & *La Mauvaise foi de M. l'abbé Fleuri,* prouvée par plusieurs passages des Sts Pères, &ª. du P. Baudouin de Housta, Augustin.

238 Justification de l'Histoire ecclésiastique de M. l'abbé Fleuri, &ª [Par *Osmont* DU SELLIER, capucin, connu sous le nom de P. TRANQUILLE de Bayeux]. *Nancy.* J. Nicolaï, 1737, 1 vol.

Dans le même volume : Lettre d'un laïc d'Aux. .. à

M. B...., laïc. Au sujet de l'article 70 des Mémoires de Trévoux pour le mois de Juillet 1735. [Par l'abbé *Claude-Pierre* GOUJET]. S.l. n. nom d'impr. 1736. Pièce de 22 pages.

La *lettre d'un Laïc d'Auxerre* est une Réponse à l'article que le P. Baugeant avait consacré dans les *Mémoires de Trévoux* au *Discours sur le renouvellement des études et principalement des études ecclésiastiques depuis le XIVe siècle*, par l'abbé Goujet et qu'il attribuait à tort au P. Fabre, de l'Oratoire.

239 Discours sur l'Histoire ecclésiastique, par M. l'Abbé FLEURY, prêtre, Prieur d'Argenteuil & Confesseur du Roi. Nouvelle édition, augmentée des Discours sur la Poésie des Hébreux : sur l'Ecriture-Sainte ; sur la Prédication & sur les Libertés de l'Eglise Gallicane. On y a joint le Discours sur le Renouvellement des Etudes Ecclésiastiques depuis le XIVe siècle , par M. l'abbé [*Claude-Pierre*] GOUJET, chanoine de St Jacques de l'Hôpital. *Paris*, Hérissant, 1763, in-12, 1 vol.

240 Critique de l'Histoire Ecclésiastique de *Claude* FLEURY, avec une Addition sur son continuateur [le P. *Jean-Cl.* FABRE et l'Abbé GOUJET]. Par le Docteur *Jean* MARCHETTI. Traduit de l'Italien d'après la quatrième édition, à *Venise*, 1794. S. l. ni n. d'impr., 1803. In-12, 2 tom. en 1 vol.

Dans le même volume : La Mauvaise foi de Monsieur l'Abbé FLEURY prouvée par plusieurs passages des Saints Pères, des Conciles et d'autres Auteurs Ecclésiastiques, qu'il a omis, tronquez ou infidèlement traduits dans son Histoire. Remarques sur les Discours et sur la grande Conformité de cet écrivain avec les Hérétiques de ces derniers siècles. Par le R. P. *Baudouin* de HOUSTA, Augustin de la Province des Pays-Bas Autrichiens, ancien professeur de théologie. *Malines*, Van der Elst (1734).

241 Histoire universelle de l'Eglise Catholique par l'abbé ROHRBACHER. Nouvelle édition, revue, corrigée, précédée de la vie de l'auteur, et augmentée de dissertations et de considérations générales , par Monseigneur FÈVRE, pro-

tonotaire apostolique. *Nancy*, Bordes frères, éditeurs.
Pont-à-Mousson, typ. Bordes. 1867-1868. 2 vol. in-8°.

242 Histoire de l'Eglise, par [l'abbé *Antoine-Henri* DE] BE-
RAULT-BERCASTEL. Nouvelle édition, augmentée d'une
continuation depuis 1721 jusqu'en 1820, [dont le 1er vol.,
tome XVII du présent ouvrage, a seul paru, par l'abbé
Aimé GUILLON]. *Besançon*, imprimerie de Gauthier frères
et Cᵉ, 1820, in-8°, 17 vol.

T. Iᵉʳ : jusqu'en 313. — T. II : 313-395. — T. III : 395-461.
— T. IV : 461-682. — T. V : 682-858. — T. VI : 858-1054.
— T. VII : 1054-1153. — T. VIII : 1153-1309. — T. IX :
1309-1414. — T. X : 1414-1503. — T. XI : 1503-1545.
— T. XII : 1545-1567. — T. XIII : 1565-1621. — T. XIV :
1621-1656. — T. XV : 1656-1700. — T. XVI : 1700-1721.
— T. XVII : 18ᵉ siècle.

243 Historia familiæ Sacræ, ex antiquis monumentis collecta
opera & studio *Antonii* SANDINI, J. U. D. & in Seminario
Patavino Bibliothecæ custodis. *Patavii*, Typis seminarii,
1734. In-8°, 1 vol.

244 Notitia Patriarchatvvm et Archiepiscopatvvm Orbis Christiani. Item Codex provincialis Episcopatvvm, vetvs et
novvs. *Avb.* MIRÆUS Bruxell. S. Th. Licentiatus, & Canonicus Antuerp. publicabat. *Antverpiæ*, Apud Dauidem Martinium. Anno cIɔ Iɔɔ xi. Pet. in-8°, 1 vol.

In eodem volumine : I. Canonicorvm Regvlarivm Or-
dinis S. Augustini Origines ac Progressus per Italiam,
Hispaniam, Gailiam, Germaniam, Belgiam, aliasque orbis
Christiani prouincias. *Avbertus* MIRÆUS Brvxellensis,
Coloniæ Agrippinæ. Sumptibus Bernardi Gualtheri. Anno
M. DC. XIV. Pet. in-8°.

II. Origines Cartvsianorvm Monasteriorvm per Orbem
vniuersum. *Avbertvs* MIRÆUS, *Coloniæ,* Apud Antonium
Hieratum. Anno M. DC. IX. Pet. in-8°.

III. Histoire de l'Origine et Institvtion de divers Ordres

et Congrégations religieuses, qui gardent la règle & profession de S. Augustin. Recueillie par *Avbert* LE MIRE. A *Anvers*, chez Dauid Martin. M. DC. XI. Pet. in-8°.

IV. Ordinis Præmonstratensis Chronicon. In qvo Cœnobiorvm istivs Instituti per Orbem Christianum Origines, *Avbertvs* MIRÆUS Brvxellensis, contexuit *Coloniæ Agrippinæ.* Sumptibus Bernardi Gualteri. Anno M. DC. XIII. Petit in-8°.

Il n'y a, de ce dernier ouvrage, que l'épître dédicatoire.

245 Notitia Episcopatvm Orbis Christiani : in qua Christianæ Religionis amplitudo elucet. Libri V. *Aubertus* MIRÆUS, bruxellensis, S. Th. Licent. Canonicus & sigillifer Antuerpiensis publicabat. *Antverpiæ*, Ex officina Plantiniana, apud viduam et filios Io. Moreti, 1613. In-12, 1 vol.

Dans cette édition. qui est la troisième, l'ouvrage d'*Aubert* LE MIRE est considérablement augmenté.

246 Censura coniectvræ Anonymi scriptoris De Suburbicariis regionibus & Ecclesiis. Avctore *Iacobo* SIRMONDO, Societatis Iesv Presbytero. *Parisiis*, Ex officina Nivelliana apud Seb. Cramoisy, 1618. In-8°. 1 vol.

L'écrivain anonyme que réfute le P. Sirmond est Jacques Godefroy, mort à Genève le 22 Juin 1622. Il répondit à la *Censura* de Sirmond par un autre écrit anonyme intitulé : *Vindiciæ pro Conjectura Adversus Censuram Jacobi Sirmondi,* Genève, P. de la Rovière, 1619, in-4°. Saumaise intervint ensuite dans le débat, et l'on peut voir dans la *Bibliotheque* des Frères de Backer, T. II, p. 561, les titres des dix écrits publiés pour ou contre dans cette querelle historique et littéraire.

247 De Statv Religionis Christianæ, per Evropam, Asiam, Africam & Orbem Nouum, libri IV. *Aubertus* Miræus, Bruxellensis, Ser^mis Archiducibus Alberto & Isabellæ Claræ Eugeniæ, Belgarum Principibus a Sacris Oratorii, & Bibliotheca publicabat. *Coloniæ Agrippinæ*, B. Gualtherus, 1619. In-12, 1 vol.

248 Histoire de tous les Archeveschez, et Eveschez de l'univers, par tables géographiques & Chronologiques, où l'on voit

dans un abrégé méthodique & succinct, l'estat ancien & présent, tant de l'Eglise Latine que de l'Eglise Grecque, & des autres Communions de la Chretienté ; la situation & distribution de toutes les Provinces Ecclésiastiques, les noms des Archeveschez & Eveschez, leurs érections, unions, translations, suppressions, prérogatives, &c. Avec un Dictionnaire des noms Latins ; par M. l'Abbé de COMMANVILLE, Imprimé à Rouen. A *Paris*, chez Florentin et Pierre Delaulne, M. DCC. In-8°, 1 vol.

249 Dissertazioni varie italiane a storia ecclesiastica appartenenti di *Francescantonio* ZACCARIA. In *Roma*, nella stamperia Salomoni, 1780. In-8°, 2 vol.

250 Tablettes chronologiques, contenant avec ordre, l'État de l'Église en Orient & en Occident : les Conciles généraux & particuliers ; les Autheurs ecclésiastiques : les Schismes, Hérésies & Opinions, qui ont esté condamnées. Pour servir de plan à ceux qui lisent l'Histoire sacrée. Présentées au Roy, par *Guillaume* MARCEL, avocat au Parlement. A *Paris*, Denis Thierry, 1682. In-8°, 1 vol.

251 Dictionnaire historique des Auteurs ecclésiastiques : renfermant la vie des Pères & des Docteurs de l'Eglise ; des meilleurs interprètes de l'Ecriture Sainte, Juifs & chrétiens ; des Théologiens scolastiques.... ; et généralement de tous les Auteurs qui ont écrit sur des matières ecclésiastiques. Avec le catalogue de leurs principaux ouvrages.... et l'indication des meilleures éditions. Le tout suivi d'une Table chronologique pour l'Histoire de l'Eglise depuis Jésus-Christ jusqu'à nos jours. *Lyon (Avignon)*, V° Bessiat, 1767. 2 vol. in-12.

252 Études sur de nouveaux documents historiques empruntés à l'ouvrage récemment découvert des Philosophumena et relatifs aux commencements du christianisme et en particulier de l'Église de Rome, par M. l'abbé CRUICE, Chanoine honoraire de Paris, Supérieur de l'École des

hautes études ecclésiastiques des Carmes, docteur ès lettres. Perisse frères, Paris, Lyon, [*Corbeil*, impr. Crété] M DCCC LIII. In-8°, 1 vol.

253 Histoire des Institutions d'éducation ecclésiastique, par *Augustin* THEINER, traduit de l'allemand par *Jean* COHEN, Bibliothécaire à Sainte-Geneviève. *Paris* [imp. E. J. Bailly]. Debécourt, 1841. In-8°, 2 tom. en 1 vol.

254 Essai historique et critique sur la Suprématie temporelle du Pape et de l'Église. Ouvrage dans lequel on examine l'origine, les progrès et la décadence des opinions concernant les rapports de l'autorité religieuse avec les gouvernemens civils, et où l'on répond aux trois derniers écrits de M. de la Mennais : On y a joint les Déclarations du Clergé de France sur les droits respectifs de l'autorité civile, et plusieurs autres pièces importantes. Par M. l'Abbé AFFRE, Vicaire-général du diocèse d'Amiens. *Paris*, Librairie d'Adrien Le Clère et Cⁱᵉ, [*Amiens*, impr. Carion-Vitet], 1829. In-8°, 1 vol.

255 Anecdotes ecclésiastiques, contenant la Police & la Discipline de l'Eglise Chrétienne, Depuis son Etablissement jusqu'au XIᵉ Siècle ; les Intrigues des Evêques de Rome, et leurs Usurpations sur le Temporel des Souverains. Tirées de L'Histoire du Royaume de Naples, de Pierre Giannone, brûlée à Rome en 1726 [par *J. Jacob* VERNET, ministre du S. Evangile]. *Amsterdam*, J. Catusse, 1738. In-8°, 1 vol. de XXIV-360 pp. chiffrées, tit. rouge et noir (la moitié inférieure du titre arrachée).

256 Grande Christologie, seconde partie, les témoins du Christ, par M. l'abbé MAISTRE. *1ᵉʳ vol.* : St. Pierre, précédé de l'Histoire générale des 12 apôtres. — *2ᵉ vol.* : Saint Paul. — *3ᵉ vol.* : St. André, Saint Jacques-le-Majeur, Saint Simon & Saint Jude, St. Mathias. — *4ᵉ vol.* : St. Philippe, St. Barthélémy, St. Matthieu, St. Thomas, St. Jacques-le-Mineur. — *5ᵉ vol.* : Saint Jean. *Paris*, Wattelier & Cⁱᵉ, Lib. Chaumont, typ. Cavaniol, 1870-72. 5 vol. in-8°.

257 Annales de l'Association de la Propagation de la Foi, recueil périodique des lettres des évêques et des missionnaires des missions des deux mondes, et de tous les documens relatifs aux missions et à l'association de la propagation de la foi. Collection faisant suite à toutes les éditions des Lettres Edifiantes. Tome premier [à tome quarante-huitième, et tables, de 1822 à 1853, et de 1853 à 1874]. A *Paris,* à la librairie ecclésiastique de Rusand, [et chez Ad. Le Clère]. A *Lyon*, chez Rusand, libraire, imprimeur du roi. [Puis, *Lyon*, impr. et libr. de J.-B. Pélagaud]. M. DCCC. XXVII. [Ann. 1822-1876]. In-8°, 50 vol.

258 Annales du Catholicisme en Europe. Mai 1839. N° I. [Avril 1841. N° VII.] *Paris*, au secrétariat de l'œuvre. [Impr. E.-J. Bailly.] 1839 [-1841]. In-8°, 1 vol.

HISTOIRE ECCLÉSIASTIQUE :
MOYEN-AGE. — XVIe SIÈCLE ET SUIVANTS.

259 Les Mœurs Chrétiennes au moyen-âge, ou les Ages de foi, par M. DIGBY, traduits de l'anglais, avec introduction, notes et diverses modifications, par M. J. DANIÉLO. *Paris*, Poussielgue-Rusand ; *Le Mans*, Ch. Richelet, 1841. In-8°, 2 vol.

260 Mémoires chronologiques & dogmatiques, pour servir à l'histoire Ecclésiastique, depuis 1600 jusqu'en 1716. Avec des Réflexions & des Remarques critiques. [Par le P. *Hyacinthe* ROBILLARD D'AVRIGNY], *Paris*, 1739. In-12, 4 vol.

Les *Mémoires* ont été publiés pour la première fois en 1720, un an après la mort de l'auteur. Ils furent mis à l'*Index* par un décret du 2 septembre 1727.

261 Pouvoir du Pape au moyen âge, ou Recherches historiques sur l'origine de la souveraineté temporelle du Saint-Siége,

et sur le droit public du moyen-âge, relativement à la déposition des souverains; précédées d'une Introduction sur les honneurs et les prérogatives temporelles, accordées à la Religion et à ses Ministres, chez les anciens peuples, particulièrement sous les premiers Empereurs chrétiens, par M. *** [*Jean-Edme-Auguste* GOSSELIN], directeur au séminaire de Saint-Sulpice. Nouvelle édition. Librairie classique de Perisse frères, Paris, Lyon. [*Paris*, impr. Firmin Didot], 1845. In-8°, 1 vol.

262 Saint Anselme de Cantorbéry, tableau de la vie monastique et de la lutte du pouvoir spirituel avec le pouvoir temporel au onzième siècle, par M. *Charles* DE RÉMUSAT, de l'Académie Française. Nouvelle édition. *Paris*, Didier et Ce, [impr. Bonaventure et Ducessois], 1856. In-8°, 1 vol.

263 Mémoires pour servir à l'histoire ecclésiastique pendant le dix-huitième siècle, [par *Michel-Joseph-Pierre* PICOT, journaliste catholique]. Seconde édition, considérablement augmentée. A *Paris*, de l'imprimerie d'Adrien Le Clere. 1815 [-1816]. In-8°, 4 vol.

264 Recueil de pièces, pour servir à l'histoire ecclésiastique à la fin du XVIII° siècle, et au commencement du XIX°. Colligite quæ superaverunt Fragmenta, ne pereant. (*Joan. VI, 12.*). [S. l. n. n.] 1823. In-8°, 1 vol. de xlviij - 756 pp. chiffr.

265 Lettre d'un Solitaire à son amy, sur le sujet de la promotion du Cardinal de Bouillon au Décanat [du Sacré Collége]. A *Cologne*, P. Marteau, 1700. Pet. in-12. Pièce de 65 pages.

266 Recueil de pièces diverses. — 1° Lettre de Monsieur de *** à Monsieur de *** sur les entreprises du grand Conseil (1755-1756), 58 pag.; — 2° Très humble supplique de cinq mille Juifs Polonois et Hongrois qui désirent embrasser la foi catholique, apostolique et Romaine & recevoir le

baptême. A *Léopold*, 1759, 24 pag. — 3° Récit de ce qui s'est passé en 1615 au sujet de l'invitation des Princes & des Pairs faite par le Parlement, tiré de l'Histoire de Louis XIII par le Vassor, tom. 2, 64 pag. — 4° Remontrances du Parlement de Bordeaux, du 12 mars 1756, 24 pag.; — 5° Objets des remontrances du Parlement au sujet des sept Edits qui lui ont été envoyés pour être enregistrés, arrêté du 3 septembre 1759, 16 pag.; — 6° Réponse du Roi aux remontrances du 4 septembre 1759, 19 pag.; — 7° Lettres pastorales de quelques Eglises du Portugal, en exécution de la lettre royale du 19 Janvier 1759 pour détruire et anéantir les erreurs impies et séditieuses que les Jésuites ont voulu semer dans ces Royaumes, avec un coup-d'œil de leur usurpation dans l'Amériqne Espagnole & Portugaise, 1759, 24 pag.; — 8° Relation de l'interdit des Colléges des Jésuites dans tous les États du Roi de Sardaigne, 1759, 19 pag.; — 9° 5ème suite des nouvelles intéressantes de Portugal, au sujet de l'attentat commis sur la personne de S. M. le Roi, 1759, 13 pag.; — 10° 6ᵉ suite des nouvelles sur le même sujet, 16 pag.; — 11° 7ᵉ suite des nouvelles sur le même sujet, 16 pag.; — 12° 8ᵉ suite des mêmes nouvelles, 24 pag.; — 13° Sincérité des Jésuites dans leurs désaveux sur Bussembaum, avec l'arrêt des Parlements de Bretagne au sujet de ce livre de 1758, 24 pag.; — 14° Manifeste du Roi de Portugal, contenant les erreurs impies et séditieuses que les Jésuites se sont efforcés de répandre parmi le peuple de ce royaume, *Lisbonne*, Imp. Rodriguez, 1759, 50 pag.; — 15° Erros Impios e Sediciosos que os religiosos da Comp. de Jesus enfinaraõ aos Reos, que foraõ justiçados, e pertenderaõ espalhar nos Póvos destes Reynos. *Lisboa*, Rodrigues, Imp. 1759, 81 pag.; — 16° Lettre de M. Gresset.... à M *** sur la Comédie. M. DCC. LIX 1759, 14 pag.; le tout contenu en 1 vol. in-12.

années du dix-neuvième siècle, [recueillis et publiés par
L.-M. DE BARRAL, archevêque de Tours]. *Paris*, Adrien
Egron, 1814. In-8°, 1 vol.

HISTOIRE ECCLÉSIASTIQUE : FRANCE EN GÉNÉRAL.

268 **Origines chrétiennes de la Gaule. Lettres au R. P. Dom
Paul Piolin, Religieux bénédictin de la Congrégation de
France, à Solesmes, en réponse aux objections contre
l'introduction du Christianisme dans les Gaules, aux
deuxième et troisième siècles, précédées de lettres sur la
nécessité d'un examen de l'ouvrage intitulé Monuments
inédits sur l'apostolat de Sainte-Marie-Madeleine en Provence. *Paris*, Julien Lanier et Cⁱᵉ, Lib. *Le Mans*, Imp.
Julien Lanier et Cⁱᵉ, 1855. 1 vol. in-8°.**

269 **Gallia Christiana, in Provincias Ecclesiasticas distributa ;
qua series et historia Archiepiscoporum, Episcoporum, et
Abbatum Franciæ vicinarumque Ditionum ab origine
Ecclesiarum ad nostra tempora deducitur, & probatur ex
authenticis Instrumentis ad calcem appositis. Opera &
studio *Domni Dionysii* SAMMARTHANI, Presbyteri &
Monachi Ordinis Sancti Benedicti, e Congregatione Sancti
Mauri. [*à tomo IV*, Monachorum Congregationis S.
Mauri, Ordinis S. Benedicti ; *à tomo XIV, Bartholomæus*
HAURÉAU Condidit]. *Lutetiæ Parisiorum*, Excudebat
Johannes-Baptista Coignard, [*à tomo II*, e Typographia
Regia ; *à tomo XV*, excudebant Firmin Didot Fratres.]
M. DCC. XV. [-M. DCCC. LXV]. In-f°, 16 vol.**

T. I. Prov. Albiensis, Aquensis, Arelatensis, Avenionensis,
Ausciensis. — T. II. Prov. Burdegalensis, Bituricensis. —
T. III. Prov. Cameracensis, Coloniensis, Ebredunensis. — T.
IV. Prov. Lugdunensis. — T. V. Prov. Mechliniensis, Mogun-
tinensis. — T. VI. Prov. Narbonensis. — T. VII. Prov. Pari-
siensis. — T. VIII. Prov. Parisiensis. — T. IX. Prov. Remensis.

— T. X. Prov. Remensis. — T. XI. Prov. Rotomagensis. —
T. XII. Prov. Senonensis, Tarantasiensis. — T. XIII. Prov.
Tolosana, Trevirensis. — T. XIV. Prov. Turonensis. —
T. XV. Prov. Vesontionensis. — T. XVI. Prov. Viennensis.

270 Archiepiscoporvm et Episcoporvm Galliæ chronologica
Historia, qva ordo eorvmdem a temporibvs apostolorvm
incœptus, ad nostra usque, per traducem succedentium
seruatus, ostenditur. Auctore *Ioanne* CHENV BITURICO, in
Senatu Parisiensi Patrono. *Parisiis*, Apud Nicolaum
Bvon, M. DC. XXI. In-4°, 1 fort vol., tit. rouge et noir.

271 Histoire de l'Église Gallicane, dédiée à Nosseigneurs du
Clergé ; par les pères LONGUEVAL, FONTENAY, BRUMOY et
BERTHIER, de la Compagnie de Jésus. IV° édition. Augmentée d'un martyrologe gallican, d'une table des matières, et d'une continuation en forme de tableau chronologique, depuis 1560 jusqu'au sacre du roi Charles X.
Paris, Bureau de la Bibliothèque Catholique, [imp. Hippolyte Tilliard]. 1825 [-1828]. In-8°, 26 vol.

272 Traitté de l'origine des Cardinaux du Saint Siège, Et parti-
culièrement des François. Avec deux Traittez curieux des
Légats à latere. Et une relation exacte de leurs réceptions,
& des vérifications de leurs facultez au Parlement de
Paris. Auquel est aussi joint le Traitté de Pise, &c. [par
Guillaume DU PEYRAT]. A *Cologne*, chez Pierre ab
Egmont. M. DC. LXV. In-12, 1 vol.

273 Prevves de l'Histoire de tovs les Cardinavx François de
naissance, ov qui ont esté promevs av Cardinalat par
l'expresse recommandation de nos Roys, Tirées des
Tiltres et Chartes du Thresor de Sa Majesté, Arrests des
Parlemens de France, Registres des Chambres des
Comptes, Donations, Fondations, Epitaphes, Testamens,
Manuscripts, Anciens Monumens, Chroniques, Histoires,
& de plusieurs autres Tiltres publics, & particuliers. Par
François DVCHESNE, Conseiller du Roy en ses Conseils,

Historiographe de France. [S. l, n. d., *Paris*. 1866]. In-f°, 1 vol., l'ouvrage complet en comprend deux.

274 Histoire ecclésiastique de la Cour de France, Où l'on trouve tout ce qui concerne l'histoire de la Chapelle, des principaux Officiers Ecclésiastiques de nos Rois. Par M. l'Abbé Oroux, Chapelain du Roi, Abbé de Fontaine-le-Comte. A *Paris*, de l'Imprimerie Royale M. DCC. LXXVI. [-VII]. In-4°, 2 vol.

275 Contract fait & passe le vingtsixiesme de Feurier, mil cinq cẽs quatre vingts entre les Archeuesques, Euesques, & Députez du Clergé de France & M. Philippe de Castille, Receueur général du Clergé. (*Paris*, Morel, 1580). In-8°. Pièce de 12 ff.

276 Contrat faict et passé entre le Roy & le Clergé de Frãce assemblé par permission de sa Maiesté ès villes de Paris, & Melun, le unziesme Feurier 1580. *Paris*, Morel, 1580, In-8°. Pièce de 10 ff.

277 Contract du xxvi Ivillet 1582. Par lequel Maistre Anthoine Fayet, Bourgeois de Paris, s'est constitué caution pour Maistre Philippe de Castille, Receueur general du Clergé, de tout le contenu au Contract faict le vingtsixiesme Feurier 1580 entre luy & les Preslats & Deputez d'iceluy Clerge, pour les deux derniéres annees dudict contract commençant au premier iour de Ianuier 1584. *Paris*, Morel, 1582. In-8°. Pièce de 16 ff.

278 Remontrãce du Clergé de France, faite au Roy par Messire *Regnault* DE BEAUNE, Archeuesque & Patriarche de Bourges, Primat de l'Aquitaine, assisté de Messieurs les Reuerendissimes Euesques de Bazas & Noyon, & autres Députez dudit Clergé, à Fontainebleau, le dixseptiesme de Iuillet 1582. A *Paris*, F. Morel, 1583. In-8°. Pièce de 18 ff.

279 Remonstrance dv Clergé de France faite au Roy le xix Nouembre 1585, par Monsieur l'Euesque de S. Brieu

[*Nicolas* LANGELIER], assisté de Monseigneur Illustrissime Prince & Reuerendissime Cardinal de Bourbon, Archeuesqves, Evesqves & autres Deputez. *Paris*, J. Richez, 1585. In-8°. Pièce de 20 ff.

280 Lettre de Monseigneur l'Ill^me et Rev^me Card^al de Plaisance (*Philippe* SEVA), Legat de N. S. Pere & du Siege Apostolique au Royaume de France : a tous les Catholiques du mesme Royaume Par lesquelles est déclarée l'intention de Sa Saincteté touchant ce qui s'est nagueres passé à Rome. A *Paris*, R. Thierry, 1594. In-8°. — *A la suite :* la même pièce en latin.

281 Harangve faicte de la part de la Chambre ecclesiastiqve, en celle du tiers Estat, sur l'article du Serment, par Monseigneur le Cardinal [*Jacques* DAVY] DU PERRON, Archeuesque de Sens, Primat des Gaules & de Germanie & Grand Aumosnier de France. *Paris*, Antoine Estienne, 1615. Avec priuilege de Sa Majesté, et permission de l'Autheur. In-12. Pièce de 111 pages.

Voir Fontette, T. II, n° 26834. où l'on signale que, dans la Bibliothèqne de la ville de Paris, il se trouve, *parmi les manuscrits de M. Godefroy*, un exemplaire de cette harangue, dont les marges sont chargées de notes manuscrites. — La harangue de du Perron eut pour effet de déterminer les trois ordres des Etats de 1614 à se prononcer pour la *réserve* sur cette question.

282 Remonstrance dv Clergé de France, faicte au Roy le 18 Iuillet : Par Reuerendissime Pere en Dieu, Messire *Philippe* [DE] COSPEAV [ou COSPEAN], Evesque d'Ayre, Conseiller de sa Majesté en son Conseil d'Estat. Assisté de Messeigneurs les Illustrissimes Cardinaux de Sourdis et de Guise : & de Messeigneurs les Reuerendissimes Archeuesqves & Euesques, et autres Deputez de l'Assemblee Generalle du Clergé, tenuë à Paris l'an mil six cents dix sept. A *Paris*, J. Richer, 1617. In-12. Pièce de 25 pages.

Voir Fontette, T. II, n° 20574. — Contre les Duels, le bas âge de ceux qu'on nomme aux bénéfices, les pensions laïques, les appels comme d'abus.

283 *Hadriani* Valesii disceptatio de Basilicis qvas primi Francorvm Reges condidervnt, an ab origine monachos
habuerint? *Parisiis*, Ex off. Cramosiana, 1657. In-12.
Pièce de 132 pages.

284 Réflexions svr vne délibération de qvelqves Prélats assemblez à Paris le deuxième d'Octobre 1663. S. nom
d'imp. 1 br., 18 p. in-4.

285 Actes de l'assemblée générale du clergé de France, sur la
religion, Extraits du Procès-Verbal de ladite Assemblée,
& imprimés chez Guillaume Desprez, Imprimeur du Roi
& du Clergé. 1 br., 35 p. in-4°.

286 Estat dv revenv de l'église gallicane de France, sans nom
d'imp., s. d. 1 feuillet in-4°.

287 Histoire critique de l'assemblée générale du Clergé de
France en 1682, et de la déclaration des quatre articles
qui y furent adoptés, suivie du Discours de M. l'abbé
Fleury sur les libertés de l'Église gallicane ; avec des
Notes. Par M. Tabaraud. *Paris*, [imp. Fain] Baudouin
frères, Bruxelles, 1826. In-8°, 1 vol.

288 Dialogisme charitable sur la conduite de plusieurs abbés
réguliers, entre deux chevaliers, Pelage & Nicandre,
qui produisent d'une manière fort touchante ce qu'ils ont
fait, ce qu'ils n'ont pas fait, & ce qu'ils doivent faire.
[Par Dom *François* Blanquart, religieux de l'Abbaye de
Maroilles]. S. l. (*Lille*, Fiévet), 1701. In-12. Pièce de
119 pages.

289 Recueil de quelques lettres écrites depuis le 14 de juin
1709 jusqu'au 24 de mai 1710 concernant Son Altesse
Éminentissime le cardinal de Bouillon, doyen du sacré
collége, etc. Imprimé à *Bruxelles*, M. D. CC. X. 1 br.,
44 p. in-4°.

Dans la même brochure : Arrest du Parlement de
Paris, rendu sur les conclusions et la requeste du Sr

Daguesseau, Procureur Général, presentée à la Tour-
nelle : portant prise de corps contre le Cardinal de
Bouïllon, Doyen du Sacré Collège, Évêque d'Ostie, etc.
Et contre le P. de Monthiers & le Sieur De Serte, Avec
quelques réflexions de M. *** sur ces Conclusions & cet
Arrêt. Se vendent à *Tournai*, chez Jacques Vincent,
1710. 14 p. in-4°.

290 Ordonnance du Roy donnée à Vincennes le 22 Décembre
1715, servant de règlement pour le Conseil de Conscience.
S. n. d'imp., 1 br. 4 p. in-4°.

291 Rapport de l'Agence, contenant les principales affaires
du Clergé, qui se sont passées depuis l'année 1720 jusqu'en l'année 1725. Fait par Monsieur l'Abbé de BRANCAS,
Aumônier du Roi, ancien Agent Général du Clergé, &
Promoteur, à présent Evêque de la Rochelle, dans l'Assemblée générale du Clergé, tenuë à Paris, en l'année
1725. Avec les Pièces Justificatives dudit Rapport.
A *Paris*, chez Pierre Simon, M. DCC. XXVI. In-f°,
1 vol.

292 Rapport de l'Agence, contenant les principales affaires du
Clergé, qui se sont passées depuis l'année 1725 jusqu'en
l'année 1730. Fait par Monsieur l'Abbé de MAUGIRON,
Comte de Lyon, Abbé d'Ambournay, & par Monsieur
l'Abbé de VALRAS, Abbé de Paimpont & de Valmont,
Agens généraux du Clergé de France. Avec les Pièces
Justificatives dudit Rapport. A *Paris*, chez Pierre Simon,
M. DCC. XXXI. In-f°, 1 vol.

293 Procez verbal de l'assemblée générale du Clergé de
France, tenue a Paris, au couvent des Grands Augustins,
en l'année mil sept cens vingt-cinq, Messieurs de Macheco
de Premeaux, Abbé de Saint Paul de Narbonne & de
Sainte Marguerite, ancien Agent, & de Caulet, Aumônier
du Roi, Abbé de Chatrices, Secrétaires. A *Paris*, chez
Pierre Simon, M. DCC. XXVI. In-f°, 1 vol.

294 Procez verbal de l'assemblée générale du Clergé de France, tenue a Paris, au couvent des Grands Augustins, en l'année mil sept cens trente. Monsieur l'Abbé de Volras, Agent général du Clergé de France, Secrétaire. A *Paris*, chez Pierre Simon, M. DCC. XXX. In-f°, 1 vol.

295 Rapport de Messieurs les anciens Agens, contenant les principales affaires du Clergé qui se sont passées depuis l'assemblée de 1730 jusqu'en celle de 1735. Fait par Monsieur l'Abbé de COSSÉ DE BRISSAC, Ancien Agent & Promoteur, & depuis Évêque de Condom. Avec les Pièces Justificatives dudit Rapport. A *Paris*, chez Pierre Simon. M. DCC. XXXVI. In-f°, 1 vol.

296 Harangue faite au Roy à Versailles, le 5 Juin 1735, par Monseigneur l'Archevesque de Toulouse, pour l'ouverture de l'Assemblée générale du Clergé. A *Paris*, chez Pierre Simon, M. DCC. XXXV. 1 br., 15 p. in-4°.

297 Harangue faite au Roy, à Versailles, le 14 septembre 1735, par Monseigneur l'Evesque Comte de Valence., pour la clôture de l'Assemblée générale du Clergé. A *Paris*, chez Pierre Simon, Imprimeur du Clergé de France, & de Monseigneur l'Archevêque. M.DCC.XXXV. 1 br., 10 p. in-4°.

298 Procez verbal de l'assemblée générale du Clergé de France, tenue à Paris, au couvent des Grands Augustins, en l'année mil sept cens trente-cinq. Monsieur l'Abbé de Chabannes, ancien Agent & Secrétaire. A *Paris*, chez Pierre Simon, M. DCC. XXXV. In-f°, 1 vol.

299 Discours des commissaires du Roi, à l'assemblée du clergé, du 17 Aoust 1750. S. n. d'imp. 1 br., 7 p. in-4°. (Demande de 7 millions et demi).

300 Histoire du syndicat d'Edmond Richer, par *Edmond* RICHER lui-même. *Avignon (Paris)*, 1753. In-12, 1 vol.

301 Avertissement du Clergé de France, assemblé à Paris par permission du Roi, aux Fidèles du Royaume ; sur les dangers de l'Incrédulité. (Rédigé par *Jean - Georges* LEFRANC DE POMPIGNAN, alors évêque du Puy). *Paris*, Guillaume Desprez, 1770. In-12. Pièce de 96 pages.

302 La France Ecclésiastique ; pour l'année 1781, contenant la Cour de Rome, les Archevêques & Evêques du Royaume ; leurs Vicaires généraux, leurs Officiaux ; les dignités & chanoines des Eglises Cathédrales ; les Abbayes Commendataires & Régulières ; les Prieurés d'hommes et de Filles à nomination royale ; le Clergé de Paris & celui de la Cour, 7ᵉ Edition. *Paris*, chez l'auteur. Imp. Didot aîné, 1781. 1 vol. in-12.

303 Au clergé assemblé. Moyens pour diminuer les charges du Gouvernement. Extrait de la seconde partie d'un petit ouvrage sur lequel l'Auteur a obtenu un Privilège le 19 Décembre 1786. A *Caen*, de l'imp. de la veuve Pyron, Imprimeur, 1787.

304 Mémoire sur le remboursement des dettes du clergé. S. nom d'imp., 1 br., 10 p. in-4°.

305 Histoire du Clergé de France, depuis la convocation des États-Généraux par Louis XVI, jusqu'au rétablissement du Culte par le premier Consul Bonaparte. (Par *Michel-Pierre-Joseph* PICOT). *Paris*, Garnier, An 11—1803. In-8°. 3 vol.

306 Histoire apologétique du comité ecclésiastique de l'assemblée nationale. Par M. DURAND-MAILLANE, Député du Département des Bouches-du-Rhône. A *Paris*, chez F. Buisson, 1791. In-8°, 1 vol.

307 Histoire du Clergé, pendant la Révolution Française par M. l'Abbé (*Augustin*) BARRUEL, Aumônier de Mᵐᵉ la Princesse de Conti. Dernière édition. *Londres*, Baylis, 1801. In-12, 2 tom. en 1 vol.

La première édition est de 1794.

308 Essai historique sur la rentrée des biens, tant à l'Eglise
qu'à la Nation, avec des réflexions sur la nature de ces
biens. (Par le P. *Grég.* LAMBIEZ, récollet). S. l. n. d.
(1789). In-8°. Pièce de 126 pages.

A la fin, avec une pagination différente : Lettre d'un
Religieux Franciscain [qui signe F. N.], missionnaire
dans les Provinces Germaniques, à un de ses Confrères,
religieux dans la Province de St. André. Pièce de 16
pages avec 16 pages de preuves à l'appui.

309 Testament d'une bonne mère, ou ses derniers avis à ses
enfants, sur la situation présente de l'Eglise. S. l. n. d.
(1791). In-8°. Pièce de 16 pages.

310 Développement des principes de plusieurs députés laïcs.
A *Paris*, au Bureau de l'Ami du Roi, 1791. In-8°. Pièce
de 47 pages.

Factum contre la Constitution civile du Clergé. Cent & un députés ont signé
cette *Déclaration*, entre autres, DE LANNOY, député de Lille & DE NÉDONCHEL,
député de la noblesse du Bailliage du Quesnoi.

311 Lettre de M***, député à l'Assemblée Nationale, à M***,
sur la conduite du Clergé dans l'Assemblée Nationale,
ou Histoire fidèle & raisonnée des décrets de l'Assemblée,
relativement aux biens ecclésiastiques & à la Religion.
Paris, 1791. In-8°. Pièce de 105 pages & 2 pages de
corrections.

312 Collectio brevium atque instructionum S. S. D. N. Pii
PAPÆ VI, quæ ad præsentes Gallicanarum Ecclesiarum
calamitates pertinent. Huic collectioni etiam insertæ sunt
nonnullæ epistolæ, jussu et nomine Summi Pontificis
scriptæ, et quædam Allocutiones, seu Acta Pontificia in
Consistoriis eodem spectantia. [Colligente et edente
Henrico-Ludovico HULOT, Sacerdote Remensi] *Au-
gustæ-Vindelicorum*, J. G. Hamm, junior, 1796. In-8°,
1 vol.

313 Recueil factice de pièces diverses relatives au Concile

National de l'Église de France, tenu en l'an V (1797), savoir :

1) Discours prononcé à Paris, à l'ouverture du Concile National, dans l'église de Notre-Dame, le 28 thermidor an V (15 août 1797), suivi d'extraits des *Annales de la Religion*, journal de l'Église constitutionnelle. 10 pp. 1/2 mss, 1/2 impr., puis 23 pp. impr. cotées 482-504. In-12, de l'imprimerie-librairie chrétienne, *Paris*, 1797.

2) Mandement du Presbytère de Paris. A *Paris*, chez Couret et Compagnie, An V de la République. In-8°, 33 pp. ch., outre titre.

3) L'Église de France, assemblée en concile national, à Notre Très-Saint Père le Pape Pie VI. [25 août 1797. *Paris*, impr.-libr. chrét., 1797]. In-8°, 16 pp.

4) Lettre circulaire des Évêques réunis à Paris, aux Évêques métropolitains de France. [du 22 juin 1797, *Paris*, impr. libr. chrét., 1797]. Pet. in-4°, 8 pp.

5) Lettre des Évêques et Prêtres assemblés à Paris en concile national, à leurs frères les Évêques et Prêtres résidens en France [du 15 août 1797]. A *Paris*, A l'Imprimerie-Librairie Chrétienne, An de J. C. 1797 (An Ve Rép.). In-8°, 15 pp., y compris tit.

6) Lettre synodique du Concile National de France, aux Pasteurs et aux Fidèles, sur les moyens de rétablir la paix religieuse. [*Paris*, impr.-libr. chrét. 1797]. In-12, 23 pp. ch. sans feuille de tit.

7) Seconde Lettre synodique du Concile National de France, aux Pasteurs et aux Fidèles, sur divers abus qui se sont introduits dans quelques Paroisses. A *Paris*, de l'Imprimerie-Librairie Chrétienne, An de J. C. 1797. (An VI de la Rép.). In-12, 25 pp. chiffr., outre titre.

8) Quatrième Lettre synodique du Concile National de France, aux Pasteurs et aux Fidèles, pour leur annoncer

la fin de sa session. Publiée en présence du Concile National, au Prône de la Messe solemnelle, dans l'église métropolitaine de Notre-Dame de Paris, le 12 Novembre 1797 (22 Brumaire, l'an VI de la République Fr.) [*Paris*, impr.-libr. chrét., 1797]. 14 pp. ch.

9) Décret du Concile National de France, sur les Élections. [*Paris*. impr.-libr. chrét., 1797]. In-16, 32 pp., s. f. de tit.

10) Actions de grâces pour la Paix, signée à Udine, le 26 Vendémiaire, proclamée par le Directoire exécutif le 5 Brumaire, an VI de la République Française, une et indivisible [du 28 octobre 1797]. [*Paris*, impr.-libr. chrét., 1797]. Pet. in-4°, 7 pp. chiffr.

11) Lettre synodique du Concile National de France, aux Pères et Mères et à tous ceux qui sont chargés de l'éducation de la jeunesse [du 5 novembre 1797. *Paris*, impr.-libr, chrét., 1797]. In-12, 29 pp. ch.

12) Lettre aux États-Généraux, concernant l'éducation. [S. l. n. d.] 10 pp. chiffr., y compris titre.

13) Décrets du Concile National de France, proclamés dans la cinquième session solemnelle du Concile, dans l'Église métropolitaine de Notre-Dame de Paris, le 5 Novembre, l'an de Jésus-Christ 1797, (5 [*sic*, 15] Brumaire, l'an VI de la République Française, une et indivisible). [*Paris*, impr.-libr. chrét., 1797]. In-12, 22 pp. chiffr.

14) Essai sur l'Éducation et l'existence civile et politique des Femmes, dans la Constitution Françoise, dédié à Madame Bailly, par M. *Charles-Louis* ROUSSEAU, Député extraordinaire de Tonnerre, lu au Waux-Hall d'Été, le 13 Décembre 1790. A *Paris*, de l'imprimerie de Girouard, [1791]. In-8°, 42 pp. chiffrées ; y compris titre et dédicace.

15) Instruction du Concile National sur le Serment décrété le 19 Fructidor, an V de la République. [*Paris*, impr.-libr. chrét., 1797]. In-8°, 16 pp. chiffr.

16) 8 pp. chiffr. 205-212, qui ne se rapportent à aucune pièce du volume, commençant par *statue de Vénus ou d'Apollon*, finissant par *lorsqu'il fut question de*, et paraissant un fragment d'une requête adressée au premier consul, en l'an VIII, sur les affaires ecclésiastiques.

17) Décret de Pacification proclamé par le Concile National de France, dans l'église métropolitaine de Notre-Dame de Paris, le Dimanche 24 Septembre 1797, (3 Vendémiaire. an VI de la Rép. Fr.). A *Paris*, à l'Imprimerie-Librairie Chrétienne, an de J.-C. 1797. (An VIᵉ Rép.) 40 pp. chiffr., y compris titre.

18) Rapport concernant la Religion dans les Colonies du Nouveau-Monde, fait au Concile National de France, par un de ses membres. [*Paris*, imp.-libr. chrét., 1797], 12 pp. chiffr., sans feuille de titre.

19) Compte rendu par le citoyen Grégoire, au Concile National, des Travaux des Évêques réunis à Paris, imprimé par ordre du Concile National. [*Paris*, impr.-libr. chrét., 1797]. In-8", 84 pp. chiffr., sans feuille de titre.

314 S. CYPRIEN consolant les fidèles persécutés de l'Église de France ; convaincant de schisme l'Eglise Constitutionnelle ; traçant à ceux qui sont tombés les règles de la Pénitence. Par M. l'abbé (*Louis-Ægidius*) DE LA HOGUE, Docteur & Professeur de Sorbonne. (*Dublin*), 1798. In-18, 1 vol.

C'est la Traduction des Œuvres choisies de St. CYPRIEN, publiées par l'abbé de la Hogue, à Londres, en 1794, sous le titre de SANCTUS CYPRIANUS *ad Martyres & Confessores, ad usum Confessorum Ecclesiæ Gallicanæ*.

315 Essai sur la Conduite que peuvent se proposer de tenir les Prêtres appelés à travailler au rétablissement de la Religion Catholique en France. Par feu M. COSTE, Curé de Haute-Fage, et Administrateur du Diocèse de Tulles. Troisième édition, à laquelle on a ajouté un petit Ouvrage

de piété. [Prières en forme de litanies, pour demander à Dieu les grâces nécessaires dans le temps de persécution] du même Auteur. [S. l. n. n.] 1801. In-8°, 1 vol. de XVI-400-16-14 pp. chiffrées.

316 De la Persécution de l'Église sous Buonaparte. Par *G.-M.* DEPLACE. *Lyon*, imprimerie de Ballanche. [libr. Ballanche, Rusand ; *Paris*, Société Typographique] 1814. In-8°, 1 vol. de 131 pp.

HISTOIRE ECCLÉSIASTIQUE : FRANCE PAR DIOCÈSES.

317 Bénéfices de l'église d'Amiens ou état général des biens, revenus et charges du clergé du diocèse d'Amiens, en 1730 ; avec des notes indiquant l'origine des biens, la répartition des dîmes, etc. Par *F.-I.* DARSY, Membre titulaire résidant de la Société des Antiquaires de Picardie. [*Mém. de la Soc. des Ant. de Pic.*, Docum. inéd. concern. la prov., t. 7-8]. *Amiens*, E. Caillaux, 1869 [-71]. In-4°, 2 vol.

317 Mandement de Mgr. l'Évêque d'Amiens, qui ordonne des Prières pour le Repos de l'Ame de Mgr. L. F. Gabriel d'Orléans de la Motte, son Prédécesseur. A *Amiens*, chez L. Ch. Caron, Lib. Imp. M. DCC. LXXIV. 1 br. 21 p. in-4°.

318 Histoire de l'Église et du Diocèse d'Angers, par M. l'abbé TRESVAUX, chanoine titulaire et ancien vicaire-général de Paris. *Paris*, Jacques Lecoffre et Cie : *Angers*, Cosnier & Lachères, Lainé frères, 1858. In-8°, 2 vol.

319 Discours sur le St. Cierge d'Arras, apporté du Ciel par la Ste Vierge dans l'Eglise Cathédrale d'Arras, comme le souverain Remède contre la maladie du feu ardent, le 27 de May 1105, suivant ce rare Chronographe CereVM. Par le R. Père Nicolas Fatou de l'Ordre de Saint Domi-

nique, cy-devant Prieur du Couvent d'Arras. A *Arras*, chez Vrbain-Cesar Duchamp, Imprimeur-Libraire, 1744. Tr. pet. in-4°, 1 vol. de VIII-100 pp. chiffrées.

320 Histoire de l'Institution, Règles, Exercices de l'ancienne & miraculeuse Confrérie des Charitables de Saint-Eloy, Apostre des Pays-Bas, Evêque de Tournay & de Noyon, Patron Tutélaire de Béthune & de Beuvry. Par le R. P. *Antoine* DELIONS de la Compagnie de Jesus. Quatorzième Edition revûë, corrigée & augmentée de cinq Remarques. A *Douay*, chez J. F. Willerval, Imprimeur du Roi, ruë des Écoles, 1747. In-12, 118 pp. chiffrées et 4 ff. non cotés, plus, sous un nouveau titre, 32 pp. chiffrées de Lettres-patentes du Roi Louis XV, et [*In fine* :] Mémoire pour la Confrérie de Saint-Eloy, à Béthune. A *Arras*, De l'Imprimerie de la Veuve Duchamp, M. DCC. XLIX. Pet. in-8°, 24 pp. chiffrées.

321 Instruction pastorale de Monseigneur l'Illustrissime et révérendissime évêque d'Arras, aux fidèles de son diocèse, contenant un exposé des erreurs qu'il faut éviter et des véritez qu'il faut croire sur les matières contestées. A *Arras*, chez Urbain-César Duchamp, 1719. 1 br. 8 p. in - 4°.

A la suite : Mandement de l'évêque d'Arras.

Deux exemplaires.

323 Bulle de N. S. Père le Pape INNOCENT X en latin et en françois, où sont définies et déterminées cinq propositions en matière de foy (c'est la bulle *Cum occasione*, du 31 mai 1653) adressée au Roy Très-Chrétien. S. l. 1653. In-4°. Pièce de 34 pages.

A la suite : Mandement de *Nicolas* CHOART DE BUZENVAL, évêque de Beauvais, pour la publication de la Bulle dans son diocèse. — Protestation de *C.-L.* TRISTAN, grand vicaire de l'Évêque. — Mandement du chapitre de Beauvais pour la publication de la Bulle. — Ordonnance de l'Évêque frappant de nullité cette publication. — Protestation du chapitre contre cette ordonnance.

7

324 Origines Chrétiennes de Bordeaux ou Histoire et Description de l'Église de St. Seurin par l'abbé CIROT DE LA VILLE, Chanoine honoraire, Professeur à la Faculté de Théologie de Bordeaux. [Gravures sur cuivre de MM. J. de Verneilh et le baron de Marquessac]. *Bordeaux*, typographie Vᵉ Justin Dupuy et Comp., 1867. Gr. in-4° à toutes marges, 1 vol., nombreuses gravures.

325 Histoire de Nostre-Dame de Boulogne, divisée en trois Livres. Dressée sur plusieurs Chartes, Histoires, Chroniques, Titres, Registres & Mémoriaux de la Chambre des Comptes de Paris & de celle de Lille en Flandres. Par M. *Antoine* LE ROY, Archidiacre & Official de Boulogne. A *Paris*, chez Claude Audinet, M. DC. LXXXI. In-8°, 1 vol.

326 Histoire de Notre-Dame de Boulogne, par *Antoine* LEROI, Archidiacre et Chanoine de la Cathédrale. Neuvième édition, suivie de la continuation de cette histoire, depuis et y compris la fin du siècle de Louis XIV jusqu'en 1839; de pièces historiques, chartes, documents et notes se rattachant au culte de Notre-Dame dans le Boulonnais; de la biographie des évêques de Boulogne à partir de 1566, et enrichie de poésies et de planches lithographiées. [Par *P.* HÉDOUIN, membre de l'Institut historique]. *Boulogne-sur-Mer*, chez Le Roy-Mabille. A *Paris*, chez Techener, 1839. In-8°, 1 vol.

327 Histoire des Évêques de Boulogne par M. l'Abbé *E.* VAN DRIVAL, Aumônier de l'Hospice de Boulogne-s/Mer. Membre des Sociétés asiatiques de Paris et de Londres, de la Commission des Antiquités départementales du Pas-de-Calais, des Antiquaires de Morinie, etc. *Boulogne-sur-Mer*, Berger frères, Imp. Édit., 1852. 1 vol. in-8°.

328 Lettre pastorale de Monseigneur l'illustrissime et révérendissime patriarche archevesque de Bourges, primat des

Aquitaines, av clergé et av peuple de son diocèse. A *Bovrges*, chez Iean Chavdière, Imprimeur ordinaire du Roy, M. DC. LIX. 1 br. 16 p. in-4°.

329 L'Église de Bretagne, depuis ses commencements jusqu'à nos jours, ou Histoire des sièges épiscopaux, séminaires et collégiales, abbayes et autres communautés régulières et séculières de cette province; Publiée d'après les matériaux de Dom *Hyacinthe* MORICE DE BEAUBOIS, par M. l'abbé TRESVAUX, chanoine, vicaire-général et official de Paris. A *Paris*, [impr. Decourchant] chez Méquignon junior. M. DCCC. XXXIX. In-8°, 1 vol.

330 Histoire Ecclésiastique de Bretagne, dédiée aux Seigneurs Évêques de cette province, par M. DERIC. *Rennes*, Vannier, édit.; *St-Brieuc*, imp. J. Prud'homme, 1842. 2 vol. in-4°.

331 Histoire critique et religieuse de Notre-Dame de Roc-Amadour, suivie d'une neuvaine d'instructions et de prières; ouvrage dédié à Monseigneur d'Hautpoul, Evêque de Cahors, par *A.-B.* CAILLAU, Chanoine honoraire du Mans. *Paris*, [impr. de P. Baudouin]. Chez Adrien Leclère, chez Camus, 1834. In-8°, 1 vol. avec gravures.

332 Dedvction svccincte de ce qvi s'est passé dans le conté de Cambrésis depvis l'an 1007 jusques à l'an 1666 tovchant les prétensions de l'archevesque, et de l'église métropolitaine de Cambray, 1667. S. n. d'imp. 1 vol. contenant 1 br., 12 p. — 1 br. 120 p. — 1 br. 48 p. — 1 br. 10 p. in-4°.

333 La Sausse-Robert justifiée (Par *Jean-Baptiste* THIERS, alors curé de Champrond, au Diocèse de Chartres.) S. l. 1679. In-8°, 16 pages.— *A la suite, avec une pagination nouvelle*: La Sauce-Robert, ou avis salutaires à Mᵐᵉ Jean Robert, Grand Archidiacre de Chartres, 20 pages. *A la suite*: La Sauce-Robert, ov avis salutaires à Mᵐᵉ Jean-

Robert, Grand Archidiacre de Chartres, 25 pages. — Ensemble 61 pages.

Voir Fontette, T. I, N°s 9384 & 9383. — Cette brochure est très rare.

334 Histoire des Évêques d'Évreux, avec des notes et des armoiries, par M. *A.* CHASSANT, bibliothécaire, et M. *G.-E.* SAUVAGE, régent au collége d'Évreux. *Évreux*, imprimé par Louis Tavernier et Cie, 1846. Petit in-8°, 1 vol.

335 Histoire hagiologique du Diocèse de Gap, par Mgr *Jean-Irénée* DEPÉRY, évêque de Gap. *Gap*, Delaplace P. et F. 1852. In-8°, 1 vol., portr. de l'auteur. A la suite : Discours prononcé par Mgr l'archevêque d'Aix à la cérémonie des funérailles de Mgr Jean-Irénée Depéry, Évêque de Gap. [*Gap*, impr. Delaplace, s. d.]. 20 pp. chiffr., sans feuillet de titre.

336 Histoire ecclésiastique et civile du Diocèse de Laon et de tout le pays contenu entre l'Oise et la Meuse, l'Aisne et la Sambre, lequel comprend le Laonnais et la Thiérache, partie de la Champagne, de l'Isle de France, de la Picardie, du Hainaut, du comté de Namur & de l'Évêché de Liége, par *D. Nicolas* LE LONG, Religieux Bénédictin de la Congrégation de S. Vanne & de S. Hydulphe. A *Châlons*, chez Seneuze, Imp. du Roi. M. DCC. LXXXIII. 1 vol. in-4°.

337 Histoire de Notre-Dame de Liesse. Par M. VILETTE, prêtre, Docteur de Sorbonne, chapellain de la chapelle Royale de Notre-Dame de Liesse. *Laon*, Rennesson, 1708. In-8°, 1 vol. avec de nombreuses grav. de Thomassin.

338 Censvre d'un liure intitulé Apologie pour les casvistes, etc., faite par Monseigneur l'Euesque & Comte de Lisieux, auec deux Requestes qui luy ont esté présentées à cet effet par les Curez. S. nom d'imp. 1 br. 8 p. in-4°.

339 Notre-Dame de Fourvières et ses Entours, contenant un

précis historique de Lyon et de ses monuments religieux depuis l'établissement du christianisme à Lyon jusqu'à nos jours, l'origine, les progrès et l'état actuel de la dévotion des fidèles à Notre-Dame de Fourvières. Par M. l'abbé PEYRONNET, chapelain à Notre-Dame de Fourvières. Lyon, F^ois Guyot, imprimeur-libraire, 1841. In-8°, 1 vol.

340 Histoire de l'Église du Mans par le R. P. Dom *Paul* PIOLIN, bénédictin de la Congrégation de France. *Paris,* Julien, Lanier et Ce, J. Lecoffre et Ce, [*puis* Julien, Lanier, Cosnard et Ce, *puis* Vrayet de Surcy; *le Mans,* impr. Julien, Lanier et Ce, *puis* Julien, Lanier, Cosnard et Ce, *puis* A. Loger, C.-J. Boulay et Ce], 1851 [-1863]. In-8°, 6 vol.

341 [Polyptiques *(sic)* de l'Église du Mans. Confesseurs pontifes. I.] Vie de Saint Julien et des autres confesseurs pontifes ses successeurs. Traduction des manuscrits de l'église du Mans, inédits ou publiés par les Bollandistes, D. Mabillon, Baluze, etc.; par M. l'abbé *A.*VOISIN, ancien Vicaire de Saint-Nicolas de Blois. *Le Mans,* [imp. de Monnoyer], Adolphe Lanier; *Paris,* Techener, Derache, 1844. In-8°, 1 vol.

342 Ballon, Saint-Mards et Saint-Ouen, ou Histoire religieuse de ces trois paroisses, contenant près de cinquante notices biographiques de prêtres existant au commencement de la Révolution. Par l'abbé AUBRY, aumônier de l'hôpital de Ballon. *Le Mans,* Gallienne, 1853. In-8°, 1 vol.

343 Histoire de l'Église de Meaux, avec des notes ou dissertations; et les pièces justificatives. On y a joint un Recueil complet des Statuts Synodaux de la même Eglise : divers Catalogues des Evêques, Doiens, Généraux d'Ordre, Abbez, & Abbesses du Diocese; & un Pouillié exact. Par Dom *Toussaints* DU PLESSIS, Bénédictin de la Congrégation de S. Maur. A *Paris,* chez Julien-Michel

Gandouin, et Pierre-François Giffart, M. DCC. XXXI. In-4°, 2 vol.

344 Lettre d'un ecclésiastique de Montpellier, au sujet de ce qui s'est passé entre M. l'Evêque de cette ville & plusieurs Prélats de l'assemblée des États, qui s'est tenue au mois de décembre 1723. [A la suite : II. Lettre d'un ecclésiastique de Montpellier, au sujet des nouvelles vexations que l'on fait à M. l'Évêque de cette ville.] A Amsterdam, N. Potgieter, 1724. In-12. Pièce de 68 pages.

345 Lettre pastorale de M. l'évesque de Montpellier, adressée aux Fidèles de son Diocèse, à l'occasion du Miracle opéré à Paris, dans la Paroisse de Sainte-Marguerite, le 31 May, Jour du Saint-Sacrement. S. nom d'imp. M.DCC. XXVI. 1 br. 20 p. in-4°.

346 Annales Ecclesiæ Avrelianensis sæculis et libris sexdecim. Addito Tractatu accuratissimo do veritate Translationis Corporis S. Benedicti ex Italia in Gallias ad Monasterium Floriacense Diœcesis Aurelianensis. Auctore Carolo SAVSSEYO Aureliano, S. Theologiæ & I.V. Doctore, Socio Sorbonico, Decano Ecclesiæ Aurelianensis. Parisiis, Apud Hieronymum Drovart, M. DC. XV. In-4°, 1 vol.

347 Antiqvitez historiqves de l'Eglise Royale Saint-Aignan d'Orléans [par R. HUBERT, chanoine de ladite église]. A Orléans, chez Gilles Hotot, M. DC. LXI. In-4°, 1 vol.

348 Historia Ecclesiæ Parisiensis. Auctore Gerardo DUBOIS Aurelianensi Congreg. Oratorii D. N. Jesu Christi Presbytero & in insigni Ecclesià sancti Martini Turonensis Præposito de Sodobrio. [deinde, Opus posthumum operà et studio quorumdam ex eâdem Congregatione Sacerdotum nunc demum prodit in lucem.] Parisiis, Excudebat Franciscus Muguet, [deinde, e typogr. Vid. Fr. Muguet, prostat apud Societ. Bibliopol. Paris, P. Aubouyn, L. Guerin, etc.] M DC XC. [-M DCC X,] In-f°, 2 vol., frontisp. gravé.

349 Eloges historiques des Evesques et Archevesques de Paris, qui ont gouverné cette Eglise depuis environ un Siècle, jusques au décès de M. François de Harlay-Chanvalou, nommé par le Roy au Cardinalat. [par *Estienne* ALGAY, sieur de Martignac, avec portraits gravés sur cuivre par DUFLOS. A *Paris*, chez François Muguet, M. DC. XCVIII. Gr. in-4°, 1 vol.

350 Éclaircissement de l'ancien droit de l'Évêque & de l'Église de Paris sur Pontoise & le Vexin François, contre les prétentions des archevêques de Roüen et les fausses idées des Aréopagistes, avec la réfutation du livre intitulé, *Cathedra Rotomagensis in suam Diœcesanam Pontesium*, par Monsieur DESLIONS, Prêtre, Conseiller, Aumônier & Prédicateur ordinaire du Roy. A *Paris*, chez Maurice Villery, M. DC. XCIV. In-8°, 1 vol.

351 Notice historique et critique sur la Sainte Couronne d'Épines de Notre-Seigneur Jésus-Christ et sur les autres instrumens de la passion qui se conservent dans l'Église métropolitaine de Paris, suivie de pièces justificatives (5 gravures hors texte). *Paris,* Lib. Adrien Le Clere et C[le], Imp. (1828). 1 vol. pet. in-8°.

L'auteur de ce livre est M. GOSSELIN, Directeur au Séminaire de St.-Sulpice.

352 Articles accordez et ivrez entre les confreres de la Confrairie du S. nom de Iesvs & ordonnee en l'Eglise Messieurs Sainct Gervais et S. Prothais de la ville de Paris & autres Eglieses (*sic*) de ladicte ville. Pour la manutention de la Religion Catholique, Apostolique & Romaine, souz l'authorité du Roy, des Princes & Magistrats catholiques. *Paris,* G. Bichon, 1590. In-12. Pièce de 29 pages.

353 Lettre dv Roy, escripte de sa propre main, à Monseigneur l'Archevêque de Paris, auec remerciement des prieres extraordinaires qui ont esté faites par son Clergé. A *Paris*, de l'imp. de R. Estienne, 1628. 1 br., 8 p. in-8°.

354 Septième écrit des curez de Paris, ov Iovrnal de tovt ce qui s'est passé tant à Paris qve dans les provinces, sur le sujet de la Morale et de l'Apologie des Casuistes, Iusques à la publication des Censures de Nosseigneurs les Archeuesques et Euesques, & de la Faculté de Théologie de Paris. A *Paris*, MDCLIX. 1 br. in-4°, paginée de 45 à 66.

355 Hvitième escrit des curez de Paris, ov Réponse à l'Escrit du P. Annat intitulé, Recueil de plusieurs faussetez & impostures contenues dans le Iournal, etc. 1659, s. nom d'imp. 1 br. in-4°, paginée de 74 à 96.

356 V. C. *Clavdii* JOLII, canonici Ecclesiæ Parisiensis, ad Eminentissimos Cardinales Retzium atque Bullonium, Epistola apologetica pro Usuardo et Conclusione Capituli Ecclesiæ Parisiensis 1. mensis Augusti 1668. *Rothomagi*, E. Viret, 1670. Pet. in-12. Pièce de 84 pages.

357 Mandement de Son Eminence Monseigneur le Cardinal de Noailles, archevesque de Paris, à l'occasion du miracle opéré dans la paroisse de Sainte-Marguerite, le 31 May, jour du St-Sacrement. A *Paris*, chez J.-B. Delespine, MDCCXXV. 1 br. 26 p. in-4°.

Deux exemplaires.

358 Mandement du grand prieur de l'abbaye S. Germain des Prez; immédiate au Saint-Siège, qui ordonne des Prières publiques pour demander à Dieu la prospérité des Armes du Roi. A *Paris*, chez Pierre-Guillaume Simon, Imprimeur de S. A. S. Monseigneur le Comte de Clermont. 1744. 1 feuillet placard.

359 Mandement de Monseigneur l'archevêque de Paris, qui ordonne des Prières publiques pour demander à Dieu la prospérité des Armes du Roy. A *Paris*, chez Pierre-Guillaume Simon, Imprimeur de Monseigneur l'Archevêque, 1744. 1 br., 8 p. in-4°.

360 Histoire de l'Église et de la Province de Poitiers, par
M. l'abbé AUBER, Chanoine de l'église de Poitiers ; Origines. *Poitiers,* imprimerie de A. Dupré, 1866. In-8°,
1 vol. avec carte.

361 Essai historique sur l'Église royale et collégiale de Saint-
Hilaire-le-Grand de Poitiers, par M. de LONGUEMAR,
Membre de la Société des Antiquaires de l'Ouest. Ex-
trait du tome XXIII des Mémoires de cette Société. *Poi-
tiers,* [imp. A. Dupré]. *Paris,* chez Derache et Victor
Didron, 1857. In-8°, 1 vol., 6 pl. lithogr.

362 Monuments inédits sur l'Apostolat de Sainte Marie-Made-
leine en Provence, et sur les autres Apôtres de cette
contrée, Saint Lazare, Saint Maximin, Sainte Marthe, les
Saintes Maries Jacobé et Salomé, etc., etc., par M. FAIL-
LON, de la Société de Saint-Sulpice. Ouvrage orné d'un
grand nombre de gravures et publié par M. l'abbé MIGNE,
Éditeur de la Bibliothèque universelle du Clergé, pour
servir de supplément aux *Acta sanctorum* [*etc.*]. S'imprime et se vend chez J.-B. Migne, éditeur. *Paris,* 1848.
Grand in-8° à 2 col., 2 vol.

363 FLODOARDI Presbyteri, Ecclesiæ Remensis Canonici, Historiarvm eiusdem Ecclesiæ libri IV. Nvnc primvm latine,
ac multo quam Gallica versio exhibebat auctiores, cum
Appendice & aliis opusculis ad eandem Ecclesiam histo-
riamque spectantibus editi. Cvra & Studio *Iacobi* SIR-
MONDI, Soc. Iesv presbyteri. *Parisiis,* S. Cramoisy, 1611.
In-8°, 1 vol.

C'est ici la première édition du texte de Flodoard. La traduction française, à
laquelle le P. Sirmond fait allusion dans le titre, parut avant le texte latin. Elle
est de Nicolas Chesneau, qui la publia en 1581.

364 Historiæ Remensis Ecclesiæ libri IIII. Avctore FLODOARDO,
presbytero & canonico eivsdem Ecclesiæ, deinde Monasterii S. Remigii monacho & Abbate, ante annos DCL
conscripti. Nvnc primvm cvm scholiis in lvcem editi
opera & stvdio *Georgii* COLVENERII, S. Theol. doctoris,

& Regii ac ordinarii Professoris, collegiatæ ecclesiæ S.
Petri Præpositi, & Academiæ Duacensis cancellarii.
Addita est Appendix & Catalogus omnium Archiepiscoporum Remensium. *Dvaci,* in officina Johannis Bogardi,
1617. In-8°, 1 vol.

365 Metropolis Remensis Historia, a Frodoardo primum arc-
tius digesta, nunc demum aliunde Accersitis plurimum
aucta et illustrata, et ad nostrvm hoc sæcvlvm fideliter
deducta. Tomus I, in quo Remorum gentis origo, vetus
dominium, Christianæ religionis per Prouinciam Belgi-
cam initia, & incrementa Archiepiscoporum vera successio, Basilicarum natales, et in ijs Sacra Lipsana, publici
conuentus, incolis aspersi fauores, et alia id genus quatuor libris distincte referuntur Studio & Labore Dom.
Guilelmi MARLOT, Doctoris Theologi S. Nicasij Remensis M. Prioris et Fiviensis cellæ prope Insulas Adminis-
tratoris. *Insulis,* ex officina Nicolai de Rache, MDCLXVI.
Ce 1ᵉʳ volume est divisé en 4 livres, plus : Epitome
chronicon celebris Monasterij S. Nicasij Rem. Ordinis
S. Benedicti, initia dignitatem, successus, ac restaura-
tiones ad nostrum hoc sæculum continens. Ejusdem historiæ Tomus II. Sive svpplementvm Frodoardi, ab anno
CMLXX ad nostram ætatem fideliter et accvrate pro-
dvctvm in quo, præter seriem historicam præsulum
bullæ pontificiæ, Regum diplomata, tituli fundationum, à
quinque Summis Pontificibus Remis coacta Concilia,
Ecclesiarum origines, ac in eis Sacra lipsana, distinctè
& ordinatè referuntur. Studio & labore Dom. *Guilelmi*
MARLOT. Opus posthumvm. *Remis,* ex officina Protasii
Lelorain, Typog. MDCLXXIX. Le tome 2 est divisé en
4 livres & appendix. 2 vol. in-4°. Le tome I contient
quelques gravures.

366 La France Pontificale (Gallia Christiana). Histoire chronologique et biographique des Archevêques et Evêques de
tous les diocèses de France. Depuis l'établissement du

Christianisme jusqu'à nos jours, divisée en 17 provinces ecclésiastiques, par M. *H.* FISQUET, Membre de plusieurs Sociétés savantes. [Tome III]. Métropole de Reims. *Paris*, E. Repos, [impr. Ch. Nollet] 1864. In-8°, 1 vol., portr. du cardinal Gousset.

La série complète doit comprendre environ 50 vol.

367 Recherches sur les Origines des Églises de Reims, de Soissons et de Châlons, par *L.-W.* RAVENEZ. Ouvrage couronné par l'Académie Impériale de Reims, et approuvé par Son Ém. Monseigneur le Cardinal Gousset, Archevêque de Reims. *Paris*, Jacques Lecoffre et Cie . *Reims,* [impr. Gérard], 1857. In-8°, 1 vol., avec 1 pl. lithogr.

368 Le Tombeav dv Grand Saint Remy, Apôtre Tutélaire des François. Ses translations miracvlevses, et les respects que nos Roys lui ont rendu en diuers temps, avec la cinquième Translation désignée pour la présente année 1647. Par Dom *Gvillavme* MARLOT, Docteur en Théologie, & Grand Prieur de l'Abbaye S. Nicaise de Reims, Ordre de Saint Benoît. A *Reims ,* François Bernard, 1647. In-8°, 1 vol.

369 Mémoire présenté au Roy, au mois de Janvier MDCXCV, Par Messire *Charles-Maurice* LE TELLIER, Archevesque, Duc de Reims, premier Pair de France, Légat né du Saint-Siège Apostolique, Primat de la Gaule Belgique, Commandeur de l'Ordre du Saint-Esprit, & Maistre de la Chapelle de Sa Majesté, etc., contre l'Érection de l'Église de Cambray en Archevesché. A *Paris*, de l'Imprimerie royale, MDCXCV. 1 vol., 122 p. in-4°.

370 Histoire du Privilège de Saint Romain, en vertu duquel le chapitre de la cathédrale de Rouen délivrait anciennement un meurtrier, tous les ans, le jour de l'Ascension, par *A.* FLOQUET, greffier en chef de la cour royale de Rouen. *Rouen,* E. Le Grand [impr. F. Baudry], 1833. In-8°, 2 vol., avec gravures.

371 Seconde dénonciation à Mgr. François de Valbelle de
Tourves, évesque de Saint-Omer, de plusieurs erreurs
débitées & enseignées par les Professeurs de son Séminaire. S. nom d'imp., MDCCXXV. 1 br., 24 p. in-4°.

372 Mélanges concernant l'Évêché de St-Papoul [Aude].
Pages extraites et traduites d'un Manuscrit du quinzième
siècle, par *H.* HENNET DE BERNOVILLE, Conseiller réfé-
rendaire à la Cour des Comptes. *Paris*, imprimerie de
Ad. Lainé et J. Havard, 1863. In-8°, 1 vol.

373 Copie de la lettre de Monsieur l'évêque de Sisteron à
Mgr le Cardinal Ministre. S. n. d'imp. 1 br. non pag.,
3 p. in-4°.

A propos d'une publication de cet évêque réfutant un ouvrage intitulé « Anecdotes ».

374 Histoire de l'Église et des Évêques-Princes de Strasbourg,
depuis la Fondation de l'Évêché jusqu'à nos jours, par
M. l'Abbé GRANDIDIER, Secrétaire & Archiviste de l'É-
vêché de Strasbourg. A *Strasbourg*, de l'Imprimerie de
François Levrault, M.D.CC.LXXVI [-LXXVIII]. In-4°,
2 vol. (les seuls parus de cette édition arrêtée par la mort
de l'auteur, comprenant l'histoire de Strasbourg jusqu'en
917), portr. de l'auteur.

Nota. — Pour les suites, voir *Œuvres de Grandidier*, à la Bibliothèque
générale.

375 Essais historiques et topographiques sur l'Église cathé-
drale de Strasbourg, par M. l'abbé [*Philippe-André*]
GRANDIDIER, C. E. P. D. G. C. D. L. E. C. D. S......
Strasbourg, Levrault, 1782. In-8°, 1 vol.

376 Remontrances de la Cour souveraine [de Lorraine & Bar-
rois] au Roi [au sujet d'une ordonnance de l'Évêque de
Toul, par laquelle il défend à tous religieux de confesser
les malades sans la permission des curés] présentées à
Sa Majesté le 2 janvier 1755. *Nancy*, Nic. Charlot,
1755. In-12. Pièce de 123 pages.

377 Promptvarivm Sacrvm Antiqvitatvm Tricassinæ diœcesis.
In quo præter Scriem historicam Tricassinorvm Præsulum, origines præcipuarum ecclesiarum, vitæ etiam
Sanctorum qui in eodem diœcesi floruerunt, promiscue
continentur. Auctore seu Collectore *Nicolao* CAMUZAT,
Tricassino. *Augustæ Trecarvm,* Moreau, 1610. Petit
in-8°, 1 vol.

V. Fontette, T. I, n° 10082. — Cette collection renferme des pièces précieuses
pour l'histoire de Troyes et son diocèse. — Il manque des pages à l'*Auctarium
Promptuarii Sacr. antiquitatum Tricass. diœcesis,* imprimé après la table géné-
r.le de l'ouvrage.

378 Les antiquités de l'Église de Valence, avec des réflexions
sur ce qu'il y a de plus remarquable dans ces antiquités
recueillies par M. *Jean de* CATELLAN, Évêque & Comte
de Valence, pour l'instruction & l'édification du clergé &
du peuple de son diocèse. A *Valence,* chez Jean Gilibert,
imp. ord. du Roy, en M.DCC.XXIV. 1 vol. in-4°.

379 Mandement de Son Éminence Monseigneur l'Archevesque
de Paris. Pour ordonner des Prières publiques pour le
repos de l'Ame du feu Roy. A *Lille,* chez Charles-Maurice Cramé, Imprimeur, rue des Malades, au Compas
d'Or, 1715. 1 br., 4 p. in-4°.

HISTOIRE ECCLÉSIASTIQUE : PAYS-BAS.

380 L'Histoire ecclésiastique dv Pays-Bas, contenant l'ordre
et svite de tous les Evesques et Archevesques de chacvn
Diocese, auec vn riche recueil de leurs faicts plus
illustres. Ensemble vn Catalogue des Saincts, qui y sont
spécialement honnorez. Les fondations des Églises, Abbayes, Prieurez, Monastères, Collèges & autres lieux
pieux ; vn ample récit des histoires miracvleuses, plvs la
svccession des comtes d'Arthois, par feu d'heureuse mémoire M. *Gvillavme* GAZET, en son vivant Pasteur de S.

- M. Magdelaine à Arras. A *Arras*, de l'Imprimerie de Gvillavme de la Rivière, M.D.C.XIIII. In-4°, 1 vol. de 4 ff. prélim., 581 pp. chiff. de texte encadré et 4 ff. de tab., tit. rouge et noir encadré.

381 Tableavx sacrez de la Gavle Belgiqve, povrtraits au modèle du pontifical Romain, selon l'Ordre & Suite des Papes, et de tous les Euesques des Pays-Bas. Auec les Saincts qui sont honnorés en tous leurs Diocèses. Et la bibliothèqve des Doctevrs, Theologiens, Canonistes, Scholastiques, et autres escriuains celebres, Anciens et Modernes de ces Pays. Par M. *Guillavme* GAZET, Chanoine d'Aire & Pasteur de S. M. Magdeleine à Arras. *Arras*, G. de la Riuière, 1610. In-8°, 1 vol.

382 *Arnoldi* RAISSI Dvacenatis Belgica Christiana; Siuè Synopsis svccessionvm et gestorvm Episcoporvm Belgicæ provinciæ. *Dvaci*, Ex Typographiâ Bartholomæi Bardov, sub signo Scti Ignatl. Anno ∞.cIɔ.xxxiv [1634]. In-4° car., 1 vol. de 12 ff. non cotéset 411 pp. chif., tit. rouge et noir, couv. parchemin.

383 Notitia Ecclesiarvm Belgii In qua, tabulis Donationum piarum longa annorum serie digestis, sacra & politica Germaniæ inferioris vicinarumque prouinciarum Historia, explosis fabulis, recensetur & illustratur : stvdio *Avberti* MIRAEI Bruxellensis, S. T. L. & Decani Antuerpiensis. *Antverpiæ*, Apud Ioannem Cnobbarum, M.DC.XXX. In-4°, 1 vol.

384 Avla Sacra Principvm Belgii; sive Commentarivs Historicvs de Capellæ Regiæ in Belgio Principijs, Ministris, Ritibus atque vniuerso Apparatu : Auctore *Ivlio* CHIFLETIO, Regiæ Catholicæ Majestati à Consilijs, atque inclyti Ordinis Velleris aurei Cancellario. Accedvnt Pro eâdem Capellâ Sacræ Constitvtiones, & Diarium Officii Diuini Alberto et Isabella Principibus ; Edente *Ioanne*

CHIFLETIO Sacerdote I. V. D. Ivlii Fratre, Serenissimo Archiduci Leopoldo à Sacris Oratorij. *Antverpiæ,* ex Officina Plantiniana Balthasaris Moreti, M.DC.L. In-4°, 1 vol. de xxviii-160 pp. chiffr. et 10 ff. d'index et marque d'imprimeur, tit. rouge et noir, couvert. parchemin.

385 Hierogazophylacivm Belgicvm, sive Thesavrvs Sacrarvm reliqviarvm Belgii. Avthore *Arnoldo* RAYSSIO, belga-Duaceno, ibidemque apud D. Petri Canonico. *Dvaci,* G. Pinchon, 1628. In-8°, 1 vol.

386 Commentarivs de Erectione novorvm in Belgio Episcopa-tvvm, deqve iis rebvs, Qvæ Ad Nostram Hanc vsque ætatem, in eo præclarè gestæ sunt. [complectens, præter primum librum, de Administratione novi Episcopatus Ruræmondensis libros II, Avctore R. P. *Arnoldo* HA-VENSIO, Carthusiæ Gardensis Priore. Permissv Svperiorvm. *Coloniæ Agrippinæ,* Sumptibus Ioannis Kinckij, Anno M.DC. IX. In-4°, 1 vol.

Envoi manuscrit à Albert-Eugène, évêque de Gand.

387 Necrologium aliquot utriusque sexûs Romano-Catholicorum qui vel scientiâ vel pietate, vel zelo pro communi Ecclesiæ bono apud Belgas claruerunt ab anno 1600, usque 1739. Justorum species quasi quædam forma nobis imitanda proponitur. S. Greg. Magnus. *Insulis Flandrorum,* apud Joannem Baptistam Brovellio, M.DCC. XXXIX. 1 vol. petit in-4°.

Ouvrage attribué à *Pierre* DE SWERT.

388 Belgium Marianum. — Histoire du Culte de Marie en Belgique, y compris l'ancien territoire de Lille, de Douai, de Cambrai, etc., par l'auteur de Saints et Grands Hommes du Catholicisme en Belgique ; [*Ed.* SPEELMAN]. — Calendrier Belge de la Sainte Vierge, précédé d'une introduction et suivi d'un appendice sur la dévotion à Marie en Belgique. *Paris,* P. Lethielleux, *Tournai,* H. Casterman, [impr.] H. Casterman, 1859. Grand in-8°, 1 vol.

389 Histoire de l'émigration des Religieuses supprimées dans les Pays-Bas, & conduites en France par M. l'Abbé de St-Sulpice, envoyé de Madame Louise de France & du Prince-Évêque de Gand, pour la translation des Reliques de Sainte Colette à Poligny en Franche-Comté. Rédigée d'après les Mémoires de l'Abbé DE SAINT-SULPICE, par le R. P. *Elie* HAREL, membre de plusieurs Académies. *Bruxelles,* & se trouve à *Paris,* chez Guillot, 1785. Iu-12, 1 vol.

390 Sanctissimi D. N. D. BENEDICTI divinâ providentiâ Papæ XIII, Literæ in formâ Brevis ad universos Catholicos in Fœderato Belgio commorantes. S. n. d'imp., M.DCC. XXV. 1 br., 8 p. in-4°.

Deux exemplaires, dont l'un latin-français et l'autre latin-flamand.

391 Assemblée générale des Catholiques en Belgique. Deuxième session à Malines, 29 août-3 septembre 1864. T. Ier. Brefs de S. S. le Pape Pie IX. Avant-propos, Statuts, Règlement, Union Catholique. Compte rendu des séances générales, Discours et Rapports. Banquet d'Adieu. Résolutions. — T. IIme. Compte-rendu des débats des sections. Programme des Concours ouverts pour l'art chrétien, la Musique religieuse et la composition d'un manuel d'éducation pour les jeunes filles. Annexes, banquet offert à M. Ed. Ducpétiaux. *Bruxelles,* Victor Devaux & Cie ; *Paris,* Régis Ruffet ; *Bruxelles,* Imp. Dauby, 1865. 2 vol. in-8°.

392 Historia Episcopatûs Antverpiensis, continens episcoporum seriem, et capitulorum, abbatiarum, et monasteriorum fundationes, Nec non Diplomata varia ad rem hujus Dioecesis spectantia. Exhibita Pro schemate Historiæ Ecclesiasticæ omnium Episcopatuum Belgii. [Auctore *Joanne-Francisco* FOPPENS, philos., profess. Lovan.]. *Bruxellis,* Apud Franciscum Foppens, M.DCC.XVII. Pet. in-4°, 1 vol., gravures sur bois.

393 Antverpia Christo nascens et crescens seu Acta Ecclesiam Antverpiensem ejusque Apostolos ac Viros pietate conspicuos concernentia usque ad seculum XVIII. Secundis curis collecta & disposita ac in VII Tomos divisa a *Joanne Carolo* Diercxsens S. T. L. Pastore ad S. Elizabetham ibidem. *Antverpiæ,* Apud Joannem Henricum van Soest, 1773. In-8°, 7 vol.

394 [Académie Royale de Belgique. Commission Royale d'Histoire.] Synopsis Actorum Ecclesiæ Antverpiensis et ejusdem dioeceseos status hierarchicus ab episcopatus erectione usque ad ipsius suppressionem; Liber prodromus Tomi tertii Synodici Belgici. Edidit *Petrus Franc. Xav.* de Ram, S. Theol. et SS. Can. Doctor, Collegii Hist. Reg. Belgii Socius. *Bruxellis,* excudebat M. Hayez, 1856. In-8°, 1 vol., carte du diocèse d'Anvers.

395 Compendium chronologicum Episcoporum Brugensium, nec non Præpositorum, Decanorum & Canonicorum, etc. Ecclesiæ Cathedralis S. Donatiani Brugensis. [Auctore *Francisco* Foppens, Canonico et Archidiacono Ecclesiæ Mechliniensis]. *Brugis,* J. Beernaerts, 1731. 1 vol. in-12.

396 Basilica Bruxellensis, sive Monumenta antiqua, inscriptiones & Cænotaphia Ædis DD. Michaelis Archangelo, & Gudilæ Virgini sacræ. [Auctore *Joanne-Baptista* Christyn]. *Amstelodami,* J. a Ravestein (*Bruxellis,* Fr. Foppens), 1677. In-8°, 1 vol.

397 Histoire des hosties miraculeuses, qu'on nomme le Très-Saint Sacrement de Miracle, qui se conserve à Bruxelles depuis l'an 1370, dont on y célèbre tous les cinquante ans l'année jubilaire. [Par le P. *Henri* Griffet, de la Compagnie de Jésus]. A *Bruxelles,* J. Van den Berghen, 1770. In-8°, 1 vol., avec de nombreuses fig. gravées par L. Fruytiers.

398 Histoire des Miracles advenvs à l'intercession de la glorieuse Vierge Marie, au lieu dit Montaigu, près la ville
de Sichen, au duché de Brabant, mise en lumière &
tirée hors des Actes, instrumentz publicqz et informa-
tions sur ce prinses, par M. *Philippe* NUMAN, Greffier de
la ville de Bruxelles. Par charge & authorité de Monseigneur l'Archeuesque de Malines. Troisiesme édition,
augmentée de diuers miracles jusques oires (*sic*) non
imprimées (*sic*). A *Brvxelles,* chez Rutger Velpius, 1606.
In-8°, 1 vol. de 12 ff. non cotés et 215 pp. chiffrées.

[*In· eod. volum.*] Addition des Miracles advenvz av
Montaigv à l'invocation de la glorieuse Vierge Marie.
Contenant diuers nouueaux miracles, ensemble quelques
autres, auparauant non imprimez. Recuellys & descrips
par M. *Philippe* NUMAN. A *Bruxelles,* par Rutger
Velpius, l'an 1607. In-8°, 6 ff. non cotés et 82 pp. chiffr.

399 Acta & decreta Synodi diœcesanæ Cameracensis, præsi-
dente Reuerendissimo in Christo patre, ac Illustrissimo
Principe Domino, D. Roberto de Croy, Episcopo & Duce
Cameracensi, Sacri Imperii Principe, Comite Camera-
cesii, &c, celebratæ anno Redemptoris nostri Iesu Christi,
M. D. L. mense Octob. Item, Antiqua statuta synodalia
Cameracencis dioecesis ab eadem synodo recognita,
adiectisque moderationibus, correctionibus & additionibus
reformata. His adiuncta est formula reformationis per
Cæsaream maiestatê statibus Ecclesiasticis, in Comitiis
Augustanis ad deliberandû proposita, & ab eisdem recepta
& probata. *Parisiis,* ex typographia Matthaei Dauîdis,
1551. In-8°, 1 vol. de 12 ff. non cotés, 209 pp. chiffrées,
1 page d'errata et 1 feuillet blanc timbré au v° des armes
de Croy, suivi de :

Statuta Reverendissimi in Christo patris & domini
nostri domini Iacobi de Croy, Episcopi Cameraceñ Noui-
ter edita & in sancta synodo prima die mensis Octobris
anni Millesimi quingentesimi noni in sua ciuitate Came-
racẽsi obseruta & publicata. [S. l. n. d.]. 6 ff. non cotés.

400 Cameracum Christianum ou Histoire ecclésiastique du Diocèse de Cambrai, extraite du Gallia Christiana, et d'autres ouvrages, avec des additions considérables et une continuation jusqu'à nos jours, publiée sous les auspices de S. E. Mgr. le Cardinal-Archevêque de Cambrai, par M. Le GLAY, correspondant de l'Institut. *Lille,* L. Lefort, 1849. In-4°, 1 vol. de LXXVIII-542 pp. 1 carte.

401 Recherches sur l'Eglise métropolitaine de Cambrai, par A. Le GLAY, secrétaire perpétuel de la Société d'émulation de Cambrai, membre correspondant de la Société royale des antiquaires de France et de plusieurs autres académies, ouvrage enrichi de planches lithographiées par M. Ad. Rogé. *Paris,* Firmin Didot, Adrien Le Clère, Treuttel et Wurtz, et à *Cambrai,* chez l'auteur, MDCCC XXV. Un vol. in-4°.

402 Précis de l'Histoire Ecclésiastique du Diocèse de Cambrai, par M. Le GLAY, correspondant de l'Institut, des Académies royales de Belgique, de Turin, etc., etc. *Lille,* L. Lefort, imp., 1849. 1 br. 68 pag. in-4° et la table.

2 exemplaires.

403 Biographie des Prêtres du diocèse de Cambrai morts depuis 1800, et qui se sont le plus distingués par leurs vertus, leurs talents et leur zèle. Ouvrage publié sous les auspices de Mgr l'Archevêque de Cambrai, et sous la direction de M. l'abbé CAPELLE. *Cambrai,* imprimerie de C.-J. A. Carpentier, 1847. In-8°, 1 vol.

404 Legatus ecclesiasticus pro Ecclesiâ Cameracensi ad serenis[mum] et potentis[mum] regem Cathol. Hispaniarum &c ecclesiæ Cameracensis protectorem, 3 mai 1616. S. n. d'imp. 1 vol. 120 p. in-4°.

405 Bref de Sa Sainteté le Pape Pie IX à M. l'abbé Bernard, Vicaire-Général de Cambrai. *Lille,* typ. Lefort, 1872. 1 pet. broch. 4 pag. (Texte latin et texte français au-dessous).

406 Histoire chronologique des Evêques et du Chapitre exemt de l'Eglise cathédrale de S. Bavon, à Gand ; suivie d'un recueil des Epitaphes modernes et anciennes de cette église, et supplément généalogique, historique, additions et corrections à cette histoire, le tout par *A*. HELLIN, prêtre et chanoine de St-Bavon. A *Gand,* chez Pierre de Goesin, 1772 [-77]. In-8°, 2 vol.

407 *I(usti)* LIPSII, Diva Virgo Hallensis. Beneficia eius & Miracula fide atque ordine descripta. *Parisiis*, P. Chevalier, 1604. In-8°, 1 vol.

    In eodem volumine : 1.) *Ivsti* LIPSII, de Constantia libri dvo, qui alloquium præcipue continent in Publicis malis. Sexta editio, melior & notis auctior. Cvm Indice capitum quem subjecimus, ut Lector in uno aspectu habeat filum totius operis & contextum. *Noribergæ*, typis Gerlachianis, 1594. — 2.) *Ivsti* LIPSII, Epistolarvm centvriæ dvæ, quarum prior innouata, altera noua. *Francofvrti*, apud I. Wechelum et P. Fischerum consortes. 1591.

408 Tableau de l'Eglise de Liège, avant l'érection des nouveaux Evêchés des Pays-Bas Autrichiens, faite l'an 1759 (*sic*, pro 1559), sous le Pontificat de Paul IV & de Pie IV son successeur, à la sollicitation de Philippe II, roi d'Espagne. Avec celui de l'Etat actuel du Monarchisme, dans lequel on démontre l'utilité & la nécessité de plusieurs édits de S. M. I. sur la réforme des ordres religieux, tant de l'un que de l'autre sexe, situés dans les états de la monarchie Autrichienne, & l'injustice des plaintes portées à la cour de Rome contre les mêmes édits. (Par le chevalier *Gaspard-François* DE HEESWYCK). A *Liège*, s. n. d'imp., 1782. Pièce de 184 pp. in-12.

D'après la *Biographie Universelle*, de M. Hoefer, Heeswyck, avocat belge, mort en 1783, « fut jeté dans les prisons de l'Officialité à Liège, sans avoir pu » obtenir, malgré un mandat de la Chambre impériale, un défenseur ni des » juges, pour avoir proposé à l'empereur Joseph II, une nouvelle division du » diocèse de Liège. »

409 Deux lettres d'un ecclésiastique de Liège contenant le récit de l'intrusion violente du P. Louis Sabran, Jésuite anglois dans la Présidence du Séminaire de Liège, 1699. S. n. d'imp. 1 br. 11 p. in-4°.

A la suite : 1° Mémoire contenant les Raisons pour lesquelles il est très important de ne pas retirer le Séminaire de Liège des mains des Théologiens séculiers & de n'en pas donner la conduite aux Pères Jésuites. 15 p. in-4°.

2° Mémoire pour l'Université de Louvain, au sujet du Séminaire ou Collège ecclésiastique de la ville de Liège, où les Jésuites prétendent s'établir au préjudice des Privilèges de l'Université. 14 p. in-4°.

410 Motif de droit, ou défense du séminaire de Liège et du droit de MM. ses proviseurs, contre l'entreprise & les Libelles des Jésuites anglois de cette ville. S. nom d'imp., s. d. 1 vol. 208 p. in-4°.

411 Mémoire pour l'Université de Louvain au sujet du Séminaire ou Collège ecclésiastique de la ville de Liège, où les Jésuites prétendent s'établir au préjudice des Privilèges de l'Université. S. n. d'imp., s. d. 1 br. 14 p. in-4°.

412 Avertissement de l'imprimeur sur la publication de cette nouvelle déduction avec quelques réflexions sur le Post-Scriptum de la Lettre à Monsieur... touchant l'affaire de Liège. S. d. s. nom d'imp. 1 br. non pag. 8 p. in-4°.

A la suite : Nouvelle déduction sommaire des raisons qu'a l'Université de Louvain de s'opposer à l'établissement des Jésuites dans le Séminaire de Liège, avec les pièces originales. S. nom d'imp., s. d. 1 br. 44 p. in-4°.

413 Historia sacra et profana Archiepiscopatus Mechliniensis, Sive Descriptio Archi-Diocesis illius ; Item Urbium, Oppidorum, Pagorum, Dominiorum, Monasteriorum, Castellorumque sub eâ, in XI. Decanatus divisa. Cum Toparcharum Inscriptionibus Sepulchralibus, Ex Monasterio-

rum Tabulis, Principum Diplomatibus insertis, Et In-
spectionibus locorum verificata. Eruta Studio ac Opera
Cornelii van Gestel, Pastoris in Westrem Comitatus
Alostani. Cum Figuris æneis, *Hagæ Comitum* , Apud
Christianum van Lom, MDCCXXV. In-f°, 2 vol., tit.
rouge et noir.

414 Synopsis Monumentorum Collectionis proxime edendæ
Conciliorum omnium Archiepiscopatus Mechliniensis.
Qua, Præter horum Conciliorum historiam , cum Provinciæ, Tum maxime Archidioeceseos Mechliniensis Hierarchicus Status. Ab anno 1559. ad an. 1802. Nec non Pro re
nata etiam Politicus Summatim exhibetur. Inseruntur per
occasionem observationes circa ecclesiasticam Discipli-
nam et Historiam litterariam. Collegit ac edidit *Joannes
Franciscus* van de Velde Beverensis, in Academia
quondam Lovaniensi S. T. D. Regens. *Gandavi,* typis
Bernardi Poelman, 1821 [-1822]. In-8°, 3 vol.

415 Jean-Henri, comte de Frankenberg, cardinal archevêque
de Malines, primat de Belgique, et sa lutte pour la liberté
de l'Eglise et pour les séminaires épiscopaux sous l'empereur Joseph II, par *Augustin* Theiner, prêtre de l'Oratoire. Traduit par *Paul* de Geslin, missionnaire apostolique. *Louvain,* typographie et librairie de C.-J. Fonteyn,
1852. In-8°, 1 vol.

416 Thomas Philippus miseratione divinâ tituli S. Balbinæ
S. R. E. presbyter cardinalis de alsatia, de Boussu , Ar-
chiepiscopus Mechliniensis , Prima Belgii , &c. &c.
Mechliniæ, typis Laurentii Vander Elst, Typographi
Emin & Rev. Domini Cardinalis de Alsatia, Archiepis-
copi Mechliniensis. 1 feuillet (1744).

417 Epistola *Cornelii Pauli* Hoynck van Papendrecht presbyteri ecclesiæ metropolitanæ & primatialis Rumoldi
Mechliniæ Canonici ad J. Ch Erckelium presbyterum
Ultrajectinum, occasione sententiæ per magnificum Rec-
torem Universitatis Lovaniensis contra Zegerum Bernar-

dum van Espen Canonum professorem 1728. S. n. d'imp.
1 br. 16 p. in-4°.

418 Histoire admirable de Nostre Dame de Tongre. Auec ses
principaux miracles. Par M. *George* HUART, bachelier en
théologie, jadis Doyen de l'église Collégiale de Nostre
Dame d'Antoing. Pasteur dudit Tongre. A *Mons*, de
l'Imprimerie de la veuve Siméon de la Roche, ruë des
Clercqs, 1681. In-12. Pièce de 116 pages, les 16 pages
liminaires et la dernière non foliotées.

Les feuillets liminaires contiennent une notice bibliographique de tout ce qui a
été écrit sur Notre-Dame de Tongres depuis 1602 jusqu'à la publication de la
présente *Histoire admirable*, et une pièce de vers *A Nostre Dame de Tongre*, par
le Sr GARDÉ, curé de Bellœil.

419 Cœnobiarchia Ogniacensis [prope Nivellam diœcesis Na-
murcensis], sive Antistitvm Ogniacensivm Catalogvs ;
auctore *Francisco* MOSCHO. Accessere Elenchus Sacrarum Reliquiarum quæ ibidem in Cimeliarchio pie adser-
uantur ; & Sanctorum Vitæ, qui ibidem quiescunt, donec
illucescat dies æternitatis in futurum. Omnia cura &
labore *Arnoldi* RAISSII. *Dvaci*, B. Bardov, 1636. Pet.
in-12. Pièce de 128 pages.

420 Lettre pastorale de Monseigneur l'évêque de Namur au
sujet de son Avènement au Siège Episcopal, avec le
Mandement pour la publication du Jubilé. A la suite :
Jubileum universale ad implorandum divinum auxilium
initio Pontificatus pro salutari Sanctæ Ecclesiæ Catholicæ regimine. *Namurci*, Typis Caroli Lahaye, Ill^mi &
Reverend. Domini Typog sub Signo Angeli Custodis,
1741. 1 br. in-4° non paginée.

421 Summa Statutorum Synodalium cum prævia Synopsi Vitæ
Episcoporum Tornacensium, Ubi rerum memorabilium
Notitia, Patronorum Jura, &c. indicantur a tempore
Sancti Piati Diœcesis Apostoli & Patroni ad Ser. Sac.
Rom. Imp. Principem Joannem Ernestum a Lœwenstein
Episcopum Tornacensem [par *Jacques* LE GROUX de

Mons-en-Pévèle, curé de Marcq-en-Barœul, dont la
signature suit la dédicace]. *Insulis*, Typis Joannis Baptistæ Brovellio, Joannis Baptistæ Henri, Livini Danel.
M.DCC.XXVI. In-8°, 1 vol. de 8 ff. non cotés, CLXXXVIII
pp. chiff., 6 ff. non cotés, VIII pp. chiff., 505 pp. chiff. et
28 pp. d'index. (On a relié en tête un arrêt de la cour du
Parlement du 20 janv. 1727 portant suppression de ce
livre, 4 pp. in-4°).

422 Recherches sur l'histoire et l'architecture de l'Eglise
Cathédrale de Notre-Dame de Tournai, par *J.* LE MAISTRE
D'ANSTAING, membre de la Commission chargée des travaux de restauration de cette église. *Tournai*, Mas-
sart et Janssens, 1842 [-43]. In-8°, 2 vol., ornés de lithographies.

423 Assertion de l'Episcopat de Saint Piat Apostre et premier
Evesqve de Tovrnay, & du liev ov reposent ses reliqves.
Avec vn brief discovrs de son Martyre et de l'establisse-
ment de l'Eglise de Tovrnay [par *P. R.* DU PLESSIS]. A
Tovrnay, de l'Imprimerie de Charles Martin, M.DC.XIX.
In-12. Pièce de 152 pages.

Voir Fontette, tome I, n° 8621. — Notre exemplaire a appartenu à Gilbert de
Choiseul du Plessis-Praslin, évêque de Tournai. On voit sa signature sur la dernière garde du livre. Un admirateur de ce prélat, ultra-gallican, a inscrit au-
dessous de la signature les cinq distiques suivants :

> Maxime Nerviadum præsul, sublimis et heros
>   Divino populum semine pasce tuum.
> Impiger, exemplis Sanctorum insiste Parentum
>   Laudibus immensis quos Deus octo tulit. (1)
> Altorum probitate tua radiabit avorum
>   Stemma Duplessæum, fratris et arma tui.
> Insula, Commineum, Cortraicum, Vervia, Meine
>   Praslingum agnoscunt pontificem esse suum.
> Sis igitur pastor vigil : et sapienter habenas
>   Agnorum regere est pontificale decus.

Autre exemplaire de la même brochure.

---

(1) L'auteur des distiques entend parler des huit évêques canonisés qui ont
occupé le siége de Tournai avant Choiseul, car il met en note : « S. S. Piatonis,
» Chrysolii, Euberti, Eleutheri, Medardi, Eligii, Acharii, Momoleni, » et il
ajoute : « Item Emaricii. »

424 Salvations povr l'assertion de l'Episcopat de Sainct Piat ov Responce a qvelqves contredits publiez contre icelle assertion. Par P. R. S^r DV PLESSIS P. A *Tovrnay*, de l'Imprimerie d'Adrien Quinqué. M.DC.XX. In-8°, 1 vol. de 4 ff. non cotés et 16-168 pp. chiffrées.

425 Ordonnance de Mgr *Michel* DESNE, évêque de Tournay, décrétant la tenue d'un Synode, 19 février 1600. S. n. d'imp. 1 affiche.

426 Trivmphvs sacer SS. Terentiani et Socii Martyrvm, Sive sacrorvm vtrivsqve corporvm Atrebato Duacum gloriosa translatio. Et Dvaci in eadem translatione publica & solemnis Svpplicatio. In quâ omnes ferè antiquitùs vsurpari solitæ in S. S. Reliquiarum translationibus cerimoniæ sparsim commemorantur. Auctore R. P. *Petro* HALLOIX, Societatis Iesu. *Dvaci*, typis Natalis Wardavoir, Typogr. Iur. sub signo Natiuitatis. M.D.CXV. In-8°, 1 vol. de 236 pp. chiffrées et 1 feuillet de privil. et approb.

427 Pièces relatives à l'Interdit prononcé par Mgr l'évêque de Tournai contre le Magistrat de Lille, à l'occasion de l'exhumation du corps de Paul Diedeman. In-4° car. 1 vol. sans lieu ni date, sans nom d'imprimeur, ni feuillet de titre (*Lille*, 1662), commençant à la p. 9, finissant à la p. 195 et suivi de 74 pp. de pièces justificatives [V. Derode, *Hist. de Lille*, II, p. 134].

Contenu : 1° Teneur de l'Interdit (pp. 9-12) ; 2° Réponse du Magistrat (pp. 13-15); 3° Plainte du Magistrat (pp. 15-21); 4° Lettre du Roi à l'Evêque (pp. 22-23) ; 5° Itérative Plainte du Magistrat au Roi (pp. 24-26); 6° Autre Lettre du Roi à l'Evêque (pp. 27-28) ; 8° Autre Lettre du Roi à l'Evêque (pp. 28-29) ; 8° Requête du Magistrat au Roi) pp. 30-31) ; 9° Réponse de l'Evêque au Conseil privé du Roi (pp. 32-101); 10° Répliques de ceux du Magistrat (pp. 103-195); 11° Pièces diverses, extraits d'édits royaux, chartes et contrats relatifs à la matière (p. 1-74).

428 Mémoire sur le différend qui est entre M. l'Evesqve de Tovrnay & les réguliers de son diocese (par *Gilbert* DE CHOISEUL DU PLESSIS-PRASLIN, évêque de Tournay). A *Lille*, de l'Imprimerie de Nicolas de Rache, à la Bible d'or, 1672. In-12. — Pièce de 61 pages, plus trois pages non foliotées contenant : *Avis nécessaires ensuite de ce Mémoire.*

Gilbert de Choiseul, évêque de Comminges depuis 1664, fut transféré sur le siége de Tournai le 5 janvier 1671. Comme évêque de Comminges, dans les années qui précédèrent la *Paix de l'Eglise*, il avait proposé un plan d'accommodement qui laissait planer des doutes sur sa foi et qui avait été mal accueilli à Rome (v. Gérin, *Rech. hist.*, p. 258). A peine arrivé à Tournai, « à l'instigation » du sieur Ragot, ci-devant promoteur d'Alet, dans les grands troubles de ce » diocèse, et qui fait tout dans le vicariat et l'évêché de Tournai, » le 24 avril 1671, il publia une ordonnance obligeant tous les prêtres qui ne sont pas pasteurs en titre, séculiers ou réguliers, de se présenter à l'evêché, dans le courant du mois de mai, pour être examinés par l'évêque et ensuite approuvés pour la confession et la prédication « si nous les trouvons capables ». Les prêtres séculiers obéirent. Vingt-trois supérieurs des Religieux mendiants, par l'organe du Prieur des Augustins de Tournai, protestèrent contre l'ordonnance et refusèrent de s'y soumettre. Cette résistance détermina Choiseul à surseoir aux prescriptions de son ordonnance jusqu'au 15 juillet, par une ordonnance nouvelle, en date du 21 mai. Les religieux mendiants n'étaient pas seuls à se plaindre ; les populations s'émurent à ces nouveautés, au point que le Magistrat de Lille envoya des députés à l'évêque pour lui représenter : « que tout le peuple était dans la » dernière consternation, ayant appris ce que M. de Tournay avoit publié dans » son ordonnance, ce qui ne s'estoit pas veu par le peuple de ce pays.... qu'à » chaque changement d'Evesque il fust requis une approbation nouvelle et géné- » rale. » Rien n'y fit, et l'évêque demeura inflexible. Cependant, comme le terme du 15 juillet approchait, et que pas un religieux ne s'était présenté à l'examen , Choiseul adressa, le 11, une lettre circulaire aux supérieurs des couvents du diocèse, notifiant qu'il prorogeait la révocation des permissions jusqu'au temps où il aurait pu les visiter, et le 14, il fit savoir aux couvents de la ville de Tournai, par l'entremise de Philippe de Boulogne, son grand-vicaire, de Jean Gennaro, official et Plesserea, théologal, que cette prorogation durerait « jusqu'à ce qu'au- » trement nous en ayons disposé et que nous ayons fait sçauoir auxdits Réguliers » nostre dernière résolution par écrit. » Cette tentative eut le résultat des premières. Les religieux s'abstinrent d'obtempérer aux exigences de l'évêque qui, en désespoir de cause, s'adressa au roi, le priant « d'appuyer de son auto- » rité royale la puissance sacrée de Jésus-Christ qui réside dans les Evesques ». Le roi reçut le placet de Choiseul et ordonna à Messieurs de Boucherat et de Fieubet, conseillers d'état, de s'instruire du mérite de l'affaire, et d'en communiquer avec l'Archevêque de Paris, M. de Conte, doyen de son église, et le P. Ferrier, confesseur du roi, pour lui donner ensuite tous ensemble leur avis. Il fut en outre ordonné à Le Peletier de Souzy, intendant en Flandre, de prévenir les supérieurs des monastères du diocèse de Tournai, que, s'ils avaient des raisons à alléguer contre l'ordonnance de leur évêque, ils eussent à envoyer un député pour les déduire devant les commissaires. C'est pour les commissaires nommés par le roi que l'évêque de Tournai écrivit son *Mémoire*.

Les Religieux mendiants députèrent à Paris pour défendre leur cause le P. Ange, ou Jean Hannotelle, de l'ordre des Frères-Prêcheurs, docteur en théologie et le Père Antoine Boulogne, recteur des Jésuites de Lille. Ils réfutèrent le *Mémoire* de l'évêque dans la *Réponse à vn écrit intitulé Mémoire sur le Différent*, etc. L'évêque répliqua par un écrit que nous n'avons pas, et auquel les députés opposèrent une *Réponse* qui ne fut pas imprimée, mais qui se trouvait en copie manuscrite dans beaucoup de couvents du diocèse de Tournai, et notamment dans la bibliothèque des Dominicains de Lille.

S'il faut en croire la *Gallia Christiana* (t. III, col. 246), grâce au roi, Choiseul eut raison de l'opposition des religieux. Elle dit, en effet : Reliogiosos mendi- » cantes qui licentiam ad excipiendas fidelium confessiones ab ipso petere » detrectabant, in ordinem coegit. »

429 Ordonnance de M. de Choÿseul du Plessy-Praslain, évesque de Tournay, qui rappelle les formalités à accomplir au sujet de l'Examen des Filles qui entrent en Religion. A *Lille*, de l'imp. de Nicolas de Rache, 1672. 1 affiche.

430 Mandement de Monseignevr l'illvstrissime et reverendissime évesque de Tovrnay pour l'establissement des prières de douze heures pour le roy et ses armées. 12 may 1672. S. n. d'imp., s. d. 1 affiche.

431 Mandatum generale illvstrissimi ac reverendissimi domini Tornacensis episcopi Circa visitationem suæ Diœceseos obeundam. 1673. S. n. d'imp. 1 affiche.

432 Ordonnance de Mgr l'illustrissime et reverendissime Evesque de Tournay pour le Séminaire et les ordinands de son diocèse. 23 septembre 1673. S. nom d'imp. 1 affiche.

433 Ordonnance de l'Evêque de Tournay concernant les prêtres qui sortiraient de son diocèse ou auraient été ordonnés ailleurs. 1673, s. nom d'impr. 1 affiche.

434 Mandatum illustrissimi ac reverendissimi domini D. Episcopi Tornacensis Circa Diœcesanæ Synodi celebra-
tionem. S. n. d'imp. 1673. 1 affiche.

435 Mandement de Monseigneur l'illvstrissimo et reverendissime Evesque de Tovrnay, pour l'establissement des
prières de douze heures povr le roy et ses armées. 5 juin
1673. S. nom d'imp. 1 affiche.

436 Extraclum ex actis generalis synodi diœcesis Tornacensis
habitæ die 13 mensis Junij, anni 1673, in ecclesia cathe-
drali Tornacensi. S. nom d'imp. 1 affiche.

437 Dédommagement octroyé par le Roi au Chapitre de
Tournay à cause des confiscations faites sur leurs biens
dans les Pays-Bas. 2 novembre 1677. S. n. d'imp. 1 affiche.

438 Lettre à Messieurs les Vicaires Généraux de Monseigneur
l'Evêque de Tournay sur le sujet d'un livre qui porte
pour titre Mémoires sur les collations des canonicats de
l'Eglise cathédrale de Tournay, faites par Leurs Hautes
puissances Nosseigneurs les Etats Généraux des Provinces Unies, recueillies par M. LENGLET DU FRESNOY,
Prêtre licencié en Théologie, 1711. 1 br. 31 p. pet. in-8°.

439 Mandement pour le carême do la présente année 1729.
A *Tournay,* chez Jacques Vincent, sur la Place. 1 affiche.

440 Mandement pour des prières publiques. S. n. d'imp.
1 feuillet. 3 mars 1756.

Evêché de Tournai.

441 Mandement de son excellence Monseigneur l'Evêque de
Tournay, qui ordonne qu'on chantera dans toutes les
églises de la partie de son Diocèse, soumise à Sa Majesté
Très chrétienne, le Te Deum, en action de grâces de la
protection qu'il a plu à Dieu d'accorder à ce Royaume ,
en préservant le Roy du danger qu'a couru sa Personne
sacrée, 1757. S. n. d'imp. 1 affiche.

442 Question soumise à Nosseigneurs des États - Généraux
(Validité de l'élection des évêques d'Ypres et de Tournai),
s. nom d'imp. 1 br., 7 p. in-4°.

443 Batavia Sacra, sive Res gestæ Apostolicorum virorum qui
fidem Bataviæ primi intulerunt, in duas partes divisa.
Prima Continet gesta XX, primorum Præsulum Ultra-
jectensium. Reliquorum dein Pontificum Traj. eorumque
Suffraganeorum, Vicariorumque gesta. Altera A. F.
Schencko orsa, res gestas, Decreta fidei morumque, ac
Scripta Præsulum, Vicariorum, Pastorum aliorumque,
unà cum recensione Ecclesiarum locorumque Sacrorum,
ad nostrum usque seculum perducit, cum typis æneis.
Omnia industrià ac studio T. S. F. H. L. H. S. T. L. P.V.T.
[*Hugonis - Francisci* VAN HEUSSEN]. *Bruxellis,* Pro
Francisco Foppens, M. DCC. XIV. In-f°, tit. rouge et
noir, 2 tom. en 1 vol.

444 Historia de Rebus Ecclesiæ Ultrajectensis, a tempore
mutatæ religionis in fœderato Belgio, Monumentis auten-
ticis (*sic*) roborata, variisque Dissertationibus illustrata.
[auctore HOYINCK A PAPENDRECHT, S. T. D., Canonico
Mechliniensi.] *Coloniæ Agrippinæ,* Apud Guilielmum
Metternich. Prostant *Bruxellis,* Apud Franciscum Foppens. M. DCC. XXV. In-4°, 1 vol.

[*In eod. volum.* : I] Joseph Spinelli Abbas S. Catha-
rinæ, in Belgio ac Burgundiæ Comitatu cum facultatibus
Nuncii, Apostolicus Internuncius, Universis Catholicis
in fœderato Belgio commorantibus. [*etc., etc.,* die octava
Aprilis 1724 *S. l. n. d.*] mandement de 7 pp. chiff. in-f°,
à 2 colonnes, l'une en latin, l'autre en flamand, relatif
à l'affaire de l'Église schismatique d'Utrecht.

[II] Causa Ecclesiæ Ultrajectinæ historice exposita
per Enarrationem brevem, præfectionis loco præmissam:
juridice confirmata per duas Scriptiones, quarum alteri
titulus *Casus positio,* alteri *Dissertatio,* &c. canonice

promota per legitimam Episcopi electionem, Confirmationis Pontificiæ petitionem, &c. *Delphis*, Pro Henrico van Rhyn. [*S. d.*]. In-4", tit. rouge et noir.

445 *Othonis* ZYLII e Soc. Iesv Historia Miracvlorvm B. Mariæ Silvadvcensis, iam ad D. Gaugerici Bruxellam translatæ. *Anlverpiæ*, ex Officina Plantiniana Balthasaris Moreti. M. DC. XXXII. In-4°, 12 ff. prél., 365 pp. chiffr. et 50 ff. de tab. et marq. d'imprim., 1 vol.

446 Historia Episcopatûs Silvæducensis, continens episcoporum et vicariorum generalium seriem, et capitulorum, abbatiarum, et monasteriorum fundationes, Nec non Diplomata varia ad rem hujus Dioecesis spectantia. [auctore *Joanne-Francisco* FOPPENS]. *Bruxellis*, Typis Francisci Foppens. M. DCC. XXI. In-4° car., 1 vol., grav. sur bois.

447 Διατρίβαι de primis veteris Frisiæ Apostolis, sive Dissertationes quibus eorū anni, actus, res personæ, loca, tempora in eorundem actis occurentia, discutiuntur, illustrantur, erroresque ab aliena manu illapsi refelluntur. Vtiles quoque ad nostrates Historias intelligendas. Avthore *F.* WILLIBRORDO BOSSCHAERTS Cœnobij B. Mariæ de Tungerlo Ord. Præmonst. Canonico. *Mechliniæ*, Typis Roberti Iaye. Anno M. DC. L. In-4° car., 1 vol.

448 Historia ecclesiastica Ducatus Geldriæ, in qua Catholicæ Fidei origo in eodem Ducatu, ejusque propagatio, ac conservatio, Episcoporum insuper successio, Cætuum [*sic*] Religiosorum initia &c. recensentur, insertis etiam, quæ in regimine Politico memoratu digna acciderunt à Christo nato usque ad annum M. DCC. Authore *Joanne* KNIPPENBERGH, Gelro-Heldensi. *Bruxellis*, Typis Francisci Foppens, M. DCC. XIX. In-4°, 1 vol., tit. rouge et noir, portr. et grav. hors texte.

HISTOIRE ECCLÉSIASTIQUE : ALLEMAGNE, ANGLETERRE, ITALIE, ETC.

449 Histoire ecclésiastique d'Allemagne, contenant l'Erection, le Progrez et l'Etat ancien & moderne de ses Archevechez et Evechez. [Par ECHARD, abbé DE COMMANVILLE]. A *Bruxelles*, Fr. Foppens, 1722. 2 vol. in-12, avec les fig. des principales cathédrales.

450 Mémoires historiques du Cardinal PACCA sur les affaires ecclésiastiques d'Allemagne et de Portugal pendant ses nonciatures, traduits de l'italien. Augmentés de pièces justificatives, terminés par le bref de Pie VI sur la question, *Quid est Papa?* le dernier discours du cardinal, et ornés de son portrait; par M. l'abbé *A.* SIONNET, Membre de la Société asiatique. *Paris*, librairie catholique de P.-J. Camus, [*Épernay, impr.* Valentin-Ligée], 1844. In-8°, 1 vol., suivi de :

Mémoires sur le Portugal, et Voyage à Gibraltar; avec des considérations sur les principales causes de la révolution. Par le Cardinal *B.* PACCA, ancien nonce à Lisbonne. Traduits de l'Italien sur la seconde Édition. *Avignon*, Seguin aîné, 1836. In-8°.

451 Historia Nigræ Silvæ Ordinis Sancti Benedicti Coloniæ opera et studio *Martini* GERBERTI Monasterii et Congregationis S. Blasii in eadem Silva Abbatis S. Q. R. I. P. collecta et illustrata. Typis eiusdem monasterii 1783 [-88]. In-4°, 3 vol., fac-simile de mss. dans le III° intitulé *Codex diplomaticus Silvæ Nigræ.*

452 Copie de la lettre des Électeurs, Princes & États du St. Empire, écrite de Francfort le 5 octobre 1660 aux États généraux des Provinces-unies, touchant le différent, qui est entre l'Évêque de Munster, Prince du S. Empire, etc. & sa ville municipale de Munster. *Bruxelles,* imp. G. Scheybels, 1660. 1 br. 4 p. in-4°.

453 Monumenta Sepulchralia Ecclesiæ Ebracensis imprimis
Cordium Episcoporum Wirceburgensium deinde Ger-
trudis Augustæ, & ejusdem Filii Friderici ducis Suevo̧-
rum. Irenes item Augustæ et aliorum Quorumdam
nobilium figuris æneis illustrata. Accedunt alia quædam
Monumenta Historica. Collegit et edidit *P. Ignatius*
GROPP ord. S. Ben. ad. S. Stephanum Wirceburgi
Professus & Bibliothecarius. *Wirceburgi*, Sumptibus
Philippi Wilhelmi Fuggart Bibliop. Aulici & Academici.
Typis Marci Antonii Engmann. 1730. 1 vol. pet. in-4°,
cum indiculo.

454 Genuina ratiocinatio circa decretum ejusque Executionem
in Negotio Thorunensi anno 1724 agitato, ab amante
Veritatis, & Legum Patriarum cive Luci publicæ data
anno 1725. S. u. d'imp., s. n. d'aut. 1 br. non paginée,
in-4°, 31 pages.

455 De Antiquitate Britannicæ Ecclesiæ, Et nominatim De
Priuilegiis Ecclesiæ Cantuariensis, atque de Archiepis-
copis eiusdem LXX Historia. [auctt. *D^{re}* ARKWORTH et
Joanne JOUSSELIN, *Matthæi* PARKER, Archiepiscopi
Cantuariensis, secretario, edente eodem M. Parker].
Antehac non nisi semel, nimirum Londini in ædibus
Ioannis Day Anno M. D. LXXII, excusa. *Hanoviæ* Typis
Wechelianis, apud Claud. Marnium & hæredes Ioannis
Aubrii. M. DC. V. In-f°, 1 vol.

456 Les Antiquités de l'Eglise Anglo-Saxonne, par le R.
Docteur *John* LINGARD; traduites de l'anglais sur la
seconde édition, par *A.* CUMBERWORTH Fils, Professeur.
A *Paris*, [impr. Poussielgue-Rusand] chez Melle Carié de
la Charie, 1828. In-8°, 1 vol.

457 *Gvlielmi* PARADINI, Belliiocensis Ecclesiæ Decani, Afflictæ
Britannicæ Religionis, et rursus restitutæ Exegema.
Lvgdvni, apvd Ioan Tornæsivm, 1555. In-8°. Pièce de
76 pages.

458 S. Thomæ Cantuariensis et Henrici II, illustris Anglorvm Regis, Monomachia, de libertate ecclesiastica cvm svbivncto eiusdem argumenti Dialogo. Vtrvmqve pvblicabat *Richardvs* BRUNÆUS. *Coloniæ Agrippinæ*, apud Cornelivm ab Egmundt. Bibliop. Anno M. DC. XXVI. 1 vol. in-8".

459 Un Missionnaire catholique en Angleterre sous le règne d'Élisabeth. Mémoires du R. P. GÉRARD S. J., traduits par Le R. P. *James* FORBES, de la Compagnie de Jésus. *Paris*, Vaton frères, Lib. Édit. Coulommiers, typog. Moussin, 1872. 1 vol. in-12.

460 Les royales cérémonies faites en l'édification d'vne Chappelle de Capucins à Londres en Angleterre, dans le Palais de la Roine : fait par son commandement & par la permission du Roy : En laquelle Chappelle elle a posé la première pierre avec l'inscription gravée sur une lame d'argent, appliquée sur ladite première pierre. A *Paris*, chez Jean Brvnet, rue Neufue-Saint-Louis, au Trois de chiffre, M. DC. XXXII. 1 br., 15 p. petit in-4°.

461 Ignace Spencer et la Renaissance du Catholicisme en Angleterre, 1828-1872, par *M. l'abbé de* MADAUNE, vicaire à St.-Louis-d'Antin. *Paris*, Ch. Douniol, Lib. Édit. *Clichy*, Imp. de Paul Dupont, 1873. 1 vol. in-12.

462 Histoire critique & Religieuse de Notre-Dame de Lorette, par *A. B.* CAILLAU, prêtre de la Société de la Miséricorde, sous le titre de la Bienheureuse Marie, immaculée dans sa Conception. *Paris*, Vaton, 1843. In-18, 1 vol.

Autre exemplaire de la même édition.

463 Sardinia Sacra seu de Episcopis Sardis Historia Nunc primò confecta a *F. Antonio Felice* MATTHÆJO, Minorita Conventuali Sacræ Theologiæ Magistro, Præcedit ejusdem Auctoris Dissertatio de Sardinia, et illius ecclesiis. *Romæ*, M. DCC. LVIII, ex typographia Joannis Zempel. In-fol., 1 vol., tit. rouge et noir, rel. parchemin.

464 Précis de l'Histoire de l'Abbaye et du Pélerinage de
Notre-Dame des Hermites, depuis son origine jusqu'à
présent, avec une description succincte des Bâtiments.
A *Notre-Dame des Hermites*, chez Benzicer et Eberlin,
Imp. Lib., 1810. 1 pet. broch., 16 pag.

465 Annales Episcoporvm Slesvicensivm, vnius, veræ, sanctæ,
catholicæ et apostolicæ Ecclesiæ statum, quoad eius
Originem, Propagationem ac Mutationem in Regno
Daniæ ac finitimis Slesuici ac Holsatiæ Ducatibus, aliasq,
res quouis seculo in Ecclesia ac Politia admirandas
vereq memorabiles illic gestas ac perpetratas, breuiter
ac dilucidè complectentes ac explicantes, inserta simvl
brevi ac rotunda Regum Daniæ ac Ducum Slesuici ac
Holsatiæ Genealogia, à *Iohanne Adolpho* CYPRÆO,
Slesuicensi. *Coloniæ Agrippinæ*, Sumptibus Auctoris,
Typis Hartgeri Woringen. Anno 1634. In-8°, 1 vol.

HISTOIRE ECCLÉSIASTIQUE : HISTOIRE DES PAPES, CARDINAUX,
CONCLAVES.

466 Historia *B*. PLATINÆ. De vitis Pontificvm romanorvm. A. d.
n. Iesv Christo vsqve ad pavlvm II venetvm papam, longè
qvam antea emendatior doctissimarvmq. annotationum
Onvphrii PANVINII accessione nunc illustrior reddita. Cvi
etiam nvnc accessit supplementvm pontificum primum
per eundem Onuphrium vsq. ad Pivm V et deinde per
Antonium CICARELLUM porrò ad Clementem VIII qui hodie
Cath. Rom. Ecclesiæ præsidet quæ omnia breui & commoda Chronologia illustrantur. Accesservnt nvnc demvm
omnivm Pontificvm veræ Effigies omnia Summo Studio
emendata et correcta. *Coloniæ Vbiorvm*, ex officina
Mater Cholini, sumptibus Gosuini Cholini, anno M. DC.
1 vol. grand in-8°, avec portraits dans le texte.

467 Historia *Bap.* PLATINÆ de Vitis Pontificvm Romanorvm.

A. D. N. Jesv Christo vsque ad Pavlvm II, Venetvm Papam, longe qvam antea emendatior, doctissimarumque annotationem *Onuphrij* PANUINIJ accessione nunc illustrior reddita.Cui eiusdem Onuphrii accvrata atque fideli opera reliquorum quoque Pontificum vitæ usque ad Pium V. Pontificem Max. nunc recens adiunctæ sunt. Accessit eodem etiam auctore, Romanorum Pontificum Chronicon, longè quam anteà emendatius atque locupletius Alia quoque Cùm ipsius Platinæ, tum Onuphrij opuscula huic æditioni nunc recens addita sunt, quæ sequenti pagina annotata offendes. Accessere item indices duo pernecessarij, quorum priorem qui est Pontificum in fronte : posteriorem verò, qui est rerum, in calce reperies. *Lovanii*, apud Joannem Bogardum, M. D. LXXII.

In *eodem volumine* reperis :

1° Bap. Platinæ de falso et vero bono Dialogus, pag. 1 à 26.

2° Platinæ, Dialogvs... Contra amores, pag. 27-34.

3° Platinæ, de vera nobilitate dialogus, pag. 34-44.

4° Platinæ, de optimo cive, Libri duo, pag. 45-67.

5° Platinæ Panegyricvs in lavdem amplissimi Patris Bessarionis, pag. 67-77.

6° In Bap. Platinæ parentalia diversorvm Academicorvm Panegyrici, pag. 78-86.

7° Onvphrii Panvinii Veronensis... de Ritv sepeliendi mortvos apvd veteres Christianos, pag. 87-106.

8° Onvphrii Panvinii... Interpretatio mvltarvm vocvm ecclesiasticarvm quæ obscuræ vel Barbaræ videntur, item de stationibus Vrbis Romæ, libellus, pag. 107-128.

9° Index rerum & verborum.

10° Onvphrii Panvinii... Chronicon Ecclesiasticvm. *Lovanii*, ex officinâ Joannis Bogardi, anno 1573.

11° Ejusdem auctoris : Fasti a Cæsare Dictatore usque ad. Imp. Cæs. Maximilianum II Augustum, ad historiæ Christianæ, & præsertim primitivæ Ecclesiæ Cognitionem scitu necessarij, pag. 1-134. ex off. Bogardi, 1573.

Le tout en un vol. in-4°.

468 Vitæ Pontificum Romanorum ex antiquis monumentis descriptæ opera et studio *Antonii* SANDINI J. U. D. & in Seminario Patavino Bibliothecæ Custodis. Editio quarta Italica post duas Germanicas, retractatior et auctior curis postumis Auctoris. *Ferrariæ*. M. DCC. LXIII. Impensis Jo : Manfrè. Superiorum Permissu. Pet. in-8°, 2 vol.

469 [Recueil factice en un vol. de quatre ouvrages de *Giov.* CIAMPINI , à savoir :]

[I] Examen Libri Pontificalis, sive Vitarvm Romanorum Pontificvm, Quæ sub nomine Anastasij Bibliothecarij circumferuntur. Cuius occasione idem Anastasius à Calumnijs Hetero-doxorum vindicatur, ac in fine Bibliothecariorum Apostolicæ Sedis secundus Catalogus apponitur, ex quo nonnulla pro illustranda Historia eliciuntur. avctore *Ioanne* CIAMPINO Romano Magistro Brevivm Gratiæ, *Romæ* , Ex Typographia Ioannis Iacobi Komarck. M. DC. LXXXVIII. In-4°, 8 ff. non cotés et 120-119 pp. chiffr., tit. rouge et noir.

[II] Parergon ad Examen Libri Pontificalis, sive Epistola Pii II. ad Carolvm VII. Regem Franciæ Ab Hæreticis deprauata, & à Launoiana calumnia vindicata, cvra et stvdio *Ioannis* CIAMPINI Romani. *Romæ* , Ex Typographia Ioannis Iacobi Komarck. M. DC. LXXXVIII. In-4°, 4 ff. non cotés et 39 pp. chiffr., tit. rouge et noir.

[III] De Vocis Correctione in Sermone VII. Sancti Leonis Magni De Nativitate Domini. Γραμματιου Δωρηματιων sive Literulæ Munusculum, quod Reverendissimo Patri Erasmo Gattola a Cajeta dat, & offert *Joannes* CIAMPINUS Romanus. *Romæ*, M. DC. XCIII. Ex Typographia Joannis Jacobi Komarck. In-4°, 14 pp. chiffr. et 1 feuillet blanc.

[IV] Reverendiss. Patri Henrico Noris Veronensi Augustiniano de Cruce Stationali Investigatio historica *Joannis* CIAMPINI Romani. *Romæ*, M DC. XCIV. Ex Officina Typographica Joannis Francisci Buagni. In-4°, 27 pp. chiffr.

470 Disputationes historicæ (vigenti) *Antonii* SANDINI, ad vitas
Pontificum Romanorum ab eodem descriptas. *Ferrariæ,*
Manfrè, 1742. In-8°.

471 Bibliotheca pontificia dvobvs libris distincta. Imprimo
agitur ex professo de omnibus Romanis Pontificibus à
S. Petro usque ad S D N Vrbanum VIII, ac de pseudo-
pontificibus, qui scriptis claruerunt. In secundo verò de
omnibus auctoribus, qui cùm in generali, tùm in parti-
culari eorum vitas, et laudes, nec non præcellentiam
auctoritatemvc posteritati consecrarunt cui adiungitur
Catalogus Hæreticorum, qui aduersus Romanos Pontifices aliquid ediderunt variis et locupletissimis indicibus
exornata. Accedit fragmentum libelli S. Marcelli Romani
martyris, B. Petri Apostoli discipuli è peruetusto Bre-
uiario MS. Flauiniacensi desumptum, & hactenus inedi-
tum. De disputatione B. Petri & Simonis Magi. Auctore,
R. P. *F. Lvdovico* IACOB A S. CARLO, Cabilonensi Bur-
gundo, ordinis Carmelitarum alumno. *Lvgdvni,* Sumptib.
Hæred. Gabr. Boissat,& Laurentij Anisson. M.DC.XLIII.
1 vol. in-4°.

472 Effigies Nomina et Cognomina Svmmorvm Pontificvm **et**
RR. DD. S. R. E. Cardd. Ædit (*sic*), à *Jo. Iacobo* DE
RUBEIS. *Romæ,* ad Templum pacis Cum priuil. S. pont.
[*post* M. DCC. XXXI]. In-fol., 1 fort vol., frontisp.
gravé et nombreux portraits gravés, sans texte, annotations manuscrites.

473 Histoire des Voyages des Papes, Depuis Innocent I, en
409, jusqu'à Pie VI, en 1782, avec des notes, [par
Charles MILLON]. A *Vienne,* chez les Libraires associés,
M. DCC. LXXXII. In-8°, 1 vol.

474 Volumen Epistolarum, qvas Romani Pontifices, Grego-
rivs III, Stephanvs III, Zacharias I, Pavlvs I, Stephanvs IV, Adrianvs I, & Pseudopapa Constantinus miserunt
ad Principes & Reges Francorvm, Carolvm Martellvm,

·Pipinvm, & Carolvm Magnvm, Olim Studio & cura ipsius Caroli Magni collectum : Nunc tandem Publici Iuris factum a *Jacobo* GRETSERO Societatis Iesv Theologo. M. DC.— XIII. *Ingolstadii*, Ex Typographeo, Andreæ Angermarii. Sumptibus Ioannis Hertfroj Bibliopolæ Monacens. In-4°, 1 vol., couv. parchemin.

475 Vitæ Paparvm Avenionensivm, Hoc est, Historia Pontificvm Romanorvm qui in Gallia sederunt ab anno Christi M. CCC. V. usque ad annum M. CCCC. XCIV. *Stephanus* BALVZIVS Tutelensis magnam partem nunc primùm edidit, reliquam emendavit ad vetera exemplaria, Notas adjecit & collectionem actorum veterum. *Parisiis*, Apud Franciscvm Mvgvet, M. DC. XCIII. In-4°, 2 vol.

476 Histoire de la Papauté pendant le XIVe siècle, avec des notes et des pièces justificatives, par l'abbé *J.-B.* CHRISTOPHE, Curé du diocèse de Lyon. Ouvrage dédié à son Éminence le Cardinal de Bonald. *Paris*, [typ. Simon Raçon], librairie de L. Maison, 1853. In-8°, 3 vol.

477 Histoire de la Papauté pendant les seizième et dix-septième siècles, par M. *Léopold* RANKE, Professeur à l'Université de Berlin, Traduite de l'allemand par *J.-B.* HAIBER. Publiée et précédée d'une introduction par M. *Alexandre* de SAINT-CHÉRON. *Bruxelles*, Wouters et Cᵉ, 1844. Gr. in-12, 4 tom. en 2 vol., 4 portr. lithograph.

478 Relation de la Cour de Rome, faite l'an 1661 au Conseil du Pregadi, par l'Excellentissime Seigneur *Angelo* CORRARO, Ambassadeur de la Serenissime République de Venise auprès du Pape Alexandre VII. [*la Sphère*]. A *Leide*, chez Almarigo Lorens, M. DC. LXIII. In-12, 1 vol.

479 Mémoires des Intrigves de la Cour de Rome, depuis l'année 1669, jusques en 1676, [par l'abbé PAGEAU, curé de Gien]. A *Paris*, chez Estienne Michallet, M. DC. LXXVII. In-12, 1 vol.

480 Tableau de la Cour de Rome, dans lequel sont représentés au naturel sa politique, & son Gouvernement, tant Spirituel que Temporel, les cérémonies religieuses et civiles, ce qui s'observe dans le Conclave à l'Election des Papes, les Cavalcades, et plusieurs autres choses très-rares & très-curieuses; & qui ne se trouvent ni dans l'Histoire des Conclaves, ni dans aucune Relation de l'Italie ; divisé en six parties, par le sieur J. A. Prélat domestique du Pape Innocent XI [*Jean* AYMON]. *La Haye*, C. Delo, 1707. In-12, 1 vol.

Jean Aymon ne fut nullement prélat domestique du Pape. Natif du Dauphiné, où il fut Curé, il se fit Calviniste à Genève, puis passa en Hollande et se maria à La Haye. Revenu au catholicisme, il fut placé par le Cardinal de Noailles au séminaire des Missions étrangères en 1706. L'année suivante il s'enfuit en Hollande en emportant l'original des Actes du Concile de Jérusalem, tenu en 1672 et 1673, qu'il avait volés à la Bibliothèque du Roi, et que le Bibliothécaire Clément fit restituer en 1709. Il mourut vers 1720.

481 Correspondance authentique de la Cour de Rome avec la France, depuis l'invasion de l'État Romain jusqu'à l'en-lèvement du Souverain Pontife. [*S. l. n. n.*] le premier jour d'août, Fête de Saint-Pierre dans les liens. 1809. In-8°, 1 vol.

481 Rendez à César ce qui appartient à César. Introduction à une nouvelle histoire philosophique des Papes. Ornée de gravures en taille-douce. *S. l.*, 1783. In-8°. Pièce de 149 pages.

La seule gravure qui *orne* le volume est le portrait de Pie VI. Cette production, traduite en plusieurs langues, est le même ouvrage que celui qui a été publié sous le titre d'*Histoire philosophique de la Papauté*, dont la traduction italienne a été mise à l'Index le 31 mars 1788.

482 Histoire de la Papesse Jeanne, fidèlement tirée de la dissertation latine de M. *Frédéric* DE SPANHEIM, premier professeur de l'Université de Leyde. [Par *Jacques* LEN-FANT. *La Haye*, aux dépens de la Compagnie, 1758. In-12, 2 vol. avec grav.

La Dissertation de Spanheim est intitulée : *Disquisitio historica de Papa femina inter Leonem IV & Benedictum III.* Lugduni - Batavorum, 1691, in-8°, 1 vol.

483 L'Anti-Papesse, ov errevr popvlaire de la Papesse Jeanne.
Par *Florimond* DE RÆMOND, Conseiller du Roy en sa
Cour de Parlement de Bordeaux. A *Cambray*, de l'im-
primerie de Jean de la Rivière, 1613. In-12, 1 vol.

484 Familier esclaircissement de la qvestion si une Femme a
été assise au siège Papal de Rome entre Léon IV &
Benoist III. Par *David* BLONDEL. Seconde édition plus
correcte que la première. *Amsterdam*, J. Blaev, 1649.
In-12, 1 vol.

485 Histoire du Pape Grégoire VII & de son siècle, d'après
les monuments originaux ; par *J.* VOIGHT, professeur à
l'Université de Hall ; traduite de l'allemand, augmentée
d'une Introduction, de Notes historiques & de Pièces
Justificatives, par M. l'abbé JAGER, professeur d'Histoire
à la Faculté de théologie, chanoine honoraire de Paris &
de Nancy. Troisième édition revue & corrigée. *Paris*,
Dufour, 1842. In-18, 1 vol.

486 Histoire du Pape Innocent III et de ses contemporains,
par M. *Frédéric* HURTER, Président du consistoire à
Schaffouse ; traduite de l'allemand, sur la seconde édition, par MM. *Alexandre* DE SAINT-CHÉRON et *Jean-
Baptiste* HAIBER ; précédée d'une introduction, par
M. *Alex.* DE SAINT-CHÉRON. *Paris*, [imp. Bailly], Debécourt, 1838. In-8°, 3 vol.

487 Histoire du Pape Innocent III, 1160-1216, par M. L'abbé
JORRY. *Arras*, rue Ernestale, 289 ; *Paris*, Sagnier &
Bray, Lib.: *Amiens*, rue de Noyon, 47 (1853). Un
volume in-12, avec le portrait d'Innocent III en frontispice.

489 Histoire de Boniface VIII et de son siècle, avec des notes
et des pièces justificatives, par *D. Louis* TOSTI, religieux
du Mont-Cassin, traduite de l'italien par l'abbé MARIE-
DUCLOS, secrétaire de l'évêché de Bayeux. [*Caen*, imp.
Poisson]. *Paris*, Louis Vivès, 1854. In-8°, 2 vol.

490 Histoire d'Urbain V et de son siècle, d'après les manuscrits du Vatican, par l'abbé MAGNAN, docteur en théologie et en droit ecclésiastique, aumônier du lycée de
Marseille. *Paris*, Ambroise Bray, [imp. J. Claye], 1862.
In-8°, 1 vol.

491 Fascicvlvs Rervm expetendarvm ac fugiendarum. In quo
primũ continetur Concilium Basiliense non illud quod in
magno Concilior. volumine vulgo circumfertur, sed quod
Aeneas SYLUIUS qui postea Pius II, est appellatus & eidem
Concilio præsens interfuit, fideliter, & eleganter cons-
cripsit. [edente *Orthuino* GRATIO]. Insunt præterea huic
operi nobilissimo, summorum aliquot virorum epistolæ,
libelli, tractatus, & opuscula, in quibus & admiranda
quædam & obstupenda inuenies. Esaiæ quinto. [*S. l.*]
Anno, M. D. XXXV. In-f°, 1 vol. de 4 ff. non cotés et
ccxlii ff. cotés, tit. à encadrem. gravé.

492 Historia arcana sive de Vita Alexandri VI, Papæ seu
Excerpta ex Diario Johannis Burchardi Argentinensis,
Capellæ Alexandri Sexti Papæ Clerici Ceremoniarum
Magistri. Edita à *Godefr. Guilielm.* LEIBNIZIO. *Hanno-
veræ*, Sumbtibus (*sic*) Nicolai Försteri. M. DC. XCVII.
In-4° car., 1 vol., exemplaire interfolié.

493 Histoire de Léon X et de son siècle, par M. AUDIN. *Paris,*
L. Maison, Lib.-Édit. *Poitiers*, Imp. de A. Dupré, 1850.
2 vol. in-8°.
Cet ouvrage fait partie d'une série intitulée : Études sur la Réforme.

494 Discovrs des honnevrs, pompes, et magnificences, faictes
tant au couronnement de nostre S. Père le Pape, Grégoire XIIII, qu'à son acheminement solennel depuis le
Palais de S. Pierre jusques à l'Eglise de S. Jean de
Lateran, auquel lieu il print possession de cette Eglise
comme Cathédrale de tout le monde. Ensemble les cérémonies, solemnitez, arcs triomphaux, deuises, inscriptions, & autres singularitez mémorables. Traduict

d'Italien en François, Iouxte la copie imprimée à Rome, par *Paolo* DIANI, à S. Marcello. A *Paris*, chez Leger Delas, rue S. Jacques, au Soleil d'Or. M. D. XCI. 1 br. 32 p. petit in-4°.

495 Discovrs faict à Rome sur la création de N. S. P. le Pape Vrbain VIII, par le S' DVTERTRE, Secrétaire de la chambre du Roy. A *Paris*, chez Francois Pommeray, 1624. Pièce in-8° de 8 pages.

496 Venerabilibvs fratribvs Patriarchis, Archiepiscopis & Episcopis Ecclesiæ catholicæ. Lettre de Nostre Saint Père le Pape URBAIN VIII, à tous les Patriarches, Archeuesques, Euesques de l'Eglise Catholique. Traduitte du latin. [Donnée à Rome le 25 mars 1625]. *Paris*, François Hvby, 1625. In-12. Pièce de 15 pages.

497 Facvltates Reverendissimo D. Francisco titulo Sanctæ Agathæ Cardinali, Barberino nuncupato, ad Lvdovicvm XIII Christianissimvm Franciæ & Navarræ Regem & ad Regnum Franciæ, à latere Sedis Apostolicæ Legato, per S. S. D. D. VRBANVM Papam VIII concessæ. *Parisiis*, C. Morellus, 1625. In-12. Pièce de 55 pages.

498 Pontificatvs Alexandri VII qvi antea Fabivs Chisivs senensis pro Belgis et Bvrgvndis gratvlabvndvs scripsit *Antonivs* SANDERVS Gandensis. *Brvgis Flandrorvm*. Apud Alexandrum Michaelium, vià Breydeliâ. Anno M. DC. LV. 1 br. 30 p. in-4°.

499 Jvbilé vniversel de Nostre S. Père Innocent par la Providence divine Pape XI, pour implorer le secours de Dieu au commencement de son Pontificat pour le gouvernement salutaire de la Sainte Eglise Catholique. S. n. d'imp., s. d., 1 feuillet.

500 Jubilé universel accordé par N. S. Père le Pape Clément XI, afin d'implorer le secours divin pour la Paix entre les Princes Chrétiens & pour les autres nécessités

présentes de l'Eglise Catholique. A *Arras*, chez César Duchamps, 1707. 1 feuillet.

501 Relation de ce qui s'est passé à l'occasion de la Translation du corps du feu Pape Benoist XIII de l'Eglise de Saint-Pierre du Vatican à celle des R.R. P.P. Dominicains du Couvent de la Minerve, faite le 22 Février de la présente année 1733. A *Paris*, chez Henry-Simon-P. Gissey, 1733. 1 br. 15 p. in-4°.

502 Instruction en forme de catéchisme sur le jubilé accordé par N. S. P. le Pape Benoît XIV pour l'année 1751. Imprimée par ordre de Monseigneur l'Évêque d'Arras. Le prix est de trois sols. A *Arras*, chez la veuve Duchamp, 1 br. 36 p. petit in-8°.

503 Clément XIII et Clément XIV, par le P. de RAVIGNAN de la Compagnie de Jésus. *Paris*, Julien, Lanier et Cⁱᵉ, Édit., Typ. Julien, Lanier et Cⁱᵉ, au Mans, 1856. 2 vol. in-8°.

504 Mandement, instructions et prières pour le jubilé, accordé par N. S. P. le Pape Clément XIV. Imprimés par ordre de Monseigneur l'Évêque d'Arras. A *Arras*, chez Michel Nicolas, M. DCC. LXX. 1 br. 47 p. petit in-8°.

505 Histoire de l'enlèvement et de la captivité de Pie VI, par M. l'abbé BALDASSARI, traduite de l'italien, et augmentée d'un Précis historique des XXI premières années du pontificat, par M. l'abbé de LACOUTURE. *Paris*, [imp. et] librairie d'Adrien Le Clere et Cⁱᵉ, 1839. In-8°, 1 vol.

506 Recueil des actes concernant le voyage de notre très-saint Père le pape Pie VI, à Vienne. *Rome*, Imp. de la Chambre apostolique, M. DCC. LXXXII. Se vend à Bruxelles, chez le Graveur, rue Royale. 1 vol. in-8° avec portrait en frontispice.

507 Jubilé universel de l'année sainte. A *Arras*, chez Michel Nicolas, M. DCC. LXXVI. 1 br. 32 p. in-4°.

508. Jubilé universel, accordé par N. S. Père le Pape, pour implorer l'assistance Divine au commencement de son Pontificat, & la grâce de gouverner saintement l'Eglise Catholique. A *Arras,* chez Michel Nicolas, M.DCC.LXX. 1 br. 14 p. in-4°.

509 Mandement, instructions et prières pour le jubilé, de l'année sainte, accordé par N. S. P. le Pape Pie VI. Imprimés par ordre de Monseigneur l'Évêque d'Arras. A *Arras,* chez Michel Nicolas, M. DCC. LXXVI. 1 br. 55 p. petit in-8°.

510 Histoire du Pape Pie VII, par M. le chevalier ARTAUD, ancien chargé d'affaires de France, de l'Académie des inscriptions et belles-lettres. *Paris,* [impr. et] librairie d'Adrien Le Clere et Cie, M. DCCC. XXXVI. In-8°, 2 vol.

511 Recueil factice de diverses pièces relatives aux démêlés du pape Pie VII avec Napoléon Bonaparte, à savoir :

1) Correspondance authentique de la Cour de Rome avec la France, depuis l'invasion de l'État Romain jusqu'à l'enlèvement du Souverain pontife; suivie des pièces officielles touchant l'invasion de Rome par les Français, et des lettres de N. S. P. le Pape Pie VII, au Cardinal Maury, et à M. Evrard, Archidiacre et Vicaire capitulaire à Florence. Ornée du Portrait de S. S. Quatrième édition. A *Paris*, L. Saintmichel, A. Egron, 1814. In-8°, 176 pp.

2) Complément de la Correspondance de la Cour de Rome avec Buonaparte, contenant les Allocutions de N. S. P. le Pape Pie VII, prononcées dans les Consistoires secrets de 1808, et plusieurs autres Pièces importantes et nécessaires pour l'intelligence du volume précédemment mis au jour. Ce présent Ouvrage se fait remarquer par des écrits précieux sur les Élections capitulaires, et par une Dissertation sur le Droit du Pape

pour la confirmation des Évêques, par *Alphonse* MUZA-
RELLI, Théologien au tribunal de la Sainte Pénitencerie,
etc., avec une figure représentant N. D. de la Paix générale. A *Paris*, chez Beaucé, [impr. P. Gueffier, *Lyon*,
chez Rusand, *Toulouse*, chez Manavit], 1814. In-8°, 4 ff.
non cotés et 315 pp. chiffr.

3) Sanctissimi Domini Nostri Pii Divina Providentia
Papæ VII. Allocutio habita in consistorio secreto Feria
secunda die XXVI. Septembris M. DCCC. XIV. *Romæ,*
M. DCCC. XIV. Ex Typographia Rev. Cam. Apostolicæ.
Pet. in-4°, VIII pp., y compris titre, sous lequel on a
relié en outre 4 pp. de format in-32, commençant par
In Palatio Apostolico Quirinali...

4) Dissertation sur cette question : le souverain pontife
a-t-il le droit de priver un évêque de son siége dans un
cas de nécessité pour l'Église, ou de grande utilité.
Traduit du latin de M. *A.* MUZZARELLI, théologien de la
S. Pénitencerie. A *Paris,* 1809. In-8°, 64 pp. outre tit.

5) Essai historique sur la dernière Persécution de
l'Église, par M. ***. [l'abbé *Paul* VERGANI, ex-législa-
teur, revu par M. *M.* TABARAUD]. *Paris,* Adrien Égron,
1814. In-8°, IV-96 pp., outre titre.

6) Discussion historique sur un point intéressant de
la vie de Henri IV, [par l'abbé *P.* VERGANI]. *Paris,*
Adrien Égron, X^bre 1814. In-8°, 54 pp., outre titre.

512 Histoire du pape Léon XII, par M. le chevalier ARTAUD DE
MONTOR, ancien chargé d'affaires de France à Rome, à
Florence et à Vienne, de l'Académie des inscriptions et
belles-lettres. Ouvrage faisant suite à l'Histoire de
Pie VII, par le même auteur. *Paris,* [impr. et] librairie
de Adrien Le Clere et C (*sic*), M. DCCC. XLIII. In-8°,
2 vol.

513 Histoire du pape Pie VIII, par M. le chevalier ARTAUD DE
MONTOR, ancien chargé d'affaires de France à Rome, à
Florence et à Vienne, de l'Académie des inscriptions et

belles-lettres. Ouvrage faisant suite aux Histoires de Pie VII et de Léon XII, par le même auteur. *Paris,* Librairie [et imprimerie] d'Adrien Le Clere et Cie, M. DCCC. XLIV. In-8°, 1 vol.

514 Relation des solennitez et cérémonies faites à Rome en l'honneur du Pape Innocent X. S. n. d'imp., s. d. 1 br. 24 p. in-4°.

Manquent le titre et les huit premières pages.

515 Questions du jour: 1° Le Pape Honorius, première lettre à M. l'abbé Gratry, par *J.* CHANTREL, 112 pages. Imp. Laine; 2° Les fausses décrétales, deuxième lettre à M. l'Abbé Gratry, par *J.* CHANTREL, 126 pages, id.; 3° Paul IV et la Tyrannie Papale, par *J.* CHANTREL, 107 pages. Imp. Cusset. *Paris,* V^{or} Palmé, 1870. Le tout en un vol. in-12.

516 *Antonii* SANDERI Presbyteri, Iprensis Ecclesiæ Canonici, Elogia Cardinalivm, sanctitate, doctrina, et armis illvstrivm. Ad Illustrissimum & Reuerendissimum Dominum, D. Alfonsvm Cardinalem de la Cveva. *Lovanii,* Typis Cornelii Cœnesteynii, M. DC. XXVI. In-4°, 1 vol., rel. parchemin.

517 [Troisième et dernière Encyclopédie Théologique, publiée par M. l'abbé Migne, tome XXXI.] Dictionnaire des Cardinaux, contenant des Notions générales sur le Cardinalat, la nomenclature complète, par ordre alphabétique, des Cardinaux de tous les temps et de tous les pays; la même nomenclature par ordre chronologique; les détails biographiques essentiels sur tous les Cardinaux sans exception; de longues études sur les Cardinaux célèbres, qui, en si grand nombre, ont rempli un rôle supérieur dans l'Église, dans la politique ou dans les lettres; par M. l'abbé C. B. [*Charles* BERTON, vicaire à la cathédrale d'Amiens.] S'imprime et se vend chez J.-P. Migne, éditeur, 1857. Gr. in-8° à 2 col., 1 vol.

518 Recueil factice de 48 portraits gravés de cardinaux français et italiens, quelques-uns sont signés de Larmessin 1680. In-f°, 1 vol. de XXXVI ff. cotés à la main, sans tit., précédés d'une table manuscrite, et suivis de 23 ff. blancs, rel. parchemin.

519 Le conclave de Clement nevvième. *Cologne,* 1667. Pet. in-12. Pièce de 29 pages.

520 Idee du Conclave present, de M. DC. LXXVI. Ou le Pronostique du Pape futur, avec des reflexions sur la Cour de Rome, durant le siege vacant. Par un Abbé Romain (*Gregorio* LETI). *Amsterdam*, Fr. Dubois, 1676. Pet. in-12. Pièce de 45 pages.

Deux autres exemplaires de la même brochure.

HISTOIRE ECCLÉSIASTIQUE : ORDRES RELIGIEUX EN GÉNÉRAL.

521 Histoire des ordres monastiques, religieux & militaires, et des congrégations séculières de l'un et de l'autre sexe, qui ont été établies jusqu'à présent, contenant leur origine, leur fondation, leurs progrès, les évènements les plus considérables qui y sont arrivés ; la décadence des uns et leur suppression, l'agrandissement des autres, par le moyen des différentes réformes qui y ont été introduites, les vies de leurs fondateurs et de leurs réformateurs, avec des figures qui représentent tous les différens habillemens de ces ordres et de ces congrégations. [Par le Père HÉLYOT]. A *Paris*, chez J.-B. Coignard, Imp. et Lib. M. DCC. XXI. *8 vol.* in-4°, titre noir & rouge.

Le *tome Ier* comprend les ordres de St. Antoine, S. Basile & des autres fondateurs de la vie monastique en Orient, avec les ordres militaires qui ont suivi leur règle.

Le *tome II* comprend les congrégations des chanoines réguliers et des chanoinesses régulières, avec les ordres militaires qui y ont rapport.

Le *tome III* comprend toutes les différentes congrégations, & les ordres militaires qui ont été soumis à la règle de St. Augustin.

Tome IV. Suite de la 3e partie.

Tome V. Quatrième partie, qui comprend toutes les différentes congrégations & ordres militaires soumis à la règle de S. Benoît.

Tome VI. Suite.

Tome VII. Cinquième partie. Ordres de S. François & autres qui ont des règles particulières.

Tome VIII. Sixième et dernière partie. Congrégations séculières et ordres militaires de chevaliers qui ne sont soumis à aucunes des règles de Religion.

522 Dictionnaire historique portatif des Ordres religieux et militaires, et des Congregations Régulières & Seculières qui ont existé jusqu'à nos jours ; contenant leur origine, leur progrès, leur décadence, & les différentes réformes qu'ils ont éprouvées ; Avec les marques qui les distinguent les uns des autres , par Monsieur M. C. M. D. P. D. S. J. D. M. E. G. A *Amsterdam*, chez Marc-Michel Rey, Libraire. M. DCC. LXIX. Pet. in-4°, 1 vol. de XVII-90-291 pp.

523 [Troisième et dernière Encyclopédie théologique publiée par Mr l'*Abbé Migne*.] Dictionnaire des abbayes et monastères ou histoire des Établissements religieux érigés en tout temps et en tous lieux, précédé d'une introduction par M. *Maxime* DE MONTROND, suivi d'un appendice renfermant un grand nombre d'ouvrages où sont défendus les ordres religieux contre les attaques du XVIIe siècle. Tome unique. Seizième de la collection. S'imprime et se vend chez M. J. P. Migne, Édit., 1856. 1 vol. in-8°.

524 Tableau des Congrégations Religieuses formées en France

depuis le dix-septième siècle, par M. Henrion. *Paris*, à la Société des bons livres & chez Bricon. Imprimerie de Béthune, M. DCCC. XXXII. 1 vol. in-12 broché.

525 Monasticon Anglicanum, sive Pandectæ Cœnobiorum Benedictinorum Cluniacensium Cisterciensium Carthusianorum A primordiis ad eorum usque dissolutionem Ex MSS. Codd. Ad Monasteria olim pertinentibus ; Archivis Turrium Londinensis, Eboracensis ; Curiarum Scaccarii, Augmentationum ; Bibliothecis Bodleianâ ; Coll. Reg. Coll. Bened. Arundellianâ, Cottonianâ Seldenianâ, Hattonianâ aliisque digesti, per *Rogerum* Dodsworth, Eborac. *Gulielmum* Dugdale, Warwic. *Londini*, Typis Richardi Hodgkinsonne, M. DC. LV. In-f°, 1 tome en 2 vol., tit. rouge et noir, frontispice gravé, 65 grav. hors texte.

Monastici Anglicani volumen secundum de Canonicis regularibus Augustinianis, scilicet Hospitalariis, Templariis, Gilbertinis, Præmonstratensibus, & Maturinis sive Trinitarianis; cum Appendice Ad Volumen Primum de Cœnobiis aliquot Gallicanis, Hibernicis, & Scoticis : Necnon quibusdam Anglicanis antea omissis. Per *Rogerum* Dodsworth Eboracensem, *Gulielmum* Dugdale Warwicensem. *Londini*, Typis A. W. Prostant apud R. Scott, M. DC. LXXIII. In-f°, 1 tome en 2 vol., tit. rouge et noir, 17 grav. hors texte.

Monastici Anglicani, volumen tertium et ultimum : additamenta quædam In Volumen Primum, ac Volumen Secundum. Jampridem Edita : necnon fundátiones, sive dotationes diversarum Ecclesiarum Cathedralium ac Collegiatarum continens ; Per *Will.* Dugdale Warwicensem. *Savoy* : Excudebat Tho. Newcomb, & Prostant Venales Ab. Roper, Joh. Martin & Men-Herringman. M. DC. LXXIII. In-f°, 1 vol., tit rouge et noir, 30 grav. hors texte.

526 *Hieronymi* Plati ex Societate Iesu, de Bono Statvs Religiosi Libri III. Ab ipso Auctore nunc postremò

recogniti, & auctiores iam quàm antea, in Germania
excusi. *Avgvstæ Trevirorvm*, Excudebat Henricus
Bock, cIɔ. Iɔ. XCIII. In-4°, 1 vol.

527 Statutum universale sive compendiosa præcipuarum cons-
titutionum collectio ad uniformem observantiam proposita
Amplissimo Domino D. de Presseux de Hautregard Priori
Generali, Reverendis Diffinitoribus, Prioribus, Vene-
randis Patribus Ordinis S^{ti} Guilielmi, In Comitiis Genera-
libus capitulariter congregatis in Monasterio Bernardi-
fagensi anno 1687. Authore F. *Benedicto* Bourgoy,
totius Ordinis Guilielmitarum Præposito Generali &
Monasterii Leodiensis ejusdem Ordinis priore perpetuo.
Leodii, G. Barnabé, 1715. In-8°, 1 vol.

528 Codex Regvlarvm et Constitvtionvm clericalivm In quo
Forma institutionis Canonicorum & Sanctimonialium ca-
nonicè viuentium ; Leges item scriptæ Fratrum vitæ
communis, Theatinorum, Paulinorum seu Barnabitarum,
Societatis Iesu, Clericorum Somascç seu S. Majoli Pa-
piensis, Boni Iesu, Oratorij, Oblatorum S. Ambrosij,
Ministrantium infirmis, Clericorum Minorum, B. Mariæ
Scholarum piarum, Doctrinæ Christianæ, & aliarum
religiosarum familiarum in congregatione viuentium,
recitantur, Notisque illustrantur, Studio *Avberti* Miræi,
Bruxellensis, S. Th. Licentiati & Decani Antuerpiensis.
Antverpiæ, apvd Cæsarem Ioach. Trognæsivm. Anno
M. DC. XXXVIII. Gr. in-4°, 1 vol.

529 *D. Ioannis* Molani. S. Th. Lovanii professoris, Pontificii
et Regii librorum censoris, de Canonicis libri tres : I. de
Canonicorum vita ; II. de eorum officijs ; III. de Dominio
Canonicorum et Seruis Ecclesiarum. Item, Orationes
tres, de Agnis Dei, de Decimis dandis, de decimis defen-
dendis, cum tribus indicibus. *Lovanii*, typis Francisci
Simonis, anno cIɔ. Iɔc XXXV. 1 vol. pet. in-8°.

530 Miroir des Abbés & des Abbesses en règle, formé sur des
règles de conduite données à un jeune Abbé par un

Ancien..... Avec des réflexions fort intéressantes pour les inférieures. |Par Dom *François* BLANCKART, bénédictin de l'Abbaye de Maroilles]. *Liége*, Barchon, 1731. In-12, 1 vol.

531 Origines omnivm Hannoniæ cœnobiorvm, octo libris breviter digestæ. Pertinenter svbnectitvr Avctarivm de Collegiatis ejvsdem provinciæ Ecclesiis. Maioris operis primitias edebat author [*Philippus* BRASSEUR, Montibus oriundus et Malbodiensis Ecclesiæ canonicus]. *Montibus,* Ph. Wandræus, 1650. In-12, 1 vol.

532 Saint Christodule et la Réforme des Couvents grecs au XIᵉ siècle, par *Édouard* LE BARBIER, ancien Élève de l'École d'Athènes. *Paris*, Firmin Didot fils et Cⁱᵉ, L. Hachette, 1863. Imp. Lainé & J. Havard. 1 pet. vol. in-18; titre noir & rouge.

533 Essai sur les vicissitudes des Institutions monastiques dans le Bas Berri, par M. *A.* DESPLANQUE, Ancien Archiviste de l'Indre, Membre de la Société du Berri. Imprimerie Impériale, 1864. 1 broch., 36 pag. pet. in-8°.

HISTOIRE ECCLÉSIASTIQUE : ORDRE DE S. AUGUSTIN.

534 Reiettons sacrès (*sic*) Pullulants de la Palme triumphante des premiers Martyrs de l'Ordre dit des Freres Eremites de S. Augustin. Recveillis par *F. George* MAIGRET BVILLONOY [*sic*, *i, e.* de Bouillon], Doct. The. et Prieur du mesme Ordre au Couvent de S. Augustin lez Liege. Chez Christian Ouwerx, Impr. iuré de S. A. 1612. In-8°, 1 vol. de 64 ff. non cotés outre titre, tit. orné, gravures.

535 Virorvm illvstrivm ex ordine Eremitarvm D. Avgvstini Elogia cvm singvlorvm expressis ad vivvm iconibvs, avctore *F. Cornelio* CVRTIO eiusdem ord. historiographo

et diffinitore generali. *Antverpiæ*, apvd Ioannem **Cnobbarvm,** ∞. IƆC. XXXVI. In-4° car., 1 vol. de 8 ff. non cotés et 288 pp. chiffr., tit. orné, nombreuses gravures, rel. parchemin.

536 Chronicon Canonicorvm Regvlarivm Ordinis S. Avgvstini Capituli Windesemensis Auctore *Ioanne* Bvschio Can. Reg. Accedit Chronicon Montis S. Agnetis Auctore *Thoma à* Kempis Can. Reg. nunc primùm in lucem edita. Vnà cum Vindiciis Kempensibvs *Heriberti* Ros-Weydi Soc. Iesu pro libro de *Imitatione Christi. Antverpiæ*, Apud Petrum et Ioannem Belleros. Anno cIɔ Iɔc XXI. Pet. in-8°, 1 vol.

537 Histoire de l'Abbaye et de l'ancienne Congrégation des Chanoines Réguliers d'Arrouaise, Avec des Notes Critiques, Historiques & Diplomatiques, Par M. [*Floride*] Gosse, Prieur d'Arrouaise, de l'Académie d'Arras. A *Lille*, chez Léonard Danel, Imprimeur-Libraire, Rue des Manneliers, à la Sorbonne. M. DCC. LXXXVI. Avec Approbation & Privilége du Roi. In-4°, 1 vol. de 613 pp. chiffr., y compris tit. et dédicace, XVII pp. chiffr. de tab., 4 pp. n. chiffr. d'approbation, privilège et errata, et 4 pp. chiffr. de prospectus de la souscription (Lille, L. Danel), rel. veau marbré, *dono auctoris.*

538 L'Histoire de la famille de S. Everard, comte, marqvis, dvc de Friovle, beav-fils de Lovys le Debonnaire, emperevr, espovx de la B. Princesse Gisle, pere dv roy et emperevr Berengaire, &c. Fondateur de la Tres-Celebre Abbaye des Chanoines Reguliers de Cisoin : ioint la vie et translation dv grand pontife et martyr Saint Calixte av dit monastere par son S. fondateur ; Recüeillies par feu le R. P. *Iean* Bvzelin, de la Compagnie de Iesus. A *Dovay*, De l'Imprimerie de la Vefue Marc Wyon, à l'enseigne du Phœnix, l'An M. DC. XXXVII. In-4° car., 1 vol. de 6 ff. non cotés et 111 pp. chiffr., couv. parchemin.

HISTOIRE ECCLÉSIASTIQUE : ORDRE DE S. BENOÎT.
CITEAUX , TRAPPE.

539 Chroniqves generales de l'Ordre de S. Benoist, patriarche des religievx. Où sont complètement descrites, tant sa vie que de ses disciples , & hommes illustres qui ont milité soubs la saincte regle. Ensemble les fondations, succez & diuers euenements des monasteres & Congregations qui ont esté en diuerses contrees du monde. Composées en Espagnol par Dom *Anthoine* de YEPES , Abbé de S. Benoist de Valladolid. Et traduictes en François par Dom *Olivier* MATHIEV TOLOSAIN , profez du monastere de Montsarra , de ladite congregation. A *Paris ,* de l'Imprimerie de Denys Langlois, M. DC. XIX. In-4°, 1 fort vol., tit. rouge et noir.

540 Origines benedictinæ , siue illvstrivm Cœnobiorvm Ord. S. Benedicti; Nigrorvm monachorvm, per Italiam, Hispaniam , Galliam , Germaniam , Poloniam , Belgiam , Britanniam , aliasque provincias Exordia ac Progressus. *Avbertvs* MIRÆUS, Bruxellensis, S. Theol. Licentiatus , Canonicus & Sigillifer Antuerp. eruendo publicabat. *Coloniæ Agrippinæ ,* B. Gualtherus, 1614, in-12, 1 vol.

541 Regula S. P. Benedicti, cvm declarationibus , Congregationis sancti Mauri [*infra legitur* : Breviarium Monasticum , *etc.*] [S. l.] Jussu et Authoritate Capituli generalis ejusdem Congregationis M. DCC. I. In-8°, 1 vol.

542 Constitutiones pro directione regiminis Congregationis Sancti Mauri , ordinis Sancti Benedicti. Jussu & Autor. Cap. gen. ejusdem Congregationis. M. DCC. XXXV. In-8°, 1 vol. de 4 ff. prélim., 203 pp. chiffr. et 9 ff. de tab. alphabét.

543 Origines Cœnobiorvm Benedictinorvm in Belgio : quibus antiquæ religionis ortus progressusque deducitur. Stvdio *Avberti* MIRÆI, bruxellensis, Canonici Antuerp. *Antverpiæ ,* G. Verdvssius, 1606. In-8°, 1 vol.

544 Dissertation sur l'hémine de vin, & sur la livre de pain de
S. Benoist, et des autres anciens Religieux. Où l'on fait
voir que cette Hémine n'estoit que le demi-setier, & que
cette livre n'estoit que de douze onces.... et où l'on
recherche la juste proportion des poids & des mesures
des anciens avec les nostres. [par le P. *Clade* LANCELOT].
Paris, Savreux, 1667. In-12, 1 vol.

Deux exemplaires.

545 Menologivm Cistertiense notationibvs illvstratvm : avctore
        R. P. *Chrysostomo* HENRIQVEZ HORTENSI , S. Th. Magis-
tro , Ordinis Cistertiensis Historiographo generali. Accedunt seorsim Regula , Constitutiones , et Priuilegia eiusdem Ordinis ; ac Congregationum Monasticarum et
Militarium quæ Cistertiense Institutum obseruant. *Ant-*
verpiæ , ex Officina Plantiniana Balthasaris Moreti.
M. DC. XXX. Cvm Privilegiis Cæsareo et Regio. In-f°,
1 vol., tit. gravé.

546 Histoire générale de la Réforme de l'Ordre de Cîteaux en
France. Tome premier, qui contient ce qui s'y est passé
de plus curieux & de plus intéressant depuis son origine
jusqu'en l'année 1726. Dédiée à Monseigneur De la
Rochefoucault, Archevêque de Bourges, [par l'abbé
François-Armand GERVAISE]. A *Avignon ,* 1746. In-4°,
1 vol. (le seul qui ait paru).

Reliure aux armes de Jean-Joseph Languet de La Villeneuve de Gergy, évêque
de Soissons ; né à Dijon en 1677, mort le 11 mai 1753.

547 Études sur l'histoire du XIII° siècle : Recherches sur la
part que l'ordre de Cîteaux et le Comte de Flandre
prirent à la lutte de Boniface VIII et de Philippe-le-Bel ,
par M. KERVYN DE LETTENHOVE. *Bruxelles ,* Hayez,
Imp., 1853, tiré à 100 exemplaires , 1 broch. 105 pag.
in-4° (*dono auctoris*). (Acad. Roy. de Belg., tom. XXVIII
des Mém.).

548 Histoire de la Trappe ou précis exact des règles, des
usages, des austérités de la vie et de la mort des Re-

ligieux de cet ordre célèbre, par M. de GRANDMAISON Y.
BRUNO. *Poitiers*, chez Fradet, Lib.-Imp. Saurin, 1839.
1 vol. in-18.

549 L'abbaye d'Anchin, 1079-1792, par *E.-A.* ESCALLIER.
Lille, L. Lefort, Libraire-Imp., 1852. 1 vol. in-4°, orné
de 12 planches.

550 Histoire de l'Abbaye d'Aulne, ses prospérités, ses défail-
lances & ses revers. D'après le Manuscrit unique & inédit
de Dom *Norbert* HERSET, dernier Abbé d'Aulne, & les
papiers recueillis par M. le notaire Piérart, de Thuin, par
Guillaume LEBROCQUY, professeur de poésie au Collège
de Thuin. *Thuin*, Vᵉ Pinelle, 1862. In-18, 1 vol.

551 Ad Historiam Abbatiæ Cassinensis Accessiones. Quibus
non solum de jurisdictione, quam ab anno 748, ad hunc
usque diem ex innumeris Regum, Imperatorum, Pontifi-
cumque diplomatibus, vetustisque documentis, monasterium habet, ac de Cassinensis Archivi celebritate
prolixe disseritur, sed etiam Civitates, & loca monasterio
subiecta cum antiquitatis ruderibus, quæ in ipsis reperta
sunt, accurate describuntur, gravesque clarorum virorum
de Liri fluvio hallucinationes referuntur, & emendantur;
additis RICCARDI A SANGERMANO, & Anonymorum Cassi-
nensium Chronicis a mendis, quibus alibi scatent, omnino
purgatis, unoque ac altero emortuali, & Kalendario ab
ejusdem Archivi Codicibus fideliter exscriptis ; cura et
labore *D. Erasmi* GATTOLA Cajetani, Abbatis S. Matthæi, Cassinensis archivi custodis. *Venetiis*, MDCC
XXXIV. Apud Sebastianum Coleti. In-f°, 2 vol.

552 Essai historique sur l'Abbaye de Cluny, suivi de pièces
justificatives et de divers fragmens de la correspondance
de Pierre-le-Vénérable avec SaintBernard, par M. *P.*
LORAIN, doyen de la Faculté de Droit de Dijon. *Dijon*,
chez Popelain, Lib. ; Imp. Simonnot-Carion, 1839. 1 vol.
in-8°, avec une grav. en frontispice, cinq gravures hors
texte et un plan.

553 Brevis Notitia Monasterii B. V. M. Ebracensis Sac. Ordinis Cisterciensis in Franconia ex probatis Authoribus, tum impressis, tum scriptis, ex originalibus Diplomatibus, antiquis Documentis, et Scripturis desumpta & in hunc ordinem redacta. A Quodam ejusdem Loci & Ordinis Religioso. *Romæ*, typis Bernabo, M. DCC. XXIX. 1 vol. in-4°.

554 Notice historique sur Évron [Mayenne], son Abbaye et ses Monuments, par l'abbé GERAULT, curé d'Évron. *Laval*, Imprimerie de Sauvage-Hardy, 1838. In-8°, 1 vol. av. 4 pl. lithogr., don de l'auteur.

555 Défence des droits du Prieuré de Fisves en la Chastellenie de Lille. Contre un Factum donné au Public par Messieurs de la Sainte Chapelle à Paris, & de Saint-Nicaise de Reims. [Par M. DE RUMILLY]. *S. l. d'impr.*, 1686. In-8°, 1 vol.

556 Fvldensivm Antiqvitatvm Libri IIII. Avctore R. P. *Christophoro* BROVVERO Societatis Iesv Presbytero. *Antverpiæ*, ex Officina Plantiniana, Apud Viduam & Filios Ioannis Moreti. M.DC.XII. In-4°, 1 vol. de 8 ff., 374 pp. et 5 ff., frontisp. grav.

557 Histoire de l'Abbaye de la Grace-Dieu, au diocèse de Besançon, par l'abbé RICHARD, curé de Dambelin, correspondant du ministre pour les travaux historiques. Ouvrage dédié à la communauté des Religieux Trappistes de Notre-Dame de la Grâce-Dieu, et publié par ses soins. *Besançon*, imprimerie de J. Jacquin, 1857. In-8°, 1 vol., pl. lithograph. hors texte.

558 Histoire de l'Abbaye de Maillezais depuis sa fondation jusqu'à nos jours, suivie de pièces justificatives, la plupart inédites, par M. l'abbé LACURIE, chanoine honoraire de La Rochelle. *Fontenay-le-Comte*, Edmond Fillon ; *Saintes*, Mlle Rose Scheffler, 1852. In-8°, 1 vol.

559 Abrege de l'histoire de la tres-illustre Abbaye du Repos de Nostre-Dame de l'ordre de Cisteaux, a Marquette. Et de l'Image miraculeuse de la même Vierge, honorée dans sa Chapelle, sous le nom de Nôtre-Dame de la Barrière, à la porte dudit Monastere. Avec le recit des principaux Miracles faits au même lieu par son intercession, & quelques Pratiques & Oraisons pour l'honorer. A *Lille,* chez J. B. Henry, 1723. Pet. in-12, 1 vol. de 3 ff. non cotés et 77 pp. chiffrées.

560 Histoire de l'Abbaye et Congrégation de Notre-Dame de la Grande-Sauve, Ordre de Saint-Benoit, en Guienne ; par M. l'abbé CIROT DE LA VILLE, Aumônier de la Maison du Sacré-Cœur de Bordeaux. *Paris,* Méquignon junior , *Bordeaux,* Th. Lafargue, 1844. [-45]. In-8°, 2 tom. en 1 vol., lithographies.

561 Histoire de l'Abbaye de Morimond, diocèse de Langres, 4° fille de Citeaux, qui comptait dans sa filiation environ 700 monastères des deux sexes, avec les principaux ordres militaires d'Espagne et de Portugal ; Ouvrage où l'on compare les merveilles de l'association cénobitique aux utopies socialistes de nos jours, orné d'un beau plan gravé, et publié sous les auspices de Mgr. Parisis, par M. l'abbé DUBOIS, ancien professeur de philosophie et membre de plusieurs sociétés savantes. Deuxième édition. *Dijon,* Loireau-Feuchot ; *Paris,* Sagnier et Bray, 1852. In-8°, 1 vol.

562 Les Ruines et Chroniques de l'Abbaye d'Orval, esquisse morale, religieuse et chevaleresque de l'histoire de l'ancien Comté de Chiny. 2ᵉ édition. Par M. JEANTIN, Président du Tribunal civil de Montmédy. *Paris,* Jules Tardieu, [impr. W. Remquet] 1857. In-8°, 1 vol., av. grav.

563 Les Constitutions du Monastère de Port Royal du Sacrement [par la mère *Agnès-de-St-Paul* ARNAULD, la sœur *Jacqueline-de-Ste-Euphémie* PASCAL, et la sœur

Marguerite-de-Ste-Gertrude DUPRÉ]. [*la Sphère*]. A *Mons*, chez Gaspard Migeot, M. DC. LXV. In-12, 1 vol. tit. rouge et noir.

564 Histoire abrégée de Port-Royal, depuis la fondation en 1204 jusqu'à l'enlèvement des Religieuses en 1709. (Par *Michel* TRONCHAY, chanoine de Laval). A *Paris*, 1710. In-12. Pièce de 76 pages.

565 Recueil de pièces concernant les Religieuses de Port-Royal des Champs, qui se sont soumises à l'Église. A *Metz*, de l'imp. de Brice Antoine. M DCCX. 1 br. 87 p. in-4°.

566 Récapitulation, pour les Grand-Prieur, Religieux & Communauté de l'Abbaye de Saint-Amand en Flandres, Ordre de Saint-Benoît, contre Monsieur le Cardinal de Gesvres, Abbé Commendataire de la même Abbaye. [au sujet des Prevôtés ou Prieurés dépendans des Abbayes des Pays-Bas, par M. DEU DE MONTDENOIX, avocat]. In-f°, 171 pp., sans feuille de titre. Jugement en dernier ressort de MM. les Commissaires députés par Sa Majesté. Du 7 Aoust 1737. Au sujet des Prévôtés ou Prieurés dépendans des Abbayes des Pays-Bas. In-f°, 9 pp., sans feuille de titre, 2 arrêts de Bruxelles 1733-34, mss au v° de la p. 9. 1 vol. *Paris,* imp. de la veuve Knapen, 1737.

567 Chronique de l'Abbaye de Saint-André [-lez-Bruges], traduite pour la première fois d'après le manuscrit de la bibliothèque de Bruges ; suivie de Mélanges Historiques et Littéraires, par *Octave* DELEPIERRE, membre du Comité historique de Paris, etc. *Bruges*, Imprimerie de Vancdecasteele (*sic*). Werbrouk, 1839. In-8°, 1 vol.

568 Histoire de l'Abbaye de Saint-Bavon et de la Crypte de Saint-Jean, à Gand, [ornée de 35 planches et suivie d'une analyse succincte des Chartes et Documents de l'Abbaye de Saint-Bavon]. Par *A.* VAN LOKEREN. *Gand*, chez l'éditeur L. Herbelynck, 1855. In-4°, 1 vol.

569 Chronique de S. Bavon à Gand, par *Jean* DE THIELRODE. (1298) d'après le ms. original, appartenant à M. Lammens, bibliothécaire de l'Université de cette ville, avec un extrait de la Chronique de S. Bavon, du XVe siècle, d'une Chronique d'*Olivier* DE LANGE, et d'un Martyrologe. [le tout publié par *Auguste* VAN LOKEREN]. *Gand*, chez Vassas, Août 1835. Pet. in-4°, 1 vol.

570 Dissertation historique & critique sur l'origine & l'ancienneté de l'Abbaye de S. Bertin: & sur la supériorité qu'elle avait autrefois sur l'Église de S. Omer. Où l'on répond à la critique publiée depuis quelque temps contre les titres de cette Abbaye. Par un religieux de l'Abbaye de S. Bertin. [Dom CLÉTY, bibliothécaire de cette abbaye]. A *Paris*, J. Guerin, 1737. In-12, 1 vol.

571 Les Abbés de Saint-Bertin, d'après les anciens monuments de ce monastère, par M. *Henri* de LAPLANE, [ancien député] Inspecteur des monuments historiques. *Saint-Omer*, Chauvin fils, [*puis* Fleury-Lemaire] 1854. [-1855] In-8°, 2 vol., nombreuses lithographies, fac similé d'une lettre d'approbation de Pie IV.

572 La vérité de l'Histoire de l'Église de S. Omer, et son antériorité sur l'Abbaye de S. Bertin ; ou Réfutation de la Dissertation historique et critique sur l'origine & l'ancienneté de l'Abbaïe de Saint-Bertin, etc. [par l'abbé DEBONNAIRE ? ou de RUDER ?] Imprimé par ordre de Monseigneur l'Évêque & du Chapitre de l'Église de S. Omer. A *Paris*, chez Le Breton, M. DCC. LIV. In-4°, 1 vol., rel. parchemin.

573 Histoire de l'Abbaye Royale de Saint-Denys en France, contenant la Vie des Abbez qui l'ont gouvernée depuis onze cens ans : les Hommes Illustres qu'elle a donnez à l'Église & à l'État : les Privilèges accordez par les Souverains Pontifes & par les Évêques : les Dons des Rois, des Princes & des autres Bienfaiteurs. Avec la

Description de l'Eglise & de tout ce qu'elle contient de
remarquable. Le tout justifié par des Titres authentiques
& enrichi de Plans, de Figures & d'une Carte Topographique. Par Dom *Michel* FELIBIEN, Religieux Bénédictin de la Congrégation de Saint-Maur. A *Paris*, chez
Frédéric Léonard, M. DCCVI. In-f°, 1 vol., frontisp.
gravé, nombreuses gravures.

574 Histoire de l'Abbaye Royale de Saint Germain des Prez,
contenant la Vie des Abbez qui l'ont gouvernée depuis
sa fondation : les Hommes Illustres qu'elle a donnez à
l'Église & à l'État : les Privilèges accordez par les
Souverains Pontifes & par les Évêques : les Dons des
Rois, des Princes & des autres Bienfaiteurs. Avec la
Description de l'Église, des tombeaux & de tout ce qu'elle
contient de plus remarquable. Le tout justifié par des
Titres authentiques, & enrichi de Plans & de Figures.
Par Dom *Jacques* BOUILLART, Religieux Bénédictin de la
Congrégation de Saint-Maur. A *Paris*, chez Grégoire
Dupuis, M. DCCXXIV. In-f°, 1 vol.

575 Examen de certains Privileges et avtres Pièces. Pour
seruir au Jugement du proces, qui est entre Monseigneur
l'Archeuesque de Paris, & les Moines de Sainct Germain
des Prez. [par *Jean* DE LAUNOY, docteur en droit. Première édition. S. l. n. d., 1657 ou 1658]. In-4°, 182 pp.
chiffr. sans feuillet de tit., couvert. parchemin.

576 Chronique de l'Abbaye de St-Hubert dite Cantatorium,
traduite par *A. L. P.* DE ROBAULX DE SOUMOY, ex-
Procureur du Roi à St-Hubert. Suivie du texte corrigé
sur les meilleures copies, ouvrage formant l'histoire
complète du Monastère de St-Hubert et des Seigneurs de
Mirwart. *Bruxelles*, Meline Caus et Cie, 1847. 1 vol.
in-8°.

577 Martiniana, id est, litteræ, titvli & docvmenta tam funda-
tionis, dotationis & confirmationis per Henricvm 1,

Philippvm I, Lvdovicvm 6, 7, 12, Franciscvm I, christia-
nissimos Francorvm Reges, quam statvta Reformationis
Monasterii seu Prioratus Conventualis S. Martini a
Campis, Parisiis Ordinis Cluniacensis. Vna cvm Leonis
decimi, Pavli tertii & aliorum Summorvm Pontificum ac
Senatus Parisiensis prodictæ Reformationis observatione,
Bullis & Arestis. [Auctore Dom *Martin* MURRIER].
Parisiis, Dufossé, 1606. In-8°, 1 **vol.**

578 *Ioannis* LAVNOII Constantiensis, Parisiensis Theologi
Assertio Inqvisitionis in Monasterii S. Medardi Svession.
Priuilegium tres in partes distribvta. Accedunt & alia
multa, quæ exemptionum, priuilegiorum, & Episcopalis
potestatis diuinitus institutæ argumento conueniunt.
Lutetiæ Parisiorrm, Apud Edmvndvm Martinvm,
M. DC. LXI. In-4°, 1 vol.

579 [Recueil de Chroniques, Chartes et autres Documents
concernant l'Histoire et les Antiquités de la Flandre
Occidentale, publié par la Société d'émulation de Bruges.
Première série. Chroniques des Monastères de Flandre,
savoir, en 1 vol. :

[1] Annales Abbatiæ Sancti-Petri Blandiniensis, edidit
R. D. F. VAN DE PUTTE, Collegii Episcopalis Brugensis
Rector, *Gandavi*, C. Annoot Braeckman, typographus.
MDCCCXLII. Gr. in-4°, pap. teinté.

[2] Chronica Monasterii Sancti Andreæ juxta Brugas,
Benedictini Ordinis, per *Arnoldum* GOETHALS, ejusdem
monasterii monachum nunc primum edita. *Gandavi*,
excudebat C. Annoot Braeckman. 1844. 1 vol. gr. In-4°.

[3] Chronicon Monasterii Aldenburgensis Majus,
edidit *R. D. F.* VAN DE PUTTE. *Gandavi*, C. Annoot
Braeckman, 1843. Gr. in-4°, gravure.

580 Notice sur l'Abbaye de Saint-Pierre à Gand, par *Edmond*
de BUSSCHER, Secrétaire de la Société royale des beaux-
arts et de littérature de Gand. *Gand,* chez de Busscher
frères, Imprim. 1847. 1 vol. in-8° avec gravures et plans.

581 Histoire de l'Abbaye de S. Polycarpe, de l'Ordre de S. Benoît, depuis sa fondation, jusqu'à l'extinction de la communauté, dans le temps d'une réforme très édifiante. [Par Dom *Pierre-Daniel* LABAT, bénédictin de la congrégation de St-Maur]. Rédigée par ordre des temps. *S. l. n. nom d'impr.* 1785. In-12, 1 vol.

Les moines de St-Polycarpe, au diocèse de Narbonne, étaient, au moment de leur suppression, des Jansénistes opiniâtres. Labat, janséniste lui-même, a fait de cette histoire un panégyrique.

582 Recherches pour servir à l'Histoire de l'Abbaye de St-Vaast d'Arras, jusqu'à la fin du XII° siècle, par M. TAILLIAR, Conseiller à la Cour Impériale de Douai. [extrait du t. 41 des *Mém. de l'Acad. d'Arras*]. *Arras,* A. Courtin, 1859. In-8°, 1 vol.

[*Même vol.*] Notes sur la Collégiale de Saint-Amé de Douai depuis sa fondation jusqu'à nos jours et Miracle du Saint-Sacrement (634-1855) par *Ch.* DE FRANCIOSI. *Lille,* Ernest Vanackère. [*s. d.*, 1855]. In-8°, 2 grav.

583 *F.* CONRADI Philosophi, Ord. D. Benedicti, Chronicon Schirense, Sæculo XIII conscriptum, a P. F. STEPHANO, Cœnobii Schirensis Abbate, additionibus quibusdam, notisque auctum, & an. cIↄ Iↄc XXIII publicæ luci datum. Ioannis Aventini Chronicon Schirense, noua hac editione ad præsens vsque tempus perductum. Accurante *Georgio* CHRISTIANIO IOANNIS. *Argentorati*, Sumtu Ioannis Reinoldi Dvlsseckeri. Anno cIↄ Iↄcc XVI. In-4° car., 1 vol., grav. sur bois.

584 Histoire de l'Abbaye Royale et de la ville de Tovrnvs, auec les prevves, enrichies de plusieurs pièces d'Histoire tresrares (*sic*) : & les tables necessaires pour en faciliter l'vsage. Par le P. *Pierre Francois* (*sic*) CHIFFLET, de la Compagnie de Iesvs. A *Diion*, chez la Vefue de Philibert Chavance, M. DC. LXIV. Elle se vent (*sic*) à Paris, chez Simeon Piget. In-4°, 1 vol.

585 Histoire civile, religieuse et littéraire de l'Abbaye de la
Trappe, et des autres Monastères de la même observance
qui se sont établis tant en France que dans les pays
étrangers avant et depuis la révolution de 1789, et
notamment de l'Abbaye de Mellerai ; suivie de chartes
et d'autres pièces justificatives la plupart inédites ; par
Mr L. D. B. [*Louis* DUBOIS], ancien bibliothécaire, etc.
Paris, Raynal, 1824. In-8°, 1 vol. avec portrait de l'abbé
de Rancé, suivi de :

La Trappe mieux connue, ou Aperçu descriptif et raisonné sur le Monastère de la Maison-Dieu, Notre-Dame
de la Trappe, près Mortagne, diocèse de Séez ; Par
M. P., p. [PÉQUIGNOT *ou* PÉQUIGNY prêtre]. Précédé
d'une introduction par M. l'abbé DEGUERRY ; suivi d'une
Ode par M. le comte de MARCELLUS, et orné d'un portrait
de l'abbé de Rancé, gravé sur acier, et d'un fac similé de
son écriture. *Paris*, [imp. Decourchant], Gaume frères.
1834. In-8°.

586 Précis historique et Anecdotes diverses sur la Ville et
l'ancienne Abbaye de Vézelay, et sur ses alentours, au
département de l'Yonne : par feu M. *Nicolas-Léonard*
MARTIN, ancien curé de Vézelay. *Auxerre,* imprimerie
de Gallot-Fournier, 1832. In-8°, 1 vol.

587 L'Abbaye de Villers (de l'ordre de Citeaux) en Brabant,
par *Constantin* RODENBACH. *Bruxelles,* imprimerie et
lithographie des beaux-arts, 1850. Pet. in-4°, 1 vol., av.
lithographies.

588 [Recueil de Chroniques, Chartes et autres Documents
concernant l'Histoire et les Antiquités de la Flandre
Occidentale, publié par la Société d'émulation de Bruges.
Première série. Chroniques des Monastères de Flandre
et Chroniques générales des Flandres. *Savoir, en 1 vol.*]

[1] Chronicon Vormeselense, Per F.-V. et C.-C.
[*Fr.* VAN DE PUTTE et *Car.* CARTON]. *Brugis,* Ex typographia C. de Moor, 1847. In-4°.

[2] A † Principium. Chronicon Monasterii Eversha-
mensis, conscriptum per *Gerardum* DE MEESTERE,
ejusdem Monasterii Canonicum, Winnoci–Bergensem,
pro gloria Dei et utilitate confratrum, 1629. Collecta
Cura et studio duorum Dioec. Brug. Sacerdotum. [*Fr.*
VAN DE PUTTE et *Car.* CARTON]. *Brugis,* Typis Vandecasteele–Werbrouck, 1852. Gr. in-4°.

[3] Chronicon Abbatiæ Warnestoniensis, Ordinis
Canonicorum regularium S. Augustini, ex actis quibusdam
monasterii et ex auctoribus collectum, cura et studio
duorum Dioec.Brug. Sacerdotum. [*Fr.* VAN DE PUTTE et
Car. CARTON]. *Brugis.* Typis Vandecasteele–Werbrouck
1852. Gr. in-4°.

[4] Chronique de l'Abbaye de Ter Doest, par F. V.
et C. C. [VAN DE PUTTE et CARTON]. *Bruges,* Vandecasteele–Werbrouck, 1845. Gr. in-4°, papier fort.

[5] Les Chronikes des Contes de Flandres, texte du
treizième siècle, publié pour la première fois d'après
un manuscrit de la Bibliothèque Nationale à Paris. [par
KERVYN DE LETTENHOVE]. Imprimerie de Vandecasteele-
Werbrouck. *Bruges,* 1849. Gr. in-4°, pap. fort.

[6] Rerum Flandricarum, Tomi X. auctore *Jacobo*
MEYERO Balliolano. *Brugis,* typis Vandecasteele–Werbrouck, 1843. Gr. in-4°, pap. bleu.

[7] Lettre à M. l'abbé Carton sur les Généalogies des
Comtes de Flandres, considérées comme sources de notre
histoire ; Par M. BETHMANN. *Bruges.* Imprimerie de
Vandecasteele–Werbrouck, 1849. Gr. in-4°, pap. fort.

589 *Joannis* TRITHEMIJ, *Spanheimensis,* et Postea Divi Jacobi
apud Herbipolim Abbatis, Viri suo ævo doctissimi.Tomus
I. [et II.] Annalivm Hirsavgiensivm, Opus nunquam
hactenus editum, & ab Eruditis semper desideratum,
complectens Historiam Franciæ et Germaniæ, Gesta
Imperatorum, Regum, Principum, Episcoporum, Abbatum, et illustrium Virorum. Nunc primum in gratiam,

& utilitatem Eruditorum è Manuscriptis Bibliothecæ
Monasterij S. Galli publicæ luci datum. Typis ejusdem
Monasterij S. Galli, Anno MDCXC. Excudebat Joannes
Georgius Schlegel. In-f°, 2 vol,, tit. rouge et noir.

HISTOIRE ECCLÉSIASTIQUE : CHARTREUX. — PRÉMONTRÉS. —
DOMINICAINS. — FRANCISCAINS. — CARMES. — ORATORIENS.

590 D. *Petri* DORLANDI, Diestensis, olim Carthvsiæ Prioris
doctissimï, Chronicon cartvsiense : in qvo de viris svi
ordinis illvstribvs, rebusque in eodem præclare gestis,
nec non & admiranda plurimarum Cartvsiarvm cons-
tructione scite pertractatur. Ante annos qvidem centvm
ab auctore conscriptum ; nunc autem primo e latebris
erutum, ac selectarum quarumdam adiectione Notarum
illustratum, publicoque bono promulgatum stvdio F.
Theodori PETRÆI, cartvsiæ Coloniensis alumni. *Coloniæ
Agrippinæ*, P. Cholius, 1608. In-8°, 1 vol.

591 Origines Cartusiarum Belgi. pvblicabat *Arnoldvs* RAISSIVS
Dvacenas. *Dvaci*, Typis Martini Bogardi, sub signo Parisiorum, 1632. In-4° car., 1 vol. de 15 ff. non cotés, 172
pp. chiffrées. 4 ff. non cotés et un tableau intitulé *Syl-
labus Patrum Visitatorum, etc.*, couv. parchem.

592 Ordinis Præmonstratensis Chronicon. In qvo Cœnobiorvm
istivs Institvti per orbem Christianum Origines, viri
item sanctitate scriptisque illustres fideliter recensentur.
Avbertvs MIRAEVS Brvxellensis, S. Theologiæ Licentiatus,
Canonicus & Sigillifer Antuerp. ex varijs Scriptoribus
contexuit. *Coloniæ Agrippinæ*. Sumptibus Bernardi
Gualteri. Anno M. DC. XIII. In-8°, 8 ff. non cotés, 245
pp. chiffrées et 4 ff. non cotés, tit. et pp. encadrés, 1 vol

593 Sancti Belgii Ordinis Prædicatorvm. Collegit & recensuit
ejusdem Ord. F. *Hyacinthvs* CHOQUETIVS, S. T. Doctor.
Dvaci, typis Belleri, anno 1618. In-8°, 1 vol. Titre gravé
sur cuivre par M. Bau.

594 Histoires du couvent des Dominicains de Lille en Flandre,
et de celui des Dames Dominicaines de la même ville,
dites de Sainte Marie de l'Abbiette. Par le R. P. *Charles-
Louis* RICHARD, dominicain, ancien Professeur en Théologie. A *Liège*, s. d. (1781). In-12, 1 vol.

L'approbation du F. Max. Jos. Bayart, provincial des dominicains de la
Province de Sainte-Rose, est datée de Valenciennes, le 29 juillet 1781. Cet
exemplaire a été donné par l'auteur à Denys-Joseph de Godefroy de Maillart,
père de M. le Marquis de Godefroy-Ménilglaise.

595 1) 'Mémoire pour le rétablissement en France de l'ordre
des Frères Prêcheurs ; par M. l'abbé *H.* LACORDAIRE,
chanoine honoraire de Paris. *Paris*, Debécourt, [impr.
E.-J. Bailly], 1839. In-8°, 227 pp., y compris faux-tit.

2) Procès de l'Avenir. *Paris*, Agence générale pour
la défense de la religion catholique, [impr. Béthune]
1831. In-8°, 116 pp., y compr. faux-tit. et tit.

3) Recueil de pièces relatives aux obsèques de M.
Grégoire et à la nomination de M. Guillon à l'évêché de
Beauvais, publié par l'Agence générale pour la Défense
de la Liberté religieuse. A *Paris*, au bureau de l'Agence
générale, [impr. Poussielgue] 1831. In-8°, II-37 pp.,
outre faux-tit. et tit.

596 Sacrarivm privilegiorvm qvorvmdam Seraphico P. S.
Francisco, in gratiam observantivm regvlam, eamqve vel
svos amantivm a Deo O. M. indvltorvm. In quorum
veritas elucidatur, comprobatur ac defenditur... Per P.
Angelvm DE S. FRANCISCO, Anglum, ordinis Fratrum
Minorum strictioris observantiæ, [vicarius conventus
Recollectorum Anglorum Duaceni]. *Dvaci*, typ. Viduæ
Martini Bogardi, 1636. In-12, 1 vol.

In eodem volumine : Libro de la concepcion virginal,
por el qual se manifesta por raçones necessarias que la
Virgen purissima Madre de Dios fu concebida sin alguna
mancha de pecado original. Compuesto por el iluminado
Maestro *Raymundo* LULLIO, y traducido en Español, por

el teniente de Maestro de Campo general Don *Alonzo*
DE ZEPEDA, Governador de el Fuerte de Tolhuys y depen-
dientes. Y juntamente un discurso docto y **elegante** sobre
esta misma materia compuesto por un Señor illustre.
En *Brusselas*, Bal. Vivien, 1664.

Le texte latin de Raymond Lulle est en regard de la traduction.

597 Couvent des Pères Capucins à Bourbourg, par *E.* DE
COUSSEMAKER, correspondant de l'Institut. *Lille*, Imp.
Lefebvre-Ducrocq, 1866. Extrait du bulletin du Comité
flamand de France, tome IV. 1 broch. foliotée de 5 à 31.

598 Lettre et seconde lettre d'un bourgeois d'Auxerre à un
Avocat du Parlement de Paris, au sujet de la mort du
Père Alphonse de Chartres, Capucin. A *Auxerre*, 22
juillet-2 août 1739, s. nom d'aut. 1 br. 8 p. in-4°, s. nom
d'imp.

599 Historico-theologicum Carmeli Armamentarivm proferens
Omnis generis Scuta, sive S. Scripturæ, Summorum
Pontificum, Sanctorum Patrum, Historicorum, Geogra-
phorum, & Doctorum, tam antiquorum, quàm recen-
tiorum Authoritates, traditiones & rationes quibus
omnium Amicorum Dissidentium Tela, sive Argu-
menta, in Ordinis Carmelitarum antiquitatem, originem,
& ab Elia sub tribus votis essentialibus in Monte
Carmelo hæreditariam successionem, vibrata, fortiter &
suaviter enervantur, Authore R. P. F. *Francisco*,
BONÆ SPEI, Ord. F. F. B. M. V. de Monte Carmelo
Provinciæ Belgicæ in alma Vniversitate Lovaniensi S. T.
Professore Emerito. *Antuerpiæ*, Typis Marcelli Parijs,
1669. In-4°, 1 vol.

600 Non vera origo atque successio sacri ordinis carmelitani,
in confirmationem veræ originis atque successionis
ejusdem historico-chronologice demonstrata, per *Da-
nielem* PAPEBROCHIUM Societatis Iesu Theologum.

(In eodem volumine) Danielis PAPEBROCHII protestatio

iterata de silentio circa primævam sacri ordinis Carmelitani institutionem & antiquitatem, semper sibi optato,
nunc demum inviolabiliter tenendo. (Imprimé en 1698).
1 vol. in-4°.

601 Lettre sur la mort de Madame Louise-Marie de France.
[à Saint-Denis, de notre Monastère des Carmélites de
Jésus Maria & de Saint-Louis, le 23 Décembre 1787] Par
la Sʳ Thérèse de Jésus. *S. l. n. d.* (1787). In-12. Pièce
de 46 pages.

C'est la lettre circulaire adressée à toutes les maisons des Carmélites pour leur
notifier la mort édifiante de la mère Thérèse de Saint-Augustin, fille de Louis XV,
arrivée le 23 décembre 1787, dans la 51ᵉ année de son âge ; dans la 18ᵉ de son
entrée en Religion et dans la 8ᵉ de son second priorat.

602 Des remaniements qu'a subis la Province Belge des
Carmes durant les guerres de Louis XIV, notes pour
servir à l'histoire des Couvents d'Ypres, de Rousbrugge
et de Steenvoorde, par *A.* Desplanque, Archiviste du
Nord. *Lille*, imp. Lefebvre-Ducrocq, 1864. 1 broch.
32 pag. pet. in-8°. (tome VII des Annales du Comité
Flamand.

603 Chronicon Congregationis Oratorii Domini Jesu per Pro-
vinciam Archi-Episcopatus Mechliniensis diffusæ, Ab Anno
Domini 1626, usque ad finem Anni 1729. Authore ***
[*Petro* de Swert] ejusdem Congregationis Presbytero,
etc. *Insulis Flandrorum* [*Ultrajecti*], Apud Petrum
Mathon. M DCC XL. In-4°, 1 vol., tit. rouge et noir.

HISTOIRE ECCLÉSIASTIQUE : JÉSUITES.

604 *Rodolphi* Hospiniani Historia Iesvitica Hoc est, de Origine,
Regvlis, Constitvtionibvs, Privilegiis, Incrementis, Progressu & Propagatione Ordinis Iesvitarvm. Item de
eorvm Dolis, Fravdibvs, Impostvris, Nefariis Facinoribus,
Cruentis Consiliis, Falsâ quoque Seditiosâ, & Sangui-

nolentâ Doctrinâ. *Tigvri*, Apud Ioanném Rodolphvm
Wolphivm. M. DC. LXX. In-f°, 1 vol. de 16 ff. non
cotés et 418 pp. chiffr., tit. rouge et noir, rel. parchèmin.

605 Imagines Præpositorum Generalium Societatis Jesu [ab
Ignatio de Loyola ad Laurentium Ricci] Delineatæ, &
æneis formis expressæ ab *Arnoldo* VAN WESTERHOUT
addita perbrevi uniuscujusque vitæ Descriptione a *P.
Nicolao* GALEOTTI Sacerdote ejusdem Societatis Editio
secunda auctior, et emendatior. *Romæ*, M DCCLI,
Sumptibus Venantii Monaldini ; Ex typographia Ber-
nabò, et Lazzarini. Superiorum permissu. Gr. in-f°, 1
vol., tit. rouge et noir, 20 pl. gravées avec notices expli-
catives.

606 Regvlæ Societatis Iesv. [*Nota* IHS] *Lvgdvni*, Ex Typographia Iacobi Rovssin, M. DCVII. Superiorum permissu. In-12, 1 vol. de 258 pp. chiffrées et 2 pp. d'index.

607 Compendivm Privilegiorvm et gratiarvm Societatis Iesv.
Romæ, in Collegio eiusdem Societatis, Anno Domini
1584. In-12, 1 vol.

608 Collège de la Compagnie de Jésus à Lille d'après le R. P.
Martin LHERMITE, en son histoire des Saints de la
Province de Lille, Douai & Orchies, 1638. Avec approbation de François Sylvius, Docteur et professeur royal
et ordinaire de la S. Théol., doyen de Saint-Amé, vice-
chancelier de l'Université de Douai. *Douai*, 16 Juin 1638.
Se vend à Lille à la librairie de Melle Arnold. Imp. Lefort.
1 pet. broch. de 9 pag.

609 Recueil chronologique & analytique, de tout ce qu'a fait
en Portugal la Société dite de Jésus, depuis son entrée
dans ce Royaume en 1540, jusqu'à son expulsion en 1759.
Mis au jour et par ordre de sa Majesté très-fidelle ; et
composé par le Docteur *Joseph* DE SEABRA DA SYLVA,
conseiller en la Chambre des Requêtes, & Procureur
Général. *Lisbonne*, Michel Manescal da Costa, 1769.
In-12, 3 vol.

610 Clément XIV et les Jésuites ou Histoire de la destruction
des Jésuites composée sur les documents inédits et
authentiques par *J.* CRÉTINEAU-JOLY. Troisième édition
considérablement augmentée. *Paris*, Mellier frères ;
Lyon, Guyot père & fils ; *Saint-Cloud*, Imp. Belin-
Mandar, 1848. 1 vol. in-12.

611 Histoire de la chute des Jésuites au XVIII⁰ siècle, 1750-
1782, par le Cte *Alexis* DE SAINT-PRIEST. Pair de France.
Nouvelle édition revue, corrigée et considérablement
augmentée. *Paris,* Lib. Amyot, Éditeur. Imp. Fournier
et Cie, 1846. 1 vol. in-12.

612 Tres-hvmble remonstrance et reqveste des religievx de
la Compagnie de Iesvs presentee au tres-chrestien Roy
de France & de Navarre, Henri IIII, l'an 1598. Et r'imprimé de nouueau 1603. Auec l'attestation de Messieurs
l'Eschevin & Magistrats de la ville d'Anuers contre la
calomnie du libelle diffamatoire cy deuant publié sous
tiltre de l'Histoire Notable du Pere Henry bruslé &c.
Et vn'autre attestation de Poloigne contre quelqu'autre
calomnie. [*Louis* RICHEOME] Iouxte la Copie Imprimee.
A *Bordeaus*, par S. Millanges, 1603. In-12, 1 vol., tit.
endommagé, l'exemplaire finit à la p. 198 ; puis viennent
18 ff. blancs, après lesquels commence, sans feuille de
titre, une Apologie à la Reyne Regente pour la Compagnie de Iesus, pet. in-8°, 117 pp., qui doit être celle
de messire *Jean* DAVY, sieur du Perron et de la Guette.
Paris, A. Estienne, 1614, 1615 ou 1618.

613 Le catéchisme des Iesvites : ov Examen de levr doctrine
[par *Etienne* PASQUIER]. A *Villefranche*, chez Guillaume
Grenier, 1602. In-8°, 1 vol. Titre gravé sur bois.

614 Plainte apologétiqve av Roy tres-chrestien de France &
de Navarre, pour la Compagnie de Iésvs. Contre le
libelle de l'Autheur sans nom, intitulé le franc & véritable discovrs &c. Avec quelques notes sur un autre
libelle dict le catéchisme des Iésvites. Par *Lovys*

RICHEOME, Prouençal, Religieux d'icelle compagnie. Jouxte la copie imprimée à *Bordeaux*, Millanges, 1603. In-8°, 1 vol.

Le Franc et véritable discours est d'Antoine Arnaud et le *Catéchisme des Jésuites*, d'Étienne Pasquier.

615 Le passe-partovt des Pères Iésvites, apporté d'Italie, par le Docteur PALESTINE, Gentilhomme Romain, & traduit de l'Italien. Augmenté d'une pièce très-curieuse :

Av monde, dans la présente année, avec un advertissement à la fin de ce liure. Broch. in-4°.

616 Tableav racovrci des Iésvites. Par D. C. A *Toloze*, par Iean BOVDE, 1621. In-8°, 1 vol. de 128 pp. chiffrées.

617 Le Mercvre Iésvite : ou Recveil des pièces concernant le progrès des Iésvites, leurs escrits & différents ; depuis l'an 1620 iusqu'à l'an 1626. Le tovt fidelement rapporté par pièces publiques & actes authentiques selon l'ordre des temps. Deuxième édition revue, beaucoup augmentée et nouvellement comprise en deux tomes. [Par *Jacques* GODEFROY]. *Genève*, Pierre Aubert, 1631. In-8°, 1 vol.

Le *Mercure Jésuite*, bien que le titre prévienne que l'édition de 1631 se compose de deux tomes, est bien complet en un volume. — Jacques Godefroy, l'illustre Jurisconsulte, dont le mérite égale presque celui de Cujas, mourut à Genève, le 22 Juin 1652. Il était fils de Denys Godefroy, l'ancien, et frère puîné de Théodore qui abjura le calvinisme, s'établit en France, et eut pour descendants les Godefroy, gardes des Archives de notre Chambre des Comptes.

618 Le Mercvre Iésvite : ou recueil des pièces, concernants le progrès des Iésvites, leurs escrits & différents : depuis l'an 1620 iusqu'à la présente année 1626. Le tovt fidèlement rapporté par pièces publiques & actes authentiques selon l'ordre des temps. [par *Jacques* GODEFROY]. A *Geneve*, chez Pierre Avbert, M. DC. XXVI. In-8°, 1 vol.

619 Arcana Societatis Iesv publico bono vulgata cum Appendicibus utilissimis. [Auctore *Gaspare* SCIOPPIO]. *Genevæ*, A. Pernet, 1635. In-12, 1 vol.

620 Elixir Jesuiticum, Sive Quinta Essentia Jesuitarum ex variis, imprimis Pontificijs, authoribus Alembico veritatis extracta, mundi theatro exhibetur, continens, I. Epithetæ & periphrases Jesuitarum. II. Catalogum vel quasi Testium veritatis de Iesuitis. III. Similitudines & Apophthegmata de Iesuitis. IV. Theses & positiones. Collectore *Gratiano* LEOSTHENE Saliceto. Anno primi Iubilæi Iesuitici. Loco Iesuitis minùs repleto, sed melioribus mentibus dedicato. Anno Domini MDC.XLV. Pet. in-12, 1 vol. de 427 pp.

621 Elixir lesviticvm sive qvinta essentia lesvitarum ; ex variis, in primis pontificiis, avthoribvs, alembico veritatis extracta ; quœ mundi theatro exhibetur, Continens : I. Epitheta & periphrases Iesuitarum. — II. Catalogvm, vel quasi. Testium Veritatis de Iesuitis. — III. Similitvdines & apophthegmata de Iesuitis — Theses & positiones ex novâ antiquâ veritate desumptas, patribus Iesuitis ad ventilandum proximis diebus saturnalibus, & qui eos sequentur usque ad carnis privium, vel præter propter, propositas. Collectore *Gratiano* LEOSTHENE Saliceto anno primi Iubilæi Iesvitici. loco Iesvitis minùs repleto sed melioribus mentibus dedicato. Anno salutis Domini nostri. 1 broch. in-f°, 67 pag.

622 Traictez povr la deffence de l'Vniversité de Paris contre les Iésvites. [Par *Godefroi* HERMANT, docteur de Sorbonne]. *Paris*, 1643. In-8°, 1 vol.

Dans le même volume : 1.) Veritez academiqves, ov refutation des prejugez populaires dont se seruent les Iesuites contre l'Vniversité de Paris. [*Godefroi* HERMANT] *Paris*, 1643. — 2.) Examen des qvatre actes pvblicz de la part des Iesvites ès années 1610, 1612 et 1626, contenans la déclaration de leur doctrine touchant le temporel des Roys. Par leqvel sont descouuertes les equiuoques et fallaces dont ces quatre pieces sont composées. (Par Godefroi Hermant). *Paris*, 1643. — 3.) Visite faite par

le Rectevr de l'Vniversité de Paris, assisté de Mᵉ Michel
Charles, commissaire av Chastelet, le 8 avril 1643. Par
laquelle se voient les profanations et ruptures d'Autels
faictes en l'Église du Collège de Mairmontier rue
St-Jacques à Paris), ainsi que les désordres qui sont er.
iceluy College, depuis qu'il a esté vsurpé par les soy
disants Peres Iesuistes. *Paris.* 1643. — 4.) Apologie povr
l'Vniversité de Paris. Contre le discovrs d'vn Iesuite.
Par une personne affectionnée au bien public. (*Godefroi*
HERMANT). An 1643.

623 Veritez académiqves, ou Refvtation des preiugez populaires dont se servent les Iesuites contre l'Vniversité de
Paris. [Par *Godefroy* HERMANT, Recteur de l'Université
de Paris]. *Paris*, s. n. d'impr. 1643. In-12, 1 vol.

624 Remarques sur la retractation de Pierre Jarrige, reje-
suitisé. [par *Ezéchiel* DAUNOIS, ministre du saint Évan-
gile]. Imprimé à *Leide,* chez François Moyaert, l'an 1651
In-12, 1 vol.

625 La morale des Jesuites, extraite fidelement de levrs livres,
imprimez avec la permission et l'approbation des su-
périevrs de levr compagnie, par un docteur de Sorbonne.
[*Nicolas* PERRAULT, préface d'*Alexandre* VARRET]. A
Mons, chez la Vefve Waudret, M. DC. LXVII. In-4°,
1 vol., couv. parch.

626 Galbanum Jesuitique ou Quintessence de la sublime théologie de l'archi-Coacre Jean de la Badie. A *Coiogne,*
chez Jan du Four, Imp. 1668. 1 pet. vol. in-12.

Incomplet : s'arrête à la page 152.

627 La morale pratique des Jesuites, représentée en plusieurs
histoires arrivées dans toutes les parties du monde.
Extraitte ou de livres tres-autorisez & fidellement
traduits ; ou de memoires tres seurs et indubitables.
[par S. J. DU CAMBOUT DE PONTCHATEAU]. A *Cologne,*
chez Gervinus Quentel. M. DC. LXIX. Pet. in-12, 1 vol.,

de 10 ff. non cotés et 44-287 pp. chiffrées, t. 1er d'une
collection qui en comprend 8.

628 Le Catechisme des Jesuistes, (*sic*) ou le mystere d'Iniquité,
revelé par ses suppots, par l'examen de leur doctrine,
mesme selon la croyance de l'eglise romaine. [par
Estienne PASQUIER]. A *Ville-franche*, [?] Chez Guillaume
Grenier, cIꝏ Iꝺc LXXVII. Pet. in-12, 1 vol.

629 Les Jesuistes (*sic*) mis sur l'Eschafaut, pour plusieurs
crimes capitaux par eux commis dans la Province de
Guienne. Avec la Response aux Calomnies de Jacques
Beaufés, par le Sieur *Pierre* JARRIGE, ci-devant Jésuiste,
Profés du quatriesme vœu, & Predicateur. [S. l.] CIꝺ.
IꝺC. LXXVII. In-12, 1 vol.

630 La Religion des Jesuites, ou Reflexions sur les inscriptions du Père Menestrier, & sur les escrits du Père
le Tellier pour les nouveaux Chretiens de la Chine & des
Indes, contre la dix-neuvième observation de l'Esprit de
Mr. Arnaud. Dans lesquelles on trouvera la défense de
l'Esprit de Mr. Arnaud, & un jugement sur la contestation entre l'Evêque de Malaga, les Jésuites & les Auteurs
de la morale pratique des Jésuites, au sujet des Missionnaires des Indes. A *la Haye*, chez Abraham Troyel,
M. DC. LXXXIX. In-12, 1 vol.

631 *Ludovici* MONTALTII [*Blaise* PASCAL], Litteræ Provin-
ciales, de Morali & Politica Jesuitarum Disciplina, a
Willelmo WENDROCKIO Salisburgensi [Theologo *Pierre*
NICOLE], E Gallica in Latinam Linguam translatæ; Et
Theologicis Notis illustratæ, Editio Sexta emendatior &
auctior. *Coloniæ*, Apud Nicolaum Schoutem, M. DCC.
In-12, 2 vol., tit. rouge et noir.

632 Les Provinciales, ou lettres écrites par *Louis* DE MONTALTE
[*Blaise* PASCAL] à un Provincial de ses amis, et aux
R. R. P. P. Jésuites sur la Morale et la Politique de ces
Pères. Avec les notes de *Guillaume* WENDROCK [*Pierre*

Nicole], docteur en théologie dans l'Université de Saltz-
bourg en Allemagne. Nouvelle édition. *S. l. n n.
d'impr.*, 1712. In-12, 2 vol.

633 Les Provinciales, par *Blaise* Pascal. *Paris*, Ambroise
Dupont et Cie, libraires, 1827. Tr. pet. in-8°, 1 vol. imp.
par J. Pinard.

634 Entretien de Cléandre & d'Eudoxe, sur les Lettres au
Provincial. [Par le P. *Gabriel* Daniel, de la Comp. de
Jésus]. *Cologne*, Pierre Marteau, 1694. In-12, 1 vol.

635 Apologie des Lettres Provinciales de Louis de Montalte,
contre la dernière Réponse des PP. Jésuites, intitulée :
Entretiens de Cléandre & Eudoxe [du *P. Gabriel* Daniel :
par Dom *Mathieu* Petit-Didier, bénédictin, mort évêque
in partibus de Macra, & qui, plus tard, a désavoué cet
écrit]. *Delft*, van Rhin. 1697. In-12, 1 vol.

636 Lettre de M^r l'Abbé *** [le R. P. *G.* Daniel] à Eudoxe,
touchant la nouvelle apologie des Lettres Provinciales.
A *Cologne*, chez Pierre Marteau, à l'Arbre Sec, 1698.
In-12, 1 vol.

637 Réponse aux nouveaux écrits de Messieurs des Missions
Étrangères contre les Jésuites. Par une Lettre de Monseigneur *Alvare* Bonaventte, évêque d'Ascalon, vicaire
apostolique du Kiamsi ; par la conduite de Monseigneur
Charles Maigrot, évêque de Conon, vicaire Apostolique
de Fokien & par les attestations des Chrestiens de Fo-
tcheou. [Par le P. *Jacques-Philippe* Lallemant]. *S. l. n.
n. d'impr.* 1702. In-12, 1 vol.

638 Artes Jesuiticæ In sustinendis pertinaciter Novitatibus
damnabilibusque Sociorum Laxitatibus, **quarum sexcen-
tæ & sexaginta hîc exhibentur Sanctissimo Domino N.**
Clementi Papæ XI, denuntiatæ. Per *Christianum*
Aletophilum. *Salisburgi*, Apud Amatorem Kerckove,
1703. In-12, 1 vol. de 357 pp. chiffrées, outre titre.

639 Reponse de Messieurs des Missions Étrangères à la Protestation et aux Reflexions des Jésuites. *S. l. n. nom d'imp.*, 1710. In-12, 1 vol.

640 Lettre d'un theologien à un Eveque sur cette question importante : S'il est permis d'approuver les Jésuites pour prêcher & pour confesser. [Par *Bernard* COUET, chanoine de Paris]. *Paris*, 1716. In-12, 1 vol.

Un second exemplaire du même ouvrage.

641 Recueil de Pieces historiques et curieuses, contenant : I. Le Manifeste de *Pierre* DU JARDIN, Sr de la Garde, sur la mort d'Henry IV ; II. Le Manifeste de la Damoiselle D'ESCOMAN, sur le même sujet : III. L'Apologie pour M. le Président de Thou, sur son Histoire ; IV. Epist. *Jac. Aug.* THUANI P. Janino ; V. Le Catéchisme des Jésuites, par *Estienne* PASQUIER. A *Delft*, chez Isaac Vorburger, dans le Strand. M. DCC. XVII. In-12, 2 vol., tit. rouge et noir.

A la fin du 2ᵉ vol. sont ajoutés :

Acte d'acceptation du Mandement de Mgʳ. d'Arras par les RR. PP. Jesuites du college d'Arras, Ensemble desaveu & supression (*sic*) des Actes d'Appel au Futur concile publiés à ce sujet sous le nom des Ecoliers dudit College par les susdits Peres [daté d'Arras le 15 avril 1720]. Tr. pet. in-8°, 15 pp. chiffrées.

Critique du Ballet moral Dansé au College des Jesuites de Rouen, au mois d'Août M. DCC. L. [par l'abbé *J.-B.* GAULTIER, secrétaire de l'évêque de Montpellier]. [*S. l. n. n.*] M. DCC. LI. In-12, 3 ff. non cotés et 53 pp. chiffrées.

642 *Lvcii Cornelii* Evropæi [INCHOFER ? ou *J.-Cl.* SCOTTI ?] Monarchia Solipsorvm. [*id. est* Jesuitarum] Ad Virum Clarissimum Leonem Allativm. *Venetiis*, M. DC. LI. Superiorum Permissu. Pet. in-12, 1 vol. de 144 pp.

A la fin de l'exemplaire on trouve une clef manuscrite de ce curieux pamphlet.

643 La Monarchie des Solipses, traduite de l'original latin de *Melchior* INCHOFFER, Jésuite [*Jules - Clément* SCOTTI, jésuite sorti de l'ordre pour n'avoir pas obtenu une chaire de théologie scolastique qu'il ambitionnait]. (Par *Pierre* RESTAUT, gramairien (*sic*)). A *Amsterdam,* s. n. d'impr., 1721, in-12.

A la suite, et faisant corps avec l'ouvrage de Restaut : 1.) Extrait du livre intitulé : le Jésuite sur l'échafaud, duquel il est parlé vers la fin de la Préface, [Par *Pierre* JARRIGE, ancien Jésuite, apostat par ambition, puis réconcilié à l'Église par les exhortations du P. Ponthelier]. — 2.) Requêtes présentées à N. S. P. le Pape Clément VIII, par différentes provinces de la Société, pour en obtenir la réforme. — 3.) Instruction aux Princes sur la manière dont se gouvernent les Jésuites. Par un Religieux désintéressé. Traduit de l'italien. — 4.) Extrait du Traité des choses qui sont dignes d'amandement (*sic*) en la Compagnie de Jésus, par le P. MARIANA, de la même Compagnie.

Autres ouvrages reliés dans le même volume : 1) Chanson d'un inconnu, nouvellement découverte & mise au jour, avec des Remarques critiques, historiques, philosophiques, théologiques, instructives & amusantes. Par M. le Dr Chrysostôme Mathanatias [*Hyacinthe* CORDONNIER, dit le chevalier DE THEMISEUL DE SAINT-HYACINTHE?], sur l'Air des Pendus. Ou Histoire véritable & remarquable arrivée à l'endroit d'un R. P. de la Compagnie de Jésus. A *Turin,* chez Alitophile, 1737. — 2.) Doctrine meurtrière des Jésuites preschée par leur Père Octavius de Hollande. *Bruges,* Jacques Lenoir, 1690. — 3. Lettre du célèbre docteur *Arias* MONTANUS, chevalier de l'Ordre de S. Jacques, Bibliothécaire de S. M. C., au Roy d'Espagne Philippe II, touchant la conduite que le gouverneur des Pays-Bas pour sa Majesté, devait garder envers les Jésuites. — Cette lettre est en trois colonnes, donnant en regard le texte espagnol & une traduction latine et française. — 4.) L'athéisme découvert par le R. P. Hardouin, jésuite, dans les écrits de tous les P. de l'Église, & des Philosophes modernes, 10 Janvier 1715. [Par *Fr.* DE LA PILLONIÈRE]. — 5. Histoire pour Messieurs les plénipotentiaires assemblez à Soissons, dans lequel on fait voir combien est préjudiciable à l'Église & aux États la Société des Pères Jésuites. [Par *Jérôme* BESOIGNE]. *S. l. n. nom d'impr.* 1729.

644 La Monarchie des Solipses. *Amsterdam*, Herman Uytwerf, 1722. In-12, 1 vol.

C'est, quant au corps de l'ouvrage, exactement la même chose que l'édition de 1721 portée au N° précédent. Le titre seul diffère et les pièces annexées ne se trouvent pas dans cet exemplaire.

645 Les mystères les plus secrets des Jésuites conteuus en diverses pièces originales. A *Cologne*, les Héritiers de Pierre Marteau, 1727. In-12, 1 vol.

Les pièces *originales* de ce Recueil sont : 1.) Les Instructions secrètes des Jésuites, traduites de leurs *Secreta Monita*. — 2.) Prophétie de Sainte Hildegarde, morte l'an 1180. — 3.) Décret de la Faculté de Théologie de Paris. du 1 décembre 1554. — 4.) Arrêt du Parlement de Paris pour bannir les Jésuites du Royaume de France, du 29 décembre 1594. — 5.) Relation des Assemblées extraordinaires de la Faculté de Théologie d'Anieres, située dans la ville d'Onopolis, entre les Dioceses de Luçon & de la Rochelle.

646 Principes des Jesuites sur la Probabilitez refutez par les Payens, et Conformité des Jesuites Modernes avec leurs premiers Peres : Pour servir de Preuves au Parallélc. Lex peribit à Sacerdote. La Loi périra dans la bouche des Prêtres. Ezech. 7. 26. [*S. l. n. n.*] M. DCC. XXVII. Pet. in-4°, 1 vol. de 120 pp. chiffr., y compris tit.

647 Portrait au naturel des Jesuites et anciens et modernes : ou Image veritable du premier et du dernier siecle de la Société de Jesus. Fin du Parallele de la doctrine des Payens avec celle des Jésuites & de la bulle *Unigenilus*. Arguam te & statuam contra faciem tuam. Ps. 49.21. A *Amsterdam*, chez Nicolas Potier, Libraire. M. DCC. XXXI. In-8°, tit. rouge et noir, 84 pp., suivies de :

État present de l'Eglise Représenté (*sic*) par le Prophète Isaïe dans les chapitres I. III. V. Non facit Dominus Deus Verbum, nisi revelaverit secretum suum ad servos suos Prophetas. Amos. 3. 7. M. DCC. XXXI. In-8°, 36 pp.

648 Proces de la succession d'Ambroise Guys contre les Jesuites. — Proces pour la succession d'Ambroise Guys ; on y a joint les affaires des Jésuites de Liege, de Fontenay-le-Comte, de Chalons, de Muneau, de Brest, de Bruxelles, avec la Prophétie de Georges Bronsvel, (archevêque de Dublin en 1558). [Par *Nicolas* JOUIN]. A *Brest* (1750). In-12, 1 vol.

Dans le même volume : 1.) Les Cent et un tableaux extraits par les RR. PP. Jésuites de la succession du sieur Tardif. — 2.) Relation de l'affaire de M. l'Evêque de Luçon (Samuel-Guillaume de Verthamon) avec les Jésuites au sujet de son Séminaire. — 3.) Discours aux Grands de Pologne, sur la nécessité de bannir les Jésuites hors du Royaume, avec des Pièces relatives au même sujet, & des Notes qui confirment et éclaircissent les faits. *S. l. d'impr.*, 1759.

649 Démonstration de la cause des divisions qui règnent en France (par *Gui-Michel* BILLARD DE LORIÈRE, Conseiller au grand conseil). A Avignon (*Paris*), 1754. In-12. Pièce de 192 pages.

Pamphlet de la dernière violence contre les Jésuites. Leurs doctrines, leur conduite et leur crédit sont l'unique cause des divisions de la France.

650 Probleme historique, Qui, des Jesuites ou de Luther et Calvin, ont le plus nui à l'Eglise Chrétienne. La solution de ce Problême (*sic*) découvrira la véritable cause des maux qui affligent l'Eglise & le Royaume de France, & le seul moyen efficace qu'on puisse prendre pour les faire cesser. [par l'abbé MESNIER] Equidem demiror quorumdam hominum perditam impudentiam. Erasm. A *Avignon* [*Paris*]. M. DCC. LVII. In-12, 2 vol.

651 Recueil des Decrets Apostoliques et des Ordonnances du Roi de Portugal concernant la conduite des Jesuites dans le Paraguai, &c.; les moyens employés pour en procurer

la réforme de la part du S. Siege ; l'attentat du 3 Septembre 1758, les suites de cet attentat ; la communication qui en a été faite au S. Pere : la punition des coupables, &c. Le tout traduit conformément à la Collection imprimée en 1759 à la Secrétairerie d'Etat, par ordre spécial de Sa Majesté Très Fidele, & déposée chez Benjamin Phaff, Notaire à Amsterdam. Avec les Mandemens des Evêques de Portugal, traduits sur les originaux imprimés en ce Royaume, & autres pièces autentiques (*sic*). A *Amsterdam*, chez M. Michel Rey, 1760. [-1761]. Pet. in-8", 3 vol.

652 Recueil intitulé : Lettres sur les opérations du P. de Lavalette, jésuite et Supérieur Général des Missions des îles françoises du vent de l'Amérique, nécessaires aux Négocians. *En Europe*, 1760. In-12, 2 vol.

Contenu du Recueil : Premier volume. 1.) Lettre d'un Négociant de la Martinique, écrite de Saint-Pierre à M. B***, à Lyon, pour justifier les opérations du Pere de Lavalette, Jésuite, & Supérieur Général des Missions des Isles Françaises du vent de l'Amérique. — 2.) Réponse de M. B***, négociant de Lyon, à la lettre écrite de St.-Pierre de la Martinique, le 5 du mois d'août 1759, sur les opérations du P. de Lavalette, Supérieur Général des Missions. — 3.) Lettre du P. DE SACY, écrite à M. de ***, à Paris, ce 19 février 1759. — 4.) Lettre du Père *Laurens* RICCI, Général des Jésuites, à Monsieur de ***. — 5.) Seconde lettre du Père DE SACY à Monsieur de ***, Paris, ce 17 novembre 1759. — 6.) Lettre du Père DE LAVALETTE à Monsieur de ***, à St.-Pierre, le 4 août 1759. — 7.) Première lettre du P. DE SACY à Monsieur J..., de Bordeaux, Paris, ce 2 avril 1758. — 8.) Deuxième lettre du P. DE SACY à M. J... de Bordeaux, de Paris, ce 20 avril 1758. — 9.) Lettre du P. DE SACY, Procureur de France, écrite à Monsieur P. G. N. de ***, Paris, ce 16 janvier 1758. — 10.) Sentence des Juge & Consuls de Paris, du 30 janvier 1760, qui condamne tous les Jésuites de France, solidairement, à payer la somme de trente mille livres dues en vertu d'une lettre de change tirée par le P. de Lavalette,... avec les profits et intérêts depuis l'échéance de ladite lettre, et tous dépens, du iour de la demande. — 11.) Mémoire à consulter & Consultation pour les Jésuites de France, Paris, 10 mars 1761. (Par Lherminier). — 12.) Plaidoyer pour le Syndic des créanciers des sieurs Lioncy frères & Gouffre, négocians à Marseille, contre le Général de la Société des Jésuites. [Par M. *J.-B* Legouvé, avocat]. *Paris*, D'Houry, 1751. — 13.) Mémoire pour les Jésuites des Provinces de Champagne, Guyenne, Toulouse & Lyon, opposans & Défendeurs, contre le Syndic des Créanciers Lioncy & Gouffre, Défendeur à l'opposition & demandeur, et encore contre les sieurs Lioncy & Gouffre, intervenans & demandeurs. En présence des Jésuites de France. [Par Me Laget-Bardelin, avocat]. *Paris*, J. Chardon, 1761.— 14.) Plaidoyer pour les Jésuites de France, contre le Syndic des créanciers des sieurs Lioncy & Gouffre et les sieurs Lioncy & Gouffre. [Par Me Thevenot d'Essaule, avocat]. *Paris*, Collot, 1761. — 15.) Arrêt de la Cour du Parlement contre le Général & la Société des Jésuites, au proffit des sieurs Lioncy frères & Gouffre, négocians à Marseille, & c. Extrait des Registres du Parlement, du 8 mai 1761.

Deuxième volume : 1.) Mémoire à consulter et consultation pour Jean Lioncy, créancier & Syndic de la Masse de la Raison de Commerce établie à Marseille, sous le nom de Lioncy frères & Gouffre. Contre le corps et Société des PP. Jésuites. [Par Me Lacourlé, avocat]. Délibéré à Paris, ce 5 septembre 1760. *Paris*, Le Prieur, 1760. — 2.) Arrêt de la Cour, du Parlement, & c.... (Même pièce que celle qui est reprise à la fin du premier volume, sous le N° 16.)

653 Anecdotes ecclésiastiques, jésuitiques, qui n'ont point encore paru. Par feu M. Sonnes, Prêtre. Avec la critique du Mandement, composé par l'Abbé Terrisse, sur la mort de M. le Cardinal Saulx-Tavanes. Suivies d'un simple exposé de la conduite du Clergé & des Grands Vicaires du Diocèse de Rouen. *A Rouen*, M. DCC. LX. In-12, 1 vol.

654 Apologie des Anecdotes ecclésiastiques, jésuitiques, du Diocèse de Rouen. Avec l'histoire des cruelles persécutions suscitées à deux bons et sçavans Pasteurs. Suivie d'une narration de la conduite de Grands-Vicaires, Chanoines, Curés, Prêtres, Clercs & autres du même Diocèse, qui n'ont point été données au Public. [*S.l.n.n.*] Aux dépens de la Compagnie. M. DCC. LXI. In-12, 1 vol., pages chiffrées I-XII et 145 à 417.

655 Coup d'œil sur l'arrest du Parlement de Paris, du six Aoust 1761, concernant l'Institut des Jésuites, imprimé à Prague en 1757 (*sic*). Par les PP. *Joseph* DE MENOUX & *Henri* GRIFFET, de la Compagnie de Jésus]. *Avignon*, J. Chambeau, 1761. In-12, 2 parties en 1 vol.

656 Compte rendu des Constitutions des Jésuites, Par MM. les Gens du Roi, M. *Omer* JOLY DE FLEURY, Avocat dudit Seigneur Roi, portant la parole, les 3, 4, 6 & 7 Juillet 1761, en exécution de l'arrêt de la Cour du dix-sept Avril précédent, & de son Arrêté du deux Juin audit an. *S. l. n. d.* [*Paris*, 1761]. In-12, 310 pp. chiffrées sans feuille de titre.

657 Compte-Rendu des Constitutions des Jésuites, par M. *Louis René* DE CARADEUC DE LA CHALOTAIS, Procureur-Général du Roi au Parlement de Bretagne, les 1, 3, 4 et 5 décembre 1761, en exécution de l'arrêt de la Cour du 17 août précédent. *S. l. d'impr.*, 1762. In-12, 1 vol.

Dans le même volume : 1.) Second Compte-Rendu sur l'Appel comme d'abus des Constitutions des Jésuites, par M. *Louis-René* DE CARADEUC DE LA CHALOTAIS. *S. l. d'impr.* 1762. — 2.) Remarques sur un écrit intitulé : Compte-Rendu des Constitutions des Jésuites, par M. Louis-René de Caradeuc de la Chalotais, [par le P. *Henri* GRIFFET, de la Compagnie de Jésus]. *S. l. n. d.* — 3.) Lettres de M. de ***, à M. de ***, au sujet des Remarques sur un écrit intitulé : Compte-Rendu des

Constitutions des Jésuites, par M. Louis-René de Caradeuc de la Chalotais. *S. l. n. d.*

658 Compte rendu au public des comptes rendus aux divers
parlemens et autres cours supérieures, Précédé d'une
Réponse décisive aux Imputations dont on a chargé les
Jésuites, leur Régime & leur Institut, [par M. l'abbé
Dazès]. Jesuitæ verò qui se maximè nobis opponunt, aut
necandi, aut si hoc commodè fieri non potest, ejiciendi,
aut certè mendaciis & calumniis opprimendi sunt. Calvin.
A *Paris*, chez les Libraires Associés. M. DCC. LXV.
In-8°, 2 vol.

659 Extraits des Assertions dangereuses et pernicieuses en
tout genre, que les soi-disans Jésuites ont, dans tous les
temps & persévéramment, soutenues, enseignées &
publiées dans leurs Livres, avec l'approbation de leurs
Supérieurs & Généraux, vérifiés & collationnés par les
Commissaires du Parlement, sur les Livres, Thèses,
Cahiers composés, dictés & publiés par les soi-disans
Jésuites, & autres Actes authentiques, déposés au greffe
de la Cour, [par Roussel de la Tour, l'abbé Minard, et
l'abbé *Cl.-P.* Goujet]. A *Paris*, chez P. G. Simon,
M. DCC. LXII. In-12, 4 vol.

660 Mémoire pour les Jésuites de Franche-Comté. A *Besançon*, M. DCC. LXII. 1 vol. pet. in-12.

661 Recueil de Pièces concernant la Suppression des Jésuites,
in-12, 1 vol.

Pièces contenues dans ce Recueil : 1.) Arrêt du Parlement de
Provence... faisant défense aux soi-disants Jésuites... de porter
l'habit de la dite société... du 28 Janvier 1763. A *Aix*, la
Vᵉ David, 1763. — 2.) Arrest de la Cour de Parlement de
Rouen, qui ordonne à tous les Prêtres & Ecoliers de la ci-
devant Société qui se disoit de Jésus... de jurer « d'être invio-

lablement fidèles au Roi , de tenir & d'observer les 4 propositions de l'Assemblée de 1682 & les libertés de l'Eglise Gallicane... » du 3 mars 1763. *Rouen*, Richard Lallemant , 1763.
— 3.) Ordonnance et Instruction pastorale de Monseigneur
l'Évêque d'Angers [*Jacques* DE GRASSE] , portant condamnation
de la Doctrine contenue dans les Extraits des Assertions, &c.
Angers, P.-L. Dubé, 1763. — 4.) Arrest de la Cour de Parlement de Bordeaux , qui autorise , non obstant l'opposition des
Syndics de l'Union des créanciers des ci-devant Jésuites, à
payer les réparations, frais d'établissement et nouveaux maîtres
remplaçant les colleges... le 3 décembre 1562. — 5.) Arrest
de la Cour du Conseil souverain du Roussillon , qui défend la
publication de la Bulle *In cœna Domini*.— 6.) Lettres de Jussion
pour enregistrer, sans délai , les lettres-patentes du 21 mars
1763 (concernant le serment à prêter par les Jésuites). —
7.) Arrêt du Parlement de Dijon, du 18 mars 1763, qui ordonne
de brûler un mémoire présenté au Roi par deux Magistrats du
Parlement d'Aix. — 8.) Arrêt du Parlement de Rouen , du 21
fév. 1763, qui prive de ses fonctions le Doyen de la Faculté de
Théologie de Caen. — 9.) Arrêt du Parlement de Toulouse,
du 16 mars, qui ordonne de brûler deux écrits. — 10.) Lettres
Patentes & Arrêt du Parlement de Rouen , du 24 mars 1763,
concernant les Jésuites.

662 Mémoire sur l'Institut et la Doctrine des Jésuites [par le
     R. P. *H.* GRIFFET]. In-12 , 2 parties de 196 et 84 pages, en
     1 vol. (le titre manque),imprimé vers 1763, d'après Brunet.

663 Lettre pastorale de Monseigneur l'Archevêque d'Auch
     (*Jean-François* DE MONTILLET) au clergé Séculier &
     Régulier de son diocèse. *S. l.* 1764. In-12. Pièce de
     95 pages.

L'archevêque s'élève contre les *philosophes* et déplore la destruction de la
Compagnie de Jésus.

664 Sièges de Troyes par les Jésuites , ou Mémoires et Pièces
     pour servir à l'histoire de Troyes pendant le 17me siécle.
     [par *P.-J.* GROSLEY, de Troyes], précédés du Discours de

Jean PASSERAT, Troyen , prononcé au Collége Royal de Paris en 1594. [réimpression publiée par GADAN]. A *Paris,* chez les marchands de nouveautés. 1826. In-12 , 1 vol., imp. par Cardon, à *Troyes.*

665 Mes Doutes sur la Mort des Jésuites. [*S. l. n. d.*] Pet. in-4°, 1 vol. de 45 pp. chiffr., non compris le feuillet de titre.

HISTOIRE ECCLÉSIASTIQUE : ORDRES RELIGIEUX MILITAIRES.

666 Statvta Hospitalis Hiervsalem [probante Sixto V. Pontifice Romano, collegit et edidit Frater *Hugo* DE LOUBENX VERDALA , Dei gratia sacræ domus Hospitalis Saucti Ioannis Hierosolymitani Magister. Accessit ad calcem operis] Index Materiervm qvæ in toto volvmine continentvr. Per Fratrem *Ptolemævm* VELTRONIVM eivsdem Ordinis Militem cum Figuris, e arundemque (*sic*) sent en (*sic*) tijs, ac Magnorum Magistrorum Imaginibus, nuper adiectus. *Romæ,* cvm privilegio, 1588. In-f°, 1 vol. de 20 ff. de frontispice, portr. d'auteur, approbation, portr. des grands-maîtres, etc., 204 pp. chiffr. av. gravures dans le texte, et 8 ff. d'index, couvert. parchemin.

667 Histoire des Chevaliers de l'Ordre de S. Iean de Hiervsalem, contenant leur admirable Institution & Police, la Suitte des Guerres de la Terre Saincte, où ils se sont trouvez, & leurs continuels Voyages, Entreprises, Batailles, Assauts & Rencontres. [Traduite de l'italien de *Jacques* Bosio] par le feu S. B. S. D. L. [sieur de BOISSAT, seigneur de Licieu]. Diuisée par Chapitres, & augmentée de Sommaires sur châque Liure, & d'Annotations à la marge : ensemble d'vne Traduction des Establissemens & des Statuts de la Religion , par *L.* BAVDOIN. Derniere Edition. Où l'on a joinct les Ordonnances du Chapitre General, tenu en l'an 1632. Auec les

Eloges des Eminentissimes Grands-Maistres dudit Ordre. Œvvre enrichie d'vn grand nombre de Figures en taille douce : & illustrée d'vne ample Chronologie ; des Vies des Serenissimes Grands - Maistres : d'vn abregé des Priuileges de l'Ordre ; de quelques Arrests, & autres Traittez fort remarquables. Par *F. A.* DE NABERAT, Conseiller & Aumosnier seruant la Reyne. A *Paris*, chez Iacqves d'Allin, M. DC. LIX. In-f°, 1 vol., frontisp. gravé.

668 Privilegi della sagra Religione di San Giovanni Gerosoli-mitano con Un Indice volgare. In *Malta*, M. DCC. LXXVII. Nella Stamperia del Palazzo di S. A. S. presso Fra Giovanni Malliia.

Compendio delle materie contenute nel Codice del sacro militare Ordine Gerosolimitano, In *Malta*, Nella Stamperia del Palazzo. M. DCC. LXXXIII.

In-f°, 2 ouvr. en 1 vol.

669 Monumens des Grands-Maîtres de l'Ordre de Saint-Jean de Jérusalem, ou vues des tombeaux élevés à Jérusalem, à Ptolémaïs, à Rhodes, à Malte, etc., accompagnés de notices historiques sur chacun des grands-maîtres, des inscriptions gravées sur leurs tombeaux, de leurs ar-moiries, etc., publiés par Monsieur Le Vicomte *L.-F.* DE VILLENEUVE - BARGEMONT. *Paris*, J.-J. Blaise, [imp. J. Tastu], 1829. In-8°, 2 vol., nombreuses lithographies.

670 Histoire de l'Ordre militaire des Templiers, ou Chevaliers du Temple de Jerusalem, Depuis son Etablissement jus-qu'à sa Décadence & sa Suppression. Par *Pierre* DU PUY, Conseiller & Garde de la Bibliothèque du Roy de France. Nouvelle Edition, Revuë, corrigée & augmentée d'un grand nombre de Pieces Justificatives. Ouvrage qui pourra servir de Supplément à l'Histoire de l'Ordre de Malthe (*sic*). A *Brusselles*, chez Pierre Foppens, M.D.C.C.LI. In-4°, 1 vol., titre rouge et noir, gravures.

671 Histoire critique et apologétique de l'Ordre des Chevaliers du Temple de Jérusalem, dits Templiers, par feu le R. P. *M. J.* [MANSUET Jeune], Chanoine Régulier de l'Ordre de Prémontré, [publiée par le R. P. BAUDOT, prémontré, avec préface du R. P. *J. R.* JOLY, capucin], A *Paris*, chez Belin, an XIII—1805. In-4°, 2 tom. en 4 vol.

672 Histoire de la Condamnation des Templiers, celle du schisme des Papes tenans le Siege en Avignon & quelques proces criminels, par Monsieur *Pierre* DUPUY, Conseiller du Roi en ses Conseils, & Garde de sa Bibliothèque. Edition nouvelle, [donnée par *Jean* GODEFROY, s^r D'AUMONT, directeur de la Chambre des Comptes de Lille [augmentée de l'Histoire des Templiers de M. [*Nicolas*] GÜRTLER & de plusieurs autres pièces curieuses sur le même sujet. A *Brusselle*, Fr. Foppens, 1713. In-12, 2 vol.

673 Histoire de l'abolition de l'Ordre des Templiers. *Paris*, Belin, 1779. In-12, 1 vol.

674 Monumens historiques, relatifs à la Condamnation des Chevaliers du Temple, et à l'abolition de leur ordre ; par M. RAYNOUARD, membre de l'Institut Impérial de France. *Paris*, de l'imprimerie d'Adrien Egron, 1813. In-8°, 1 vol., exemplaire offert par l'auteur.

675 Mémoires historiques sur les Templiers, ou Eclaircissemens nouveaux sur leur histoire, leur Procès, les accusations intentées contr'eux, et les causes secrètes de leur Ruine ; puisés en grande partie, dans plusieurs Monumens ou Ecrits publiés en Allemagne par *Ph.* GOUVELLE. A *Paris*. chez Buisson, Lib. Imp. Jeunehomme, an XIII [1805]. 1 vol. in-8°, grav. représentant Jacques de Molay en frontispice. Notice biog. manuscrite en tête.

676 Histoire de la condamnation des Templiers. S. nom d'imp., s. d. 1 br. 16 p. petit in-4°.
Incomplet.

677 Voyage à Saint-Pétersbourg en 1799-1800, fait avec l'ambassade des chevaliers de l'ordre de St. Jean de Jérusalem, allant offrir à l'Empereur Paul premier la grande
Maîtrise de l'ordre ; dans lequel on trouve : des notes
curieuses sur l'Empereur Paul premier, le général Souwa-
row, les comtes Rostopchin, Pannis, Pahlen, Koutaisow,
etc., et d'autres personnages célèbres ; des particularités
remarquables sur le Gouvernement russe, l'état du commerce de cet Empire, le caractère, les mœurs de ses habitants, etc., précédé d'un itinéraire statistique et historique
de Fribourg (en Brixgaw) à St. Pétersbourg, en passant
par Vienne (en Autriche), Cracovie, Bizesk, Riga, Mittau;
et en revenant par Memel, Kœnigsberg, Dantzick,
Berlin, Dresde. etc., pour servir à l'histoire des événemens de la fin du 18ᵉ siècle ; par feu M. l'abbé GEORGEL,
Jésuite, ancien Secrétaire d'ambassade et chargé d'affaires
de France à Vienne, publiés par M. Georgel, neveu et
héritier de l'auteur. *Paris,* Alexis Eymery et Delaunay,
Lib. Imprimerie de J.·B. Imbert, 1818. 1 vol. in-8°.

678 Description des Monumens de Rhodes, dédiée à Sa Majesté
le Roi des Pays-Bas, par le colonel ROTTIERS, membre
de plusieurs académies. *Bruxelles,* Imprimerie de Tencé
frères, 1828, In-4°, 1 vol., portr. de l'auteur.

679 Monumens de Rhodes, dédiés à S. M. le Roi [des Pays-
Bas, par *B. E. A.* ROTTIERS]. *Bruxelles,* 1828. Lith.
Belge de H. Delpierre, gr. in-f° obl., 1 vol., comprenant
2 ff. de tit. lithogr. et tab., et 75 pl., édité par Vᵛᵉ Colinet,
à *Bruxelles,* atlas de l'ouvrage précédent.

680 Relation de ce qui s'est passé à la mort & aux obsèques
du grand-maître de Malte. *Bruxelles,* imp. G. Scheybels,
1 br., 8 p. in-4°, 1657.

681 Histoire des Ordres Royaux, hospitaliers-militaires de
Notre-Dame du Mont-Carmel et de Saint-Lazare de
Jérusalem. Par M. GAUTIER DE SIBERT, de l'Académie
Royale des Inscriptions et Belles-Lettres. A *Paris,* de

l'imprimerie Royale. M. DCC. LXXII. In-4°, 1 vol., frontisp. gravé.

682 Manuel de l'ordre militaire de Saint-Louis, contenant sa création, son institution, ses statuts, règlemens, les devoirs, obligations, prérogatives, etc.; des grands-croix, commandeurs, chevaliers et autres officiers de l'ordre royal & militaire de Saint-Louis. *Paris*, Pierre Blanchard, Lib.; Imp. Imbert, 1814, 1 pet. vol. in-12. Une croix en couleurs en frontispice.

683 Précis historique de l'ordre religieux et militaire du Saint - Sépulcre de Jérusalem, traduit de l'Italien du Chevalier *Ercolano* GADDI HERCOLANI et du chevalier *Carlo* PADIGLIONE, par le D' *L.* MABILLE. *Angers*, Imp. de Cosniers et Lachèse, 1861 (extrait de la Revue nobiliaire, tom. II, N° 8, 1 broch. pet. in-8°, foliotée de 354 à 389.

684 La Regla y Establecimientos de la Cavalleria de Santiago del Espada Con la Historia del Origen y principio della. [por el licenciado don GARCIA DE MEDRANO.] *Valladolid*, L. Sanchez, 1603. In-f°, 1 vol., comprenant : 1 f. de tit. gravé, 1 f. de frontisp. gravé, 1 f. représentant les armes de l'Ordre, 3 autres ff. non cotés, 200 ff. cotés, et 18 ff. non cotés, rel. pl. aux armes de l'Ordre, tr. dor.

Exemplaire qui a appartenu à un comte de Brouay, peut-être à celui qui était gouverneur de Lille en 1667. A la fin on lit :

Compvesto y ordenado por el Licenciado don Garcia de Medrano, del Cosejo de las Ordenes, auiendo sido nombrado Assessor del Capitulo General por su Majestad, el qual se lo cometio. Y fue *impresso* en Valladolid, Por *Luis* Sanchez Año M. D. C. III.

HISTOIRE ECCLÉSIASTIQUE : ORDRES RELIGIEUX DIVERS.

685 L'Innocence opprimée par la Calomnie, ou l'Histoire de la Congrégation des Filles de l'Enfance de Notre Seigneur

Jésus-Christ, et do quelle manière on a surpris la religion du Roy Tres-Chretien, pour porter Sa Majesté à la détruire par un arrest du Conseil : Violences et inhumanitez exercées contre ces filles dans l'exécution de cet arrest : Et l'injure faite au S. Siege par les mauvais traitemens dont on les a punies, pour avoir appelé au Pape des Ordonnances de M^r l'Archevêque de Toulouse & du Vicaire Général du Chapitre d'Aix, le Siege vacant. [Par *Antoine* ARNAULD, suivant le Jugement de Barbier et de Picot]. *Toulouse*, De la Noue, 1688, in-12, 1 vol.

Bien que nous croyions devoir attribuer ce livre à Arnauld, cette attribution n'est pas certaine, et des bibliographes généralement bien informés diffèrent d'avis avec Barbier et Picot. Ainsi, le P. Patouillet le donne à l'abbé DURET ; Fontette, à *Amable* DE TOUREIL & d'autres à *Pasquier* QUESNEL.

686 Relation de l'Etablissement de l'Institut des Filles de l'Enfance de Jesus, avec le récit fidèle de tout ce qui s'est passé dans le renversement du même Institut. Par une des Filles de cette Congrégation de la Maison de Toulouse. A *Toulouse*, chez Pierre de la Noue. M. DC. LXXXIX. In-12, 1 vol.

687 Suite de l'Innocence opprimée dans les Filles de l'Enfance, ou Relation du procès du Sr. de Peissonel, médecin de Marseille, et d'un grand nombre de personnes de toutes conditions que les Jésuites y ont fait envelopper, Où l'on voit aussi ce qui s'est passé à l'égard de M^r l'Evêque de Vaison. [Par *Pierre* DE PORRADE, gentilhomme de Marseille, d'après l'abbé Goujet]. *Toulouse*, P. de la Noue, 1691. In-12, 1 vol.

Dans le même volume : 1.) Les derniers efforts de la violence et de l'injustice contre les filles de l'enfance. — 2.) Suite de l'Histoire de la Congrégation de l'Enfance, pour servir de Réponse au Mémoire publié par Messire Guillaume de Juliard, Prévôt de l'Église métropolitaine de Toulouse, s. l. d'imp., 1739.

688 Histoire de la Congrégation des filles de l'Enfance de N. S.
Jésus-Christ, établie à Toulouse en 1662, et supprimée
par ordre de la Cour en 1686 [Par *Pierre-François*
Reboulet, avocat à Avignon]. A *Amsterdam*, Fr.
Girardi, 1738. In-12, 2 vol.

Voir Fontette, T. I, N° 15156. — Il est dit, dans cet article, que l'ouvrage de
Reboulet est un pur roman. M. le Marquis de Godefroy n'est pas de cette opinion.
On peut voir ce qu'il en pense dans une longue note écrite sur la garde de son
exemplaire. Nous y renvoyons le lecteur.

689 Lettre circulaire des religieuses de la visitation Sainte
Marie de la Ville de Castellane, diocèse de Senès, à tous
les Monastères de leur Institut. S. nom d'impr., 1 br.
33 p. in-4°.

690 Mémoire pour les Dames Abbesse & Chanoinesses au
très-illustre Chapitre de Ste Aldegonde de Maubeuge,
relativement à l'Arrêt du Conseil d'État du 18 Août 1781,
& aux Lettres-Patentes sur icelui enregistrées au Parlement de Douay le 24 Novembre suivant. A *Arras*, de
l'Imprimerie de Guy Delasablonnière, 1784. 1 br. 50 p.
in-4°.

691 Étude historique sur l'Abbaye de Remiremont, par M. *A.*
Guinot, Curé de Contrexéville, Chanoine honoraire de
Troyes. *Paris*, Charles Douniol, [*Mirecourt*, impr.
Humbert] 1859. In-8°, 1 vol.

692 Arrests du Conseil d'Estat du Roy, Sa Majesté y estant,
des années 1692, 1693, 1694 [et 1695] donnez sur les
avis de Monseigneur l'Archevêque de Paris, du R. P. de
la Chaise, & de Mr Barrin de la Galissonnière, Commissaires nommez par Sa Majesté, en forme de reglement
pour l'Eglise Insigne, Collegiale et Seculiere de S. Pierre
de Remiremont en Lorraine. Entre Madame Dorothee
Rhindgraff, Princesse de Salm, Abbesse de ladite Eglise,
& les Dames Chanoinesses d'icelle, à elle jointes d'une
part; Et les Dames Doyenne, Chanoinesses & Chapitre
de ladite Eglise, d'autre part. A *Paris*, chez Simon

Langlois, M. DC. XCIV. Pet. in-f°, 1 vol. de 261 pp. chiffr. outre tit. et table.

HAGIOGRAPHIE.

693 Martyrologe universel, traduit en français du Martyrologe Romain, offrant pour chaque jour de l'année la série des saints, saintes, martyrs et confesseurs, honorés dans toutes les églises de la chrétienté, avec un dictionnaire universel des saints, saintes, martyrs, confesseurs, bienheureux, vénérables, anachorètes, solitaires, reclus et recluses, honorés par les chrétiens sur toute la surface de la terre ; rédigés sur l'ouvrage de M. l'abbé CHASTELAIN, et considérablement augmentés par M. DE SAINT-ALLAIS. A *Paris*, chez l'auteur L. G. Michaud, [impr. Moreau] 1823. Pet. in-4°, 1 vol.

694 Le Martyrologe Romain, mis en lvmière par le commandement dv Pape Grégoire XIII, & réformé par l'avthorité d'Vrbain VIII, traduict du latin en françois par le R. P. *Bavdvin* WILLOT, Binchois, de la Compagnie de Iesus. Item le Martyrologe Belgiqve, recueilli par le *mesme Pere. Mons*, Havart, 1641. In-8°, 1 vol.

695 La légende dorée par JACQUES DE VORAGINE, traduite du latin & précédée d'une notice historique & bibliographique, par M. *G. B.* [*Gustave* BRUNET]. *Paris*, Gosselin, 1843. In-12, 2 vol.

696 [Patrologiæ J.-P. Migne tomi LXXIII-LXXIV] Appendix ad Monumenta sex priorum Ecclesiæ sæculorum. Vitæ Patrum sive Historiæ Eremiticæ libri decem auctoribus suis [nempe HIERONYMO presbytero, RUFFINO Aquileiensi, SEVERO SULPICIO, *Joanni* CASSIANO, PALLADIO episcopo. THEODORETO episcopo, *Joanni* MORCHO, aliisque] et nitori pristino restituti ac notationibus illustrati, opera et studio

Heriberti Rosweydi, Ultrajectini Societate Jesu Theologi. Accedit onomasticon rerum et verborum difficiliorum, cum multiplici indice, Editio memoratissima quæ Antuerpiæ prodiit, anno Domini MDCXXVIII, ex officina Plantiniana, nunc autem accuratior reviviscit, novissime corrigente et recensente *J.-P.* Migne. *Parisiis*, venit apud editorem, 1849 [-60]. Gr. in-8°, 2 vol.

697 Histoire des Saincts Papes, Cardinavx, Patriarches, Archevesques, Evesques, Doctevrs de tovtes Facultez de l'Vniuersité de Paris. Par *Fr. Antoine* Mallet, de Rennes, Docteur Regent en Theologie. A *Paris*, chez Iean Branchv, M. DC. XXXIIII. Pet. in-8°, 1 vol.

698 Acta Sanctorum Belgii selecta, quæ Tum ex Monumentis sinceris necdum in Bollandiano Opere editis, tum ex vastissimo illo Opere, servatâ primigeniâ Scriptorum phrasi, collegit, chronologico ordine digessit, Commentariisque et Notis illustravit *Josephus* Ghesquierus, presbyter. [*Cornelius* Smetius, presbyter, et *Isfridus* Thysius, canonicus regularis Tongerloensis]. Complectens Acta Sanctorum Belgii ab exordio Ecclesiæ Christianæ usque ad annum Christi [circiter DCCXXIX]. Cum figuris. *Bruxellis*, Typis Matthæi Lemaire. [*deinde* typis Viduæ Francisci Pion, *denique* Tongerloæ: typis abbatiæ]. M. DCC. LXXXIII. [-XCIV]. In-4°, 6 vol.

699 Fasti Belgici & Bvrgvndici, *Avbertvs* Miræus, Brvxellensis, Isabellæ Claræ Evgeniæ Sermæ Hisp. Infanti a Sacris Oratorii, & S. T. L. publicabat. *Brvxellis*, J. Pepermannus, 1622. In-8°, 1 vol.

700 Natales Sanctorvm Belgii, & eorumdem chronica recapitulatio, avctore *Ioanne* Molano, Ciue & Doctore Theologo Louaniensi. Recogniti, notis aucti & illustrati opera quorundam S. Theol. Doctorum & in vniuersitate Duac. Professorum. *Dvaci*, Typis Viduæ Petri Borremans. M. DC. XVI. In-8°, 1 vol. de 12 ff. prélim. non

cotés, 300 ff. chiffrés (le dernier coté à tort 200), et 19 ff. d'index non cotés, tit. rouge et noir, couverture. parchemin.

701 Ad Natales Sanctorvm Belgii *Ioannis* MOLANI Avctarivm, in qvo tam Martyres quam alii Sancti, Beati, aut Venerabiles ac pietatis famâ celebres homines recensentur, avctore *Arnoldo* DE RAISSE Dvacensi, Ibidemq apud ædem Archiapostoli Sti Petri Canonico. *Draci*, Ex Typographiâ Petri Avroy, sub Pellicano aureo. M. DC. XXVI. In-8°, 1 vol de 24 ff. prélim. non cotés, 403 ff. cotés (les derniers à partir de 387 chiffrés doubles au r° et au v°) et 3 pp. non chiffr., tit. rouge et noir, couvert. parchemin.

702 Histoire des saints de la province de Lille, Dovay, Orchies avec la naissance, progres, lvstre de la religion catholiqve en ces chastellenies par vn R. Pere de la Compagnie de Iesvs. [*Martin* L'HERMITE]. A *Dovay*, de l'imprimerie de Barthelemy Bardov, à l'image de Sainct Ignace, l'an M. DC. XXXVIII. Auec grace & privilege. Pet. in-4° car., tit. rouge et noir, 1 vol. de 12 ff. non cotés et 672 pp.

703 Légendaire de la Morinie ou Vies des Saints de l'ancien diocèse de Thérouanne (Ypres, Saint-Omer, Boulogne). [recueillies par M. l'abbé VAN DRIVAL et autres]. *Boulogne*, Berger frères, 1850. In-8°, 1 vol.

704 *Antonii* SANDERI, presbyteri, S. Theol. licentiati & Iprensis Ecclesiæ canonici & scholastici, Hagiologium Flandriæ, sive de Sanctis hujus Provinciæ, libri tres. *Insvlis*, Apud Tussanum Le Clercq, anno 1689. In-12, 1 vol.

L'approbation, en date du 23 février 1640, est de Maximilien Montaigne, Pasteur de St-Étienne de Lille, censeur des livres.

705 Tableav réduit à XIX traits de pinceau, qvi representent le combat, & le triomphe de XIX martyrs, dits de Gorcom, la plûpart freres mineurs, mis à mort à Brile,

pour la foy catholique, declarez bien-hevrevx par N.
S. P. le Pape Clement X. Tirez du procès fait pour leur
canonisation. Par un P. Recollet du couvent de Lille.
[*Gaspar* DE LE TENRE]. Pour la solemnité de leur beati-
fication. A *Lille*, de l'imprimerie d'Ignace de Rache,
1676. Petit in-8°, 1 vol.

706 S. *Iohannis* DAMASCENI historia de vitis et rebus gestis
sanctorum Barlaam Eremitæ, et Iosaphat [textus græcus
cum Ioasaph nominat]. Regis Indorum, GEORGIO TRA-
PEZUNTIO interprete. In eandem Scholia *Aloisii* LIPPO-
MANI, veronensis episcopi. *Insuper* : D. *Iohannis*
CHRYSOSTOMI, de comparatione Regis & Monachi,
Germano BRIXIO interprete. *Antuerpiæ*, I. Bellerus,
(1541), Pet in-12, 1 vol.

Voir dans la *Patrologie Grecque* de Migne, T. 96, col. 857 à 1250, le texte
grec très complet de cet ouvrage imprimé pour la première fois par les soins de
M. J. Fr. Boissonade avec une traduction latine.

707 [*Deest titulus*] Catalogus omnium crucifixorum Martyrum,
figuris æneis illustratum. [*S. l. n. d.*] In-8°, 60 ff.

Ce martyrologe va du feuillet 3 au feuillet 62, à la suite duquel paraissent
encore manquer plusieurs feuillets. Au r° du feuillet 3, la gravure représente, au
centre, le Christ en croix, entouré de quatre médaillons aux quatre angles,
surmonté du Saint-Esprit au-dessous duquel on lit l'inscription *Rex Gloriosvs*,
et en bas la couronne d'épines où s'achève l'inscription *Crvcifixorvm Martyrvm*.
Le v° de chaque feuillet contient une notice qui se rapporte à la gravure placée
vis-à-vis au r° du feuillet suivant.

708 Passio Sanctorvm Martyrvm, Getulij, Amantij, Cerealis,
Primitiui, Symphorosæ, ac septem filiorum, Notis &
digressionibus illustrata FULUIJ CARDULI presbyteri è
Societate Iesv. *Romæ*, Apud Franciscum Zannettum.
M. D. LXXXVIII. In-8°, 1 vol. de 4 ff. non cotés et 192
pp. chiffrées.

[*In eod. volum.*] Vita Caroli Borromei Card. S.
Praxedis Archiep. Mediolani ab Avgvstino [VALERIO *sive*
Valiero] Card. Veronæ conscripta. *Mediolani*, Apud
Io. Paulū Secium, M. D. LXXXVII. In-8°, 6 ff. non
cotés et 112 pp. chiffrées, couvert. parchemin.

709 Histoire de Saint-Amand, évêque missionnaire, et du
christianisme chez les Francs du Nord au septième
siècle avec le portrait du Saint ; par l'abbé DESTOMBES,
Professeur au petit séminaire de Cambrai. Imp. et Lib.
ecclésiastiques de Guyot frères. Même maison à *Lyon* et
à *Paris*, 1850. 1 vol. in-8°.

710 Vita, e Miracoli di S. Antonio Di Lisbona, detto di Padoua,
Già descritti dal M. R. P. *F.* HELIA DA CORTONA minore
couvent. ristampati con Figure in Rame E dedicati all'
Illustriss. e Reuerendiss. Monsig. Lvc' Alberto Patritii
Vescouo di Perugia. In *Pervgia,* M. DC. LXXII, Nella
Stampa Episcopale, per Lorenzo Ciani. In-4°, 1 vol.

711 Notice historique sur Saint Aventin d'Aquitaine, martyr,
par un prêtre du diocèse. *Toulouse*, Bon et Privat, 1850.
In-12. 1 vol., imp. par Tajan à St-Gaudens.
[*In eod. volum.* : I.] Histoire Brabançonne. Alena
de Vorst [par l'abbé *L.* BAUNARD] *Paris*, Adolphe
Josse, 1865. Pet. in-8°, imp. G. Jacob. à Orléans.
[II.] Romaine de Todi, Episode du IVe siècle par un
pèlerin de Rome [l'abbé *L.* BAUNARD]. *Paris*, Adolphe
Josse. 1865. Pet. in-8°, imp. par F. Renou à Beaugency.
[III.] Souvenirs de Provence, Roseline de Villeneuve
par l'auteur de Romaine de Todi. *Paris*, A. Josse, 1865.
Pet. in-8°, par le même.

712 Diatriba de Sancto Benigno, ab *Imaele* BULLIALDO
(BOUILLAUD) scripta, anno 1640. *Parisiis*, S. Cramoisy,
1657 In-12. — Pièce de 27 pages.
Autre exemplaire de la même pièce.

713 Les miracles de Saint Benoit écrits par ADREVALE, AIMOIN,
ANDRÉ, *Raoul* TORTAIRE et *Hugues* de SAINTE-MARIE,
moines de Fleury, réunis et publiés pour la Société de
l'Histoire de France par *E.* DE CERTAIN, ancien élève de
l'école impériale des chartes. A *Paris*, chez Mme Ve Jules
Renouard. [impr. Ch. Lahure]. M. DCCC. LVIII. In-8°,
1 vol.

714 Le premier Jésuite anglais martyrisé en Angleterre ou vic et mort du Père Edmond Campian de la Cie de Jésus, par le R. P. *Alexis* Possoz, de la même Compagnie. *Lille*, Blocquel-Castiaux ; *Paris*, Douniol : *Lille*, Imp. Castiaux, s. d. 1 vol. in-8°: portrait du P. Campian en frontispice. Notes & table à la fin.

715 Histoire de la vie et des temps de Saint Cyprien, évêque de Carthage et martyr ; ouvrage traduit de l'anglais de *G.-A.* Poole ; accompagné de la biographie du saint, par le diacre Pontius, et d'une dissertation préliminaire, par *François-Zénon* Collombet. Librairie catholique de Périsse frères, *Lyon* [impr. Ant. Périsse] ; *Paris*, 1841. In-8°, 1 vol.

716 Vie de Saint Éloi, évêque de Noyon et de Tournai. Par Saint Ouen, évêque de Rouen, traduite & annotée par M. l'abbé Parenty, chanoine d'Arras... Précédée d'une Introduction & suivie d'une Monographie de l'Abbaye du Mont-Saint-Éloi. *Arras*, Lefranc. 1821. In-18, 1 vol.

717 Vindex libertatis ecclesiasticæ et Martyr. S. Engelbertvs Archiepiscopvs Coloniensis Princeps Elector, etc. vna cvm brevi svæ ætatis Annalivm. nobilivm Familiarvm. et Monvmentorvm Agrippinensivm ex Archivis depromptorumeditione (*sic*). Per R. D. *Ægidium* Gelenivm Licentiatum & S. Andreæ Canonicum. *Coloniæ Agrippinæ*, Apud Gisbertvm Clementem, & Ioannem Hvbertvm, Anno M. DC. XXXIII. In-4°, 1 vol., frontisp. gravé, gravures dans le texte, couv. parchemin.

718 Eusebius. De morte sancti Hieronymi. In-4°. — sans indic. de lieu, de date, ni d'imprimeur. *Fol. 1 rect.* *sign a²* : Incipit epistola beati Eusebii ad damasium por = | tuensem episcopum et theodosium romanorum sena | torem. de morte gloriosissimi lheronimi doctoris ex | imii. | *A la fin* : Explicit hic transitus gloriosissimi sancti lhero | nimi presbiteri et confessoris. | In-4°, car. got., longues lignes, 31 à la page, 75 feuillets.

Non décrit par Hain.

719 Acta Vitæ S. Ferdinandi, Regis Castellæ et Legionis, ejus nominis tertii, cum postuma illius Gloria, et Historia S. Crucis Caravacanæ, Eodem quo ipse natus est anno MCXCVIII cœlitus allatæ ex Latinis ac Hispanicis Coævorum scriptis collecta, varieque illustrata, Commentariis, Annotationibus, & Iconibus, opera ac studio R. P. *Danielis* PAPEBROCHII, è Societate Jesv Sacerdotis Theologi. IHS. *Antverpiæ*, Apud Michaelem Knobbarum, MDCLXXXIV. In-8°, 1 vol., frontisp. gravé et gravures.

720 Vie de Saint François de Sales, évêque et prince de Genève, d'après les manuscrits et auteurs contemporains par M*** [*André-Jean-Marie* HAMON], curé de Saint-Sulpice, auteur de la vie du cardinal de Cheverus. *Paris*, Jacques Lecoffre. [impr. Simon Raçon] 1854. In-8°, 2 vol. portr. de S. François de Sales.

721 Acta S. Godelevæ V. et M. Patronæ Ghistellensium Collegit, digessit, illustravit *Joannes Baptista* SOLLERIUS Societatis Jesu Theologus. *Antverpiæ*, Apud Jacobum du Moulin, MDCCXX. In-4°, car., 1 vol.

Portrait d'Henri-Joseph de Susteren, évêque de Bruges, à qui l'ouvrage est dédié.

722 Historia S. Hvberti, Principis Aqvitani, Vltimi Tungrensis, & primi Leodiensis Episcopi, Eiusdemque Vrbis Conditoris : Ardvennæ Apostoli, magni thavmatvrgi. Conscripta a *Iohanne* ROBERTI, Ardvennate Andaïno, Societ. Iesv Sacerdote. *Lvxembvrgi*, Excudebat Hvbertvs Revlandt. Sumtibus Monasterij S. Hvberti in Arduennâ. Anno Virginei Partus M. DC. XXI. Reformationis eiusdem Monasterij IIII. In-4° car., 1 vol. de 12 ff. non cotés et 576 pp. chiff., rel. veau, plats armoriés.

723 L'histoire de la vie et du ministere du B. Abbé Idesbalde sous Thierry d'Alsace Comte de Flandre, qui contient les plus beaux evenemens du XII° siècle. Avec une dissertation sur l'Orthodoxie du Culte des Saints, des

Reliques, & des Images. Par Mr. d'HERMANVILLE, Prêtre, Docteur en Theologie, Chapelain de S. M. I. & C. & Chanoine de St-Pierre de Leuze. A *Bruxelles*, chez Jean Leonard, 1724. Pet. in-8°, 1 vol.

724 Delle Opere del Padre *Daniello* BARTOLI della Compagnia di Gesù volume I [-II]. Della Vita di S. Ignazio [Loiola] libro primo e secondo [terzo, quarto e quinto.] *Torino*, della tipografia di Giacinto Marietti, 1825. In-8°, 2 vol., portr. d'Ignace de Loyola.

725 Traité historiqve dv chef de S. Iean Baptiste, contenant vne discussion exacte de ce que les auteurs anciens & modernes en ont écrit, & particulierement de ses trois Inuentions. Il y est aussi parlé par occasion des autres Reliques du mesme Saint. Et à la fin sont inserez quelques traitez Grecs, auec leurs versions latines seruans de fondement & de preuue à toute cette dissertation. Par *Charles* DV FRESNE sieur DV CANGE, Conseiller du Roy, Tresorier de France. A *Paris*, chez Sebastien Cramoisy, M DC LXV. In-4°, 1 vol., rel. parchemin.

726 Discovrs de la canonization dv sainct religieux frère Jacques d'Alcala de Henares, de l'ordre de S. François de l'Obseruance, laquelle fut célébrée le 2 iour de Juillet de ceste présente année 1588. En laquelle est descrit le bel ordre, manière et cérémonies desquelles l'Eglise vse ordinairement en la canonization des Saincts. A *Paris*, chez Robert le Fizelier, rue St-Jacques à la Bible d'or, 1588. 1 br. 51 p., petit in-4°.

727 Histoire de S. Jean Chrysostome archevêque de Constantinople, docteur de l'Eglise, sa vie, ses œuvres, son siècle, influence de son génie par M. l'Abbé *J.-B.* BERGIER, missionnaire de Beaupré. *Paris*, Ambroise Bray, Editeur. Imp. Bailly, Divry & C^{le}, 1856. 1 vol. in-12.

728 Panegyrique des saints Joseph de Leonissa et Fidel de

Sygmareng, dédié à Monseigneur l'ancien **Evêque** de Mirepoix. (par Mottin). A *Paris*, de l'imp. de P. G. Le Mercier, Imprimeur-Libraire Ordinaire de la Ville. M DCC XLVII. 1 br. 29 p. in-4°.

2 exemplaires.

729 Vita et Docvmenta S. Ivstini Philosophi et Martyris, Scriptoris secundo sæculo nobilissimi, a R. P. *Petro* Halloix Leodiensi, e Societate Iesv, scripta et concinnata. *Draci*, E Typographia Baltazaris Belleri. Anno M. DC. XXII. Pet. in-8°, 1 vol.

730 Vie et tableau des vertus de Benoît-Joseph Labre, mort à Rome le 16 avril 1783, en odeur de sainteté. Ouvrage composé en Italien par M. l'Abbé Marconi, professeur du Collège-Romain, & Confesseur du Serviteur de Dieu. Traduction nouvelle et complete, [par Roubaud]. A *Paris*, chez Berton, Lesclapart, M. DCC. LXXXV. In-12, 1 vol.

731 Vita S. Lamberti martyris, episcopi Tvngrensis, Leodiensis ciuitatis et Ditionis Divi Tvtelaris. Ex antiquis probatisque authoribus et chartis Collecta et edita, a R. P. *Johanne* Roberti, Arduennate, Andaïno, Societatis Jesu Doct. Theol. *Leodii*, typis Ioannis Tournay, 1633. In-8°, 1 vol.

Dans les feuillets liminaires, non paginés, se trouve une pièce de vers, signée du P. *Jacques* du Jardin, jésuite, intitulée : Ad Legiam protrepticon. Une traduction françoise de cette vie de S. Lambert, du P. Alard le Roy, jésuite, parut à Liége l'année suivante.

732 La Vie des Saints Frères Martyrs Lugle et Luglien Patrons de la ville de Montdidier-en-Picardie et de Lillers-en-Artois, [suivie d'une Neuvaine et d'un Office en leur honneur] par l'abbé *L.* Dangez. *Montdidier*, Mérot-Radenez, 1862. Pet. in-8°, 1 vol.

733 S. Paulin Evêque de Nole et son siècle (350-450), par Le Docteur *Ad.* Busé, professeur au séminaire de Cologne,

traduit de l'Allemand par *L.* Dancoisne, professeur à l'Institut libre de Marcq. *Paris & Tournai*, Casterman Edit. : *Tournai*, typog. H. Casterman, 1858. 1 vol. in-8°.

734 Histoire de Saint Pie V, Pape de l'ordre des Frères Prêcheurs par le Vte de Falloux. *Paris*, Sagnier & Bray, Lib.-Edit. *Angers*, Cosnier et Lachèse. Imp. Lib. 1844. 2 vol. pet. in-8°.

735 Histoire de S. Qventin, apostre, martyr et patron dv Vermandois. Enrichie des Recherches de ses Compagnons, des Roys, Euesques, Comtes & Seigneurs deuots enuers luy, des Lieux marqués de son nom : et de plusieurs raretez de sa ville & Eglise et du pays. En quatre liures, par *Claude* de la Fons, aduocat. A *S. Quentin*, le Queux, 1627. In-8°, 1 vol.

736 Histoire de Saint Remi précédée d'une introduction et suivie d'un aperçu historique sur la ville et l'église de Reims. Par M. *T^s Prior* Armand. Cet ouvrage est suivi d'un texte explicatif destiné à accompagner un *Album*. Librairie catholique de Perisse frères, [*Paris*, impr. V. Surcy] *Lyon*, 1846. In-8°, 1 vol., manque l'album.

737 Saint Thomas Becket archevêque de Cantorbéry et Martyr. Sa vie et ses lettres d'après l'ouvrage anglais du Rev. *J.-A.* Giles, précédées d'une introduction sur les principes engagés dans la lutte entre les deux pouvoirs par M. *G.* Darboy, Vicaire général de Paris. *Paris*, Ambroise Bray, Lib.-Edit. Imp. Bailly-Divry et Cie, 1858. 2 vol. in-8°.

738 La Vie de St Vincent de Paul, Instituteur de la Congrégation de la Mission, & des Filles de la Charité. [par *P.* Collet]. A *Nancy*, chez A. Leseure, M. DCC. XLVIII. In-4°, 2 vol.

739 La Noblesse sainte et royale de S. Walbert et Ste Bertille, Dvcs de Loraine et Comtes de Haynnav, peres et

meres de Ste-Wavdrv, et de Ste Aldegonde. Composé par Mr *N.* POTTIER, Prestre. A *Mons*, de l'imprimerie de Wavdret fils, 1644. Pet. in-8°, 1 vol.

740 L'Histoire de la vie, mort et miracles de Ste Aldegonde, vierge, fondatrice, patrone et première Abbesse des nobles Dames Chanoinesses de la ville de Maubeuge. Par un frère Capucin de la Prouince Wallonne. [Le Père BASILE D'ATH.] En *Arras*, de l'Imprimerie de Guillaume de la Rivière, 1623. Pet. in-8°, 1 vol. Titre gravé.

741 Vie admirable de la très-illustre Princesse Sainte Alde-gonde, Vierge angélique, Miroir de vertus, Patronne de Maubeuge. 8me Edition. Réimprimée sur la dernière du R. P. *André* TRIQUET. Par A. Estienne. *Maubeuge*, chez Levecque, 1837. In-12, 1 vol.

742 Storia di S. Caterina da Siena, e del Papato del suo tempo : per *Alfonso* CAPECELATRO, prete del Oratorio di Napoli. Terza editione. *Firenze,* Barbèra, 1863. In-18. 1 vol.

743 Sainte Hiltrude de Liessies, sa Vie, son Culte, ses Mi-racles, Neuvaine en son honneur, suivis d'une Notice sur l'Abbaye de Liessies, par M. l'Abbé CAPELLE, Mis-sionnaire apostolique, Chanoine honoraire de Cambrai. *Cambrai*, Typographie L. Carion, 1857. In-8°, 1 vol., tit. et texte encadré, envoi autographe de l'auteur.

744 Vie de Mademoiselle [Michelle] Imbert de la Phaleque, écrite par une de ses Nièces [*Marie-Anne-Lucie* IMBERT], Religieuse à l'Abbaye d'Avenay. A *Lille*, de l'Imprimerie de P. S. Lalau, près l'Hôtel de Ville, 1757. In-8, imprimé avec encadrements et en caractères de civilité. — Pièce de 49 pages.

Le manuscrit original de cette biographie a été conservé. Il appartient à M. Van der Cruysse de Waziers. M. de Norguet doit posséder également une copie manuscrite de cet ouvrage.

745 Abrégé de la vie de Jeanne de Cambry, religieuse de
l'Abbaye des Pretz, à Tournai, puis Récluse à Lille en
Flandres, sous le nom de sœur Jeanne-Marie de la
présentation, morte en odeur de sainteté, le 19 juillet de
l'an 1639. On y a joint l'analyse de ses ouvrages & son
Oraison funèbre (Par le P. *Charles-Louis* RICHARD,
dominicain). A *Tournai*, & se trouve chez tous les
libraires de Lille, 1775. In-12. — Pièce de 184 pages.

L'oraison funèbre, avec une pagination nouvelle, a 32 pages. En tête, le
portrait de Jeanne de Cambry gravé par Merché à Lille.

746 La vie & les miracles de Ste Opportvne, abbesse. Les
Translations de ses Reliques, & Fondation de son Eglise
à Paris. Tirée du cartulaire & des Archiues de la dite
Eglise. Enrichie de figures en taille-douce. Par Me *Ni-
colas* GOSSET, prestre, docteur en Théologie de la
Faculté de Paris, chefcier-curé de la mesme Eglise de
Sainte-Opportune. *Paris*, G. de Lvyne, 1654. In-8°,
1 vol.

Le travail de Gosset, à part quelques annotations, consiste principalement en
la traduction de la vie de Ste. Opportune écrite au commencement du IXe siècle
(vers 811) par S. ADELIN évêque de Séez. Il met le texte de son auteur en regard
de sa traduction. — Ce texte est également imprimé dans le tom. III d'avril des
Acta Sanctorum, pag. 61 à 72.

747 La vie de SAINTE THÉRÈSE, écrite par elle-même en
Espagnol, par le commandement de son confesseur.
Tradvite nouvellement par le sieur PERSONNE. *Paris*,
Léonard, 1664. In-12, 1 vol.

748 Ursula, princesse britannique, d'après la légende et les
peintures d'Hemling ; [avec un portrait de ce peintre]
par un ami des lettres et des arts. [le baron de KEVERBERG
DE KESSEL.] *Gand*, chez J.-N. Houdin, 1818. In-8°, 1 vol.,
envoi d'auteur.

749 Histoire notable de la Conversion des Anglois, des Saincts
dv pays, des Monasteres, Eglises et Abbayes, des pele-
rinages, des apparitions des esprits, & des sainctes

reliques, rapportee sovbs la vie miracvlevse de saincte Vavbovrg vierge abbesse. Illustree d'amples annotations & discours historiques, par *Iean* l'Espagnol Docteur en Theologie. A *Dovay*, chez Baltazar Bellere, au Compas d'or. L'an 1614. Avec approbations. Pet. in-8°, 1 vol. de 24 ff. non cotés, 792 pp. chiffr. et 29 ff. d'épître, table et errata.

HÉRÉSIES & SCHISMES.

750 Histoire de l'Arianisme depuis sa naissance jusqu'a sa fin : avec l'origine et le progrès de l'Heresie des Sociniens. Par le P. *Louïs* Maimbourg, de la Compagnie de Jesus. A *Paris*, chez Sebastien Mabre-Cramoisy, M.DC.LXXIII. In-4°, 2 vol.

751 Histoire du Nestorianisme par le P. *Loüis* Doucin, de la Compagnie de Jesus. A *La Haye*, chez Adrien Moetjens. MDC. XC. VIII. 1 vol. in-4°.

Notice biographique manuscrite en tête du volume.

752 [Les Histoires du sieur Maimbourg, t. III.] Histoire de l'Heresie des Iconoclastes, et de la Translation de l'Empire aux François. Par le sieur *Louïs* Maimbourg, cy-devant Jesuite. A *Paris*, chez Sebastien Mabre-Cramoisy, M. DC. LXXXVI. In-4°, 1 vol., frontisp. gravé.

753 Histoire du Pélagianisme. [Par le P. *Louis* Patouillet de la Compagnie de Jésus]. *Avignon*, 1753. In-12, 1 vol.

L'auteur intitula d'abord son livre, *Vie de Pélage* ; il le dédia ensuite à Clément XIII, mais la dédicace ne se trouve que dans l'édition de 1767. Le Pape y répondit par un bref honorable qui fut imprimé en tête de la traduction italienne de l'*Histoire du Pélagianisme*.

754 Le Pere Berruyer Jésuite, convaincu d'Arianisme, de Pelagianisme, de Nestorianisme, etc. [par le P. Maille, de l'Oratoire.] A *la Haye*, chez Neaulme & Compagnie. M. DCCLV. In-12, 1 vol.

755 Histoire de Photius, Patriarche de Constantinople, auteur
du schisme des Grecs, d'après les monuments originaux,
la plupart inconnus, accompagnée d'une introduction, de
notes historiques & de pièces justificatives ; par M. l'abbé
JAGER, chanoine honoraire de Paris & de Nancy, professeur d'histoire à la Sorbonne. Deuxième édition. *Paris*,
Vaton. In-18, 1 vol.

756 L'Eglise schismatique russe, d'après les relations récentes
du prétendu Saint-Synode ; par le *P*. THEINER, prêtre
de l'Oratoire. Ouvrage traduit de l'Italien par Monseigneur
LUQUET, évêque d'Hésebon, et précédé d'une lettre aux
évêques de Russie, par le même prélat. *Paris*, Gaume
frères, [*St-Germain*, imp. Beau] 1846. In-8°, 1 vol.

757 L'Église Orientale, exposé historique de sa séparation et
de sa réunion avec celle de Rome. Accord perpétuel de
ces deux Églises dans les dogmes de la foi. La continuation de leur union. L'apostasie du clergé de Constan-
tantinople de l'Église de Rome, sa violation des
institutions de l'Église Orientale, et ses vexations contre
les chrétiens de ce rite. Seuls moyens praticables pour
rétablir l'ordre dans l'Église Orientale, et arriver par là
à l'union générale et à la restauration sociale de tous les
chrétiens. Par *Jacques G.* PITZIPIOS, fondateur de la
Société Chrétienne Orientale. *Rome*, Imprimerie de la
Propagande, 1855. In-8°, 2 tom. en 1 vol.

758 Legationes Alexandrina et Ruthenica ad Clementem VIII,
Pont.Max. pro unione et communione cum sede apostolica Anno domini M. D. XCV die 15 januarii et 23
decembris nunc separatim excusæ studio Augustini ex
principibus Galitzinorum. *Parisiis*, [typ. W. Remquet]
apud B. Duprat, 1860. In-12, 1 vol.

759 Histoire de Flagellans, où l'on fait voir le bon & le
mauvais usage des flagellations parmi les chrétiens, par
des preuves tirées de l'Écriture Sainte, des Pères de

l'Église, des Papes, des Conciles & des Auteurs Profanes.
Traduite du latin de M. l'abbé [*Jacques*] BOILEAU,
Docteur de Sorbonne. Seconde édition revue & corrigée
[par l'abbé *Jean-Joseph* GRANET]. *Amsterdam*, du
Sauzet, 1732. In-12, 1 vol.

Dans le même volume : Le faux Aristarque reconnu,
ou lettres critiques sur le dictionnaire Néologique ;
Pantalon Phœbus ; le discours de Mathanasius ; les
voyages des deux Gulliver ; les poésies sacrées traduites
ou imitées des psaumes; Dom Juan de Portugal ; plusieurs
brochures & les mémoires de Madame de Barneveldz,
de l'abbé Desfontaines. [Par *François* GAYOT DE PITAVAL,
avocat]. *Amsterdam*, G. Le Sincère, 1733. In-12.

760 Histoire des Albigeois & des Vaudois ou Barbets. Avec
une carte géographique des Vallées.[Le P. *Jean*BENOIT,
de l'ordre de St-Dominique]. *Paris*, Jac. Lefebvre, 1705.
In-12, 2 vol.

761 Histoire generale des Eglises Evangeliques des Vallees
de Piemont ; ou Vaudoises, divisee en deux livres, dont
le premier fait voir incontestablement quelle a esté de
tous tems tant leur discipline, que sur tout leur doctrine,
& de quelle maniere elles l'ont si constamment conservée
et le second traite generalement de toutes les plus considerables persecutions qu'elles ont souffertes, pour la
soûtenir, jusques à l'an 1664, par *Jean* LEGER, Pasteur &
Moderateur des Eglises des Vallées, & depuis la violence
de la persecution, appelé à l'Eglise Wallonne de Leyde.
Le tout enrichi de tailles douces. A *Leyde*, chez Jean
Le Carpentier, 1669. Gr. in-fⁿ, 1 vol., frontisp. gravé,
portr. de l'auteur, nombreuses gravures.

762 [Les Histoires du sieur Maimbourg, t. VIII.] Histoire du
Grand Schisme d'Occident.Par le sieur *Louïs* MAIMBOURG,
cy-devant Jesuite. A *Paris*, chez Sébastien Mabre-
Cramoisy, M. DC. LXXXVI. In-4°, 1 vol., frontisp.
gravé.

763 L'Histoire de la naissance, progrez et decadence de l'heresie de ce siecle, divisee en hvit livres. Par *Florimond* DE RAEMOND conseiller du roy en sa Cour de Parlement de Bordeaus. [par le R. P. *Louis* RICHEOMÈ, S. J. ?] A *Paris*, chez la Vefve Gvillavme de la Nove. M. DC. X. In-4°, 1 fort vol., tit. rouge et noir.

764 Histoire generale dv progrez et decadence de l'heresie moderne. Tome second. A la suite du premier de M. *Florimond* DE RAEMOND, conseiller du Roy en sa Cour de Parlement de Bordeaux. Plus vn traicté des Atheistes, Deistes, Illuminez d'Espagne, & nouueaux pretendus de la Croix-Rosaire. [par *Claude* MALINGRE, historiographe Sénonais.] A *Paris*, chez [Pierre Chevalier, *puis*] la vefue Pierre Chevalier. [M. DC. XXIII-] M. DC. XXIX In-4°, 3 part. en 1 fort vol., tit. rouge et noir.

765 L'Histoire de la naissance, progrez, et decadence de l'heresie de ce siecle, divisee en hvict livres. Par *Florimond* DE RAEMOND, conseiller du roy en sa cour de Parlement de Bordeaux. A *Rouen*, cher Iean Baptiste Behovrt, M. DC. XXIX. In-4°, 1 vol., tit. rouge et noir.

766 L'Histoire de la naissance, progrez et decadence de l'heresie de ce siecle, divisee en hvict livres. Par *Florimond* DE RAEMOND. conseiller du roy en sa Cour de Parlement de Bordeaux. A *Rouen*, chez Pierre Maille, M. DC. XXXXVIII. In-4°, 1 vol., tit. rouge et noir, couvert. parchemin.

767 De la réunion des communions chrétiennes, ou histoire des négociations, conférences, correspondances qui ont eu lieu, des projets et des plans qui ont été formés à ce sujet, depuis la naissance du protestantisme jusqu'à présent. Par M. TABARAUD, prêtre de la ci-devant congrégation de l'Oratoire. A *Paris*, chez Adrien Le Clere, 1808. In-8°, 1 vol.

768 [Les Histoires du sieur Maimbourg, t. IX.] Histoire du
Lutheranisme par le sieur *Louïs* MAIMBOURG, cy-devant
Jesuite. A *Paris*, chez Sebastien Mabre-Cramoisy,
M. DC. LXXXVI. In-4°, 1 vol., frontisp. gravé.

769 Histoire de la vie, des écrits et des doctrines de Martin
Luther par M. AUDIN, membre des Académies royales
de Lyon, Turin et de l'Académie Tibérine de Rome ;
Cinquième édition, avec un atlas de cartes, gravures,
fac-simile, etc. *Paris*, L. Maison, [impr. Fain et Thunot]
1845 [-46]. In-8°, 3 vol., les gravures répandues dans
les vol., le t. 1er précédé de :

Notice sur J.-M. Audin auteur des histoires de Luther,
de Calvin, de Léon X et de Henri VIII, par *J.* BARBEY
D'AUREVILLY, suivie de l'introduction à l'ouvrage intitulé :
La Réforme contre la Réforme traduit de l'allemand
d'HÆNINGHAUS et ornée du portrait de J.-M. Audin.
Paris, L. Maison [imp. Simon Raçon], 1856. In-8°.

770 Les Anabaptistes, Histoire du Luthéranisme, de l'Anabap-
tisme et du règne de Jean Bockelsohn à Munster, par
M. le vicomte *M.-Th.* DE BUSSIERRE, auteur de l'histoire
de la guerre des paysans, etc. *Plancy*, Société de Saint-
Victor pour la propagation des bons livres ; *Arras* ;
Paris, Sagnier et Bray ; *Amiens*, 1853. In-8°, 1 vol.

771 Histoire des Anabatistes, ou Relation curieuse de leur
doctrine, Régime & Révolutions, tant en Allemagne,
Hollande, qu'Angleterre, ou il êt traité de plusieurs
sectes de Mennonites, Kouakres & autres qui en sont
provenus. Le tout enrichi de figures en taille douce.
[Par le P. *François* CATROU]. *Paris*, Clouzier, 1695.
In-12, 1 vol.

Dans le même volume : Conformité des coutumes des
Indiens Orientaux, avec celles des Juifs & des autres
peuples de l'antiquité, par M. de la C****. [DE LA CRÉQUI-
NIÈRE]. *Bruxelles*, de Backer, 1704. In-12.

772 [Les Histoires du sieur Maimbourg, t. X.] Histoire du Calvinisme par le sieur *Louis* MAIMBOURG, cy-devant Jesuite. A *Paris*, chez Sébastien Mabre-Cramoisy, M. DC. LXXXVI. In-4°, 1 vol., frontisp. gravé.

773 Histoire de la vie, des ouvrages et des doctrines de Calvin par M. AUDIN, cinquième édition, revue corrigée & augmentée. *Paris*, L. Maison, Lib. Édit. : *Paris*, Imprimé par E. Thunot & Cie , 1850. 2 vol. in-8°. (Un portrait en frontispice dans chaque volume). — Le 2e volume renferme deux planches de fac-simile.

Cet ouvrage fait partie d'une série intitulée : Etudes sur la Réforme.

774 Histoire de l'établissement du Protestantisme à Strasbourg et en Alsace d'après des documents inédits, par le vicomte M. *Th.* DE BUSSIERRE. *Paris*, librairie de piété d'Auguste Vaton. [impr. Simon Raçon ; *Strasbourg*, Deriveaux, Leroux] 1856. In-8°, 1 vol.

775 Histoire de la Réforme et des Réformateurs de Genève suivie de la lettre du Cardinal Sadolet aux Génevois pour les ramener à la religion catholique et de la réponse de Calvin par *P.* CHARPENNE. *Paris*, Amyot Édit.; *Avignon*, Imp. et Lithog. Bonnet fils. M. DCCC. LXI. 1 vol. in-8°.

776 Histoire de la Révolution religieuse, ou de la Réforme protestante dans la Suisse Occidentale. Par *Charles-Louis* DE HALLER, ancien membre du conseil souverain et du conseil secret de Berne. *Paris*, Auguste Vaton. [Gaume frères ; *Lyon*, *Valence*, *Montpellier*, *Genève*, *Turin*, etc , et *Versailles*, impr. Dufaure] M. DCCC. XXXVII. In-8°, 1 vol.

777 Histoire de la Reformation de l'Eglise d'Angleterre. Traduite de l'Anglois de M. BURNET, par M. [*Jean-Baptiste*] DE ROSEMOND. A *Londres*, chez Richard Chiswel,& Moïse Pitt, MDCLXXXIII. [-LXXXV]. In-4°, 2 vol.

778 Histoire de Henri VIII et du schisme d'Angleterre, par M. AUDIN, membre des académies royales de Lyon, de Turin, avec le portrait de Henri VIII d'après Holbein, une antienne en musique, à quatre voix, par Henri VIII, et plusieurs fac-simile. *Paris*, L. Maison, Lib.-Édit., 1847, imp. de Fain et Thunot. 2 vol. in-8°.

779 Histoire du schisme d'Angleterre, de SANDERUS, traduite en françois par Monsieur MAUCROIX, chanoine de Reims. Seconde édition, revue & corrigée de nouveau. *Paris*, chez Andre Pralard, M DC LXXVIII. 1 vol. in-12.

Notes manuscrites en tête du vol.

780 Histoire abrégée de l'Origine et de la Formation de la Société dite des Quakers, où sont exposés clairement leur principe fondamental, leur doctrine, leur culte, leur ministère et leur discipline, precedée d'une introduction où il est traité en peu de mots des dispensations anté-rieures de Dieu aux hommes. Par *Guillaume* PENN. Nouvellement traduite de l'Anglois par *Ed^d P.* BRIDEL. *Londres*, de l'imprimerie de J. Philips. M.DCC.XC. In-12, 1 vol.

781 La Réforme en Italie. — Les Précurseurs. — Discours historique de *César* CANTU, traduits de l'italien par *Ani-cet* DIGARD et *Edmond* MARTIN, seule traduction auto-risée, revue et corrigée par l'auteur. *Paris*, Adrien Le Clere et Cie, 1867. In-8°, 1 vol.

782 La Réforme en Italie au seizième siècle, ses progrès et son extinction. Par *Th.* MACCREE, traduit de l'anglais par *Frédéric* LULLIN DE CHATEAUVIEUX. *Paris*, Ab. Cherbuliez, imp. Decourchant. *Genève*, 1834. In-8°, 1 vol.

783 Remonstrances faictes av Roy de France, par les depvtez des trois Estats du Duché de Bourgoigne, sur l'Edict de la pacification des troubles du Royaume de France. Par lesquelles il appert clairement que deux différentes Reli-

gions ne se peuuent comporter en mesme Republique : mesmement soubz un Monarque chretiẽ, sans la ruyne des subiectz de quelque Religion qu'ils soient, & sans la ruyne du Prince qui les tollère. Reueu, corrigé & amplifié sur meilleur exemplaire, auec annotation et citation des passages en marge (par *Jean* BEGAT, conseiller au Parlement de Dijon). En *Anvers*, G. Silvius, 1564. In-12. — Pièce de 63 ff.

784 Remontrance adressee avx Prelatz de l'Eglise Gallicane, contenant un beau discours touchant la pacification du Schisme regnant & de la reformation des meurs (*sic*). Par R. P. *Gvillaume* LINDAN, Euesque alleman, & traduit en notre langue Françoise par *Iehan* DE LAUARDIN, Abbe de l'Estoile. *Paris*, G. Chaudière, 1572. In-8°. Pièce de 62 pages non foliotées.

La *Remonstrance* est plutôt, à notre avis, une œuvre personnelle de *Jean* DE RENAY, S^r DE LAVARDIN, qu'une traduction. Il se peut néanmoins qu'il se soit servi de l'un des nombreux écrits de *Guillaume-Damase* VAN LYNDA, premier évêque de Ruremonde et ensuite deuxième évêque de Gand, mais, en lisant dans Foppens (T. I, page 411) la liste de tous ses ouvrages, il n'est pas aisé de déterminer celui que Lavardin a suivi ou imité dans sa *Remontrance*, qui, comme tous ses ouvrages, est très rare.

785 Advis de *François* BALDVIN, Ivrisconsvlte, svr le faict de la reformation de l'Eglise. Avec Response à un Predicant calomniateur, lequel sous vn favx nom et tiltre d'vn Prince de France s'opposa à l'Aduis susdict : Le tout escrit en Latin, et puis en François par le mesme Auteur. *Paris*, N. Chesneau, 1578, in-8°. Pièce de 110 pages.

François Bauduin naquit à Arras le 1er janvier 1520, et mourut à Paris entre les bras du P. Maldonat, jésuite, le 24 octobre 1573. — Il composa l'*Advis*, à la prière du Prince de Condé, alors chef des Huguenots. Il y propose les moyens qu'il croit propres à procurer une bonne réforme religieuse. Un Carme défroqué, « Ministre domestique » du Prince, vola le manuscrit et le publia, en y ajoutant beaucoup du sien. Bauduin s'en plaignit au Prince, qui chassa le moine apostat de sa cour, et permit à Bauduin de se défendre. Ce fut en conséquence de cette permission qu'il publia en français, avec la *Response à un prédicant calomniateur*, son *Advis*, écrit primitivement en langue latine. L'*Advertissement d'vn amy familier de l'Auteur*, qui sert de préface, contient un précis de la vie de Bauduin, et tend à établir qu'il fut toujours bon catholique. Qu'il soit mort dans la foi catholique, c'est probable ; mais qu'il n'ait pas varié dans le cours de sa vie, suivant qu'il séjournait en France, en Allemagne, ou à Genève, dans la familiarité de Calvin, il ne serait guère possible de l'établir. (V. les *Mémoires* de Paquet, T. I, pag. 238).

786 Responce a vn bref discovrs, par lequel on tasche d'esclaircir vn chacun des iustes procedures de ceux de la pretenduë Religion. (*Paris*, G. Robinot), 1599. Petit in-12. Pièce de 171 pages.

La dédicace au duc de Luxembourg, ambassadeur à Rome, est signée de l'initiale R. — Cette *Responce* est la réfutation, article par article, du *Bref discours par lequel chacun peut estre esclaircy des iustes procedures de ceux de la Religion reformee.*

787 [Recueil factice, en 3 vol. in-8°, de pièces diverses relatives à l'état civil des protestants en France, sous l'ancien régime, savoir :

I.] 1.) Mémoire théologique et politique au sujet des mariages clandestins des protestans de France, où l'on fait voir, qu'il est de l'intérêt de l'Église & de l'État de faire cesser ces sortes de mariages, en établissant, pour les Protestans, une nouvelle forme de se marier, qui ne blesse point leur conscience, & qui n'intéresse point celle des Evêques et des Curés, par *J.-P.-F.* RIPERT DE MONCLAR, et l'abbé QUESNEL. précepteur du duc de Penthièvre. [*S. l. n. n.*] M.DCC.LV. In-8°, 141 pp., y compris tit.

2.) Mémoires sur les moyens de donner aux Protestans un état civil en France, composé (*sic*) de l'ordre du Roi Louis XV. Par feu M. *Gilbert* DE VOISINS, Conseiller d'État. [*S. l. n. n.*], 1787. In-8°, 143 pp., outre faux-tit. et tit.

3.) Mémoire sur le mariage des protestans, en 1785, [par *Guil.* DE LAMOIGNON DE MALESHERBES. *S. l. n. d.*, 1785. In-8°, 198 pp., outre tit. et 1 p. bl.

4.) Second Mémoire sur le mariage des protestans,

[par LE MÊME]. A *Londres*, 1787. In-8°, faux-tit., tit., VII-178 pp. et 2 pp. de table.

[II.] 1.) Discours à lire au Conseil, en présence du Roi, par un ministre patriote, sur le projet d'accorder l'État-Civil aux Protestants, [par les abbés *J.-B.* BONNAUD, LANFAND, ex-jésuites, et PROYART]. Première [et seconde] partie. [*S. l. n. d.*], 1787. In-8°, 332 pp., y compris tit. de la 1re part., mais non compris faux-tit. et tit. de la 2e part., pl. lxxv pp. de pièces justificatives.

2.) Pièces intéressantes sur les Protestans. Discours tenu par M. le Président BEGAT, au Roy, à la Reyne-Mère & à son Conseil, pour l'Edit de Pacification en, (*sic*) l'année 1562. [*S. l. n. d.*]. In-8°, 87 pp. sans feuille de tit.

3.) Recueil de Pièces intéressantes sur les Protestans. Responce faite par le sieur Président BEGAT pour les Députés des trois Estats de Bourgogne, contre la calumnieuse accusation publiée soubz le titre de l'apologie de l'Edit du Roi, sur la pacification de son Royaume. [*S. l. n. d.*]. In-8°, 127 pp., sans feuille de tit.

[III.] 1.) Éclaircissemens historiques sur les causes DE la révocation de l'édit de Nantes, et sur l'état des protestants en France, depuis le commencement du Règne de Louis XIV, jusqu'à nos jours. Tirés des différentes Archives du Gouvernement, [par *Claude-Carloman* de RULHIÈRE. Ire partie]. [*S. l. n. n.*], 1788. In-8°, 384 pp., outre faux-tit. et tit. (la IIe partie manque).

2.) Le Secret révélé, ou Lettre à un magistrat de province sur les Protestans. [*S. l. n. d.*]. In-8°, 81 pp., outre tit. (au bas de la dernière on lit : *C****, *Avocat*).

788 Essais de dissertations politiques sur l'estat present des puissances protestantes de l'Europe. A *Cologne*, chez Jacques l'Ingenu, à la Vérité, 1676. Petit in-12. Pièce de 129 pages.

789 Recueil de plusieurs pièces curieuses comme il se verra à

. la page suivante. A *Villefranche*, par N. Selon, imprimeur & Libraire, à la Bataille, s. d. (1678). Petit in-12. Pièce de 114 pages.

Pièces comprises dans ce recueil : 1). — Veron ou le Hibou des Jésuites opposé à la Corneille de Charenton. Avec la Messe trouvée en l'Ecriture, mise au 13 chapitre des Actes verset 2, par ledit Hibou, nommé *François* VERON. Par J. M. — Q. — A *Villefranche*, imprimé cette année, par N. Selon. 80 pages.

François Véron, docteur en théologie, célèbre controversiste, successivement Jésuite, Curé de St-Brice à Paris et Curé à Charenton-St-Maurice, avait publié en 1624 : *La Corneille de Charenton despouillée des plumes des Oyseaux de Genève et Sedan, et deffy au Sr Mestrezat et à ses collègues ministres* ..... — *Le Hibou des Jésuites* est, ainsi que le titre que nous venons de transcrire l'indique, une réponse à l'édit de Véron. Elle est attribuée à J. MESTREZAT, Ministre de Charenton, par la « France protestante » ; à DRELINCOURT, par Bayle ; à *Lucas* JAUSSE, ministre réformé de Rouen, par Chaufepié. L'opinion de la « France protestante » nous paraît véritable. Véron devait connaître qui lui avait répondu et il n'hésite pas à nommer Mestrezat dans sa réplique intitulée : *Réponse au Hibou de Charenton ou* MESTREZAT *convaincu d'être nouvel hérésiarque*, etc.

2). — La Messe trouvée dans l'Escriture. Mise au 13e des Actes des Apôtres, v. 2, par P. Veron (par *David* DE RODON, prof. de philosophie à Nîmes). A *Villefranche*, chez N. Selon, imprimeur, à l'enseigne de la Bataille, 1678, 41 pages. *A la suite, car les pages continuent, on trouve :* Les Commandements de Dieu et les Commandements du Pape ; — la Génération de l'Antechrist ; — Description de l'image de l'Antechrist ; — Examen familier des réponses de Véron aux demandes qu'on lui a faites ; — Huitain fait sur le Dieu de la Messe.

790 L'Irrevocabilité de l'Edit de Nantes, prouvee par les principes du droit et de la politique, par *C. A.*, Docteur en Droit, & Juge de la Nation Françoise à... [*Charles* ANCILLON... Juge de la Nation Française à Berlin]. *Amsterdam*, Desbordes, 1688. Petit in-12. Pièce de 226 pages.

791 Repouse du R. P. LA CHAISE, Confesseur du Roy très-chrétien à la lettre du R. P. Peters, jésuite & Premier

Aumônier du Roi d'Angleterre, sur la conduite qu'il doit
tenir auprès de Sa Majesté pour la conversion de ses
subjets protestans. Imprimé l'An 1688. In-4°. Pièce de
8 pages.

792 Declaration de ce qvi s'est passé sur le Restablissement
de la Religion Catholique, Apostolique & Romaine au
pays de Bearn. *Paris*, Martin, 1618. In-8°. Pièce de
23 pages. Le titre manque.

793 Remontrances importantes envoyées au Clergé & à la
Cour de France, en l'année 1685, pendant qu'ilz délibe-
roient sur les moyens de detruire entièrement les Eglises
Réformées (rédigées par *Claude* BROUSSON). A *Cologne*,
chez Henry Boursau, 1695. In-12. Pièce de 154 pages.

794 Reflexions sur la cruelle persecution que souffre l'Eglise
Reformee de France & sur la conduite et les actes de la
dernière Assemblee du Clergé de ce Royaume. Avec un
examen des pretenduës calomnies dont le Clergé se
plaint au Roy dans sa profession de foy à deux colonnes,
que les Reformés ont repanduës dans leurs Ouvrages
contre l'Eglise Romaine. Le tout pour faire voir à ceux
qui sont exposés à la tentation de révolte, quelle est la
Religion qu'on les force, ou qu'on les veut forcer d'embrasser. *S. l.*, 1685. In-12. Pièce de 166 pages.

795 Requestes au Roy de France, dressées par les Protestans
de son Royaume, au sujet de la persécution qui s'y est
renouvelée contre eux depuis la paix générale. *La Haye*,
A. Troyel, 1698. Petit in-12. Pièce de 127 pages.

Cette brochure contient cinq Requêtes différentes au sujet de la Déclaration du
23 9bre 1697 interdisant le culte public du Protestantisme en France.

796 Le Panegerique (*sic*) de Louis le Grand, contenu dans le
Mandement du Chapitre de l'Eglise Royale & Proépisco-
pale de Saint-Quentin en Vermandois, au sujet de la
Déclaration du 13 décembre 1698 contre les Protestans ;

avec une Paraphrase pour une plus grande intelligence
du Texte. A *Cologne*, chez Jean le Sincère, dans la rue
de la Contrevérité, à l'enseigne de l'Ironie, 1699. Petit
in-12. Pièce de 68 pages.

797 Relation des tourments qu'on fait souffrir aux Protestants
qui sont sur les Galeres de France. Faite par *Jean* Bion,
cy-devant prêtre & curé d'Ursy, ancien aumônier de la
Galère nommée la Superbe. A *Amsterdam*, P. Marret,
sur la copie imprimée à Londres chez Henry Riboteau.
S. d. (1710). In-12. Pièce de 40 pages.

798 Apologie de Louis XIV et de son conseil, sur la révocation de l'édit de Nantes, pour servir de Réponse à la
Lettre d'un Patriote [Ant. Court] sur la tolérance civile
des Protestans de France, avec une Dissertation sur la
Journée de la S. Barthelemi, [par l'abbé *J.* Novi de Ca-
veirac]. [*S. l. n. n.*] M. DCC. LVIII. In-8°, 1 vol. de
VI pp. outre tit., 2 ff. non cotés, 565-LXIII pp. chiffr. et
1 feuillet d'errata. Prix décerné à Denis-Charles de Godefroy en 1811.

799 Histoire du Fanatisme de nostre temps. Et le dessein que
l'on avoit de soûlever en France les Mécontens des Cal-
vinistes. Par M. Brueys de Montpelier. Seconde édition.
A *Montpelier*, chez Jean Martel, M.DCC.IX [-XIII].
In-12, 4 tom. en 1 vol.

800 Lettre d'un François refugié à La Haye à un nouveau
converti des Cévennes. *S. l. n. d.* In-4°. Pièce de 4
pages.

801 Relation sommaire des merveilles que Dieu fait en France
dans les Cevennes & dans le Bas-Languedoc, pour l'instruction & la consolation de son Eglise désolée. Par
Claude Brousson, autrefois avocat au Parlement de
Toulouse, et maintenant par la grâce du Seigneur, fidele
ministre de sa parole. *S. l.*, l'an 1694. Pièce de 64
pages.

802 Lettre pastorale aux fidèles du Languedoc & autres Provinces du Voisinage sur le sujet du glorieux Martyre de
M. Brousson. *La Haye*, Troyel, 1699. In-12. Pièce de
28 pages. Les derniers feuillets sont tachés d'humi-
dité & légèrement lacérés.

Claude Brousson, ancien avocat au Parlement de Toulouse, auteur de la *Relation des miracles que Dieu a faits dans les Cévennes et dans le Languedoc* (voir
le précédent n° 793), et des *Remontrances importantes envoyées au Clergé et à la
Cour de France, en l'année 1685* (voir plus haut, n° 793), se réfugia à Lausanne
en 1688. Il revint en France à diverses reprises pour exciter le zèle des sectaires
révoltés. Arrêté à Orléans, lors d'un troisième voyage, il fut jugé à Montpellier
et condamné à mort. Son exécution eut lieu le 4 9bre 1698.

803 Lettres écrites à un Seigneur Anglois, au sujet des Cami-
sars (*sic*), où l'on recherche leur plus ancienne Origine,
les Occasions & les Causes de leurs Mouvemens ; & où
l'on montre la Nécessité qu'il y a de les secourir. A *Ratisbonne*, chez Pierre le Sincere, M.DCC.V. Petit in-12,
1 vol. de 72 pp. chiffrées.

804 Histoire des troubles des Cevennes ou de la guerre des
Camisards, sous le règne de Louis XIV, tirée des ma-
nuscrits secrets & authentiques et des observations faites
sur les lieux mêmes. Par M. *Antoine* COURT, auteur du
Patriote françois & impartial. [Publié par *Antoine* COURT
DE GEBELIN, son fils]. Sur l'édition de Villefranche, 1760.
Alais, Martin, 1819. In-18, 3 vol.

805 L'Eglise sous la Croix pendant la domination Espagnole,
chronique de l'Eglise réformée de Lille par *Charles-
Louis* FROSSARD P. *Paris*, Grassart, Meyrueis. *Lille*,
Béghin, Minard. *Lille*, imp. Leleux, MDCCCLVII. 1 vol.
in-8°.

806 Memorial espagnol présenté à Sa Majesté catholique
contre les prétendus Jansenistes des Pays-Bas au nom &
par ordre du Tres-Reverend P. Général de la Société,
condamné par un Décret de l'Inquisition Générale d'Espagne. Le tout traduit en François. *S. l. d'impression*,

1699. In-8°. Pièce de 127 pages à deux colonnes, l'une donnant le texte espagnol ; l'autre, la traduction française.

Le Mémorial est de *Jean* DE PALAZOL, prêtre, profès de la Compagnie de Jésus.

807 Abus des Lettres apostoliques de Sa Sainteté affichées à Rome le huitième septembre 1718. *S. n. d'imp.* 1 br. 4 p. in-4°.

808 Mémoire sur l'état présent des réfugiés françois en Hollande, au sujet de la Religion. A *Paris*, chez la veuve Mazières & J.-B. Garnier, 1728. 1 br. 16 p. in-4°.

809 Lettre du R. P. QUESNEL au R. P. de la Chaise. *S. l. n. d.* In-12. Pièce de 60 pages.

Quesnel impute au confesseur de Louis XIV tous les prétendus mauvais traitements qu'ont soufferts Dom. Gerberon et ses autres amis.

810 Histoire de la Constitution Unigenitus, par *Pierre-François* LAFITEAU, évêque de Sisteron, ci-devant chargé des affaires du roi auprès du Saint-Siège. *Besançon*, chez Gauthier frères, 1820. In-8°, 1 vol.

HISTOIRE ANCIENNE GÉNÉRALE.

811 *Polydori* VERGILII de Inventoribus rerum prior editio, tribus primis cōtenta libris, ab ipso autore recognita, & locupletata, vbi visa est materia sic poscere, cvi editioni adglvtinavit Instituta omnia nostre Christianæ religionis aliarùmvegentiũ (*sic*), ac eorum primordia vndique diligenter quæsita : quæ quinque posterioribus libris continentur. Adiectus est & index, omnia quæ in hoc opere tractantur, serie literaria indicans. *Parisiis*, ex officina Roberti Stephani, M.D.XXVIII. Grand in-8° car., 1 vol. de 141 ff. cotés, y compris tit., et 27 ff. d'index, terminés par : Imprimebat Robertvs Stephanvs in sva officina ann. M.D.XXIX, VI I dvs (*sic*) Ianvar.

812 Histoire véritable des Temps fabuleux, par l'Abbé GUÉRIN
DU ROCHER ; accompagnée de l'histoire véritable des
temps fabuleux, confirmée par les critiques qu'on en a
faites ; par l'Abbé CHAPELLE, et de l'Hérodote historien
du peuple hébreu, sans le savoir, par l'Abbé J.-J. BON-
NAUD. A *Paris*, chez Gauthier frères et C[le], [impr. L.
Gauthier], même maison de commerce à Besançon, 1834.
In-8°, 3 vol.

813 Du Génie des Peuples anciens, ou Tableau historique et
littéraire du développement de l'esprit humain chez les
peuples anciens, depuis les premiers tems connus jusqu'au commencement de l'ère chrétienne. Par Mme V. de
C******** [*Victorine* DE CHASTENAY]. A *Paris*, chez Maradan, [impr. Hardy], M.DCCC.VIII. In-8°, 4 vol.

814 Abrégé chronologique de l'Histoire ancienne des Empires
et des Républiques qui ont paru avant Jésus-Christ, avec
la Notice des savans et illustres & des Remarques historiques sur le génie & les mœurs de ces anciens Peuples.
Par M. LACOMBE, Avocat. A *Paris*, chez Jean-Thomas
Herissant, M.DCC.LVII. Petit in-8°, 1 vol.

815 Histoire de la Guerre de Troie, attribuée à DICTYS *de
Crète*, traduite du latin par *N.-L.* ACHAINTRE, avec notes
et éclaircissemens ; suivie de l'Histoire de la ruine de
Troie, attribuée à Darès de Phrygie, traduite par *Ant.*
CAILLOT. A *Paris*, chez Brunot-Labbe, 1813. In-12, 2
vol. imp. par Feugueray.

816 De l'Origine des lois, des arts & des sciences, & de leurs
progrès chez les anciens peuples. [Par *Antoine-Yves*
GOGUET]. *Paris*, Desaint & Saillant, 1759. 6 vol. in-12.

817 [Œuvres de M. DE BOVET, I-II]. L'Histoire des derniers
Pharaons et des premiers rois de Perse, selon HÉRODOTE,
tirée des livres prophétiques et du livre d'Esther, par
M. de Bovet, ancien archevêque de Toulouse. *Avignon*,
Seguin aîné, 1835. In-8°, 5 vol.

818 [Œuvres de M. DE BOVET, III]. Les Dynasties égyp-
tiennes suivant MANETHON, considérées en elles-mêmes,
et sous le rapport de la chronologie et de l'histoire, par
M. de Bovet. Seconde édition. *Avignon*, Seguin aîné,
1835. In-8°, 1 vol.

819 Observations sur les offrandes que les anciens faisaient
de leur chevelure, soit aux dieux, soit aux morts ; par
M. le Chevalier *Alexandre* LENOIR. *Paris*, Lottin, 1818.
In-8°. Pièce de 24 pages.

Extrait des *Annales des Bâtiments* (juillet, n° 18).

HISTOIRE DES JUIFS.

820 Histoire du Peuple de Dieu, depuis son origine jusqu'à la
naissance du Messie, tirée des seuls Livres Saints, ou le
Texte sacré des livres de l'Ancien Testament réduit en
un corps d'Histoire. Par le P. *Isaac-Joseph* BERRUYER,
de la Compagnie de Jésus. Nouvelle édition. *Paris*, Bor-
delet, 1739. In-12, 10 vol.

821 Histoire du Peuple de Dieu, depuis la naissance du Messie
jusqu'à la fin de la Synagogue, tirée des seuls Livres
saints, ou le Texte sacré des livres du Nouveau Testament réduit en un corps d'histoire. Par le P. *Isaac-Joseph*
BERRUYER, de la Compagnie de Jésus. Seconde Partie.
La Haye, Neaulme, 1753. In-12, 8 vol.

Le tome 8 se compose de cinq dissertations latines dont voici le sujet : 1.) De
Jesu-Christo scripturarum objecto, sive de composito Theandrico. — 2.) De Jesu-
Christo Filio Dei. — 3.) De Jesu-Christo Hominis Filio. — 4.) De Jesu-Christo
novi cultus Auctore. — 5.) De Jesu-Christo in Templo præsentato et Virgine
purificata.

822 [*Diverê hayyâmim oufelirath schel Mosché rabbénou
hâlôv haschalôm*]. De Vita et morte Mosis, [magistri
nostri, Pax it super eum], libri tres. *Gilbertus* GAVL-
MYN, Molinensis ex MS, exemplaribus, primus hebraïce

edidit, Latina interpretatione & Notis illustravit. *Parisiis*, Tussanus de Bray, 1629. Petit in-8°, 1 vol.

Le texte hébreu, imprimé en 1628, se compose : 1° d'un livre intitulé : *Séfer diveré hayyâmîm schel Mosché rabbénou hâlor haschalôm*, c'est-à-dire : Le livre des Chroniques de Moïse notre maître, que la Paix soit sur lui ! — 2° d'un autre intitulé : *Fetirath Mosché rabbénou hâlôv haschalôm*, c'est-à-dire : Mort de Moïse notre maître. Que la Paix soit sur lui ! — 3° d'un dernier qui a pour titre : *Drasch liftlrath Mosché rabbénou hâlôv haschalôm*, c'est-à-dire : Exposition allégorique ou Commentaire mystique sur la mort de Moïse notre maître. Que la Paix soit sur lui !

823 *Sebastiani* BARRADAS Olyssiponensis, è Societate Iesv, Doctoris Theologi, et in Eborensi Academia olim sacrarum literarum Professoris ; Itinerarium Filiorvm Israel ex Ægypto in terram repromissionis. Opus varivm, ivcvndvm & vtile. Prodit nvnc primvm. Quatuor Indicibvs insignitum. *Lvgdvni*, Svmpt. Iacobi Cardon et Petri Cavellat, M.DC.XX. In-1°, 1 vol., tit. rouge et noir, encadré et gravé.

824 Abrégé chronologique de l'Histoire des Juifs, jusqu'à la ruine de Jérusalem par Tite sous Vespasien. Avec des discours entre chaque époque, [par *François-Nicolas* CHARBUY. A *Paris*, chez Hug. D. Chaubert, Claude Herissant, M.DCC.LIX. Petit in-8°, 1 vol.

825 Histoire des Jvifs, écrite par *Flavivs* IOSEPH, sous le titre de Antiqvitez Ivdaiqves, tradvite sur l'Original Grec reveu sur divers Manuscrits par Monsieur ARNAVLD D'ANDILLY. A *Paris*, chez Pierre le Petit, Imprimeur & Libraire, M.DC. LXVII. In-1°, 1 vol. de 8 ff. non cotés, 772 pp. chiffr. (la dernière cotée à tort 572) et 27 ff. non cotés, tit. rouge et noir, tr. belles **vignettes**, achevé d'imprimer le 23 x^bre 1666.

826 Œuvres complètes de FLAVIUS-JOSEPH, avec notice biographique par *J.-A.-C.* BUCHON. Autobiographie de Flavius-Joseph. Histoire ancienne des Juifs. Histoire de la guerre des Juifs. Histoire du Martyre des Machabées.

Réponse à Appion en justification de l'Histoire ancienne des Juifs. *Paris*, A. Desrez, Lib.-Édit., .Imp. d'Urtubie Worms et Cᶦᵉ, MDCCCXXXVI. 1 vol. grand in-8°.

827 Histoire des Juifs & des peuples voisins, depuis la décadence des Royaumes d'Israel & de Juda jusqu'à la mort de Jesus-Christ. Par M. [*Humphrey*] PRIDEAUX, Doyen de Norwich. Traduite de l'Anglois [par BRUTEL DE LA RIVIERE & *Moyse* DU SOUL]. *Amsterdam*, H. du Sauzet, 1722. In-12, 5 vol.

Voir dans les *Mémoires de Trévoux*, Janv. 1727, deux dissertations du P. *Réné-Joseph* TOURNEMINE. 1. Sur la ruine de Ninive et la durée de l'Empire assyrien. 2. Sur les livres de l'Ancien Testament que les Protestants n'admettent point dans leur Canon de l'Ecriture. Ces dissertations sont imprimées dans l'édition de l'*Histoire des Juifs* donnée par le P. Tournemine à Paris, chez Cavelier, en 1726, 6 vol. in-12.

828 Histoire des Juifs depuis la destruction de Jérusalem jusqu'à ce jour, offrant le tableau de la dispersion, des malheurs et persécutions, de l'existence morale, religieuse et politique de cette nation, chez les divers peuples de la terre, depuis le commencement de l'ère chrétienne jusqu'au dix-neuvième siècle : publiée, pour la première fois, en France, par M. *Charles* MALO, membre de l'académie des sciences de Lyon. *Paris*, chez Leroux, [imp. J. Pinard], 1826. In-8°, 1 vol.

829 Histoire des Institutions de Moïse, et du Peuple Hébreu, par *J.* SALVADOR. *Paris*, Ponthieu et Cᶦᵉ, [impr. Le Normand fils]. *Leipzig*, Ponthieu, Michelsen et Cᶦᵉ, 1828. In-8°, 3 vol.

830 *Caroli* SIGONII, de Rep. Hebræorvm libri VII. Ad Gregorivm XIII. Pontificem Maximvm. *Coloniæ*, Cholinvs, 1583. In-8°, 1 vol.

831 *Caroli* SIGONII, de Rep. Hebræorum libri VII..., Nunc primum in Germania Studiosorum gratia in lucem editi. *Spiræ Nemetum*, B, Albinus, 1583. In-12, 1 vol.

832 *Petri* Cvnæi de Repvblica Hebræorum Libri III. Editio novissima. *Lvgd. Batavor*. Ex officina Elzeviriana. A. 1632. Tr. pet. in-8°, 1 vol., tit. orné.

833 La République des Hébreux. Où l'on voit l'origine de ce peuple, ses lois, sa religion, son gouvernement tant ecclésiastique que politique ; ses cérémonies, ses coutumes, ses progrez, ses révolutions, sa décadence, et enfin sa ruine. Enrichie de figures, pour faciliter l'intelligence des matières. *Amsterdam*, P. Mortier, 1705. In-12, 3 vol.

Le premier volume de cet ouvrage est la traduction du traité *De Republica Hebræorum* de *Pierre* VAN DER KUN (*Petrus* CUNÆUS) , par *Hugues-Guillaume* GOERÉE, éditée et revue par *Guillaume* GOERÉE son fils. Le second et le troisième sont entièrement de *Guillaume*, qui utilisa pour les écrire, les notes rassemblées par son père et y fit entrer une traduction annotée par lui des deux livres *De Sacrificiis*, de *G.* OUTRAM. Les gravures sont de Jean Goerée, frère de Guillaume.

834 La Monarchie des Hebreux. Par son Excellence [*Vincent* BACCALAR Y SANNA], Marquis DE SAINT-PHILIPPE. Traduit de l'espagnol, par M. *Antoine* [DE LA BARRE] DE BEAU-MARCHAIS. *La Haye*, Scheurleer, 1728. In-12, 4 vol.

835 Histoire des Hébreux, rapprochée des temps contemporains ; de la création du monde au dernier sac de Jérusalem, sous Vespasien ; dédiée à S. A. R. Monseigneur le duc de Bordeaux, par M. RABELLEAU, écuyer, Conseiller de préfecture à Orléans. Deuxième édition. *Paris*, à la librairie de Parent-Desbarres, [impr. Decourchant], 1828. In-8°, 2 vol.

836 Hebræorum Respublica Scholastica : sive Historia Academiarum et Promotionum academicarum in populo Hebræorum. Geminâ Oratione delineata, & in Geminâ Panegyri Academicâ recitata à *Jacobo* ALTING, Hebrææ Linguæ in Academiâ Groningæ & Omlandiæ Professore. *Amstelodami*, Apud Joannem Janssonium, CIƆ IƆC LII. Petit in-12, 1 vol.

837 *Hermanni* CONRINGII de Nummis Ebræorum Paradoxa.
Accesserunt ejusdem de Repvblica Ebræorum Exerci-
tatio academica, ac do Initio Anni Sabbatici et Tempore
Messis Ebræorum Commentariolvs. *Helmestadii*, Typis
& Sumptibus Henrici Davidis Mülleri, Anno CIƆ IƆC
LXXV. In-4° car., 1 vol.

838 Céremonies et Coustumes qui s'observent aujourd'huy
parmy les Juifs. Traduites de l'Italien de *Léon* DE MO-
DENE, Rabin de Venise. Avec un Supplément touchant les
Sectes des Caraïtes et des Samaritains de nostre temps.
Troisième Edition reveuë, corrigée & augmentée d'une
seconde Partie qui a pour titre, Comparaison des Cere-
monies des Juifs, & de la discipline de l'Eglise, avec un
discours touchant les differentes Messes, ou Liturgies
qui sont en usage dans tout le monde. Par le Sieur de
SIMONVILLE [par *Richard* SIMON]. Suivant la copie à
Paris. A *La Haye*, chez Adrian Moetjens, M.DC.LXXXII.
Petit in-12, 1 vol., frontisp. gravé.

HISTOIRE GRECQUE.

839 Histoire des Origines de la Grèce ancienne, par M. CON-
NOP THIRLWALL D. D., évêque de Saint-David's, traduite
de l'anglais par *Adolphe* JOANNE, avocat à la cour d'appel de Paris, ouvrage adopté par le conseil de l'instruction publique. *Paris*, Paulin et Le Chevalier [typogr.
Cosson], 1852. In-8°, 1 vol.

840 HERODOTI HALICARNASSEI Historiæ libri IX : et de Vita
Homeri libellvs. Illi, ex interpretatione *Laurentio* VAL-
LÆ adscripla ; hic ex interpretatione *Conradi* HERESBA-
CHIJ : vtraque ab *Henr.* STEPHANO recognita. Ex Ctesia
item excerptæ historiæ. Et quædam de Persarum legibus
& institutis ex XENOPHONTE, & aliis laudatis autoribus
collecta, cvm Apologia Henr. Stephani pro Herodoto.

Accessit in hac editione Spicilegium *Frid.* Sylburgij, ad Henr. Stephanum virum clariss. Et rerum ac verborum Index longe locupletissimus. *Francofvrli*, Apud heredes Andreæ Wecheli, Claudium Marnium, & Ioan. Aubrium. M.D.XCIV. In-f°, 1 vol. de 42-341 pp. chiffr. et 25 pp. de table et errata, couv. parch.

841 Les Histoires d'Hérodote, traduites en françois par M. |*Pierre*] du Ryer, de l'Académie Françoise. Enrichies de tables géographiques, pour servir à l'intelligence de ces histoires. *Paris*, de Luyne, 1677. In-12, 3 vol.

842 Antiquités grecques ou Tableau des Mœurs, usages & institutions des Grecs ; dans lequel on expose tout ce qui a rapport à leurs Religion, Gouvernement, Lois, Magistratures, procédures judiciaires, tactique et discipline militaires, etc., etc. Ouvrage principalement destiné à faciliter l'intelligence des auteurs classiques grecs, traduit de l'Anglais de *Robinson* Verdière, Lib. A *Paris*, imp. Firmin Didot, 1822. 2 vol. pet. in-8°.

843 Les Mœurs et les Usages des Grecs. Par M. [*Léon*] Menard, conseiller au Présidial de Nîmes, Académicien honoraire de l'Académie des Sciences et des Belles-Lettres de Lyon, & Associé de celle des Belles-Lettres de Marseille. *Lyon*, Vᵛᵉ Delaroche & fils, 1743. In-12, 1 vol.

844 De Magistratibvs Atheniensium liber, ad intelligendam non solum Græcorum, sed & Romanorum politiam, ac omnem ueterum historiam, lectu utilissimus, postremô iam recognitus, & amplius tertia parte auctus, *Gvlielmo* Postello Barentonio authore. *Basileæ* [s. d., 1554?]. Petit in-8°, 1 vol.

In eodem volumine: P. Cornelii Scipionis Æmiliani Africani Minoris Vita, vel dispersæ potius reliquiæ ex multis probatissimorum Authorum scriptis collectæ, & in ordinem, ac modicum quoddam corpus redactæ per

Antonivm Bendinellivm Lucensem. Additi præterea svnt quidam loci controuersi, quorum partim omnino refelluntur, alii corriguntur, quidam etiam conciliantur. *Florentiæ*, Laurentius Torrentinus cudebat, MDXLIX. Petit in-8°.

845 Histoire de la Démocratie Athénienne, par *A.* Filon, professeur d'histoire au lycée Napoléon. *Paris*, Auguste Durand, [imp. Ch. Lahure], 1854. In-8°, 1 vol., envoi d'auteur signé à M. Guizot.

846 Histoire des Expéditions d'Alexandre; rédigée sur les mémoires de Ptolémée et d'Aristobule, ses lieutenans; par *Flave* Arrien de Nicomédie, surnommé le nouveau Xénophon, consul et général romain, disciple d'Épictète. Traduction nouvelle, par P. Chaussard, [avec un complément où sont réunis des jugements extraits de divers auteurs anciens et modernes, Plutarque, Athénée, Elien, Quinte-Curce, J.-J. Rousseau, Vauvenargues, Bougainville, etc., sur Alexandre]. Imprimerie de Charles Pougens. *Paris*, Genets, an XI (1802). In-8°, 3 vol.

847 Atlas de cet ouvrage, contenant plusieurs plans d'ordre de bataille, cartes, planches de monnaies et médailles, etc., avec texte explicatif. *Paris*, imp. Pougens, lib. Genets, an XI (1802). 1 vol. in-4°.

848 Examen critique des anciens historiens d'Alexandre-le-Grand, par M. Sainte-Croix, membre de l'Institut, etc. Seconde édition considérablement augmentée, et ornée de huit planches gravées en taille-douce. *Paris*, chez Henry Grand et chez Bachelier, 1810. 1 vol. in-4°.

849 Dissertation [touchant les droits des Métropoles Grecques sur les colonies, les devoirs des colonies envers les métropoles; et les engagements réciproques des unes & des autres] qui a remporté le Prix de l'Académie Royale des Inscriptions & Belles-Lettres, en l'année 1745. Par M. [*Jean-Pierre*] de Bougainville. *Paris*, Desaint et Saillant, 1745. In-12, 1 vol.

850 Des anciens Gouvernemens fédératifs et de la Législation de Crète [par le baron de SAINTE-CROIX]. A *Paris*, chez H. J. Jansen, imprimeur-libraire. An VII de la République Françoise. In-8°, 1 vol.

HISTOIRE ROMAINE. — JUSQU'A LA FIN DU BAS-EMPIRE.

851 TITI-LIVII Patavini Historiarum Libri. *Amstelodami*, Apud Ioannem Ianssonium. M. DC. LXI. Petit in-12, 1 vol., imp. sur 2 colonnes petit texte. 850 pp. non compris titre (gravé) et 3 ff. de table à la fin.

852 *C*.VELLEII PATERCULI quæ supersunt ex Historiæ Romanæ voluminibus duobus, cum integris animadversionibus doctorum, curante *Davide* RUHNKENIO. *Lugduni Batavorum*, Apud Samuel et Joann. Luchtmans, Academiæ Typographos. M. DCC. LXXIX. In-8°, 2 tom. en 1 fort vol. d'une seule série de pagination, frontisp. gravé, rel. parchemin.

853 EUTROPII breviarium Historiæ Romanæ ab Urbe condita, ad annum ejusdem Urbis MCXIX. Integritati suæ non restitutum modo, sed et notis gallicis illustratum in tyronum gratiam *Parisiis*, Aumont, 1753. In-32, 1 vol.

854 APPIANI *Alexandrini* de civilibus et externis Romanorum Bellis Libros latinè transtulit *Petrus* CANDIDUS DECEMBRIUS. *Venetiis*, Erh. Ratdolt, 1477. In-f°, caract. rom., 1 vol. de 132 ff. non cotés (manquent les 2 prem. et les 2 dern. ff de la feuille *g*).

> *F. 1 : vacat.*— *F. 2, r°* : P. Candidi in libros Appiani sophistę Alexandrini ad Nico- | laum quintū summū pontiticem Prefatio incipit feliciss.me. | — *F. 3, r°* : Appiani sophistę Alexandrini Romanę | historię proœmium fœliciter incipit. | — *F. 7, r°* : Appiani Alexandrini sophistę Romano- | rum liber incipit qui Libycus inscribitur. | — *F. 49, v°* : Appiani Alexandrini

sophistę Romanorum liber | incipit qui Syrius inscribit'. Tra-
ductio P Candidi. | — *F. 73*, *v°* : Appiani Alexandrini sophistę
Romanorū liber | explicit : qui Syrius inscribitur. Incipit
eiusdem | Parthicus felicissime. Traductio. P. Candidi. | —
F. 91, *r°* : Appiani Alexandrini sophistę Romanorū liber incipit
| qui Mithridaticus inscribitur. Traductio. P Candidi. | —
F. 132, *r°*, *in fine* : Impressum est hoc opus Venetijs per
Bernardū picto- | rem & Erhardum ratdolt de Augusta una
cum Petro | loslein de Langencen correctore ac socio. Laus
Deo. | M. CCCC. LXXVII.

L'ouvrage complet comprend 2 tomes. Le tome décrit ici est le Ier.

855 APPIAN *Alexandrin*, Historien grec : des Guerres des
Romains, translaté en Français. Imprimé en 1544 à *Lyon*
par Antoine Constantin. | 1 vol. in-4°, divisé en 12 livres.

(D'après le P. Nicéron ; tome **XXIV**). Le titre manque.

856 DION CASSIVS *Nicævs*. *Ælivs* SPARTIANVS. *Jvlivs* CAPITO-
LINVS. *Ælius* LAMPRIDIVS. VVLCATIVS *Gallicanvs*. Jo-
hannis Baptistæ EGNATIJ Veneti in eosdem annotationes.
Parisiis, Ex officina Roberti Stephani typographi Regij.
M. D. XLIIII. Pet. in-8°, 1 vol.

857 Les Écrivains de l'Histoire Auguste, [*E.* SPARTIEN, *J.* CA-
PITOLIN, LAMPRIDE, TRÉBELLIUS POLLION, *Fl.* VOPISCUS].
Traduits en français par *Guillaume* DE MOULINES, Rési-
dent du Duc de Brunswick à Berlin. Nouvelle édition.
A *Paris*, de l'Imprimerie Bibliographique, 1806. In-18,
3 vol.

858 Historiæ Avgvstæ Scriptores sex. *Aelius* SPARTIANUS,
Iulius CAPITOLINUS, *Aelius* LAMPRIDIUS, *Vulcatius* GAL-
LICANUS, *Trebellius* POLLIO, & *Flavius* VOPISCUS.
Isaacvs CASAVBONVS ex vett. libris recensuit : idemque
librum adiecit Emendationvm ac Notarvm. *Parisiis*,
Apud Ambrosivm & Hieronymvm Drovart, M. DC. III.
In-4°, 1 vol., tit. rouge et noir.

859 Histoire de la République Romaine dans le cours du VIIe siècle ; par SALLUSTE : En partie traduite du latin sur l'original ; en partie rétablie & composée sur les fragmens qui sont restés de ses Livres perdus, [par *Charles* DE BROSSES, premier président du Parlement de Dijon. A *Dijon*, chez L. N. Frantin, M.DCC. LXXVII. In-4°, 3 vol., tit. rouge et noir. portr. de de Brosses et pl. gravées.

860 Œuvres de SALLUSTE. Traduction nouvelle, par DUREAU-DELAMALLE, de l'Académie Française. A *Paris*, chez H. NICOLLE, et chez Giguet et Michaud, M.DCCC.VIII. in-8°, 1 vol.

861 C. IVLII CÆSARIS Rervm gestarvm Commentarii XIV, nempe : C. Ivlii Cæs. de bello Gallico, Comm. VII. *A.* HIRTII de eodem Liber I. C. Ivl. Cæs. de bel. civ. Pompeiano, Comm. III. A. Hirtii de bel. Alexandrino, Liber I. De bello Hispanico, Liber I. Omnia collatis antiqvis manvscriptis Exemplaribus, EVTROPII Epitome belli Gallici ex Svetonii Tranqvilli monumentis, quæ desiderantur. Cum doctis. Annotationibus *Henrici* GLAREANI, *Francisci* HOTOMANI, *I. C. Fvlvii* VRSINI Romani, *Aldi* MANVTII, P. F. Ex Musæo & impensis *Iacobi* STRADÆ Mantuani, S. C. M. Antiquarij, *Francofvrti ad Mœnvm*, [apud Georgium Corvinum]. M.D.LXXV. In-f°, 1 vol., bois dans le texte.

862 C. IVLII CÆSARIS Commentarii. Nouis emendationibus illustrati, Eivsdem Librorvm, qvi desiderantvr, fragmenta. Ex Bibliotheca Fvlvii Vrsini Romani. Quæ præterea in hoc libro contineantur, sequens pagina indicabit. *Antverpiæ*, Ex Officina Typographica Martini Nutii, Anno M.DC.V. In-8°, 1 vol.

863 Les Commentaires de CESAR. De la Traduction de *N*. PERROT, sieur d'Ablancourt. Novvelle Edition. A *Roven*, Et se vendent à *Paris*, chez Thomas Iolly, M.DC.LXV. Pet. in-12, 1 vol.

864 TACITE, traduit par DUREAU DE LAMALLE, de l'Académie Française, avec le texte latin en regard : quatrième édition, revue, corrigée et augmentée des suppléments de BROTIER, traduits pour la première fois par M. NOEL, inspecteur général des études, avec des portraits d'après les monuments, et une carte de l'empire romain. A *Paris*, chez L.-G. Michaud, [impr. Moreau]. M. DCCC. XXVII. In-8º, 6 vol.

865 La Germanie, traduite de TACITE par *C. L. F.* PANCKOUCKE, avec un nouveau commentaire extrait de Montesquieu et des principaux publicistes, le rapprochement des mœurs germaines avec celles des Romains et de divers autres peuples, particulièrement avec celles de la nation française, des notes historiques et géographiques, une table chronologique indiquant les progrès des différentes peuplades de la Germanie, leurs envahissemens successifs et leurs établissemens, la traduction des principales variantes extraites de tous les commentateurs de Tacite. *Paris*, imprimerie de C. L. F. Panckoucke. M. DCCC. XXIV. In-8º, 1 vol.

866 Histoire des Douze Césars, traduite du latin de SUÉTONE, sans aucun retranchement, et avec des tables indicatives, des notes et des observations; par M. *Maurice* LEVESQUE. Cette nouvelle traduction, à laquelle se trouve joint le texte, est la plus complète et la plus fidèle de toutes celles qui ont paru jusqu'à ce jour. *Paris*, chez Arthus Bertrand, 1808. In-8º, 2 vol.

867 Fragmenta Historicorum collecta ab *Antonio* AVGVSTINO, Emendata, à *Fuluio* VRSINO. Fvlvl Vrsini notæ Ad-SALLUSTIUM. CÆSAREM. LIUIUM. VELLEIUM. Ad-TACITUM. SUETONIUM. SPARTIANUM & Alios. *Antverpiæ*, Ex officina Plantiniana, Apud Viduam, & Ioannem Moretum. M. D. XCV. In-18, 1 vol.

868 Histoire Romaine depuis la fondation de Rome, jusqu'à la translation de l'Empire par Constantin. Traduite de

l'Anglais de *Laurent* ECHARD [Par *Daniel* DE LARROQUE;
traduction éditée par l'abbé DESFONTAINE, revue par lui
& aussi par l'abbé *Claude-Marie* GUYON, qui continua
l'histoire Romaine depuis Constantin jusqu'à la prise de
Constantinople par Mahomet II.] Nouvelle édition,
revue et corrigée. *Paris*, Jacques Guerin, 1734-1742.
In-12, 16 vol.

La continuation de l'abbé GUYON commence au tome septième.

869 Histoire de l'Empire Romain, avec une Introduction sur
l'Histoire Romaine par M. LAURENTIE. *Paris*, Lagny
frères, [impr. Simon Raçon], 1862. In-8", 4 vol.

870 Histoire des Empereurs, et des autres Princes qui ont
régné durant les six premiers siècles de l'Eglise, de leurs
guerres contre les Juifs, des Ecrivains profanes, & des
personnes les plus illustres de leur temps. Justifiée par
les citations des Auteurs originaux, avec des notes pour
éclaircir les principales difficultez de l'histoire depuis
Auguste [jusqu'à Anastase.] Par M. LENAIN DE TILLEMONT.
Nouvelle Edition. A *Paris*, chez Charles Robustel, [*le
tome VI* chez Rollin fils]. M. DCC. XX. [-XXXVIII].
In-4", 6 vol.

871 [Panthéon Littéraire. Littérature Anglaise. Histoire].
Histoire de la décadence et de la chute de l'Empire
Romain, par *Édouard* GIBBON, avec une introduction
par *J.-A.-C.* BUCHON. *Paris*, A. Desrez, [impr. F.
Malteste]. M. DCCC. XXXV. [-XXXVI]. G. in-8" à
2 col., 2 vol.

872 La République Romaine, ou Plan général de l'ancien
Gouvernement de Rome, Où l'on développe les différens
ressorts de ce Gouvernement, l'influence qu'y avoit la
Religion; la Souveraineté du Peuple, & la manière dont
il l'exerçoit; quelle étoit l'autorité du Sénat & celle des
Magistrats, l'administration de la Justice, les Prérogatives du Citoyen Romain, & les différentes conditions des

sujets de ce vaste Empire. Par Mr. [*Louis*] DE BEAU-
FORT, Membre de la Société Royale de Londres. A *La
Haye*, chez Nicolas van Daelen, M.DCC.LXVI. In-4°,
2 vol., tit. rouge et noir.

873 Essai sur l'époque de l'Histoire Romaine la plus heureuse
pour le genre humain, par *D. H.* HEGEWISCH, professeur à l'Université de Kiel, traduit de l'Allemand par
Ch. SOLVET, Magistrat. *Paris*, Lib. Albert Mercklein.
Imp. Firmin Didot frères, 1834. 1 vol. in-8°.

874 Dissertation sur l'incertitude des Cinq premiers siècles de
l'Histoire Romaine, par Monsieur *L.* DE BEAUFORT. A
Utrecht, chez Étienne Neaulme, M.DCC.XXXVIII.
1 vol. pet. in-8°, tranches rouges, titre rouge et noir,
gravure en frontispice.

875 *Leonardi* [*Bruni*] ARETINI viri doctissimi de Bello Punico
libri duo Quorum prior Bellvm inter Romanos et Cartha-
gineuses (*sic*) primum continet, hactenus apud Liuium
desideratum, alter Seditionem militis condvcticii, et
popvlorvm Africæ a Carthaginensibus defectionem :
Bellum item Illyricum, & Gallicum, quæ & ipsa apud
Liuium desiderantur. Opvs recens editvm. Additus est
rerum memorabilium index locupletissimus. *Avgvstæ
Vindelicorvm*, apvd Philippum Vlhardum, Anno M. D.
XXXVII. In-4°, 1 vol.

876 Histoire de la lutte entre les Patriciens et les Plébéiens, à
Rome, depuis l'abolition de la royauté jusqu'à la nomination du premier Consul plébéien. Ouvrage posthume
d'*Arthur* HENNEBERT, Élève de l'Université de Gand,
publié par J. E. G. Roulez. *Gand*, Imp. C. Annoot
Braeckman, 1845. 1 vol. in-8°.

877 Histoire de Constantinople, depuis le règne de l'Ancien
Justin, jusqu'à la fin de l'Empire. Traduite sur les originaux grecs par M. (*Louis*) COUSIN, Président en la Cour
des Monnoies... (*Amsterdam*), suivant la copie imprimée

à Paris chez Damien Foucaut, 1685. In-12, 8 vol. en 10 tom., le vi & le vii en deux parties.

Le tome II manque à cet exemplaire. — Les écrivains de l'*Hist. Byzantine* compris dans les traductions de Cousin sont : Procope, Agathias, Ménandre, Théophylacte, Simocatte, Nicéphore de Constantinople, Léon le Grammairien, Nicéphore Bryenne, *Anne* Comnène, Nycétas, Pachymère, Cantacuzène et Ducas. — Le tome II, qui nous manque, contient : l'*Histoire secrette* & les *Édifices de Justinien*, par Procope & l'*Hist. de Justinien*, par Agathias.

878 Antiquités Romaines ou tableau des mœurs, usages et institutions des Romains, par *Alexandre* Adam, Recteur de la grande école d'Édimbourg. *Paris*, Verdière, Lib., Imp. Firmin Didot, 1818. 2 volumes pet. in-8°.

879 Explication abrégée des Coutumes et Cérémonies observées chez les Romains. Pour faciliter l'intelligence des anciens Auteurs. Ouvrage écrit en Latin par M. Nieupoort ; Et traduit par M. l'Abbé **** [*P. Fr.* Guyot Desfontaines]. A *Paris*, chez Jean Desaint, M.DCC. XLI. In-12, 1 vol.

880 Habitudes et Mœurs privées des Romains. Par d'Arnay. Noûvelle Edition, revue et corrigée. A *Paris*, chez Maillard, De l'Imprimerie de François Honnert, 1795, l'An III de la République. In-8°, 1 vol.

881 De Romanorvm gentibvs et familiis scriptores dvo præstantissimi *Antonivs* Avgustinvs et *Fvlvivs* Vrsinvs cr. Cum Vtili et necessaria nobilissimi cuiusdam viri præfatione. *Lugdvni*, apud Franciscum Fabrum. CIↃ IↃ XCII.

In eodem volumine. — Antiqvitatvm Romanorvm *Pavlli* Mannvccii liber, de Civitate Romana ad : ill^{mvm} et Rev^{mvm} Alexandrvm Perettvm S. R. E. Cardinalem. Sisti. V. Pont. Max. pronepotem. Romæ. CIↃ IↃ XXCV, apud Bartholomæum Grassum.

In eodem quoque volumine : Constantii Landi complani comitis, in vetervm nvmismatvm Romanorvm miscellanea explicationes. *Lvgdvni*, excvdebat Ioannes Racemivs, 1560.

In eodem quoque volumine : Specvlvm omnivm statvvm totivs orbis terrarvm, imperatoris, papæ, regvm, cardinalivm, Patriarcharvm, Archiepiscoporum, Ducum Episcoporum, Principum, Abbatum, Comitum, Prælatorum, Baronum, Presbyterorum, nobilium, Clericorum, Ciuium, Mercatorum, Opificium & Agricolarum ; sortem generis humani, eiusque commoda et incommoda repræsentans ; avctore Roderico Episcopo Zamorensi et Calaguritano in hispania, Romanæq. Ecclesiæ Castellano et Referendario. Cui ob similem materiam est adiunctum Macabri Specvlvm Morticinvm. Vtrumque recensitum & editum ex bibliotheca. V. N. Melchioris Goldasti. Haiminsfeldii, &c .. *Hanoriæ*, apud Heredes Ioan. Aubrii, anno 1613. *1 vol. gr. in-8°.*

882 Notitia Dignitatvm, vtrivsque Imperii Orientis scilicet et Occidentis vltra Arcadij Honoriique tempora et in eamdem *G.* Parciroli I. V. D. Celeberrimi ac in Patauina Academia interpretis Legum primarij Commentarivm. eivsdemqve de Magistratibvs Mvnicipalibvs, Rebvsque Bellicis, et tam Novæ, qvàm veteris Romæ Libellvs, omnia ordine concinnata & locis collocata quæ anteà confusa. Accessit prætereà huic Editioni totius Imperij Romani typus. *Genevæ*, Excudebat Stephanus Gamonetus. M. DC. XXIII. In-f°, 1 vol., rel. veau.

883 Traité des Finances & de la fausse-monnoie des Romains [Par *François* de Chassepel ou Chassepeau], auquel on a joint une Dissertation sur la manière de discerner les Médailles antiques d'avec les contrefaites | Par *Guillaume* Beauvais]. *Paris*, Briasson, 1740. In-12, 1 vol.

884 *Ivsti* Lipsi de Militia Romana Libri qvinqve, Commentarivs ad Polybivm. E parte primâ Historicæ Facis. *Antverpiæ*, ex Officina Plantiniana, Apud Viduam, & Ioannem Moretum. M. D. XCVI. In-4°. 2 tom. en 1 vol., rel. ornée, tr. dorées.

885 *Ioannis* Cvspiniani [Spieshammer] Viri clarissimi, Poetæ et Medici, ac Divi Maximiliani Avgvsti Oratoris, de Cæsaribus atqz Imperatoribus Romanis opus insigne. Dedicatio operis ad invictissimum Imperatorem Carolvm Quintum, per *Christophorum* Scheurle I. V. D. Vita Ioannis Cvspiniani, et de Vtilitate huius Historie, per D. *Nicolaum* Gerbelium Iureconsultum. [*Argentorati*, typis Cratonis Mylii] Cum gratia & priuilegio Imperiali ac Regio. Anno M. D. XL. In-f", 1 vol. de 8 ff. non cotés, DCC LXII pp. chiffr. et 3 ff. de table.

886 Ex Prisci Rhetoris et Sophistæ Gothica Historia Excerpta qvæ legationem Theodosij Iunioris ad Attillam continent, & plæraque alia. *Carolo* Cantoclaro Cons. Regio, interprete. Eiusdem ad Græca Prisci excerpta Notæ & Emendationes. *Parisiis*, Apud Abel l'Angelier, M. DC. VI. Pet. in-8°, 1 vol.

887 Ιωαννου Κινναμου Βασιλικου Γραμματικου Ιστοριων Λογοι Εξ. *Joannis* Cinnami Imperatorii Grammatici Historiarum Libri Sex, sev de Rebus gestis a Joanne et Manuele Comnenis Impp. Cp. Accedunt *Caroli* dv Fresne, *D.* dv Cange, Regi a Consiliis, & Franciæ apud Ambianos Quæstoris, in Nicephori Bryennii Cæsaris, Annæ Comnenæ Cæsarissæ, & ejusdem Joannis Cinnami Historiam Comnenicam Notæ Historicæ & Philologicæ. His adivngitvr *Pauli* Silentiarii Descriptio Sanctæ Sophiæ, quæ nunc primum prodit Græce & Latine, cum vberiori Commentario. *Parisiis*, e Typographia Regia. M. DC. LXX. Gr. in-f°, 1 vol.

888 Procopio Cesariese de la Gverra di Giustiniano Imperatore contra i Persiani, Lib. II. De la Gverra del medesmo contra i Vandali, Lib. II. Di latino in volgare tradotti per Benedetto Egio da Spoleti. Sybilla [*nota typographica*] Co'l Priuilegio del Sommo Pontefice Paolo III, & dello Illustriss. Senato Vinitiano per anni dicci. Petit in-8°, 1 vol. de 8 ff. non cotés et 200 ff. chiffrés. *Au v° du*

200⁰, on lit : Il fine. In *Vinegia*, per Michele Tramezino.
M. D. XLVII.

889 [Corpus Scriptorum Historiæ Byzantinæ. Editio emendatior et copiosior, consilio, *B. G.* NIEBURII C. F. instituta,
auctoritate Academiæ Litterarum Regiæ Borussicæ conti-
nuata.] MEROBAUDES et CORRIPPUS recognovit *Immanuel*
BEKKERUS. *Bonnæ*, impensis Ed. Weleri [*Lipsiæ*, ex
officina B. G. Teubneri], M. DCCC. XXXVI. In-8⁰,
1 vol.

HISTOIRE MODERNE. — GÉNÉRALE JUSQU'AU XVIᶜ SIÈCLE.

890 Introduction à l'Histoire moderne, générale et politique
de l'Univers ; Où l'on voit l'origine, les révolutions & la
situation présente des différens États de l'Europe, de
l'Asie, de l'Afrique & de l'Amérique : Commencée par
le Baron [*Samuel*] DE PUFFENDORFF, augmentée par
M. BRUZEN DE LA MARTINIÈRE. Nouvelle Edition, Revûe,
considérablement augmentée, corrigée sur les meilleurs
auteurs & continuée jusqu'en mil sept cent cinquante, par
M. DE GRACE. A *Paris*, chez Merigot, Grangé, Hochereau,
l'aîné, Robustel, Le Leup, M. DCC. LIII. [-LIX]. In-4⁰,
8 vol., tit. rouge et noir, cartes et gravures.

891 Handbuch der Geschichte der Europäischen Staatensys-
tems und seiner Colonien, von seiner Bildung seit der
Entdeckung beyder Indien bis zu seiner Wiederherstel-
lung, nach dem Fall des Französischen Kayserthrons.
Von *A. H. L.* HEEREN, Hofrath und Professor der Geschichte in Göttingen Dritte Ausgabe. *Göttingen*, bey
Johann Friedrich Röwer, 1819. In-8⁰, 1 vol.

892 Tableau des Révolutions de l'Europe, depuis le boulever-
sement de l'Empire Romain en Occident jusqu'à nos
jours ; par feu M. [*Ch. - Christ.*] KOCH, correspondant de l'Institut, et recteur honoraire de l'académie

royale de Strasbourg. Nouvelle édition, corrigée, augmentée et continuée jusqu'à la restauration de la Maison de Bourbon, par l'auteur de l'*Histoire des traités de paix*. [M. *S.-F.* SCHOELL]. *Paris*, librairie de Gide fils, [impr. A. Égron], 1823. In-8°, 3 vol.

893 États formés en Europe après la chute de l'Empire Romain en Occident, par M. D'ANVILLE, de l'Acad. royale des Inscriptions & belles-lettres, & de celle des Sciences de Pétersbourg; Secrétaire de S. A. S. M. le Duc d'Orléans. A *Paris*, de l'Imprimerie Royale, M. DCC. LXXI. 1 vol. in-4°.

894 Annales du moyen-âge, comprenant l'histoire des temps qui se sont écoulés depuis la décadence de l'empire romain jusqu'à la mort de Charlemagne, [par *J.-M.-F.* FRANTIN, imprimeur]. *Paris*, Lagier, 1825. In-8°, 8 vol., de l'impr. de Frantin, à *Dijon*.

895 [Annales du moyen-âge, 2° série], Louis-le-Pieux et son siècle; par *J.-M.-F.* FRANTIN, auteur des Annales du moyen-âge. *Paris*, librairie de Pelissonnier, M. DCCC. XXXIV. In-8°, 2 vol. de l'impr. de Frantin, à *Dijon*.

896 PII SECVNDI Pontificis Max. Commentarii rervm memorabilivm, qvæ temporibvs svis contigervnt, a R. D. *Ioanne* GOBELLINO Vicario Bonnen, iamdiu compositi, & à R. P. D. *Francisco Bandino* PICOLOMINEO Archiepiscopo Senensi ex vetusto originali recogniti. Quibus hac editione accedunt *Jacobi* PICOLOMINEI, Cardinalis Papiensis, qvi Pio Pont. coæuus & familiaris fuit, Rerum Gestarum sui temporis, & ad Pii continuationem, commentarii luculentissimi; Eiusdemque Epistolæ perelegantes, rerum reconditarum plenissimæ. Prostat *Francofurti*, in Officina Avbriana. Anno M. DC. XIV. In-f°, 1 vol.

897 B. HILARII, Pictaviansis, Provinciæ Aqvitaniæ, Episcopi, ex Opere Historico fragmenta, nunquam antea edita, ex bibliotheca Petri Pithæi, vita. Studio *Nicolai* FABRI.

Parisiis, Ambrosius Drouart, 1598. In-8°. Pièce de 84 pages.

A la suite : 1° *Fr*. BALBI epistola cvm notis aliqvot in Epistolam D. AMBROSII ad Episcopos per Æmiliam. Pièce de 12 pages. 2° Petri Pithœi I. C. Vita, auct. *Josia* MARCERO. Pièce de 12 pages. Ensemble 117 pages. Le feuillet de titre est lacéré.

898 Histoire moderne des Chinois, des Japonnois, des Indiens, des Persans, des Turcs, des Russiens, &c. Pour servir de suite à l'Histoire ancienne de M. Rollin. [Par l'abbé *François-Marie* DE MARSY; continuée à partir du douzième volume par *Adrien* RICHER]. Nouvelle édition revue & corrigée. *Paris*, Desaint & Saillant, puis Saillant & Nyon, 1755-1778. In-12, 30 vol.

899 Histoire des Wandales, depuis leur première apparition sur la scène historique jusqu'à la destruction de leur empire en Afrique, accompagnée de recherches sur le commerce que les États Barbaresques firent avec l'étranger dans les six premiers siècles de l'ère chrétienne. Par *Louis* MARCUS, professeur d'allemand au collége royal de Dijon. *Paris*, Arthus Bertrand. [*Dijon*, impr. Douillier], 1836. In-8°, 1 vol.

900 Les Origines ou l'ancien gouvernement de la France, de l'Allemagne & de l'Italie : Ouvrage historique où l'on voit, dans leur *origine*, la Roïauté & ses attributs, la nation & ses différentes classes, les Fiefs & le Vasselage, les Dignités, la Hiérarchie, les Immunités ecclésiastiques & les Domaines : la Milice & la Chevalerie ; la Justice distributive ; la Compétence des Tribunaux, leur Forme ; les Parlemens ; les autres Cours souveraines, les États Généraux, la Pairie, la Législation & les Communes. [Par *Louis-Gabriel* comte DU BUAT]. A *La Haye*, 1757. 4 vol. in-12.

901 Thierri de Flandre, Empereur de Chypre au treizième

siècle ; par M. KERVYN DE LETTENHOVE. 1 pet. broch.
12 pag. Acad. Roy. de Belg., tom. XVIII, N° 9.

Deux exemplaires.

CROISADES.

902 *Iacobi* de VITRIACO, primvm Acconensis, deinde Tvscvlani
Episcopi, et S^æ Eccl. R. Cardinalis, Sedisque Apostolicæ
in Terra sancta, in Imperio, in Francia, olim Legati,
Libri dvo, quorum prior orientalis, siue Hierosolymitanæ :
Alter, Occidentalis Historiæ nomine inscribitur. Omnia
nunc primùm studio & opera D. *Francisci* MOSCHI
NIOIGELLATIS J. C^{ti} & Armentarianorum Curionis, è tene-
bris & situ in lucem edita. *Duaci*, Ex Officina Typographica Balthazaris Belleri, sub Circino. Anno 1597. Cum
Priuilegio ad sexennium. Petit in-8°, 1 vol. de 23 ff. non
cotés et 479 pp. chiffrées.

903 *Petri* d'OVTREMANNI Valentianensis e Societate Iesv,
Constantinopolis Belgica, sive de rebvs gestis a Baldvino
et Henrico Impp. Constantinopolitanis ortv Valentianen-
sibus Belgis Libri qvinqve. Accessit de Excidio Græcorvm
Liber singvlaris. Cum vberibus ad vtrosque Notis. Opus
non iucundum magis, quàm gloriosum Belgis, Gallis,
Italis, Hispanis, Germanis, cæterisque prope omnibus
Europæ populis. *Tornaci*, Ex Officinâ Adriani Qvinqvé.
Anno M. DC. XLIII. In-4° car., 1 vol. de 11 ff. non cotés,
720 pp. chiffr. et 7 ff. d'index et errata, tit. rouge
et noir.

904 De HAYMARO *Monacho* Archiepiscopo Cæsariensi et
postea Hierosolymitano Patriarcha Disquisitionem criti-
cam Facultati Litterarum Parisiensi proponebat P. E. D.
RIANT. Accedit ejusdem Haymari Monachi de expugnata
A. D. M.XCI. Accone Liber tetrastichus ad fidem codicum manuscriptorum Bibl. Reg. Babenbergensis et Bibl.

Coll. Oriel. Oxoniensis recognitus et emendatus. [*Parisiis*, typis D. Jouaust]. M. DCCC. LXV. In-4°, 1 vol.,
pap. fort, 3 fac-simile de mss. à la fin.

XVIe SIÈCLE.

905 Histoire du seizième siècle, par Monsieur (*David*) DURAND,
Ministre de St-Martin & Membre de la Société Royale
de Londres. A *La Haye*, P. de Hondt, 1734, 4 vol.
in-12.

Cette histoire est écrite d'après celle de PÉRIZONIUS (*Jacques* VOORBROECK)
et, à la tête de son quatrième volume, DURAND donne la biographie de son guide.

906 Rervm memorabilium, Iam inde ab anno Domini *M. D.*
ad annum ferè LX in Rep. Christiana gestarum. Libri
qvinqve ex plerisqve nostrorvm temporum historiogra-
phis, præcipue autem D. FONTANO theologo Parisiensi &
Ioanne SLEIDANO collecti : cvm diligenti annotatione
eorvm quæ Sleidanus ex affectu potius, quam ueritatis
studio conscripsisse depræhenditur. Interprete F. *Rovero*
PONTANO, carmelita, Sacræ Theologiæ Baccalaureo.
Coloniæ, apud Iasparem Gennepæum, M. D. LIX.
1 vol. in-4°.

907 *Pavli* IOVII, Novicomensis, Episcopi Nvcerini, Historiarum sui temporis tomi duo. *Argentorati*, Frisius, 1556.
In-8°, 2 tom. en 3 vol.

Cette Histoire va de 1494 à 1544. Il y a une lacune de 1521 à 1527.

908 Histoire générale de l'Europe, depuis la naissance de
Charle-Quint jusqu'au cinq Juin MDXXVII, composée
par *Robert* MACQUEREAU, de Valenciennes, sous le titre
de Traicté & Recueil de la Maison de Bourgoigne, en
forme de chronicque, lequel commence à la nativité de
Charles 5°, Empereur des Romains, Roy des Espaignes,
Archiduc d'Austrice, Duc de Bourgoigne, de Lotthier,

do Brabant, etc. Contenant l'espace de 27 années. (1re partie). *Louvain*, de l'Imp. académique, M.DCC. LXV (publié par PAQUET).

(2me partie). Histoire générale do l'Europe durant les années MDXXVII, XXVIII, XXIX, composée par *Robert* MACQUERIAV, de Valenciennes, sous le titre de : Ce est la Maison de Bourgongne, pour trois ans, publiée pour première fois et sur le manuscrit autographe. *Paris*, Techener, M.DCCC.XLI. Imp. de Crapelet, 2 vol. in-4° (le 2e vol. contient un fac-simile).

909 Histoire de nostre temps, faicte en latin par M. *Guillaume* PARADIN et par luy mesme mise en François. Reueue de nouueau, corrigée & augmentée, oultre les précédentes impressions, [comprenant les événements passés de 1515 à 1555]. *Paris*, Annet Brière, 1559. Pet. in-12, 1 vol.

910 Continvation de l'Histoire de nostre temps, ivsques à l'an mille cinq cens cinquante six. Par M. *Guillaume* PARADIN, Doyen de Beau-Jeu. A *Lyon*, par Guillaume Roville. Auec privilege du Roy, 1556. In-f°, 1 vol. de 4 ff. non cotés, 466 pp. chiffr. et 17 ff. non cotés, le 1er et le 17e blancs, tit. gravé.

[*Même vol.*] Tiers Livre de la Flevr et Mer des Hystoires plus celebres & memorables aduenues tät en l'Asie & Affricque qu'en l'Europpe, nouuellement recuillies (*sic*) & ordonnées selon la progression des têps et années, par *Iehan* le GÈDRE Aurelianoys, Mathematicien, cömençant en l'an mil cinq cens trente & cinq & continuant iusques en l'an mil cinq cens cinquante & ung. Auec priuilege pour six ans. On les vend a Paris en la rue sainct Iacques, par Iehan bonhomme. [Imprimé à *Paris*, par Iehan Real, Imprimeur demeurant en la rue du Meurier, & fut achevé le viugtiesme iour de Décembre mil cinq cens cinquante]. In-f°, lxxxiij ff. cotés, tit. à encadrem. gravé.

911 *Iac-Avgvsti* THVANI [DE THOU], Historiarvm svi Temporis
Libri cxxv. *Lutetiæ*, Apud Hieronymvm Drovart, cɪɔ
ɪɔc ɪx. [-xɪv]. In-12, 11 vol., tit. rouge et noir.

912 Histoire universelle de *Jacque-Auguste* DE THOU, depuis
1543 jusquen 1607, traduite sur l'édition latine de Londres
[par l'abbé PRÉVOST, l'abbé *J.-B.* LE MASCRIER, *Ch.* LE
BEAU, ADAM, l'abbé GUYOT DES FONTAINES, l'abbé LE
DUC, et le P. FABRE, de l'Oratoire, avec préface par
GEORGEON. A *Londres* [*Paris*], M. DCC. XXXIV. In-4°,
16 vol., tit. rouges et noirs.

   T. Ier : 1543-50. — T. II : 1550-55. — T. III : 1555-60.
   — T. IV : 1560-64. — T. V : 1564-70. — T. VI : 1570-73.
   — T. VII : 1573-78. — T. VIII : 1578-82. — T. IX : 1582-87.
   — T. X : 1587-89. — T. XI : 1589-93. — T. XII : 1593-96.
   — T. XIII : 1596-1601. — T. XIV : 1601 1607. — T. XV :
   1607-1610. — T. XVI : Table générale.

913 THUANUS restitutus, Sive Sylloge Locorum variorum, In
Historia Illustrissimi Viri Jacobi Augusti Thuani Hactenus
desideratorum. Item *Francisci* GUICCIARDINI Paralipo-
mena Quæ in ipsius Historiarum Libris III, IV & X Impressis non leguntur. Ex autographo Florentino recensita
& aucta. Latinè, Italicè & Gallicè editæ. [Studio *Ab. de*
WICQUEFORT]. *Amstelodami*, Sumptibus Joannis Henrici
Boom. Anno M. DC. LXIII. In-12, 1 vol.

914 Histoire Vniverselle du sievr *Théodore Agrippa* d'AVBI-
GNÉ, comprise en trois tomes, qvi s'estend de la paix
entre tous les Princes Chrestiens [1550], iusques à la fin
du siècle belliqueux, 1602]. Et rend compte de la fin du
siècle, & de l'entrée au suivant, finissant avec la vie de
Henri-le-Grand [1610]. Seconde Edition, avgmentée de
notables Histoires entières, et de plvsieurs additions
& corrections faites par le mesme Avtevr. Dédiée à la
Postérité. [*S. l. n. n.*, Genève]. M. DC. XXVI. In-f°,
3 tom. en 1 vol.

915 Histoire de la Ligue faite à Cambrai, entre Jules II, pape ;
Maximilien I, empereur ; Louis XII, roi de France ;
Ferdinand V, roi d'Aragon, et tous les Princes d'Italie ;
contre la République de Venise, [par l'abbé *J.-B.* Dubos].
Cinquième édition. A *Paris,* chez Barrois l'aîné, M. DCC.
LXXXV. In-12, 2 vol.

XVIIe ET XVIIIe SIÈCLES.

916 Memoires pour servir à l'Histoire universelle de l'Europe
Pépuis (*sic*) 1600. jusqu'en 1716. avec des reflexions &
Remarques critiques. [Par *Hyacinthe* ROBILLARD D'AVRI-
GNY, de la Comp^e. de Jésus]. Nouvelle édition. A *Paris,*
chez Guérin, M.D.CC.XXXI. In-12, 4 vol., tit. rouge et
noir.

917 Abrégé de l'Histoire de ce siecle de fer. Premiere Partie.
Contenant les miseres et Calamités des derniers Temps
avec leurs causes et prétextes. Et tout ce qui est arrivé
de mémorable depuis le commencement de ce siecle
jusques au couronnement du Roy des Romains Ferdinand IV. (1654). — Deuxieme Partie. Contenant les
miseres etc. Depuis le couronnement de Ferdinand IV,
jusques a la conclusion de la paix entre les Roys d'Espagne et de France (1659). — Troisieme Partie. Contenant les miseres etc. depuis la conclusion de la Paix,
jusques à l'année 1664. Par *Jean-Nicolas* DE PARIVAL.
Bruxelles, Vivien, 1663-1665. In-8°, 3 vol.

918 Mercvrivs Gallobelgicvs, siue, Rervm in Gallia & Belgio
potissimvm : Hispania qvoqve, Italia, Anglia, Germania,
Polonia, vicinisque locis ab vsque gestarum, Nvncivs.
Opvscvlvm in qvinqve libros diuisum : auctore D. M.
Iansonio DOCCOMENSI Frisio. [*Michel* D'ISSELT, d'Amers-
foort]. *Coloniæ Agrippinæ,* apud Godefridum Kempen-

sem. [*deinde* Vvilhelmum Lutzenkirchen], Anno M. D.
XCII [-M.DC.XX]. Pet. in-8°, 6 vol.

I. Mercurius, etc. (*ut supra*) : 1588-92.

II. Mercurius, etc. Editio altera : 1588-94.

III. Mercurius, etc. Tomus II : 1593-95.

IV. Annalium M. G. succenturiatorum Tomi II posteriores,
IV scilicet et V : 1599-1610.

V. Annalium, etc., Tomi VII : 1610-14.

VI. Annalium, etc., Tomi VIII, lib. I-II : 1616-20. (V. le
n° suivant).

919 Mercvrii Gallobelgici Svccentvriati, sive Rervm in Gallia
et Belgio potissimvm, Hispania qvoqve, Italia, Anglia,
Germania, Vngaria, Transyluania, vicinisque locis, ges-
tarum , Historicæ Narrationis continuatæ. Auctore
M. GOTARDO ARTHUS DANTISCANO. *Francofvrti*, sumptibus
Sigismundi Latomi, Anno 1620. Pet. in-8°, 1 vol.

Continuation de l'ouvrage précédent. Cet unique volume est le livre II du
tome XIII, printemps-automne de 1620. (V. le n° suivant).

920 Mercvrii Gallobelgici, M. GOTHARDO ARTHUSIO p. m. Suc-
centvriati, sive Rervm in Gallia et Belgio potissimvm,
Hispania qvoqve, Italia, Anglia, Germania, Vngaria,
Transylvania, vicinisque locis, gestarum, historicæ narra-
tionis continuatæ. Auctore M. *Johanne Philippo* ABELEO
[ABELINO] Argentoratensi. [*deinde Joanne Georgio*
SCHLEDERO]. *Francofvrti*, sumptibus & typis Hæredum
Sigismundi Latomi, Anno 1628 [-1644]. Pet. in-8°, 6 vol.

Suite de l'ouvrage précédent : I, Tomi XVII lib. I, 1628 ;
II, Tomi XVIII lib. I, 1630 ; III, Tomi XIX lib. I, 1633 ; IV,
Tomi XXIII lib. III, 1641 ; V, Tomi XXIV lib. II, 1642-43 ;
VI, Tomi XXIV lib. III, 1643.

La collection complète de Gothard Arthus et de ses continuateurs se compose
de 35 vol., 1609-1665.

921 *Adolphi* BRACHELII. Historia sui temporis rervm bello et
pace per Europam et imperium romanum gestarum, ab

anno 1618, usque 1652, in duas partes divisa, accedit separatim continvatio Historiæ ab anno 1652 ad hæc usque tempora Scriptore Christiano Adolpho Thuldeno Singulis Historiæ partibus subjiciuntur. Tractatus Historico-Politici in quibus ea quæ in S. R. Imperio Gallia Polonia, Suedia, Anglia, Hollandia, aliisʠ Europæ regionibus tractata sunt exhibentur. *Coloniæ*, sumptibus Joannis Antonii Kinchii, *s. d.* 1 vol. in-8°, Cum figuris, titre rouge et noir.

922 *Christiani Adolphi* THULDENI. Historiarvm nostri temporis pars tertia ; continens res tota Evropa gestas, ab ineunte post Christum natum anno M.DC.LVII. usque ad annum millesimum sexcentesimum unde sexagesimum : accedunt ad finem Historiæ Tractatus historico-Politici. *Coloniæ Agrippinæ*, apud Joan. Ant. Kinchivm, anno M.DC LIX. 1 vol. in-8° avec cartes et figure.

Dans le même volume : Avgvstini GVDICANI Borvssi Polonia sive nova regni Poloniæ, in Aqvila, ejusdem Regni insigni, descriptio et chorographia ad Eqvites Polonos avthor. *Coloniæ*, M DC LVIII.

Tractatus historico-politici ad tertiam partem historiæ pertinentes in quibus manifesta Danica, Suedica memoralia diversorum ad Collegium electorale demonstratio et discussio Austriacarum contra querellas Gallicas et Suedicas Capitulatio Romano Regi facta Confœderatio Principum, aliasque comprehenduntur. *Coloniæ Agrippinæ*, sumptibus Joannis Antonii Kinckii, anno 1659.

Regis Sveciæ litteræ ad Electorem Moguntinum & in simili ad reliquos S. Rom. Imp. Electores Principes ac Status in quibus Controversia quæ nunc vertitur inter Reges Sueciæ & Daniæ, cum suis circumstantiis exponitur et auxilium Imperii contra Daniam postulatur.

Capitvlatio serenissimo et invictissimo Principi Leopoldo I, Imperatori Electo præscripta & subscripta18 iulii an. 1658.

923 Histoire de la rebellion excitée en France par les rebelles de la religion prétendüe reformée depvis le restablissement de la foy catholique en Bearn, en l'année 1620 iusques à l'an 1622. ov l'on void levrs entreprises diuerses, les resolutions de l'assemblée Rocheloise, cercles du Languedoc, synode d'Alez, colloque de Montauban, leurs négociations et pratiques estrangères. La royale condvite des armes de Sa Maiesté en la guerre contre les rebelles, les exploicts de gverre des Dvcs de Mayenne, de Montmorency, d'Angoulesme et d'Espernon, en Guyenne, Languedoc, Xaintonge & pays d'Aulnix et généralement tovt ce qvi s'est passé de mémorable en France, en l'Empire, Hongrie et Pologne, en Espagne, Angleterre, Grisons & Pays-Bas, ez années 1620-21. Reueuë, corrigée & augmentée sur nouveaux mémoires. (Par *Claude* MALINGRE). *Paris*, chez Jean Petitpas, M DC XXIII (tome Ier).

Deuxième tome sous ce titre : Histoire vniverselle de ce qui s'est passé és années 619 & 620 scavoir : depuis le départ de la reine mère du Roy du Chasteau de Blois iusques à présent. *Paris*, Ant. Vitray, M DC XXI.

Troisième et quatrième tomes sous ce titre : Histoire de nostre temps centenant ce qvi s'est passé es années 1623, 1624 et 1625. *Paris*, Petitpas, 1624-1625. — Manquent les premières pages de la table du T. IV, ainsi que les planches.

Cinquième tome sous ce titre : Svite de l'Histoire de la Rebellion pendant les années 1625, 26, 27, 28 et 29, ov l'on voit principalement ce qui s'est passé de mémorable en France, contre le Duc de Rohan et les rebelles du Languedoc, la descente des Anglois en l'Isle de Ré, leur fuitte honteuse. Le siège mémorable de la Rochelle & sa réduction. Ensemble ce qui s'est fait en Italie, tant à Gennes, que Mantouë, Montferrat, en Espagne, Allemagne, Hollande, Turquie & austres pays estrangers. *Paris*, Petit Pas, 1629. — Ensemble 5 vol. in-8°.

924 L'espion dans les cours des Princes chrétiens; ou Mémoires pour servir à l'histoire de ce siècle depuis 1637 jusqu'en 1697. (Par *Jean-Paul* MARANA). Nouvelle édition, revue, corrigée, continuée et augmentée d'une table des matières. A *Amsterdam*, 1756, 9 vol. in-12.

925 L'an 1640. Tableau historique d'après les Archives de la Secrétairerie d'Etat de l'Allemagne et du Nord, par le Dr COREMANS, chargé par le Gouvernement Belge de travaux d'histoire, membre de diverses Sociétés savantes en Allemagne, en Belgique, en Suisse, etc. *Bruxelles*, M. Hayez, imprim., 1847. 1 vol. in-8°.

926 Mercure de *Vittorio* SIRI, Conseiller d'Etat & Historiographe de Sa Majesté Très Chrétienne, contenant l'Histoire générale de l'Europe depuis 1640 jusqu'en 1655. Traduit de l'Italien par M. [*Jean-Baptiste*] REQUIER. *Paris*, Didot, 1756-1759. 15 vol. in-12.

927 Tableau historique représentant l'estat tant ancien que moderne de la France, de l'Allemagne & de l'Espagne : et les plus remarquables démêlez que ces trois Nations ont eus ensemble, tant en paix qu'en guerre, depuis l'établissement du Christianisme jusqu'à nostre âge. Par le sieur DE NOUVELON L'HERITIER [Nicolas l'Heritier de Nouvelon]. *Paris*, Jolly, 1669. In-12, 1 vol.

V. Fontette, T. II, n° 23943.

928 Il ceremoniale historico e politico. Opera utilissima a tutti gli Ambarciatori, e Ministri pnblici, e particolarmente a quei che vogliono pervenire a tali Carichi, e Ministeri. Di *Gregorio* LETI. *Amsterdamo*, Van Waesberge, 1685. In-12, 6 vol. Titre gravé et portrait de Leti.

Ce titre ne donne pas une juste idée de l'ouvrage. C'est une histoire universelle entremêlée de réflexions politiques et un état des diverses contrées de l'Europe.

929 L'Estat de la Covr des Roys de l'Evrope. Où l'on voit les Noms, Surnoms, Qualitez des Roys et Princes Souve-

rains, **un Estat des Ducs, Marquis & Comtes, des Vice-
Roys & Gouverneurs des Provinces; les Cardinaux,
Patriarches, Archevêques, avec les Noms & Qualitez
des Princes regnans en Asie & en Afrique. Par M.** de
Sainte Marthe, Conseiller du Roy en ses Conseils. Histo-
riographe de France. A *Paris*, chez Theodore Girard,
M.DC.LXX. In-12, 3 vol.

Le t. Ier est consacré à la France. — Le t. II est intitulé :
L'Estat de l'Empire, de l'Angleterre, dv Dannemarc, de la
Svede, Pologne et Moscovie. — *Le t. III :* L'Estat de l'Es-
pagne, dv Portvgal et de la Savoye.

930 L'Europe vivante ou l'Estat des Roys, Princes souverains,
& autres personnes de marque dans l'Eglise, dans l'Epée
& dans la Robe, Vivans en Europe en cette presente
année 1685. Avec les noms des Princes de l'Asie & de
l'Afrique. Par *P. S.* [*Pierre Gaucher*, dit *Scévole*]
de Sainte-Marthe, historiographe du Roy. *Paris*,
de Sercy, 1685. In-12, 1 vol.

931 Lettres et Memoires sur la conduite de la presente guerre
[de la succession d'Espagne] et sur les negociations de
paix jusqu'à la fin des Conférences de Geertruydenbergh.
A *La Haye*, chez T. Johnson, M.DCC.XI. In-8°, 2 tom.
en 1 vol., titre rouge et noir.

932 Les Souverains du Monde. Ouvrage qui fait connoitre la
Genéalogie de leurs Maisons, l'Etenduë & le Gouver-
nement de leurs Etats, leur Religion, leurs Revenus,
Forces, Titres, Prétentions, Armoiries, avec l'origine
historique des pieces qui les composent, & le Lieu de leur
Residence, avec un catalogue des auteurs qui en ont le
mieux ecrit. Le tout conduit jusqu'au tems présent [traduit
de l'allemand de *Ferdinand-Louis* Bresler, conseiller à
Breslau]. A *La Haye*, aux dépens de la Compagnie,
M.DCC.XXII. Pet. in-8°, 3 vol.

L'ouvrage complet comprend 4 vol., mais le t. III manque à cet exemplaire.

933 Tablettes de tous les Ministres publics des Cours souveraines de l'Europe, avec leurs titres, noms, fonctions et adresses pour l'année 1728. Qu'on renouvellera chaque Année au 1. Juillet. A *Amsterdam*, chez les Wetsteins & Smith. Pet. in-12, 1 vol., titre rouge et noir.

934 Histoire de la Guerre presente contenant tout ce qui s'est passé de plus important en Italie, sur le Rhin, en Pologne, & dans la plupart des Cours de l'Europe. Enrichie des principaux Plans des Sieges et des Batailles. Par Mr. *P.* MASSUET [bénédictin français]. A *Amsterdam*, chez François l'Honoré, M.DCC.XXXV. In-8°, titre rouge et noir.

935 Histoire de la derniere Guerre et des Negociations pour la Paix. Enrichie de Cartes nécessaires. Pour servir de suite à l'Histoire de la Guerre Presente. Avec la Vie du Prince Eugene de Savoye. Par Mr. *P.* MASSUET. A *Amsterdam*, chez François l'Honoré, M.D.CC.XXXVI. In-8°, 2 vol., titre rouge et noir.

Continuation de l'ouvrage précédent.

936 L'Observateur Hollandois, ou premiere [quarante-cinquieme] Lettre de M. Van ** à M. H** de la Haye, sur l'état présent des affaires de l'Europe [par *J. N.* MOREAU, historiographe de France]. A *la Haye*, 1755 [-1759]. In-8°, 4 vol.

La 46° et dernière lettre manque. Dans le 4° vol., entre la 43° et la 44°, on a inséré :

Parallèle de la Conduite du Roi avec celle du Roi d'Angleterre, électeur d'Hanovre, relativement aux affaires de l'Empire, & nommément à la rupture de la Capitulation de Closter-Seven par les Hanovriens. A *Paris*, de l'Imprimerie Royale, M.DCCLVIII. In-12, XLVIII-138 pp.

937 L'Année Politique, contenant l'Etat présent de l'Europe, ses guerres, ses révolutions, ses sièges, etc., etc., et en général tout ce qui intéresse la politique des Gouvernemens et les intérêts des Princes, pour servir à l'Histoire de 1758. Ouvrage périodique dont on donnera deux

volumes par année. T. Ier qui renferme les six premiers mois de l'année 1758 (Par le Chevalier *Ange* GOUDARD, de Montpellier). *Avignon*, l'auteur, 1759. In-12, 1 vol.

Ce volume est le seul qui ait paru ; l'entreprise de Goudard n'eut pas de réussite.

938 Etat des Cours de l'Europe, ou Tableau des Gouvernements, Républiques et principales souverainetés de cette partie du monde. Par M. PONCELIN DE LA ROCHE-TILHAC, Conseiller du Roi à la Table de Marbre. A *Paris*, chez l'Auteur, Lamy, M.DCC.LXXXIII. In-8°, 1 vol.

939 Tilly ou la Guerre de Trente ans de 1618 à 1632, par le Comte de VILLERMONT. *Paris*, lib. Lethielleux ; *Tournai*, lib. Casterman, édit. et typog., 1860. 2 vol. in-8°.

940 Discovrs parenetiqve ov admonition tovchant l'avthorité des Rois & des Princes & les cavses des gverres de l'Evrope. Par HERIMANNE CHUNRADE, Cheualier, baron DE FRIDENBURG, compte (*sic*) Palatin. Enuoyé avx Rois & avx Princes : translaté du Latin en François (Par *Georges* COLVENEERE, Prevôt de la Collégiale de St Pierre & Premier professeur de théologie en l'Université de Douai). *Douai*, Bellère, 1635. In-4°.— Pièce de 24 pages.

941 Extrait de diverses lettres tovchant qvelqves novvelles dv temps present. *S. l.*, 1635. In-4°. — Pièce de 8 pages non foliotées.

942 Examen Comitiorvm Ratisbonensivm , sive Disquisitio politica de nupera electione novissimi Regis Romanorvm. In qua perspicue ostenditur, neque Conventum Electoralem Ratisbonæ rite institutum, neque designationem Regis Romanorum legitime celebratum esse. Avthore *Justo* ASTERIO, J. C^{to}. *Hanoviæ*, E. Meinhardus, 1637. In-4°. — Pièce de 79 pages.

Deux exemplaires.

943 Lettre du Roy de la Grande Bretagne aux Estats-Généraux des Provinces Vnies sur le corps de Guillaume

Berklay. Auec la responce des Estats au Roy pour le mesme sujet et touchant les moyens les plus promps pour par venir à une paix souhaittable. S. l. n. d. (*La Haye*, 1666). In-4°.—Pièce de 8 pages non foliotées.

944 Scriptum gallicum contra secvritatem circuli bvrgvndici, nuper in comitijs ratisbonensibus compositvm, et recens per Dictaturam Imperij in iisdem Comitijs publicatum. *Bruxellis*, ex officinâ Huberti Anthonij Velpij, typographi Regis, sub Aquilâ aureâ, juxta Palatum, 1667. Br. de 18 pages, pet. in-fol.

945 Feuillets détachés de trois gazettes différentes imprimées en Hollande, contenant des appréciations sur divers événements arrivés en Europe sous le règne de Louis XIV. Sans nom d'imp., l'une datée du 22 Octobre 1685, les autres sans date. 3 feuillets.

946 Lettres écrites d'Anvers par un officier françois, à un de ses amis à Paris, sur l'état présent des affaires de l'Europe & sur ce qui s'est passé à Cremone. A *Cologne*, chez Pierre Marteau, 1702. Pet. in-12. — Pièce de 176 pages.

947 Lettre de Monsieur N. N. Ministre de Son Altesse Sérénissime Monseigneur, écrite de Ratisbonne le 24 Novembre 1715, à Monsieur .... Magistrat de la Ville de Bremen. Traduite de l'Allemand. S. n. d'imp. Br. de 12 pages in-4°.

948 Lettre écrite par Mr. le Comte de Sinzendorff, Chancelier de la Cour de Sa M. I. & C. au Résident Impérial à la Cour Britt., Mr. de Palm, datée de Vienne du 20 Février 1727. S. nom d'imp. Br. de 3 pages in-4°.

Deux exemplaires.

949 Alarme aux endormis et réponse du sieur Broak, feu secrétaire de Mitford Crow, à Monsieur Valles, son correspondent de Barcelone. Sur les matières Politiques d'à présent, traduite premièrement en Catalan ; et en suitte

en Français par le même M. Valles. Avec une seconde
Réponse du même Broak à la fin. *S. n. d'imp., s. d.* Br.
non paginée in-4°, *A-Q* (1734).

950 Réponse à l'écrit, qui a pour titre : Mémoire pour l'ambassadeur du Roy catholique à la cour de la Grande Bretagne,
contenant les raisons qui ont engagé Sa Majesté Catholique à faire la guerre à l'Empereur. Suivant la Copie
imprimée à Vienne en Autriche. A *Brusselle*, chez Pierre
Foppens, 1734. Br. de 24 pages in-4°.

951 Recherche des causes de la présente Guerre entre
Sa Magesté l'Impératrice de la Grande Russie & la Porte
Ottomane. A *La Haye*, chez Jean van Duren, 1737. In-12.
— Pièce de 80 pages.

952 Lettre d'un noble génois à un noble vénitien. A *Savone*,
chez Paul Marinetti, près Notre-Dame, M.DC.C.XLV.
S. n. d'aut. Br. de 61 pages in-8°.

953 Entretiens sur divers sujets de politique relatifs aux con-
jonctures présentes de l'Europe. I. Sur le port d'Ostende
& sur l'établissement des Anglois dans les Païs-Bas.
II. Sur le démembrement de la Monarchie Françoise.
III. Sur l'Etat actuel de la République de Gênes. A *Amsterdam*, aux dépens de Michel, 1747. In-12. — Pièce de
72 pages.

954 Le Proces des trois Rois, Louis XVI de France-Bourbon,
Charles III d'Espagne-Bourbon & Georges III d'Hanovre,
fabricant de boutons, Plaidé au tribunal des Puissances-
Européennes. Par Appendix, l'Appel au Pape. Traduit de
l'Anglois. *Londres*, chez George Carenaught, libraire
près de Temple-Bar, 1780. In-8°, avec une gravure en
taille-douce de William Jones, représentant le Tribunal,
présidé par le Sultan Abdul-Hamid.

« Par Bouffonidor, attaché au chevalier Zeno, autrefois ambassadeur de
» Venise, en France. » (Note de la main de M. Denys-Joseph de Godefroy.)
M. Barbier attribue ce Pamphlet au même Bouffonidor, puis il ajoute : il a été

donné « à tort à S.-N.-H. Linguet par Peignot et par Ersch ; on ne trouve aucun
» détail sur BOUFFONIDOR ; n'est-ce pas un pseudonyme? D'après une note
» insérée au *Bulletin du Bouquiniste*, 1ᵉʳ octobre 1858, page 81, l'ouvrage serait
» du chevalier *Ange Goudar* ».

M. Quérard ne cite pas le *Procès des trois Rois* parmi les œuvres assez nombreuses de cet écrivain.

955 Réponse du Roi notre sire, au bref du Pape, par lequel Il
exhorte S. M. à la Paix universelle. *S. n. d'imp., s. d.*
Br. de 7 pages in-4°, texte à 2 colonnes : espagnol et
français.

HISTOIRE DE FRANCE. — GÉOGRAPHIE ANCIENNE ET MODERNE. TOPOGRAPHIE. — STATISTIQUE.

956 Géographie ancienne historique et comparée des Gaules
Cisalpine et Transalpine, suivie de l'analyse géographique
des itinéraires anciens et accompagnée d'un atlas de neuf
cartes ; par M. le baron WALCKENAER, membre de
l'Institut de France (Académie des inscriptions et belles-
lettres). A *Paris*, librairie de P. Dufart [impr. Crapelet].
A *St-Pétersbourg*, chez J.-F. Hauer et Cⁱᵉ, 1839. In-8°,
3 tom. en 2 vol.

957 Atlas de la Géographie ancienne, historique et comparée
des Gaules Cisalpine et Transalpine, composé d'après les
analyses géographiques de M. le baron WALCKENAER. A
Paris, chez P. Dufart [lithog. Thierry], 1839. Pet.
in-fol., 1 vol. de 9 pl. pliées.

958 Notice de l'ancienne Gaule, tirée des Monumens Romains.
Dédiée a S. A. S. Monseigneur le Duc de Chartres, par
M. d'ANVILLE, de l'Académie Royale des Inscriptions &
Belles-Lettres, suite des Mémoires de l'Académie Royale
des Inscriptions. A *Paris*, chez Desaint & Saillant, &
Durand, M.DCC.LX. In-4°, 1 vol.

959 Eclaircissemens geographiques sur l'ancienne Gaule, pré-

cédé d'un Traité des mesures itinéraires des Romains &
de la lieue Gauloise. Par M. [*Jean-Baptiste* BOUR-
GUIGNON] D'ANVILLE, géographe ordinaire du Roi. *Paris*,
Vᵉ Estienne, 1741. In-12, 1 vol.

960 Observations sur le projet de Carte itinéraire de la Gaule
au commencement du Vᵉ siècle, par M. *L.* COUSIN,
membre de l'Institut des Provinces. *Caen*, typ. Le Blanc-
Hardel, 1868. Br. de 31 pages.

Extrait du Compte-rendu des Séances du Congrès archéologique de France.
Session de 1867.

961 La Géographie Françoise, contenant les Descriptions, les
Cartes, et le Blason des Provinces de France. Par
P. DU VAL D'ABBEVILLE, Géographe ordinaire du Roy. A
Paris, chez l'Auteur, Prés le Palais, sur le Quay de
l'Orloge, 1677. Titre orné, 48 ff. tr. pet. in-fol.

962 Description historique et geographique de la France
ancienne et moderne [par l'abbé *Louis* DUFOUR DE LON-
GUERUE], enrichie de plusieurs cartes geographiques.
[dressées par d'ANVILLE]. *Paris*, chez Pralard, M.DCC.
XXII. In-fol., 2 part. en 1 vol.

963 Introduction a la Description de la France, et au Droit
public de ce Royaume. Par M. PIGANIOL DE LA FORCE.
Troisieme Edition, corrigée & augmentée considérablement. A *Paris*, chez Guillaume Desprez, M.DCCLII.
In-12, 2 vol.

Tome Iᵉʳ contenant tout ce qui s'observe auprès du roi, l'état
de sa maison, ses titres, ses prérogatives, son cérémonial, etc.
— Tome II contenant le gouvernement ecclésiastique, civil et
militaire de la France.

964 Nouvelle Description de la France ; dans laquelle on voit
le Gouvernement general de ce Royaume, celui de chaque
Province en particulier ; et la Description des Villes,
Maisons Royales, Châteaux, & Monumens les plus remarquables. Avec des Figures en taille-douce. Par M. PIGA-

NIOL DE LA FORCE. Troisieme Edition. A *Paris*, chez Guillaume Desprez, M.DCCLIII [-LIV]. In-12, 13 vol.

Tomes : Ier, Ile de France; II, Picardie et Artois ; III, Champagne et Bourgogne ; IV, Bourgogne et Dauphiné ; V, Provence; VI, Languedoc ; VII, Guyenne, Gascogne, Saintonge, etc.; VIII, Poitou et Bretagne ; IX, Normandie ; X, Maine, Orléanois, Nivernois, etc. ; XI, Lyonnois, Auvergne, Limousin, etc. ; XII, Touraine, Anjou, Flandre, Trois-Évêchés ; XIII, Lorraine, Alsace, Roussillon.

965 Les Frontières de la France par *Th.* LAVALLÉE. *Paris*, Furne et Cie [impr. Simon Raçon], 1864. Pet. in-8°, 1 vol.

966 Dissertation sur l'ancienne jonction de l'Angleterre a la France, qui a remporté le Prix, au jugement de l'Académie des Sciences, Belles-Lettres & Arts d'Amiens, en l'année 1751. Avec des Plans & des Cartes Topographiques. Par Monsieur DESMAREST. A *Amiens*, chez la Veuve Godart, et se vend à *Paris*, chez Ganeau, Chaubert, Lambert, M.DCC.LIII. Pet. in-8°, 1 vol.

967 Lettres du chevalier *Robert* TALBOT de la Suite du Duc de Bedford à Paris en 1762. sur la France comme elle est dans ses divers départemens : Avec nombre de particularités intéressantes touchant ses hommes en place. Mises en François par Mr. MAUBERT de G. [GOUVEST], Secrétaire du Feu Roi-Electeur Auguste III. A *Amsterdam*, chez François Changuion, M DCC LXVI. In-12, 2 vol.

968 La France divisée en ses principaux gouvernements avec toutes les Routes de ce Royaume. Dressée sur les observations de Messrs de l'Académie des Sciences, dédiée et présentée au Roy. A *Paris*, chez Desnos, géographe Ingén^r pour les Globes, sphères et Instruments de Mathématique, 1782. Carte collée sur toile et pliée.

969 Carte du royaume de France divisée en 86 Départements, d'après le Traité de Paix de Paris, gravée par J. B.

Tardieu, 1818. A *Paris*, chez Jean, rue St Jean de Beauvais. Collée sur toile et pliée.

970 Tableau d'assemblage des 24 feuilles de la carte générale de France réduite sur l'échelle d'une ligne pour 400 Toises et de celle en 180 Feuilles. Le dépot des Cartes est à l'Observatoire, chez L. Capitaine, à *Paris*. Collée sur toile et pliée.

971 France à l'usage des écoles. J. Andriveau-Goujon, éditeur. *Paris*, 1852. Gravée sur pierre par Regnier et Dourdet. Carte collée sur toile et pliée.

972 Carte des routes de postes de l'empire français, du royaume d'Italie et de la confédération du Rhin, dressée par ordre du Conseil d'Administration des postes et relais, gravée par P. A. F. Tardieu, graveur des Postes Impériales, 1814, dressée et dessinée par P. Tardieu fils. 1re carte : Angleterre, Hollande, Nord de la France. 2e carte : Allemagne, Autriche. 3e carte : Italie, Grèce, Turquie. 4e carte : Sud de la France, Espagne. 4 cartes collées sur toile et pliées.

HISTOIRE DE FRANCE. — ORIGINES. — CELTES. — GAULOIS.

973 Introduction à l'histoire de France ou description physique, politique et monumentale de la Gaule jusqu'à l'établissement de la Monarchie par *Achille* de JOUFFROY, de l'Académie de Rome, et *Ernest* BRETON, de l'Institut historique. *Paris*, typog. Firmin Didot frères, 1838. 1 vol. in-fol. avec frontispices, cartes et planches hors texte.

974 Histoire des Celtes, et particulierement des Gaulois et des Germains, depuis les Tems fabuleux, jusqu'à la Prise de Rome par les Gaulois. Par *Simon* PELLOUTIER, Pasteur de l'Eglise Françoise de Berlin. Nouvelle Edition, revue,

corrigée et augmentée. Par M. de CHINIAC, Avocat au Parlement. A *Paris*, de l'Imprimerie de Quillau, M.DCC. LXX [-LXXI]. In-12, 8 vol., chez Barbou, Delalain, Crapart, etc.

975 Origines Gauloises, celles des plus anciens peuples de l'Europe, puisées dans leur vraie source, ou Recherches sur la Langue, l'Origine et les Antiquités des Celto-Bretons de l'Armorique, pour servir à l'Histoire ancienne et moderne de ce Peuple, et à celle des Français. Par LA TOUR D'AUVERGNE-CORRET, premier grenadier de la République Française. Troisième édition. A *Hambourg*, chez P. F. Fauche, et à *Paris*, chez tous les Libraires, 1801. In-8°, 1 vol. (manque le portrait de l'auteur).

976 Histoire des Gaulois, depuis les temps les plus reculés jusqu'à l'entière soumission de la Gaule à la domination romaine, par M. *Amédée* THIERRY, Membre de l'Institut. Troisième édition. *Paris*, Jules Labitte [*Corbeil*, impr. Crété], 1844. In-8°, 3 vol.

977 *Theodori* MARCILII, de lavdibvs Galliæ. Oratio I in qua de primis huiusce imperii florentissimi quasi parentibus, atque incunabulis, deque Galliæ, Celticæ et Franciæ nomine disputatur. *Parisiis*, D. a Prato, 1584. In-12, 1 vol.

> *In eodem volumine* : *Gabrielis* PRATEOLI, Marcossii [*Gabriel* DU PRÉAU, né à Marcoussy et curé à Péronne], sermones duo · panegyrici : Unus in funere Henrici Valesii, hujus nominis secundi Francorum Regis, die suarum exequiarum habitus Lutetiæ, idibus Augusti, 1559 ; Alter, De iucunda Francisci Valesii huius nominis secundi, Francorum regis, apud Remos inauguratione, quam Sacrum, seu sacram inunctionem vocant. Ad R. R. Cardinalem Lotharingium. *Parisiis*, T. Brumenius, 1559.

978 Histoire de la Gaule sous la domination romaine par M. *Amédée* THIERRY, sénateur, membre de l'Institut.

Nouvelle édition. *Paris*, Librairie Académique, Didier et Cte [impr. J. Claye], 1866. In-8°, 2 vol.

979 Originvm Franciscarvm Libri VI. in quibus præter Germaniæ ac Rheni Chorographiam, Francorvm Origines ac primæ sedes aliaque ad gentis in Gallias transitum, variasque victorias, instituta ac mores pertinentia, ordine deducuntur, Authore *Ioanne Isacio* Pontano. *Hardevici*, Ex Officinâ Thomæ Henrici, Impensis Henrici Lavrentii, Amstelodamensis Librarij. An. cIɔ Iɔ cxvi. In-4° car., 1 vol., rel. parchemin.

980 Histoire de France avant Clovis. L'origine des François, & leur establissement dans les Gaules, l'estat de la religion, & la conduite des Eglises dans les Gaules, jusqu'au regne de Clovis. Par le Sr. de Mezeray. A *Amsterdam*, chez Abraham Wolfgang, l'an 1688. In-12, 1 vol.

981 Histoire des Francs par M. le comte de Peyronnet. *Paris*, [impr. Dupuy] Allardin, M. DCCC. XXXV. In-8°, 2 vol., frontisp. gravé.

982 Discours sur l'établissement des Francs dans les Gaules prononcé au Congrès scientifique d'Arras, le 29 Août 1853, par *M. B.-C.* du Mortier, membre de la chambre des représentants. *Arras*, typ. Brissy. 1 broch. 38 pag. pet. in-8°.

HISTOIRE DE FRANCE. — CONDITIONS DES PERSONNES. — MŒURS.

983 De l'état-civil des personnes et de la condition des terres dans les Gaules, dès les temps Celtiques, jusqu'à la rédaction des coutumes. (Par *Claude-Joseph* Perreciot de l'Académie de Besançon). En *Suisse*, aux dépens de la Société, 1786. 2 vol. in-4°.

984 Histoire de la vie privée des Français, depuis l'origine de la nation jusqu'à nos jours. Par M. Le Grand d'Aussy. Première partie [seule parue]. A *Paris*, de l'imprimerie de Ph.-D. Pierres, [chez Eug. Onfroy, et à *Maestricht*, chez Dufour] M. DCC. LXXXII. In-8°, 3 vol.

985 Recherches sur les prérogatives des Dames chez les Gaulois, sur les cours d'amour, ainsi que sur les privilèges qu'en France les meres nobles transmettoient autrefois à leurs descendans quoique issus de peres roturiers, où l'on expose les vestiges qui restent de ces anciens usages ; le tout précédé de quelques réflexions sur l'influence & la part que les femmes ont eues, par M. le Président Rolland [d'Erceville], de l'Académie d'Amiens. A *Paris*, chez Nyon l'aîné, M.DCC. LXXXVII. In-12, 1 vol., imp. chez N. H. Nyon.

986 De l'Estat ancien de la France declare par le seruice personnel deu par le vassal à son Seigneur à cause de son Fief, tant profitable que guerrier, public & priué, Distributions de la Iustice qu'Honnorable & Foy & Hommage. par *Clément* Vaillant Aduocat en Parlement. A *Paris*, chez Iean Micard, 1605. Pet. in-12, 1 vol.

987 Cérémonies des gages de Bataille selon les constitutions du bon Roi Philippe de France représentées en onze figures ; suivies d'instructions sur la manière dont se doivent faire Empereurs-Rois, Ducs, Marquis-Comtes, Vicomtes, Barons, Chevaliers, avec les avisements et ordonnances de guerre ; publiées d'après le manuscrit de la Bibliothèque du Roi par *G. A.* Crapelet, imprimeur, chevalier de la Légion d'honneur, membre de la Sté Royale des antiquaires de France. *Paris*, Renouard Lib. ; Imp. Crapelet, MDCCCXXX. 1 vol. in-8°.

988 Les Mœurs & coutumes des François dans les premiers tems de la Monarchie. Par M. l'Abbé [*Louis*] Le Gendre, chanoine de l'Église de Paris. Précédés des Mœurs des anciens Germains, traduits du latin de C. Tacite, et

d'une préface contenant quelques remarques relatives aux usages anciens ou modernes de ces deux Peuples. *Paris*, Briasson, 1753. In-12, 1 vol.

989 Coutumes, Mythes et Traditions des Provinces de France par *Alfred* de NORE. Librairie de Périsse frères. *Paris*, [impr. H. Vrayet de Surcy] ; *Lyon*, 1846. In-8°, 1 vol.

990 Quel fut l'État des personnes en France, sous la première & la seconde Race de nos Rois? Ouvrage couronné par l'Académie Royale des inscriptions & belles-lettres en 1768 ; Où l'on essaye d'éclaircir, d'après les seuls monumens du temps, les questions les plus intéressantes de nos antiquités, par M. l'Abbé DE GOURCY. A *Paris*, chez Desaint, M. DCC. LXIX. In-12, 1 vol.

991 Essai sur l'histoire de la formation et des progrès du Tiers État suivi de deux fragments du Recueil des Monuments inédits de cette histoire par *Augustin* THIERRY membre de l'Institut. Troisième édition. *Paris*, Furne et C°. [imp. J. Claye] 1855. In-12, 2 tom. en 1 vol (tom. IX-X des *Œuvres complètes* d'Aug. Thierry).

992 Histoire des Français des divers états aux cinq derniers siècles, par *Amans-Alexis* MONTEIL. Ouvrage couronné deux fois par l'Institut, nouvelle édition augmentée d'une préface par M. *Jules* JANIN, et ornée de vingt-quatre gravures sur acier. *Paris*, [impr. Schneider et Langrand] W. Coquebert, Furne et C°, 1842 [-44]. In 8°, 10 vol.

993 Le Covrlisan a la mode selon l'vsage de la covr de ce temps. Adressé aux amateurs de la vertu. A *Paris*, 1626. In-12. — Pièce de 14 pages.

994 Sur l'état de la Société au 1er Janvier 1834. Par M. le Cte DU HAMEL. *Paris*, Dentu, 1834. In-8°. — Pièce de 70 pages.

A cette brochure se trouve jointe une lettre d'envoi à M. le Marquis de Godefroy par M. le comte du Hamel, et copie de la lettre de remercîment adressée au Comte par son ami.

HISTOIRE DE FRANCE GÉNÉRALE. — SOUS LES TROIS RACES.

995 *Papirii* MASSONI annalivm libri qvatvor quibus res gestæ
Francorum explicantur ad Henricvm tertivm regem
Franciæ & Poloniæ. *Lvtetiæ,* apud Nicolaum Chesneau,
via Iacobæa sub quercu viridi M. D. LXXVIII. 1 vol.
in-4°. Excvdebat Henricvs Thiery, anno salutis M.
DLXXVII.

996 PAVLI ÆMYLII VERONENSIS, historici clarissimi de Rebvs
gestis Francorvm ad Christianissimum Galliarum Regem
Franciscvm Valesium, eius nominis primum, libri Decem,
Ex postrema authoris recognitione. Additvm est de
Regibvs item Francorum Chronicon, ad hæc usque
tempora studiosissimè deductum, cum rerum maximè
insignium indice copiosissimo. *Lvtetiæ*, Ex officina
M. Vascosani, M. D. L. Cum priuilegio Regis. *Arnoldi*
FERRONI Burdigalensis, Regii consiliarii, de Rebvs gestis
Gallorvm libri IX, ad Historiam Pavli Æmylii additi
perdvcta Historia vsque ad tempora Henrici II, Fran-
corvm Regis. *Lvtetiæ*, Apud Vascosanum, M. D. L.
Cum priuilegio Senatus. In-f°, 2 tom. en 1 vol.

997 Habes candide lector. R. Patris *Roberti* GAGUINI quas
(*sic*) de francorum regum gestis scripsit annales Necnon
Huberti velleij (*sic*) senatorij aduocati cõsertũ aggerẽ :
quo ea quę ille fato p̃uentus minime expleuerat ad tempora
nostra nectuntur quę si benigno legeris oculo non
adspernenda (*sic*) iudicabis. [*Nota bibliopolæ* Pierre
Viart] Venũdantur Parisius (*sic*) inuico (*sic*) sancti
Iacobi subinter- (*sic*) signio Leonis argentei. Cum priuilegio. [1521]. In-8°, 1 vol. de 20 ff. de tit. et tab. non
cotés et ccclj ff. cotés, grav. sur bois, tit. rouge et noir.

Au v° du tit. : Extraict des registres de parlement. *F°
suivant, r°* : Robertus Gaguinus ad Diuam Virginem. — *v°* :
Ordine litterario gestorũ in hoc cõpendio mẽoratu dignis

simorū Index alphabetitus. [2 col.] — *F⁰ 1, r⁰* : In cōpēdiū
de gestis frācorū p̄fatio. Roberti Gaguini ordinis sancte
Trinitatis generalis. Ministri in nouā cōpendij de Francorum
gestis editionem Prefatio. — *F⁰ 316, r⁰* : Hactenus Guaguinus.
Huberti Velleij aqueñ. Vtriusqz peritie discipuli senatorijqz
aduocati ad Guaguinum agger. — *F⁰ 351, r⁰, in fine* : Precla-
rissimum hoc de francorum gestis compendiū multis notatu
dignissimorū ad ditionibus (*sic*) libriqz VIII' accessione lucu-
pletatum (*sic*) emendatum et castigatū vsqz ad annum domini.
M. ccccc.xxj. Impressum Parisius (*sic*) per Iohannem Cor-
nillau pro Petro Viard (*sic*) in inclita vrbe Parisiensi bibliopola
iurato anno quo supra, sole vero vicesimam Iulij claudente.

998 Les Chroniqves et Annales de France, dès l'origine des
François, & leur venuë és Gaules, par *Nicole* Gilles
secretaire dv Roy, ivsqv'av Roy Charles huictiesme, &
depuis additionnees par *Denis* Sauuage, jusqu'au Roy
François second, reveves, corrigees et avgmentees selon
la verité des Registres & Pancartes anciennes, & suiuant
la foy des vieux exemplaires, contenantes (*sic*) l'Histoire
vniuerselle de France, dès Pharamond, iusqu'au Roy
Charles IX. Par *F.* de Belleforests, Comingeois. Auec
la suite & continuation, jusques au Roy tres-Chrestien
de France & de Nauarre Lovys XIII, ensemble tovs les
portraicts des roys en taille dovce, plvs la saincteté dv
roy Lovys dict Clovis. Par M. *Iean* Savaron, Conseiller
du Roy, President & Lieutenant general en la Seneschaussée & siege Presidial à Clairmont (*sic*). A *Paris*,
chez Pierre Chevalier, M. DC. XXI. In-f°, 1 fort vol.,
tit. rouge et noir, lettres ornées et portr. gravés.

999 Le veritable Inventaire de l'Histoire de France. Illustré
par la conference de l'Eglise & de l'Empire. Par *Iean*
de Serres. Auec la continuation de la mesme Histoire
iusques à l'année M. DC. XLVIII, contenant tovt ce qui
s'est passé de plvs memorable en Flandres, en Allemagne,
en Italie & dans la Catalogne, jusques à la deffaite de
l'Armée du Roy d'Espagne par le Prince de Condé :

Auec des Sommaires au commencement du Regne de chacun de nos Rois, & leurs Portraits au naturel. A *Paris*, chez Arnovld Cotinet, Iean Roger, et François Prevveray, M. DC. XLVIII. In-f°, 2 vol., frontisp. gravés, tit. rouge et noir, gravures.

1000 Floridorvm Liber singvlaris. Vnde plæraqve (*sic*) minvs obuia, de Francorvm ortu, ac Delphini prouinciâ, nouis Inscriptionibus additis, odorari liceat. Ad Lvdovicvm XIII, Regem Christianissimvm, recenti, ac multiplic laureâ belli redimitum. [Auctore *St.* CLAVERIO].*Parisiis*, Apud Antonivm Vitrævm, M. DC. XXI. In-12, 1 vol.

1001 Anacephaleoses genesvm, sapienterque dicṭa & monodiæ quinqvaginta octo illustrium Francorum Regnum a Pharamvndo ad Rhenum primo sedente usque ad Franciscum Valesium. *Francisco* BONADO Angeriacensi, Aquitane bucomiastre. *Parisiis*, Ptr. Gromorsu, 1543. In-8°, in-12.

1002 Les Rois de France, par Messire *Charle* DE FLAVIGNY, cheualier François. Edition seconde. *Paris*, M. Sonnius, 1594. In-8°, 1 vol.

Voir Fontette, T. II, n° 15639. — Le vrai nom de famille de l'auteur est COTHIER. Il possédait les seigneuries de Juilly, de Flavigny, de Souhé et quelques autres terres situées dans l'Auxois en Bourgogne. — C'est *Marc-Antoine* MILLOTET, avocat général au Parlement de Dijon, qui donna cette *édition seconde* de l'œuvre de son ami, en tête de laquelle il fit imprimer la *Consolation dv sievr* DE JVILLY, *à son fils prisonnier.* Cet opuscule de 47 pages est écrit de ce style vif et alerte des hommes d'action du XVIᵉ siècle, et malgré quelques impropriétés et quelques excès de langage, qu'un goût plus épuré aurait fait rejeter, il se lit avec plaisir.

1003 Les vrays Portraits des Roys de France [gravés par *Jacques* DE BIE]. Maiesté. Pvissance. A *Paris*, chez Iean Camvsat rue S. Iacques, à la Toyson d'or. Auec Priuilege du Roy, 1636. In-f°, 1 vol., frontisp. gravé, belles gravures sur cuivre.

1004 Recveil des Roys de France levrs Covronne et Maison,

ensemble, le rang des grands de France, par *Iean* DU
TILLET, sieur de la Bussiere, Protenotaire (*sic*) & Secretaire du Roy, plus une Chronique abbregee contenant
tout ce qui est aduenu, tant en fait de guerre, qu'autrement, entre les Roys & Princes, Republiques & Potentats
estrangers : par M. *I.* DU TILLET, Euesque de Meaux
freres (*sic*). En ceste dernière édition, ont esté adjoustez
les memoires dudit sieur, sur les Priuileges de l'Eglise
Gallicane, & plusieurs autres de la Cour de Parlement,
concernans lesdits priuileges. A *Paris*, chez Iamet &
Pierre Mettayer, CIꝹ DCII. In-4°, 1 fort vol., bois dans le
texte.

1005 De l'Estat et Svccez des Affaires de France. Œuure
despuis les precedentes éditions, augmenté, enrichy, &
illustré, contenant sommairement l'Histoire des Roys de
de France, & les choses plus remarquables par eux insti-
tuées pour l'ornement & grandeur de leur Royaume.
Ensemble vne sommaire Histoire des seigneurs, Contes,
& Ducs d'Anjou. Par *Bernard* DE GIRARD, seigneur du
Haillan, secrétaire de Monseigneur le Duc d'Anjou,
ayant charge de sa Maiesté d'escrire l'Histoire de France.
A *Paris*, à l'Oliuier de Pierre l'Huillier, 1572. In-4°,
1 vol.

1006 De l'Estat et Svccez des Affaires de France : **Enrichi &**
illustré, contenant sommairement l'histoire des Rois,
Vne sommaire Histoire des Seigneurs, Comtes & Ducs
d'Anjou. Par *Bernard* DE GIRARD, seigneur du Haillan.
A *Geneue*, de l'imprimerie de Iacob Stoer, M. DC. IX.
Pet. in-8°, 1 vol.

1007 Florvs Gallicvs, sive Rervm a veteribvs Gallis bello
gestarvm Epitome In IV. Libellos distinctas Authore
Petro BERTHAVLT Presbyt. Orat. D. Iesv, Archidiacono
& Canonico Carnotensi. *Lvgdvni*, Apud Michaelem
Meyer, M. DC. LXXI. In-12, 1 vol.

[*In eodem volumine* : Florvs Francicvs, seu Rerum

a Francis bello gestarum Epitome ; Auctore Petro
Berthault. *Lugduni*, 1671. In-12.

Le titre, qui manque dans cet exemplaire, a été relevé dans Fontette.

1008 Epitome de l'antiqvité des Gavles et de France, par fev
Messire *Gvillavme* DV BELLAY, Seignevr de Langey
Cheualier de l'ordre du Roy, & son Lieutenant general
en Piedmont. Auec vn prologue ou préface sur toute son
histoire, & le catalogue des liures alleguez en ses liures
de l'antiquité des Gaules & de France. Plus sont adioustées
vne Oraison & deux Epitres, faites en latin par ledit
autheur & par luy mesmes traduites de latin en Françoys.
Paris, Vincent Sertenas, Lib. 1556. 1 vol. in-4º.

1009 Epitome Historiæ Gallicæ, hoc est Regvm & rerum
Galliæ vsque ad annum 1604. Brevis notatio : Additis
genealogiis Regvm & præcipuarum familiarum Galliæ.
Ex officina Paltheniana, sumptibus Ionæ Rhodii, 1604.
In-12. — 278 pages.

L'avis au lecteur, en six distiques latins, est signé : P. C. A. S. B.

1010 Svstine et abstine. Premier [et second] volume des anti-
qvitez de la Gaule Belgicque, Royaulme de France,
Austrasie & Lorraine avec l'origine des Duchez &
Comtez, de l'ancienne & moderne Brabant, Tōgre,
Ardenne, Haynau, Mozelane, Lotreich, Flādres, Lor-
raine, Barrois, Luxēbourg, Louuain, Vvaudemont,
Iainuille, Namur, Chiny. Et aultres principaultez.
Extraictes soubz les vies des Euesques de Verdvn,
Anciēne cite d'Icelle Gaule : par M. RICHARD DE
VVASSEBOVRG, Archidiacre en l'eglise de Verdvn. Avec
plusieurs Epithomes, & sommaires, es vies des Papes,
Empereurs, Roys, & princes dessusdictz. Depuys Ivlés
Cæsar iusques à presēt, 1549. [*Paris*, Fr. Girault, impr.,
et V. Sertenas, libr.] Fut acheué d'imprimer le 13 de
Nouembre, 1549. In-fº, 2 tom. en 1 vol., tit. rouge et
noir à encadrement.

1011 Chronicon de Regibvs Francorvm, a Pharamvndo **vsqve** ad Henricvm II. (à *Ioanne* DU TILLET, episcopo Meldensi). *Parisiis*, Vascosan, 1548. In-8°. — 182 **pages** non chiffrées, signées A.-L.

La chronique de du Tillet s'arrête en 1547. Sur les trois pages de garde du volume, les événements les plus remarquables depuis cette date jusqu'en 1672 ont été ajoutés par M. M. Godefroy.

1012 *Io.* TILII [*Jean* DU TILLET], Chronicon de Regibvs Francorvm, a Faramvndo vsque ad Franciscvm Primvm. Cui deinceps adiunximus quæ a Francisco Primo usque ad Henricum II gesta sunt. *Lvteliæ*, Vascosanus, 1551. In-8°, 1 vol.

1013 Histoire des Gavles, et Conqvetes des Gavlois en Italie, Grece et Asie. Auec un abbregé de tout ce qui est arriué de plus remarquable esdites Gaules dès le temps que les Romains commencerent à les assujettir à leur Empire, jusques au Roy Iean. Par Messire *Antoine* de LESTANG, Seigneur de Belestang, Cheualier, Conseiller du Roy & Presidant (*sic*) en la Cour de Parlement de Toulouse. A *Bovrdeavs*, par Simon Millanges, M. DC. XVIII. In-4°, 1 vol., tit. rouge et noir.

1014 Histoire critique de l'établissement de la Monarchie Françoise dans les Gaules. Par M. l'Abbé DUBOS, l'un des quarante, & Secrétaire perpetuel de l'Academie Françoise. Nouvelle édition. A *Paris*, chez Nyon fils, M. DCC. XLII. In-4°, 2 vol., tit. rouge et noir.

1015 Fastes de la France, ou tableaux chronologiques, synchroniques et géographiques de l'histoire de France, depuis l'établissement des Francs dans les Gaules jusqu'à nos jours. Indiquant les évènements politiques, les progrès de la civilisation et les hommes célèbres de chaque règne, par *C.* MULLIÉ. 3° édition. A *Lille*, chez l'auteur et chez Vanackere fils, [*s. d.*, 1831 ?]. In-f° obl., 1 vol. de 76 ff. non cotés.

1016 Histoire de la Monarchie Françoise. Par *C.* SOREL. A *Paris*, chez Clavde Morlot, M. DC. XXIX. Avec privilege dv Roy. Pet. in-8°, 1 vol.

1017 Histoire de l'Origine et des progrez de la Monarchie Françoise, suivant l'ordre des Temps ; où tous les faits historiques sont prouvez par des Titres autentiques, & par les auteurs contemporains. Par *Guillaume* MARCEL. *Paris*, D. Thierry, 1686. In-12, 4 vol.

1018 Abbrégé de l'Histoire Francoise avec les effigies des Roys, depuis Pharamond iusques au Roy Henri IIII à present regnant. Tirees des plus rares et excellents cabinets de France. Reueu, corrigé & augmenté de nouueau de ce qui s'est passé, iusques a la presente année 1609. (Par H. C.) à *Rouen*, J. Petit, 1609. In-8°. — Pièce de 89 ff. & 4 autres non cotés.

1019 Le Tresor de l'Histoire de France. Reduit par tiltres et lieux communs, diuisé en deux parties. La première composée par *G. C.* [*Gilles* CORROZET]. Augmentée et enrichie de plusieurs curieuses recherches et pièces autentiques, par *L. C.* [*Louis* COULON, augmentée auparavant par *Claude* MALINGRE, historiographe de France]. Avec l'Histoire des Roys de France et leurs portraits. *Paris*, F. Clousier, 1645. In-8°, 1 vol.

1020 Abrege chronologique de l'Histoire de France, par le Sr de MEZERAY, Historiographe de France. Divise en six Tomes. A *Amsterdam*, chez Abraham Wolfgang, près la Bourse, l'an 1682. In-12, 6 vol.

1021 Histoire de France [Par *Claude* CHALONS, prêtre de l'Oratoire.] A *Paris*, chez Jean Mariette, M. DCC. XX. Avec privilege du Roy. In-12, 3 vol.

1022 Histoire de France, depuis l'établissement de la Monarchie Françoise dans les Gaules ; avec des Notes et des Dissertations sur divers points de cette Histoire. Par le P.

Gab. Daniel. Nouvelle édition, enrichie de Medailles, & carte du Royaume de France. A *Paris*, chez Simon Renard. M. D. CC. XXX. In-12, 1 vol.

1023 Histoire de France, depuis l'établissement de la Monarchie Françoise dans les Gaules, par le Pere *G*. Daniel, de la Compagnie de Jesus ; nouvelle édition, augmentée de notes, de dissertations critiques & historiques, de l'histoire du regne de Louis XIII, & d'un journal de celui de Louis XIV, [par le *P. H.* Griffet, S. J.] et ornée de plans, de cartes géographiques, & de vignettes représentant des médailles & des monnoyes de chaque regne. A *Paris*, chez les libraires associés [Lemercier, Desaint & Saillant, de Hansy, Herissant, Boudet, etc.] M. D. CC. LV. [-LVII]. In-4°, 17 vol., frontisp. gravé.

T. 1er. 468-628. — T. II. 621-877. — T. III. 877-1180. — T. IV. 1180-1285. — T. V. 1285-1364. — T. VI. 1364-1422. — T. VII. 1422-1483. — T. VIII. 1483-1515. — T. IX. 1515-1559. — T. X. 1559-1574. — T. XI. 1574-1593. — T. XII. 1593-1610. — T. XIII. 1610-1630. — T. XIV. 1630-1637. — T. XV. 1637-1643. — T. XVI. 1643-1715. — T. XVII. Table générale.

1024 Histoire de France, depuis l'établissement de la monarchie jusqu'à Louis XIV. Par M. l'Abbé Velly. [*à partir du t. IV*, continuée par M. Villaret ; *à partir du t. IX*, par M. Garnier, historiographe du Roi.] A *Paris*, chez Saillant et Nyon, Desaint, [*puis*, veuve Desaint et Nyon l'aîné] M. DCC. LXX. [-LXXXVI]. In-4°, 15 tom. en 8 vol., plus 1 vol. intitulé :

Table générale des matières des quinze premiers volumes de l'Histoire de France, par Velly, Villaret et Garnier. [dressée par Rondonneau]. A *Paris*, chez Veuve Desaint, Nyon l'aîné. An VII de la République. In-4°.

1025 Annales de la Monarchie Françoise, depuis son établissement jusques à présent, ou l'on trouve l'origine de cette puissante Monarchie au–delà du Rhin, son établissement dans les Gaules, ses progrès, ses révolutions, sa décadence, son renouvellement, ses alliances, ses guerres, ses conquêtes, sa splendeur sous les Rois de la seconde & de la troisième race, son agrandissement, ses richesses, sa puissance, son étenduë sous les derniers règnes ; avec la vie & les actions les plus remarquables de ses Rois, Princes, & Généraux d'Armée ; le tout selon l'ordre chronologique. La succession généalogique des maisons royales de France, de Lorraine, & les preuves de cette succession tirées du trésor des Chartes. Les medailles authentiques depuis Pharamond jusqu'à la majorité de Louis XV. Par M. DE LIMIERS, docteur en droit. A *Amsterdam*, chez L'Honoré & Châtelain. M. DCC. XXIV. In-f°, 3 tom. en 1 vol., tit. rouge et noir, frontisp. gravé.

1026 Journal historique et chronologique de la France, contenant ce qui s'est passé de plus mémorable depuis l'origine de la Monarchie jusqu'à présent, avec une histoire abregée de la vie des rois de France, leurs genealogies, et des remarques sur les différens établissemens qui se sont faits sous leurs règnes. Par Monsieur l'Abbé V*****. [*Guillaume* VALEROT]. Quatrième édition. A *Paris*, chez Merigot Père, M. DCC. LII. In-8°, 1 vol.

1027 Variations de la Monarchie françoise, dans son gouvernement politique civil & militaire ; avec l'examen des causes qui les ont produites : ou Histoire du Gouvernement de France depuis Clovis jusqu'à la mort de Louis XIV ; divisée en neuf époques : par M. GAUTIER DE SIBERT. *Paris*, Saillant, 1765. In-12, 4 vol.

1028 Histoire de France, depuis les Gaulois jusqu'à la mort de Louis XVI : par [*Louis-Pierre*] ANQUETIL, membre de l'Institut. *Paris*, Lebigre frères, [impr. Rignoux, *puis* Fain] 1832. In-8°, 13 tom. en 7 vol.

1029 Histoire de France depuis les temps les plus anciens jusqu'à nos jours d'après les documents originaux et les monuments de l'art de chaque époque par MM. *Henri* BORDIER et *Édouard* CHARTON. *Paris*, aux bureaux du Magasin Pittoresque [typogr. J. Best] 1859 [-60]. In-4°, à 2 col., 2 vol., bois dans le texte.

1030 Victoires, Conquêtes, Revers et Guerres civiles des Français, depuis les Gaulois jusqu'en 1792 par une société de militaires et de gens de lettres, [le général BEAUVAIS, *V*. PARISOT, et autres]. *Paris*, C. L. F. Panckoucke, éditeur, 1821 [à 1823]. In-8°, 6 vol.

1031 Victoires, Conquêtes, Désastres, Revers et Guerres civiles des Français, de 1792 à 1815, par une société de militaires et de gens de lettres [le général BEAUVAIS, *V*. PARISOT, et autres]. *Paris*, C. L. F. Panckoucke, éditeur, 1818 [à 1822]. In 8°, 29 vol.

Le t. XXVII est intitulé : Victoires, Conquêtes des Français de 1792 à 1815. Couronne poétique par MM. ANDRIEUX, BAOUR-LORMIAN, de BÉRANGER, BOISJOLIN, *A*. BUTTURA, CAUCHY, *M*. *J*. CHÉNIER, COLLIN D'HARLE-VILLE, DE CORMENIN, DARU, DAMIN, DAVRIGNY, DEGUERLE, *Casimir* DELAVIGNE, *Emile* DESCHAMPS, DESFORGES, DESORGUES, DORANGE, DUCIS, DUPUIS-DES-ISLETS, ESMENARD, *J. J. Victorin* FABRE, FONTANES, *François* DE NEUFCHATEAU, *H*. GASTON, *F*. GIANNI, GINGUENÉ, *J*. GROBERT, LAHARPE, LEBRUN, LEFEBVRE, LEMERCIER, MASSON, MILLEVOYE, MONVEL, PARNY, PELLET, DE PILS, PINIÈRE, ROUGET DE LISLE, DE SAINT-ANGE, SOURNET, THÉVENAU, *P. F*. TISSOT, TROUVÉ, VIENNET DE BÉZIERS, VIGÉE, DE WAILLY, XIMÉNEZ. Fac-simile des écritures de Napoléon Bonaparte, Berthier, Brune, Davoust, Desaix, Dessolle, Hoche, Kellermann, Kléber, Marmont, Masséna, Moreau, Ney, Oudinot, Soult, Suchet. *Paris*, C. L. F. Panckoucke, 1821.

Les deux derniers tomes sont intitulés : Portraits des

Généraux français, faisant suite aux Victoires et Conquêtes des Français. Cette collection sera jointe à la biographie militaire française qui termine l'ouvrage. *Paris*, C. L. F. Panckoucke, M. D. CCC. XVIII.

1032 Monumens des Victoires et Conquêtes des Français Recueil de tous les objets d'art, arcs de triomphe, colonnes, bas-reliefs, routes, canaux, tableaux, statues, médailles, consacrés à célébrer les victoires des Français de 1792 à 1815, [dessinés et gravés **par** *Ambroise* Tardieu, texte par *J.-Ph.* Voïart. *Paris*, C. L. F. Panckoucke, 1822. In-f⁰ obl., 1 vol. relié en 2.

1033 Œuvres de Froissart, publiées avec les variantes des divers manuscrits, par M. le baron Kervyn de Lettenhove. Chroniques. Tome 1ᵉʳ, Introduction, 1ʳᵉ partie. Tome 1ᵉʳ, Introduction, 2ᵉ et 3ᵉ partie. Le livre de chevalerie, par *Geoffroy* de Charny, 1873. Tome 2ᵉ 1322-1339. Tome 3ᵉ, 1339-1342. Tome 4ᵉ, 1342-46. Tome 5ᵉ, 1346-1356. Tome 6ᵉ, 1356-64. Tome 7ᵉ, 1364-70. Tome 8ᵉ, 1370-1377. Tome 9ᵉ, 1377-1382 Tome 10ᵉ, 1382-1386. Tome 11ᵉ, 1383-86. Tome 12ᵉ, 1386-1389. Tome 13ᵉ, 1386 1389. Tome 14ᵉ, 1389-1392. Tome 15ᵉ, 1392-1396. Tome 16ᵉ, 1397-1400. Tome 17ᵉ, Chroniques abrégées, 1322-1378. Tome 18ᵉ, Pièces justificatives, 1319-1399. Tome 19ᵉ, Glossaire par *Aug.* Scheler. Tomes 20 et 22ᵉ, Table analytique des noms historiques. *Bruxelles*, imp. V. Devaux et Cⁱᵉ, 1867-75 en tout 22 vol. in-8⁰, dont 2 vol. de table, manque le tome 21ᵉ partie de la table analytique des noms historiques de *Ci* à *J.*

1034 Études historiques sur la chûte de l'Empire Romain, la naissance et les progrès du christianisme, et l'invasion des barbares ; suivies d'une analyse raisonnée de l'Histoire de France. Par M. le Vicomte de Chateaubriand. *Paris*, Ledentu, 1834. Pet. in-12, 4 vol.

1035 Essais sur l'histoire de France, par M. Guizot, Ministre des Affaires Étrangères, Membre de l'Académie Française, de celle des Inscriptions et de celle des Sciences morales, pour servir de complément aux observations sur l'Histoire de France de l'abbé de Mably, ouvrage adopté par le Conseil royal de l'Instruction publique, sixième édition. *Paris*, Charpentier, Lib. Édit. *Poissy*, Imp. Olivier-Fulgence et Cie 1844. 1 vol. in-12.

1036 Leçons de Morale, de Politique et de Droit public, puisées dans l'Histoire de notre Monarchie, ou Nouveau Plan d'étude de l'Histoire de France. Rédigé par les ordres & d'après les vues de feu Monseigneur le Dauphin, pour l'instruction des Princes ses Enfans. [par *Jacob-Nicolas* MOREAU, historiographe de France]. A *Versailles*, de l'imprimerie du départ. des affaires étrangères. M. DCC. LXXIII. In-8°, *dono auctoris*.

[*Même vol.*] Les Devoirs du Prince réduits à un seul principe, ou Discours sur la Justice, dédié au Roi. [par *Jacob-Nicolas* MOREAU, historiographe de France]. A *Versailles,* de l'imprim. du roi, départ. des aff. étr. M. DCC. LXXV. In-8°.

1037 Principes de Morale, de Politique et de Droit public, puisés dans l'Histoire de notre Monarchie, ou Discours sur l'Histoire de France. Dédiés au Roi. Par M. MOREAU, Historiographe de France. A *Paris*, de l'Imprimerie Royale. M. DCC. LXXVII. [-LXXXVII]. In-8°, 20 vol.

1038 Les Fondateurs de l'Unité Française, Suger, Saint Louis, Duguesclin, Jeanne d'Arc, Louis XI, Henri IV, Richelieu, Mazarin. Études historiques par le Comte *Louis* DE CARNÉ. Édition considérablement augmentée. *Paris*, Didier et Cie Lib. Édit. Imprim. de Gustave Gratiot, 1856. 2 vol. in-8°.

1039 Anecdotes Françoises, depuis l'établissement de la Monarchie jusqu'au règne de Louis XVI. Troisième édition, augmentée du règne de Louis XV. [Par l'abbé *Guillaume* BERTOUX.] A *Paris*, chez Vincent, M. DCC. LXXIV. Petit in-8°, 1 vol.

1040 Mémoires historiques, critiques et anecdotes des Reines & Régentes de France, nouvelle édition. [Par *Iean-François* DREUX DU RADIER]. *Amsterdam*, M. Roy, 1782. In-12, 6 vol.

1041 Les veritables maximes du govvernement de la France, ivstifiées par l'ordre des temps, depuis l'establissement de la monarchie iusques à présent : seruant de response au prétendu Arrest de cassation du Conseil d'Etat du 18 Janvier 1652. Dédié à son Altesse Royale. *Paris*, V° I. Guillemot, 1852. In-4°. — Pièce de 23 pages.

Le texte de l'arrêt de cassation, donné à Poitiers le 18 janvier 1652, par le Conseil d'État, est en tête de la brochure.

1042 Curiosités historiques ou recueil de pièces utiles à l'Histoire de France et qui n'ont jamais paru. *Amsterdam*, MDCCLIX. 1 vol. in-18, 2 tomes en 1 volume.

1043 Mélanges historiques et critiques contenant diverses pièces relatives à l'Histoire de France, &c. [par *A. P.* DAMIENS de GOMICOURT]. A *Amsterdam*, chez Arkstée & Merkus. A *Paris*, chez De Hansy le jeune, MDCC LXVIII. In-12, 2 vol.

1044 Comparaison des deux Histoires de M. de Mézeray et du Père Daniel, en deux Dissertations, avec une Dissertation préleminaire (*sic*) sur l'Utilité de l'Histoire. Par *Daniel* LOMBARD, Docteur en Théologie & Chapelain de S. A. R. Madame la Princesse de Galles. A *Amsterdam*, aux dépens de la Compagnie. MDCCXXIII. In-4°, 1 vol., tit. rouge et noir.

HISTOIRE DE FRANCE. — COLLECTIONS DES HISTORIENS, DE CHRONIQUES ET DE MÉMOIRES.

1045 Annalivm & historiæ Francorvm ab anno Christi dccviij ad ann. dccccxc Scriptores coætanii xii. Primum in lucem

editi ex bibliotheca *Petri* Pithœi, I. C. Nunc autem in
Germania denuo impressi. Inserta sunt et alia quædam
vetera ad illorum temporum historiam pertinentia.*Francofvrti*, A. Wecheli heredes, 1594. In-8°, 1 vol.

In hoc volumine continentur : 1.) Annales Francorum ab anno
714 ad an. 883, Maguntiæ ut videtur, sub ditione Lotharii &
Ludovici filii scripti temporibus Rhabani Mauri, Archiepiscopi.
— 2.) Frodoardi Presbyteri Ecclesiæ Remensis Annales sive
Chronicon ætatis suæ i. ab anno Christi 919 ad annum 966,
cum appendice annorum aliquot. — 3.) Continuatio ab anno
977 ad annum 990 ex chronicis Willelmi Nangii, monachi
S. Dionysii, nondum editis. — 4.) Odoranni, monachi S.
Petri Viui Senonensis, chronicon, quod ille iam sexagenarius
collegit anno 1045. — 5.) Fragmentum Gallici Scriptoris ex
Conrado Abbate, ad annum 922. — 6.) Genealogia B.
Arnulfi Metensis Episcopi ex antiqua membrana ejusdem
ecclesiæ. — 7.) Fragmentum veteris scriptoris de maioribus
domus Regiæ, ex codice floriac cœnobii. — 8.) Vita Karoli
Magni francorum Regis & Imp. descripta, vt videtur, magna
parte à monacho s. Eparchii Egolismensis ex annalibus plebeio
& rusticano sermone compositis, quos & Regino prumiensis
sequutum se ait ad annum 814, nonnullis interpolatis, paucis
etiam additis. — 9.) Charta divisionis Imperii, quæ in
quibusdam exemplaribus Karolo Magno adscribitur, non certa
fide. — 10.) Fragmentum ex historia Pauli Warnefridi
Longobardi filii, Diaconi Foroiuliensis, de Episcopis Medio-
matricum Ecclesiæ. — 11.) Constantini Manassis de Karolo
Imp. versus. politici. — 12.) Thegani chorepiscope Treue-
rensis de gestis Ludouici Pii Imp. cum præfatione Wallafridi
Strabonis, abbatis Augiensis. — 13.) Acta impia & nefanda
exauctorationis ejusdem Ludouici Imper. apud Compendium
anno 822. — 14.) Præceptum ejusdem Imp. dediuisione inter
filios. — 15.) Vita ejusdem Ludouici Pii, incerto scriptore,
sed tamen coætaneo. — 16.) Chartæ priuilegiorum ab eodem
Imp. concessorum Hispanis, qui ad ipsum Sarracenorum metu
confugerant, ex tabulario Ecclesiæ Narbonensis. — 17.)
Nithardi, Angilberti filii, Karoli magni Imper. ex Bertha filia

nepotis, de dissensionibus filiorum Ludouici Pii libri quatuor.
— 18.) Libellus proclamationis Karoli Regis aduersus Gueni-
lonem Archiepiscopum Senonum oblatus synodo Tullensi,
siue Saponariœ, anno 859. cui subjuncta est epistola ejusdem
synodi ad Episcopos Britanniæ siue Armoricanæ prouinciæ.
— 19.) Acta coronationis Karoli Imp. Ludouici filii. —
20). Sacramentum eidem Imp. prœstitum ab Archiepiscopis,
episcopis, abbatibus, comitibus ac reliquis Italiæ optimatibus.
Subiuncta sunt alia fidelitatis sactamenta eidem regi à Francis
prœstita. — 21.) Fragmentum historiæ Francicæ à *Ludouico*
Balbo, qui a quibusdam illustris, ab aliis Nihili dictus est, ad
Hugonem regem, ex vetusta membrana Floriaco Cænobii. —
22.) Aliud fragmentum Aquitanicæ historiæ ex peruetusta
scida Lemouic à morte Karoli Calui ad Hugonem regem. —
23.) Epitaphia quorundam regum ex vetustis monumentis. —
24.) Abbonis Leuitæ, de obsidione vrbis Parisiorum à Nor-
mannis ad Gozlinum fratrem, libri duo.

1046 Bibliotheqve des Avthevrs qvi ont escript l'histoire et
topographie de la France, divisee en devx parties selon
l'ordre des temps et des matières. (Par *André* du Chesne).
Paris, en la bovtiqve de Nivelle. Séb. Cramoisy, 1618.
In-8°, 1 vol.

1047 Series Avctorvm omnivm qvi de Francorvm Historia et
Rebvs Francicis, cvm Ecclesiasticis, tvm Secvlaribvs
scripservnt. In viginti quatuor Tomos congesta, & in
duas Partes diuisa. Ab Exordio Regni, ad nostra vsque
Tempora. Quorum Editionem aggressus erat dum viueret,
Andreas dv Chesne, Regi à Consiliis, & Franciæ Historiographus : Et nunc quoque aggreditur & parat, sub
auspiciis Lvdovici XIV Regis, Christianissimi, & inuictissimi : Filivs post patrem *Franciscvs* dv Chesne,
eiusdem Regis Consiliarius, & Franciæ Historiographus.
Tertia Editio, auctior, & copiosior. *Lutetiæ Parisiorvm*.
Sumptibus Authoris, & venæunt (*sic*) apud illum, M.
DC. LXIII. Pet. in-12, 1 vol.

1048 [Rerum Gallicarum et Francicarum Scriptores] **Recueil des Historiens, des Gaules et de la France.** Par Dom *Martin* Bouquet, Prêtre & Religieux Bénédictin de la Congrégation de Saint-Maur. [*les tom. I-VIII,* par *D.* Bouquet ; les tom. IX-X, par *J.-B.* Haudiquier et *Ch.* Haudiquier ; *le t. XI,* par les mêmes, achevé par D. *D.* Housseau, Précieux et Poirier ; *les tom XII-XIII,* par *DD.* Clément et Brial ; *les tom. XIV-XIX,* par *D.* Brial (*le t. XIX,* achevé par Daunou et Naudet) ; *le t. XX,* par Daunou et Naudet ; *le t. XXI,* par Guigniaut et de Wailly ; *le t. XXII,* par de Wailly et Delisle ; *le t. XXIII,* par les mêmes et Jourdain] A *Paris,* aux dépens des Libraires associés. [Gabriel Martin, J.-B. Coignard, P.-J. Mariette, H.-L. Guérin ; J. Guérin, *etc.,* *puis* Imprimerie Royale, Impériale, Nationale.] M.DCC. XXXVIII. [-M. DCCC. LXXVI] In-f°, 23 vol.

Pour le détail voir le catalogue de la Bibliothèque de Lille, Histoire, N° 1502.

1049 Collection des Mémoires relatifs à l'Histoire de France, depuis la fondation de la monarchie française jusqu'au 13e siècle ; avec une introduction, des supplémens, des notices et des notes ; par M. Guizot, professeur d'histoire moderne à l'Académie de Paris. A *Paris,* chez J.-L.-J. Brière. [Dépôt central de la Librairie, libr. Lefèvre, A. Remoisisenet, Joubert, Delaunay, Ledoyen aîné ; impr. A. Belin, *puis* Lebel, *puis* Decourchant], 1823. [-1835]. In-8°, 31 vol., savoir :

Introduction (1834) : Considérations sur les Gaulois, les Francs et les Français, par Bourdon de Sigrail ; Fragment sur l'Histoire de France, par M. *Auguste* Trognon.

T. Ier-II (1823) : Histoire des Francs, par Grégoire de Tours (380-591) ; Chronique de Frédégaire (583-641) ; avec les continuateurs (642-768) ; Vie de Dagobert Ier, par un moine de Saint-Denis (600-651) ; Vie de saint Léger, évêque d'Autun, par un moine de Saint-Symphorien d'Autun (616-683) ; Vie de Pepin-le-Vieux, dit de Landen, maire du palais en Austrasie (622-752).

T. III (1824) : Annales des rois Pépin, Charlemagne et Louis-le-Débonnaire, par Eginhard (741-829) ; Vie de Charlemagne, par Eginhard (741-814) ; des Faits et Gestes de Charles-le-Grand, roi des Francs et empereur, par un moine de Saint-Gall ; de la Vie et des Actions de Louis-le-Débonnaire, par Thégan (813-838) ; Vie de Louis-le-Débonnaire, par l'anonyme dit l'*Astronome* (769-840) ; Histoire des dissensions des fils de Louis-le-Débonnaire, par Nithard (818-844).

T. IV (1824) : Faits et gestes de Louis-le-Pieux, poème, par Ermold le Noir ; Annales de Saint-Bertin (741-882) ; Annales de Metz (883-903).

T. V (1824) : Histoire de l'Église de Rheims, par Frodoard.

T. VI (1824) : Siége de Paris par les Normands, poème d'Abbon (885-887) ; Chronique de Frodoard (877-978) ; Chronique de *Raoul* Glaber (900-1045) ; Vie du roi Robert, par Helgaud (991-1031) ; Poème d'Adalbéron, évêque de Laon, adressé à Robert, roi des Français.

T. VII (1825) : Vie de Bouchard, comte de Melun et de Corbeil, par Eudes, moine de l'abbaye de Saint-Maur-des-Fossés (X^e-XIe siècle) ; Fragmens de l'Histoire des Français, de l'avènement de Hugues Capet à la mort de Philippe Ier (987-1108) ; Chronique de Hugues de Fleury, de l'an 949 à l'an 1108 ; Procès-verbal du Sacre de Philippe Ier, à Rheims, le 23 mai 1059 ; Histoire du Monastère de Vézelai, par Hugues de Poitiers.

T. VIII (1825) : Vie de Louis-le-Gros, par Suger (1080-1137) ; Vie de Suger, par Guillaume, moine de Saint-Denis (1081-1151) ; Vie de Louis-le-Jeune (1137-65) ; Vie de Charles-le-Bon, comte de Frandre, par Galbert, syndic de Bruges (1119-30).

T. IX-X (1825) : Histoire des Croisades, par Guibert de Nogent (1088-98) ; Vie de Guibert de Nogent, par lui-même (XIe-XIIe siècle) ; Vie de Saint Bernard, abbé de Clairvaux, par Guillaume, abbé de Saint-Thierri-de-Reims, Arnauld, abbé de Bonneval, et Geoffroi, moine de Clairvaux (1091-1153).

T. XI (1825) : Vie de Philippe-Auguste, par Rigord (1165-1208), continuée par *Guillaume* Le Breton (1208-23) ; Vie de Louis VIII (1223-26) ; des Faits et Gestes de Louis VIII, poème historique, par *Nicolas* de Bray.

T. XII (1825) : la Philippide, poème en l'honneur de Philippe-Auguste, par *Guillaume* Le Breton.

T. XIII (1825) : Chronique de Guillaume de Nangis (1113-1301), avec la continuation jusqu'en 1327 par un autre moine de Saint-Denis.

T. XIV (1824) : Histoire de l'Hérésie des Albigeois, et de la Sainte Guerre entreprise contre eux (de l'an 1203 en l'an 1218), par Pierre, moine de Vaulx-Cernay.

T. XV (1824) : Histoire de la Guerre des Albigeois (1202-19) ; Chronique de Guillaume de Puy-Laurens, contenant l'histoire de l'expédition des Français contre les Albigeois (1200-72) ; des Gestes glorieux des Français, de l'an 1202 à l'an 1311.

T. XVI-XVIII (1824) : Histoire des Faits et Gestes dans les régions d'outre-mer, depuis le temps des successeurs de Mahomet (610) jusqu'à l'an 1184 de Jésus-Christ, par Guillaume de Tyr.

T. XIX (1824) : Continuation de l'Histoire des Croisades de Guillaume de Tyr, par Bernard *le Trésorier* (1184-1275).

T. XX-XXI (1824) : Histoire des Faits et Gestes dans les régions d'outre-mer, depuis l'année 1095 jusqu'à l'année 1120 de Jésus-Christ, par Albert d'Aix ; Histoire des Francs qui ont pris Jérusalem, par Raimond d'Agiles, chapelain du comte Raimond de Toulouse (1095-99).

T. XXII (1825) : Histoire des Croisades, par Jacques de Vitry (jusqu'en 1220).

T. XXIII (1825) : Faits et Gestes du prince Tancrède pendant l'expédition de Jérusalem, par Raoul de Caen ; Histoire de la première Croisade, par Robert le Moine.

T. XXIV (1825) : Histoire des Croisades, par Foulcher de Chartres (1095-1127) ; Histoire de la Croisade de Louis VII, par Odon de Deuil (1146-48).

T. XXV-XXVIII (1825-27) : Histoire de Normandie, par ORDERIC VITAL (688-1144).

T. XXIX (1826) : Histoire des Normands, par GUILLAUME DE JUMIÈGE (851-1137), avec un court supplément ; Vie de Guillaume le Conquérant, par GUILLAUME DE POITIERS (1035-1080).

T. XXX (1835) : Table générale et analytique.

1050 Collection des Chroniques nationales françaises, écrites en langue vulgaire du treizième au seizième siècle, avec notes et éclaircissements, par *J. A.* BUCHON. *Paris*, Verdière, J. Carez [impr. Firmin Didot, puis Hippolyte Tilliard], 1824 [-28]. In-8°, 47 vol., savoir :

T. I-II : Histoire de l'Empire de Constantinople sous les Empereurs Français jusqu'à la conquête des Turcs, par DU FRESNE DU CANGE.

T. III : Chronique de la prise de Constantinople par les Francs, écrite par GEOFFROY DE VILLE-HARDOIN, maréchal de Champagne et de Romanie, suivie de la continuation de HENRI DE VALENCIENNES, et de plusieurs autres morceaux, etc.

T. IV : Chroniques des guerres des Français en Roumanie et en Morée, précédées d'une Notice sur les Ville-Hardoin.

T. V-VI : Chronique de *Ramon* MUNTANER, traduite du catalan.

T. VII–VIII : Branche des Royaux Lignages, chronique métrique de *Guillaume* GUIART.

T. IX : Chronique métrique de GODEFROY DE PARIS, suivie de la Taille de Paris, en 1313.

T. X : Poésies de *Jean* FROISSART, précédées d'une Notice sur sa vie et ses ouvrages.

T. XI-XXIV : Chroniques de *Jean* FROISSART.

T. XXV : Suppléments de Froissart, 1° Ambassade d'Arborée et Carta de Logu, 2° Chronique de RICHARD II, 3° Mémoires de *Pierre* SALMON.

T. XXVI-XXXI : Chroniques d'*Enguerrand* DE MONSTRELET.

T. XXXII-XXXIII : MONSTRELET (fin), et Mémoires de *Jean* LEFEVRE, seigneur de Saint-Remy, en supplément à Monstrelet.

T. **XXXIV** : Monstrelet (supplément, à savoir) Chronique et Procès de la Pucelle d'Orléans, Chronique de la Pucelle.

T. **XXXV-XXXVI** : Monstrelet (supplément, à savoir) Chroniques de MATHIEU de COUSSY, son continuateur.

T. **XXXVII-XL** : Monstrelet (supplément, à savoir) Mémoires de *Jean* DU CLERCQ, Journal d'un Bourgeois de Paris.

T. **XLI** : Chronique de Jacques de Lalain, par *Georges* CHASTELLAIN.

T. **XLII-XLIII** : Chronique des Ducs de Bourgogne, par *Georges* CHASTELLAIN.

T. **XLIII** (suite) -**XLVII** : Chroniques de *Jean* MOLINET.

1051 Choix de Chroniques et Mémoires sur l'Histoire de France avec notices biographiques, par *J.-A.-C.* BUCHON. — *Anonyme*. Chronique de du Guesclin. Romances espagnoles et limousines sur Blanche de Bourbon. *D'*ORRONVILLE. Chronique de *Louis* de BOURBON. — CHRISTINE DE PISAN. — Vie de Charles V. JUVÉNAL DES URSINS. — Chronique de Charles VI. *Miguel* DEL VERMS. — Chronique des Comtes de Foix en langue béarnaise. *Anonyme*. — Chronique inédite de Flandres (extrait des livres de Baudoin d'Avesnes). *G.* GAIAN et M. DE ROCHEFORT. — Ambassade au juge d'Arborée. *Paris*, au bureau du Panthéon Littéraire [*Beaugency*, typ. Garnier], MDCCCLXI. Gr. in-8° à 2 col., 1 vol.

1052 Chroniques étrangères relatives aux expéditions françaises pendant le XIIIᵉ siècle, publiées pour la première fois, élucidées et traduites par *J. A. C.* BUCHON. — *Anonyme grec*. Chronique de la Principauté Française d'Achaïe (texte grec inédit). — RAMON MUNTANER. Chronique d'Aragon, de Sicile et de Grèce (traduction nouvelle du catalan). — BERNAT D'ESCLOT. Chronique de Pierre III et Expédition Française de 1285 (texte catalan inédit). — *Anonyme sicilien*. Chronique de la Conspiration de *J.* PROCHYTA (traduite du sicilien). *Paris*, au bureau du Panthéon Littéraire [*Beaugency*, typogr. Gasnier], MDCCCLX. Gr. in-8° à 2 col., 1 vol.

1053 Collection complète des Mémoires relatifs a l'Histoire de France, depuis le règne de Philippe-Auguste, jusqu'au commencement du dix-septième siècle ; avec des notices sur chaque auteur, et des observations sur chaque ouvrage, par M. [*Claude-Bernard*] PETITOT, [avec la collaboration de MM. *Alexandre* PETITOT et *L.-J.-N.* MONMERQUÉ]. *Paris*, Foucault, [imp. Lebel à Versailles, *puis* à Paris, *puis* Decourchant, successeur], 1819. [-1826]. In-8°, 52 vol., savoir :

T. Ier (1819) : Mémoires de GEOFFROY DE VILLE-HARDOUIN, maréchal de Champagne et de Romanie, ou Histoire de la conquête de Constantinople par les Français et les Vénitiens (1198-1207).

T. II-III (1819): Mémoires de Jean, sire de JOINVILLE, sénéchal de Champagne, ou Histoire de Saint Louis ; Extraits des Manuscrits Arabes, dans lesquels il est parlé des événemens historiques relatifs au règne de Saint Louis, traduits par M. CARDONNE ; Dissertations ou Réflexions sur l'Histoire de S. Louys, du sire de Joinville, par *Charles* DU FRESNE, sieur DU CANGE.

T. IV-VII (1819) : Anciens Memoires du XIVe siècle, depuis peu découverts, où l'on apprendra les avantures les plus surprenantes et les circonstances les plus curieuses de la vie du fameux Bertrand Du Guesclin, Connétable de France, qui, par sa valeur, a rétably dans ses Etats un prince catholique, et nouvellement traduits par le sieur LE FEBRE, prevôt et theologal d'Arras ; Le Livre des Fais et Bonnes Meurs du sage Roy Charles V, par CHRISTINE DE PISAN ; Histoire de Messire Jean de Boucicaut, mareschal de France, gouverneur de Gennes, et de ses mémorables faicts en France, Italie et autres lieux, du regne des roys Charles V et Charles VI, jusques en l'an 1408, escripte du vivant du dict mareschal et mise en lumiere, par *Theodore* GODEFROY, advocat au parlement de Paris ; Memoires de PIERRE de FENIN, escuyer et panetier de Charles VI, contenant l'histoire de ce prince, depuis l'an 1407, jusques a l'an 1422, recueillis par GERARD DE TIEULAINE, sieur de Graincour.

T. VIII (1819) : Mémoires concernant la Pucelle d'Orléans, dans lesquels se trouvent plusieurs particularités du règne de Charles VII, depuis 1422, jusques en 1429 ; Histoire d'Artus III, duc de Bretaigne, comte de Richemont, et connestable de France, contenant ses memorables faicts, depuis l'an 1413 jusques à l'an 1457, mise en lumiere par Th. GODEFROY ; Mémoires relatifs à Florent, sire d'Illiers.

T. IX-X (1820) : Les Memoires de Messire *Olivier* DE LA MARCHE, augmentés d'un estat particulier de la maison du duc Charles le Hardy, composé du mesme auteur (1435-88).

T. XI-XIV (1820) : Memoires de *Jacques* DU CLERCQ, escuier, sieur de Beauvoir en Ternois, commençant en 1448 et finissant en 1467 ; Memoires de Messire *Philippe* DE COMINES, seigneur d'Argenton, où l'on trouve l'histoire des rois de France, Louis XI et Charles VIII (1464-98) ; Histoire de Louys unziesme, roy de France, et des choses memorables advenues de son regne, depuis l'an 1460, jusques à 1483, autrement dicte la Chronique scandaleuse de *Jean* DE TROYES ; Memoires de *Guillaume* DE VILLENEUVE, commençant en 1494 et finissant en 1497, contenant la conquête du royaume de Naples, par Charles VIII, et la manière dont les Français en furent chassés ; Le Panegyric du Chevalier sans reproche, ou Memoires de La Tremoille, par *Jean* BOUCHET, procureur de Poicticrs (1460-1525).

T. XV-XVI (1820) : La tresjoyeuse, plaisante et recreative Histoire, composee par le Loyal Serviteur, des Faiz, Gestes, Triumphes et Prouesses, du bon Chevalier sans paour et sans reprouche, le gentil Seigneur de Bayart (1475-1524) ; Memoires mis en escript par *Robert* DE LA MARCK, seigneur de Fleuranges et de Sedan, marechal de France, dit le Jeune Advantureux, ou Histoire des choses memorables advenues du reigne de Louis XII et François Ier (1499-1521) ; Journal de Louise de Savoie, duchesse d'Angoulesme, d'Anjou et de Valois, mere du grand roi François premier (1459-1523).

T. XVII-XIX (1821) : Les Memoires de Messire *Martin* DU BELLAY, contenant le discours de plusieurs choses advenues au royaume de France, depuis l'an 1513, jusques au trespas du roy François I (1547), ausquels l'autheur a inséré trois livres, et quelques fragmens des Ogdoades de messire *Guillaume* Du Bellay, seigneur de Langey, son frere, œuvre mis en lumiere, et presenté au Roy, par messire *René* Du Bellay, baron de La Lande, heritier d'iceluy.

T. XX-XXII (1821-22) : Commentaire de Messire *Blaise* de Montluc, mareschal de France, où sont descrits les combats, rencontres, escarmouches, batailles, siéges, assauts, escalades, prinses ou surprinses de villes et places fortes , defenses des assaillies et assiégées, avec plusieurs autres faicts de guerre signalez et remarquables esquels ce grand et renommé guerrier s'est trouvé durant cinquante ou soixante ans qu'il a porté les armes ; ensemble diverses instructions, qui ne doivent estre ignorées de ceux qui veulent parvenir par les armes à quelque honneur , et sagement conduire tous exploits de guerre (1521-74).

T. XXIII-XXV (1822) : Memoires de tres-noble et tres-illustre *Gaspard* de Saulx, seigneur de Tavannes, mareschal de France, admiral des mers de Levant, gouverneur de Provence, conseiller du roy, et capitaine de cent hommes d'armes (1515-73).

T. XXVI-XXX (1822-23) : Memoires de la vie de *François* de Scepeaux, sire de Vieilleville et comte de Duretal, maréchal de France (par *Vincent* Carloix, son secrétaire. 1527-71); Mémoires du sieur *François* de Boyvin , chevalier, baron Duvillars, conseiller et maistre-d'hostel ordinaire des roynes Elizabeth et Loise, et bailli de Gez, sur les guerres demeslées tant en Piedmont qu'au Montferrat et duché de Milan, par feu messire *Charles* de Cossé, comte de Brissac, mareschal de France, et lieutenant-general pour le roy Henry II dela les monts, commençant en l'année 1550, et finissant en 1559, avec ce qui se passa les années ensuivantes sur l'exécution de la paix.

T. XXXI-XXXII (1823) : Commentaires des dernières guerres en la Gaule Belgique entre Henry second du nom, tres-chrestien roy de France, et Charles cinquiesme, empereur, et

Philippes son fils, roy d'Espaigne, dédiés au magnanime et victorieux prince, le duc de Nivernois, et pair de France, par *François* DE RABUTIN, gentilhomme de sa compaignie (1551-58); Le Siége de Metz par l'empereur Charles V, en l'an 1552, par *Bertrand* DE SALIGNAC, seigneur de La Motte Fénelon; Discours de *Gaspar* DE COLLIGNY, seigneur de Chastillon, admiral de France, ou sont sommairement contenues les choses qui se sont passées durant le siege de Sainct Quentin (1557); Mémoire du voyage de M. le duc de Guise en Italie, son retour, la prinse de Callais et de Thionville, 1556 et 1557, par M. DE LA CHASTRE.

T. XXXIII (1823): Mémoires de Messire *Michel* DE CASTELNAU, seigneur de Mauvissiere et de Concressant, baron de Joinville, comte de Beaumont le Roger, chevalier de l'ordre du roy, conseiller en ses conseils, capitaine de cinquante hommes d'armes de ses ordonnances, gouverneur de la ville et chasteau de Sainct-Dizier, et ambassadeur pour Sa Majesté en Angleterre (1559-69).

T. XXXIV (1823): Mémoires du sieur *Jean* de MERGEY, gentilhomme champenois (1554-89); Mémoires du sieur *François* DE LA NOUE (1562-70); Mémoires d'*Achille* GAMON, avocat et consul d'Annonai (1562-86); Mémoires de *Jean* PHILIPPI (1560-90).

T. XXXV (1823): Mémoires de *Henry* DE LA TOUR D'AUVERGNE, vicomte de Turenne, et depuis duc de Bouillon, adressés à son fils le prince de Sedan (1555-86); Mémoires des choses advenues en France es guerres civiles, depuis l'an 1560 jusques en l'an 1596, par Messire *Guillaume* DE SAULX, seigneur de Tavannes, chevalier des deux ordres du roy, lieutenant general pour Sa Majesté au duché de Bourgogne.

T. XXXVI (1823): Mémoires de Messire *Philippe* HURAULT, comte de Cheverny, chancelier de France (1528-99); Mémoires de Philippe Hurault, abbé de Pontlevoy, evesque de Chartres, fils du précédent, pour faire suite (1599-1601).

T. XXXVII (1823): Mémoires de *Marguerite* DE VALOIS, reine de France et de Navarre (1561-82); Mémoires de *Jacques-Auguste* DE THOU, depuis 1553 jusqu'en 1601.

T. XXXVIII-XLIII (1823-24) : Mémoires de *Jean* Choisnin, ou Discours au vray de tout ce qui s'est faict et passé pour l'entiere negociation de l'election du roy de Polongne (1571-73); Mémoires de *Mathieu* Merle, baron de Salavas (1568-80) ; Chronologie Novenaire, contenant l'histoire de la guerre sous le règne du très chrestien roy de France et de Navarre Henry IV, et les choses les plus memorables advenues par tout le monde, depuis le commencement de son regne, l'an 1589, jusques a la paix faicte a Vervins, en juin 1598, entre Sa Majesté très-chrestienne et le roy catholique des Espagnes Philippe II, par Me *Pierre-Victor* (Palma) Cayet, docteur de la sacrée faculté de théologie, et chronologue de France ; Mémoires de *Jacques* Pape, seigneur de Saint-Auban (1572-87).

T. XLIV (1824) : Memoires d'Estat, par Monsieur (*Nicolas de Neufville*, sieur) de Villeroy, conseiller d'Estat, et secretaire des commandemens des rois Charles IX, Henry III, Henry IV, et de Louys XIII (1574-94); Mémoires du duc d'Angoulesme, de ce qui s'est passé en France depuis la mort d'Henry III jusques à l'advenement d'Henry IV à la couronne (1589).

T. XLV-XLIX (1825-26) : Mémoires pour servir à l'histoire de France, et Journal de Henri III et de Henri IV, par *Pierre* de l'Estoile (1515-1611); Comment et en quel temps la Reyne accoucha de M. le Dauphin, à present Louis XIII, des ceremonies qui y furent observées, l'ordre y tenu, les discours intervenus entre le Roy et la Reyne, et sur plusieurs autres occurrences, par *Louise* Bourgeois, dite Boursier, sage-femme de la reyne (1601) ; Relation faite par Maître *Jacques* Gillot, conseiller d'Église à la grand'chambre du Parlement de Paris, de ce qui se passa audit parlement, seant aux Augustins, touchant la régence de la reine Marie de Médicis, mere du roi Louis XIII, les 14 et 15 mai 1610 ; Mémoires de Messire *Claude* Groulard, premier président du Parlement de Normandie, ou Voyages par lui faits en cour (1588-1604) ; Mémoires de *Michel* de Marillac, garde des sceaux (sur le rôle qu'il a joué durant la Ligue).

T. L-LI (1826) : Mémoires de Messire Du Val, marquis de Fontenay-Mareuil, marechal des camps et armées du Roy, conseiller d'Etat, nommé à l'ordre du Saint-Esprit, ambassadeur en Angleterre en 1626, et deux fois à Rome en 1641 et en 1647 (1609-47).

T. LII (1826) : Table générale et analytique des matières, rédigée par M. Delbare.

1054 Collection des Mémoires relatifs à l'Histoire de France, depuis l'avénement de Henri IV, jusqu'à la paix de Paris, conclue en 1763 ; avec des notices sur chaque auteur, et des observations sur chaque ouvrage, par M. [*Claude-Bernard*] Petitot [en collaboration avec MM. *Alexandre* Petitot, son frère, et *L.-J.-N.* de Monmerqué, continuateurs de la Collection après la mort de l'auteur principal en 1825]. *Paris*, Foucault, [impr. A. Belin, *puis* Decourchant], 1820 [-29]. In-8° 78 vol. (manque le t. 35). Cette collection comprend :

T. I-IX (1820-21) : Discours préliminaire par Petitot ; Mémoires des sages et royales Œconomies d'Estat, domestiques, politiques et militaires de Henry le Grand, et des servitudes utiles, obeissances convenables et administrations loyales de Maximilian de Bethune (de Sully), (autrement dits Mémoires de Sully).

T. X-XI (1821) : Mémoires du Cardinal de Richelieu, sur le règne de Louis XIII, depuis 1610 jusqu'à 1620 ; Succincte Narration des grandes Actions du Roi (Louis XIII), par le Cardinal de Richelieu.

T. XI (suite) -XV (1821-22) : Les Négociations du Président Jeannin.

T. XVI-XVII (1822) : Œuvres mêlées du Président Jeannin ; Mémoires du Maréchal d'Estrées ; Mémoires de Pont-chartrain.

T. XVIII-XIX (1822) : Mémoires du Duc de Rohan, sur les choses advenues en France depuis la mort de Henri-le-Grand jusques à la paix faite avec les Réformés au mois de juin 1629.

T. XIX (suite) -XXI (1822-21) : Mémoires du Maréchal de Bassompierre, contenant l'histoire de sa vie, et de ce qui s'est fait de plus remarquable à la cour de France pendant quelques années (1579-1640).

T. XXI *bis* (1823) : Mémoires du Cardinal DE RICHELIEU, sur le règne de Louis XIII, depuis 1610 jusqu'à 1619.

T. XXII-XXX (1823) : Mémoires du Cardinal DE RICHELIEU, sur le règne de Louis XIII, depuis 1610 jusqu'à 1638.

T. XXXI-XXXII (1824) : Mémoires de *Gaston*, duc D'OR-LÉANS, contenant ce qui s'est passé en France de plus considérable depuis l'an 1608 jusqu'en l'année 1636 : Mémoires du Sieur DE PONTIS, qui a servi dans les armées cinquante-six ans, sous les rois Henri IV, Louis XIII et Louis XIV (1599-1652).

T. XXXIII-XXXIV (1824) : Mémoires de Messire *Robert* ARNAULD D'ANDILLY, précédés d'une Notice sur Port-Royal ; Mémoires de l'abbé ARNAULD, contenant quelques anecdotes de la cour de France, depuis 1634 jusqu'à 1675 ; Mémoires de la Duchesse DE NEMOURS, contenant de ce qui s'est passé de plus particulier en France pendant la guerre de Paris jusqu'à la prison du cardinal de Retz en 1652.

T. XXXVI-XL (1824) : Mémoires du Comte DE BRIENNE, IIᶜ partie (1629-61) ; Mémoires de Mᵐᵉ DE MOTTEVILLE (1610-66).

T. XL (suite) -XLIII (1824-25) : Mémoires de Mˡˡᵉ DE MONT-PENSIER, fille de Gaston d'Orléans, frère de Louis XIII (1627-86).

T. XLIV-XLVI (1825) : Mémoires du Cardinal DE RETZ, contenant ce qui s'est passé de remarquable en France pendant les premières années du règne de Louis XIII (jusqu'en 1655).

T. XLVII (1825) : Mémoires de GUY JOLY, conseiller au Châtelet de Paris (1648-65) : Mémoires concernant le cardinal DE RETZ, extraits d'une histoire manuscrite composée par *Claude* JOLY, chanoine de l'Église de Paris (1648-55).

T. XLVIII (1825) : Mémoires de *Valentin* CONRART, premier secrétaire perpétuel de l'Académie française (1652); Mémoires du *Père* BERTHOD (1652-53).

T. XLIX-LI (1825-26) : Mémoire de *François de Paule* DE CLERMONT, marquis de Montglat, mestre de camp du régiment de Navarre, contenant l'histoire de la guerre entre la France et la maison d'Autriche, jusques à la paix des Pyrénées (1635-60).

T. LI (suite)-LII (1826) : Mémoires du Comte DE LA CHATRE, contenant la fin du règne de Louis XIII et le commencement de celui de Louis XIV, suivis d'un extrait des Mémoires de *Henri* de CAMPION ; Mémoires de *François* DE MARSILLAC, duc DE La Rochefoucauld (1630-52) ; Mémoires de *J.-H.* DE GOURVILLE, Conseiller d'Etat, concernant les affaires auxquelles il a été employé par la cour, depuis 1642 jusqu'en 1698.

T. LIII-LIV (1826) : Mémoires de *Pierre* LENET, procureur général au parlement de Dijon, contenant l'histoire des guerres civiles des années 1649 et suivantes ; Mémoires de *Claude* DE BOURDEILLE, comte de Montrésor (1633-42) ; Relation faite par M. de FONTRAILLES des choses particulières de la cour (1638-42).

T. LV-LVII (1826-27) : Mémoires de HENRI DE LORRAINE, duc de Guise (1647-48) ; Mémoires du *Maréchal* DE GRAMONT, duc et pair de France, commandeur des armées du roi (1623-77), suivis de la relation du passage du Rhin, par le comte de GUICHE ; Mémoires des divers emplois et des principales actions du *Maréchal* DU PLESSIS, duc de Choiseul-Praslin (1627-71), suivis de la relation du siége de Roses, par le marquis DE CHOUPPES, et de celle de la bataille de Rethel, par le comte DE PUYSÉGUR.

T. LVIII-LIX (1827) : Mémoires de M. de ***, pour servir a l'histoire du dix-septième siècle (1643-90) ; Mémoires de P. DE LA PORTE, premier valet de chambre de Louis XIV, contenant diverses particularités des règnes de Louis XIII et de Louis XIV.

T. LX-LXIII (1827-28) : Notice biographique sur M. Petitot, par *L.-J.-M.* MONMERQUÉ, suivie d'un fragment trouvé dans ses papiers ; Mémoires de *Omer* TALON, avocat général en la cour de parlement de Paris, continués par *Denis* TALON, son fils (1630-53) ; Mémoires pour servir à l'histoire de Louis XIV, par l'abbé de CHOISY (1661-83).

T. LXV (1828) : Mémoires de ce qui s'est passé dans la chrétienté depuis le commencement de la guerre en 1672, jusqu'à la paix conclue en 1679, par le chevalier TEMPLE, seigneur de Sheene, baronnet, ambassadeur du roi de la Grande-Bretagne ; Histoire de Madame Henriette d'Angleterre, première femme de Philippe de France, duc d'Orléans (morte en 1670), par Madame DE LA FAYETTE.

T. LXV-LXVI (1828) : Mémoires de la Cour de France pour les années 1688 et 1689, par Mme DE LA FAYETTE ; Mémoires et Réflexions sur les principaux événemens du règne de Louis XIV, par le Marquis DE LA FARE ; Mémoires du Maréchal de BERWICK, écrits par lui-même (1685-1716), avec une suite abrégée depuis 1716 jusqu'à sa mort en 1734, précédés de son Portrait par milord BOLINGBROKE, et d'une ébauche d'Eloge historique par le président DE MONTESQUIEU ; Souvenirs de Mme (*Marthe-Marguerite de Villette de Murçay,* marquise DE) CAYLUS.

T. LXVII-LXVIII (1828) : Mémoires du Marquis DE TORCY (*Jean-Baptiste* COLBERT), pour servir à l'histoire des négociations depuis le traité de Riswick jusqu'à la paix d'Utrecht (1697-1713).

T. LXVIII (suite) -LXXI (1828) : Mémoires du Maréchal DE VILLARS, écrits par lui-même (1672-1733).

T. LXXI (suite) -LXXV (1828-29) : Mémoires politiques et militaires, pour servir à l'histoire de Louis XIV et de Louis XV, composés sur les pièces originales recueillies par *Adrien-Maurice,* duc DE NOAILLES, maréchal de France et ministre d'Etat, par l'abbé MILLOT (1682-1755) ; Mémoires du Comte de FORBIN, chef d'escadre (1675-1710); Mémoires de DUGUAY-TROUIN, lieutenant général des armées navales de France (1689-1715).

T. LXXVI-LXXVII (1829) : Mémoires secrets sur les règnes de Louis XIV et de Louis XV, par (*Charles* PINOT DUCLOS, de l'Académie Française (1701-63); Mémoires de *Madame (de Launay, baronne)* DE STAAL, écrits par elle-même.

T. LXXVIII (1829) : Table générale et analytique (rédigée par M. DELBARE).

1055 Bibliothèque des Mémoires relatifs à l'histoire de France, pendant le 18e siècle, avec avant-propos et notices, par M. F. BARRIÈRE. *Paris,* lib. Firmin Didot, 1846-1847. 9 vol. in 12.

T. Ier. Mme DE STAAL, Mme D'ARGENSON et mère du Régent.

T. II. Règne de Louis XIV, régence et règne de Louis XV (Duclos).

T. III. Mémoires de Mme du Hausset, femme de chambre de Mme de Pompadour et extrait des mémoires historiques et littéraires de Bachaumont, de l'année 1762 à 1782.

T. IV. Mémoires du Baron de Besenval-Collé. La Vérité dans le vin ou les désagréments de la galanterie (Comédie).

T. V. Mémoires de Marmontel.

T. VI. Mémoires de Mme Clairon, de Lekain, de Préville, de Dazincourt, de Molé, de Garrick, de Goldoni.

T. VII. Mémoires de Weber, frère de lait de Marie-Antoinette.

T. VIII. Mémoires particuliers de Mme Rolland, suivis des notices historiques sur la Révolution, du portrait et anecdotes et des derniers écrits et dernières pensées, par la même.

T. IX. Mémoires de Cléry, de M. le Duc de Montpensier, de Riouffe.

1056 [Chroniques de Saint-Denis. *Paris*, Galliot du Pré, 1517-1518]. Le premier vollume De la mer des hystoires ℱ croniques de france. Le quatriesme liure de la mer des hystoires et cronicques de France. Nouuellement Imprime a Paris. 2 vol. pet. in-fol., 2 col., caract. goth., lettres ornées, bois.

L'ouvrage complet est en 4 vol. V. Brunet, v° *Chroniques de France.*

1057 Les Grandes Chroniques de France, selon que elles sont conservées en l'église de Saint-Denis en France, publiées par M. *Paulin* Paris. *Paris*, Techener, libraire, [imp. Béthune et Plon], 1836 [à 1838]. In-12, 6 tom. en 3 vol.

HISTOIRE DE FRANCE. — RECHERCHES. — DISSERTATIONS. — OBJETS DIVERS.

1058 Archives curieuses de l'Histoire de France depuis Louis XI jusqu'à Louis XVIII, ou Collection de pièces rares et intéressantes, telles que chroniques, mémoires, pamphlets, lettres, vies, procès, testamens, exécutions, siéges, batailles, massacres, entrevues, fêtes, cérémonies funèbres, etc., etc., etc., publiées d'après les textes conservés à la Bibliothèque Royale, et accompagnées de notices et d'éclaircissemens : ouvrage destiné à servir de complément aux collections Guizot, Buchon, Petitot et Leber ; par M. *L.* CIMBER, et autres personnes employées à la Bibliothèque Royale. [*puis*. par *L.* CIMBER, et *F.* DANJOU, employé auxiliaire à la Bibliothèque Royale ; *puis*, par *F.* DANJOU et *L.* CIMBER ; *enfin*, par *F.* DANJOU, bibliothécaire à l'Arsenal]. 1re [et 2e] série. *Paris*, Beauvais [*puis*, Blanchet ; impr. Everat, *puis*, Duverger, *puis* Bourgogne et Martinet, *puis* Ed. Proux], 1834 [-1840]. In-8°, 27 vol.

La 1re série, publiée de 1834 à 1837, comprend 15 tomes de pièces historiques de Louis XI à Henri IV inclusivement. La 2e série, publiée de 1837 à 1840, comprend 12 tomes de pièces historiques des règnes de Louis XIII et Louis XIV. Malgré le titre ci-dessus, l'ouvrage n'a pas été conduit au-delà.

1059 De origine et atavis Hvgonis Capeti, illorvmqve cum Carolo Magno, Clodoueo atque antiquis Francorum regibus, Agnatione et gente. *Matthæi* ZAMPINI, Recanatensis I. C. *Parisiis*, Brumennius, 1581. In-8°, 1 vol.

1060 Dissertation historique et critique pour servir à l'Histoire des premiers tems (*sic*) de la Monarchie Françoise [par *Pierre-Auguste* DAMIENS DE GOMICOURT]. A *Colmar*, chez Charles Fontaine, M. DCC. LIV. In-12, 2 parties d'une seule série de pagination continue, comprenant en tout, non compris les deux titres, XLVIII-160 pp. chiffrées.

1061 Les Recherches de la France d'*Estienne* PASQVIER, Conseiller et Advocat general du Roy en la Chambre des Comptes de Paris, revevës, corrigées, mises en meillevr ordre & augmentée (*sic*) en cette derniere Edition de trois Liures entiers, outre plusieurs Chapîtres entrelassez en chacun des autres Liures, tirez de la Bibliotheque de l'Autheur. Imprimées à *Orléans*, Et se vendent à *Paris*, chez Guillavme de Lvyne, M. DC. LXV. In-fol.. 1 vol., titre rouge et noir, portr. de l'auteur.

1062 Pieces fugitives, pour servir a l'Histoire de France, avec des notes historiques & géographiques. [recueillies et publiées par *Ch.* de BASCHI, marquis d'Aubays, et L. Ménard]. A *Paris*. chez Hugues-Daniel Chaubert, Claude Herissant, M. DCC. LIX. In-4⁰, 3 vol.

1063 Collection des meilleurs Dissertations, Notices et Traités particuliers relatifs à l'Histoire de France, [de divers auteurs, savoir : AMEILHON, AMELGARD, *René* D'ANJOU, D'ANVILLE, D'ARTIGNY, AUDIGIER, DE L'AVERDY, DE LA BASTIDE, BELLEY, BENETON DE PEYRINS, BIET, BONAMY, BOTTU, DE BOULAINVILLIERS, DE BRÉQUIGNY, BULLET, DE BURIGNY, D. CALMET, CAPILUPI, CARLIER, DE CAYLUS, DE CHINIAC, CLICQUOT DE BLERVACHE, CONON, DE LA CURNE DE SAINTE-PALAYE, DACIER, DAMIENS, DANIEL, DE CAMPS, DESORMEAUX, DREUX DU RADIER, DU BOS, DU CANGE, DUCLOS, DUMONT, DURAND, FALCONET, FENEL, *N.* FLAMEL, FLEURY, DE FONCEMAGNE, FRÉRET, GAILLARD, GALLAND, GARNIER, GAUTIER (de Metz), GAUTIER DE SIBERT, GIBERT, DE GOMICOURT, GOUGE DE BELLEMARRE, GOUJET, DE GOURCY, GRIFFET, DE GUASCO, DE GUIGNES, HÉNAULT, DE JORT, LANCELOT, DE LA ROQUE (*André*), LEBER, LEBEUF, LEBEY DE BATILLY, LENGLET DU FRESNOY, LEIBNITZ, LEVESQUE DE LA RAVALIÈRE, L'HÔPITAL DE BELLESBAT, LIEBLE, LIRON, LOISEL, DE LONGUERUE, *J.* LONGUEVAL, DE MACHAULT, MAHUDEL, MAILLARD, MALINGRE, DE LA MARRE, MENESTRIER, MILLIN, MORIN, DE LA MOTTE-CONFLANS, NEURÉ, NICOLAÏ, NOIROT, PASQUIER, PIGANIOL DE LA FORCE, POIRIER, POLLUCHE, RAYNOUARD, RIBAULD DE LA CHAPELLE, RIBAULD DE ROCHEFORT, RIVE, RIVET, ROLLAND, SABBATHIER, DE SAINTE-MARTHE, SALLIER, DE SALLO, SAUVAL, SAVARON, SÉGUIER, SPON, TILLIOT, TOURNEMINE, VAISSETTE, DE VERTOT, de VIENNE-PLANCY, VIGUIER, VULSON DE LA COLOMBIÈRE, ZURLAUBEN], composée, en grande partie, de pièces rares, ou qui n'ont jamais été publiées séparément ; pour servir à compléter toutes les collections de mémoires sur cette matière. Par *C.* LEBER. *Paris*, chez G.-A. Dentu, M D CCC XXXVIII. In-8°, 20 vol.

1064 Voyage littéraire de deux Religieux Bénédictins de la Congrégation de St-Maur où l'on trouvera : I. Quantité de pièces, d'inscriptions & d'épitaphes, servantes à éclaircir l'histoire, & les généalogies des anciennes familles. II. Plusieurs usages des Eglises cathédrales et des monastères, touchant la discipline et l'histoire des églises des Gaules. III. Les fondations des monastères et une infinité de recherches curieuses et intéressantes qu'ils ont faites dans près de cent évêchez & huit cent abbayes qu'ils ont parcouru, ouvrage enrichi de figures [par *Edmond* MARTENNE et *D. Ursin* DURAND]. *Paris*, chez Florentin Delaulne, Hilaire Foucault, MDCCXVII (ouvrage en 2 parties).

Dans le même volume : Second voyage littéraire de deux Religieux bénédictins, etc. ; *auquel fait suite* : le Voyage de Nicolas de Bosc, évêque de Bayeux, pour négocier la paix entre les couronnes de France et d'Angleterre en 1381. Iter indictum Balthasaris Spinger. Descriptio apparatvs Bellici Regis Franciæ Caroli intrantis Civitates Italiæ, Florentiam ac deinde Romam pro recuperando regno Siciliæ sive Neapolitano. A *Paris*, chez Montalant, M DCC XXIV. Le tout en un vol. in-4°.

1065 Mémoires historiques & critiques sur divers points de l'Histoire de France, et plusieurs autres sujets curieux. Par *François-Eudes* DE MEZERAY. [Publiées par *François-Denis* CAMUSAT]. *Amsterdam*, Bernard, 1732. In-12, 2 tom. en un vol.

A la page 114 du tome II, se trouve inséré un « *Mémoire touchant l'origine et l'autorité du Parlement, appelé* Iudicium Francorum », qui est l'œuvre de CAMUSAT, et qui a été condamné au feu par divers Parlements.

1066 Recueil de divers écrits pour servir d'éclaircissement à l'Histoire de France & de Supplément à la Notice des Gaules. Par M. l'Abbé [*Jean*] LE BEUF, chanoine & sous-chantre de l'Eglise d'Auxerre. *Paris*, Barrois, 1738. In-12, 2 vol.

Le Recueil du Baron Pichon ne contient aucun des opuscules faisant partie de ces deux volumes. — Il est bon de noter aussi qu'à la fin du second, on trouve le Catalogue des Dissertations, Lettres, Remarques, etc., de l'abbé Le Beuf, imprimées dans la *Continuation des Mémoires de Littérature et d'Histoire* du P. Desmoletz, dans les *Mercures de France*, depuis 1723, et ailleurs.

Deux exemplaires de cet ouvrage.

1067 Recueil de dissertations sur différents sujets d'histoire et de littérature par l'Abbé [*Jean*] LE BEUF. Avec une introduction, une notice sur l'abbé Le Beuf, le catalogue de tous ses écrits et des notes par J.P.C.G. [Le Baron *Jérôme* PICHON, qui d'ordinaire se couvre du pseudonyme de *Claude* GAUCHET]. *Paris*, J. Techener, 1843. In-18, 1 vol.

Cette publication devait paraître en plusieurs volumes et le premier porte: T. I. C'est le seul paru, l'éditeur ayant laissé son entreprise inachevée. Le Catalogue de tous les ouvrages de l'abbé Le Beuf, qu'on ne peut trouver complet nulle part, et qui est promis au titre, devait être donné à la fin de la publication dans le dernier volume. Il n'a donc pas été publié.

1068 Recueil A.B.C.D, etc. [Publié par *G. L.* PERAU, *A. G.* MEUSNIER DE QUERLON, l'abbé *B.* MERCIER DE ST.-LÉGER, l'abbé *J.* DE LAPORTE, *El.* DE BARBAZAN et *B.C.* GRAILLARD DE GRAVILLE]. *Fontenoy*, 1745-1763. In-12, **12 vol.**

1069 Recueil de dissertations sur divers sujets de l'Histoire de France. Par M. [*François*] SABBATHIER, Professeur au College de Châlons-sur-Marne. *Paris*, Bouchard, 1770. In-12, 1 vol.

1.) Quelles étaient les limites de l'Empire de Charlemagne ? — 2.) Quelles ont été les différentes positions de la ville de Besançon, de Jules César jusqu'à nos jours ? — 3.) Du Comté Palatin. — 3.) Sur le lieu où Attila fut défait par Aetius. — 5.) Sur les Tectosages.

1070 Vindiciæ Hispanicæ, in qvibvs Arcana, regia, politica, genealogica, pvblico pacis bono lvce donantvr. Avctore *Ioanne Iacobo* CHIFFLETIO, Equite & Archiatro Regio. *Antverpiæ*, ex Officina Plantiniana Balthasaris Moreti, M. DC. XLV. In-4°, 1 vol.

1071 Assertor Gallicvs, contra Vindicias Hispanicas Ioannis Iacobi Chiffletii : sev Historica Disceptatio qva Arcana regia, politica, genealogica Hispanica confvtantvr, Fran-cica stabilivntvr. Opus M. *Antonii* DOMINICY IC. *Parisiis*, e Typographia Regia, M. DC. XLVI. In-4°, 1 vol.

1072 Discovrs historiqve concernant le Mariage d'Ansbert et de Blithilde, pretendve fille dv roy Clothaire I. ou II. divisé en devx parties. Par Messire *Lovis* CHANTEREAV LE FEBVRE, Conseiller du Roi en ses Conseils. A *Paris*, de l'Imprimerie d'Antoine Vitré, M. DC. XLVII. In-4°, 1 vol., couvert. parchemin.

1073 Ansberti Familia rediviva, sive svperior, et inferior stem-matis Beati Arnvlfi linea : Contra Lvd. Cantarelli Fabri, nec-non Ioannis Iacobi Chiffletii obiectiones vindicata. Opvs in dvas partes divisvm. Auctore *Marco Antonio* DOMINICY, Sacri Consistorij Consiliario, Regisque Histo-rico. *Parisiis*, apud Sebastianvm Cramoisy et Gabrielem Cramoisy, M.DC.XLVIII. In-4°, 1 vol.

1074 Le favx Childebrand relegvé avx fables. Childebrandvs fictvs ad larvas amandatvs : Opus Genealogicum, Gallicè & Latinè de industria mixtum [auctore *Joanne Jacobo* CHIFFLETIO. *S. l. n. n.*] Anno salvtis M. DC. LIX, mense Avgvsto. In-4°, 1 vol. de 157 pp. chiffr., y compris faux-tit. et tit., rel. parchemin.

1075 Le vray Childebrand ov response av traitté inivrievx de M. Chifflet, Médecin du Roy d'Espagne, contre le Duc Childebrand, frère du Prince Charles Martel ; et duquel descend la maison du Roy Hugues, dit Capet, par un bon François (*Charles* DE COMBAULT, baron d'Auteuil). A

Paris, chez Pierre Lamy, au Palais, au Grand César, M.DCLIX. 1 vol. in-4°.

1076 Recueil de Dissertations, ou Recherches historiques et critiques, sur le temps où vivoit le Solitaire Saint Florent au Mont-Glonne en Anjou ; sur quelques Ouvrages des Anciens Romains nouvellement découverts dans cette Province & en Touraine ; sur l'ancien lit de la Loire, de Tours à Angers, & celui de la riviere de la Vienne ; sur le prétendu Tombeau de Turnus à Tours ; l'assiette de Coesarodunum (*sic*), les Ponts de Cé, & le Camp près d'Angers, & celui de Chenehutte. Avec de nouvelles Assertions sur la Végétation spontanée des Coquilles du Château des Places. Par M. [*Félix François* Le Roger *d'Artezet*] de la Sauvagere. A *Paris*, chez la Veuve Duchesne, la Veuve Tilliard, M. DCC. LXXVI. In-8°, 1 vol.

1077 Mémoires historiques et authentiques sur la Bastille, dans une Suite de près de trois cens Emprisonnemens, détaillés & constatés par des Pieces, Notes, Lettres, Rapports, Procès-verbaux ; trouvés dans cette Forteresse, & rangés par époques depuis 1475 jusqu'à nos jours, &c. [par *J.-L.* Carra, journaliste]. A *Londres*, et se trouve à *Paris*, chez Buisson, 1789. In-8°, 3 vol., manque la planche.

1078 Mémoires historiques relatifs à la fonte et à l'élévation de la statue équestre de Henri IV sur le terre-plein du Pont-Neuf à Paris, avec des gravures à l'eau-forte représentant l'ancienne et la nouvelle statue ; dédiés au roi par M. *Ch. J.* Lafolie, Conservateur des Monumens publics de Paris. A *Paris*, chez Lenormant, M DCCCXIX. In-8°, 1 vol. de xij-328 pp., plus 100 pp. de liste des souscripteurs pour le rétablissement de ladite statue, et 1 feuillet d'errata.

1079 Lettres, Instructions et Mémoires de Colbert, publiés d'après les ordres de l'Empereur, sur la proposition de son Excellence M. Magne, ministre Secrétaire d'Etat des Finances, par *Pierre* CLÉMENT, membre de l'Institut. *Paris*, imp. Impériale, 1861-1873. Le tout formant 9 vol. gr. in-8°.

T. Ier. 1650-1661.

T. II. 1re partie : Finances, Impôts, Monnaies ; 2e partie : Industrie, Commerce.

T. III. 1re partie : Marine et Galères ; 2e partie : *Instructions au Marquis de Seignelay* (Colonies).

T. IV. Administration provinciale, Agriculture, Forêts, Haras, Canal du Languedoc, Routes, Canaux et Mines.

T. V. Fortifications, Sciences, Lettres, Beaux-Arts, Bâtiments.

T. VI. Justice et police, Affaires religieuses, Affaires diverses.

T. VII Lettres privées, Supplément, Appendice.

T. VIII. Errata général et table analytique, par *Pierre* DE BROTONNE.

L'ouvrage est complet en 8 volumes.

1080 Testament politique de Charles, Duc de Lorraine et de Bar. Déposé entre les mains de l'Empereur Leopold à Presbourg le 29. Novembre 1687. en faveur du Roy d'Hongrie & ses Successeurs arrivans à l'Empire. A *Lipsic* (sic), chez George Weitman, 1696. Pet. in-8°, 1 vol.

[*In eod. volum.* : I.] Histoire anecdote de la Cour de Rome La part qu'elle a eũ (*sic*) dans l'affaire de la Succession d'Espagne. La situation des autres Cours d'Italie, et beaucoup de particularités de la derniere & de la presente Guerre de ce Païs là [par *Casimir* FRESCHOT] [*la Sphère*]. A *Cologne*, chez Jacques le Jeune, M.DCC. VI. In-12.

[II.] Le Tableau de l'Isle de Tabago, ou de la Nouvelle Oüalchre, l'une des Isles Antilles de l'Amerique, dependante de la souveraineté des Hauts & Puissans Seigneurs

les Estats Generaus des Provinces Unies des Païs-bas.
[par *G.* de ROCHEFORT]. A *Leyde*, chez Jean le Carpentier, cIɔ Iɔc LXV. Pet. in-8°; l'ouvrage se termine par
une paraphrase en vers du psaume VIII, par David
de la Roche.

1081 Lettres sur l'Histoire de France, pour servir d'introduction
à l'étude de cette histoire ; par *Augustin* THIERRY.
Seconde Edition. *Paris*, [imp. Gaultier-Laguionie], Sautelet et Cie, Alexandre Mesnier, [et *Bruxelles*, libr.
Paris], 1829. In-8°, 1 vol.

HISTOIRE DE FRANCE PAR ÉPOQUES. — 1re ET 2e RACES.

1082 Historiæ Franco-Merovingicæ Synopsis, seu Historia
succincta de Gestis et Successione Regum Francorum,
qui Merovingici dicti : ab *Andrea* SYLVIO (*André* DU Bos),
Regii Marciancnsis Cœnobii Magno Priore, ante annos
circiter 433, conscripta : nunc operâ *Raphaelis* DE BEAU-
CHAMP, Marciancnsis Monasterii Religiosi, prolegomenis,
appendicibus, notationibus et paralipomenis illustrata,
primùm in vulgum emissa. (T. II). *Duaci*, P. Bogardi,
1633. In-4°, 1 vol., rel. parchemin.

Manquent le t. Ier, qui contient les prolégomènes de R. de Beauchamp, et le
titre de celui-ci.

1083 Les Œvvres de fev M. *Clavde* FAVCHET, premier President
en la Covr des Monnoyes. [*savoir* : Antiqvitez Gauloises
et Françoises, Origines des Dignitez, Origines des Chevaliers, Libertez de l'Eglise Gallicane, Origine de la
Langve et Poésie Françoises] reveves et corrigees en
ceste derniere edition, suppleées & augmentées sur la
copie, memoires & papiers de l'Autheur, de plusieurs
passages & additions en diuers endroits. A *Paris*, chez
[David le Clerc et] Iean de Hevqveville, M.D.C.X. In-4°,
2 vol., titre rouge et noir, rel. parchemin.

1084 Histoire Françoise de S. GREGOIRE DE TOVRS, contenue en dix livres. Ausquels sont décrits les Conquestes des Gaules, les Vies & gestes des premiers Rois, leurs affaires d'Estat, et guerres tant estrangeres que civiles. Ensemble les victoires des Martyrs sur les Infideles, et de l'Eglise sur les Heretiques. Augmentée d'un vnzième livre. Le tout traduit de Latin en François, par C. B. D. [*Claude* BONNET, Dauphinois, éditée par le Seigneur d'HEMERY D'AMBOISE, Maître des Requêtes, qui l'a fait précéder d'une longue Préface, adressée à Henriette de Balsac, Marquise de Verneuil]. *Paris*, Cl. de la Tour, 1610. In-8°, 1 vol.

1085 Anastasis Childerici I. Francorvm Regis, sive Thesavrvs sepvlchralis Tornaci Neruiorum effossus, & Commentario illustratus. Avctore *Ioanne Iacobo* CHIFLETIO, Equite, Regio Archiatrorum Comite, & Archiducali Medico primario. *Antverpiæ*, ex Officina Plantiniana Balthasaris Moreti. M. DC. LV. In-4°, 1 vol., tit. rouge et noir.

1086 Gesta vetervm Francorvm *Hadriani* VALESII Rervm Francicarvm vsqve ad Chlotharii Senioris Mortem Libri VIII. *Lvleciæ Parisiorvm*, Sumptibus Sebastiani Cramoisy Architypographi regis & Reginæ Regentis et Gabrielis Cramoisy. CIƆ. IƆƆ XLVI. Un vol in-4°, titre noir & rouge.

1087 Reges francorum Merovingici. Documentorum authoritate assertir a *Ioh. Lud Lev.* GEBHARDI. Luneburgi. Anno 1736. Impensis Iobannis Georgii Abt. 1 vol. in-4°.

1088 Dissertation sur la Chronologie des Rois Mérovingiens depuis la mort de Dagobert I jusqu'au sacre de Pépin, qui a remporté le Prix proposé par l'Académie Françoise de Soissons, pour l'année 1746. Avec des Réponses aux Critiques de quelques Articles de deux autres disser-tations de l'Auteur, couronnées par la même Académie en 1743 & 1744. Et des Eclaircissements sur le Roy des

Ribauds, par M. Gouye de Longuemare, Avocat au
Parlement et Greffier au Bailliage Royal de Versailles.
A *Paris*, chez Chaubert, à l'entrée du Quai des Augustins,
1748. In-12. — Pièce de 207 pages.

1089 Dissertations sur l'Origine des Francs ; sur l'établissement
et les premiers progrès de la Monarchie Françoise dans
les Gaules &c. [sur le Tombeau de Childeric I ; sur la
milice des anciens Francs ; sur les dons gratuits de
l'ancienne Noblesse ; sur une lettro de Saint Remi à
Clovis ; & Réfutation du système de M. Eccard, sur
l'autorité de nos premiers rois] Avec une histoire abrégée
des Rois de France, en vers. (Par *Iacques* Ribaut de la
Chapelle, d'après Fontette & M. Barbier, & d'après
M. Quérard, *Iacques* Rébault de la Chapelle, avocat
à Gannat en Bourbonnais, connu d'abord sous le nom de
Rébauld de Rochefort). *Paris*, Chaubert, 1748. In-12.
— Pièce de 197 pages.

1090 Histoire des Maires du Palais, par *George-Henri* Pertz,
traduite de l'allemand par *Th.* Derome, principal du
collège d'Haguenau. *Haguenau*, Kœssler, (1827). In-12,
1 vol.

1091 Eginhartus de Vita et Gestis Caroli Magni, Cum Commentario *Joh. Friederici* Besselii et Notis *Johannis*
Bollandi. Accesserunt *Melchioris* Hamenveltonis Goldasti Animadversiones ineditæ cum Variis Dissertationibus
quarum Index in Præfatione exhibetur. Curante *Joh.
Hermanno* Schminckio. *Trajecti ad Rhenum*, Ex
Officina Guilielmi vande Water, Academiæ Typographi,
cIↃ IↃ ccxi. In-4° car., 1 vol., tit. rouge et noir.

1092 Histoire du Règne de Charlemagne par M. de la Bruère.
A *Paris*, Veuve Pissot, M. DCC. XLV. 2 tom. en 1 vol.
in-12, tranches rouges. A la tête une carte de l'Empire
de Charlemagne et un discours préliminaire. A la fin :
Un mémoire lu à l'Académie des Belles-Lettres le 9 avril
1745.

1093 Histoire de Charlemagne, par GAILLARD, de l'Académie Française et de celle des inscriptions et belles-lettres, nouvelle édition, augmentée de la vie de Witikind le Grand, duc des Saxons, et rival de Charlemagne. Par DREUX DU RADIER. *Paris*, Foucault ; [*Versailles*, impr. Lebel] 1819. In-8°, 2 vol.

1094 Charlemagne et sa cour par *B.* HAURÉAU (742-814). *Paris*, librairie de L. Hachette et Cie [impr. Ch. Lahure], 1854. Pet. in-8°, 1 vol. de la *Bibl. des chem. de fer.*

1095 Histoire des Carolingiens par *L.-A.* WARNKŒNIG & *P. A. F.* GERARD. Mémoire couronné. *Bruxelles*, Lib. Rozez ; *Paris*, Lib. Durand ; *Bruxelles*, typograp. de Ch. & A. Vanderauwera, 1862. 2 vol. in-8°.

1096 Histoire de Waldrade, de Lother II et de leurs descendants par le baron ERNOUF, d'après Liudprand, Frodoard, Erchempert, Léon d'Ostie, Benoit de Saint-André, Annales de Saint-Bertin et de Fulde, Panégyrique de Bérenger, etc. *Paris*, [typ. Wittersheim] librairie de Techener, 1858. In-8°. 1 vol.

1097 Histoire des Expéditions maritimes des Normands, et de leur établissement en France au dixième siècle ; par *G.-B.* DEPPING. Ouvrage couronné en 1822 par l'Académie Royale des inscriptions et belles-lettres. *Paris*, [imp. Rignoux] ; Ponthieu, Sautelet et Compagnie, M. DCCC. XXVI. In-8°, 2 tom. en 1 vol.

1098 Histoires des expéditions maritimes des Normands et de leur établissement en France au X^c siècle. Par M. [*Georges-Bernard*] DEPPING, ouvrage couronné par l'Académie des Inscriptions et Belles-Lettres. Nouvelle édition entièrement refondue. *Paris*, Didier, 1844. In-18, 1 vol.

1099 Essai sur les Invasions maritimes des Normands dans les Gaules ; suivi d'un aperçu des effets que les établissemens des hommes du Nord ont eus sur la langue, la littérature, les mœurs, les institutions nationales, et le système politique de l'Europe : ouvrage qui a obtenu une mention honorable de l'Institut de France. Par *B.* CAPEFIGUE. [*Paris*, chez Fanjat aîné.] Imprimerie royale, 1823. In-8°, 1 vol., caract. elzéviriens.

1100 Notice sur la Bataille de Courtrai ou des Eperons d'or, avec le plan de la Bataille publiée d'après les documents de M. Goethals Vercruyssen, par *A.* VOISIN, Bibliothécaire de l'Université de Gand. Seconde édition revue & augmentée de la description et du trait du tableau de M. de Keyser. *Bruxelles*, Imp. Cauvin, 1836. 1 vol. In-4°. Grand papier.

HISTOIRE DE FRANCE PAR ÉPOQUES. — 3ᵉ RACE
JUSQU'A LOUIS XII.

1101 De la noblesse, ancienneté, remarques & mérites d'honneur de la troisiesme Maison de France. [Par *Nicolas* VIGNIER]. *Paris*, Abel Langelier, 1587. In-8°, 1 vol.

L'écrit de Vignier est opposé à l'ouvrage de Pierre de Saint-Julien-Baleure, doyen de Châlons-sur-Saône, intitulé : *Paradoxe, néanmoins discours véritable de l'origine et extraction de Hugues Capet, Roy de France...* publié en 1585 à Paris chez Lenoir.

1102 Histoire des Conquêtes et de l'établissement des Français dans les États de l'ancienne Grèce sous les Ville-Hardoin, à la suite de la quatrième croisade ; par *J.-A.* BUCHON. *Paris*, [imp. Plon] chez Jules Renouard et Cⁱᵉ, 1846. In-8°, 1 vol.

1103 Histoire de Saint Louis, par *Jehan* Sire DE JOINVILLE. Les Annales de son Regne, par *Guillaume* DE NANGIS. Sa Vie et ses Miracles, par le Confesseur de la Reine Marguerite. Le tout publié [par BIGNON, MELOT et CAPPERONNIER] d'après les Manuscrits de la Bibliothèque du Roi, & accompagné d'un Glossaire. A *Paris*, de l'Imprimerie Royale. M. DCC. LXI. In-f°, 1 vol.

1104 Collection de chefs-d'œuvre historiques et littéraires du moyen-âge. *Jean*, Sire DE JOINVILLE. Histoire de saint Louis. Analyse historique et littéraire par *Marius* SEPET. *Paris*, Firmin Didot, Imp., 1874. 1 broch. 24 pag. in-4°, illustrations à la 1re et à la dernière page.

1105 La Minorité de St Louis, avec l'Histoire de Louis XI & de Henri II. Par le sieur (*Antoine*) VARILLAS. A *La Haye*, A. Moetjens, 1685. In-12, 1 vol.

1106 Preceptes d'Estat. Dans lesqvels se pevt voir les bonnes instructions du Roy S. Louis a Philippes III son fils pour bien vivre et regner. Avec l'interpretation de plusieurs ordonnances touchant la Police des Royaumes et Monarchies. Tirez des Histoires de France, et des Registres de la Chambre des Comptes de Paris, et divisez par chapitres avec amples discours sur chacun d'iceux : par *M.-A.* THEVENEAV, advocat au Parlement de Paris. *Paris*, Petit-Pas, 1627. In-8°, 1 vol.

1107 Remonstrance de Sainct Louys faite à son Fils. S. l. n. d In-8°. — Pièce de 3 pages.

2 exemplaires.

1108 Histoire dv Differend d'entre le Pape Boniface VIII et Philippes (*sic*) le Bel Roy de France. Où l'on voit ce qui se passa touchant cette affaire, depuis l'an 1296 iusques en l'an 1311 sous les Pontificats de Boniface VIII, Benoist XI & Clement V. [par *Simon* VIGOR, conseiller au grand conseil]. Ensemble le procès criminel fait a Bernard evesque de Pamiez l'an M CC XCV. [pub. par *Pierre* DU PUY] Le tout iustifié par les Actes & Memoires pris sur les Originaux qui sont au Tresor des Chartes du Roy. A *Paris*, chez Sebastien Cramoisy et Gabriel Cramoisy, M. DC. LV. In-f°, 1 vol.

1109 Histoire des Démeslez du Pape Boniface VIII avec Philippe le Bel Roy de France. Par feu *Adrien* BAILLET, Bibliothecaire de M. le President de Lamoignon. [publiée avec addition de nouvelles preuves, par le P. LELONG].A Paris, chez Florentin Delaulne, M. DCC. XVIII. In-12, 1 vol., tit. rouge et noir.

1110 Dissertation historique sur Jean Ier Roi de France et de Navarre, par M. MONMERQUÉ, Conseiller à la Cour royale de Paris, membre de l'Académie royale des Inscriptions & Belles-Lettres suivie d'une charte, par laquelle Nicolas de Rienzi reconnaît Giannino, fils supposé de Guccius, comme Roi de France et d'autres documents relatifs à ce fait singulier. *Paris*, chez Tabary. Edit. Imp. Paul Dupont, 1844.

A *la suite* on trouve : Lettre du Frère Antoine de l'ordre des Ermites de St-Augustin à Nicolas de Rienzy, tribun du Peuple Romain suivie de deux lettres de Rienzi adressées à Giannino, de Sienne. Appendice de la dissertation sur Jean Ier roi de France et de Navarre, par M. MONMERQUÉ. *Paris*. Tabary, Imp. Dupont, 1845. Le tout en 1 vol. broché. In-8°.

1111 Histoire et Chronique memorable de Messire *Iehan* FROISSART revev et corrige svr divers exemplaires, et svivant les bons avteurs, par *Denis* SAUUAGE de Fontenailles en Brie, Historiographe du Treschrestien Roy Henry deuxiesme de ce nom. A *Paris*, a l'Olivier de Pierre l'Hvillier. [et chez Iehan Rvelle] M. D. LXXIIII. In-f°, 4 tom. en 1 vol.

1112 Froissart, Édouard III et le Comte de Salisbury, par M. KERVYN DE LETTENHOVE. 1 pet. broch. 8 pag. (Acad. Roy. de Belg. tom. XIX n° 7 des Bulletins).

2 exemplaires.

1113 Étude sur les chroniques de Froissart. Guerre de Guienne 1345-1346. Lettres adressées à M. Léon Lacabane, Directeur de l'Ecole Impériale des Chartes, etc. par M. BERTRANDY, Inspecteur général des Archives. *Bordeaux*, Imp. centrale A. de Lanefranque, 1870. 1 vol. in-8°.

1114 Note sur la nécessité de publier la nouvelle édition des chroniques de Jean Froissart. Extrait de l'Annuaire Bulletin de la Société de l'Histoire de France. *Paris*, Imp. Lahure, M. DCCC. LXIV. 1 broch. de 11 pag.

1115 Introduction au premier livre des chroniques de J. Froissart par *Siméon* Luce. *Paris*, Imp. générale de Lahure, 1869. 1 broch. CXXXIV pag. In-8°. (Hommage signé d'auteur sur la couverture).

1116 Volvme premier [second, troisiesme] des Chroniqves d'*Engverran* DE MONSTRELET gentil-homme iadis demevrant a Cambray en Cambresis. Contenans les cruelles guerres ciuilles entre les maisons d'Orleans & de Bourgongne, l'occupation de Paris & Normandie par los Anglois, l'expulsion d'iceux, & autres choses memorables aduenues de son temps en ce Royaume, & pays estranges. Histoire de bel exemple & de grand fruict aux François, commenccant en l'an M. CCCC. où finist celle de Iean Froissart, & finissant en l'an M. CCCC. LXVII. peu outre le commencement de celle de Mess. Philippes de Commines [et autres nouvelles Chroniques nouvellement additionnées, contenant les matières omises en la Chronique de Monstrelet et la continuation d'icelle jusqu'en l'an 1516] Reueüe & corrigée & enrichie d'abbregez auec des annotations en marge, & de tables fort copieuses A *Paris*, chez Pierre Mettayer, M. D. XCV. In-f°, 4 tom. en 1 vol.

1117 Histoire de Charles VI Roy de France et des choses mémorables aduenües de son Regne dès l'an MCCCLXXX, Ivsqves en l'an MCCCC XXII par Tres-reverend Père en Dieu Messire *Iean* IVVENAL DES VRSINS, Archeuesque de Rheims. Mise en lumière par *Théodore* GODEFROY. Aduocat au Parlement de Paris. A *Paris*, chez Abraham Pacard M. DCXIV. Un vol. in-4° avec deux pages manuscrites à la fin.

1118 Histoire de Charles VI. Roy de France, et des choses
memorables aduenuës durant 42 années de son Regne,
depuis 1380 iusques à 1422 par *Iean* IVVENAL DES
VRSINS, Archeuesque de Rheims. Augmentée en cette
seconde édition de plusieurs Memoires, Iournaux,
Obseruations Historiques, & Annotations contenans
diuers Traictez, Contracts, Testamens, & autres Actes &
Pieces du mesme temps non encore imprimées. Par
Denys GODEFROY, Conseiller & Historiographe ordinaire
du Roy. A *Paris*, de l'Imprimerie Royale, M. DC. LIII.
In-f°, 1 vol.

1119 Histoire de Charles VI, Roy de France, Escrite par les
ordres & sur les Memoires & les avis de Guy de Mon-
ceaux, & de Philippes de Villette, Abbez de Sainct
Denys, par vn Autheur contemporain Religieux de leur
Abbaye contenant tovs les secrets de l'Estat, et dv
Schisme de l'Église, auec les interests & le caractere des
Princes de la Chrestienté, des Papes, des Cardinaux,
& des principaux Seigneurs de France. Traduite sur le
Manuscrit Latin tiré de la Bibliotheque de M. le President
de Thou par Mre *I.* LE LABOVREVR, Prieur de Iuuigné,
Conseiller & Aumosnier du Roy, Historiographe de
France, et par luy mesme illustrée de plusieurs Commen-
taires, tirez de tous les Originaux de ce Regne ; auec un
discours succint des vies & mœurs, & de la Genealogie,
& des Armes de toutes les personnes Illustres du temps,
mentionnées en cette Histoire, & en celle de Iean Le
Febvre Seigneur de S. Remy, pareillement contemporain,
qui y est adioustée, & qui n'auoit point encore esté veuë.
A *Paris*, chez Lovis Billaine, M. DC. LXIII. Gr. in-f°, 2
vol., tit. rouge et noir, port. de Charles VI.

1120 Chronique de la Pucelle ou chronique de COUSINOT [DE
MONTREUIL], suivie de la Chronique Normande de *P.*
COCHON, relatives aux règnes de Charles VI & de Charles
VII, restituées à leurs auteurs et publiées pour la pre-

mière fois intégralement à partir de l'an 1403, d'après
les Manuscrits avec Notices, Notes & Développements
par M. [*Auguste* VALLET, dit] VALLET DE VIRIVILLE,
professeur-adjoint à l'École des chartes &c. *Paris,*
Delahays, 1859. In-18. 1 vol.

1121 Jeanne d'Arc, sa mission et son martyre avec le plan du
siège d'Orléans et la photographie de la Statue équestre
de M. Foyatier par M. *A.* RENZI, administrateur de
l'Institut historique de France, *Paris*, chez E. Dentu ;
Orléans, chez Pesty Lib.; *Tours*, chez Sorin & Cousturier
Lib. ; *Rouen*, chez Fleury ; *S. Germain en Laye*, Imp.
Beau, 1857.

2° Jeanne d'Arc et sa mission d'après son dernier
historien, par *G.* DU FRESNE DE BEAUCOURT (extrait de la
Revue des questions historiques). *Paris*, Lib. V. Palmé ;
Le Mans, Imp. Monnoyer, 1867.

3° Jeanne d'Arc trahie par Charles VII, par *G.* DU
FRESNE DE BEAUCOURT (extrait de la Revue des questions
historiques du 1ᵉʳ Janv. 1867. *Le Mans*, Imp. Monnoyer
(tiré à 50 exempl.)

4ᵘ Panégyrique de Jeanne d'Arc prononcé dans la
cathédrale d'Orléans à la fête du 8 Mai 1857 par Mgr
GILLIS, Évêque de Limyra, Vicaire Apostolique d'Edimbourg, en présence de Mgr. Dupanloup Évêque d'Orléans.
Orléans, Gatineau Lib. Édit. Imp. de Pagnerre, 1857.
Une grav. en frontispice. Une grav. hors texte et 2
planches.

5° Second Panégyrique de Jeanne d'Arc prononcé dans
la Cathédrale de Sainte-Croix, le 8 Mai 1869, par Mgr.
l'ÉVÊQUE D'ORLÉANS, de l'Académie Française. *Orléans*
& *Paris* , *Orléans*, Imp. Jacob, 1869.

Le tout en un vol. in-8°.

1122 Recveil de diverses Pieces servant a l'Histoire dv Roy
Charles VI avec vn Discovrs qvi sert d'Instruction &
d'Inuentaire des Matieres qu'il contient, dont il n'est pas

fait mention dans l'Histoire. Dedié à Monseigneur le Sur-
Intendant. Par le sieur Besse. A *Paris*, chez Antoine de
Sommaville, M. DC. LX. In-4°, 1 vol.

1123 Memoires pour servir a l'Histoire de France et de Bourgogne, contenant un Journal de Paris, Sous les Regnes
de Charles VI & de Charles VII. L'Histoire du Meurtre
de Jean sans peur, Les Etats des Maisons & Officiers des
Ducs de Bourgogne enrichis de Notes historiques. Des
Lettres de Charles le Hardy au sieur de Neufchastel du
Fay, & plusieurs autres Monumens très-utiles. Avec une
table des Matieres, & des Noms des Familles les plus
considerables [recueillis par *D.* DES SALLES, bénédictin,
et publiés par *L.-P.-J.* DE LA BARRE, avec des notes de *D.*
Guillaume AUBRY, bénédictin]. A *Paris*, chez Julien-
Michel Gandouin, et Pierre-François Giffart, M. DCC.
XXIX. In-4°, 2 tom. en 1 vol.

1124 Étienne Marcel et le gouvernement de la bourgeoisie au
quatorzième siècle (1356-1358) par *F. T.* PERRENS. *Paris,*
[imp. Simon Raçon, librairie de L. Hachette et C^le , 1860.
In-8°, 1 vol.

1125 Deux lettres d'Etienne Marcel Prévôt des Marchands de
la ville de Paris au XIVe siècle, par M. KERVYN DE
LETTENHOVE. 1 broch. 21 pag. pet. in-8°. (Acad. Roy de
Belg. tom. XX. N° 9 des Bulletins).

1126 Assassinat du Duc d'Orléans, note sur l'Histoire des Ducs
de Bourgogne de M. de Barante, par *J.* MARCHAL. *Bru-*
xelles, 1839.

1127 Relation inédite de la mort de Jean sans Peur communiquée par M. le Baron KERVYN DE LETTENHOVE, membre
de l'Acad. royale de Belgique et de la Commission royale
d'Histoire. *Bruxelles*, Imp. Hayez. 1 pet. broch. 8 pag.
Don de l'auteur. (Extrait du T. VIII, N° 2. 3e série des
Bull. de la Commission royale d'histoire).

1128 Le Procès de Robert d'Artois. Notice par M. le Baron KERVYN DE LETTENHOVE. *Bruxelles*, Imp. Hayez. 1 broch. 48 pag. pet. in-8°. (Extr. des Bull. de l'Acad. Roy. de Belg. 2ᵉ série t. X, N° 12 & t. XI, N° 1).

1129 Histoire de Charles VII, Roy de France, par *Jean* CHARTIER, sous-chantre de S. Denys, *Jacqves* LE BOVVIER dit Berry, Roy d'armes, *Mathiev* DE COVCY, et avtres avthevrs dv temps qui contient les choses les plus mémorables, aduenues depuis l'an 1422 iusques en 1461. Mise en lumière et enrichie de plusieurs titres, mémoires, traittez et autres pièces historiques par *Denys* GODEFROY. *Paris*, Imprim. Royale MDC LXI. 1 vol. in-4°, armes de France gravées à la page de titre. Portrait hors texte de Jacques Cœvr à la page 860. 2 pages de notes bibliographiques manuscrites, avant le texte. — Notes marginales manuscrites.

1130 Histoire de Charles VII (par BAUDOT DE JUILLY). *Paris*, chez Didot, Nyon fils, Damonneville & Savoye. MDCC LIV. 6 livres en 2 vol. in-18. (Note bibliographique manuscrite en tête du tom. 1ᵉʳ.

1131 Charles VII Roi de France et ses Conseillers (1403-1461) par M. VALLET DE VIRIVILLE, professeur-adjoint à l'Ecole des Chartes, membre de la Société des antiquaires de France, suivi d'une notice bibliographique de divers écrits publiés jusqu'à ce jour par le même auteur sur cette période historique. *Paris*, Dumoulin, Lib.-Edit.: Imp. Beau à St-Germain-en-Laye, 1859. 1 broch. 63 p. In-8°.

1132 Jacques Cœur et Charles VII ou la France au XVᵉ siècle, étude historique précédée d'une notice sur la valeur relative des anciennes monnaies françaises et suivie de pièces justificatives et documents la plupart inédits, par M. *Pierre* CLÉMENT. *Paris*, [impr G. Gratiot], librairie de Guillaumin et Cⁱᵉ, 1853. In-8°, 2 vol. (*tachés d'encre*).

1133 Avreliæ vrbis memorabilis ab Anglis obsidio, anno 1428. Ioannæ viraginis Lotharingæ res gestæ, Authore *Io Ludoïco* Micquello [*Jean-Louis* Micqueau], iuuentutis Aureliæ moderatore. Ad Carolvm Cardinalem Lotharingum. *Parisiis*, Andr. Wechelus, 1560. In-12. — Pièce de 112 pages.

1134 Études sur les Historiens du XVe siècle. Philippe de Commines. Notice par M. Kervyn de Lettenhove. *Bruxelles*, imp. Hayez. In-8°, 39 p. (Extrait des Bulletins de l'Académie Royale de Belgique.)

1135 Les Memoires de Messire *Philippe* de Cômines, Chevalier Seigneur d'Argenton : sur les principaux faicts, & gestes de Louis onzième & de Charles huictième, son fils, Roys de France, Reueus & corrigez par *Denis* Sauuage de Fontenailles en Brie, sur un Exemplaire pris à l'original de l'Auteur, & suyuant les bons Historiographes & Croniqueurs. Auec distinction de liures, selon les matieres, estans aussi les chapitres autrement distinguez que par cy deuant, &, brief, le tout mieux ordonné : On les vend à *Paris*, par Iean de Roigny, libraire iuré de l'Vniuersité, 1552. In-f°, 1 vol., rel. parchemin, tit. encadré et orné.

1136 Las Memorias de *Felipe* de Comines señor de Argenton, Las quales contienen la Historia de los Reyes de Francia Luis undecimo y Carlos octavo Desde et Año de 1464 hasta el Año de 1498. Illustròlas con sus Escolios Don *Jvan* Vitrian, Prior y Provisor de Calatayud, Nueva Impression adornada con muchos Retratos de los Principes y Personajes Illustres. En *Amberes*, Por Henrico y Cornelio Verdussen, Año M. D. CC. XIV. In-f°, 2 tom. en 1 vol., frontisp. gravé, nombreuses gravures.

1137 De Rebvs gestis Lvdovici, eius nominis vndecimi, Galliarum Regis, & Caroli, Burgundiæ Ducis, *Philippi*

Cominæi, viri patricii, & equestris ordinis, Commentarii, verè ac prudenter conscripti : Ex Gallico facti Latini, à *Ioanne* Sleidano : & iam ab eodem, multis locis in priori deprauatis editione, castigati. Adiecta est breuis quædam illustratio rerū, & Galliæ descriptio, *Parisiis*, Apud Ioannem Roigny, & Christianum Wechelum, 1545. Pet. in-8°, 1 vol. de 395 pp. chiffr., y compris tit., et 5 pp. de tab. et marque d'imprimeur.

[*In eod. volum.*] *Philippi* Cominæi, Eqvitis, de Carolo octavo, Galliæ rege, & bello Neapolitano, Commentarij. *Ioanne* Sleidano, Interprete. Accessit breuis quædam explicatio rerum, & authoris uita. *Argentorati*, in ædibus Vuendelini Rihelij. Anno M. D. XLVIII. In-8°, 8 ff. non cotés, 111 ff. cotés et 8 ff. non cotés.

1138 De Rebvs gestis Lvdovici, eivs nominis vndecimi, Galliarum Regis, & Caroli, Burgundiæ Ducis, Philippi Cominæi, viri patricij, & equestris ordinis, Commentarij, uere ac prudenter conscripti, Ex Gallico facti Latini, à *Ioanne* Sleidano. Adiecta est breuis quædam illustratio rerum, & Galliæ descriptio. *Argentinæ*, apud Cratonem Mylium, Anno M. D. XLV. In-4° car., 376 pp. chiff., y compris tit., et 4 ff. non cotés.

[*In eod. volum.*] Institvtiones in Lingvam Græcam, in easdem Annotationes, De nominibus heteroclitis, & verbis anomalis. De accentibus, Ratio syntaxeos, *Nicolas* Clenardo auctore. Omnia in ordinē studiosis commodiorem restituta. *Parisis*, M. D. LIII. Apud Adr. Turnebum typographum regium. In-4° car., 91 pp. chiffr., y compris tit.

1139 Histoire de Lovys XI Roy de France, et des choses memorables aduenuës en l'Europe durant vingt & deux années de son Regne. Enrichie de plusieurs obseruations qui tiennent lieu de Commentaires divisee en vnze livres [par *Pierre* Mathieu]. A *Paris*, chez P. Mettayer, et la veufue M. Gvillemot, M. D. CX. In-f°, 1 vol.

1140 Histoire de Lovys vnziesme Roy de France, et des choses
memorables aduenuës de son Regne, depuis l'an 1460
iusques à l'an 1483. Avltrement dicte la chronique scan-
dalevse. Escrite par un Greffier de l'Hostel de ville de
Paris. [*Jean* DE TROYES, d'après Naudé & Denys Godefroy & d'après d'autres, *Denys* HESSELIN, qui depuis a
été Prévôt des Marchands], *Paris*, 1611. In-12, 1 vol.

1141 Histoire de Louis onze (*sic*), par Monsieur [*Antoine*]
VARILLAS. A *Paris*, chez Claude Barbin, M.DC.LXXXIX.
In-4°, 2 vol., notes et table mss. de la main de M. de
Godefroy.

1142 Histoire et Regne de Louis XI, Par *Mademoiselle* DE
LUSSAN [et M. BAUDOT DE JUILLY]. A *Paris*, chez Pissot,
M. DCC. LV. In-12, 6 vol., impr. chez Leprieur et chez
Moreau.

1143 Documents relatifs à la bataille de Montlhéry 16 Juillet
1465, poème latin sur cet événement par un auteur contemporain. Souhaits faits à Tournay par un Français
après la victoire de Montlhéry. Réponse d'un Bourguignon
à ces souhaits, par M. le Chanoine DE RAM, Membre de
l'Académie Royale de Bruxelles. *Bruxelles*, Hayez, Imp.,
1842. 1 broch. 21 pag. pet. in-8°.

1144 Un dernier mot à M. Henri Martin, par *G.* DU FRESNE DE
BEAUCOURT. *Paris*, Durand Lib., Imp. J. Claye, 1857. 1
broch. in-8°, 60 pag.

1145 Une lettre inédite de Marie de Bourgogne et de Marguerite
d'York à Louis XI ; par M. KERVYN DE LETTENHOVE. 18
Janvier 1471 (v. s.). 8 pages. S. n. d'imp. (Académie
royale de Belgique. Extrait du tome XXI, n° 2 des Bulletins).

1146 Rervm Gallicarvm Commentarii Ab anno Christi MCCCC
LXI ad annum MDLXXX. Accessit ex occasione , variis
locis, Italicæ, Germanicæ, Hispanicæ, Hungaricæ, &
Turcicæ Historiæ tractatio. Opvs posthvmvm avctore

Francisco Belcario Pegvilione, Metensi Episcopo, generis claritate, humanarum sacrarumque literarum cognitione, rebusque tum in Gallia, tum in Concilio Tridentino præclarè gestis illustri ; Ad Lvdovicvm XIII, Francorum & Nauarræ Regem Christianissimum. *Lvgdvni*, Sumptibus Clavdii Landry, M. DCXXV. In-fº, 1 vol., tit. rouge et noir.

1147 Histoire de Charles VIII. Par Monsieur [*Antoine*] Varillas. A *Paris*, chez Claude Barbin, M. DC. XCI. In-4º, 1 vol.

1148 Les Fastes des Rois de la maison d'Orleans et de celle de Bourbon depuis 1497 jusqu'à 1697 [par le P. du Londel, jésuite]. A *Paris*, chez Jean Anisson, Directeur de l'Imprimerie Royale, MDCXCVII. Pet. in-4º, 1 vol.

1149 Histoire de Louis XII. Par M. (*Antoine*) Varillas. A *La Haye*, A. Moetjens, 1688. In-12, 3 vol.

1150 Histoire de Louis XII. [par l'abbé *Jacques* Tailhé]. A *Milan*, et se trouve à *Paris*, chez Augustin Martin Lottin, Libraire. MDCCLV. In-12, 3 vol.

1151 Mémoire pour servir à une nouvelle histoire de Louis XII, le père du peuple [par le comte *P.-L.* Rœderer]. A *Paris*, de l'imprimerie de Firmin Didot, [Delaunay, Mongie] 1819. In-8º, 1 vol.

1152 Recueil de Pièces historiques sur la reine Anne ou Agnès épouse de Henri Ier, roi de France, et fille de Iarosslaf Ier grand-duc de Russie ; avec une notice et des remarques du Prince *Alexandre* Labanoff de Rostoff, Aide de camp de S. M. l'Empereur de toutes les Russies. *Paris*, Typographie de Firmin Didot, 1825. In-8º, 1 vol.

HISTOIRE DE FRANCE PAR ÉPOQUES. — 3ᵉ RACE.
DE FRANÇOIS Iᵉʳ A HENRI IV.

1153 Les mémoires de Mess. *Martin* DV BELLAY, seigneur de
Langey. Contenans les discours de plusieurs choses
adüenues au Royaume de France, depuis l'an M.D.XIII
iusques au trespas du roy François premier, ausquels
l'autheur a inséré trois liures & quelques fragmens des
Ogdoades de Mess. *Gvillavme* DV BELLAY, Seigneur de
Langey son frère. Œuvre mis nouuellemēt en lumiere et
présenté au Roy par Mess. *René* DU BELLAY, cheualier de
l'ordre de Sa Maiesté, Baron de la Lande, héritier d'iceluy
Mess. Martin du Bellay. A *Paris*, à l'Oliuier de
P. l'Huillier, rue S. Iacques, 1569. 1 vol. gr. in-4°.

1154 Mémoires pour servir à l'Histoire de France, contenant ce
qui s'est passé de plus remarquable dans ce Roiaume
depuis 1515 jusqu'en 1611, avec les portraits des Rois,
Reines, Princes, Princesses et autres personnes illustres
dont il y est fait mention. Tome Iᵉʳ, 1515-1589. Tome II,
1589-1611. A *Cologne*, Héritiers de Herman Demen,
MDCCXIX. 2 vol. pet. in-8°, gravures en frontispice et
hors texte, titre rouge et noir.

Cet ouvrage renferme des notes critiques et généalogiques de *Jean* et *Denys*
GODEFROY.

1155 *Gvlielmi* PARADINI. Memoriæ nostræ [de regno Francisci I, Regis Franciæ] Libri qvatvor. *Lvgdvni*, apud
Ioan. Tornæsivm, M.D.XLVIII. Cum Priuilegio ad qua-
driennium. Gr. in-4°, 1 vol. de 182 pp. chiffr. y compris
titre à encadrement gravé, et 8 ff. d'index et errata, le
dernier blanc, rel. parchemin.

[*In eod. volum.*] RHEGINONIS, Abbatis Prumiensis,
Chronicorum Libri duo, à Christo nato ad annum 906,
editi à *Sebastianio* DE ROTHENHAN, Franco, Jurisconsulto
& Equite aurato. *Moguntiæ*, 1521. In-fol., 58 ff. cotés et
2 ff. non cotés.

F° 58, *r°*, *in fine*, *legitur* : Mogvntiæ in ædibus Ioannis
Schœffer mense Avgvsto, anno M. D. XXI. — *F°* 58, *v°* et
f° sq. r° : *Icones ligneæ.*

1156 Histoire de François I. Par M^r [*Antoine*] VARILLAS. Nouvelle edition revue, augmentée & divisée en trois Tomes. *La Haye*, A. Leers, 1686. In-12, 3 vol.

1157 Histoire de François Premier, Roi de France, dit le Grand Roi et le Pere des Lettres. Par M. GAILLARD, de l'Académie des Inscriptions & Belles-Lettres. A *Paris*, chez Saillant, M.DCC.LXVI-LXIX. In-12, 7 vol.

1158 Historia captivitatis Francisci I Galliarum Regis. Nec non Vitæ Caroli V Imper. in monasterio [Justi] ; addita Relatio vitæ mortisque Caroli Infantis, Philippi II, Hispaniarum Regis filii : Authoribus *Prudentio* DE SANDOVAL, episcopò Pampelonæ & *Ludovico* DE CABRERA DE CORDUA. Ex hispanica lingua in latinam conversis excerpta [ab *Adamo* EBERT, professore Francofurti-ad-Oderam]. *Mediolani*, s. n. d'impr., 1715. In-12, 1 vol.

1159 La Captivité de François Ier et le Traité de Madrid. Etude historique lue à la Séance publique de la classe des lettres le 11 Mai 1860, par M. GACHARD, Directeur de la Classe et président de l'Académie Royale de Belgique. *Bruxelles*, *Gand* et *Leipzig*, C. Muquardt, Lib. Européenne, 1860. (Extrait des Bulletins de l'Académie Royale de Belgique, 2e série, tome IX, n° 5).

1160 Exemplaria literarum quibus & Christianissimvs Galliarum Rex Frãciscus, ab aduersariorum maledictis defenditur : & controuersiarũ causæ, ex quibus bella hodie inter ipsum & Carolum quintũ Imperatorem emerserunt, explicãtur : vnde ab vtro potius stet ius æquùmque, lector prudens perfacilè deprehendet. Quarum catalogum sequens pagella indicabit. *Parisiis*, ex Officina Rob. Stephani, M.D.XXXVII. In-4°, 1 vol. de 213 pp., y compris titre et 1 feuillet de privilège, couvert. parchemin.

[*In eod. volum.* : I] Ex hac tabula Lector diligẽs iudicare potest, ad quos Burgũdiæ & Mediolani Dvcatvs, et Amedei Sabavdiæ Dvcis Hæreditas pertineat. [*S. l. n. d.*] Placard in-fol., 1 feuillet.

[II] Recueil d'aucunes lectres (*sic*) ⨍ Escriptures. Par
lesquelles se comprend la verite des choses passees/ entre
la Mageste de Lempereur Charles/ cinquiesme. Et
Francois (*sic*) Roy de France/ premier de ce nom. Et
dont par icelles se peult tesmoigner, iustiffier (*sic*)/ et
clerement cognoistre que ledict Roy de Frāce est seul
occasion de la guerre presentement meue/ au grand
regret ⨍ desplaisir de sadicte Mageste/ non tant seullemēt
pour le fait particulier d'icelle. Mais encoires (*sic*) plus/
pour les grans maulx ⨍ inconueniens apparans (*sic*) a
ceste cause a la republicque Chrestienne. [*Bois représentant l'écusson de la maison d'Autriche, avec la devise*
Plvs ovltre *en banderole*], Auec grace ⨍ preuilege (*sic*)
Anvers, 1636. Tr. pet. in-4°, 1 vol. de 72 ff. non cotés,
caract. gothiques. Au v° du titre on lit : Imprime en la
ville Dāuers le **xxviii**. Jour de Juing. L'an M.ccccc.**xxxvi**.
Par la vefue de Martin Lempereur, *etc.*

1161 Anecdotes de la Cour de François I. Par Mlle DE LUSSAN. A
Londres, [*Paris*] chez Jean Nours, M.DCC.XLVIII.
In-12, 3 vol.

1162 Conséquences du système de cour établi sous François Ier.
Première [unique] livraison contenant l'histoire politique
des grands offices de la maison et couronne de France ;
des dignités de la cour et particulièrement des marquis,
et du système nobiliaire depuis François premier. Par
P.-L. RŒDERÈR. *Paris*, Hector Bossange, Librairie des
Étrangers [impr. Lachevardière], Août 1830. In-8°, 1 vol.
de 127 pp., non compris faux-titre et titre, ayant appartenu au roi Louis-Philippe, cachet de la Bibliothèque du
Roi sur le titre, rel. pleine en maroquin vert orné, filets
or, plats doublés de soie cramoisie et marqués : *au Roi*.

1163 Response de la Tressacree Maieste Imperiale tousiours
auguste Charles cinquiesme par la diuine clemence, roy
des Allemaignes, des Espaignes, des deux Sicilles, de
Jerusalem &c^a, sur le cartel du deffiement et combact du

roy de France presente par le roy Darmes Guyenne a la
Maieste Imperiale. Enuoyee par Bourgoingue, roy Darmes
de la dicte Ma. Imperialle le. xxiiii. iour de Juing en Lan
mil cinq cens et xxviii. Auec grace et Priuilege de la
tressacree Ma. Impe. *A la fin*: Imprime Lan mil cincq
cens vingt et neuf le xxvii. Dauril. Pet. in-8° goth.

Pièce rare de 26 ff. non foliotés et signés : *a* par 8, *b* par 8, *c* par 4 et *d* par 6.
— Au titre sont les armes de Charles V, avec la Toison d'or. — Le « Cartel de
deffiement » a été publié à Anvers par Jacques de Liesveldt, en 1528, sous le titre
de « Deffiâche faicte au tres puissant & tres noble Empereur Charles de part le
roy de Frâche & le Roy Dêgleterre ». Il paraît probable que la « Responce »
sort des mêmes presses.

1164 Lettres et Memoires d'Estat, des Roys, Princes, Ambassadevrs, et autres Ministres, sous les Regnes de François
premier, Henry II. & François II. contenans les intelligences de ces Roys, avec les Princes de l'Europe, contre
les menées de Charles-Quint ; et dans l'Italie sevle, les
intrigves de qvatre conclaves, Ovvrage composé de
pieces originales, la plvspart en Chiffres, Negotiations,
& Instructions, par Messire *Gvillavme* RIBIER, Conseiller
d'Estat. Imprimé à Blois, chez I. Horot. Et se vendent à
Paris, chez François Clovzier et la Vefue Avbovyn,
M. DC. LXVI. In-fol., 2 vol., titre rouge et noir.

1165 *Thomæ* CORMERII, Alenconii, Rervm gestarum Henrici II,
Regis Galliæ libri quinque. Ad Christianissimum Augus-
tissimùmque Galliæ & Poloniæ Regem Henricvm III.
Parisiis, apud Sebastianum Niuellium, M. D. LXXXIIII.
In-4° car., 1 vol. de 4 ff. non cotés, 162 ff. cotés et 7 ff.
d'index et errata, reliure frappée sur les plats aux armes
de Lille.

1166 Continvation des Commentaires des dernieres Gverres en
la Gavle Belgiqve, entre Henry, II du nom, tres-chrestiê
Roy de Frâce, & Charles V, Empereur, & Philippes son
filz, Catholique Roy d'Espaigne & d'Angleterre : Dediez
au magnanime, & uictorieux Prince, le Duc de Niuernois,
& Pair de France, par *François* DE RABUTIN, Gentil-

homme de sa compaignie. A *Paris*, de l'Imprimérie de Michel de Vascosan, M. D. LVIII. Avec privilege dv Roy. In-8°, 1 vol. de 274 ff. cotés, y compris titre et dédicace, et 2 ff. non cotés.

1167 Le Trespas, & ordre des Obseqves, Fvnerailles et enter-remēt de feu de tresheureuse memoire le Roy Henri deuxieme de ce nom, Tres-chrestiē, Prince belliqueux accompli de bonté, l'amour de tous estats, prompt & liberal, secours des affligez, par le seignevr DE LA BORDE *Francois (sic)* DE SIGNAC, Roy d'armes de Dauphiné. A *Paris*, de l'imprimerie de Robert Estienne, M. D. LIX. Auec Priuilege de la Court. In-4°, 26 ff. non cotés, suivi de :

Les deux Sermōs Funebres es Obseqves & enter-rement du feu Roy Treschrestien Henri deuxieme de ce nom, faicts & prononcez par Messire *Ierome* DE LA ROUERE, esleu Euesque de Tholon. A *Paris*, de l'impri-merie de Robert Estienne, M. D. LIX. In-4°, 29 ff. non cotés, couvert. parchemin.

1168 Le Trespas et ordre des obseqves, fvnerailles et enterre-ment de feu de tresheureuse memoire le Roy Henry deuxiesme de ce nom, Tres-Chrestien, Prince belliqueux, accomply de bōté, l'amour de tous estats, prompt et liberal, secours des affligez. Par le Seignevr DE LA BORDE *François* DE SIGNAC, Roy d'armes de Dauphiné. A *Paris*, chez Gilles Robinot (1610). Auec privilege. — Pièce in-8° de 62 pages.

Autre exemplaire de la même pièce.

1169 Histoire de François II, roi de France ; par Mme *G.-C.* THIROUX d'Arconville]. Suivie d'un Discours traduit de l'Italien de *Michel* SURANIO, Ambassadeur de Venise en France, sur l'état de ce Royaume, à l'avénement de Charles IX au Trône. A *Paris*, chez Belin, M. DCC. LXXXIII. In-8°, 2 vol.

1170 Discovrs dv grand et magnifiqve trivmphe faict au mariage de tresnoble et magnifique Prince François de Valois Roy-Dauphin, filz aisné du treschrestien Roy de France Henry ij. du nom & de treshaulte et vertueuse Princesse madame Marie d'Esteuart Roine d'Escosse. Auec Priuilege. A *Paris*, par Anet Briere, en la rue des Porées, à l'enseigne Sainct-Sebastian, 1558. — Pièce non foliotée de 24 pages.

1171 Ad illvstrissimam reginam d. Catharinam Medicem, Francisci II Franciæ Regis inuictissimi potentissimique matrem, Consolatio Ludouici Regij Constantini, in morte Henrici Regis eius mariti : ubi per occasionem exitus eius notabilis exponitur, quæque antecesserunt aut consecuta sunt mirabilia narrantur. *Parisiis*, apud Federicum Morellum, in vico Bellouaco, ad vrbanam Morum, M D LX. Br. de 42 pages in-4°.

1172 Histoire de l'Estat de France, tant de la Republique que de la Religion : sous le Regne de François II. [Par *Louis* REGNIER DE LA PLANCHE]. *Paris*, 1576. In-8°, 1 vol.

1173 Histoire de l'Estat de France, tant de la république que de la religion, sous le regne de François II ; par RÉGNIER, sieur DE LA PLANCHE, publiée par M. *Ed.* MENNECHET. *Paris*, Techener [impr. Béthune et Plon], 1836. In-8°, 2 vol., 1 fac-simile de bois du XV⁰ siècle.

1174 La Vraye et entiere histoire des trovbles et gverres civiles, auenuës de nostre temps, pour le faict de la religion, tant en France, Allemaigne que pays bas. Recueillie de plusieurs François et Latins, et reduite en dixneuf liures. Par *I.* [*Jean*] LE FRERE, de Laval. De nouueau reueuë, corrigee et augmentee par le mesme Autheur. *Paris*, Locqueneulx, 1574. In-8°, 1 vol.

Cette histoire commence en 1370. Tout le premier livre est consacré à Jean Hus et aux Hussites. Le second prend l'histoire du Protestantisme en 1525 et le poursuit jusques en 1572.

1175 La vraye & entiere histoire des trovbles et gverres ciuiles aduennes de nostre temps, tant en France qu'en Flandres et pays circonnoisins, depuis l'an mil cinq cens soixante, jusques à présent. Par M. *Jean* LE FRERE, de Laual. Tome second. *Paris*, de La Nouc, 1584. In-8°, 1 vol.

Ce second volume commence au 18ᵉ livre et se termine au 38ᵉ en 1582 au mois d'août. Son commencement fait double emploi avec les deux derniers livres de l'ouvrage repris au n° précédent, quant au fond du récit, bien qu'il diffère dans les termes. — Ces deux volumes, faisant partie chacun d'une édition différente, donnent cependant l'ensemble de l'œuvre de LE FRÈRE.

1176 Dell' Istoria delle Guerre civili di Francia [nel XVImo secolo] di *Arrigo Caterino* DAVILA [con ritratto dell' autore]. *Firenze*, presso Guglielmo Piatti, MDCCCXXIII. In-8°, 6 tom. en 3 vol.

1177 Histoire des Guerres civiles de France, sous les Regnes de François II, Charles IX, Henri III & Henri IV. Traduite de l'Italien de *Henri Caterin* DAVILA [par *P.-J.* GROSLEY et l'abbé *Edme* MALLET], avec des notes critiques et historiques, par Monsieur l'Abbé M*** [*Edme* MALLET]. A *Amsterdam*, chez Arkstée et Merkus. [*Paris*], M.DCC. LVII. In-4°, 3 vol., titre rouge et noir.

1178 Discours sur le saccagement des Eglises Catholiques par les Heretiques anciens et nouueaux Caluinistes, en l'an 1562. A monseigneur l'illustrissime Cardinal de Lorraine. Par *F. Claude* DE SAINCTES, Theologien à Paris [mort évêque d'Evreux en 1591]. *Paris*, Cl. Fremy, 1562. In-12. — Pièce de 100 ff.

1179 Memoire lamentable sur le Trespas de Tresillustre & Tres magnanime Prince messire Francois de Lorraine Duc de Guyse, Cheualier de Lordre, Pair de France, & Lieutenant general pour le Roy. Auec propos memorables de ce bon Prince, sur lheure de son Trespas. — *La marque Typogr. de François Trumeau : les lettres F. T. dans une arabesque attachée à un cartouche portant le mot* Trecis. — Imprime a *Troyes* chez Francois Trumeau (1563). In-16 goth. — Pièce de 8 pages sign. non foliotées.

1180 *Lanciloti* Carlei, Regiensis Episcopi [*Lancelot* de Carle, évêque de Riez], de Francisci Lotharingi Guisii ducis postremis dictis & factis, Ad Regem Epistola, ex gallico sermone in latinū conversa, per *Ioannem* Veterem [*Jean* le Vieil, Sr de Ville-Faillières]. *Parisiis*, G. Jullian, 1563. In-12. — Pièce de 50 pages.

1181 La cōplaincte de France, sur le grief Trespas et Mort (proditoirement cōmise) de feu tresvertueux et tresmagnanime Prince, Francois de Lorraine duc de Guise, & Lieutenant general de la Maieste du Roy. Auec le Tombeau de feu mon dict Seigneur de Guyse. Imprime a *Troyes*, chez Francoys Trumeau (1563). In-16 goth. — Pièce de 16 pages signées non foliotées.

1182 Regretz sur le Deces de Tresillustre, Tres magnanime et Trescatholique Prince Francois de Lorraine duc de Guise, pair & grād Chambelan de France. Auec les Batailles, Assaultz, Escarmouches & Prinses des villes & chasteaux durāt le regne du dict Seigneur. Imprime a *Troyes*, chez Francois Trumeau (1563). In-16. — Pièce de 8 pages sign. non foliotées.

1183 Remonstrance envoyee av Roy par la noblesse de la Religion reformee du païs et Comté du Maine, sur les assassinats, pilleries, saccagemens de maisons, seditions, violemens de femmes, et autres exces horribles, commis depuis la publication de l'Edit de pacification dedans ledit Comté : et presenté à sa Maiesté à Rosillon, le x iour d'Aoust, 1564. Auec vn aduertissement des crimes exécrables aduenus dedās ledit pays depuis le mois de Iuillet 1564. iusques au mois de May 1565. enuoyé a monsieur le Mareschal de Vieilleuille. [Par *Gervais* Lebarbier Sr de Francourt], *Av Mans*, Imprimé par Ierome Olivier, 1565. In-8°. — Pièce de 112 pages.

La *Remonstrance* et l'*Avertissement*, réunis dans notre exemplaire, ont été publiés séparément. Fontette qui les décrit sous les n°s 17970 et 17971 de son 2° vol. dit que de Thou dans son *Histoire*, semble les attribuer à Lebarbier.

M. B. Haureau, dans l'article qu'il consacre à ce sectaire (Voir la *Biographie Universelle* de M. Hœfer), n'hésite pas, et les lui donne formellement. L'Avertissement commence à la page 57.

1184 Mémoires de l'Estat de France sovs Charles neufiesme. Contenant les choses plus notables, faites et publiées tant par les Catholiques que par ceux de la Religion, depuis le troisiesme Edit de Pacification fait au mois d'Aoust 1570, iusques au règne de Henry troisiesme, et reduits en trois volumes, chascun desquels a vn indice des principales matières y contenues. Seconde édition. [Par *Simon* GOULART]. A *Meidelbovrg*, Wolf, 1578. In-8°, 3 vol.

1185 Veritable discovrs dv Mariage de Treshavt, Trespuissant & Treschrestien, Charles neufiesme de ce nom, Roy de France & de Tresexcellente & vertueuse Princesse madame Elisabeth fille de l'Empereur Maximilian, faict et celebré en la ville de Mezieres, le **xxij**. iour de Nouembre. 1570. (Par PINART, secretaire d'Etat). A *Paris*, par Iean Lallier, 1570. Auec priuilege du Roy.— Pièce in-8° de 32 pages.

1186 Oraison prononcee devant le Pape Grégoire XIII. Par M. *Antoine* DE MURET, I. C. touchant l'heureux et admirable succès de Charles IX, tres-Chrestiẽ Roy de France, en la punition des chefs des Heretiques rebelles (traduite en français par *Jean* LE FRÈRE). *Paris*, Ruelle, 1573. In-8°. — Pièce de 16 pages non foliotées.

Les deux dernières pages contiennent la *Response par Antoine Buccapadulius, I. C., secretaire de la saincteté, au nom d'iceluy sainct Pere Gregoire trezieme*. La Harangue de Muret fut prononcée le 23 décembre 1572, au nom de Nicolas de Rambouillet, capitaine des gardes du roi, ambassadeur extraordinaire, « car bien » que sa maiesté entendist assez que votre saincteté pouuoit estre informée des » mesmes choses par le sieur de Malras, Baron de Ferrals, son ambassadeur pres de » vostre personne, il n'a toutesfois pense pouuoir assez déclairer sa pieté a l'endroit » de la reuerence qu'il vous porte, si pour cest effaict il ne vous eust enuoyé per- » sonnage expres. » — Le texte latin du discours a été imprimé à Lyon, chez Rigaud, en 1573. — Voir Fontette, T. II, n° 18194.

1187 Histoire de Henry Trois. Par Monsieur [*Antoine*] DE VARILLAS. A *Paris*, chez Claude Barbin, M. DC. XCIV. In-4°, 2 vol.

1188 L'ordre et les cérémonies dv sacre et covronnement dv très-Chrestien Roy de France, Latin & François, traduit par M. *Réné* BENOIST, Angevin, Docteur en Théologie, & Curé de Sainct-Eustache à Paris. A *Paris*, chez Nicolas Chesneau, rue Sainct Jaques au Chesne verd, M D LXXV. Br. de 48 pages pet. in-8°.

1189 Recueil de diverses pièces servant à l'Histoire de Henry III, Roy de France et de Pologne, [Contenant : T. I.-1.) Journal du Règne de Henry III, composé par M.S.A.G.A.P.D.P. (*Louis* SERVIN, Avocat Général au Parlement de Paris ou plutôt par *Pierre* DE L'ESTOILE). — 2.) Le Divorce satyrique, ou les Amours de la Reyne Marguerite de Vallois, sont sous le nom D.R.H.Q.M. (Par *Pierre-Victor* PALMA-CAYET). — 3.) Le Grand Alcandre, ou les Amours du Roy Henry le Grand, par M.L.P.D.C. (*Louise* DE LORRAINE princesse DE CONTI). Sur l'impression de Paris, 1651. — 4.) Additions au Journal de Henry III qui ne sont point dans l'imprimé de l'édition de Cologne chez Pierre Marteau, 1693. — 5.) Apologie pour le Roy Henry quatre par Madame la Duchesse DE ROHAN (*Catherine* DE PARTENAY-LARCHE-VEQUE, femme de René II de Rohan & mère du Duc Henri, le grand capitaine). — 6.) Discours merveilleux de la vie de Catherine de Médicis (Par *Henry* ESTIENNE). — T. II.-1.) La Confession de M. de Sancy par L.S.D.S. Auteur du Baron de Feneste (*Agrippa* D'AUBIGNÉ). — 2.) Remarques sur la Confession de Sanci augmentées dans cette nouvelle edition. (Par *Jacob* LE DUCHAT)]. Nouvelle édition, revue & corrigée. A *Cologne*, Pierre Marteau, 1699. In-12, 2 vol.

Notre exemplaire a sur les marges de nombreuses notes historiques de la main de Jean Godefroy S^r d'Aumont, deuxième directeur de la Chambre des Comptes de Lille, trisaïeul de M. le Marquis de Godefroy-Ménilglaise. — On sait que Jean Godefroy a donné une édition du *Journal de l'Estoile.* Il aura annoté le présent Recueil en y travaillant.

1190 Journal des Choses memorables advenues durant le **Regne de Henry III**, Roy de France et de Pologne, édition nouvelle, [de *Jean* GODEFROY S^r D'AUMONT, deuxième Directeur de la Chambre des Comptes de Lille, aidé de son frère *Denys* III GODEFROY S^r DE VILLIERS, garde des livres & registres de la Chambre des Comptes de Paris] augmentée de plusieurs Pièces curieuses, & enrichie de Figures & de Notes [par *Jacob* LE DUCHAT], pour éclaircir les endroits les plus difficiles. A *Cologne*, chez les Héritiers de Pierre Marteau (*Bruxelles*, Fr. Foppens), 1720. In-8°, 4 part. en 2 vol.

Toutes les pièces comprises dans le *Recueil* catalogué au n° précédent, sont dans cette nouvelle édition. Il y a de plus à la fin de la seconde partie : *La Véritable Fatalité de St Cloud. Au R. P...* Religieux Jacobin (par *Jean* GODEFROY D'AUMONT), dans laquelle est réfuté chapitre par chapitre le petit écrit intitulé : *De la fatalité de St. Cloud près Paris, ou Justification des Jacobins sur l'assassinat de Henry III*, du P. Gilbert de la Haye, dominicain de Lille.

1191 Journal des Choses memorables advenues durant le regne de Henry III, Roy de France, et de Pologne, [par *P.* DE L'ESTOILE]. Edition nouvelle, augmentée de plusieurs Pieces curieuses, & enrichie de Figures et de Notes [publiée par *J.* LE DUCHAT et *Denys* GODEFROY. A *Cologne*, chez les Héritiers de Pierre Marteau, MDCCXX. Pet. in-8°, 1 vol., titre rouge et noir.

L'ouvrage complet est en quatre parties ou deux tomes ; l'exemplaire de la bibliothèque ne comprend que les deux premières parties en un volume.

1192 Description de l'isle des Hermaphrodites, nouvellement decouverte, contenant les Mœurs, les Coutumes et les Ordonnances des Habitans de cette Isle, [Par *Arthus* THOMAS S^r D'EMBRY]. Comme aussi le *Discours de Jacophile à Limne*, avec quelques autres pieces curieuses. [Editée par *Jean* GODEFROY S^r D'AUMONT, Directeur de la Chambre des Comptes de Lille]. Pour servir de supplément au Journal de Henri III. *Cologne*, les Héritiers de H. Demen, 1724. In-12, 1 vol. — *Avec la Figure du frontispice.*

Les pièces curieuses, annoncées au titre, sont : 1.) Privileges, franchises et libertez de la ville capitale de Bois-Belle, pour convier tous Financiers, Lacquets, Bouffons, Macquereaux, Forgeurs et Courtiers d'accès, Partisans, Demandeurs de dédommagement & autres gens d'affaires d'y faire bastir. — 2.) Bibliothèque de Madame de Montpensier [Catherine de Lorraine, deuxième femme de Louis de Bourbon, duc de Montpensier], mis en lumière par l'avis de Cornac, avec le consentement du Sr. de Beaulieu son ecuyer. — 3.) Discours sur la vie du Roy Henry III, par Mr LE LABOUREUR.

1193 Recueil de diverses Pieces servans à l'Histoire de Henry III, Roy de France et de Pologne. A *Cologne*, chez Pierre du Marteau, M DC LXIII. In-4° car., 1 vol., titre rouge et noir.

Ce recueil contient : 1° le Journal des choses mémorables, *Pierre* DE L'ESTOILE (pp. 3-168); 2° l'Histoire des Amours de Henry IV, escritte (*sic*) par *Louise* DE LORRAINE, princesse de Conty (pp. 169-212); 3° Lettres du roy Henry IV à Mesdames la duchesse de Beaufort et la Marquise de Vernüeil (*sic*) trouvées dans la cassette de Madamoisselle (*sic*) d'Estanges (pp. 213-234); 4° Divorce satyrique de la Reyne Marguerite de Valois, par PALMA–CAYET (pp. 235-258); 5° Discours merveilleux de la vie, actions et déportement de la Royne Catherine de Medicis, par *Henri* ESTIENNE (pp. 259-367); 6° Confession catholique du sieur de Sancy, et déclaration des causes qui l'ont meu à se remettre au giron de l'Eglise Romaine, par *Théodore-Agrippa* D'AUBIGNÉ (pag. à part 1-104).

1194 Ad Christianissimvm Galliarvm Regem Henricvm III invictissimum, de triumphali illius in Poloniam profectione, deque fœlici reditu, Panegyricus gratulatorius nomine totius Galliæ. Avctore *Iacobo* FABRO Engilbertinensi, Doctore Theologo. *Parisiis*, Nic. Bonfonius, 1575. In-12. — Pièce de 128 pages non foliotées.

1195 Remonstrance av Pevple Francoys sur la diversité des vices qui regnent en ce temps, auec le remede d'iceux. (Par M. *Clément* MARCHANT, d'après La Croix du Maine & dv Verdier). *S. l.*, 1587 (1576). In-8°. — Pièce de 49 ff.

Le papier et les caractères du titre, qui porte le millésime de 1587, diffèrent du papier et des caractères employés dans tout le reste de la brochure. C'est un feuillet ajouté après coup. Cette circonstance nous porte à croire que la *Remonstrance* est de 1576, et qu'elle a été imprimée en cette année chez N. Chesneau, comme le marque La Croix du Maine. Au dernier feuillet, l'auteur a imprimé trois distiques d'envoi : *Fratri Clavdio Floreo mei amantissimo*, et un sonnet : *a Monsieur le Procureur de Sampigny mon frere unic*. Nous avons cherché vainement qui est ce frère Claude Fleury ou Florent, et nous ne nous expliquons pas non plus, comment le frère unique de Clément Marchant puisse s'appeler le Procureur de Sampigny. Par ces motifs, c'est avec hésitation que nous attribuons la *Remonstrance* à Marchant, malgré l'autorité de du Verdier et de La Croix du Maine.

1196 Quintæ Partis Commentariorvm de Statv Religionis & Reipublicæ in Regno Galliæ, libri tres, Henrico tertio Rege. [Auctore *Johanne* DE SERRES]. *Lvgdvni Batavorvm*, per J. Jucundum, 1580. In-8°, 1 vol.

Les cinq volumes des Commentaires de Jean de Serres sont très difficiles à trouver et le cinquième, en particulier, est de toute rareté.

1197 Articles & propositions lesqvelles le Roy a vovlv estre desliberees par les Princes & Officiers de la Couronne & autres Seigneurs de son Conseil, qui se sont trouvez en l'assemblee pour ce faicte, au mois de Nouembre mil cinq cens quatre vingts et trois. Auec les aduis de ceux desdicts Princes & Seigneurs qui ont esté departis en la chambre où présidoit le Cardinal de Vendosme, excepté sur les trois premiers chapitres de l'Eglise, de la Noblesse & de la Iustice. Sur lesquels chacun a oppiné de viue voix, & dont pour ceste occasion les aduis n'ont peu estre icy recueilliz auec les autres. S. l. (*Paris*), 1584. In-12. — Pièce de 168 pages.

Deux exemplaires.

1198 Declaration & protestacion dv Roy de Navarre, de Monsieur le Prince de Condé & Monsieur le Duc de Montmorency, sur la paix faicte avec ceux de la maison de Lorraine, chefs et principaux autheurs de la Ligue, au preiudice de la maison de France. Plus deux lettres escrites dudit sieur Roy de Navarre, l'une a Messieurs de la Cour de Parlement, & l'autre à Messieurs de la

Sorbonne. Auec une Epitre au Roy, par un gentil-homme François. (Par *Philippe* DUPLESSIS-MORNAY). A *Ortès*, s. d. (1585). In-12. — Pièce de 40 pages non foliotées.

1199 Bvlle de Nostre Sainct Pere le Pape [Sixte-Quint], contenant permission accordee au Clergé de France, à l'instance du Roy, d'aliener [cinquante mille ecus de rente] du bien temporel des Ecclesiastiques de son Royaume, pour subuenir à partie des frais de la guerre pour la revnion et reduction de tous les subiects de sa Majesté à la Religion Catholique, Apostolique & Romaine, soubs l'obeissance de sadite Majesté [le 29 Janv. 1585] Veriffiees en la Cour de Parlement de Paris le vingt septiesme Mars mil cinq cens quatre vingts six.— *A la suite* : Contract faict et passe le troisiesme iovr de Ivin 1586. Entre le Roy et le Clergé de France, assemblé par permission de sa Majesté à Paris, *et un grand nombre d'autres pièces sur le même sujet.* S. l. n. d. (*Paris*, Morel, 1586). In-8°. — Pièce de 223 pages.

1200 Apologie Catholiqve, contre les Libelles, Declarations, Advis, et Consvltations faictes, escrites, & publiées par les Liguez perturbateurs du repos du Royaume de France : qui se sont esleuez despuis le decez de feu Mõseigneur, frere vnique du Roy. Par E.D.L.I.C. [*Edmond* de LALOUETTE ? Attribué à *Pierre* DE BELLOY]. M.D.LXXXV. [*S. l.*] Pet. in-8°, 1 vol.

1201 Apologie catholiqve contre les libelles, déclarations, advis & consvltations faictes, escrites et publiees par les Liguez perturbateurs du repos du Royaume de France : qui se sont esleuez depuis le decès de feu Monseigneur, frere vnique du Roy. Par E.D.L.I.C. (*Pierre* DU BELLOY). *Paris*, 1585. In-8°. — Pièce de 124 ff. et 4 ff. de tables.

1202 Discovrs dv voyage de Monseignevr le Dvc de Ioyevse, Pair & Admiral en France, en Auuergne, Giuodan &

Rouergue : & de la prise des villes de Malziou, Marueges
& Peire. Escrit par un Gentilhomme de l'armée dudit
Seigneur, à un sien amy. *Paris*, Mamert Patisson, 1586.
In-8°. Pièce de 48 pages.

Le *Discours* s'arrête à la 30ᵉ page. Les dix-huit autres sont remplies de
plusieurs pièces de vers, sur les expéditions du duc de Joyeuse. Elles sont signées :
R. Estienne. C'est *Robert* III Estienne, fils de Robert II, né vers 1560 et mort
en 1630, qui, dans sa jeunesse, s'adonna à la poésie grecque, latine et française.
La Croix du Maine dit que « plusieurs de ses poésies sont imprimées dans celles
de Desportes ».

1203 Examen dv discovrs pvblié contre la maison royalle de
France et particulièrement contre la branche de
Bourbon, seule reste d'icelle, sur la loy Salique &
succession du Royaume par un catholique, Apostolique
Romain mais bon françois & très fidèle subiet de la
Couronne de France. Imprimé nouuellement, 1587.
1 vol. petit in-8°.

Ouvrage attribué à *Pierre* DE BELLOY.

1204 La Harangve faicte par le Roy HENRY TROISIESME de
France et de Pologne, à l'ouuerture de l'assemblée des
Trois Estats generaux de son Royaume en sa ville de
Bloys, le seziesme iour d'Octobre, 1588, A *Paris*,
Iouxte la coppie imprimée par F. Morel, 1588. In-12.
Piece de 104 pages.

Après la Harangue du roi se trouvent la Remonstrance de François de
Montholon, garde des Sceaux, celle de Renaud de Beaume, archev. de Bourges,
et quelques autres documents concernant les États de Blois de 1588.

1205 Coppie d'vne lettre escritte av Roy, et extraict d'vne
avtre aux Princes et Seigneurs François, du 17 iour de
May dernier par Monseigneur le Duc (*Henri* DE GUYSE),
Pair & Grand Maistre de France. A *Paris*, Iouxte la
coppie de Didier Millot, 1588. In-12. Pièce de 16 pages.

Au-dessous du titre une gravure sur bois donne le portrait du duc.

1206 Discovrs deplorable dv meurtre et assassinat, Traditoirement et inhumainement commis et perpetré en la

ville de Blois les Estats tenant. De tres-hault, tres-
puissant, et tres-catholique, feu Henry de Loraine Duc
de Guyse, Pair et grand Maistre de France, le Vendredy
vingt-troisiesme iour de Decembre, 1588, (*Paris*, Le
Jeune). Iouxte la Copie Imprimée a Orleans (1589).
In-16. — Pièce de 16 pages.

1207 Les Crvavtez sangvinaires exercées enuers feu Mōseigneur le Cardinal de Guyse, premier Pair de France,
& Archeuesque de Reims. Et les moyens tenuz pour
emprisonner le Prince de Ioinuille, & les Seigneurs
Catholicques, tant Ecclesiastiques que autres pendant
les Estats à Blois. — *Noli confidere in principibus,
nec in filiis hominum in quibus non est salus.* — Auec
la remonstrance faicte au Roy, par Madame la Duchesse
de Nemours, sur le massacre de ses enfants. *S. l. (Paris,
Le Jeune)*, D. LXXXIX. In-12. Pièce de 16 pages.

1208 Exhortation avx vrays et entiers catholicqves. En
laquelle est ensemble demonstré, que ce qu'est dernierement arrivé à Paris, n'est acte de Rebellion contre la
Majeste du Roy. *Paris*, Bichon, 1588. In-12. — Pièce
de 30 pages.
Touchant les Barricades. C'est un écrit ligueur.

1209 Histoire de tovt ce qvi s'est fait en ceste ville de
Paris, depuis le septiesme de May 1588 iusqu'au dernier
iour de Iuin ensuyuant au dit an. [Par DE SAINT-YON,
échevin de Paris, du parti de la Ligue]. *Paris*, M. Iouin,
1588. In-12. — Pièce de 32 pages.

1210 Responce des vrays catholiqves François, à l'Avertissement des Catholiques Anglois, pour l'exclusion du
Roy de Nauarre de la couronne de France. Descouvrant
les calomnies, Suppositions & Apologies du Roy de
Navarre, et des hérétiques et autres livrets faits contre
le Roy, son Edit de la Reunion, ses bons subiets les
Catholiques, et la Religion catholique Apostolique et

Romaine. Traduict du Latin. [Probablement par *Denis* BOUTHILLIER, avocat] *S. l. n. nom d'impr.*, 1588. In-8°, 1 vol.

Les principaux écrits, contre lesquels s'élève ici le polémiste ligueur, sont : l'*Antiguisard* ; l'*Apologie catholique*, par Belloy ; la *Déclaration du Roy de Navarre*, la *Lettre d'un gentilhomme soy disant catholique*, par Mornay et quelques autres reproduits presque tous dans le tome II du *Recuei. de la ligue* de Simon Goulart.

1211 Plevrs & sovspirs lamentables de Madame de Gvyse : sur la mort et assassinat fait a son espoux, Monseigneur le Duc de Guyse, le Vendredy vingt-troisiesme iour de Decembre Mil Cinq Cens Quatre Vingts & Neuf (*sic*). A *Paris*, François le Ieune, 1589. In-12. — Pièce de 16 pages.

1212 Responce des Catholiqves zelez et vnis, povr la conser- uation de la Religion Catholique, Apostolique & Romaine, à la declaration de Henry troisiesme de ce nom, sur la mort des feuz Cardinal & Duc de Guyse. *S. l.* 1589. In-16. — Pièce de 32 pages non foliotées.

1213 Lettre dv Roy de Navarre renuoyé au Roy, sur la cruelle mort de Monseigneur le Duc de Guyse, Pair & Grand Maistre de France. Et de la déclaration de def- fiance qu'il a du Roy. (*Paris*, F. Le Jeune), M D LXXXIX. In-12. — Pièce de 12 pages.

1214 Coppie des Memoires secrets en forme de Missiue enuoyees de Blois par ung Polytique mal asseuré a un sien amy aussi Polytique de ceste ville de Paris. Auec la responce laquelle a esté descouuerte sur un Laquais sortant de ceste ville, lequel a donne l'adresse dudict Polytique, au logis duquel lesdicts memoires ont este trouuez. Comme sommairement et au vray l'Estat auquel presentement sont les affaires du Roy, & de l'Vnion catholique et Generale de France. (*Paris*, Le Jeune), MDLXXXIX. In-12. — Pièce de 16 pages sign. & non foliotées.

1215 Le Povvoir et Commission de Monseignevr l'Illvstrissime. & Reuerendissime Cardinal Caietan, Legat deputé par le S. Siege Apostolique au Royaume de France. En latin & en françois. A *Paris*, Nicolas Vivello & Rolin Thierry, libraires et imprimeurs de la saincte Vnion, 1590. In-8°. — Pièce de 37 pages.

1216 Responce avx ivstifications pretendves par Henry de, Valoys 3 du nom, sur les Meurtres & assasinats (*sic*) de feu Messeigneurs le Duc de Mayenne, Duc & Cheualier d'Aumalle. *Paris*, 1589. In-12. — Pièce de 29 pages.

1217 Advertissement av Roy tres-chrestien Charles de Bovrbon, dixiesme de ce nom. Avec vne Remonstrance aux Prelatz de France, demonstrative de l'extresme misere de ce temps. Par *Iacqves* BARON, licentié ès droitz, desirant humble salut, & Obeyssance. *Paris*, la Vᵉ de F. Plumion, 1589. In-12. — Pièce de 29 pages.

1218 Bvlle de N. S. P. Pape SIXTE V. Contre Henry de Valois [donnée à Rome le 5 mai 1589, publiée à Meaux le 23 juin 1589 & à Chartres, le même mois]. *Paris*, Nivelle & R. Thierry, 1589. In-12. — Pièce de 16 pages.

1219 La déclaration de N. S. P. Pape Sixte V. Contre Henry de Bovrbon soy disant Roy de Nauarre [du 9 septembre 1589, affichée à la porte de St-Pierre & au champ de Flore, le 21 septembre de la même année]. *Paris*, D. Binet, Iouxte la copie imprimée à Rome, 1589. In-12.— Pièce de 16 pages.

1220 *Christiani* FREYTAGII, Historia Gallica Valesiana, Henrici III & Francisci Andini. Francofurti & Lipsiæ, apud Meyerum & Zimmermannum, 1705. In-4°. — Pièce de 68 pages.

1221 Recveil de Mémoires et instrvctions seruans à l'Histoire de France, 1586-1591. A *Paris*, par Ioseph Bouïllerot, M. DCXXVI. 1 vol. in-4°.

1222 Bref discovrs & veritable des choses plvs notables arriuees au siege memorable de la renommee ville de Paris, et defence d'icelle, par Mōseigneur le Duc de Nemours contre le Roy de Nauarre. Par *Pierre* Corneio. A *Bruxelles*, Rutger Velpius, 1590. In-12. — Pièce de 72 pages non foliotées.

C'est la suite de l'*Abrégé de l'Histoire de la Ligue*, du même auteur.

1223 Ad assertionem, sev famosvm libellvm, contra clericos, præsertim Episcopos, qui participaverunt in diuinis scienter & sponte, cum Henrico Valesio Rege, post Cardinalicidium, Responsio [Per Ill. ac nobilem virum D. *Carolum* Faium (*Charles* Faye), Regis in Parlamenti Turonensis curia consiliarium & St-Fusciani abbatem.] *S. l.*, 1590. In-12. — Pièce de 133 pag.

Fontette, T. 1 n° 7141, dit que cette réponse est de Jean Prevost, Jean Lotnmedé et René Benoist, ainsi qu'il paraît par une note écrite dans le temps et qui se trouve sur un exemplaire provenant de la Bibliothèque de M. Secousse. Notre exemplaire porte, écrite par une main également du temps, l'attribution que nous avons mise entre parenthèses après le titre ; et elle est du reste d'accord avec l'opinion de de Thou qui dit, au liv. 95 de son *Histoire*, que la Réponse est de Charles Faye.

1224 Le Francophile povr tres-grand, tres-chrestien, tres-magnanime et tres-belliqueux Prince Henry Auguste IIII. Roy de France et de Nauarro. Contre les conspirations du Roy d'Espagne, du Pape & des rebelles de France. (Par *André* Maillard, maître des Requêtes.) (A *Chartres*) 1591. Pet. in-8°. — Pièce de 134 pages.

Autre exemplaire de la même brochure.

1225 Parisiensivm Civivm ad Illvstrissimvm S. Sedis Legatum Henricum Caietanum Orativncvla. mense Febr. 1591. *Parisiis*, D. Millot, 1591. Cvm privilegio. In-4°. Pièce de 15 pages.

1226 Devx lettres monitorialles de N. S. Pere le Pape Gregoire XIIII. Adressantes, tant avx prelats et tovtes gens d'Eglise de quelque qualité qu'ilz soient ; comme aux

Seigneurs, Nobles, Gentilz-hommes, et à toutes personnes seculières du Royaume de France : leurs commandans & aduertissans qu'ilz ayent à quicter incontinent et se retirer arriere de Henry de Bovrbon iadis Roy de Nauarre, sans adherer a luy ny aux siens en façon que ce soit, soubz les censures, peines & menasses y̆ contenues. Traduictes du latin... Auec vn aduertissement aux Françoys desuoyez. (Par *Paul* DU MONT.) A *Dovay*, chez Iean Bogart, Imprimeur iuré, a la Bible d'or, l'an 1591. Pet. in-8°. — Pièce de 56 pages non foliotées. Le texte latin des Lettres est après la traduction à partir de la page 34. L'approbation en date du 12 août 1591, est donnée par Balthasar Seulin, « doyen de l'Eglise S. » Amé en Douay, député de la part de Monseigneur » Reuerendissime Euesque d'Arras. »

Paul Du Mont, que Valère André appelle Paulus Montius, naquit à Douai en 1532 et y mourut secrétaire de la ville, le 29 novembre 1602. Ses devoirs remplis, il employait ses loisirs à la traduction d'ouvrages latins, italiens ou espagnols. — Paquot donne la liste de seize ouvrages traduits par lui, presque tous imprimés à Douai chez Jean Bogard ou Balthazar Bellère. La version des *Lettres Monitoriales* n'y est pas comprise. — A la fin de l'*Avertissement aux Francoys desuoyez*, se lit la devise de du Mont : Πρόνοια Πλοῦτος, indice sûr que ce travail lui doit être attribué.

1227 Ad calvmnias, et impostvras, a psevdo-parlamentis, Cathalaunensi et Turonensi ac Carnotensi Conventiculo, ad Catholicæ Religionis perniciem populique decep-tionem, impie conflctas in Gregorivm XIIII, illiusque monitionis litteras ad Clerum, Principes, Nobiles & Populos Franciæ Responsio *Matthæi* ZAMPINI, Recana-tensis I. C. *Parisiis*, R. Thierry, 1591. In-8°, 1 vol.

1228 Exhortation avx Evesqves, prestres et gens d'Eglise, ensemble a tous fidels Catholiques François ; touchant la cause de Henry de Bourbon pretendant a la couronne de France, par le Reucrendissime Pere, Ioseph Estienne Euesque de Vestano, doyen de l'Eglise de Valence. Tradvite dv latin par *Pavl* DV MONT. A *Arras*, Guil-

laume de la Rivière, 1592. Pet. in-8°. — Pièce de 76
pages.

L'Épître dédicatoire est adressée « A Monseignevr, Monsievr l'abbe de S.
» Vaast d'Arras, D. Iean Sarrazin, Conseiller d'Estat du Roy nostre Sire en ses
» Pays-bas, le 7 avril 1592. » Ensuite viennent trois « Sonnetz a cevx des trois
» Estats de la France, qui sont denoyez et suiuans la party du Biernois. » par
Jean LOYS, douïsien, ami de du Mont, [voir Paquot, T. III, p. 421]. Le permis
d'imprimer, donné le 12 mars 1592, est signé de Mathieu Moulart, évêque d'Arras,
et l'approbation, en date du 27 Juillet suivant, de Guillaume Gazet, Pasteur de
S. Marie Magdelaine, cōmis a la visitation des liures en Arras. — Le titre de
l'ouvrage de l'évêque de Vestano est ainsi conçu : Parænesin ad Episcopos et
presbyteros regni Francorum.

1229 *Lvdovici* DORLEANS vnivs ex confœderatis pro Catholica
fide Parisiensibvs ad A. S. [Antonivm Segvier, sena-
torem Parisiensem]. Vnvm ex Sociis pro hæretica
perfidia Turonensibus expostvlatio. *Lvgdvni*, Bvysson,
1593. In-8°, 1 vol.

Cet écrit concerne deux arrêts donnés au mois d'août par les Parlements de
Tours et de Châlons.

1230 Discovrs de la bataille, siege & prise des ville & chasteav
de Dovrlens emportez par assaut le dernier iour de
Iuillet 1595. Auec aultres particularitez des choses
aduenues auparauant sur la frontière de Picardie. A
Arras, chez Guillaume de la Riuiere & Gilles Bauduin,
au Missel d'or, 1595. In-12. Pièce de 24 pages.

1231 Advis donne av Pape par le Cardinal de Plaisance Legat
vers la ligue en France. Des propos passez entre le
Duc de Mayenne et luy. Sur la proposition faitte par le
Duc de Feria, pour le mariage de l'Infante d'Espagne.
(Paris), Iouxte la copie imprimee à Lyon, 1595. In-8°.
— Pièce de 46 pages.

1232 Journal d'un curé ligueur de Paris [*Jehan* de LA FOSSE]
sous les trois derniers Valois, suivi du Journal du Secrétaire de Philippe du Bac, Archevêque de Reims, de
1588 à 1605 publiés pour la première fois et annotés
par *Édouard* DE BARTHÉLEMY. *Paris*, Didier et Cᵉ,
Mézières, impr. F. Devin] [*s. d.*, 1866]. In-8°, 1 vol.

1233 [Les Histoires du sieur Maimbourg, t. XI.] Histoire de
la Ligue par le sieur *Louis* MAIMBOURG, cy-devant
Jesuite. A *Paris*, chez Sebastien Mabre-Cramoisy,
M. DC. LXXXVI. In-4°, 1 vol., frontisp. gravé.

1234 Recveil contenant les choses plvs mémorables advenves
sous la ligue, tant en France, Angleterre, qu'autres
lieux. *Premier recveil.* M. D. LXXXX. *Second recveil*
M. D. LXXXX. *Troisième recveil* contenant etc.
depuis les exécutions faites à Blois en décembre 1588
es personnes du Duc et du Cardinal de Guise, iusques à
la mort du Roy Henri troisiesme, au mois d'Août
M. D. LXXXIX. Imprimé l'an M. DCI. *Le qvatriesme
recueil* contenant depuis la mort du Roy Henri III, en
août 1589 iusques au deuxiesme voyage du Duc de
Parme pour assuiettir la France au roy d'Espagne, sur
la fin de l'an M. D. XCI. Imprimé l'an M. DXCV. *Le
cinqviesme recveil* contenant depuis le deuxiesme et
dernier voyage du Duc de Parme en France, au commencement de l'an M. D. XCII, iusques à la fin de
l'an M. D. XCIII. Imprimé l'an M. D. XCVIII. *Le
sixiesme et dernier* recueil, contenant depuis le commencement de l'an M. D. XCIIII, iusques à la paix
accordée entre les Rois de France et d'Espagne, l'an
M. D. XCVIII. Imprimé l'an M. D. XCIX, le tout en 6
volumes in-8°.

1235 Satyre Menippee de la Vertv dv Catholicon d'Espagne et
de la Tenve des Estatz de Paris [par PITHOU, RAPIN,
GILLOT, CHRESTIEN, PASSERAT et *Gille* DURAND, M. D.
XCIII. [*Tours*]. Pet. in-4°, 1 vol., édit. orig., couvert.
parchemin., 255 pp. chiffrées.

1236 Satyre Menippee de la Vertv dv Catholicon d'Espagne,
et de la Tenve des Estatz de Paris. [*Paris ?*] M. D.
XCIIII. Pet. in-8°, 1 vol. de 237 pp. non chiffrées, y
compris titre et avis de l'imprimeur.

1237 Satyre Menippée de la Vertv dv Catholicon d'Espagne et
de la Tenve des Estatz de Paris. A laquelle est adiousté
vn Discours sur l'interpretation du mot de Higviero
d'Infierno, & qui en est l'Autheur. Plus le Regret sur
la mort de l'Asne Ligueur d'une Damoyselle, qui mourut
durant le siege de Paris. [*Paris*] M. D. XCIIII. Pet.
in-4°, 1 vol. de 275 pp. chiffrées.

1238 *Même ouvrage, titre identique au précédent, même
date* [*Paris*] M. D. XCIIII, *mais format et édition
différents*. Pet. in-8°, 1 vol. de 274 pp. chiffrées.

1239 Satyre Menippée, de la Vertu du Catholicon d'Espagne,
et de la Tenue des Etats de Paris, nouvelle édition,
imprimée sur celle de 1696 [pub. par DESBORDES]
corrigée & augmentée d'une suite de nouvelles remarques sur tout l'ouvrage, pour l'intelligence des endroits
les plus difficiles. A *Ratisbonne*, chez Mathias Keruer,
M. DC. XCIX. In-12, 1 vol., tit. rouge et noir.

1240 Satyre Menippée, de la Vertu du Catholicon d'Espagne,
et de la tenue des Etats de Paris, [par PITHOU, RAPIN,
GILLOT, CHRESTIEN, PASSERAT, etc.] A laquelle est
ajoûté un Discours sur l'interpretation du mot de
Higuiero del Infierno, & qui en est l'Autour. Plus le
Regret sur la mort de l'Asne Ligueur d'une Damoiselle,
qui mourut pendant le Siege de Paris [par *Gille* DURAND]
derniere édition [publiée par *Jean* GODEFROY] enrichie
de figures en taille-douce, augmentée de nouvelles
remarques & de plusieurs pièces. A *Ratisbonne*, chez
les Heritiers de Mathias Keruer. M DCCXXVI. Pet.
in-8°, 3 vol., tit. rougo et noir.

1241 Satyre Menippée de la Vertu du Catholicon d'Espagne
et de la tenue des estats de Paris : augmentée de notes
tirées des éditions de Du Puy et de Le Duchat, et d'un
commentaire historique, littéraire, et philologique, par
[*V.* VERGER et] *Ch.* NODIER, bibliothécaire de S. A. R.

Monsieur. A *Paris*, [impr. de J. Didot] chez N. Delangle et chez Dalibon, M. DCCC. XXIV. In-8°, 2 vol., avec gravures.

1242 Memoires de CONDÉ, servant d'éclaircissement et de preuves à l'Histoire de M. de Thou, contenant ce qui s'est passé de plus mémorable en Europe. Ouvrage enrichi d'un grand nombre de pièces curieuses, qui n'ont jamais paru, & de notes historiques, orné de portraits, vignettes & plans de batailles. Augmenté d'un supplément qui contient la legende du Cardinal de Lorraine ; celle de Dom Claude de Guise [par *Jean* DAGONNEAU ? ou *Gilbert* REGNAULT], & l'apologie & procès de Jean Chastel, & autres, avec des notes historiques, critiques & politiques [le tout publié par *D.-F.* SECOUSSE]. A *Londres*, & se vend à *Paris*, chez Rollin, fils, MDCCXLIII. In-4°, 5 vol., tit. rouges et noirs, frontisp. gravé, plus un tome VI intitulé :

Mémoires de CONDÉ, nouvelle édition augmentée, non seulement de nouvelles remarques, mais encore des deux pièces suivantes : I. l'Anti-Cotton, où l'on prouve que les Jésuites sont les auteurs de l'assassinat de Henri IV, Roy de France, précédé de l'histoire littéraire & critique de ce fameux ouvrage ; II. l'assassinat du Roy, ou maximes du vieil de la montagne vaticane, & de ses moines assassins, practiquées en la personne de Henry le Grand [par *David* HOME ?] ; accompagnées d'amples remarques historiques & critiques [par *Prosper* MARCHAND]. A *Paris*, aux frais & dépens de l'éditeur, M. DCC. XLV. In-4°, 1 vol., tit. rouge et noir.

1243 Histoire des faits et de la vie de Henry le Grand, Roy de France et de Nauarre. Par Maistre *Julien* PELEUS (PILIEU), Aduocat en Parlement. A *Paris*, de l'Imprimerie de François Huby, 1613. In-8°. 2 vol. savoir : le T. I & le T. III, imprimé en 1616, le 2° & le quatrième manquent.

1244 Discovrs des faicts heroiqves de Henry le Grand dedié au Roy Lovys XIII son fils. Par *Hierosme* de BENEVENT, thresorier general de France en Berry. A *Paris*, chez Iean de Hevqueville, M. DC. XI. In-8°, 1 vol.

1245 Tabvlæ Historicæ [Trivmphales Fvnerales] Henrici IV cognomento Magni, Galliarvm et Navarræ Regis. Avthore *Petro* CORNVTO in svprema Cvria Delphinatvs Regio Senatore. *Lvgdvni*, svmptibvs Horatii Cardon. M. DC. XV. In-4°, 1 vol. de 4 ff. prélim. et 88 pp. chiffrées, 3 titres gravés.

1246 Histoire de France et des choses memorables aduenues aux Prouinces estrangeres durant sept annees de paix du Regne de Henry IIII Roy de France et de Navarre, diuisee en sept liures. [Par *Pierre* MATTHIEU, historiographe de France]. A *Rouen*, chez Iehan Osmont & Thomas Dare, 1615. In-8°, 2 vol. Titre gravé.

Cette histoire va de 1598 à 1604.

1247 Histoire dv Roy Henry le Grand composée par Messire HARDOVYN DE PEREFIXE Euesque de Rodez, cy deuant Precepteur du Roy, Reueuë, corrigée, & augmentée par l'Auteur. A *Paris*, de l'Imprimerie d'Edme Martin, et av Palais chez Thomas Iolly, et Lovis Billaine, M. DC. LXII. In-4°, 1 vol., portr. d'Henri IV.

1248 Histoire publique et secrette de Henri IV, roi de France et de Navarre. Seul Roi de qui le peuple ait gardé la mémoire. Par M. DUGOUR, D. L. D. C. A *Paris*, chez Garnéry, et à *Angers*, chez Pavie, 1790. In-8°, 1 vol.

1249 Supplément au Journal du Règne de Henry IV, Roy de France & de Navarre ; [Par *Pierre* DE L'ESTOILE], depuis le 2 du mois d'Août 1589, jusques au 1 avril 1594. Depuis le 1 de l'an 1598, jusques en l'an 1602 & depuis le 1 janvier 1607 jusques au mois de Juin 1610. Tiré sur un Manuscrit du temps, avec plusieurs pièces curieuses sur ce règne. [Publié par le Président *Jean* BOUHIER]. *S. l. ni n. d'impr.*, 1736. In-12, 1 vol.

1250 Chronologie septenaire de l'Histoire de la Paix entre les Roys de France et d'Espagne. Contenant les choses plus memorables aduenuës en France, Espagne, Allemagne, Italie, Angleterre, Escosse, Flandres, Hongrie, Pologne, Suece, Transsiluanie, & autres endroits de l'Europe : auec le succez de plusieurs nauigations faictes aux Indes Orientales, Occidentales & Septentrionales, depuis le commencement de l'an 1598 iusques à la fin de l'an 1604 divisée en sept livres [par *Pierre-Victor* PALMA CAYET] dernière édition. A *Paris*, par Iean Richer, M. D. CIX. Pet. in-8°, 1 vol., frontisp. gravé, 4 ff. non cotés et 506 ff. cotés.

1251 Histoire de la mort deplorable de Henry IIII, Roy de France et de Navarre. Ensemble vn Poeme, vn Panegyrique et un Discours funebre, dressé à sa Memoire immortelle. Par *Pierre* MATTHIEU, conseiller du Roy & historiographe de France. A *Bruxelles*, chez Rutger Velpius & Hubert Antoine, 1612. In-8°, 1 vol.

1252 Memoires des sages et royalles Œconomies d'Estat, domestiqves, politiqves et militaires de Henry le Grand, l'Exemplaires des Roys, le Prince des Vertus, des Armes & des Loix, & le Pere en effet de ses peuples François et des servitvdes vtiles obeissances conuenables & administrations loyales de *Maximilian* DE BETHVNE [DE SULLY] l'vn des plus confidens, familiers & vtiles Soldats & Seruiteurs du grand Mars des François [par lui-même] dediez à la France, à tous les bons soldats & tous peuples François. Marcescit. A *Amstelredam* (*sic*), chez Aletinosgraphe de Clearetimelee, & Graphexechon de Pistariste, A l'enseigne des trois Vertus couronnées d'Amaranthe. [*s. d.*, 1638, au château de Sully, par un imprimeur d'Angers.] In-f°, 2 tom. en 1 vol., édition originale.

1253 Observations sur la nouvelle edition des Memoires de M. le Duc DE SULLY, dans lesquelles on rectifie plusieurs faits concernans l'Histoire des Jesuites sous le règne de Henri IV, Roi de France, altérés dans cette nouvelle édition [par l'abbé *J.-G.* PETIT DE MONTEMPUIS]. A *La Haye*, M. DCC. XLVII. In-12, 1 vol.

1254 Correspondance inédite de HENRI IV roi de France et de Navarre avec Maurice le Savant Landgrave de Hesse, accompagnée de notes et éclaircissements historiques par M. de ROMMEL, Directeur des Archives de l'État et de la Bibliothèque publique à Cassel, Chevalier et Commandeur des ordres Hessois. *Paris*, Jules Renouard et Cie, 1840. Impr. de Paul Renouard. 1 vol., in-8°.

1255 Correspondance politique et militaire de HENRI le Grand, avec J. Roussat, maire de Langres, relative aux événemens qui ont précédé et suivi son avénement au Trône, dédié à S. A. R. Mgr. le Duc de Berry. Publiée d'après les Originaux appartenant à MM. GUYOT DE ST-MICHEL et DE VERSEILES, enrichie de six Fac simile de l'écriture de Henri IV, et de deux Portraits. A *Paris*, chez Petit, Brunaud, Guitel, [impr. Lottin de St-Gerain] 1816. In-8°, 1 vol.

1256 Explication de la généalogie dv tres-invincible et très-pvissant Monarqve Henri IIIIe de ce nom, 65e Roy de France, ou (selon aucuns) 62e & IIIe de ce nom, 39e roy de Navarre. Le tout tiré des histoires très approuvées tant latines, que Françoises, Italiennes, Espagnoles & Portugaises, par l'estude et labeur de R. P. F. *Ioseph* Texere, frère de l'ordre des Prédicateurs, Maistre en Saincte Théologie, Confesseur du Serenissime Roy de Portugal, Aumosnier & Prédicateur du Roy très-Chrestien, Traduit du latin en françois par *Ç.* DE HERIS, Escuyer dict Coqueriomont I. C. A *Paris*, chez Gilles Beys, Lib. Iuré, M. DXCV.

Dans le même volume « Svite, ordre ov ligue avec qvelqves gestes des Roys et Princes de Navarre,

desqvels le très-invincible & très-puissant monarque,
Henri troisième de ce nom, Roy de Navarre et qva-
trième dvdict nom Roy de France. Un vol. in-4°.

1257 Les Paralleles de Cesar et de Henry IIII. Par *Anthoine*
DE BANDOLE. Avec les commentaires de CESAR, & les
annotations de *Blaise* DE VIGINERE de nouueau illustrez
de maximes politiques par ledit DE BANDOLE, dedie a
Monseigneur le davlphin. A *Paris*, chez Iean Richer.
Avec priuilege du Roy. L. Gaultier sculp. 1609. In-4°,
2 tom. en 1 vol., tit. gravé.

1258 De l'Amour de Henri IV pour les lettres [par l'abbé
Gabriel BRIZARD]. A *Paris*, de l'Imprimerie de Ph.-D.
Pierres, M. DCC. LXXXV, In-12, 1 vol.

1259 Histoire des derniers trovbles de France soubs les règnes
des Rois tres-chrestiens Henry III, Roy de France &
de Pologne & Henry IIII, Roy de France & de Navarre.
Revue et augmentée de l'Histoire des guerres entre les
maisons de France et d'Espagne, et de tout ce qui s'est
passé durant icelles, iusques au mois de mars de
l'année mil six cens un. Avec un Recueil des édicts &
articles accordez par le Roy Henry IIII, pour la réunion
de ses subjects. (Par *Pierre* MATTHIEU). Dernière édition.
(*Genève*) Imprimée l'an de grâce 1601. In-8°, 1 vol.

1260 Même ouvrage, édition de 1613. In-8°, 1 vol.

1261 Lettre mistique, responce, replique. Mars joue son rolle
en la premiere ; en la seconde, la bande et le chœur
de l'Estat, la troisiesme figure l'amour de Polyphème
Galathée et des sept pasteurs. L'ouuerture de la Cabale
amplifiée. L'index d'Espagne examiné, le desespoir de
l'ombre acheué. Le tout dedié à l'excellence du Comte
Maurice [de Nassau], par M. D. L. F. [gentilhomme de
de ses Trovppes]. A *Leiden*, s. n. d'impr. 1603. In-12,
1 vol.

1262 Les Pleiades dv S. *Jean-Aimé* DE CHAVIGNY, Beavnois,
divisées en VII livres. Où, en l'explication des antiques
propheties conferees avec les oracles du celebre et
célébré Nostra-Damus, est traictié du renouvellement
des siecles, changement des Empires et auancement du
nom Chrestien. Auec les prouesses, victoires et couronnes promises à nostre magnanime prince Henry IIII,
Roy de France et de Navarre. *Lyon*, Rigaud, 1603.
In-8°, 1 vol. Titre gravé.

1263 Relatio ceremoniarvm sacri baptismatis, Lvdouici Del-
phini, primogeniti christianissimi Regis Francorum
Henrici IIII. Ad Paulum V. Pontificem Maximum.
Autore *Papirio* MASSONO, Aduocato in Senatu Parisiensi.
Parisiis, apud P. Mettayer, Typographum Regium,
1606. — Pièce de 16 pages.

1264 Raisons & cavses de la preseance entre la France &
l'Espagne. Proposées par un nommé Augustin Cranato,
Romain pour l'Espagne, et traduictes de l'Italien en
François. Ensemble les responces & defenses pour la
France a chacune d'icelles faites : par *Nicolas* VIGNIER,
de Bar-sur-Seine, Historiographe du Roy dès l'an 1589
publié par ses fils *Nicolas* et *Jean* VIGNIER]. Dedié à
Sa Maiesté. A *Paris*, Olivier de Varennes, 1608. In-12.
— Pièce de 70 ff.

1265 Mort & tombeav de havt et pvissant Seignevr Philippe de
Strozzi, Cheualier des deux ordres du Roy, Conseiller
en ses Conseils d'Estat & privé, Capitaine de cinquante
hommes d'armes, Colonel general de l'Infanterie Françoise & depuis Amiral en l'armée de mer, dresse par la
Reine, Catherine de Medici, en faueur du Roy don
Antoine de Portugal, en l'an mil cinq cens quatre vingt
deux. Ou par occasion se voit la bonne & genereuse
nourriture de la ieune Noblesse Françoise, sous les Roys
Henry & François second, pendant son bas aage, et
plusieurs notables points de l'Histoire de nostre temps

non touchez, **ou si** particulièrement deduis ailleurs. Par
H. T. S[r] DE TORSAY. *Paris*, Le Noir, 1608. In-12. —
Pièce de 95 pages.

1266 Discovrs svr l'ordre observé a l'arrivee de Dom Pedre
de Theolede (*sic*), de la maison d'Espagne, ambassadeur
extraordinaire enuoyé par le Roy d'Espagne à sa
Majesté, lequel arriva au Chasteau de Fontaine-Belleau,
le samedy 19 Iuillet mil six cens huict. A *Paris*, par
Flevry Bovrriqvant, 1608. — Pièce de 12 pages.

1267 Copie d'vne lettre contenant la description de l'entree
triomphale de Don Pedro de Tholedo faicte à Fontainebleau, le dixneufiesme de Iuillet, 1608. Ensemble un
Sonet et quelques petits Discours sur la mort de Bartholomæo Borghese, exécuté à Paris, le vingtiesme de
Novembre, l'an 1608. A *Venise* (*Paris*), par Corneille le
Caillier, l'An 1609. — Pièce in-4° de 8 pages non
foliotées.

Cette *Copie* est une satire dirigée contre le Sr de Bonneuil, introducteur des
Ambassadeurs et contre toute l'ambassade. L'auteur est certainement huguenot.

1268 La Ligve necessaire. Contre les Perturbateurs du repos
de l'Estat. *S. l. n. d.* (Probablement vers 1609). Pet. in-
12. — Pièce de 15 pages.

La ligue proposée n'est pas comme la première, dont le but était de garder
l'unité religieuse de la France. Il s'agit de l'abaissement de l'Espagne et de la
maison d'Autriche, par l'union contre elle de l'Angleterre, des Provinces unies
de la Suède, du Danemark, des villes Hanséatiques, de Gabor et de la plupart
des princes d'Allemagne, sous la direction de Henri IV.

1269 *Rodolphi* BOTEREII [*Raoul* BOUTRAIS], in Magno Franc-
Consilio advocati, de rebus in Gallia, et pene toto Orbe
gestis, commentariorvm lib. XVIII. In tres tomos
tributi. Ad. Sereniss. Augustam. [Mariam Medicæam].
Parisiis, Petr. Chevalier, 1610. In-8°, 2 vol.

1270 Confvtatio Anticotoni, qua respondetur calumniis, ex
occasione cædis Christianissimi Regis Franciæ, et
sententiæ Marianæ, ab anonymo quodam in P. Cottonem

et socios ejus congestis. Avthore R. P. *Andrea*
EUDÆMON-IOANNE, Cydonio, e Societate Iesv. — Ioan.
15. Si me persequuti fuerint, et vos persequentur. —
Mogvntiæ, excudebat Reinhardvs Eltz, sumptibus
Ioannis Kinckii, 1611. In-8. — Pièce de 132 pages.

Le P. *André* EUDÆMON-JOANNÈS, né à la Canée, dans l'île de Candie, de
parents issus des Paléologues, mourut à Rome en 1626. Cette réfutation de
l'*Anticoton* est de toute rareté.

1271 Les Avantures du Baron de Fœneste [par *Agrippa*
D'AUBIGNÉ, en quatre parties]. In-8°, 1 vol. de 1 feuillet
non coté et 326 pp. chiffrées.

Le titre manque à cet exemplaire, en sorte qu'il est impossible de déterminer
l'édition. Elle est certainement du XVII° siècle et de bien peu postérieure à celle
de Genève, 1630, si ce n'est celle-ci même. Une note manuscrite de M. de
Godefroy donne cette dernière indication ; mais l'exemplaire ne répond pas à la
description de l'édition de 1630 telle qu'on la trouve dans Brunet et Barbier
(308 pp.), et d'autre part les bibliographies n'indiquent pas d'édition intermédiaire
entre celle de Genève 1630 et celle de Cologne 1629.

1272 [Recueil factice, en 32 volumes, de diverses pièces
curieuses relatives à l'histoire de France, de 1563
à 1666, à savoir :]

[*T. I.*] 1. Epistola magistri *Benedicti* PASSAVANTII.
Responsiua ad commissionem sibi datam à venerabili
D. Petro Lyreto, nuper Curiæ Parisiensis præsidente :
nunc verò Abbate sancti Victoris, prope muros. [pièce
satirique de *Théodore* DE BÈZE. *S. l. n. n.*], M.D.LIII.
Pet. in-8°, 45 ff. non cotés.

2. P. SIXTI V. Fvlmen Brvtvm in Henricvm sereniss.
Regem Nauarræ, & illustriss. Henricvm Borbonivm,
Principem olim Condæum, euibratum. Cuius multiplex
nullitas ex Protestatione patet. Cui, præter alia,
subiuncta est Disputatio Roberti Bellarminii Soc. Ies. de
Primatu Episcopi Rom. & ad eam Responsio. Item
ALCIATI, CVIACII &. HOTOMANI Coniecturæ de falsitate 1.
inter claras 8. C. de Summ. Trinit. Præterea Disputatio
de Donatione Constantini Magni, Necnon Collatio Petri

Apostoli cum Papa Romano. Cum Synopsi & Indice necessario. [Auctore *Francisco* Hotomanno]. [*S. l. n. n.*] Anno cIɔ Iɔciii. Pet. in-8°, 8 ff. non cotés, 334 pp. cotées, et 5 ff. de table.

[*T. II.*] 1. Discovrs svr le Congé impetré par Monsieur le Cardinal de Lorraine, de faire porter armes defendues à ses gens, pour la tuition & défense de sa personne : Et sur ce qui luy aduint à l'occasion de cela, à son arriuée à Paris, le VIII. de Ianuier M.D.LXV. Auec la copie dudit congé, contenu en l'autre page. [par *Jacques Paul* Spifame, ci-devant évêque de Nevers, et depuis huguenot]. [*S. l. n. n. Paris*], M.D.LXV. Pet. in-8°, 88 pp.

2. La Response faicte par Monsievr le Mareschal de Montmorency quand on lui presenta le cõgé obtenu par Mõsieur le Cardinal de Lorraine , de faire porter armes defẽdues à ses gens : & le lendemain enuoyée au Parquet de Messieurs les Gens du Roy, à ce personne n'en peust pretendre ignorance. Ensemble, le Discours du voyage faict à Paris par Monsieur l'Admiral au mois de Ianuier dernier. [*S. l. n. n.*] M.D.LXV. Pet. in-4°, 16 ff. non cotés.

3. Remonstrance envoyee au Roy par la Noblesse de la religion reformee du païs & Comté du Maine, sur les assassineries, pilleries, saccagemens de maisons, seditions, violemens de femmes, & autres exces horribles, commis depuis la publication de l'Edit de pacification dedans ledit Comté : & presenté à sa Maiesté à Rosillon, le x. iour d'Aoust 1564. Auec vn aduertissement des crimes execrables aduenus dedãs ledit pays depuis le mois de Iuillet 1564. iusques au mois de de (*sic*) May 1565. enuoyé à monsieur le Mareschal de Vieilleuille. *Av Mans*, imprimé par Ierome Oliuier, 1565. In-8°, 112 pp.

4. Lettres consolatoires enuoyées à Madame la Princesse de Condé, durant sa maladie. [*S. l. n. n.*] [datées,

à la fin, de Lyon, 19 juin], M.D.LXIIII. Pet. in-4°, 8 ff. non cotés.

5. Epistre d'vne Damoiselle Francoise à vne sienne Amie, dame estrãgere, sur la mort d'excellente & vertueuse Dame, Leonor de Roye, Princesse de Cõdé. Contenant le Testament & derniere volonté d'icelle. Ensemble, le Tombeau de ladicte Dame. [*S. l. n. n.*, daté de Condé-en-Brie, 31 juillet], M.D.LXIIII. Pet. in-4°, 28 ff. non cotés, imp. à Paris.

6. Escrit de *Nicolas* CLEMANGIS Doctevr de Paris et Archediacre de Bayeux touchant l'estat corrompu de l'Eglise, par lequel on pourra voir la source & confusion de l'Eglise Romaine. Aussi verra on en ce siecle 1417. la France n'auoir esté destituée de vrays Docteurs qui ont fidelement executé leur charge d'annõcer la lumiere du Seigneur. A *Orleans*, 1564. In-8°, 32 ff.

7. Oraison prononcee a Messievrs des Comptes par le seigneur de Guerine Maistre *Claude* DU BOURG, Conseiller du Roy, & Secretaire de ses finances, sur laquelle il a esté incontinẽt eslargy des prisons de la Conciergerie du Palais à Paris, esquelles il estoit detenu par ordonnãce desdicts gens des Comptes. [*S. l. n. d.*, datée, au feuillet 5, de Paris, 25 octobre 1564]. Pet. in-4°, 24 ff. non cotés.

8. Epistre escritte et cnuoyee à Monseigneur le Prince de Condé, par le Seigneur de Gueryne, Mᵉ *Claude* DU BOURG, concernant l'entreveuë & embouchement faict auec ledit Seigneur Prince, par Monseigneur le Reuerendissime, & illustrissime Cardinal de Lorraine. [*S. l. n. d.*] Pet. in-4°, incomplet, 8 ff. non cotés.

9. De l'vtilité & repos d'esprit en l'Agriculture & vie solitaire, extraict de plusieurs aucteurs par vn Conseiller & President pour la Maiesté du Roy en Cour souueraine. Av Seignevr de Montmorency Mareschal de France. A *Paris*, par Robert Estienne, imprimerie du Roy, M.D.LXV. Pet. in-4°, 23 ff. non cotés.

[*T. III.*] 1. Lettre d'vn seigneur du pays de Haynault enuoyee à vn sien uoisin & amy suyuant la Cour d'Espagne. Auec la response. [par *Charles* DE VAUDEMONT, Cardinal de Lorraine?] En *Anuers*, par Guillaume Richman. Datée, à la fin, de Paris, 2 avril 1564. In-8°, 46 pp.

2. Response a l'Espitre de Charles de Vavdemont, Cardinal de Lorraine, iadis Prince imaginaire des Royaumes de Ierusalem, & de Naples, Duc, & Conte, par fantasie d'Aniou, & de prouece, & maintenant simple gentilhomme de Hainault. [*S. l. n. n.*] M.D.LXV. In-8°, 83 ff.

3. Desavev dvn Seignevr de Hainavlt de la lettre eschripte en son nom par Monseigneur le Cardinal de LORRAINE. A *Anvers*, M.D.LXV. In-8°, 32 ff.

4. La Gverre Cardinale de l'Administrateur du Temporel de l'Euesché de Mets, contre le sieur de Salcede Cheualier de l'Ordre, & Gouuerneur de Marsal. [*S. l. n. n.*], 1565. Pet. in-4°, 35 ff.

[*T. IV.*] 1. Gamelion, sive Carmen Nvptiale, in illvstrissimi Principis, D. Philippi, Comitis Lalænij, & lectissimæ virginis, Margaridis Arenbergæ nuptias scriptum ab *Ioachimo Axonio* GRAUIANO I.V.D. *Lovanii*, apud Ioannem Bogardum sub Biblijs Aureis, 1569. Pet. in-4°, 16 ff. non cotés.

2. Edict dv Roy svr la Pacification des Troubles de ce Royaume. Publié à Paris en Parlement le vnzième iour d'Aoust, 1573. A *Paris*, de l'Imprimerie de Federic Morel, M.D.LXXIII. Pet. in-4°, 8 ff. cotés.

3. Sermon Fvnebre, faict avx Obseqves de Henry IIII. Roy de France & de Nauarre, le 22. de Iuin 1610. dans l'Eglise de S. Jacques de la Boucherie. Par *Fr. Iacqves* SVARES Obseruantin Portugays. A *Paris*, chez Nicolas du Fossé, cIɔ Iɔc X. In-8°, 40 pp.

4. Apologia pro Patribvs Iesvitis. Latinè versa è Gallico Auctoris D. *Ioannis* DV PERRON, Christianissimi

Regis in sacro eius consistorio Consiliarij. *Parisiis*, ex officina Nivelliana. Sumptibus Sebastiani Cramoisy, M.DCXV. Pet. in-4°, 86 pp.

5. La Confession dv Sievr dv Movlin Ministre de Charanton. Contre la Doctrine des Ministres pretendus reformez. [par HONORAT DE MEINIER.] A *Paris*, chez Nicolas Rovsset, M.DC.XVIII. Pet. in-4°, 16 pp.

6. Le Monstre a cent Testes, ov Responce de la Fortune à l'Enuie, pour repartie & contrepointes, av Monstre a trois Testes. [*S. l. n. n.*], M.DC.XX. Pet. in-4°, 7 pp.

7. Le Mot a l'Oreille de Monsievr le Marqvis de la Vieville. [*S. l. n. n.*], 1624. Pet. in-4°, 62 pp.

8. Responce av Mot a l'Oreille, povr Monsievr le Marqvis de la Vievville. [*S. l. n. n.*], M.DC.XXIIII. Pet. in-4°, 64 pp.

9. Le Voyage d'vn Pelerin de la Covr. [*S. l. n. n.*], M.DC.XXIV. Pet. in-4°, 15 pp.

10. Apologie, av Roy [par *Théophile* VIAU]. A *Paris*, [*s. n.*], M.DC.XXV. In-8°, 55 pp.

11. Le Covrrier Breton. [*S. l. n. n.*], M.DC.XXVI. Pet. in-4°, 32 pp.

12. Decret de lvniuersité de Paris, faict et resolv l'an de nostre salvt MDCXXVI. le XX. d'avril, en assemblee generale. A *Paris*, chez Pierre Dvrand, M DC XXVI. Pet. in-4°, 8 pp.

13. Svite de l'Apologie pour les Indulgences, & Iubilé de l'Eglise Catholique. Avec l'Examen du Iubilé des Ministres, & Responce entiere, au liure de Drelincourt, Ministre de Charanton. Par M. *François* VERON, Predicateur du Roy, pour les Controuerses. Pet. in-4°, sans titre, commence p. 25 et finit p. 48.

14. Observations dv Seignevr NICANDRE. Svr le Livre qv'Aristarque celebre Docteur de Coignac, luy a enuoyé. A *Paris*, chez Iean Petit-Pas, M.D.C.XXIX. In-8°, 134 pp.

[*T. V.*] 1. Discovrs svr les Cavses de l'Execvtion faicte es personnes de ceux qui auoyent coniuré côtre le Roy & son Estat. En *Anvers*, de l'imprimerie de Christophle Plantin, M.D.LXXII. Pet. in-4°, 20 ff. non cotés.

2. Declaration des Consvls, Eschevins, Manans & Habitans de la ville de Lyon, sur l'occasion de la prinse des armes par eux faicte, le vingt quatriesme de Feburier, 1589. A *Lyon*, par Iean Pillehotte, 1589. Pet. in-4°, xxxi pp.

3. Lettre de Monseignevr l'Ill.^me et Rev.^me Cardinal de Plaisance Legat de N.S.P. & du S. Siege Apostolique au Royaume de France : A tous les Catholiques du mesme Royaume. Touchant la conuocation de quelques Ecclesiastiques, faict (*sic*) par Henry de Bourbon, en la Ville de S. Denys. D (*sic*) *Dovay*, chez Balthasar Bellere, suyuant la Copie de Paris, l'An 1593. Pet. in-4°, 7 pp.

4. Sommaire de la Harangve de N.S.P. le Pape Clement huictieme, faicte av Consistoire des Cardinavx a Rome, tovchant la favsse conversion dv Navarrois av giron de l'Eglise catholique. [*Duaci*, Bartholomeus Petrus Lintrensis], l'an 1594. Iouxte la Copie Imprimée à Rome. In-8°, 12 pp.

5. Articles et Poincts arrestez entre le Comte de Fventes & ceux de la Citadelle de Cambray, pour la rendition d'icelle entre les mains de son Excellence. [le 7 octobre 1595.] A *Lille*, chez Anthoine Tack, 1595. 4 ff. non cotés.

6. Discovrs veritable des choses advenues av siege des Ville et Citadelle de Calais. Mise en l'obeissance de sa M. Catholique par son Alteze Serenissime le 17 d'Auril, & la Citadelle emportée d'assaut le 24. Auec le recit du voyage des nostres vers la Fere. *Arras*, par Robert Maudhuy, M.D.XCVI. Pet. in-4°, xiiii pp.

7. *Ioh.* BERNARTI de Lirani Oppidi ab Hollandis occu-

pati, per Mechlinianos et Antverpianos admirabili libe-
ratione Commentariolus. Vna cum breui narratione de
Origine & progressu calamitatum Belgij. *Lovanii*, ex
officina Ioannis Masij, anno ∞ IƆ.XCVI. In-8°, 34 pp.

8. Capitulations et Articles de la ville d'Ardres
rendve av tres-illustre & tres victorieus Archiduc &
Cardinal d'Autrice. le 23 de May. 1596. Auecq autres
particularitez touchant le siege. [*Lille*], Iouxte la Copie
Imprimé en Arras. 4 ff. non cotés.

9. Briefve Relation de la Gverre d'Irlande, entre
cevls de la Ligue de cestuy royaume, & Isabelle royne
D'angleterre (*sic*). Le tout prins hors d'vne copie
nagueres mis en Italien par *Bernardino* BERCARI alla
Minerua. A *Lille*, chez Guillaume Stroo-bant, M.D.
XCVI. Iuxte la Copie imprimé à Bruxelles. 4 ff. non
cotés.

10. Discovrs tovchant la prise admirable de la grande
et pvissante ville d'Amiens Capitale de Picardie, saisie
par les Espagnolz, le xj. iour de Mars l'an 1597. A
Lille, de l'Imprimerie de Guillaume Stroo-bant imprimeur Iuré l'an M.D.XCVII. 4 ff. non cotés.

11. Parenetic, ov Discovrs de remonstrances av
Pevple François, sur le subiet de la coniuration contre
l'Estat. A *Paris*, chez Pierre Chevalier, 1602. Pet. in-4°,
4 ff. non cotés et 38 pp. chiffr.

12. *Iosephi* CASTALIONIS, Ivrisconsvlti Panegyris de
Illvstrissimi et Rever.^mi Domini Silvestri aldobrandini
Cardinalatv. *Romæ*, apud Gulielmum Facciottum, 1603.
Svperiorvm Permissv. In-8°, 14 pp.

13. L'Vmbre dv Mignon de Fortvne auec l'Enfer des
ambitieux Mondains. Sur les dernieres conspirations,
ou est traicté de la cheute de l'Hoste. Dedié av Roy.
Par *I. D.* LAFFEMAS Sieur de Humont. A *Paris*, chez
Pierre Pautonnier, Imprimeur du Roy, 1604. Pet. in-4°,
22 pp.

14. L'Harpocrate Francois. Au Roy. [*S. l. n. n.*]
L'an de grace, M.D.C.V. Tr. pet. in-8°, 24 pp.

15. Histoire de l'execrable Empoisonnement commis par vne fille de Sauoye, à l'endroict de son Pere, & sa Mere, & autres parents. Ensemble l'execution qui en fut faicte à Chambery, le Samedy neufiesme iour de Iuin. 1607. Imprimé à *Chambery*, par Pierre Richard, 1607. In-8°, 8 pp.

16. Histoire tres-veritable de la crvavté exercee par les Tartares enuers trois Peres Capucins, & plusieurs Chrestiens, nouuellement conuertis. Ensemble la miraculeuse victoire obtenuë par le grand Sophi Roy de Perse, auec la prinse de la superbe Isle de Magna, contenant cent lieux (*sic*) de longueur, & la ruine de la vallee de Thipomet. A *Rouen*, chez Pierre Courant, Iouxte la copie imprimée à Paris, 1608. In-8°, 16 pp.

17. Remarqvable et prodigievse Vision et Apparition provenant de l'air, et descendant en terre en forme comme d'hommes de guerre, iusques au nombre de douze mille. Aduenue en plein iour au pays d'Angoulmois. Certifié par plus de trois cent (*sic*) personnes de qualité. A *Paris*, chez Heureux Blan-vilain, 1609. Iouxte la Copie imprimee a Perigueux. 7 pp.

18. Copie d'vne Lettre dv P. *Ballazar* BARRERA de la Compagnie de Iesvs, escrite de la Guinee en Affrique, au commencemēt de l'an 1609. Contenant la Conuersion de trois Rois & d'vne infinité de Princes, Princesses, hommes & femmes de toutes qualitez, auec la description du pays, traduicte d'Italien en François. A *Ypre*, par François Bellet, 1610. Tr. pet. in-4°, 24 pp.

19. Histoire entiere et veritable de tout ce qui s'est passé en Espagne pour l'accomplissement du Mariage du Roy & de l'Infante, depuis le depart de Monseigneur le Duc de Mayenne, Ambassadeur extraordinaire de leurs Majestez tres-Chrestiennes, iusques à son retour en France : Ensemble de l'Ambassade de Monsieur de Pizieux. Faicte par vn Gentilhomme ayant charge en la conduicte de la maison dudict Seigneur Duc de Mayenne. A *Paris*, chez la veufue Pierre Bertavlt, M.DC.XII. Pet. in-4°, 57 pp.

20. La Calotte Francoise tradvite dv latin de *Monsievr* MOREL, principal du College de Reims. A *Paris*, par lean Libert, M.DC.XII. Pet. in-4°, 16 pp.

21. Copie de la Lettre envoyee a la tres-Chrestienne royne regente de France et de Nauarre. Par Monseigneur HENRY DE BOURBON, Prince de Condé, premier Prince du sang, [le 28 février 1614]. Iouxte la Copie imprimée à Mesieres, chez Fabian du Moulin [*Lille*, Chr. Beys], mil six cens quatorze. Pet. in-4°, 13 pp.

22. Dovble de la Responce de la Royne Regente, Mere du Roy, à la lettre escrite à sa Majesté, par Mõseigneur le Prince de Condé. A *Lille*, de l'Imprimerie de Christofle Beys, Iouxte la Copie imprimee a Paris, chez F. Morel, & P. Mettayer, M.DCXIIII. Pet. in-4°, 19 pp.

23. Procez verbal de la Revolte faict par Messievrs De Poictiers, à leur Gouuerneur, Monsieur le Duc de Roannes. Enuoyé à sa Maiesté. A *Paris*, chez Iean de Bordeaux [*Lille*, de Rache], 1614. Pet. in-4°, 4 ff. non cotés.

24. Articles et Conventions arrestee en Espagne, le Mercredy 20 d'Aoust 1612. Par Monsieur le Duc de Mayenne. Sur le Mariage du Roy Lovys XIII, auec l'Infante, Dame Anne. A *Paris*, chez Iean de Bordeaux [*Lille*, de Rache], 1614. Pet. in-4°, 10 ff. non cotés.

25. Lettres ov Novvelles d'Espagne, envoyees à la Reyne, sur ce qui s'est passé en la ville de Madrid à la reception de Monsieur le Commandeur de Sillery, Ambassadeur extraordinaire pour le mariage du Roy, vers sa Majesté Catholique, le 25 de Mars, 1615. A *Paris*, de l'Imprimerie d'Anthoine du Breuil, M.DC.XV. Pet. in-4°, 15 pp.

26. Remonstrance Tres-hvmble presentée av Roy par les subiects de la prouince de Picardie, sur le faict de la Citadelle d'Amiens. [en mai 1616]. Pet. in-4°, commence sans titre à la feuille B, 8 ff. non cotés.

27. Congratvlation de Iacqvet filz aisné de Iacqves Bonhomme. Aux Princes retournez a la Court. A *Paris*, chez Arnoul Cotinet, [*s. d.*] Tr. pet. in-4°, 15 pp.

28. L'Innocence des Iesvites. Contre les calomnies & fausses imputations de l'Assemblée de la Rochelle. A *Paris*, de l'Imprimerie de François Hvby, M.DC.XXI. Pet. in-4°, 16 pp.

29. Recit veritable de la grande et tres-heureuse Victoire Naualle, emportee par le Vice Roy de Portugal sur les Hollandois, qui pensoient entrer aux Isles de Tercere. Ensemble le siege de la Ville de Lippestat par Monsieur de Tilly. A *S. Avmer*, chez Allard de la Tombe [*Lille*, Chr. Beys], 1625. Pet. in-4°, 16 pp.

30. Recit veritable de ce qvi s'est passé entre l'armée de sa Maiesté Imperiale, & celle du Comte Mansfelt, & d'Halberstat. Auec une lettre escritte audit Halberstat, par le Sieur *Iean* DOULCET. A *Anvers*, chez Abraham Verhoven, M.DC.XXIII. Pet. in-4°, 16 pp.

31. Le Triomphe et Ceremonie fait en la Ville de Madrid, au Mariage du Prince de Galles, filz du Roy d'Angleterre, auec Madame la Sœur du Roy d'Espaigne. Ensemble les articlez pour la reduction de la ville de Franckendal. [*S. l. n. n.*], M.DC.XXIII. Pet. in-4°, 16 pp.

32. Recit veritable des sanglantes escarmouches données deuant la ville de Breda, Berghe, Graue, Frize, &c. par l'armée de son Excellence le Marquis Spinola. Ensemble la deffaite de deux compagnies du Comte Maurice. Auec les particularitez. A *Anvers*, chez Abraham Verhowen. [*Tournay*, Ad. Quinque], M.DC. XXIV. 8 pp.

33. Dessein perpetvel des Espagnols a la Monarchie vniverselle, avec les prevves d'icelvy. Reueu, corrigé, augmenté, & translaté, & mis en meilleur ordre qu'auparauant, auec les extraicts des lettres du Roy d'Espagne, escrites au Roy d'Angletere. [*S. l. n. n. Lille*, de Rache], M.DC.XXIV. Pet. in-4°, 71 pp.

34. L'Apocalipse Hollandoise, Clairement explicquee par *Pambon* VREIMVNDIMA. Resueillez vous, il est temps. A *Ville Nefve*, chez Iean le Vray, 1626. Pet. in-4°, 51 pp.

35. De la Sedition arrivee en la ville de Diion le 28. Feurier 1630. et ivgement rendv par le Roy sur icelle. A *Paris*, chez Edme Martin, M.DC.XXX. Pet. in-4°, 31 pp.

36. Lettres, Declarations, et Manifestes de son Altesse de Sauoye examinez : Intentions de sa Maiesté, & Actions de Monsieur le Cardinal de Richelieu iustifiées, dans la Response d'vn Bressan, à la Lettre d'vn Sauoyard. A *Paris*, chez Edme Martin, M.DC.XXX. Pet. in-4°, 32 pp.

[*T. VI.*] 1. La Legende de Charles, Cardinal de Lor-raine, & de ses freres, de la maison de Guise. Descrite en trois liures, par FRANCOIS DE L'ISLE. A *Reims*, de l'Imprimerie de Iaques Martin. M.D.LXXVI. In-8°, 8 ff. non cotés, dont les deux derniers blancs, et 119 ff. cotés. *Au v° du 119ᵉ on lit* : Fin du premier Liure. *C'est le seul qui ait paru.*

2. Legende de Domp Clavde de Gvyse, Abbe de Cluny. Contenant ses faits & gestes depuis sa natiuité iusques à la mort du Cardinal de Lorraine : & des moyens tenus pour faire mourir le Roy Charles neuf-fieme, ensemble plusieurs Princes, grands Seigneurs & autres, durant ledit temps, par DAGONEAU, ou par GILBERT REGNAULT, tous deux juges de Cluny]. La page suyuante demonstre les principaux poincts contenus en ce traité. [*S. l. n. n.*], M.D.LXXXI. In-8°, 10 ff. non cotés, et 256 pp. chiffrées. *Suivent 32 ff. blancs.*

[*T. VII.*] 1. *Franc.* HOTOMANI, Ivrisconsvlti, Fran-cogallia. Editio tertia locupletior. [*Coloniæ*], ex officina Iohannis Bertulphi, M.D.LXXVI. In-8°, 255 pp. cotées, et 5 ff. de table, titre encadré.

[*T. VIII.*] 1. Histoire et vray discovrs des Gverres civilles es pays de Poictou, Aulnis, autrement dit Rochelois, Xainctonge, & Angoumois depuis l'annee mil cinq cens soixante & quatorze, iusques à l'Edict de pacification de l'annee mil cinq cens soixante & seize. [par *Pierre* BRISSON, sénéchal de Fontenay-le-Comte.] A *Paris*, chez Iacques du Puys, 1578. In-8°, 105 ff. non cotés.

[*T. IX.*] 1. Les Articles dv Traicte des Ville de Bruges, & Païs du Francq, conclu & arresté en la ville de Tournay, le Iour de la Penthecouste, 20. de May, 1584. A *Mons*, en Haynau, chez Rutgher Velpius, Impr. Iu. [1584]. Pet. in-4°, 12 ff. non cotés.

2. Discovrs de la Bataille, siege et prise des ville et chasteav de Dovrlens emportez par assaut le dernier iour de Iuillet 1595. Auec autres particularitez des choses aduenues auparauant sur la frontiere de Picardie. A *Arras*, chez Guillaume de la Riuiere, et Gilles Bauduin, Au Missel d'or, M.D.XCV. Pet. in-4°, 23 pp.

3. Novvelle et veritable liste et denombrement des Seignevrs, et Gentil-hommes de marque morts, prisonniers, & blessez, à la prise dez Ville & Chasteau de Dourlens. A *Arras* [*ut supra*], M.D.XCV. Pet. in-4°, 7 pp.

4. Lamentation et complaint qve faict la France a la Noblesse nouuellement exposee par vng gentilhomme Françhois (*sic*) prisonnier en la Ville d'Arras se repentant d'auoir suiuy la partie du prince de Bierne. A *Arras*, de l'Imprimerie de Iean Bourgeois, a la Bible d'Or, 1595. 4 ff. non cotés.

5. Sommaire de la Victoire qvil a plev a Dieu donner à l'armée de sa Majesté Catholicque, sur les François aupres de la Ville de Dourlens, soubz la conduicte de Monseigneur le Conte de Fointes, Chef, & Capitaine General de nostre armée. A *Lille*, de l'Imprimerie de Anthoine Tack, M.D.XCV. VIII pp. chiffrées.

Cette pièce est considérée comme étant la plus ancienne impression lilloise.

6. La Redvction de la ville de Monpelier Caste (*sic*)

et avltre place d'importance, de la prouince de Langue-
docq, pour le seruice de sa Majesté. Auec les Articles
accordees par le Roy, estant en son Conseil au Duc de
Rohan, & a Messieur de la Religion pretendu reformée (*sic*). A *Paris*, chez Pierre Rocolet, [*Lille*,
de Rache?]. [*S. d.* 1622]. 8 pp. chiffrées.

7. Discovrs de la Covrse des Hollandois sur le Pays
de Flandre, auec peu d'effect. Item, La prise de deux
vaisseaux Hollandois. Ensemble, L'Estat present de
l'Empire Chrestien, & de celuy des Ottomans. A *Liege*,
chez Leonard Streel, M.DCXXII. 8 pp. cotées.

8. Le petit Mercvre Vallon des Gverres de Savoie et
de Boheme. Contenant en bref le recit veritable de la
conduicte de ces guerres, & les effets les plus remarquables & militaires des Soldats Vallons. Auec la liste
particuliere des morts & blessés, & le plan de la bataille
de Prague au vray representé. P.L.S.D.C. Nvl Haine y
dois. A *Dovay*, de l'Imprimerie de Baltazar Bellere, au
Compas d'or, l'An 1622. In-8°, 94 pp. chiffrées.

9. Discovrs svr ce qvi s'est passé a l'arrivee de Monsievr le Duc de Pastrana Ambassadeur d'Espagne.
Ensemble vne resiovissance a la France sur le bonheur
des alliances de France & d'Espagne, auec l'explication
d'vne Prophetie de Nostradamus sur le mesme subiect.
Par le S.D.S.A. A *Paris*, chez la veufue Pierre Bertavd,
M.DC.XII. [*Lille*, Chr. Beys]. Pet. in-4°, 12 pp. chiffr.
et 2 pp.

10. Le Ievr de la Fortvne en la vie et mort de Dom
Rodrigo Calderon execvté a Madrit le 21 d'octobre
1621. remarqvé en la lettre escrite de Madrit le 22. dudict
mois & an, & traduicte d'Espagnol en François. A
Cambray, de l'Imprimerie de Iean de la Riviere,
M.DCXXII. Pet. in-4°, 22 pp. chiffrées.

11. Le Diogene François. [*S. l. n. d.* 1615]. Pet. in-4°,
19 pp. chiffrées.

12. Méditations de l'hermite Valerien. Tradvites de

Bon Normand en vieux Gaulois, par vn Pelerin du Mont S. Michel. En faueur de tous bons François. *S. l. n. n.*] M.DC.XXI. Pet. in-4°, incomplet, pp. 1 à 38.

13. Les tres-hvmbles svpplications dv Doctevr Francois av Roy. ensemble la response dv Roy. Suyuant l'estat des choses principales qui se sont passées en France, en l'année mil six cens vingt trois. A *Paris*, chez Ioseph Boulleroit, 1623. Pet. in-4°, 32 pp.

14. Le Mot a l'Oreille dv Marqvis [de la Vieuville], tovchant les affaires d'estat dv Roy. Et de l'abus commis par ledit Marquis enuers la noblesse & autre personne de qualité ce present mois. M.DC.XXIIII. Ensemble ce qui se passe pour le faict des Villes assiegées. Iouxte la coppie Imprimé au Pont par Nicolas Griffon. [*S. d.*] Pet. in-4°, 16 pp.

15. Traicte de l'Origine des anciens Assasins (*sic*) porte-covteavx. Auec quelques exemples de leurs attentats & homicides és personnes d'aucuns Roys, Princes, & Seigneurs de la Chrestienté. Par M. *Denis* LEBEY-DE BATILLY, Conseiller du Roy. A *Lyon*, par Vincent Vaspaze, M. D C III. Pet. in-4°, 64 pp.

16. Remonstrance faicte av Comte de Mansfeld et a l'Euesque d'Halberstat, & à leurs adherans (*sic*). Enuoyé à Breda par les Electeurs du S. Empire, pour les guerres & troubles d'Hollande & Pays-bas. A *Liege*, par Leonard Streel, M. DC. XXII. Pet. in-4°, 16 pp.

17. Le Covrt-Bovillon des Rebelles, accommodé à la sausse des Reistres d'Allemagne. Pour faire voire (*sic*) la vérité de leur voyage aux Estats d'Hollande. A *Liege*, par Leonard Streel, M. DC. XXII. Pet. in-4°, 15 pp.

18. Copie de la Lettre envoyee... [etc. ut supra pièce n° 21 du t. V, même édition].

[*T. X.*] 1. Edict dv Roy svr la Revnion de ses subjects à l'Eglise Catholique, Apostolique & Romaine. Leu & publié en la Court de Parlement à Paris, le Roy y seant. le 18. Juillet 1585. A *Paris*, par Federic Morel, M.D.LXXXV. Pet. in-4°, 16 pp.

2. Edict dv Roy, povr l'establissement d'vn asseure repos au faict de la Religion Catholicque, Apostolicque, & Romaine, & vnion de ses sujects Catholicques auec sa Majeste, pour l'extirpation des scismes & heresies. Publié en la Court de Parlement de Rouen, le dix-neufiesme iour de Iuillet, 1588. A *Paris*, par Gilles du Bois, Iouxte la Coppie Imprimee. Pet. in-4°, 10 pp.

3. Coppie des Memoires secrets en forme de Missiue, enuoyees de Bloys par vn Polytique (*sic*) mal-asseuré à vn sien amy aussi Polytique de ceste ville de Paris. Auec la responce laquelle a esté descouuerte sur vn Lacquais sortant de ceste ville, lequel a donné l'addresse dudict Polytique, au logis duquel lesdicts Memoires ont esté trouuez. [*S. l. n. n.*], M.D.LXXXIX. Pet. in-4°, 16 pp.

4. Lestrange amitié d'Edovard second, Roy d'Angleterre, à l'endroit de Pierre de Gaverston, Gentilhomme de Gascongne, & quelle en fut l'yssue. [*S. l. n. d.*] 9 pp.

5. Recit de l'adveuement de la Royne d'Algere en la ville de Rome, et comment elle a este baptizee avec six de ses filz, et plvsieurs matrones qvi estoyent en sa svite. Parauant imprimé à Venise, & depuis aussy à Colongne. A *Dovay*, chez Iean Bogart à la Bible d'or, M.D.LXXXVIII. vii pp.

6. Novvelles de l'an M.D.LXXXVII. Des Royaumes de Iapon & de Chine situez aus Indes Orientales, tirées d'vne lettre du Prouincial de la Compagnie de Iesus aus Indes, escrite en Cochin le xiiij. de Iannier M.D. LXXXVII. A *Dovay*, chez Iean Bogart, M.D.LXXX VIII. viii pp.

7. La vraye Histoire de tovt ce qvi est passe en Hongrie tovchant les victoires obtenues par les Seigneurs, Ferdinand de Hardeck, Christophle & Fredericq de Treffenbach, tant en l'An 1593. qu'en ceste presente année 1594. Ensemble les tremblemens espouuantables de la terre, & miracle aduenu. A *Dovay*, de l'Imprimerie de Balthasar Bellere, selon la copie imprime en

haut Allemã a Viẽne en Austrice. l'an M.D.XCIIII. 4 ff. non cotés.

8. La Resolvtion d'onze Doctevrs de la Sorbonne de Paris, assemblez en la ville d'Amiens le 29. iour d'Auril 1594. touchant aucuns articles proposez par les Catholiques, non encores associez à Henry de Bourbon. Seconde Edition, avgmentee de la copie Latine. A *Arras*, chez Gilles Bauduyn, M.D.XCIIII. 4 ff.

9. Discovrs de plvsievrs sanglantes et signalees Victoires obtenues par sa Majesté Imperiale contre les Turcs en Hongrie, Vualachie & Transsyluanie, l'An 1595. A *Arras*, chez Guillaume de la Riuière, et Gilles Bauduyn, M.D.XCV. 8 pp. chiffrées.

10. De par les Princes cathotholiqves (*sic*) vnis avec le Clergé, la Noblesse, & le peuple, pour la Religion & bien de l'Estat. Auec le reglement de Monseigneur le Duc Daumalle. Imprimé a *Douay* [Vve J. Boscard], M.D.LXXXVIII. 4 ff. non cotés.

11. Les Crvavtez sangvinaires, exercees envers fev Monseignevr le Cardinal de Guise, Pair de France & Archeuesque de Reims. Et les moyens tenus pour emprisonner le Prince de Genuille, & les Seigneurs Catholiques, tãt Ecclesiastiques qu'autres, pendant les Estats à Bloys. Auec la remonstrance faicte au Roy par Madame la Duchesse de Nemours, sur le massacre de ses enfans. A *Dovay* [Vve J. Boscard], M.D.LXXXIX. Pet. in-4°, 12 pp. chiffrées.

12. Discovrs deplorable dv Mevrtre & assassinat, traditoirement & inhumainement commis & perpetré en la ville de Blois. les Estatz tenant. de treshavt, tres-puissant, & tres-Catholique, feu Henry de Lorraine Duc de Guyse, Per & grand Maistre de France, le vendredy vingt-troisieme iour de Decembre, mil cinq cens quatre vingts huict. Iouxte la Copie Imprimé à Orleans.[*Douai*, Vve J. Boscard, 1589.] 6 ff. non cotés.

13. Discovrs veritable et dernier propos de Monsei-

gneur le Duc de Guyse, Pair & grand Maistre de France.
Ensemble son Tombeau. [*Douai*, Vve J. Boscard],
M.D.LXXXIX. 4 ff. non cotés.

14. Regretz et sovpirs lamentables de la France, sur
le trespas de tres-haut & tres-valeureux Seigneur, Monseigneur le Duc de Gvyse, Pair, & grand Maistre de
France, &c. [*Douai*, Vve J. Boscard], M.D.LXXXIX.
5 ff. non cotés.

15. Les regrets et lamentations faictes par Madame
de Guyse sur la mort de feu monseigneur le Duc de
Guyse, Pair de France, son Espoux. A *Dovay*, [Vve J.
Boscard], M.D.LXXXIX. 6 ff. non cotés.

16. Signes merveillevx, apparuz sur la Ville & Chasteau de Blois, en la presence du Roy ; & l'assistance du
peuple. Ensemble les signes & Comette aparuz près
Paris, le douziesme de Ianvier 1589. comme voyez par
ce present portraict. [*Douai*, Vve J. Boscard], M.D.
LXXXIX. 4 ff. non cotés.

17. Lettres de N. S. P. le Pape GREGOIRE XIIII.
Exhortatoires, & monitoires aux Princes, Ducs, Mar-
quiz, Comtes, & autres grands Seigneurs, & Nobles du
Royaume de France, suyuans le party d'Henry de
Bourbon, iadis Roy de Nauarre, et aussi aux Communautez, Vniuersitez, Peuples, & autres personnes seculieres, qui sont soubs la domination dudict Henry : afin
qu'ils ne le suyuent d'auantaige, & ne le fauorisent en
quelque façon que ce soit. A *Arras*, de l'Imprimerie de
Guillaume de la Riuiere : l'An 1591. Pet. in-4°, 8 ff. non
cotés.

18. Discovrs de la bataille, siege et prise des ville et
chasteav de Dovrlens emportez par assaut le dernier
iour de Iuillet 1595. Auec autres particularitez des
choses aduenues auparauant sur la frontiere de Picardie.
A *Arras*, de l'Imprimerie de Iean Bourgois à la bible
dor. M.D.XCV. Pet. in-4°, 12 ff. non cotés.

19. Discovrs veritable des choses advenves av siege

de Calais. [etc., ut supra, pièce n° 6 du tome V, même édition, 1596].

20. Discovrs veritable des choses plvs remarqvables advenves en la prinse de la ville d'Amyens par les gens de sa maiesté Catholique, sous la conduite du Gouuerneur de Doullens l'onsiesme iour de Mars 1597. A *Arras*, de l'Imprimerie de Robert Maudhuy, 1597. Pet in-4°, 10 ff. non cotés.

21. Copie d'vne Lettre laqvelle contient les Novvelles certaines & particulieres de ce qui s'est passé a Amiens entre les assiegez & l'ennemy depuis le Ieudi XVII de Iuillet iusques au Lundy ensuyuant. A *Arras*, chez Robert Maudhuy, Imprimeur iuré, M.D.XCVII. 8 pp.

22. Copie de la lettre d'vn Gentilhomme d'Arthois escrite de Prague en Boheme le iij. d'Auril 1598. tovchant la reprise de la pvissante et tres-forte Ville de Raab sur les Turcs, par l'entreprise des soldats Vvallons & autres nations avec des Petarts, soubz la conduicte du Baron de Suartzenburg. A *Arras*, de l'Imprimerie de Guillaume de la Riuiere, M.D.XCVIII. 4 ff. non cotés.

23. Description horrible et veritable de plvsievrs Sorciers et Sorcieres ov Vaudoises, comment, & pourquoy ilz ont esté bruslez en plusieurs lieux, l'année 1589. & de ce qu'ilz ont mesfaict, perpetre & confesse. Ensemble d'vn Sorcier, qui se scauoit muer en vn Loup-Garou. A *Anvers*, de l'Imprimerie Ioachim Trognese. l'An, M.D.XC. Pet. in-4°, 8 ff. non cotés.

24. Discovrs de la bataille, siege, et prise des ville et Chasteau de Dourlens, emportez par assault, le dernier iour de Iuillet 1595. Auec autres particularitez des choses aduenues auparauant sur la frontiere de Picardie. [*Arras*, R. Maudhuy, réimpression], Iouxte la Coppie imprimée à Arras [par J. Bourgois, supra, n° 18]. An 1595. Pet. in-4°, 14 pp. chiffrées.

25. Poeme svr la bataille donnee av siege de Dour-

lens, par le dvc de Bovillon, le 24. de Iuillet 1595. A
Arras, en l'Imprimerie du nom de Iesvs, chez Robert
Maudhuy. [*s. d.* 1595 ?]. vii pp. chiffrées.

[*T. XI.*] 1. Moyens d'abvs, entreprises et nvllitez,
dv rescrit et bvlle dv Pape Sixte V^e dv nom, en date du
mois de Septembre 1585. Contre le serenissime Prince,
Henry de Bovrbon, Roy de Nauarre, Seigneur souuerain
de Bearn, premier Prince du sang de France, & premier
Pair de la Couronne. Et Henry de Bovrbon, aussi
Prince du sang, Pair de France, Prince de Condē (*sic*),
Duc d'Anguien (*sic*). Par vn Catholique, Apostolique,
Romain : mais bon François, & tresfidele subiet de la
Couronne de France. [*Pierre* DE BELLOY]. A *Coloigne*,
de l'Imprimerie d'Herman Iobin, CIƆ IƆ LXXXVI.
In-8°, 8 ff. non cotés, et 28-413 pp. chiffrées.

[*T. XII.*] 1. Response d'vn Gentil-homme Francois
a l'advertissement des Catholicques Anglois, en laquelle
il traitte la question, si pour chasser l'heresie il faut tuer
les Hereticques, & leur faire la guerre. Ex Tumulo
ducis Guisii per Michaëlem Hospitalium Franciæ Can-
cellarium At' tu mea dormis Gallia, nec tot Orba viris
ducibusque domestica vulnera sentis, Æmula nec Regum
circumspicis arma potentum. 1587. In-8°, 4 ff. non cotés,
295 pp. chiffrées, et 4 pp. d'errata.

[*T. XIII.*] 1. Discovrs veritable svr ce qui est arrive
a Paris le dovziéme de May 1588. Par lequel clairement
on cognoist les mensonges & impostures des ennemis du
repos public, allencontre de Monseigneur le Duc de
Guyse, Propagateur de l'Eglise Catholique. A *Paris*,
Iouxte la coppie de Didier millot. [*S. d.* 1588]. Pet. in-4°,
16 pp. chiffrées._

2. Responce dv Roy, svr la reqveste presentee a sa
Majesté, par Messieurs les Cardinaux, Princes, Seigneurs, & des Deputez de la ville de Paris, & autres
villes Catholiques associez & vnis pour la deffence de
la Religion Catholique, Apostolique & Romane (*sic*). A

Paris, Jouxte la copie de Pierre Cheuilot, 1588. Pet. in-4°, 15 pp.

3. Reqveste presantee av Roy, par Messieurs les Cardinaux, Princes, Seigneurs, & des Deputez de la ville de Paris, & autres villes Catholiques associez & vnis : pour la deffence de la Religiõ Catholique, Apostolique, & Romaine. A *Paris*, Iouste la Coppie de Guillaume Bichon, M.D.LXXXVIII. Pet. in-4°, 16 pp. chiffrées.

4. La Declaration de la volonte dv Roy faicte depuis son departement de Paris. A *Paris*, sur la coppie Imprimée à Chartres, 1588. Pet. in-4°, 16 pp. chiffrées, et l'écu royal.

5. Discovrs de l'ordre tenv par les habitans de la ville de Rouen, à l'entree du Roy nostre Sire. Auec deux Harangues y prononcees à sa reception par Messieurs de Parlement de Rouen, & du Clergé. A *Paris*, Iouxte la coppie imprimée à Rouen, 1588. Pet. in-4°, 13 pp. chiffrées.

6. Plaintes et remonstrances faictes av Roy & à la Royne mere, par messieurs les Princes & Seigneurs Catholiques. [*S. l. n. n.*], M.D.LXXXVIII. Pet. in-4°, 16 pp. chiffrées.

7. Coppie d'vne lettre escritte de la ville dv Mans par vn personnage dhonneur, & digne de foy, du Dimanche 26. iour de Iuin 1588. Auec les degats & desordres qui se font au païs du Mayne, par les trouppes du Duc d'Espernon & autres. A *Paris*, Iouxte la coppie de Guillaume Bichon. [*S. d.* 1588]. 6 pp. cotées.

8. Responce avx principavx articles et chapitres de l'Apologie du Belloy, faulsement & à faux tiltre inscrite Apologie Catholique, pour la succession de Henry Roy de Nauarre à la couronne de France. Traduict nouuellement du Latin [du cardinal *R.* BELLARMIN] sur la copie imprimee a Rome, par M.M. [*S. l. n.n.*], M.D.LXXXVIII. In-8°, 180 pp. chiffrées.

9. Advertissement, des Catholiqves Anglois aux François Catholiques, du danger où ils sont de perdre leur religion, & d'experimenter, comme en Angleterre, la cruauté des Ministres, s'ils reçoiuent à la Couronne, vn Roy qui soit Heretique. En ceste derniere edition augmenté. [*S. l. n. n.*], 1587. Approuué par les Docteurs de Louuain. Pet. in-4°, 136 pp. chiffrées.

10. Revocation dv Roy de plvsievrs Edicts & commissions, au soulagement & descharge de son peuple. Publiee en sa Cour de Parlement à Paris, le vingt-septiesme de May 1588. A *Paris*, pour Nicolas Boulet Imprimeur, 1588. Pet. in-4°, 13 pp. chiffrées.

11. Reqveste presentee av Roy par Messievrs les Cardinaux [etc., ut supra, pièce n° 3 du présent vol.]. A *Paris*, chez Guillaume Bichon, rüe S. Iaques à l'enseigne du Bichot, M.D.LXXXVIII. Pet. in-4°, 16 pp. chiffrées, édition originale.

12. Exhortation avx vrays et entiers Catholicqves. En laquelle il est ensemble demonstré, que ce qu'est dernierement arriué à Paris, n'est acte de Rebellion contre la Majesté du Roy. A *Paris*, chez Guillaume Bichon, M D.LXXXVIII. Pet. in-4°, 38 pp. chiffrées.

[*T. XIV.*] 1. Reqveste presentee av Roy par Messieurs les Cardinaux, [etc., ut supra, pièces n° 3 et n° 11 du t. XIII]. Pet. in-4°, 16 pp., incomplet (manquent le titre et la dernière page).

2. Propos tenvs au Roy a la presentation de la reqveste des Princes, Seigneurs & Communautez de l'Vnion pour la deffense de la Religion Catholique, Apostolique & Romaine. A *Paris*, chez Nicolas Niuelle. [*Douai*, Ch. Boscard], M.D.LXXXVIII. Petit in-4°, 6 et 7 pp. chiffrées, non compris titre.

3. Svitte de la reqveste presentee au Roy, par Messieurs les Cardinaux & Princes. Traictant des causes & moyens de l'Union des Catholiques, pour la conservation de leur religion. A *Paris*, chez Guillaume Bichon, M.D.LXXXVIII. Petit in-4°, 15 pp. chiffrées.

4. Articles de la saincte vnion des catholiques François. [*S. l. n. n.*]. M.D.XXXVIII. Petit in-4°, 25 ff.
cotés.

5. Le grand et effroyable discovrs, de ce qui est
aduenu le Mercredi 15. iour de Iuillet 1598, ès pays de
Poictou, Touraine & autres lieux par la fouldre & feu
du Ciel, les ruynes des Villes, Chasteaux, Forteresses,
Eglises, & autres places emportez & ruinez par icelle.
A *Troyes*, chez Iean Oudot, M.D.XCVIII. Iouxte la
coppie imprimee à Paris, par François du Chesne. Petit
in-4°, 16 pp. chiffrées.

6. L'entree solennelle faite à Rome avx Ambassa-
devrs du Roy de Perse le 5. d'Auril 1601. Enuoyez à
N. S. Pere le Pape, pour contracter ligue contre le
Turc, & moyenner la reduction de son Royaume à la
Religion Catholique, traduit de l'Italien imprimé à
Rome. A *Arras*, de l'Imprimerie de Robert Maudhuy,
M.D.C.I. Iouxte la coppie imprimee à Paris. Pet. in-4°,
12 pp. cotées et 2 ff.

7. Histoire deplorable, svr la mort de la Comtesse
Hervaif. d'Angleterre, exécutée avec deux de ses Da-
moiselles & vn sien Medecin, pour auoir empoisonné
son mary, & le frere d'iceluy, ensemble la mort du
Milord Dorf, lequel mourut secrettement en la Tour de
Londres. Auec les regrets lamentables que la Comtesse
fit auant que mourir. A *Paris*, chez Bernard Hameav,
[*Lille*, Chr. Beys]. Iouxte la copie imprimée à Londres,
auec permission, Mil six cents dix. Pet. in-4°, 8 ff. non
cotés.

8. A l'immortelle memoire de fev Henry de Bovrbon,
Roy de France et de Navarre. A *Paris*, chez Bernard
Hameav, [*Lille*, Chr. Beys, *s. d.*, 1610]. Pet. in-4°,
8 ff. non cotés.

9. Lettre de Monsievr de Vendosme, av Roy [datée,
à la fin, d'Ancenis, 1er mars 1614] [*S. l. n. d., Lille*,
Chr. Beys, 1614]. 8 pp. chiffrées.

10. Recit veritable de la redvction de la fameuse ville
Imperiale d'Aix-la-Chapelle à l'obeyssance de sa Majesté
Imperiale Mathias d'Austriche, Roy de Hongrie, Boheme, Dalmatie, Croatie, Stirie, etc. Aduenu le xxv.
d'Aoust 1614. Iouxte la copie imprimée à *Anvers*, chez
Abraham Verhoeuen, au Soleil d'or. [*Arras*, R. Maudhuy ? *S. d.*]. 8 pp. chiffrées.

11. Lettre de Iacqves Bonhomme, paysan de Beav-
voisis. A Messeigneuvrs les Princes retirez de la Cour.
[*Lille*, Chr. Beys]. Se vendent iouxte la coppie imprimée
à Paris, chez Iean Brunet, M.DC.XIIII. Pet. in-4°,
15 pp. chiffrées.

12. Relation des gverres advenues de peu de temps
en ça en l'Inde de Portugal, entre le Roy de Pegu, &
autres trois Rois, ou fust vaincu celuy de Pegu, & de
l'inestimable tresor qu'on luy gaigna. Aussi du tres
heureux succes qu'eust le Capitaine Felipe Brito de
Nicote, Portugalois de nation, & Chastellain de la forteresse de Siram en ladicte Inde du Roy de Tangu. A
Lille, de l'Imprimerie de Christofle Beys. Iouxte la
copie imprimée à Bruxelles, par Rutger Velpius &
Hubert Anthoine, l'an 1614. 4 ff.

13. Discovrs veritable de ce qui s'est passé tant au
siege que prise de la forte Ville de Wezel, située pres
du Rhin, & autres places, par l'armee de sa Majesté
Impériale. A *Lille*, de l'imprimerie de Christofle Beys,
1614. 8 ff. non cotés.

14. La prise de la ville de Clamecy en Nivernois, et
dv fils de Monsieur le Dvc de Nevers, ensemble de la
Ville & Chasteau de Donzy audict pays de Niuernois,
par Monsieur DE MONTIGNY. Iouxte la coppie imprimée,
à *Paris*, chez Abraham Savgrain, M.DC.XVII. 8 pp.
chiffrées.

15. Recit veritable de la cruauté faicte par les sectaires de Iean Hus, en la ville de Prague & Presbourg,
tant enuers leur Euesque, & Peres de la Compagnie de

Iesus que principaux du Conseil de l'Empereur. Traduit d'Allemand en François. A *Liege*, chez Arnould Coersman, [*Lille*, Chr. Beys], 1618. Pet. in-4°, 13 pp. chiffrées.

16. La deffaite et prise des Tvrcs, auec le nombre des Morts & Galleres emmenées par le Vice-General de la Marine de Naples. Ensemble le miracle arriué prez nostre Dame de Lorette par vne grande perte de Turcs, estans sur mer exprez pour piller son Eglise. Traduit d'Italien en François par P. L. A *Paris*, pour Pierre Trial. Iouxte la copie imprimée à Lyon, par Iean Mory, M.DC.XVIII. Pet. in-4°, 16 pp. chiffrées.

17. Lettres patentes dv Grand Tvrc, enuoyees à nostre Sainct Pere le Pape : Et à Mathias, soy disant Roy de Hongrie, & à tous les Roys & Princes Chrestiens. Traduictes d'Hebreu en Italien, & mises en François, par *P.* DE LA COUR, demeurant en Auignon. A *Paris*, pour Pierre Trial. Iouxte la coppie imprimée à Lion par Iean Mory, et encore, suyuant la coppie imprimée en Auignon chez Iacques Bramereau, M.D.C.XVIII. 8 pp. chiffrées.

18. La Magicienne estrangere, Tragedie, en laqvelle on voit les tiranniqves comportemens, origine, entreprises, desseins, sortileges, arrest, mort & supplice, tant du Marquis d'Ancre que de Leonor Galligay (*sic*) sa femme, auec l'auantureuse rencontre de leurs funestes ombres, Par vn bon François nepueu de Rothomagus. Iouxte la coppie imprimée à Rouen, par David Geoffroy & Iacqves Besongne, M.DC.XVIII. Petit in-4°, 32 pp. chiffrées.

19. La Victoire de Phebvs François contre le Python de ce temps. Tragedie. Où l'on voit les desseings, pratiques, tyrannies, meurtres, larcins, mort & ignominie dudit Python. A *Paris*. Iouxte la copie imprimee à Roüen chez Thomas Mallart, Libraire, [*S. d.*, 1618]. Pet. in-4°, 31 pp. chif.

20. Novvelles de Rome, Sicile, Vienne, Pragve, Boheime, & d'autre part. A *Liege*, chez Christian Ouvverx le ieune, M.DC.XIX. 4 ff. non cotés.

21. Discovrs av vray des terribles et espouuentables signes apparus sur la Mer de Genne au commencement du mois d'Aoust dernier. Auec les prodiges du sang qui est tombé du Ciel, en pluyes du costé de Nice : & en plusieurs endroits de la Prouence. Ensemble la parution de deux hommes en l'air lesquels ce (*sic*) sont battus par plusieurs fois. A *Paris*, chez Abraham Saugrain. Iouxte la copie imprimee à Lion chez Iean Aubery, M.DC.XIX. 7 pp. chiffrées.

22. Copie de certaines lettres escrites d'Anuers le dix neufiesme de Ianuier mil six cents vingt. [*S. l. n. d.*, *Lille*, Chr. Beys, 1620]. 8 pp. chiffrées.

23. La rendition dv Chasteav de la ville de Caen à sa Maiesté. Ensemble les articles demandees (*sic*) au Roy par Monsìeur Prudent, Lieutenant pour M. de Vendosme audit Chasteau. Et le tumulte arriué entre les soldats. A *Paris*, chez Isaac Mesnier, M.DC.XX. Petit in-4°, 16 pp. chiffrées.

24. Lettre dv Roy à la Royne sa mere : envoyee par les sieurs Ducs DE MOMBAZON & DE BELLEGARDE, Archeuesque de Sens, & l'president IEANNIN. A *Paris*, chez Nicolas dv Brveil, M.DC.XX. [Suivie de la lettre envoyée à M. d'Epernon par les habitants de Saintes]. Pet. in-4°, 14 pp. chiffrées.

25. La crvavté et tyrannie exercée en la personne du tres valeureux Capitaine Monsieur le Comte de la Richarderie. Lequel a esté martyrisé par les infidelles Turcs, en la Ville de Constantinople. Pour n'auoir voulu renier la foy Chrestienne, selon l'aduis donné au Roy par l'Ambassadeur. [*Lille*, de Rache]. Iouxte la coppie imprimée à Anuers, par Abraham Verhouen, 1621. Pet. in-4°, 15 pp. chiffrées.

26. La signalee Victoire Naualle emportee sur les

Perses, ou ont esté prins & tirez à fons (*sic*) quinze na-
uires Hollandoises, auec tout leur butin. La conqueste
des Isles Bahara & Quexone au Royaume de Perse, &
autres particularitez. [*Lille*, Chr. Beys]. Iouxte la copie
imprimee à Anvers, chez Abraham Verhoeuen, au
Soleil d'Or, 1622. 8 pp. chiffrées.

27. Novvelles de Vvestphalie, tovchant l'Evesqve de
Halberstadt & de Mansfelt, aussi d'aucunes Villes du
Palatinat prinses par le sieur DE TILLY, General du Duc
de Bauiere. Imprimé le 8. d'Apuril 1622. En *Anuers*,
par Abraham Verhouen. 8 pp. chiffrées.

28. La grande et aventvrevse Victoire obtenve contre
le Marqvis de Tourlac entre Wynpen & Ghenin. Ensemble le grand Miracle aduenne (*sic*) enuers vn soldat
muet. A *Anvers*, imprimé le huictisme (*sic*) de Juin
1622. 4 ff. non cotés.

29. Les hevrevses alliances faictes entre Charles,
Prince de Galles, filz du Roy d'Angleterre, & de la Serenissime Infante Doña Maria, sœur de Philippe quatriesme Roy des Espaignes. Auec les resiouissances du
Roy d'Angleterre et des grands de son Royaume. Auec
la lettre du grand Chancelier, pour le fait des Catholiques d'Angleterre. A *Amiens*, chez Iacqves Hvbavt,
M.DC.XXIII. Pet. in-4°, 16 pp. chiffrées.

30. Recit veritable de la grande et tres-heureuse Victoire Naualle, [etc., ut supra pièce n° 29 du t. V. Même
édition. *Lille*, Beys, 1623].

31. Lettres de la Haye en Hollande du xij de Mars
1625. Autres lettres de Berghe sur le Ioncq touchant
les prouisions extraordinaires faites par nos ennemis. Et
d'ailleurs pour le faict des troubles. Ensemble vn extraict en forme de Prophetie. Iouxte la copie imprimée
à Liege, M.DC.XXV. Pet. in-4°, 16 pp. chiffrées.

32. Relacion veritable de ce qv'est passe (*sic*) entre
l'Armée de Monsieur le Conte de Tilly, & du Roy de
Dennemarcq, & du Conte Mansfelt, & du Bethleem

Gabot le tout des Armées (*sic*) proche de l'vn l'autre.
Iuxte la copie imprimè (*sic*) à Anuers par Abraham Verhoeuen. A *Bruxelles*, chez Iean Mommart. Anno 1626.
8 pp. chiffrées.

33. Recit veritable de l'ordre et des ceremonies faites
aux Fiançailles & Mariage de Mr Frere du Roy, & de
Madamoiselle de Montpensier, en la ville de Nantes en
Bretagne. La Seance du Roy. Ensemble les Articles, &
ce qui s'est faict de plus remarquable, le Ieudy 6. du
present mois d'Aoust. Auec les resiouïssances publiques.
A *Paris*, chez Adrian Bacot, 1626.

34. Le recit veritable de la grande desvnion arrive
(*sic*) ce iour dernier. Entre le Roy de France & d'Angleterre. Iuxte la copie imprime (*sic*) à Anuers par Abraham Verhoeuen. Anno 1626. A *Bruxelles*, chez Iean
Mommart. 8 pp. chiffrées.

35. Les noms et tiltres de la beste qui met en guerre
le Roy tres-Chrestien, & son frere, le Roy Catholique
d'Espaigne, & l'Empereur. Vous verrez commēt cette
beste a ruiné tout l'Alemaigne. Vous ne la pouuez cognoistre qu'en lisant cet (*sic*) liuret. Iouxte la copie imprimè. A *Liege*, M.DC.XXVI. Pet. in-4°, 16 pp., les
pp. 15 et 16 faussement cotées 14 et 15.

36. La Legende de Mansfeld avec son departement
d'Angleterre, et embarquement sur mer, ensemble l'estat present de ceux de la ville de Breda. [*Lille*, Chr.
Beys, 1627]. Iouxte la copie imprimée à Liege, trans-
latée d'Allemand en François. Pet. in-4°, 13 pp. chiffr.

37. Discovrs tres-politique svr vne celebre et notable
qvestion debatve av Conseil dv Roy. Sçauoir s'il est plus
expedient à la Couronne de France de faire alliance &
se maintenir en amitié auec les Catholicques, où (*sic*)
bien ceux de la Religion pretendue Reformée. Pour la
deffense du Roy tres-Chrestien, & du Royaume, par
M. de R. en son temps Aduocat du Roy. Iouxte la copie
Latine imprimée à Paris par Ioseph Bouillerot, 1627.
Pet. in-4°, 40 pp. chiffrées.

38. Appril, 1627-44. De Trompet Van de faem van Ernestus van Mansfeldt. Tot memorie van sijn weerdicheyt. Eerst Ghedruct den 28 Appril 1627. Gedruckt tot *Antwerpen* by Abraham Verhoeuen voor de liefhebbers die daer na toeuen. 8 pp. chiffrées.

39. Menipee de Francion ov Response av Manifeste Anglois. Omne malum ab Aquilone. Il ne vint iamais d'Angleterre Bonvent, bonne gent, bonne guerre. Et de l'infidelle Albion, lisez ce qu'escrit Francion. A *Roven*, chez Dauid du petit Val, M.DC.XXVII. Petit in-4°, 16 pp. chiffrées.

40. Extraict des fortifications et choses plus remarquables qui sont à present deuant, tant dehors que dedans la Rochelle, au Camp & Armée du Roy, autour de ladite Rochelle, tant sur terre, que sur mer. Ensemble le nombre des Seigneurs, Chefs & Capitaines. Escript par vn des Gens d'armes du Roy. Suiuant la coppie imprimée à Angers, chez Adam Maugin, M.DC. XXVIII. 8 pp. chiffrées.

41. L'Ombre ov l'Esprit de fev le Bastard de Mansfeld, soy representant av pretendu Roy de Boheme, ou à Frederic, nagueres Palatin du Rhin, etc. [*S. l. n. n*]. Nouuellement imprimé l'an M DC XXVIII. On les vend au lieu où on les trouue. Tr. pet. in-4°, 30 pp. chiffrées.

42. Lettre dv Roy, envoyee à Monseignevr dv Bellay. Touchant les particularitez, tant du Camp de deuant la Rochelle, que de l'Armée Angloise. Suiuant la coppie imprimée à Rennes, par François Haran. [*S. d.*, 1628]. 6 pp. chiffrées et 1 feuillet.

43. Le dessein dv Roy d'Angleterre et de son Armée, descouuert par vn François Catholique, parlant à Bouquingham (*sic*) fauory desespéré. Auec la Declaration que le Roy leur faicte (*sic*). Iouxte la coppie imprimée à Paris, chez Iean Guillemot, M.DC.XXVII. Pet. in-4°, 16 pp. chiffrées.

44. Recit veritable des particularitez de la prise de

Veluvve, par son Excellence le Comte Henry de Bergh, General de l'armée de sa Majesté Catholique, auec tout ce qui s'est ensuiuy depuis leur entree. Ensemble la signalee deroute du Roy de Suede. A *Anvers*, chez Abraham Verhouen, 1629. 8 pp. chiffrées.

45. Recit veritable de ce qui s'est passé au Duché de Mantoue & autres lieux d'Italie, entre les armées de sa Maiesté Imperialle, & du Roy de France, & de son Excellence le Marquis Spinola. Le tout fidellement r'escrit par vn des familiers de sa dicte Excellence le Marquis Spinola. [*S. l. n. n*] L'an 1630. 4 ff. non cotés.

46. Relation des deffaictes des armes Venitiennes par celle de sa Majesté Imperialle arrivées en Iullet (*sic*). Là où vous entenderez (*sic*) la victoire, l'acquisition de diuerses enseignes, la mort des principales Officiers de la Republique de Venise. Iouxte la copie imprimé à Milan. L'an 1630. 4 ff. non cotés.

47. Articles de la paix d'Italie faicte à Ratisbonne entre sa Maiesté Imperialle, le Le Roy (*sic*) d'Espagne : de France, Duc de Sauoye, le Duc de Neuers & autres Princes. A *Lille*, Chr. Beys, *S. d.*, 1630. Jouxte les copies de Rome, d'Allemagne, Bruxelles, Anuers, & autres lieux. 4 ff. non cotés.

48. La manifeste de Monsieur, M. Frere du Roy, ov l'on voira sa ivstification, avec celle de la Reyne Mere, contre le Cardinal de Richelieu. Et toutes les Lettres & Requestes enuoyées au Parlement, & puis la Responce du Roy. A *Mons*, ce 18. Aoust 1631. Pet. in-4°, 64 pp. chiffrées.

[*T. XV.*] 1. Discovrs ample et tres-veritable contenant les plus memorables faits aduenuz en l'annee 1587. Tant en l'Armee commandee par Monsieur le Duc de Guyse, qu'en celle des Huguenots cõduite par le Duc de Boüillon, envoyé par vn Gentil-homme François, [Claude de la Chastre, depuis Maréchal de France] à la Royne d'Angleterre. A *Paris*, chez Guillaume Bichon, ruë

S. Iacques, au Bichot, M.D.LXXXVIII. Petit in-4°, 181 pp. chiffrées.

2. Panegyriqve de l'Henoticon ov Edict de Henry III, Roy de France & de Poloigne, sur la reünion de ses subiets à l'Eglise Catholique, Apostolique, & Romaine; auec vne sommaire exposition d'iceluy : & ample discours des moyens de purger les Royaumes d'heresies, schismes, troubles, & seditions. Par M. *Honoré* DE LAVRENS, Conseiller du Roy, & son Aduocat general en la Court de Parlement de Prouence. [*S. l. n. n.*], M.D.LXXXVIII. In-8, 8 ff. non cotés et 368 pp. chiffr.

3. Discovrs sur l'Edict de pacification revoqvé par le Roy, & de la punition des Heretiques. [*S. l. n. n.*], M.D.LXXXVIII. Pet. in-4°, 54 pp. chiffrées.

4. Discovrs veritable de ce qvi est advenv avx Estats generaux de France, tenuz à Bloys en l'annee 1588. Extraict des Registres des Chambres, du Clergé & Tiers Estat. Pour estre enuoyé par toute la Chrestienté. A *Paris*, chez Guillaume Bichon, M.D.LXXXIX. Pet. in-4°, 61 pp. chiffrées.

5. Exhortation avx Catholiqves de se reconcilier les vns avx autres, pour se deffendre des heretiques. [*S. l. n. n.*], M.D.LXXXVII. Pet. in-4°, 31 pp. chiffrées.

6. Remonstrances faictes par les officiers de Henry de Valois, aux lettres patentes qu'il a decernees portans mandement de l'aller trouuer. A *Paris*, chez Guillaume Bichon. [*S. d.*]. Pet. in-4°, 14 pp. chiffrées.

[*T. XVI.*] 1. La Vie et Faits notables de Henry de Valois. Tout au long, sans rien requerir. Où sont contenues les trahisons, perfidies, sacrileges, exactions, cruaurez (*sic*), & hontes de cest Hypocrite & Apostat, ennemy de la Religion Catholique. Iouxte la coppie imprimee. [*Paris*, Millot, M.D.LXXXIX.] Petit in-4°, 80 pp., la dernière cotée à tort 90.

2. De l'excommunication, & censures Ecclesiastiques, encourues par Henry de Valois, pour l'assassinat

cõmis ès personnes de messieurs le Cardinal & Duc de Guyse. A *Paris*, chez Guillaume Bichon, 1589. Pet. in-4°, 93 pp. chiffrées.

3. Pro Francorum a Rege Henrico Defectione Oratio. *Parisiis*, Apud Guillielmum Bichonium, M.D.LXXXIX. Pet. in-4°, 39 pp. chiffrées.

4. Responce des Catholiqves zelez et vnis, pour la conseruation de la Religion Catholique, Apostolique & Romaine, à la declaration de Henry troisiesme de ce nom, sur la mort des feuz Cardinal & Duc de Guise. [*Paris*], chez Iean Parant, M.D.LXXXIX. Petit in-4°, 16 ff. non cotés.

5. Analogisme de la cognoissance hvmaine. Où il est amplement discouru du sens & de la raison, & de l'excellence de l'vn & de l'autre. Par *F.* L'AISNE. A *Paris*, chez Guillaume Bichon, 1588. Pet. in-4°, 54 pp. chiffrées et 1 feuillet.

6. Remonstrances faictes par les officiers [etc , ut supra, pièce n° 6 du tome XV].

[*T. XVII.*] 1. Harangve, ov Remonstrance faicte à Monseignevr le Dvc de Mayenne, apres le retour de son armee à Paris, au Conseil de l'Vnion, au Preuost des Marchans & Escheuins. Par le sieur DE VARAINE, Gentilhomme Catholique, tres-affectionné en ceste saincte cause, pour le repos de la France. A *Paris*, par Pierre Mercier, 1589. Pet. in-4°, incomplet, 8 pp.

2. Coppie de la responce faicte par vn polytiqve (*sic*) de ceste ville de Paris, aux precedents memoires secrets, qu'vn sien amy luy auoit enuoyez de Bloys en forme de missiue. [Signée, p. 38, N. L. D. I.] [*S. l. n. n., Paris*], M.D.LXXXIX. Pet. in-4°, 38 pp. chiffrées.

3. Discovrs de devx belles deffaictes des ennemis, executees en Champagne & en Bourgogne. Par les sieurs d'Hautefort, de Feruaques, de Gionuelle (*sic*), & autres Capitaines, le 23. iour d'Auril 1589. [*S. l. n. d.*] Prins sur la copie imprimes à Paris. Pet. in-4°, 15 pp. **chiffrées.**

4. Advis de la deffaicte des dix-sept compagnies de gens de pied & trois cens cheuaux du Comte de Bryenne, apporté par le sieur de Chazeul. Du Camp de Montoyre le premier de May 1589. A *Lyon*, M.D. LXXXIX. 4 ff. non cotés.

5. Declaration des Consulz, Eschevins, manans et habitans de la ville de Lyon, sur l'occasion de la prise des armes par eux faicte, le vingt quatriesme Feburier 1589. Auec les Articles de la resolution par eux prinse sur les occasions des presents troubles. A *Lyon*, par Iean Pillehotte, 1589. Pet. in-4°, 31 pp. chiffrées.

6. Contre les favsses allegations qve les plvs qu'Architofels (*sic*), Conseillers Cabinalistes, proposent pour excuser Henry le meurtrier de l'assassinat par luy perfidement commis en la personne du tres illustre Duc de Guise. [*S. l. n. n.*], M.D.LXXXIX. Pet. in-4°, 79 pp. chiffrées.

7. La Delivrance admirable de la ville de Rennes en Bretaigne d'entre les mains des Politiques & heretiques, selon les lettres missiues de ce dernier voyage, du 14. Mars 1589. A *Lion*, par Iean Pillehotte, M.D.LXXXIX. 8 pp. chiffrées.

8. Arrest de la Covrt de Parlement de Tholose contre Henry de Bourbon pretendu Roy de Nauarre, & ses adherans, [du 22 août 1589]. Sur la coppie imprimée à Tolose par Iacques Colomies. A *Lyon*, par Loys Tantillon, 1589. 7 pp. chiffrées.

9. Articles svr l'vnion des manans et habitans de la ville de Tolose, & des autres villes & lieux de Languedoc, & de la Guienne, qui seront par eux iurez, pour le soustènement & defense de la Religion Catholique, Apostolique, & Romaine, & extirpation des heresies, & Arrest de la Cour de Parlement dudit Tolose dõné sur iceux. A *Lyon*, Prins sur la copie imprimee à Tolose, M.D.LXXXIX. 8 pp. chiffrées.

10. Redvction des villes de Senlis, Pont-Saincte-

Maxence, Creil, Clermont en Beauuoisis & Crespi en Valois, à l'Vnion de l'Eglise Catholique Où sont descrites toutes les causes & particularitez passées en icelles. [*S. l. n. n.*], M.D.LXXXIX. Pet. in-4°, 14 pp. chiffrées.

11. Discovrs veritable de l'estrange et svbite mort de Henry de Valois, aduenuë par permission diuine, luy estant à Sainct Clou, ayant assiégé la ville de Paris, le Mardi premier iour d'Aoust 1589. Par vn Religieux de l'ordre des Iacobins. [*Edme* BOURGOIN, Prieur ?] A *Lyon*, par Iehan Pillehotte, 1589. Pet. in-4°, 8 ff. cotés.

12. Briefz discovrs de tovt ce qvi s'est passe en l'armee d'Angleterre aux costez d'Espaigne & Portugal despuys le quatriesme de May iusques à la desroute de ladicte Armee. Tradvit d'Italien en François sur la coppie imprimee à Millan. A *Lyon*, par Iehan Patrasson, 1589. Pet. in-4°, 13 pp. chiffrées.

13. La Prise de la ville d'Issoire par Monsievr le Comte de Randan [pour la Ligue]. A *Lyon*, par Iean Patrasson, 1589. Pet. in-4°, 16 pp. chiffrées.

14. Discovrs pitoiable des execrables crvavtes et inhvmaines barbaries comises par les hereticque (*sic*) huguenotz & leurs complices contre les cathollicques de la ville de Nyort en Poitou apres la prinse de ladite ville. A *Lyon*. Pour Ian patrasson. M.D.LXXXIX. Pet. in-4°, 13 pp. chiffrées.

15. Sommaire Discovrs dv Voyage en France de Monseigneur le Duc de Geneuoys & de Nemours, y conduisant les Suysses Catholicques, leuez pour le seruice de la saincte Vnion. Ensemble le vray discours de la mort de Henry de Valois, iadis Roy de France. A *Lyon*, par Iehan Pillehotte, 1589. 4 ff. non cotés.

16. Defaicte svr les Trovppes du Roy de Nauarre deuant la ville de Sens. Par les habitans Catholicques de ladicte ville le Ieudy troisiesme May 1590. A *Lyon*, par Loys Tantillon, 1590. Pet. in-4°, 13 pp. chiffrées.

17. Arrest de la Covr de Parlement de Roüen, contre les Gentilz-hommes, & autres qui persistent à la suytte de Henry de Bourbon, soy disant Roy de Nauarre. A *Lyon*, par Loys Tantillon, 1590. 6 pp. chiffrées, et 1 feuillet.

18. Defaicte veritable svr les Trovpes dv Roy de Nauarre, le Lundy cinquième Mars 1590. Par les Catholiques de la ville de Dreux. A *Lyon*, par Loys Tantillon, 1590. Pet. in-4°, 8 ff., dont 12 pp. chiffrées, les pp. 9 à 11 cotées à tort 10 à 12.

19. Defaicte des Trovppes Hereticques de Daulphiné & de Prouence, qui s'estoient ioinctes auec la Valette. Faicte en la pleine (*sic*) de Montaignac le ieudy 28. Iuing 1590, veille de S. Pierre & S. Paul. Par Monsieur d'Ampuys & autres Seigneurs & Gentils-hommes Catholicques du païs de Prouence. A *Lyon*, par Loys Tantillon, 1590. Pet. in-4°, 13 pp. chiffrées.

20. Coq à l'asne, et Chanson. Sur ce qui s'est passé en France puis la mort d'Henry de Valois, iusques aux nouuelles deffaictes. Où sont contenus plusieurs beaux Equiuoques & Prouerbes. Et se chante sur le Chant, Tremblez, tremblez Sancerre, & la Charité, etc. [*S. l. n. n.*], 1590. Pet. in-4°, 15 pp. chiffrées.

21. Declaration dv Roy d'Espaigne sur les troubles, miseres & calamitez qui affligent la Chrestienté, & notamment le Royaume de France, [datée, à la fin, du 9 mars 1590]. Auec les lettres de sa Maiesté au Clergé pour fournir de leurs moyens aux fraiz de la guerre. Sur la copie imprimée à Douay, par Iean Bogard. A *Lyon*, par Loys Tantillon, 1590. Pet. in-4°, 13 pp. chiffrées.

22. La Vie et Faits heroicqves dv Mareschal d'Aumont. Auec la quenouille des Dames d'Autun, aux habitans de leur ville. A *Lyon*, par Iean Pillehotte, 1591. Pet. in-4°, 8 ff. non cotés.

23. Bref Discovrs de la tres-noble, tres-illustre et tres-ancienne maison de Lorraine. Descendue du puis-

sant Pharamond, premier Roy de France, & de Charle-
maigne, grand Empereur. Contenant les vies, noms,
proesses & vaillances plus remarquables des Princes
qu'elle a produit (*sic*). Extrait des escrits les plus anciens
& vrays Historiens de toute la Gaule Belgique. Par
M. Brvand, natif de Nancy, Bachelier en la faculté des
Decrets, & Curé de Mousson. A *Lyon*, par les heritiers
de Francois Didier, 1591. Pet. in-4°, 69 pp. chiffrées.

24. Advertissement, à Messeignevrs des Estatz Ge-
neravx de France assemblez en la ville de Reims en
Champagne, pour l'eslection & Couronnement du tres-
chrestien Roy de France. Sur la coppie imprimee à
Troyes, par Iean Moreau, 1591. Petit in-4°, 23 pp. chiffrées.

25. La rencontre et escarmovche donnee par les Car-
rabins Catholiques sur les Dragons Maheutres Heretiques au dessus du village de Longueual. Ensemble la
charge faicte par son Altesse, & la fuyarde retraicte du
Bearnais. A *Lyon*, par Iean Pillehotte, 1591. 8 pp.
chiffrées.

26. Responce av Cartel d'vn Politiqve bigarré qvi ne
s'est osé nommer. Iecté de nuict à la porte du Sieur du
Rubis, par M. C. D. P. Auec la coppie dudit Cartel. A
Lyon, par Louys Tantillon, 1591. 8 pp. chiffrées.

27. Bref recveil des choses principales, qvi se sont
passees av pays de Languedoc, pour le fait de la guerre
en l'annee 1591. Et de la reduction de plusieurs villes
& places au parti Catholique. Et particulierement de la
prise de la ville de Carcassonne faite par Monseigneur
le Duc de Ioyeuse. A *Lyon*, par Iean Pillehotte, 1591.
Pet. in-4°, 43 pp. chiffrées et 2 ff. blancs.

28. Tradvction d'vne lettre enuoyée à la Royne
d'Angleterre par son Ambassadeur [datée, à la fin, de
Caen, 15 juin 1591]. Surprise pres de Moüy par la garnison du Haure de grace. A *Lyon*, par Iean Pillehotte,
1591. 4 ff. non cotés. La lettre est signée Valsinghan.

29. Discovrs par leqvel il apparoistra que le Royaume de France est électif, & non hereditaire [par *Pierre* DE SAINT-JULIEN BALLEURE]. [*S. l. n. n.*], M.D.XCI. Petit in-4°, 61 pp. chiffrées.

30. Articles convenvs [et] accordez en [la] Conference de sainct Gen [is La] val, par les deputez, de [la part] de Monseigneur le Duc de Nemours, [(*le reste du titre arraché*) et ceux de Monsieur le Colonel Alphonse d'Ornano et de Monsieur de Bothéon, le 27 août 1591. *Lyon*, Jean Pillehotte ? 1591. 7 pp. chiffrées.

31. Advis de la deffaicte des Anglois et avtres heretiques venuz en Bretaigne, pour le Roy de Nauarre, pres Chasteau-bourg. Par Monseigneur le Duc de Mercure. A *Lyon*, par Louys Tantillon, 1591. Petit in-4°, 15 pp. chiffrées.

32. Des Croix miracvlevses apparves en la ville de Bovrges, le iour & l'endemain de la feste de l'Ascension, 1591. A *Lyon*, par Iean Pillehotte, 1591. Prins sur la coppie imprimee à Paris. 8 pp. chiffrées.

33. Monitoire de N. S. P. le Pape Gregoire XIIII [daté, à la fin, de Rome, 1er mars 1590]. Sur Censures & peines aux Archeuesqucs, Euesques, & toutes personnes Ecclesiastiques constituez au Royaume de France : à fin qu'ils se despartent du tout, laissent & quittent Henry de Bourbon iadis Roy de Nauarre, & ses adherans. Publié à Lyon le 24 Iuin 1591. A *Lyon*, par Iean Pillehotte, 1591. Pet. in-4°, 29 pp. chiffrées.

34. Lettres de Nostre S. Pere le Pape Gregoire XIIII dv nom [datées, à la fin, du 1er mars 1590], exhortatoires & monitoires aux Princes, Ducs, Marquis, Comtes, & autres grands Seigneurs & Nobles du Royaume de France, suyuans le party d'Henry de Bourbon, iadis Roy de Nauarre. Et aussi aux Communautez, Uniuersitez, peuples, & autres personnes seculieres qui sont sous la domination dudict Hēry, à fin qu'ils ne le suyuent dauantage, & ne le fauorisent en quelque façŏ

que ce soit. A *Lyon*, par Iean Pillehotte, M.D.XCI. Publiees à Lyon le 24. de Iuin 1591. Pet. in-4°, 14 pp. chiffrées et 5 ff. non cotés.

35. Copie d'vne Lettre de Monseigneur le Duc de Geneuoys & de Nemours, Pair et Colonnel general de la Cauallerie legiere de France, Gouuerneur & Lieute- nant general pour le Roy en la ville de Lyon, pays de Lyonnois, Forestz, Beaujolois, haut & bas Auuergne, Bourbonnois, la haulte & basse Marche, & Combraille. A la Noblesse et villes Catholiques de son Gouuerne- ment, tenans le party du Roy de Nauarre. A *Lyon*, par Iean Pillehotte, 1591. Petit in-4°, 10 pp. chiffrées et 3 ff.

36. Coppie d'vne Lettre escripte par vn Catholicque à vn Politicque, [datée de Lyon, 20 sept. 1591] Sur l'Arrest prononcé en la Synaguogue de Tours, le cin- quiesme d'Aoust dernier 1591, contre la Bulle moni- toire de nostre sainct Pere le Pape Gregoire XIIII. A *Lyon*, M.D.XCI. Pet. in-4°, 28 ff. non cotés.

37. Harangve de Messire Vrbain de Sainct Gelays, Cheualier de l'Ordre de France, sieur de Boisdauphin, Gouuerneur & Lieutenant general en Picardie, en l'absence de Monseigneur le Duc d'Aumalle. Faicte à Amyens en l'assemblée generale des villes Catholicques dudit pays, conuocquees pour enuoyer leurs deputez aux Estats generaux de France à Rheims, pour l'eslec- tion d'vn Roy Catholicque le 2. Ianuier 1592. A *Lyon*, par Louys Tantillon. Prins sur la coppie imprimee à Amiens, par Anthoine des Hayes, 1592. Petit in-4°, 13 pp. chiffrées.

38. Discovrs veritable de ce qvi s'est fait et passé dvrant le siege de Roüen iusques à la leuee dudict siege à la confusion du Biarnois (*sic*) & ses alliez. Par T. G. R. Auec un cocq à l'asne sur ce qui c'est (*sic*) passé audict siege. A *Lyon*, par Iean Patrasson. Sur la coppie imprimee à Paris, 1592. Pet. in-4°, 14 pp. chiffrées.

39. Discours veritable de la defaite de l'Armee des Princes de Conty & de Dombes, le 23. de May 1592. Par Monseigneur le Duc de Mercueur deuant la ville de Craon, en Anjou. Auec la coppie d'vne lettre de Madame de Lauerdin escrite à Monsieur son mary, & vn' autre des Maire & Escheuins de la ville du Mans audit Sieur. A *Lyon*, par Iean Pillehotte, 1592. Petit in-4°, 22 pp. chiffrées.

40. Estat et desnombrement des devx Armees qvi sont à present en Lorraine. Auecq les noms des chiefz qui ont charge esdictes Armees tant de cauallerie que d'infanterie. A *Lyon*, par Iean Patrasson, 1592. Petit in-4°, 10 pp. chiffrées et 3 ff. blancs.

41. Declaration de tres-havt, tres-pvissant et tres-illustre Prince, Mon-Seigneur Charles de Lorraine, Duc de Guyse & de Cheureuse, Gouuerneur & Lieutenant general pour le Roy Tres-Chrestien, en ses pays de Champaigne & de Brie, [datée, à la fin, d'Orléans, 15 sept. 1591] sur l'Estat present des affaires de France. Sur la coppie imprimee à Sens par Iean Sauine. A *Lyon*, par Louys Tantillon, 1591. Pet. in-4°, 13 pp. chiffrées.

42. Discovrs av vray, des trovbles n'agveres aduenus au Royaume d'Arragon : Auec l'occasion d'iceux, & de leur pacification & assoupissement, tiré d'vne lettre d'un Gentilhõme François, estant à la suyte de sa Majesté Catholique, à vn sien amy. A *Lyon*, par Iean Pillehotte, 1592. Pet. in-4°, 7 ff. cotés.

43. Discovrs dv rencontre suiuy entre l'armee des Princes Catholiques & celle du Bearnois : Auec la prise de Neuf-Chastel. A *Lyon*, par Iean Pillehotte. 1592. 4 ff. non cotés.

44. Vray discovrs de ce qvi est succédé au siege de Rouan, & entre les deux armees, despuis la prinse de Neuf-Chastel, que fust le seziesme (*sic*) de Feburier, iusques à l'vnziesme de Mars. A *Lyon*, par Iean Pillehotte, 1592. Pet. in-4°, 12 pp. chiffrées.

45. Bref discovrs des choses plvs memorables advenves en la ville de Roven, durant le Siege mis
deuant icelle par Henry de Bourbon, pretendu Roy de
Nauarre : valeureusement soustenu l'espace de quatre
mois par les habitans de ladicte ville, souz la conduicte
de Monseigneur Henry de Lorraine, iusqu'au 20. de
Feburier 1592, que l'armee Heretique leua le Siege. A
Lyon, povr Loys Tantillon, 1592. Pet. in-4°, 32 pp.
chiffrées.

46. Discovrs veritable de la mort du sievr de la Valette, tué au siege de Rocquebrunette en Prouence, le
Mercredi 5. Feburier 1592. Auec vne lettre du Sieur de
Ramefort au Roy de Nauarre, où sont contenuz les particularitez de ladicte Mort. A *Lyon*, par Iean Patrasson,
1592. Pet. in-4°, 12 pp. chiffrées et 2 ff. blancs.

47. Manifeste des Consulz, Escheuins, Bourgeois &
Habitans de la ville de Lyon, sur le faict de la prise de
Vienne, rupture de la Trefue & entree de l'armee de
Monseigneur le Duc de Nemours dans le pays de Dau-
phiné. A *Lyon*, par Iean Pillehotte, 1592. Pet. in-4°,
36 pp. chiffrées et 2 ff. blancs.

48. Advis d'vne Victoire obtenve par l'Armee Imperiale contre celle du grand Turc contenant la route &
deffaicte de l'armee Turquesque. La prinse de la ville
de Strigonia, Metropolitaine du Royaume d'Hongrie de
32. pieces d'Artillerie de 500. Chariots de munition,
autres butins de grande valeur. Suiuant les deux Copies
imprimées à Rome auec permission. A *Lyon,* par Iean
Pillehotte, 1593. 8 pp. chiffrées.

49. Reglement qve Monseignevr le Duc de Geneuois
& de Nemours a ordonné estre obserué en ceste ville
de Lyon, pendant la Tréue generale. A *Lyon,* par Iean
Pillehotte, 1593. 8 pp. chiffrées.

50. Les Paraboles de Cicqvot, en forme d'advis, svr
l'estat du Roy de Navarre. A *Paris*, Iouxte la copie
Imprimee à Lyon, M.D.XCIII. Pet. in-4°, 64 pp. chiffr.

51. Discovrs en forme de declaration. Sur les causes des mouuemens arriuez à Lyon. Auec la Response, seruant d'aduertissement. Ensemble des Stances [extraictes des Œuvres] du Sieur DE TRELON sur le desordre des humeurs & actions d'un Prince mal conseillé]. A *Lyon*, M.D.XCIII. Pet. in-4°, 12, 14 et 13 pp. chiffrées.

52. Arrest de la Cour de Parlement [de Paris du 22 déc. 1592] : Contre certain pretendu Arrest donné à Chaalons sur le faict des Bulles de la Legation. A *Lyon*, par Iean Pillehotte, 1593. 7 pp. chiffrées.

53. Articles de la svspension d'armes, pour la ville de Lyon, pays de Lyonnois, Forests, & Beaujolois. Publiez à Lyon le quatorziesme d'Octobre, 1593. A *Lyon*, par Iaqves Rovssin, M.D.XCIII. Pet. in-4°, titre, 12 pp. chiffr. et 1 feuillet.

54. Lettre de Monseignevr l'Ill.me et Rev.me Card. al de Plaisance Legat de N. S. Pere & du S. Siege Apostolique au Royaume de France. A tous les Catholiques du mesme Royaume. Touchant la conuocation de quelques Ecclesiastiques faicte par Henry de Bourbon en la ville de S. Denis. A *Lyon*, par Iean Pillehotte, M.D.XCIII. Prinse sur la copie Imprimee à Paris. 7 pp. chiffrées.

55. Discovrs veritable, et sans passion. Sur la prinse des armes, & changemens aduenus en la ville de Lyon, pour la conseruation d'icelle, sous l'obeyssance de la S. Vnion, & de la Coronne de France. Le 18. de Septembre 1593. Ennoyé par vn bon citoyen de Lyon, à vn sien amy. Auec la proposition faicte à Monseigneur le Duc de Nemours, par le Conseil. Et le renouuellement du serment de l'Vnion. A *Lyon*, 1593. Pet. in-4°, 27 pp. chiffr.

56. Stances extraictes des Œvvres dv sievr DE TRELON : Sur le desordre des humeurs & actions d'vn Prince mal conseillé, qu'il dit estre à la veille de son malheur. A *Lyon*, 1593. Pet. in-4°, 13 pp. chiffrées.

57. Reglement faict svr les Monnoyes, par Monseigneur le Duc de Geneuois & de Nemours, Pair de France. Qu'il veult estre inuiolablement gardé & observé en ses Gouuernemens. A *Lyon*, par Iean Pillehotte, 1593. Pet. in-4°, 14 pp. chiffrées.

58. Syllogismes en qvatrains sur l'election d'vn Roy. Esther cap. 14. Ne tradas *domine* sceptrum tuum his qui non sunt... A *Lyon,* par Iean Pillehotte, 1593. Pet. in-4°, incomplet (la feuille B manque), 8 ff. non cotés, en tout 12 ff. dans l'exempl. complet.

59. Declaration de Monseigneur le Duc de Mayenne, Lieutenant general de l'Estat Royal & Couronne de France, sur la Surseance d'armes & de toute hostilité, pour toutes personnes, és lieux y contenuz. [2 mai 1593]. A *Lyon,* par Iean Pillehotte, M.D.XCIII. Pet. in-4°, 16 pp. chiffrées.

60. Articles traictez et accordez en la conference des Deputez de l'vn & l'autre Party, tenue à Milly, sur l'interpretation & execution d'aucuns articles de la Tréue. Publiez à Lyon le trentiesme iour du mois d'Octobre. 1593. A *Lyon*, par Iean Pillehotte, 1593. 8 pp. chiffrées.

61. Discovrs av vray, de la memorable deffaicte de l'armee Turquesque deuant la ville de Rischet où furent taillé (*sic*) en pieces enuiron vingt mille Turcs, en Styrie, Aduenue le iour & feste de la Natiuité de sainct Iean Baptiste, an present 1593. A *Lyon,* par Iean Pillehotte, 1593. 7 pp. chiffrées.

[*T. XVIII.*] 1. Arrest de la Cour de Parlement de Paris, contre ceux qui tiennent le party de Henry de Bourbon, declaré heretique par nostre S. Pere le Pape, & qui luy prestent ayde, secours & faueurs. Et enioinct à toutes personnes de s'en retirer & revnir auec les Catholiques dans vn mois, autrement declarez criminels de leze Majesté diuine & humaine, leurs estats, charges, offices vaquans & leurs biens declarez & confisquez au Roy. A *Paris*, chez Nicolas Nivelle. Et Rolin Thierry, M.D.LXXXIX. 7 pp. chiffrées.

2. Lettre ov advertissement a vn seignevr françois, catholique pour le destourner & toute la Noblsse (*sic*), d'aller au camp du Roy de Nauarre. Vtile à toutes gens de bien, & à ceux principalement qui trop fragiles, ou inconsiderez, voudroient contre toute equité, porter ce party à l'oppression de la S. Eglise de Dieu. A *Paris,* chez Didier Millot, 1589. Pet. in-4°, 28 pp. chiffrées et 2 ff. non cotés.

3. Advertissement catholiqve, svr l'heretiqve et traistre declaration de Henry d'Albret, se disant Roy de France, & de Nauarre. Enuoyee avx bons François vnis, par les Catholiques affligez du pays de Bearn. A *Paris,* chez Robert Niuelle, M.D.LXXXIX. Pet. in-4°, 40 pp. chiffrées.

4. Discovrs des grands effects qvi ont svivi la conversion dv Roy. Tiré d'vne Harangue, faite à　　sur la reduction de la ville de Lyon. Enuoyee à Monsieur De Revol Conseiller, & Secretaire d'Estat de sa Maiesté. *S. l. n. d.* La feuille A manque, y compris la page de titre. In-8°, 8 ff. non cotés.

5. Exhortation avx Evesqves, Prestres et Gens d'Eglise, ensemble a tous fidels (*sic*) Catholiques Français ; Touchant la Cause de Henry de Bourbon pretendant à la Couronne de France, par le Reuerendissime Pere, *Ioseph* ESTIENNE Euesque de Vestano, Doyen de l'Eglise de Valence. Tradvite dv latin par *Pavl* DV MONT. A *Arras,* de l'imprimerie de Guillaume de la Riuiere, M.D.XCII. In-8°, 73 pp. chiffrées et 3 pp. non cotées.

6. Theologorvm Parisiensivm ad Ill^mi Legati Placentini postvlata, svper Propositione in libello quodam factionis Nauarrenæ contenta, Responsvm. Quo dictæ Propositionis censura continetur. Cum eiusdem censuræ assertione ac probatione. *Parisiis,* apud Rolinum Thierry [imp. Gille Beys], M.D.XCIII. Pet. in-4°, 73 pp. chiffrées.

7. Edict et Declaration dv Roy, svr la Redvction de

la ville de Paris soubs son obeyssance. [Paris, 28 mars 1594]. A *Paris,* par Federic Morel, 1594. Pet. in-4°, 24 pp. chiffrées.

8. Lettres patentes du Roy, povr le restablissement de La Cour de Parlement de Paris. [Paris, 28 mars 1594]. A *Paris,* par Federic Morel, M.D.XCIIII. 8 pp. chiffrées.

9. Declaration du Roy. [de Senlis, 20 mars 1594]. A *Paris,* par Federic Morel, 1594. 7 pp. chiffrées.

10. Ordonnance dv Roy, povr la conservation de la ville. [de Paris, 26 mars 1594]. A *Paris,* par Federic Morel, 1594. 5 pp. chiffrées.

11. Sommaire de la Harangve de N. S. P. le Pape Clement hvictiesme. faicte av Consistoire des Cardinaux à Rome, touchant la fausse conuersion du Nauarrois au giron de l'Eglise Catholique [le 20 déc. 1593]. [*S. l. n. n., Douai*] l'an 1594. Iouxte la Copie Imprimée à Rome. Pet. in-4°, 12 pp. chiffrées.

12. La Resolvtion d'onze Doctevrs de la Sorbonne de Paris, assemblez en la ville d'Amiens le 29. iour d'Auril 1594. touchant aucuns articles proposez par les Catholiques, non encores associez à Henry de Bourbon. A *Arras,* de l'Imprimerie de Guillaume de la Riuiere, M.D.XCIIII. 4 ff. non cotés.

13. Edict du Roy, svr les Articles accordez a Monsievr le Duc de Mercœur, pour sa reduction, & de la ville de Nantes, & autres de la Bretagne, sous l'obeissance de sa Majesté. [Angers, mars 1598]. A *Paris,* par Mamert Patisson, M.D.XCVIII. Pet. in-4°, 24 pp. chiffrées.

14. Mandement du Roy, povr la Paix d'entre sa Majesté, le Roy d'Espagne, & le Duc de Sauoye. Publié en la ville de Paris le douziesme iour de Iuin 1598. A *Paris,* par Mamert Patisson, M.D.XCVIII. 7 pp. chiffr.

15. Discovrs lamentable, sur l'attentat & parricide commis en la personne de tres-heureuse memoire Henry IIII. Roy de France & de Nauarre. [par *Pierre*

PELLETIER]. A *Paris,* par François Hvby, M.DC.X. Pet. in-4°, 15 pp. chiffrées.

16. Petit sommaire de la vie, actes et faits de tres-heureuse memoire Henry IIII. Roy de France, & de Nauarre. A *Paris,* chez Pierre Ramier, M.DC.X. Pet. in-4°, 14 pp. chiffr. et 1 feuillet.

17. Pompe fvnebre dv grand Henry, Roy de France et de Navarre. Faite à Paris & à S. Denis les vingt neuf & trentiesme iours de Iuin, mil six cents dix. A *Paris,* chez Pierre Ramier, 1610. Pet. in-4°, 15 pp. chiffrées.

18. Le convoy dv cœvr de tres-avgvste tres-clement & Tres-victorieux Henry Le Grand IIII. du nom Tres-Chrestien Roy de France & de Nauarre, depuis la ville de Paris iusques au College Royal de la Fleche. A *Paris,* par François Rezé, M.DC.X. Pet. in-4°, 15 pp. chiffrées.

19. Meteorologie ov l'Excellence de la Statuë de Henry le Grand, esleuee sur le Pont-neuf, auec vn Discours au Roy, & quelques Eloges François & Latins sur le mesme subiet. Le tout par D. L. C. Th. [*Denis* LE COMTE Théologien] Présenté au Roy. In magno labor est : & labor iste grauis. A *Paris,* chez Ioseph Gverreav, M.DC.XIV. Pet. in-4°, 37 pp. chiffrées.

[*T. XIX.*] 1. Compendio y breve Relation de la Liga y Confederacion Francesa : con las cosas en aquel Reyno acontecidas desde el año de ocheta y cinco hasta el presente de noueta, en el qual vltra de la historia se tocan las mas notables cosas q̃ en la Francia se hallan. Compuesto por el Licenciado *Pedro* CORNEJO y dedicado al Serenissimo Señor Duque de Parma y Plasencia, &c. En *Brvxellas,* en la casa de Roger Velpio. 1591. In-8°, gravure, titre, 3 ff. de dédicace et 56 ff. cotés.

2. Discvrso y breve Relacion de las cosas acontecidas en el cerco de la famosa Villa de Paris, y fu defensa por el Duque de Nemours, contra Henrique de Borbon, intitulado Rey de Nauarra y Francia. Embiada al Serenis-

simo Señor el Principe de Ascoli, &c. Por el Licenciado Pedro Cornejo. [Suite de l'ouvrage précédent]. En *Brvxellas*, en la casa de Roger Velpio, 1591. In-8°, 2 feuillets non cotés et 43 pp. chiffrées.

3. El Sitio y Toma de Anveres Por el Serenissimo Alexandro Farnesse (*sic*), Duque de Parma y Plasencia, de Migvel Giner: Dirigido al Illustrissimo y Excellentissimo Señor Raynucio Farnesse, Principe de Parma y Plasencia. En *Anveres*, en casa de Christoual Plantino, Imprimidor del Rey, M.D.LXXXVIII. In-8°, 101 pp. chiffrées.

[*T. XX.*] 1. De ivsta Reipvb. Christianæ in Reges impios et hæreticos Avthoritate. Iustissimaque Catholicorum ad Henricum Nauarræum & quemcunque hæreticum à regno Galliæ repellendum confœderatione. G. Guilelmo Rossæo [*Guillaume* Roze, Evêque de Senlis] Authore, Liber. Cuius particularia Capita vide post præfationem. *Antverpiæ*, apud Ioannem Kectbergium. Anno cɪɔ. ɪɔ. XCII. In-8°, 10 ff. de titre et préface, 833 pp. chiffrées, et 10 ff. d'index et d'approbation.

[*T. XXI.*] 1. Le Banqvet et Apresdinee dv Conte d'Arete, où il se traicte de la dissimulation du Roy de Nauarre, & des mœurs de ses partisans. [par Louis d'Orléans, avocat général de la Ligue] Defectio tenuit me pro peccatoribus derelinquentibus legē suam. [*S. l. n. n.*, *Paris*, Bichon], M.D.XCIIII. In-8°, 351 pp. chiffr.

[*T. XXII.*] 1. Discovrs veritable de l'ordre et forme qui a esté gardee en l'assemblee faicte à Fontainebleau par le congé du Roy pour l'effect de la conference accordee, entre Monsieur l'Euesque d'Eureux [J. D. du Perron] et le Sr du Plessis Mornay. le Ieudy 4. iour du moys de May 1600, en presence de sa Ma^te touchant la preuue des faucetez (*sic*) remarquees par ledict S^r d'Eureux en 500. passages citez par ledict Sr du Plessis, au liure qu'il a n'agueres composé, & mis en lumiere, contre le sainct Sacrement de l'autel & sacrifice

de la Messe [intitulé Institution de la Sainte Eucharistie].
P.M.N.R.S.D.P.P. [par le C[t] DU PERRON lui-même ?] A
Anvers, chez Hierosme Verdusson. Anno M.D.C. In-8°,
64 ff. non cotés.

2. Declaration de Monsievr Olivier Enguerrand de
Mante sur Seine, cy deuant Ministre en l'Eglise pretenduë reformée de Chef-boutonne en Poictou, auprés
de la Rochelle. Contenant l'abjuration de l'heresie
Lutherienne & Caluinique, auec protestation de viure &
mourir en la doctrine de l'Eglise Catholique, Apostolique
& Romaine, qu'il a faicte & prononcée publiquement
dans l'Eglise de Mairé l'Eueschant, membre dependant
de l'Abbaye de Noüaillé, au diocese de Poictiers. A
Roven, chez Pierre Courant, Iouxte la coppie imprimée
à Troyes, 1608. In-8°, 23 pp. chiffrées.

3. Congratulation av Pevple François, svr l'hevrevse
alliance de France & d'Espagne. Dedié à la Royne. Par
F. DE MENANTEL, sieur de S. Denis, Gentil-Homme
Picard. A *Paris,* chez René Bretet, M.DC.XII. Petit
in-4°, 15 pp. chiffrées.

4. Lettre dv Roy d'Angleterre enuoyée a Monsieur le
Duc de Mayenne. [Londres, 4 nov. 1615]. A *Paris
[Douai],* Iouxte la coppie imprimee par Iean Bourri-
quant, M.DC.XVI. 7 pp. chiffrées.

5. Le Proiect des principavx Articles de la Paix entre
le tres-Chrestien Roy de France & de Nauarre, & messieurs les Princes retirez de la Court. [Paris, 28 mars
1616]. A *Paris [Douai* ou *S.-Omer]*, chez Pierre
Metayer, 1616. Pet. in-4°, 8 ff. non cotés.

6. Responce des Estats des prouinces vnies aux propositions des Ambassadeurs du Roy de France. [*La Haye,*
30 janvier 1619]. 6 pp. chiffrées, sans feuille de titre.

7. Lettre dv Roy a Monsievr le Dvc de Mayenne.
[*Paris,* 17 janvier 1617, contre-seing de Richelieu].
7 pp. chiffrées, sans feuille de titre.

8. Recit veritable de la redvction dv pays sur Ens, &

de toute la haute Austrice au seruice de sa Majesté Imperialle, & ce par la vaillantise & prouesses des Eslecteurs de Saxe & de Bauicre. La prise du pays *Veltelin par le Gouuerneur* de Milan, le massacre de six cents Huguenots. L'estat veritable auquel est à present l'armee dn Marquis de Spinola, le iour qu'il a passé le Rhin. A *Liege*, chez Nicolas Trigault, *Lille*, Chr. Beys, 1620. Pet. in-4°, 14 pp. chiffrées.

9. Novvelles de tovt ce qvi s'est passé en Espaigne depuis la mort du Roy Philippe III. de tresheureuse memoire. Auec le renouuellement des Estats des Ducs & Princes d'Espaigne. Ensemble autres nouuelles d'Allemaigne, *France*, & de Hongrie. Du 14 d'Aoust 1621. A *Anuers*, chez Abraham Verhoeuen [*s. d.*, 1621]. Pet. in-4°, 16 pp. chiffr.

10. Advis salvtaire donné av Tres-Chrestien Roy de France & de Nauarre, Loys le Iuste, inuincible dõpteur de la Rebellion & des rebelles, pour l'entiere extirpation d'iceux hors de ses terres, Royaumes & domaines. Par Monseigneur le Prince de Condé, premier Prince du Sang & premier Pair de France. A *Paris*, chez Mammert *Palisson* rue sainct Ieã de Beaunais, MDCXXII. [*Lille*, Chr. Beys]. Pet. in-4°, 13 pp. chiffrées.

11. Veritable advertence de ce qvi est advenv és Indes Orientales, entre les Anglois & Hollandois. Et comme l'Admiral general de la part des Estats de Hollande, a subiugué a luy les Isles de l'Antore en la Prouince de Banda appartenant au Roy d'Angleterre ausdites Indes Orientales. Imprimé à Londres en Angleterre au mois de mars 1622. Et traduict puis Imprimé [à *Lille*, par *Chr. Beys ou N. de Rache*]. En *Anuers*, par Abraham Verhouen [*s. d.*, 1622]. Pet. in-4°, 8 et 8 pp. chiffrées.

12. Recit veritable de tovt ce qvi s'est passé à la derniere Bataille fait (*sic*) au Palatinat, & comme nos Gens ont gainné plusieurs Drappeau (*sic*) ce 17. de Iuing 1622.

Iouxt la copie Imprimé à Colloine, 1622. Pet. in-4°, incomplet, 8 pp. chiffrées.

13. Congratvlation de Iacqvet filz aisné de Iacqves Bonhomme. Aux Princes retournez à la Court. A *Paris*, chez Arnoul Cotinet [s. d., 1622]. Pet. in-4°, 15 pp. chiffrées.

14. Lettres envoyees a la Serenissime Infante, par l'Ambassadeur de Constantinople, comment le Grand Turcq à esté massacré par ses Ianissaires pour sa meschante vie, & comment son Oncle a esté mis en sa place. Ensamble des nouuelles du Palatinat, & du camp de Mansfelt. A *Anvers*, par Abraham Verhouen, 1622. Pet. in-4°, 8 ff. non cotés.

15. Novvelles veritables dv partement de son Excellence le Marquis Spinola de Bruxelles auec vn grand grand nombre de Seigneurs du Pays, auec les noms des Ducqs, Comtes, Princes, & Seigneurs qui accompaignent ledit Seigneur Marquis, a la guerre. de Hollande et se (*sic*) qui s'est passé depuis son partement. Fait le 15. Jullet (*sic*) 1622. A *Anvers*, par Abraham Verhouen [*Lille*, Chr. Beys ou N. de Rache], 1622. Petit in-4°, 8 ff. non cotés.

16. Recit de l'assassinat commis en la personne de Achmet, Empereur des Turcs, & la plus part de ses Conseillers & fauorits, par les Baschas, Grands, & autres assistez des Ianissaires de son Empire, & comment ils ont donné le gouuernement de leur Empire à son oncle. [*Lille*, Chr. Beys], Iouxte la copie imprimee a Anvers, chez Abraham Verhoeuen, 1622. 8 pp. chiffr.

17. La Dissention (*sic*) entre le Palatin, Mansfeldt & Halberstadt. Par laquelle est ensuiuie leur fuitte honteuse & retraicte generalle hors des terres & villes du Palatinat. Ensemble la surprise de la Ville de Heydelberg, capitale du Palatinat. [*Lille*, Chr. Beys] Iouxte la coppie imprimee. A *Anuers*, chez Abrahā Verhoeuē, 1622. Pet. in-4°, 15 pp. chiffrées.

18. Le recit veritable dv grand desordre **exercee** (*sic*) par les Hollandois av pays de Brabant enuers plusieurs Eglises, Villages & autres Monasteres. Faict le 27. de May 1622. A *Anvers, chez* Abraham Verhouen [1622]. Pet. in-4°, 8 ff. non cotés.

19. Propositions imperiales, contenant une briefve narration des pratiques meschans du Comte Palatin commis contre l'Empereur, et comme il est frustré a iamais de l'estat Electoral par l'Empereur et les Princes de l'Empire. Ensemble la resolution prinse en l'assemblee [de Ratisbonne, 7 janv. 1523] des moyens de faire sortir les seditieux Hollandois hors de toutes les Villes *Imperiales*. A *Anvers,* par Abraham Verhouen, 1623. Pet. in-4°, 16 pp. chiffrées.

20. Lettres secrettes trouuées dans les Bagages & papiers de l'Euesque de Halberstat. Item vn grand aduertissement, touchant vn de ces (*sic*) Rabbats, lequel auoit esté laué, & seichée (*sic*) le lendemain c'est (*sic*) trouué tout ensanglanté parmy tous les autres. Imprimée Nouuellement. 1633. A *Anvers,* chez Abraham Verhoeuen. Pet. in-4°, 14 pp. chiffrées.

21. L'execvtion faicte en la Ville de Brin (*sic*), Capitale de la Morauie, par les Commissaires de sa Maiesté Imperialle, aux corps & biens des autheurs de la rebellion des prouinces de Morauie & Silesie, Ensemble la cruauté Barbaresque exercee par les Iannissaires Turcs, en la ville de Smirne, *à l'endroict des Chrestiens,* & Consuls tant François, Venitiens, que Hollandois. La prinse de Papenmuts, par le Comte Henry vande Berghe, & Monsieur de Tilly. [*Lille,* Chr. Beys], Iouxte la copie imprimee a Covlongne, chez VVilhelmus vander Zulseu, 1623. Pet. in-4°, 16 pp. chiffrées.

22. Harangve prononcee par le Serenissime Roy de la Grande Bretagne, a l'ovvertvre de ses estats, tenvs on Angleterre. Iouxte la copie imprimée à Londre, le *XXVIII. de Februrier* (*sic*), M.DC.XXV. Pet. in-4°, 15 pp. chiffrées, bois au v° de la p. 16.

23. Lettre de nostre S. Pere le Pape Gregoire XV. av tres-noble Prince Charles de Galles, Fils vnique du Roy de la grande Bretagne. [Rome, 20 mai 1623]. [*Lille,* Chr. Beys], Iouxte la copie imprimee a Madril (*sic*), chez Denis Langlois, au mōt sainct Hilaire au Pelican, 1623. 8 pp. chiffrées.

24. La grande et signallee Battaile (*sic*) donné (*sic*) contre le Comte Ernest de Mansfelt, & de l'Euesque de Alberstat, la prise des Chariots Tantes (*sic*), Pauillons, Canōs, & Bagage, auec le grand nombre des prison-niers, & de ceux qui sōt demeurez morts sur la place par le Prince VValstein pour le seruice de sa Maiesté Emperialle (*sic*) le cincquiesme de May, M.DC.XXVI. [*Lille,* N. de Rache], Iouxte la copie imprimé, à Anuers, l'an M.DC.XXVI. Pet. in-4°, 16 pp. chiffrées.

25. Recit veritable de la redvction de la forte ville de Staden en l'obeyssance de sa Majesté Imperialle, par la vaillantise du general de l'armee Monsieur de Tilly [8 mai 1628]. Avec les articles de la composition & sortie de la Garnison Angloise estant dans ladite Ville, & autres particularitez. Iouxte la copie imprimee a Anvers, chez Abraham Verhoeven, [*Lille,* Chr. Beys], M DC XXVIII. Pet. in-4°, 8 ff. non cotés.

26. Description dv siege de la ville de Boisledvc, assiegée de le premier de May 1629, par le Comte Henry de Nassau. Auec les diuerses rencontres & escar-mouches que l'ennemy a faict sur les Forts Royaux estans hors la Ville ou il a perdu en diuerses fois plus de cincq mille hommes. Iouxte la coppie imprimée à Anuers, Chez Abraham Verhoeuen [*Lille,* Chr. Beys], 1629. Pet. in-4°, 15 pp. chiffrées.

27. Le Bvreav des Novvelles veritables de divers qvartiers. Du Mois de Iuin mil six cens trente deux. Auquel est contenu la prise de Venloo, Ruremonde, Stralle, &c. par l'armée Holandoise, conduite par le Comte de Ernest (*sic*) de Nassau. Le Siege de Mastric

par le Prince d'Orange. De plus la prise du Fort de
saincte Croix, de Sainct Philippse, de la ville de
Zantflic proche d'Anuers, par le Comte Guillaume
de Nassau. A *Rouen*, chez Dauid Ferrand, M.DC.
XXXII. Pet. in-4°, 15 pp. chiffrées.

28. Seconde partie dv Bvreav des Novvelles veritables
de divers qvartiers. Dv XVIII. de Ivin. 1632. [*Rouen*,
David Ferrand]. Pet. in-4°, 16 pp. chiffr., sans feuille de
titre.

29. Troisiesme partie dv Bvreav. Du 25. de Iuin 1632.
[*Rouen*, David Ferrand]. Pet. in-4°, 22 pp. chiffr., sans
feuille de titre.

30. Qvatriesme partie. Du premier de Iuillet 1632.
[*Rouen*, David Ferrand]. Pet. in-4°, 15 pp. chiffr., sans
feuille de titre.

31. Les raisons qui ont meu le Comte Henry de
Bergh General de l'armée Espagnolle au Pais-bas, a
secoüer la seruitude d'Espagne. Addressées à la Sere-
nissime Infante aux Ecclesiastiques, & Nobles du Pays.
A *Rouen*, chez Iacques Caillöué, Iouxte la Coppie
Imprimée au Liege (*sic*). [1632]. Pet. in-4°, 15 pp. chiffr.

32. La Harangve de Monseignevr le Dvc de Rohan,
Ambassadeur extraordinaire pour le Roy aux Suisses &
Grisons. Faite par commandement de sa Majesté en leur
Assemblee genérale tenuë à Baden, le premier iour de
Iuin 1632. Touchant l'empeschement du passage des
troupes qui se leuent contre sa Majesté dans le Comté
de Bourgongne & en Italie. A *Paris*, chez Iean Martin,
M.DC.XXXII. Pet. in-4°, 16 pp. chiffrées.

33. Lettre dv Roy escritte a Monseigneur le Duc de
Mont-bazon, Gouuerneur Lieutenant general pour le
Roy en l'Isle de France. [Ste-Menehould, 17 juin 1632]
Contenant les pratiques du Duc de Lorraine & les autres
causes qui ont obligé le Roy à porter ses armes dans ses
Estats. A *Rouen*, chez David Ferrand, Iouxte la coppie
Imprimée à Paris, par Anthoine Vitray, M.DC.XXXII.
Pet. in-4°, 15 pp. chiffrées.

34. Lettre dv Roy, escripte à Monseigneur le Comte de Soissons. [S.-Mihiel, 20 juin 1632]. Sur la Deffaicte des trouppes du Duc de Lorraine. A *Roven*, chez Iacques Cailloüé, Iouxte la coppie Imprimée à Paris, chez Iean Brunet, M.D.C.XXXII. 8 pp. chiffrées.

35. Relation envoyee av Roy. Par Monsieur le Mareschal de Schomberg. Du combat fait entre les armes qu'il commande & l'armée de Monsieur pres de Castelnau-darri. Contenant la prise de Monsieur le Duc de Montmorency. Ensemble la lettre de sa Maiesté, enuoyee à Messieurs les Preuosts des Marchans & Escheuins de la ville de Paris, touchant ladite deffaite. A *Roven*, chez Iacqves Cailloüe, M.DC.XXXII. Pet. in-4°, 16 pp. chiffrées.

36. Lettre dv Roy, povr response a celle de Monsieur le Duc d'Orleans, Frere vnique de sa Majesté. [S.-Germain-en-Laye, 25 nov. 1632]. Avec les articles de la Paix accordez à Beziers [29 sept. 1632]. entre le Roy & Monsieur Frere du Roy. A *Rouen*, chez Iacqves Cailloüé, M.DC.XXXII. Pet. in-4°, 16 pp. chiffrées.

37. Propositions faites a l'Infante, Govvernante des Pays-bas. Par vn grand Ingenieur, seruant le Marquis de Saincte Croix au secours de Maestric. Lequel met en auant plusieurs choses dignes d'admiration, pour pouuoir conseruer son Païs auec peu de forces, & attaquer celuy de l'ennemy auec peu de frais : Et promet de faire reprendre dans six mois Bosleduc, Wesel, & Maestric. Iouxte la coppie Imprimée à Bruxelles, M.DC.XXXIII. Pet. in-4°, 15 pp. chiffrées.

38. Observations svr la vie et la condemnation dv Mareschal de Marillac. Et svr vn Libelle intitulé, Relation de ce qui s'est passé av iugement de son procez, prononciation & execution de l'Arrest donné contre luy. [par *Paul* HAY, sieur du Chastelet]. A *Paris*, M.DC. XXXIIII. Pet. in-4°. 126 pp. chiffrées.

[*T. XXIII.*] 1. Triomphe svr les Victoires dv Roy

Par M. *Iules Cæsar* BULENGER docteur en Theologie & predicateur du Roy. A *Paris*, chez Clavde Morel, M.D.CI. 3 ff. non cotés et 1 blanc.

2. Histoire veritable arrivee en la ville de Ramber-uillé en Lorraine, d'vne ieune Femme aagée de dixsept à dixhuict ans, executée pour auoir voulu empoisonner son mary, le dix-septiesme de May, mil six cens huict. Ensemble l'execution de deux vieilles Femmes qui luy auoient donné le conseil. Imprimé à *Troyes,* chez Iean Oudot [*Douai,* 1608]. 8 pp. chiffrées.

3 Copie d'vn tres-famevx miracle arrivé en la cité de Palerme l'an 1605. d'vn enfant mis en pieces par sa propre Mere, & remis en vie par le Seraphique Pere S. François. Envoyee de Milan par le R. P. François Hybernois Predicateur Capucin, au R. P. Gardien des Capucins d'Arras. A *Dovay,* de l'Imprimerie de Charles Boscard, M.D.C.VIII. Pet. in-4°, 14 pp. chiffrées.

4. Miracle arrivé dans la Ville de Geneue le dixsep-tiesme de Iuin 1609. d'vne femme qui a faict vn Veau, à cause du mespris de la puissance de Dieu. Los Femmes soüillees de sang, enfanteront des Monstres. Esdras Chapitre 5. A *Tonon* [*Douai*], 1609. Pet. in-4°, 13 pp. chiffrées.

5. L'hevrevse conversion de devx Ministres appelez M. Pierre Cellette, cy deuant Ministre de Bergerac en Perigord. Et M. Gilles Rigot, Ministre de Clerac en Agenois, lesquels se sont rēduz à la Foy Catholique Apostolique Romaine, quitās (*sic*) les erreurs de la pre-tenduë reformée, ayans vescu éz abuz d'icelle vingt-deux ans. Auec la Profession de Foy qu'ils ont faite, & abiuration de l'heresie Caluinienne, en l'Eglise de Peri-gord, le xvi de May 1611. A *Paris*, chez Antoine Vitray Imprimeur du Roy [*Lille*, Chr. Beys], 1611. Pet. in-4°, 15 pp. chiffrées.

6. Le Bovqvet de Flevr d'Espine. [par l'Hermite des Fontaines]. [*S. l. n. n., Lille,* Chr. Beys? 1611]. 8 pp. chiffr., sans feuille de titre.

7. Clavse extraicte dv Testament faict par sa Ma.ᵗᵉ la Royne dame Marguerite d'Austriche. En favevr dv College de la Compagnie de Iesvs de Salamanc. Traduit d'Espagnol en François. A *Cambray*, de l'Imprimerie de Iean de la Riuiere, M.D.C.XII. Pet. in-4°, 15 pp. chiffrées.

8. Congratulation av Pevple François, [etc., ut supra, pièce n° 3 du t. XXII. même ouvrage, même édition].

9. Lettres assevrez (*sic*) par les Chevaliers de S. Iean de Hierusalem, en l'Isle de Malte, de la naissance d'vn enfant d'vne grandeur extraordinaire, nay en Babylone. Ensemble les signes espouuantables apparus en l'air, à la naissance de l'enfant. A *Paris*, chez Flevry Borican, M.DC.XIII. Pet. in-4°, 14 pp. chiffrées et 1 feuillet non coté.

10. Copie des Lettres et Sentence, enuoyées de Bruxelles par l'illustrissime Nonce Guido de Bentiuoglio, tant à Messieurs les Venerables Chanoines de l'Eglise de sainct Pierre à Lille, qu'à Messieurs du Magistrat de la ville. Portantes declaration de l'innocence de Iean le Ducq Chanoine & Escolastre de ladite Eglise, du pretendu crime de de (*sic*) Magie, dont il estoit faussement accusé. A *Dovay*, de l'Imprimerie de Marc Wyon, 1614. Iouxte la coppie Imprimée à Lille. 4 ff. non cotés.

11. La proposition presentee a la Royne, povr rédvire les François de la Religion pretenduë reformée, à la Foy Catholique Apostolique & Romaine. Dediee a la Royne, par *Pierre* BUREE, Docteur en Medecine. Psalme. 33. Recherche la paix salutaire, suy-la, garde la d'eschapper. Auec Approbation. A *Paris*, par Fleury Bourriquant, 1614. 8 pp. chiffrées.

12. Lettre dv Roy envoyee a Monsieur le premier President, sur l'accomplissement & consommation des Mariages : [Bordeaux, 18 oct. 1615]. Ensemble les fevx de joye faits en suite d'iceux en la ville de Bordeaux. Iouxte la Copie imprimee a Paris, pour Syluestre Moreau, M.DC.XV. 7 pp. chiffr.

13. Le proiect des principavx articles de la paix entre le tres-Chrestien Roy de France & de Nauare, & messieurs les Princes retirez de la Court, le 28 Auril, 1616. A *Paris*, chez Pierre Mettayer, 1616. Pet. in-4°, 8 ff. non cotés.

14. Discovrs veritable des scditions qui se sont faites iusques à present en la Ville d'Amsterdam entre les Caluinistes & les nouueaux heretiques nommez Arminiẽs. Ensemble la coppie de mot a autre des pasquilles semez (*sic*) par ladite Ville. Le tout traduict de Flamen (*sic*) en François. [*Lille*, Chr. Beys], Iouxte la coppie imprimee a Anvers, chez Abraham Verhoeuen, Imprimeur, 1617. Pet. in-4°, 13 pp. chiffrées.

15. Accident merveillevx et espovventable dv desastre arriué le 7. iour de Mars de ceste presente année 1618 d'vn feu irremediable lequel a bruslé & consommé tout le Palais de Paris. Ensemble la perte & la ruyne de plusieurs Marchands lesquels ont esté ruynez & tous leurs biens perdus. Iouxte la coppie Imprimée a Paris, chez la vefue Iean du Carroy, [*Douai*, Ch. Boscard?] M.DC.XVIII. 8 pp. chiffrées.

16. Brieve Narration auec quel ordre, & Ceremonies le Seren^me. & puissant Ferdinand Roy de Hongrie, de Boheme, &c. Archiducq d'Austrice, &c. a esté esleu Empereur des Romains en la Ville de Francfort le XXVIII. d'Aougst dernier. Traduit d'Alleman en Flamen (*sic*), & de Flamen en François. Iouxte la Copie Imprimee. A *Anvers*, chez Abraham Verhoeuen [*Lille*, Chr. Beys], 1619. Pet. in-4°, 15 pp. chiffrées.

17. Recit veritable de la redvction dv pays sur Ens, [etc., ut supra, pièce n° 8 du t. XXII, même ouvrage, même édition. *Lille*, Chr. Beys, 1620].

18. Novvelle veritable d'vne sanglãte bataille, faicte en Hongrie, par le Seigneur Omenay pour sa Maiesté Imperiale, cõtre le Lieutenant General de Bethleem Gabor, lequel a perdu plus de douze mille hommes : Et

ledit Lieutenant General nommé Ragazi prins prisonnier.
Aussi comment le Comte de Bucquoy s'est faict maistre
de la Ville d'Ips sur le Danube. De Vienne en Austrice
ce 22. de Ianuier 1620. [*Lille*, N. de Rache].·Pet. in-4°,
8 ff. non cotés.

19. La resolvtion des govvernevrs de la religion pre-
tendve reformee. Contre la ligue de la Rochelle.
Ensemble la prise & reduction de la Ville de Sancerre à
l'obeissance du Roy. Par Monseigneur le Prince. [*Lille,*
Chr. Beys], Iouxte la Copie imprimee a Paris, chez
Pierre Rocolet, 1621. 8 pp. chiffrées.

20. L'estat present des affaires tant d'Allemagne,
Espagne, que France, ensemble la reduction de la ville
de Presbourg Capitalle du Royaume de Hongrie, en
l'obeissance de sa Maiesté Imperialle, par la vaillantise
du Comte de Bucquoy. [*Lille*, Chr. Beys], Iouxte la
coppie Imprimee a Anvers, chez Abraham Verhoeuen,
1621. Pet. in-4°, 14 pp. chiffrées.

21. Remonstrance et Instrvction tres-secrete, Presentee à Frederic V. Comte Palatin, du Rhin, &c. Par
son Pere nourrissier, & Pedagogue. Contenante les
maximes par lesquelles il peut estre depossedé de sa
Royauté. Traduicte en François du Latin; Imprimé a
Francfort, 1621. [*Lille,* Chr. Beys]. Pet. in-4°, 22 pp.
chiffrées.

22. La grande et signalee Victoire obtenve par
l'Armee Imperialle, contre le Palatin, entre Darmstadt,
& Steyn, & les particularitez de ce que (*sic*) s'y est
passé. Ensemble la deffaicte de quinze cents cheuaux
Hollandois, par le sieur de Grobbendonck Gouuerneur
de Bois le Duc, & autres affaires de la Chrestienté.
Iouxte la Copie imprimee. *Anvers*, chez Abraham
Verhoeuen [*Lille,* Chr. Beys], 1622. Pet. in-4°, 14 pp.
chiffrées.

23. Recit veritable de la sortie qu'ont faict ceux de la
Ville de l'Escluse, pensant à surprendre le nouueau

Fòrt nommé de Grootesterre, proche du Fort de S. Anne
ter Muyen, à vn quart de lieue de ladicte Ville, où la
pluspart d'iceux ont esté taillez en pieces & noyez. A
Anvers, par Abraham Verhouen [*Lille*, P. de Rache].
1621. 8 pp. chiffrées.

24. L'estat present des affaires tant d'Allemagne, qve
de France. Ensemble la reduction de la Ville de Presbourg Capitalle du Royaume de Hongrie, en l'obeissance
de sa Majesté Impérialle, par la vaillantise du Comte de
Bucquoy. Iouxte la coppie Imprimée a *Anvers*, chez
Abraham Verhoeuen [*Lille*, P. de Rache], 1621. 8 pp.
chiffrées.

25. Relation tovchant le renovvellement de la Cour
& du Conseil d'Espagne, ensemble la disgrace du Duc
d'Alerme, & de ses enfans, & l'emprisonnement du Duc
d'Ossuna, depuis le couronnement de sa Maiesté Philippes IIII. Iouxte la copie imprimee a Madril, par *Pedro*
de Craesbecke [*Lille*, Chr. Beys], Imprimeur iuré, 1621.
8 pp. chiffrées.

26. La sentence et arrest de mort, prono- (*sic*) cee
par le Conseil d'Espaigne, contre Don Rodrigo de Calderon, lequel a esté executé publiquement dans la Ville
de Madril par le commandement du Roy. A *Anvers*,
par Abraham Verhouen, 1621. 8 pp. chiffrées.

27. Novvelles veritables svr la prise et rendition de la
ville de Ivlliet (*sic*) par le Conte Henrick à l'obeissance
de sa Majesté Imperialle. Le 28. de Ianuier. 1622.
Ensemble la defaite des trouppes du Conte de
Mansfel (*sic*) par le Duc de Bauiere, & l'Archiduc
Leopolle (*sic*). Iouxte la Copie imprimée à *Anuers* par
Abraham Verhoven, 1622. Pet. in-4°, 16 pp. chiffrées.

28. La prise et redvction de la ville de Thabor
reduitte en obeissance de sa Majesté Imperialle.
Ensemble la prise de quatres (*sic*) Villes, tant en Boheme
qu'en Hongrye, reuoltées depuis la mort du Conte de
Busquoy. Ensemble la derniere capitulation de la ville

de Iulliers portée par deux Trompetz (*sic*) du Conte
Henrick au Gouuerneur, le 24. de Ianuier. Iouxte la
Copie imprimée à *Anuers* par Abraham Verhoven,
1622. Pet. in-4°, 15 pp. chiffrées ; au v° de la p. 15 même
bois qu'à la pièce 22 du t. XXII.

29. Le recit veritable dv grand desordre [etc. ut
supra , pièce n° 22 du t. XVIII , même ouvrage, même
édition].

30. Novvelles dv pays d'Allemaigne, comment le Duc
de Bauiere à (*sic*) prins au Palatinat les Villes de Cham,
Waldmunchen, Blesteyn, Rammach, Waldech, & plusieurs autres Villes icy suyuantes. Ensemble du Cardinal Bellarminus, decedé à Rome. Auec nouuelles
certaines de ce qui s'est passé au Royaume de Naples &
à Venize Iouxte la Copie Imprimée , par Abraham
Verhouen [*Lille*, P. de Rache, 1621]. 8 pp. chiffrées.

31. L'hevrevx svccez de la memorable victoire
emportee par *Don Gonzales de Cordua* & Monsieur de
Tilly, conducteurs des trouppes Imperialles , contre
Helberstadt(*sic*)de Brunsvvick, autrement dict l'Euesque
Apostat, fauteur des ennemis de l'Empire. En laquelle
ont esté tant tuez que noyez neuf mille soldats, & tout
son bagage & Canon prins. A *Lille*, chez Christofle
Beys, 1622. Pet. in-4°, 14 pp. chiffrées.

32. Confiteor avx Rebelles. [*S. l. n. n. Lille* ,
Chr. Beys], M.DC.XXII. 8 pp. chiffr.

33. La grande et adventvrevse victoire obtenve contre
le Marqvis de Tourlac entre Wynpen & Ghenin.
Ensemble le grand Miracle aduenue (*sic*) enuers vn
Soldat muet du regiment du Comte d'Emden, qui receut
la parole par les merites de de (*sic*) la Vierge Marie. A
Anvers, Imprimé le huictiesme de Iuin 1622. Auec
grace & priuilege. 4 ff. non cotés, bois au v° du titre.

34. Estat et svccez de ce qve (*sic*) s'est passe en la
gverre dv grand Tvrc & le Roy de Polougne. Le nombre
des gens de guerre, canon, or, & argent, qu'à cet effect

le Turc a faict sortir de Constantinople. Troisiesme &
dernier effort du Turc contre l'armee Polonoise, & la
perte qu'il y receut le Turc contrainct de demander la
paix, & soubs quelles conditions elle est accordee.
Articles de la paix concluë entre lesdits Seigueurs Roy
de Polongne & grand Turc. Iouxte la copie imprimee a
Liege, chez Adrian Ouvverexs Imprimeur iuré [*Lille,*
Chr. Beys], 1622. Pet. in-4º, 16 pp. chiffrées.

35. Histoire veritable de la vie de Iean Fontanier, et
diversité de Religions qu'il a exercé (*sic*) durant icelle,
& l'artifice duquel il se seruoit pour attirer des auditeurs
à sa fausse doctrine, en fin sa derniere Conuersion à la
foy Catholique, apres laquelle il fut executé en la place
de Greue. Ensemble l'Arrest de la Court confirmatif de
la Sentence du Chastelet. Sur l'Imprimé a *Paris,* chez
Melchior Mondiere, M.DC.XXII. Pet. in-4º, 16 pp. chiffr.

36. La sentence et arrest de Mort, prononcee par le
Conseil d'Espagne contre Don Rodrigo de Calderon,
lequel a esté executé publiquement dans la Ville de
Madril par le commandement du Roy. Iouxte la Coppie
Imprimée à *Anvers,* par Abraham Verhouen [*Lille,*
P. de Rache], 1621. 8 pp. chiffrées.

37. La grande et signalee Victoire obtenuë par
Sigismundus Roy de Pouloigne, contre l'armée d'Ottoman Empereur des Turcs, en la Valachie, où ont esté
deffaits cēt mille Turcs & Tartares. Ensemble la prise
des Fregattes du grand Turc sur la Mer noir (*sic*) par les
Cossaques. Aussi la reuolte d'Emiro de Solida, vassal
dudict grand Turcq. Imprimé du 20. de Novembre, 1621.
Iouxte la Coppie Imprimée à *Anuers,* par Abraham
Verhouen [*Lille,* P. de Rache], 1621. 8 pp. chiffrées.

38. Inventaire general, contenant tout ce qui s'est
passé de memorable en Flandre, Italie, Espagne, Allemagne, Angleterre & principalement ce qu'il s'est passé
& pratiqué dedans la Vallée de la Valtoline (*sic*) &
autres lieux, depvis le commencement des trovbles

dvdit pays. Auec les grandes entreprises & attentats faict (*sic*) par le Prince d'Orange , sur la principale & plus superbe ville des Pays-bas. Auec les paroles dudit Prince d'Orange prononcées par luy aux principaux de son Conseil sur la surprise d'icelle. Iouxte la Coppie imprimée av Pont-a-Movsson, par Nicolas Griffon. [*Lille*, Chr. Beys], M.DC.XXIII. Pet. in-4°, 45 pp. chiffrées, 2 bois à la fin.

39. Ce qvi s'est passé en l'assemblee tenve de nvict en Angleterre entre les Ecclesiastiques de la Reyne d'Angleterre, & les Ministres Puritains de la ville de l'Ondres (*sic*) en Angleterre. Ensemble l'execution du Gouuerneur de Flessingue en Zelande, & des grandes guerres faictes en la terre saincte par vn Prince de la maison de Lorraine. Imprimée sur les copies d'Angleterre. [*Lille* , Chr. Beys] , M.DC.XXVI. Pet. in-4°, 16 pp. chiffrées.

40. La grande et signallée Battaile [etc., ut supra, pièce n° 24 du t. XXII, même ouvrage, même édition].

41. Relation veritable de la grande Victoire obtenue par son Excelence le Conte de Tilly general de l'armée du Serenissime Ducq Electeur de Bauiere & vnion catholicque, sur & alencontre le Roy de Denemarcque, le 27. d'Aougst 1626. tirée de la Missiue enuoyée (*sic*) par sadite Excelence en Bruxelles à N. N. & datée le 28. dudit mois au Camp. A *Bruxelles* [*Douai*], chez Iean Mommaert, Anno 1626. 8 pp. chiffrées.

42. September (*sic*) 1626, 100. Recite (*sic*) veritable de l'entreprinse faillie. Que les Huguenots auoient conspiré (*sic*) sur les limites de Flandres y pensant emporter Kildaecht, mais ont esté (*sic*) constains (*sic*) de se retirer auecq leur (*sic*) batteaux. Faict le 29. d'Aougst. 1626. A *Bruxelles* [*Douai*], chez Iean Mommaert. Pet. in-4°, 15 pp. chiffrées.

43. Oratio fvnebris nomine totivs Vniversitatis Dvacenæ piissimis Philippi secvndi Regis Catholici Fvnda-

toris eiusdem Vniuersitatis optimi Manibus habita tertio Nouemb. 1598. Per BOETIVM EPONEM Frisium Comitem Palatinum I. V. Doctorem Professoremque. *Dvaci*, apud Ioannem Bogardum, M.D.XCIX. In-8°, 47 pp. chiffrées.

44. Oraison fvnebre, svr le trespas de tres-havlt, tresgrand, et trespuissant Monarque don Philippe second de ce nom, Roy d'Espaigne &c. Prononcée aux obseques de sa Ma^te. en l'Eglise de nostre Dame de Tournay, le lundy 26. d'Octobre, 1598. Par M^c. *Iehan* BOUCHER, Docteur en Theologie en l'Vniuersité de Paris, & Chanoine de ladicte Eglise. A *Brvsselles*, par Rutger Velpius, 1599. Pet. in-4°, 34 ff. non cotés.

45. Henrico IIII. Christianiss. et Invictiss. Franc. et Navarræ Regi, Pio, Felici, Augusto, patri patriæ: Monodiæ Professorvm Regiorvm. Ad Illustriss. ac Reuerendiss. D. D. Perronivm S. R. E. Cardinalem, Senonens. Archiepisc. Galliarum & Germ Primatem, magnum Franciæ Eleemosynarium. *Parisiis*, apud Ioannem Libert, M.DC.X. Pet. in-4°, 11 pp. chiffrées, poésie hébraïque au v° de la p. 11.

46. Regrets fvnebres svr la mort de Henry IIII. Par *Charles* DE RAEMOND Abbé de la Frenade. A *Paris*, chez Charles Sevestre, M.DC.X. Pet. in-4°, 4 ff. non cotés, 54 ff. non cotés, & privilége.

47. Discovrs fvnebre, a l'honnevr de la memoire, de tres-clement, inuincible & triomphant, Henry IIII. Roy de France & de Nauarre. Par le Sieur de Nerueze, Secretaire de la Chambre du Roy. A *Paris*, chez Anthoine Du Brueil, M.DC.X. Pet. in-4°, 48 pp. chiffr.

48 Oraison fvnebre svr le trespas de Henry le Grand, IIII. du nom, Roy de France et de Nauarre, Tres-Chrestien, Tres-Victorieux, Tres-Auguste & pere du Peuple. Prononcée en l'Eglise Royale de S. Aignan à Orleans, le Samedy 12. iour de Iuin 1610. Par Fr. *Pierre* D'AMOVR, Docteur en Theologie. A *Paris*, chez Rolin Thierry, 1610. Pet. in-4°, 14 ff. cotés, 1 non coté et 1 blanc.

49. Fvnebres Cyprez dediez a la Royne Mere du Roy Regente en France sur la mort du tres-chrestien, tres-victorieux, & tres-Auguste Monarque Henry IV. Roy de France & de Nauarre, surnommé le Grand. Par D. F. CHAMPFLOUR, Prieur de S. Robert de Mont-Ferrand en Auuergne. A *Paris*, chez Iean Libert, M.DC.X. Pet. in-4°, 14 pp. chiffrées.

50. Les Larmes et Lamentations de la France. svr le trespas de Henry IIII. Roy de France, & de Nauarre. Auec quelques Epitaphes. A *Paris*, chez Bernard Hameav [*s. d.*, 1610]. Pet. in-4°, 12 pp. chiffrées, 4 ff. cotés 13-16, et 2 ff. non cotés.

51. Diræ in Parricidam. Ad Illvstrissimvm Cardinalem D. D. du Perron, Archiepiscopum Senonensem, & magnum Franciæ Eleemosynarium. [Auctore *Nicolao* BORBONIO]. *Parisiis*, apud Ioannem Libert, M.DC.X. Pet. in-4°, 11 pp. chiffrées.

52. Sermon fvnebre, fait avx obseqves de Henry IIII. Roy de France & de Nauarre, le 22. de Iuin 1610, dans l'Eglise de S. Iacques de la Boucherie. Par Fr. *Iacqves* SVARES Obseruantin Portugays, Docteur en Theologie, Predicateur ordinaire & Conseiller de sa Majesté. A *Tovrnay*, chez Charles Martin, Iouxte la copie imprimé à Paris, Nicolas dv Fossé [*s. d.*, 1610]. In-8°, 29 pp chiffrées.

53. Oraison fvnebre svr le trespas de fev tres-noble et tres-valeureux, Messire Chrestien de Sauigny, Seigneur de Rône, Mareschal de France, Prononcée aux obseques dudict Sieur, en l'Eglise de Saincte Gulde à Bruxelles, le Mercredy 25. Septembre 1596. Par M. *Iehan* BOVCHER Docteur en Theologie, en l'vniuersité de Paris. A *Brvxelles*, chez Iean Mommaert, M.D. XCVI. In-8°, 3 ff. non cotés, et 56 [57] pp. chiffrées.

54. Copie de la Reqveste presentee av Turc par l'Agent de la Royne d'Angleterre, le 9. de Nouëb. 1587. Traduicte sur la Coppie imprimée en Allemãd en la Ville

d'Ingolstad, chez Dauid Sartorius, 1588. & inserée dedans le liure de Pierre Hanson de Saxe, portant ce tiltre. Admonition ou Aduertissement aux fidèles Germains, pour se garder des Caluinistes. Ensemble la Copie des certaines Lettres du Sultan à la Royne d'Angleterre. [*S. l. n. n.*], 1589. Pet. in-4°, 12 ff. non cotés.

[*T. XXIV.*] 1. Le fin Matov François, av Rat qvi ronge la Covronne. [*S. l. n. d.*, après 1610]. Pet. in-4°, 31 pp. chiffrées.

2. Le franc et veritable Discovrs av Roy? svr le restablissement qui luy est demandé pour les Iesuites. [par *Antoine* ARNAULD] [*S. l. n. n.*] M.DC.II. Pet. in-4°, 120 pp. chiffrées.

3. L'Italien Francois. [*S. l. n. d.*, 1617]. 8 pp. chiffr., sans feuille de titre.

4. Memoires et Advis, povr rendre les Iesuites vtiles en France. Ou (*sic*) sont descouuertes plusieurs choses de leur Institut, iusques à present cachees. Pavlvs I. Cor. cap. 5. v. 13. Auferte malum ex vobis ipsis. [*S. l. n. n.*], M.DC.XIV. Pet. in-4″, 32 pp. chiffrées.

5. Fovcade aux Estats, par Gabriel le bien-Venu, Gentilhomme Angoumoisin. [*S. l. n. n.*], M.DC.XV. Tr. pet. in-4°, 23 pp. chiffrées.

6. Advis et moyens povr empescher le desordre des Duels. Proposez au Roy, en l'Assemblee des Estats Generaux. Par *Lovys* DE CHABANS, Sieur du Maine, Gentil-homme ordinaire de la Chambre de sa Maiesté, & Aide des Mareschaux de Camp dans ses Armees. A *Paris,* chez Denys Langlois, 1615. Pet. in-4°, 8-80 pp. chiffrées.

7. Advis svr le faict des dvels. A Messieurs des Estats. A *Paris,* de l'Imprimerie de François Ivlliot, M.DCXV. Pet. in-4°, 21 pp. chiffrées.

8. Lettre d'vn Pere de la Compagnie de Iesvs, sur le poinct des Profez, & Coadjuteurs spirituels d'icelle, proposé par Theophile Eugene ces mois passez en son

libelle fameux. A vn autre Pere de la mesme Compagnie. A *Ormeville*, par François de Veronne, M.DCXV. Pet. in-4°, 71 pp. chiffrées.

9. Extraict de plvsievrs articles dv Concile de Trente, contraires aux droicts des Roys de France, Libertez de l'Eglise Gallicane, Priuileges & exemptions des Chapitres, Monasteres, & Communautez. [*S. l. n. n.*], M.DC.XV. Pet. in-4°, 30 pp. chiffrées.

10. Recit veritable de l'entreprise que les Anglois auoient sur la Ville & Citadelle de Calais, par l'entremise d'vn nommé du Parc. Descouuerte par le Vicomte de Fruze estranger, à Monsieur de Valencé, Gouuerneur de ladite Ville & Citadelle. Auec la prise de deux Barques Angloises, où dans l'vne s'est trouuée la femme d'vn Pilote d'vne des Remberges, saisie d'vne lettre. [signé L. et daté de Boulogne 26 juillet 1628]. A *Paris*, chez Iean Barbote, M.DC.XXVIII. Pet. in-4°, 15 pp. chiffrées.

11. Le Droict de la Covronne de France. Contre les pretentions que le Pape croid auoir sur elle, au preiudice des Priuileges de l'Eglise Gallicane. [*S. l. n. n.*], M.DC.XXXIII. Pet. in-4°, 32 pp. chiffrées, outre titre.

12. Harangve de Monsievr le Cardinal Duc de Richelieu, faite en Parlement, sa Majesté y estant presente. [le 18 janvier 1634]. [*S. l. n. n.*], M.DC.XXXIV. Pet. in-4°, 16 pp. chiffrées.

13. Cession & transport des Duchez de Lorraine & de Bar, au Cardinal de Lorraine, par son Frere le Duc de Lorraine, à Mirecourt le 19. Ianuier 1634. [*S. l. n. d.*] 8 pp. chiffrées, sans feuille de titre.

14. La Deffaicte generalle de l'Armée du Duc de Lorraine par les Suedois. A laquelle deffaicte à esté faicts (*sic*) prisonniers le Prince de Salm, le Sieur de Bassompierre, & autres Chefs & Seigneurs de qualité Plus la fuitte dudit Duc de Lorraine dans la Franche Comté. A *Roven*, chez Iacqves Caillové, M.DC.XXXIV. Pet. in-4°, 15 pp. chiffrées.

15. Les prises et redvctions de la tres-importante ville de Haguenau, & du Chasteau d'Aubar (en Allemagne) à l'obeyssance du Roy. Par Monsieur le Mareschal de la Force, General de l'Armée de sa Majesté. Ensemble les Articles, qui ont esté accordees (*sic*) de part & d'autre, auec le Comte de Salm. A *Rouen*, chez Iacqves Cailloüé, Iouxte la Coppie Imprimee à *Paris*, par Pierre Mettayer, M.DC.XXXIV. Pet. in-4°, 16 pp. chiffrées.

16. La redvction de la ville et Comté de Vaudemont en Lorraine, à l'obeyssance du Roy. Auec le furieux Combat donné contre la Cauallerie Espagnole, sur les frontieres de la Franche Comté, par la Caualerie Françoise. Plvs l'ordre estably dans la Ville de Nancy. Par Monsieur le Comte de Brassac, Gouuerneur pour sa Maiesté dans ladite ville. A *Rouen*, chez Iacqves Cailloüé, M.DC.XXXIV. Pet. in-4°, 16 pp. chiffrées.

17. La Resiovissance pvbliqve svr le rabbais des Tailles. avec le Discours d'un Gentilhomme & vn Paysan, sur ce sujet. A *Rouen*, chez Iacqves Caillové, M.DC.XXXIV. Pet. in-4°, 16 pp. chiffrées.

18. Relation veritable de la Reuolte de Vvalstein, Lieutenant General de l'armee de l'Empereur, pour prendre le party Suedois. Ensemble comme ledit Vvalstein & les principaux de son armee ont esté tuez éstans à table auec luy dans la Ville d'Egger, par le commandement de l'Empereur. A *Rouen*, chez Iacqves Cailloüé, Iouxte la Coppie du Bureau d'Adresse de Paris, M.DC.XXXIV. Pet. in-4°, 16 pp., dont 13 chiffr.

19. L'ordre dv siege et investitvre de l'importante Place & Chasteau de la Motte, en Lorraine. Par l'Armée du Roy, Commandée par Monsieur le Mareschal de la Force. A *Rouen*, chez Iacqves Caillové, M.DC.XXXIV. Pet. in-4°, 15 pp. chiffrées.

20. Sommaire et brief Discovrs sur la vie de feu Monseigneur Monseigneur le Reuerendissime Euesque de Tournay, Messire Michel Desne, Seigneur de Beten-

court, Seranuilers, &c. Psal. I. [etc.] [par *Nicaise*
Dieulot, pasteur de Rongy]. 4 ff. non cotés, sans feuille
de titre, impr. à *Tournai* en 1615.

21. Stemma Bertoldorvm, Dominorum Mechliniæ,
Grimbergæ, Berlariæ, Dufflæ, Gelæ, Ascæ, Helmondæ
& Ninouiæ : jtemq3 Comitum Viandæ. A. M. B. P.
Antuerpiæ, typis Philippi Michaëlis. [*s. d.*, post 1633].
In-fol., 1 feuillet.

22. Stemma Raginerorvm primorum Hannoniæ Comitum : ex quibus orti sunt Comites Louanienses, Duces
Lotharingiæ inferioris & Brabantiæ, itemque Lantgrauij
Hassiæ : Stemmata item Ducum Lotharingiæ superioris
seu Mosellanæ, Comitum Flandriæ, Namurci, Vadi-
montis, de Los & Chiny. A.M.B.P. *Antuerpiæ*, typis
Philippi Michaëlis. [*s. d.*] In-fol., 1 feuillet.

[*T. XXV.*] 1. Le Soldat Francois [par *Pierre* DE
L'Hostal, sieur de Roquebonne] [*Bois*] La guerre est ma
patrie, Mon harnois ma maison, Et en toute saison,
Combatre cest ma vie. [*S. l. n. n.*], 1604. In-8°, 195 pp.
chiffrées.

2. Le Pacifiqve, ov l'Anti-soldat François. [par le
sieur du Souhait] A l'vnique Vranie. [*S. l. n. n.*], 1604.
In-8°, 139 pp. chiffrées et 2 ff. blancs.

3. L'Anti-psevdo-pacifiqve ov Censevr François. Av
Psevdo-pacifique ou Anti-soldart. Par le Sieur D. L. B.
[DE LA Barillière]. A *Paris*, chez Denys-du-Val, 1604.
In-8°, 135 pp. chiffrées.

4. Responce dv Roy av Soldat François, qui demande
la guerre : & au Soldat Espagnol qui demande la paix,
Qu'il ne fera ny la guerre ny la paix. [*S. l. n. d.*, 1604].
In-8°, 47 pp. chiffrées, sans feuille de titre.

5. La Response de Maistre Gvillavme av Soldat
François. Faicte en la personne du Roy, à Fontainebleau.
[*S. l. n. n.*], M.DCV. In-8°, 59 pp. chiffrées.

[*T. XXVI.*] 1. Le Paisan Francois, av Roy, et a
Monseignevr le Davphin. [*S. l. n. d.*, 1609]. In-8°,
282 pp. chiffrées, sans feuille de titre.

[T. XXVII.] 1. *Pièce latine, sans titre, en iam-
biques trimètres et dimètres alternés, commençant
par :* O Pasta luctu dira monstra Gallico, *et finissant
par :* Facis quietem fulmine? *signée* I. B. [*S. l. n. d.*]
3 pp. chiffrées.

2. Libre Harangve faicte par Mathavlt en la presence
de Monsieur le Prince de Condé en son Chasteau d'Amboise, le premier iour de Iuillet, 1614. A *Paris*, chez
Abraham le Febvre, M.DC.XIIII. Pet. in-4°, 16 pp.
chiffrées.

3. L'ordre, tenven (*sic*) la Declaration dv Roy svr la
detention de la Personne de Monsieur le Prince. A
Roven, de l'Imprimerie de Martin le Mesgissier, Iouxte
la coppie imprimée à Paris, par Abraham Saugrain,
1616. 8 pp. chiffrées.

4. Lettre dv Mareschal d'Ancre à la Maiesté Tres-
Chrestienne de la Royne Mere. [Paris, 24 mars 1616].
Lettera del Marescial d'Ancre, alla Maesta Christia-
nissima della Reina (*sic*) Madre. [*S. l. n. n.*], M.DC.
XVI. 4 ff. non cotés.

5. Le Pasqvil Picard coyonesque. [*S. l. n. n.*], M.DC.
XVI. Pet. in-4°, 16 pp. chiffrées.

6. Lettre dv Roy d'Espagne enuoyee a Monsieur le
Prince de Condé. [Burgos, 5 nov. 1615]. A *Paris,
[Douai]*, Iouxte la coppie imprimee par Iean Bourri-
quant, M.DC.XVI. 7 pp. chiffrées.

7. Lettre dv Roy d'Angleterre enuoyee a Monsieur le
Duc de Mayenne. [Londres, 4 nov. 1615]. A *Paris
[Douai]*, Iouxte la coppie imprimee par Iean Bourri-
quant, M.DC.XVI. 7 pp. chiffrées.

8. Edict dv Roy pour la pacification des troubles de
son Royaume. [Blois, mai 1616]. [*S. l. n. n.*], M.DC.
XVI. Pet. in-4°, 35 pp. chiffrées.

9. Remonstrance dv Clergé de France faicte au Roy
le 18. Iuillet [1617] : Par Reuerendissime Pere en Dieu,
Messire *Philippe* Cospeav Euesque d'Ayre, Conseiller

de sa Majesté en son Conseil d'Estat. Assisté de Messeigneurs les Illustrissimes Cardinaux de Sourdis & de Guise : & autres Deputez de l'Assemblee Generalle du Clergé. A *Paris,* chez Iean Richer, M.DC.XVII. Petit in-4°, 25 pp. chiffrées.

10. Lettre escrite av Roy. par Monsieur le Mareschal d'Ancre. [Pont de l'Arche, 13 mars 1617]. A *Paris,* par Ioseph Guerreau, M.DC.XVII. 6 pp. chiffrées.

11. Les Regrets de Monseignevr le Prince. Av Roy. [*S. l. n. n.*], M.DC.XVII. Pet. in-4°, 16 pp. chiffrées.

12. Αντιρροπον; ov Contrepoids avx Iesvites, et aux Ministres de la Religion Pretenduë Reformee. Vtinam appendendo. Job 6. cap. 2. [*S. l. n. n.*], 1617. Pet. in-4°, 24 pp. chiffrées.

13. Declaration dv Roy, povr la Réünion à son Domaine, & confiscation des biens des Ducs de Neuers, de Vendosme, de Mayenne, Mareschal de Buillon, Marquis de Cœuure & President le Iay. Verifiée en Parlement le 16. Mars 1617. A *Paris,* par Fed. Morel & P. Mettayer, M.DC.XVII. 7 pp. chiffrées.

14. Arrest de Charles fils aisné de Iean Roy de France, Regent, le Royaume (*sic*), Duc de Normandie & Dauphin de Viennois, Par luy prononcé en la Chambre du Parlement le 28. iour de May 1359. Par leqvel il remet et restablit les Chanceliers & premier President de la Cour, & plusieurs autres Officiers. Extrait des Memoires de feu M. *Barnabé* LE VEST, Sieur de Roquemont. A *Paris,* chez Robert Foüet, M.DC.XVII. In-8°, 16 pp. chiffrées.

15. Arrest de la Covr de Parlement, contre le Mareschal d'Ancre & sa femme. Prononcé & executé à Paris le 8. Iuillet 1617. A *Paris,* par Fed. Morel, & P. Mettayer, M.DC.XVII. Pet. in-4°, 15 pp. chiffrées.

16. Recit veritable de ce qvi s'est passe av Lovvre depuis le vingtquatriesme de Auril, iusques au depart de la Royne Mere du Roy, auec les Harangues faictes

au Roy, & les respõces de sa Maiesté, & l'Adieu du Roy, & de la Royne sa mere. A *Roven*, chez David Gevffroy, [*Lille*, Chr. Beys], Iouxte la Coppie imprimee à Paris par Abraham Saugrain, 1617. Pet. in-4°, 14 pp. chiffrées.

17. La divine Vengeance svr la Mort dv Marqvis d'Ancre. Pour seruir d'exẽple à tous ceux qui entreprennent contre l'authorité des Roys. A *Roven*, chez Dauid Geoffroy [*Lille*, Chr. Beys], iouxte la coppie imprimee à Paris par Thomas Menard, 1617. 8 pp. chiffrées.

18. Le Tombeav dv Marqvis d'Ancre. A *Roven*, chez Iacques Besongne, [*Lille*, Chr. Beys], M DC XVII. 8 pp. chiffrées.

19. Response av Manifeste publié par les Perturbateurs du repos de l'Estat. A *Paris*, par Antoine Estiene, M.DC.XVII. Pet. in-4", 16 pp. chiffrées.

20. Lettre de Monsievr le Dvc de Mayenne av Roy. [Soissons, 11 janv. 1617]. Auec la response à icelle par sa Majesté. [Paris, 17 janvier 1617.] Iouxte la Copie imprimée a *Paris*, chez Fed. Morel, & P. Mettayer, M.DC.XVII. 8 pp. chiffrées.

21. Declaration dv Roy, contre Monsievr le Dvc de Neuers, & tous ceux qui l'assistent. Verifiee en Parlement le dixseptiesme Ianuier mil six cens dixsept. A *Paris*, chez Fed. Morel, & P. Mettayer, M.DC.XVII. Pet. in-4°, 24 pp. chiffrées.

22. Pvnition exemplaire et ivgement de Diev. Contre Pierre Chastel, voicturier de Bordeaux, englouty en terre iusqu'au col, pour auoir execrablement blasphemé le sainct nom de Dieu. Avec l'Arrest de la Cour du Parlement de Paris [du 26 janv. 1599], contre les blasphemateurs. A *Tovrnay*, suiuant la coppie Imprimée, a Paris, par Fleury Bourriquant, 1618. Pet. in-4°, 16 pp. chiffrées.

23. Pvnition de Diev sur les Hollandois en levr ville

capitale d'Amsterdam, par vn gouffre de feu lequel a consommé & bruslé le nouueau Temple, & vingt-deux maisons. Iouxte la Copie Imprimee a *Anvers*, chez Abraham Verhœuen, 1618. 8 pp. chiffrées.

24. Lettre et Advis envoyé av Roy, par Monsieur le Mareschal de Boüillon. [Sedan, 4 mars 1619]. A *Sedan*, M.DC.XIX. 8 pp. chiffrées.

25. Proces verbal de la Conspiration faicte en la ville d'Angoulesme. Ensemble l'execvtion publique qui s'en est ensuyuie. A *Paris*, Iouxte la coppie Imprimee à Poictiers, M.DC.XIX. Pet. in-4°, 15 pp. chiffrées.

26. La Lettre de Monseignevr le Prince de Condé enuoyee à la Royne Mere. A *Paris*, par Iean Boucher, M.DC.XIX. Pet. in-4°, 13 pp. chiffrées.

27. Coppie de la Lettre de Messievrs les Estats de Hollande. envoyee au Roy tres-Chrestien, le 18. May 1619. apres l'execution de mort du Sieur d'Oldenbarneueld. [*S. l. n. n.*], M.DC.XIX. 8 pp. chiffrées.

28. Oposition (*sic*) generale de l'Vniuersité de Paris, contre l'etablisement (*sic*) du College de Charanton, et ce qui s'est passé sur ce en l'Hostel de Monseigneur le Comte de Soissons. A *Paris*, chez Siluestre Moreau, M.DC.XIX. Pet. in-4°, 14 pp. chiffrées.

29. Centvries de Nostradamvs. Auec l'interpretation. [*S. l. n. d.*, après 1627]. 5 pp. chiffrées.

30. Le Manifeste de Monsievr le Comte de Soissons. Enuoyé au Roy sur les troubles & iugement des Seigneurs de la Cour. [*S. l. n. d.*] Pet. in-4°, 29 pp. chiffrées.

31. Av Dvc de Rohan. [réponse à son manifeste]. [*S. l. n. d.*] Pet. in-4°, 48 pp. chiffrées, sans feuille de titre.

32. Elegie svr l'Arrest de Theophile. [*S. l. n. d.*, 1623]. Pet. in-4°, 15 pp. chiffrées.

33. Advis d'vn Theologien sans passion. [sur plusieurs libelles imprimés depuis peu en Allemagne, par Mathieu

de Morgues, sieur de Saint-Germain]. [*S. l. n. d.*, 1626]. Pet. in-4°, 32 pp. chiffrées.

34. Discovrs svr plvsievrs poincts importans de l'estat present des Affaires de France. Av Roy. [*S. l. n. d.*, vers 1620]. Pet. in-4°, 32 pp. chiffrées.

35. Remonstrance av Roy, importante povr son estat. [*S. l. n. d.*, vers 1622]. Pet. in-4°, 16 pp. chiffrées, sans feuille de titre.

36. La liste des mal-contens de la cour, avec le sujet de leurs plaintes, 1623. Pet. in-4°, 24 pp. chiffrées, feuille de titre arrachée.

37. La France mourante, Dialogve. [*S. l. n. d.*, 1632]. Pet. in-4°, 63 pp. chiffrées, sans feuille de titre.

38. Seconde partie de la France movrante. Pet. in-4°, 16 pp. chiffrées, sans feuille de titre.

39. Lettre de la Royne Mere envoyee av Roy le 9. de Mars, 1619. avec la trosiesme et derniere lettre de Monsieur le Duc d'Espernon. A *Paris,* chez Hvbert le Velv, 1619. [*Lille,* Chr. Beys]. 7 pp. chiffr., la 8° sans chiffre.

40. Lettre escrite a Monsievr le Duc de L'Esdigvieres (*sic*) par Messievrs de l'Assemblee. De Loudun ce 26. Mars 1620. [*S. l. n. n.*] M.DC.XX. 5 pp. chiffrées.

41. Av Roy, à son retour du Bearn à Paris. [sans feuille de titre, à la fin on lit :] A *Paris,* chez Ivlian Iacqvin, M.DC.XX. Pet. in-4°, 22 pp. chiffr. et 1 feuillet.

42. Lettre de Monsieur enuoyée à Monseigneur de Luyne, pour la reformation de l'Estat. Ensemble la Meditation de Monsieur de L. ou response à la Remonstrance au Roy. [*S. l. n. n.*], M.DC.XX. 7 pp. chiffrées.

43. La Vision pvbliqve, d'vn horrible & tres-espouuantable Demon, sur l'Eglise Cathedralle de Quimpercorentin en Bretagne. Le premier iour de ce mois de Feurier 1620. A *Paris,* chez Abraham Saugrain, Iouxte la copie imprimee à Rennes par Iean Durant, 1620. 8 pp. chiffrées.

44. Harangve des sievrs de Denonuille, de Maurice, . de Liuache deputez vers le Roy, par l'Assemblée generale de Loudun. Et prononcée à sa Maiesté par ledit Sieur de Denonuille, le Lundy 30. Mars 1620. [*S. l. n. n.*], M.DC.XX. 7 pp. chiffrées.

45. Declaration dv Roy, par laqvelle ceux de là Religion pretendue reformee assemblez à Loudun, sont declarez Criminels de leze Majesté, à faute de se separer dans le temps porté par icelle. Verifiee en Parlement le 27. Feurier 1620. A *Paris*, par Fed. Morel, & P. Mettayer, M.DCXX. Pet. in-4°, 20 pp. chiffrées.

46. Advis svr les affaires presentes d'Allemagne & de Boëme. [*S. l. n. n.*], M.DC.XX. Pet. in-4°, 13 pp. chiffr., outre titre.

47. La sentence et arrest de mort, [etc., ut supra, pièce n° 36 du tome XXIII, même ouvrage, même édition].

48. Le Manifeste des Peres Iesvistes(*sic*). [*S. l. n. n.*], M.DC.XXIII. Pet. in-4°, 40 pp. chiffrées.

[*T. XXVIII.*] 1. Recveil des Pieces les plvs cvrievses qvi ont esté faites pendant le regne du Connestable M. de Lvyne [1619-1622]. Comme se veoit par la Table suiuante. Et le Seignevr a dit, pource qu'ils ont delaissé ma Loy ie donneray à ce peuple cy eau de Fiel pour boire, & pour manger L'Alvyne. Troisiesme Edition, reueuë, corrigée & augmentée. [*S. l. n. n.*], M.DC. XXV. In-8°, 20 ff. non cotés de titre, table et advertissement, et 536 pp. chiffrées.

[*T. XXIX.*] 1. Recveil des Pieces les plvs cvrievses qvi ont esté Faites pendant le regne du Connestable M. de Lvyne. Comme se voit par la Table suiuante. Et le Seignevr a dit.... L'alvyne. Jerem. 9. v. 13. 14. & 15. Qvatriesme Edition, Augmentée des pieces les plus rares de ce temps. [*S. l. n. n.*], M.DC.XXXII. In-8°, 16 ff. non cotés, 599 pp. chiffrées, et 3 pp. non chiffrées.

[*T. XXX.*] 1. Le Remonstrant des Hollandois ov, le

Brabancon vray-disant. compose par B.B.B.B. Auquel
sont proposées les maximes d'Estat; pour mettre fin
aux guerres intestines des pais Bas, dompter Hollande,
Zelande, & les assubiectir à la Couronne d'Espagne.
Mieux imprimé qu'aparauant (sic). Auec la suitte contre
nos ennemis. [S. l. n. d.] le suis à vendre la ou on
trouue à aster (sic). Pet. in-4°, 70 pp. chiffrées.

2. Remonstrance et instrvction tres-secrete, presentée
à Frederic V. Comte Palatin, du Rhin, &c. Par son Pere
nourissier, & Pedagogue. Contenante les maximes par
lesquelles il peut estre depossedé de la Royauté. Traduicte en Francois du Latin, Imprimé a *Francfort,*
1621. Pet. in-4°, 22 pp. chiffrées.

3. Le Manifeste de Monsievr, M. Frere dv Roy
[Nancy, 30 mai 1631], ov l'on voira sa ivstification, avec
celle de la Reyne Mere, contre le Cardinal de Richelieu.
Et toutes les Lettres & Requestes enuoyées au Parlement, & puis la Responce du Roy. A *Mons,* ce
18. Aoust. 1631. Pet. in-4°, 64 pp. chiffrées.

4. Copia eorvm qve (sic) partim die secvnda Ianuarij,
partim Septima eiusdem mēsis proposita, acta, & per
modum Cōsilij resoluta fuerūt in congregatiōe Sacra-
tissime Facultatis Theologie Parisiensis, Cōtra Henricum
Valesiū Gallie Regem, apud Collegiū Sorbone. Copie de
ce qve en partie le 2. de Ianuier, en partie le 7. dudit
mois.... [S. l. n. n.], M.D.LXXXIX. Pet. in-4°, 12 ff.
non cotés.

5. CATONIS disticha moralia cvm scholijs auctis ERASMI
Roterodami. Eadem disticha Grœcè à *Maximo* PLANUDE
è Latino uersa. Apophthegmata Græciæ sapientum,
interprete Erasmo. Eadem per AUSONIUM, cum scholijs
Erasmi. Mimi PUBLIANI cum eiusdem scholijs auctis
recogniti. Institutum hominis Christiani carmine per
eundem Erasmum Roterodamum. ISOCRATIS Parænesis
ad Demonicū, denuo cum Græcis collata, per Erasmum.
Antverpiœ, apud Ioannem Hillenium, in Rapo, Anno.
M.D.XLIII. In-8°, 60 ff. non cotés.

[*T. XXXI.*] 1. Recueil de diverses pieces curieuses pour servir a l'histoire. Voyez la Page suivante. [*la Sphère*]. A *Cologne*, par Jean dv Castel, M.DC LXIV. In-12, 296 pp. chiffrées.

[*T. XXXII.*] 1. Recueil historique contenant diverses pieces curieuses de ce temps. [*la Sphère*]. A *Cologne*, chez Christophe van Dyck, M.DC.LXVI. In-12, 2 ff. de titre et table et 350 pp. chiffrées.

HISTOIRE DE FRANCE PAR ÉPOQUES : LOUIS XIII.

1273 Remonstrance a la Royne svr les alliances d'Espagne. *S. l.*, 1614. In-12. — Pièce de 31 pages.

1274 Refvtation dv Discovrs contre les Mariages de France & d'Espagne. *S. l.*, 1614. In-12. — Pièce de 40 pages.

1275 Discovrs sur les mariages de France & d'Espagne, contenant les raisons qui ont meu Mōseigneur le Prince a en demander la surceance. *S. l.*, 1614. In-12. — Pièce de 23 pages.

1276 La Pitarchie française ov Response avx vaines plainctes des mal-contens. (Par *Jean* SIRMOND, de l'Académie Française dès 1636). *Paris,* Gilbert le Veau (1615). In-12. — Pièce de 48 pages.

A la suite : Le pacifiqve povr la defense du Parlement. A la Royne. (Par DU SOUHAIT). *S. l. n. d.* (1604). In-12. — Pièce de 16 pages.

1277 Le Mercvre François, ov, la svitte de l'Histoire de la Paix. Commençant l'an M.DC.V. pour suitte du Septenaire du D. Cayer, & finissant au Sacre du Tres-Chrestien Roy de France & de Navarre Loys XIII. [par *J.* et *Est.* RICHER]. — [2] La Continvation dv Mercvre François. — [3] Troisiesme Tome dv Mercvre Francois. — [4 etc.] Quatriesme [etc.] Tome dv....

[jusques et y compris 21.] Vingt-vniesme Tome dv Mercvre Francois ov Svitte de l'Histoire de nostre Temps soubs le Regne du Tres-Chrestien Roy de France & de Nauarre Lovis XIII. Es Années 1635. 1636. 1637. [par *Eus.* RENAUDOT]. *Paris*, M.DC.XIII-M.DC.XXXIX. Pet. in-8°, 21 vol. (La collection complète en comprend 25.)

1278 Histoire memorable de ce qvi s'est passé tant en France, qve aux Païs Estrangers. Commençant en l'An mil six cens dix, & finissant en l'An mil six cens dix-huict. Soubz le Regne de Lovys le Ivste, Roy de France & de Nauarre. Par P. B. [*Pierre* BOITEL] Sieur de Gaubertin. A *Rouen*, chez Iacqves Besongne, M.DC.XVIII. Petit in-8°, 1 vol.

1279 Histoire memorable de ce qvi s'est passé tant en France, qve aux Païs Estrangers. Commençant en l'An mil six cens dix, & finissant en l'An mil six cens vingt. Soubz le Regne de Lovys le Ivste, [par *Pierre* BOITEL, sieur de Gaubertin]. A *Rouen*, chez Iacqves Besongne, M.DC.XX. Pet. in-8°, 1 vol.

1280 Histoire generale de tovt ce qvi s'est passé de plvs remarqvable tant en France qu'aux Païs estrangers, és années 1618. 1619. 1620. Ensemble une Relation historique des Pompes & magnifiques ceremonies obseruees à la reception des Cheualiers de l'Ordre du S. Esprit, faits par Lovys XIII. du nom, surnommé le Ivste, Roy de France & de Nauarre. Par *P.* BOITEL, sieur de Gavbertin. A *Paris*, chez Pierre Billaine, M. DC. XX. Pet. in-8°, 1 vol.

1281 Histoire de Lovys XIII. Roy de France et de Navarre : contenant les choses memorables arriuees, tant en France qu'és pays estrangers, durant le temps de l'*Auguste Regence* de la Reyne sa mere, & depuis sa Majorité, a scavoir les affaires d'Allemagne, Pays-Bas,

Angleterre, Espagne, Italie, guerres de Sauoye &c. Mais particulierement ce qui s'est passé en France, iusques a l'Edit de Pacification. [par *Claude* MALINGRE]. A *Paris,* chez Iean Petitpas, M.D.C.XVI. In-4°, 1 vol., titre rouge et noir, rel. parchemin.

1282 Thresor de l'histoire générale de nostre temps. De tout ce qui s'est fait et passé en France sous le règne de Lovis le Ivste, depuis la mort déplorable du Roy Henry le Grand, jusques à la paix donnée par sa Majesté à ses subjets de la Religion Prétendue Réformée. Par M. [*Charles*] LOISEL, jurisconsulte. *Paris,* Bouillerot, 1626. In-8°, 1 vol.

1283 Histoire du Règne de Louis XIII, Roi de France et de Navarre. Par M. *Michel* LE VASSOR. Troisième édition, revue et corrigée. *Amsterdam,* Bruneel, 1701-1711. In-12, 10 tom. en 18 vol. (La reliure des quatre derniers diffère des autres. Nombreux portraits médiocrement gravés.

1284 Histoire generale des gverres et movvemens arrivez en diuers Estats du Monde. Sovs le Regne avgvste de Louys XIII Roy de France et de Nauarre, depuis l'an 1627 iusqu'à l'an 1637. [Par *Claude* MALINGRE]. *Rouen,* Caillove, 1627 (*sic*). In-8°, 3 vol.

Dans cet exemplaire, le titre de chacun des volumes est fautif. D'abord la date de l'impression est 1647, et non 1627. De plus, le tome Ier porte l'indication du tome troisième et il donne le récit des événements de 1610 à 1620, et non de 1627 à 1637 ; le tome II va de 1621 à 1626, et le tome III, qui porte au titre : tome qvatriesme, va de 1627 à 1637.

1285 Historiarvm Galliæ ab excessu Henrici IV. Libri XVIII. Quibus rerum per Gallos totâ Europâ gestarum accurata narratio continetur. Autore *Gabr. Bartholomæo* GRAMONDO, In sacro Regis Consistorio Senatore, & in Parlamento Tolosano Præside. Vænit (*sic*), *Parisijs,* apud P. Lamy in *Tolosæ,* apud Arnald. Colomerivm, M.DC.XLIII. In-fol., 1 vol.

1286 Historia prostratæ à Lvdovico XIII sectariorum in Gallia rebellionis. Autore *Gabr. Bartholomæo* GRAMOUNDO in suprema Tolosarum Curia senatore regio. *Tolosæ,* apud Petrvm Bosc, bibliopolam, Anno MDC.XXIII. 1 vol. in-4°, frontispice gravé.

1287 Los cérémonies royalles; faictes en baillant, par les mains du Roy, l'Espee de Connestable, a Monseignevr le Dvc de Lvynes, en la gallerie des peintures du Chasteau Royal du Louure, le 2. Auril, 1621. Auec les noms des Princes et Seigneurs qui y ont assisté. Ensemble toutes les qualitez qui sont requises à un parfaict Connestable. A *Paris,* chez Matthiev Le Blanc. 1621. Avec Permission. — Pièce in-8° de 14 pages.

1288 Assassinat du Maréchal d'Ancre. Relation anonyme attribuée au Garde des Sceaux MARILLAC [*Michel* DE]. Avec un Appendice extrait des Mémoires de Richelieu. (24 avril 1617). *Paris,* Hachette, 1853. In-18, 1 vol.

1289 Le renovvellement des anciennes alliances & confédé-rations des maisons et Couronnes de France et de Savoye en la pacification des troubles d'Italie, et au mariage du sérénissime V. Amédée Prince de Piémont avec Madame Chrestienne sœur de sa Maiesté. Au Roy par *Scipion* GVILLIET. A *Paris,* chez la vefve Jacque du Clou et Denis Moreau, 1619. 1 vol. in-4°, titre du frontispice gravé.

1290 L'Opposition et Conionction des devx grands Lvminaires de la Terre. Œuure curieuse & agreable, en laquelle il est traicté de l'heureuse Alliance de France & d'Es-pagne, & de l'antipathie des François & des Espagnols. Composee en Espagnol par le Docteur *Charles* GARCIA: & mis en François par R.D.B. c. s. d. l. c. A *Cambray,* de l'Imprimerie de Iean de la Riviere, M.DC.XXII. In-12, 1 vol.

1291 Declaration historiqve de l'inivste vsvrpation & retention de la Nauarre, faite par les Espagnols. (Par *Arnauld* OIHENART DE MAULÉON, avocat au Parlement de Navarre). *S. l. n. d.* (1625). In-12. — Pièce de 24 pages.

1292 G. G. R. , Theologi, ad Lvdovicvm decimvm-tertivm, Galliæ & Navarræ Regem Christianissimvm admonitio fidelissime, humillime, Verissime facta, & ex Gallico in latinum translata : qva breuiter et neruose demonstratur, Galliam fœde & turpiter impium fœdus iniisse, et iniustum bellum hoc tempore contra catholicos mouisse saluaque Religione prosequi non posse. *Avgvstæ Francorvm*, 1625. In-4º. — Pièce de 21 pages.

1293 Les pompes et magnificences obseruees av depart de la Sérénissime Reyne de la grand'Bretagne. Depuis la sortie de la ville de Paris jusques à S. Denys en France. A *Paris*, de l'imprimerie de Claude Hulpeau, 1625. — Pièce de 7 pages.

1293bis Apologeticus pro rege christianissimo Ludovico XIII aduersus factiosæ admonitionis calumnias, in causa principum federatorum (par Mr *Nicolas* RIGAULT). *Lutetiæ Parisiorum*, apud Josephvm Boüillerot, CIↃ. IↃC. XXVI. In-4º, 1 vol.

1294 L'ordre des Cérémonies obseruées aux Funérailles & Seruice de feu Madame à S. Denys en France le dernier Juin 1627. A *Paris*, chez Jean Mestais, Imprimeur demeurant à la porte S. Victor, M DC XXVII. Br. de 14 pages, pet. in-4º.

1295 L'ordre des cérémonies observées av mariage du Roy de la Grand'Bretagne, & de Madame Sœur du Roy. Ensemble l'ordre tenue aux fiançailles faictes au Chasteau du Louvre, en la Chambre de Sa Majesté. Avec l'ordre du seruice obserué au souppé Royal faict en la grand'salle l'embrissée de l'Archeuesché. A *Paris*, de l'Imprimerie de Jean Martin, rue de la vieille Bouclerie à l'Escu de Bretagne, M DC XXV. Br. de 16 pages, pet. in-4º.

1296 Facvltates Reverendissimo D. Francisco titvlo Sanctæ
Agathæ Diacono Cardinali, Barberino nuncupato, ad
Lvdovicvm XIII Christianissimum Franciæ & Nauarræ
Regem, & ad Regnum Franciæ, a Latere sedis Apostolicæ Legato, per Sanctissimum D.D. Vrbanvm Papam VIII
concessæ. *Parisiis,* C. Morellus, 1625. In-8°. — Pièce
de 55 pages.

1297 Resolvtion dv Roy en son Conseil, svr le departement du
Legat (le Cardinal Barberin). *S. l. d'impression,* 1625.
In-4°. — Pièce de 12 pages.

1298 Paranymphe svr le ivdicieux conseil d'Estat, de la Royne
Mere du Roy & de Messeigneurs l'Illustrissime Cardinal
de Richelieu, & de Marillac, Garde des Seaux de
France. *Paris,* J. de la Tourette, 1626. In-12. — Pièce
de 16 pages.

1299 La Consvltation de trois Gentils-Hommes François, presentee av Roy sur les affaires d'Estat. Le premier
Gentil-homme, Monsievr Drion. Le second, Barodas. Le
troisiesme, S. Briov. *S. l. n. d. (Paris,* 1626). In-12. —
Pièce de 32 pages.

1300 Le Trebvchement des Phaetons avx pieds dv Roy. Sur le
suiet des affaires de ce temp (*sic*). A *Paris,* 1626. In-12.
— Pièce de 14 pages.

1301 L'Espee covragevse de Monsievr frère dv Roy, contre les
ennemis de la France. *S. l. n. d. (Paris,* 1626). In-12.
— Pièce de 16 pages.

Il n'y a rien dans cette pièce qui puisse répondre à son titre. C'est une exhortation à la Noblesse et aux Français à se porter courageusement à la guerre contre
l'Espagne.

1302 Advis à l'assemblée de Messievrs les Notables, sur
l'ouuerture des Estats, en l'année 1626. (Par le Cardinal
DE RICHELIEU, à ce que l'on croit.) *S. l. n. d.* In-12. —
Pièce de 30 pages.

1303 Procès-verbal de ce qui s'est passé à l'Assemblée des Notables tenue au Palais des Tuileries, en l'année 1626, sous le règne de Louis XIII. Extrait du *Mercure François* de la même année. Suivi de la Harangue du roi Henri IV à l'Assemblée qu'il convoqua à Rouen en l'année 1696. *Paris,* Impr. Polytype, 1787. In-8°. — Pièce de 92 pages.

1304 Fidelle relation de l'accovchement, maladie & ouuerture du corps de feu Madame. *S. nom d'imp., s. d.* Br. de 8 pages, pet. in-4°.

Incomplet.

1305 L'Ordre des ceremonies obseruees aux Funerailles et seruice de feu Madame [Marie de Bourbon, duchesse de Montpensier, première femme de Gaston, frère de Louis XIII, morte en couches le 4 Juin 1627] a S. Denys en France. Le dernier Iuin 1627. A *Paris,* chez Iean Mestais, 1627. Auec permission — Pièce de 14 pages in-8°.

1306 L'Ordre des cérémonies obseruees aux Funerailles & seruice de feu Madame [Marie de Bourbon, duchesse de Montpensier, première femme de Gaston frère de Louis XIII, morte en couches le 4 Juin 1627.] a S. Denys en France. Le dernier juin 1627. A *Paris,* chez Pierre Ramier, Iouxte la coppie imprimee par Iean Mestais, 1627. — Pièce de 7 pages.

1307 Traduction du susdit Bref Urbain PP VIII. *S. nom d'imp., s. d.* Br. de 2 pages paginées 9 et 10, pet. in-4°.

Incomplet.

1308 Ordonnance du Roy Lovis XIII, Roy de France & de Navarre, sur les Plaintes et doleances faittes par les Deputez des Estats de son Royaume conuoquez & assemblez en la Ville de Paris, & sur les Aduis donnez a Sa Majesté par les Assemblées des Notables, tenues a Rouen, en l'année 1617 & a Paris, en l'année 1626.

Publiée en Parlement le 15 Janvier 1629. *Paris ,*
E. Estienne, 1629. In-8°, 1 vol.

1309 La seconde Savoisienne, tradvitte de l'italien de F. R. A.
R. V. Par vn bon & vray François. [par P. Hay
du Chastelet ? ou *B.* de Rechignevoisin, seigneur de
Guron ?] [*S. l., Grenoble* ?] M DC XXX. Pet. in-4°
1 vol. de 2 ff. prél. et 323 pp., rel. parchemin.

1310 Histoire de la Mère & du Fils. C'est-à-dire, de Marie de
Médicis, femme du Grand Henry & Mère de Louis XIII,
Roy de France & de Navarre. Contenant l'Etat des
affaires politiques & Ecclesiastiques arrivées en France
depuis & compris l'an 1616 jusques à la fin de 1619. Par
François Eudes de Mezeray, Historiographe de France.
Amsterdam, Le Cene, 1730. In-12, 2 vol.

L'Histoire de la Mère et du Fils n'est pas de Mezeray, mais bien du Cardinal
de Richelieu.

1311 Histoire cvrieuse de tovt ce qvi s'est passé a l'entree de
la Reyne Mere dv Roy Treschrestien dans les villes des
Pays Bas ; Par le Sr de La Serre, Historiographe de
France. A *Anvers,* en l'Imprimerie Plantinienne de
Balthasar Moretvs, M.DC.XXXII. Gr. in-4°, 1 vol.,
titre orné d'une grande gravure, front. gravé av. portr.
de Marie de Médicis, portr. de l'auteur collé sur le
feuillet de garde, bois gravés dans le texte. 6 ff. non
cotés, 71 pp. chiffr. et 1 feuillet d'approbation.

1312 [Tres-hvmble, tres-veritable et tres-importante Remons-
trance av Roy.] Diverses Pieces povr la Defense de la
Royne Mere dv Roy tres-chrestien Lovys XIII. faites et
reveves par Messire *Mathiev* de Morgves Sr de Sainct
Germain, Conseiller & Predicateur ordinaire du Roy
Tres-Chrestien, & Conseiller Predicateur & premier
Aumonier de la Royne Mere de Sa Maiesté. [*S. l. n. d.,
Anvers,* 1637.] In-fol., 1 fort vol. à plusieurs séries de
paginations, titre gravé.

1313 Medicea Hospes, sive Descriptio pvblicæ Gratvlationis, qua Serenissimam, Augustissimamque Reginam, Mariam de Medicis, excepit Senatvs Popvlvsqve Amstelodamensis. Auctore *Caspare* BARLÆO. *Amstelodami*, Typis Iohannis & Cornelii Blaev, cIɔ Iɔ c xxxviii. In-fol., 1 vol., frontisp. gravé, grandes gravures hors texte, reliure parchemin.

1314 Déclaration du Roy contre le Dvc de Montmorancy *Paris*, P. Mettayer, 1632. In-12. — Pièce de 15 pages.

1315 L'Impiété des Meschans par les François, ov l'Impiété des François par les Meschans. Contenant l'alliance avec le Turc. La protection de Geneve. La confederation auec l'Hollãdois. & la Ligue auec les Suedois. Le tout extraict des Autheurs dignes de foy, Par *Loys* DE GRUZAMONT Docteur Catholique. A *Rhenon-Ville*, 1633. In-4°. — Pièce de 44 pages.

<small>Autre exemplaire de la même brochure.</small>

1316 Gesta Impiorvm per Francos, sive gesta Francorum per Impios, ex variis auctoribus omni exceptione maioribus collecta, a *Ludovico* DE GRUZAMONTE, Doctore Catholico. *Rhenopoli (Aureliæ)*, 1632. In-4°. — Pièce de 30 pages.

1317 Declaration dv Roy en favevr de Monseigneur le Duc d'Orleans, frere vniquc de sa Majesté. Verifié en Parlement le 27. iour de Nouembre 1634. *Paris*, A. Estienne, P. Mettayer & C. Prevost, 1634. In-12. — Pièce de 12 pages.

1318 Declaration de son Alteze tovchant la Gverre contre la covronne de France. *Bruxelles*, Vᶜ H. A. Velpius, 1635. In-4°. — Pièce de 72 pages.

   Est jointe à cette brochure, la copie manuscrile de la Déclaration du Roy sur l'ouuerture de la guerre contre le Roy d'Espagne (Château-Thierry, 6 Juin 1635), Vérifiée en Parlement le 18ᵉ de Juin 1635, & imprimée à *Paris* par Etienne Mettayer, impr. du roi.

1319 *Alexandri Patricii* ARMACANI [*Cornelii* JANSENII], theologi, Mars Gallicvs, sev de Iustitia Armorvm , et Fœdervm Regis Galliæ, Libri dvo. [*S. l.*] Anno M DC XXXV.
In-4°, 1 vol., rel. parchemin.

1320 *Alexandri Patricii* ARMACANI, Theologi [*Cornelii* JANS-
SENII, doctoris Lovaniensis] Mars Gallicvs sev de Ivstitia
Armorvm, et Fœdervm Regis Galliæ, Libri dvo, Editio
novissima. [*S. l. n. n.*] Anno M.DC.XXXIX. In-12 ,
1 vol.

1321 Le Mars Francois ov la Gverre de France, en laquelle
sont examinées les raisons de la Iustice pretendue des
Armes, & des Alliances du Roi de France. Mises au
jour par *Alexandre Patricivs* ARMACANVS Theologien ;
Et traduites de la troisième Edition, par C.H.D.P.D.E.
T.B. [*Charles* HERSENT, de Paris, docteur en théologie,
bénéficier]. [*Paris*], l'an M.DC.XXXVII. Pet. in-8°,
1 vol.

1322 Martis Gallici svbsidiariæ Velitationes adversvs Vindicias
Gallicas, Quæ contra Alexandrvm Patricivm Arma-
canvm Theologum nuper podière. Auctore generoso
Equite D. *I. Ianegesio* BELSESANO. *Brvxellæ*, Typis
Huberti Antonii Velpij, cIɔ. DC. XXXIX. Tr. pet. in-8°,
1 vol.

1323 Manifeste général des François sur l'Heureux Succez des
Affaires du Roy, et glorieux Acheminement des Feli-
citez de la France dans la Royalle Naissance de Monseigneur Davphin. A *Paris*, chez Clavde Morlot rue des
Noyers, à l'Image Sainct Jean. M DC XXXVIII. Br. de
8 pages, pet. in-4°.

Incomplet.

1324 Dendrologie, ov la forest de Dodonne : composée de
plvsieurs arbres mystérievx, sovs l'ombre desquels il
est discouru (critiquement) des plus mémorables occurrences, Négociations & Trauerses d'Estat, auenuës en
France, en Angleterre, en Alemagne, en Italie, en
Espagne, aux Pays-Bas, & ailleurs, depuis l'année 1600

jusques à Présent. Œuure d'vne nouuelle Inuention, entremeslée de raisonnemens politiques, historiques, philosophiques, rapportez à la pureté du langage du temps. Imprimé par Camusat en 1641. 1 vol. in-4°.

1325 Chimæra excisa, sive confvtatio libelli seditiosi, cuius autor vt schisma politicum excitet in Galliâ ecclesiasticum ab ea se fingit auertere ex gallico *Svlpicii* MANDRINII Domini de Gazonual. *Parisiis*, apud Bartholomæum Lorgium M DC XLI. Broch. pet. in-4°.

Notes manuscrites en tête.

1326 Recit Veritable de ce qvi s'est passé en la Ville & College de la Fleche [le 12 avril 1643], a la reception du Cœur de la defuncte Reine Marie de Medicis, Mere du Roy. [*Paris*], 1643. — Pièce in-4° de 46 pages. Les quatorze dernières pages manquent.

1327 Recveil de diverses Pieces pour servir a l'Histoire [du règne de Louis XIII, par *Paul* HAY, sieur du Chastelet. *S. l. n. n.*], M.DC.XLIII. In-4°, 1 vol. de 4 ff. et 1025 pp.

1328 Recueil de plusieurs Pieces servans a l'Histoire moderne, dont les tiltres se trouvent en la page suivante. A *Cologne*, chez Pierre du Marteau, M.DC.LXIII. Petit in-12, 1 vol.

1329 La Vie du Cardinal Duc de Richelieu, principal Ministre d'Etat de Louis XIII, Roy de France & de Navarre. [Par *Jean* LECLERC]. *Cologne*, chez *** (*Amsterdam*, Huguetan), 1695. In-12, 2 vol.

1330 Histoire dv Ministere d'Armand Iean dv Plessis Cardinal Dvc de Richeliev, sovs le regne de Lovys le Ivste, XIII. dv nom, Roi de France et de Navarre; Auec des Reflexions politiques, & diuerses Lettres, contenant les Negociations des Afaires de Piedmont et du Montferat. [par *Charles* VIALART, dit de Saint-Paul, évêque d'Avranches]. A *Paris*, par la Compagnie des Libraires du Palais, M.DC.LXV. In-12, 3 vol.

1331 Le Politique tres-chrestien ou Discours politiques sur les actions principales de la vie de feu Mons\[r\] l'Eminentissime Cardinal Duc de Richelieu. [par *Emmanuel* FERNANDEZ DE VILLAREAL, trad. par *François* de CHATOUNIÈRES de GRENAILLE]. A *Paris*, M DC XLVII. Petit in-12, 1 vol

1332 Anecdotes du Ministere du Cardinal de Richelieu et du Regne de Louis XIII. avec quelques particularitez du commencement de la Régence d'Anne d'Autriche. Tirées & traduites de l'Italien du Mercurio de SIRI. Par M\[r\] de V*** [VALDORI]. Imprimé à *Roüen*, & se vend a *Paris*, chez Jean Muzier, & François Barrois, M.DCC.XVII. In-12, 2 vol.

1333 Testament politique d'*Armand* DU PLESSIS, Cardinal-Duc DE RICHELIEU, Pair et Grand Amiral de France, Premier Ministre du Conseil d'Etat sous Louis XIII, Roi de France & de Navarre, Commandeur des Ordres de Sa Majesté, Evêque de Lusson, Con-fondateur & bienfaiteur de la Maison & Société de Sorbonne. *Amsterdam*, Desbordes, 1688. In-12, 1 vol.

1334 L'Interest des Princes et des Estats de la Chrestienté. A Monsieur le Cardinal de Richelieu. [par le duc HENRI DE ROHAN.] Derniere Edition. [*la Sphère*[. Iouxte la Copie Imprimée a *Paris*, M.DC.LXXXXII. Pet. in-12, 1 vol. de 156 pp.

1335 Histoire de la Vie du R. Pere Joseph Le Clerc du Tremblay Capucin Instituteur de la Congregation des Filles du Calvaire. Reformateur de l'Ordre de Fontevrault. Emploïé par le Roi Loüis XIII dans les plus importantes Affaires de l'Etat : Nommé au Cardinalat. Par Monsieur l'Abbé RICHARD. A *Paris*, chez Jacques Le Febvre, M.D.CCII. In-12, 2 vol.

1336 Le veritable Pere Josef Capucin Nommé au Cardinalat, contenant l'histoire anecdote du cardinal de Richelieu [par l'abbé *René* RICHARD]. Imprimé A *Saint Jean de Mauriene*, chés Gaspard Butler, 1704. In-12, 1 vol.

In eod. volum.: Reponse au Livre intitulé le veritable Pere Josef, [par le même]. A *Paris,* chez la V. Claude Barbin, J. Boudot, J. le Febvre, P. Witte, M.DCCIV. In-12, 26 pp.

1337 Recueil de pièces historiques fort curieuses sur la France, en 11 volumes. (Voir n° 1272 dont ces volumes forment les tomes 22 à 32.)

HISTOIRE DE FRANCE PAR ÉPOQUES : LOUIS XIV.

1338 *Beniamini* PRIOLI ab excessv Ludovici XIII de Rebvs Gallicis, Historiarvm Libri XII. Ad Serenissimum Principem, et Augustum Senatum Reipublicæ Venetorum. *Carolopoli.* Et veneunt *Parisiis,* Apud Fredericvm Leonard. M. DC. LXV. In-4°, 1 vol.

1339 Histoire de France, sous le regne de Louïs XIV par M‍ʳ [*Isaac*] DE LARREY, Conseiller de la Cour et des Ambassades de Sa Majesté le Roi de Prusse. A *Rotterdam,* chez Michel Bohm. et compagnie, 1718 [-22]. In-4°, 3 vol., tit. rouge et noir.

1340 Histoire du règne de Louis XIV surnommé le Grand, Roi de France. Par M. (*Simon*) REBOULET, Docteur ès Droits. A *Amsterdam,* Z. Chastelain, 1756. In-12, 9 vol.

1341 L'Espion du Grand-Seigneur, & ses relations secretes envoyées au Divan de Constantinople ; et découvertes à Paris pendant le Regne de *Louis le Grand.* Traduites de l'Arabe en Italien, par le sieur *Jean-Paul* MARANA, & de l'Italien en François par ***. Ces relations contiennent Evenemens les plus considerables de la Chrestienté & de la France, depuis l'année 1637, jusques en l'année 1682. A *Amsterdam,* Wetstein & H. des Bordes, 1684. Pet. in-12. — Pièce de 144 pages.

Ce premier volume fut suivi de cinq autres publiés à divers intervalles de 1684 à 1697

1342 Journal historique contenant les evenemens les plus memorables de l'Histoire sacrée et profane, et les faits principaux qui peuvent servir de Memoires pour l'Histoire de Louis le Grand XIV. du nom, Roy de France et de Navarre. Par M. *A.* Baron DE VUOERDEN. A *Lille*, de l'Imprimerie de Balthasar Le Francq, ruë des Malades, au Compas d'Or : M. DC. LXXXIV [et de l'Imprimerie de J. Chrysostome Malte, Imprimeur juré, en la place S. Martin au bon Pasteur : M. DC. LXXXVI]. Pet. In-8°, 2 vol., rel. parchemin.

1343 *Même ouvrage, même édition.* 2 tom. en 3 vol., mais il manque au t. Ier (1684), les mois de mai et de juin, de la p. 377 à la fin.

Nota. — Cet exemplaire contient un grand nombre de notes de la main de Jean Godefroy.

1344 Iovrnavx historiqves, contenans tout ce qui s'est passé de plus remarquable dans le Voyage du Roy, & de son Eminence, depuis leur depart de Paris, le 25. Iuin de l'an 1659. Pour le Traitté du Mariage de sa Majesté, & de la Paix Generale, jusqu'à leur retour. Auec vne exacte recherche de ce qui s'est fait dans les Conferences des deux Ministres, & dans le Mariage du Roy auec l'Infante d'Espagne à Fontarabie, & à S. Iean de Lus. Et leur entrée dans toutes les Villes de leur passages (*sic*), & leur Triomphe dans leur bonne Ville de Paris. Par le sieur F. C. [*François* COLLETET]. A *Paris*, chez Iean Baptiste Loyson, M. DC. LX. In-4°, 1 vol., portr. de Louis XIV, rel. parchemin. Sous ce titre se trouvent réunis, dans le présent exemplaire, les pièces suivantes :

1. Iovrnavx historiqves, [*etc.*] In-4°, 60 pp.

2. Novvelle Relation contenant l'Entreveve et Serment des Roys, povr l'entiere execvtion de la Paix, ensemble tovtes les particularitez & Ceremonies qui se sont faites au Mariage du Roy, & de l'Infante d'Espagne. Auec

tout ce qui s'est passé de plus remarquable entre ces deux Monarques jusqu'à leur départ. A *Paris,* chez Iean Baptiste Loison, M. DC. LX. In-4°, 15 pp.

3. Svite de la novvelle Relation contenant la marche de levrs maiestez depuis S. Iean de Lus iusques à Paris : Auec toutes les particularitez de ce qui s'est fait & passé en leur Reception aux magnifiques Entrées des Villes de leur passage. Ensemble les Presens que sa Maiesté, la Reyne Mere, Monsieur & son Eminence ont fait (*sic*) à nostre incomparable Reyne. A *Paris* , chez Iean Baptiste Loyson, M. DC. LX. In-4°, 12 pp.

4. Le Triomphe de la France, svr l'Entree Royale de Levrs Maiestez dans levr bonne ville de Paris ; Auec les Discours Heroïques sur les Vies des Roys de France, depuis Pharamond iusqu'à nostre Grand Monarque Lovis XIV. Ensemble les Eloges de la Reyne, de la Reyne Mere, & de son Eminence. A *Paris,* chez Iean Baptiste Loyson, M. DC. LX. In-4°, frontispice gravé, 16 pp.

5. Reqveste presentée a Monsieur le Prevost des marchands, par cent mil provinciavx rvinez, attendant l'entrée. Auec le souhait des mesmes Prouinciaux pour l'entrée du Roy, & de la Reyne. A *Paris*, chez Iean Baptiste Loyson, M. DC. LX. In-4°, 7 pp.

6. La Liste generale et particuliere de Messieurs les Colonels, Capitaines, Lieutenants, Enseignes, & autres Officiers, & Bourgeois de la Ville & Fauxbourgs de Paris ; auec l'ordre qu'ils doiuent tenir dans leur marche, & dans les autres Ceremonies qui s'obserueront à l'Entrée Royale de leurs Majestés. A *Paris,* chez Iean Baptiste Loyson, M. DC. LX. In-4°, 8 pp.

7. Ordre general et particvlier de la Marche qvi doit estre observee dans les trois iours consecutifs pour l'Entrée de leurs Majestez dans leur bonne Ville de Paris, par Messieurs du Clergé, par Messieurs des Cours Souueraines, Messieurs les Preuost des Marchands, Escheuins & Bourgeois de ladite Ville, &c.

Avec la Description des Superbes Appareils de la Cour,
& des Magnificences de la Milice Bourgeoise. A *Paris,*
chez Iean Baptiste Loyson, M. DC. LX. In-4°, 11 pp.

8. La Cavalcade Royale, contenant la reueuë genérale
de Messieurs les Colonels, & Bourgeois de Paris faite
au Parc de Vincennes en presence du Roy, & de la
Reyne, pour la disposition de leurs magnifiques entrées
dans leur bonne Ville de Paris. A *Paris,* chez Iean
Baptiste Loyson, M. DC. LX. In-4°, 8 pp.

9. Novvelle Relation contenant la Royalle entree de
levrs Maiestez dans levr bonne Ville de Paris. Le vingtsixiesme Aoust 1660. Auec vne exacte & fidele recherche de toutes les Ceremonies qui se sont obseruées,
Ensemble les noms des Princes, Ducs, Pairs, Mareschaux de France, Seigneurs, & autres personnes
remarquables. [par *François* COLLETET]. A *Paris,* chez
Iean Baptiste Loyson, M. DC. LX. In-4°, 24 pp.

10. Le parfait portrait de Marie Therese Infante
d'Espagne, et Reyne de France. A *Paris,* chez Iean
Baptiste Loyson, M. DC. LX. In-4°, 8 pp., av. portrait.

11. Description des Arcs de Triomphe esleués dans
les places publiques pour l'entrée de la Reyne. Auec la
veritable explication en Prose, & en Vers des Figures
Ouales, Termes, Portiques, Douises, & Portraits,
ensemble diuerses remarques curieuses & particulieres
pour les amateurs de l'Histoire. Et l'ordre que leurs
Majestez obserueront dans leur marche depuis Vincennes, jusques au Louure [par *François* COLLETET].
A *Paris,* chez Iean Baptiste Loyson, M. DC. LX. In-4°,
24 pp.

12. Explication et Description de tovs les Tableavx,
Peintvres, Figvres, Dorvres, Brodvres, Reliefs, &
autres enrichissemens, qui estoient exposez à tous les
Arcs de Triomphe, Portes & Portiques, à l'Entrée
triomphante de leurs Majestez ; [par *François* COLLE-
TET]. A *Paris,* chez Iean Baptiste Loyson, M. DC. LX.
In-4°, 12 pp.

13. Explication des Devises generales et particvlieres des Tableavx , Figvres en relief , Plate-Peintures & Médailles, qui sont aux Portes & Portiques des Arcs de Triomphe , élcuez à la gloire de Lovis XIV, Roy de France et de Nauarre, & de Marie Terese d'Avstriche, Infante d'Espagne & Reyne de France, Le tout fidelement expliqué & traduit en Vers & en Prose. [par *François* COLLETET]. A *Paris* , chez Iean Baptiste Loyson, M. DC. LX. In-4°, 12 pp.

14. Le Parnasse Royal et la Reiovyssance des Mvses svr les grandes Magnificences qui se sont faites a l'entrée de la Reyne. A *Paris* , chez Iean Baptiste Loyson, M. DC. LX. In-4°, 11 pp.

15. Le Fev royal et magnifiqve qvi s'est tiré svr la Riuiere de Seine vis à vis du Louvre, en presence de leurs Majestez, par ordre de Messieurs de Ville, pour la resiouyssance de l'entrée du Roy & de la Reine, le 29 Aoust 1660. Auec la description des deuises en vers, des Peintures, Architectures, & Artifices. A *Paris*, chez Iean Baptiste Loison. M. DC. LX. In-4°, 8 pp.

16. Remerciement de Messievrs les Provinciavx a Messievrs les Prevost des marchands et Eschevins de la ville de Paris sur la glorieuse & triomphante entrée de leurs Majestez en leur bonne ville de Paris, en vers Burlesque (*sic*). A *Paris*, chez Iean Baptiste Loyson, M. DC. LX. In-4°, 8 pp.

17. La Conference de Ianot et Piarot Doucet de Villenoce, & de Iaco Paquet de Pantin, sur les merueilles qu'il à veu (*sic*) dans l'entrée de la Reyne, ensemble comme Ianot luy raconte ce qu'il à veu au Te Deum & au feu d'artifice. A *Paris*, [J.-B. Loyson] M. DC. LX. In-4°, 12 pp.

18. La Mvse en belle hvmevr, contenant la magnifiqve entrée de levrs Maiestez dans leur bonne ville de Paris, svivant l'ordre dv Roy donné a Messicvrs de Rhodes et de Saintot, grand Maistre, & Maistre des Ceremonies. Auec les Eloges du Roy & de la Reyne,

Princes & Seigneurs de la Cour, Chancelier, **Presidens**
& Chefs de Compagnies qui s'y sont trouuez : le tovt
en vers bvrlesqves. [par le sieur PARENT ?]. A *Paris*,
chez Iean Baptiste Loyson, [*s. d.*, 1660]. In-4°, 2 ff.
prélim., une gravure et 82 pp.

1345 Histoire militaire du règne de Louis le Grand, Roy de
France, où l'on trouve un détail de toutes les batailles,
sièges, combats particuliers, & généralement de toutes
les actions de guerre qui se sont passées pendant le
cours de son règne, tant sur terre que sur mer enrichie
des plans nécessaires, on y a joint un traité particulier
de pratiques et de maximes de l'art militaire, par M. le
Marquis DE QUINCY, Brigadier des armées du Roy,
Lieutenant général de l'artillerie. A *Paris,* chez Denis
Mariette ; Jean Baptiste Delespine Imp. ; J.-Bap.
Coignard fils. Imprim. M. DCC. XXVI. 8 vol. in-4°.

Le Tome VIII porte pour titre : Maximes et instructions sur l'art militaire par
M*** officier général des armées du Roy.

1346 Devises Panegyriqves povr Anne d'Avstriche, Reine de
France dediées à Monsieur le Marquis de Saint-Lvc.
Conte d'Estelan, Cheualier des ordres du Roy, & son
Lieutenant général en la province et armées de
Guyenne, par le sieur de CHAVMELZ, Conseiller du Roy
en ses Conseils & en sa Cour des Aydes de Guyenne. A
Bovrdeaux chez Iaqves Mongiron Millanges. Imp.
ordinaire du Roy. M. DC. LXVII. 1 vol. in-4°. Une
gravure est en tête de chaque devise.

1347 Les Affaires qui sont aujourd'huy entre les Maisons de
France et d'Avstriche. [*la Sphère. S. l. n. n.*] M. DC.
XLVIII. In-12, 1 vol., édition originale.

In eod. volum. : Iovrnal de Monsieur le Cardinal
Duc de Richeliev ; qu'il a faict durant le grand orage
de la Court, en l'Année 1630 & 1631. Tiré de ses
Memoires qu'il a escrit (*sic*) de sa main. Avec diverses
autres pièces remarquables, qui sont arrivées en son
temps. [*S. l. n. n.*] M. DC. XLVIII. In-12.

1348 Les Affaires qui sont aujourd'huy entre les Maisons de France et d'Avstriche. [*la Sphère. S. l. n. n.*] M. DC. XLIX. In-12, 1 vol., ne différant du précédent que par la date.

1349 Les Affaires qui sont aujourd'huy entre les Maisons de France et d'Austriche, [*la Sphère. S. l. n. n. Paris,* Quinet] M. DC. LXII. In-12, 1 vol., même ouvrage que les deux précédents.

1350 Lettre d'advis à Messievrs dv Parlement de Paris, escrite par vn Provincial. (Par *Jean* BEAUDEAU, marquis DE CHANLEU). A *Paris*, 1649. In-4°. — Pièce de 34 pages.

1351 Arrest de la Covr de Parlement tovtes les chambres assemblées, contre le Cardinal Mazarin. Du Samedy 11 mars 1651. *Paris*, par les imprimeurs & libraires ordinaires du Roy. In-4°. — Pièce de 6 pages.

1352 Les particularitez de la réduction de la Citadelle de Casal av Monferrat, sovs l'obéissance dv Duc de Mantoue, par les armes de Sa M^{té}. *Bruxelles*, imp. G. Scheybels, 1652. 1 br. 12 p. in-4°.

1353 Arrest de la Covr de Parlement, rendu toutes les chambres assemblées le Roy séant & president en icelle. Contre les sieurs Viole, Le Net, le Marquis de Persan, Marchin & autres adhérans du Prince de Condé. (27 mars 1654). *Paris*, Imp. ord. du Roy, 1654. In-4°. — Pièce de 7 pages.

1354 (Harangue du clergé de France faite à la Reine Christine de Suède par l'organe de M. Godeau, Évesque de Vence. le Samedy 9 septembre 1656, lendemain de son arrivée à Paris). *Sans nom d'imp.* 1 br. 3 p. petit in-f°.

1355 Remonstrance dv Clerge de France faite av Roy, la Reyne sa mère presente, par Monseigneur l'Illustrissime & Reuerendissime *Henry* DE BÉTHUNE, archevesqve de

Bovrdeavx, Primat d'Aquitaine ; assisté de Monseigneur le Cardinal Mazarin & de tous Messeigneurs les Archeuesques, Euesques & Députez de l'assemblée generale. *Paris*, A. Vitré, 1657. In-4º. — Pièce de 20 pages.

1356 Discovrs et raisonnements faits en France où se découvre la vérité des succés de la campagne de l'an 1657 embrouillez & falsifiez par ce qui en a été écrit & publié à Paris. *S n. d'imp.* 1 br. 18 p. in-4º.

1357 Les articles du traitté fait entre le Duc de St-Germain gouverneur des armes de l'Estre madure, et le Mestre de camp Miguel de Saldana Gouverneur d'Olivenza pour la reddition de cette place. *Bruxelles*, imp. G. Scheybels, 1657. 1 br. 7 p. in-4º.

1358 La reprise de S. Gvislain par les armées de sa Majesté Catholique commandées par son Altesse Royale arrivée le 22 Mars 1657. A *Lille*, chez Toussain le Clercq, 1657. 1 br. non pag. 4 p. in-4º.

1359 La redvction de la ville de St-Ghislain sovs l'obéissance dv Roi. Le 23 Mars 1657 avec les articles de la capitulation accordée au Sr. de Shomberg, gouverneur de cette place pour les François. *Bruxelles*, imp. G. Scheybels, 1657. 1 br. 4 p. in-4º.

1360 Relation de l'état du siège de Montmédi jusques au 15 juillet 1657. *Bruxelles*, imp. G. Scheybels, 1657. 1 br. 4 p. in-4º.

1361 Brief van de Koningh van Vranckryck aen de Heeren Staten Generael der Vereenighde Provincien. — Lettre du Roy de France à Messieurs les Estats Generaux des Provinces-Unies. Escrite de Sedan, le 9 aoust, 1657. *A la fin* : Aenspraecke van den Graf de Thou. [Allocution de M. de Thou Comte de Meslay aux Etats-Généraux lors de la remise de la Ratification du Roy.] *La Haye*, 1657. In-4º. — Pièce de 16 pages non foliotées.

1362 Relation de la levée du siège d'Alexandrie au Milanois, et de la honteuse retraite des François de devant cette place, le 18 aoust 1657. *Bruxelles*, imp. G. Scheybels, 1657. 1 br. 4 p. in-4°.

1363 Copie de la lettre dv marquis d'Olias et Mortara vice-roi de Catalongne, écrite av Roi, contenant le secours de Castel-Folliet, la deffaite des François, commandez par le Duc de Candalé, à Basalu & à Castel-Folliet à même tems, le 28 Octobre 1657. *Bruxelles*, imp. G. Scheybels, 1657. 1 br. 7 p. in-4°.

1364 Relation de la rédvction de la ville de Hesdin av parti de Mgr. le Prince de Condé sous la protection & obéissance dv Roi, le 23 Mars 1658 et de l'arrivée du Maréchal d'Hoquincourt à Bruxelles, le 30 du même mois. *Bruxelles*, imp. G. Scheybels, 1658. 1 br. 8 p. in-4°.

1365 Deux déroutes & chasses données par les trouppes de S. A. Ser^me Don Jean d'Austriche, à celles du Maréchal de Turenne, venant piller les païsans & courre la vache près de Bruges & Plasquendael le 13 du mois de Juillet 1658 où ce Maréchal étoit en personne, avec tous les principaux chefs de son armée, et le 31 du même mois où le sieur de Varenne commandoit le parti. *Bruxelles*, impr. Scheybels, 1658. 1 br. 8 p. in-4°.

1366 Relations de la deffaite de la cavalerie françoise aux fauxbourgs d'Abbeville par celle de Hesdin, le 12 Novembre 1658 et de la victoire gaignée par la flotte hollandoise sur les Suédois au Soudt, le 9 novembre 1658. *Bruxelles*, imp. G. Scheybels, 1658. 1 br. 8 p. in-4°.

2 exemplaires.

1367 Tres-humble & tres-importante Remonstrance av Roy sur la remise des places maritimes de Flandres entre les mains des Anglois (par *Jean-François-de-Paule* DE GONDI, cardinal DE RETZ.) Iouxte la copie imprimée à *Paris*, 1658. In-4°. — Pièce de 15 pages.

1368 Relation de la conférence dv comte dvc Dom Louis Mendez de Haro, premier ministre d'Espagne, avec le Cardinal Mazarin, premier Ministre de France, pour la conclusion de la Paix entre les deux Couronnes, tenue à la frontière des deux Roiaumes le 13 aoust 1659. *Bruxelles*, imp. G. Scheybels, 1659. Br. de 8 pages in-4°.

1369 Contract de Mariage du Roy tres-Chrestien & de la Sérénissime Infante Fille Aisnée du Roy Catholique. Le septiesme Novembre 1659. A *Paris*, 1666. Pet. in-12. — Pièce de 60 pages.

1370 Restablissement de Monsievr le Prince de Condé, en ses govvernemens de Bourgongne & Champagne. A *Paris*, de l'imp. de Sébastien Martin, MDCLIX. Br. non paginée de 2 pages in-4°.

1371 Bouclier d'Estat et de Justice, contre le dessein manifestement découvert de la Monarchie Universelle, sous le vain pretexte des prétentions de la Reyne de France. [par le baron *F.-P.* DE LISOLA]. Nouvelle Edition. [*S. l. n. n., Bruxelles*, F. Foppens], M.DC.LXVII. In-12, 1 vol.

Deux exemplaires.

1372 Rationes exhibitæ in Comitiis Ratisbonensibus anno 1663. Quibus demonstratum est membra & status Imperii teneri succurrere Belgicis Provinciis quando bello impetuntur a Rege Christianissimo. *S. l.*, 1667. Petit in-12. — Pièce de 17 pages.

A la suite : 1. Scriptum Gallicvm contra securitatem Circuli Burgundici nvper in Comitiis Ratisbonensibus compositum et recens per Dictaturam Imperii in iisdem Comitiis publicatum (auctore *Roberto* DE GRAVEL). *S. l. n. d.* — Pièce de 36 pages.

2. Refutatio scripti Gallici contra Circuli Burgundici securitatem compositi. *S. l. n. d.* — Pièce de 23 pages. — Ensemble 76 pages.

1373 Advis charitable de la France gemissante, aux Peuples voisins des Pays-bas. *A la fin* : De France le 26 d'Avril 1667. Nous ne signerons pas cette lettre, parce que tout le papier de France ne suffirait pas pour comprendre tous les noms de ceux qui sont dans les mêmes sentimens, & qui font les mêmes vœux pour vous : si vous en voulés sçavoir le nombre, sçachés que c'est toute la France à la réserve de quatre. *S. l.*, 1667. In-4°. — Pièce de 6 pages non foliotées.

1374 Responce des fideles svbjects de sa Majesté Catholiqve, aux Pays-Bas, au Charitable advis de la France gemissante. *A la fin* : A Liege le 20. de May 1667. Nous ne signons pas cet escrit, parce que c'est generalement une voix commune, sans exception de personne ; mais nous en allons signer la verité de nostre sang, & de celuy de nos ennemis. *Liège*, 1667. In-fol. — Pièce de 8 pages non foliotées.

Un autre exemplaire de la même brochure.

1375 La Campagne Royale, ou le Triomphe des Armes de sa Majesté és Années 1667. & 1668. [par *P.* DALICOURT]. Iouxte la Copie imprimée a *Paris*, chez la Veuve Gervais Alliot, & Gilles Alliot son fils, [*s. d.*]. In-12, 1 vol.

1376 Bvlles de N. S. P. le Pape (Clément IX), contenant le povvoir & facultez de Légat, octroyées à Monseigneur le cardinal de Vendosme, pour la célébration du Baptesme de Monseigneur Dauphin de France. Registrées en Parlement, le vendredi neufiesme, & publiées en Auld'ience, le lundi 12 mars 1668. A *Paris*, F. Muguet, 1668. In-8°. — Pièce en latin de 31 pages.

1377 L'Advocat condamné, et les Parties mises hors de procez par arrest du Parnasse, la France & l'Allemagne également ment défenduës, par la solide Refutation du Traité, que le Sieur Aubery a fait, des Pretentions du Roy sur

l'Empire ; dediée à Sa Majesté Tres-Chrestienne, par
L.D.M.C.S.D.S.E.D.M. [*Louis* DU MAY, conseiller secré-
taire du sérénissime électeur de Mayence]. [*S. l. n. n.*],
M.DC.LXIX. In-12, 1 vol.

1378 Le Voyage de Candie fait par l'armée de France en
l'année 1669. Par M^r. DES REAUX DE LA RICHARDIERE.
Paris, Pralard, 1671. Pet. in-12. — Pièce de 148 pages.

1379 La France demasquée ou ses Irrégularitez dans sa conduite et ses maximes. A *Bruxelles*, J. Petit, 1670. Petit
in-12. — Pièce de 69 pages.

1380 La France démasquée ou les irrégularitez dans ses
maximes & conduite. Augmenté de la moitié avec des
réflexions curieuses. *La Haye*, J. Laurent, 1670. Petit
in-12. — Pièce de 120 pages.

1381 Le Bourguignon interessé. Concordiâ res parvæ crescunt,
Discordiâ magnæ dilabuntur. [*la Sphère*]. A *Cologne*,
chez Pierre ab Egmont [*s. d.*, 1670]. In-12, 1 vol.

1382 Relation de l'Entreprise nouvellement faite sur la personne du Duc de Lorraine, & la surprise de la ville de
Nancy par les Trouppes du Roy de France [dans la nuit
du 25 au 26 août 1670]. *Liége*, 1670. In-4°. — Pièce de
7 pages.

Un autre exemplaire de la même pièce.

1383 Le Politique du temps, ou le Conseil fidelle des mouvemens de la France. Tiré des evenemens passez pour
servir d'instruction à la Triple-Ligue. [Par *François*
baron DE LISOLA. A *Charle-Ville*, L. François, 1671.
Pet. in-12, 1 vol.

1384 Traitté de la Politique de la France. Par Monsieur *P. H.*
Marquis DE C. [*Paul* HAY DU CHASTELET]. *Cologne*,
P. du Marteau, 1669. Pet. in-12. — Pièce de 166 pages.

Ce traité a été réimprimé à Amsterdam, en 1689, sous le titre de *Troisième*
partie du Testament politique du Cardinal de Richelieu. — Sur la dernière

garde du présent exemplaire se lit, écrite de la main de Jean-Baptiste Godefroy
Sr de Maillart, la note suivante : « Copie d'un Mémoire de M. Denis Godefroy
» mon grand-père, qui s'est trouvé dans cet exemplaire, à Lille, vendredi 10 no-
» vembre 1679. — Il y a dans cette Politique quelques avis utiles à suivre et des
» conseils qui seroient bons et profitables à pratiquer ; mais il y en a d'autres qu'il
» est fort dangereux d'avoir mis au jour, & de révéler & découvrir au public :
» d'autant qu'ils sont capables d'en jeter plusieurs dans le désespoir & de leur
» faire prendre des précautions à leur sujet ; de faire allarmer toute l'Europe
» contre la France, comme ambitionnant une monarchie universelle. Il n'étoit pas
» de la prudence de laisser développer cette prétendue Politique de la sorte, qui
» semble découvrir tous les desseins au lieu de les dissimuler & tenir cachés. Il y
» a donc toute apparence que c'est plutôt un ennemi de la France qui finement a
» imaginé ce livre pour la rendre d'autant plus odieuse et redoutable aux étran-
» gers afin qu'ils se précautionnent et liguent contre elle. »

1385 Reflexions sur le II. & III. Chapitres de la Politique de
France de Monsieur P. H. Marquis de C. [*Paul* HAY
DU CHASTELET]. Ou il censure le Clergé de Rome, & les
Huguenots. Par le Sieur de L'ORMEGRIGNY [*Pierre*
DUMOULIN le fils]. [*la Sphère*]. A *Cologne*, chez Pierre
de la Place, cIɔ Iɔ c LXXI. In-12, 1 vol. de 164 pp. chiffr.

1386 Les moyens de la France pour ruïner le Commerce des
Hollandois, avec ses interests à l'egard des Estrangers,
presentés au Roy par ses Ministres. A *Lyon*, chez Jean
Grégoire, 1671. Pet. in-12. — Pièce de 44 pages.

Autre exemplaire de la même brochure.

1387 Le Politique desinteressé, ou ses raisonnemens justes
sur les affaires presentes de l'Europe. Avec des
recherches, & des remarques curieuses. [*la Sphère*].
A *Cologne*, chez Henry Matthieu, 1671. In-12, 1 vol.

[*In eod. volum.* :] La France politique ou ses Desseins executez et a executer sur le plan des passez ;
projettez en pleine Paix contre l'Espagne au Pays-bas
& ailleurs. Et tirez de ses Memoires, Ambassades,
Negociations & Traittez. [*la Sphère*]. A *Charle-Ville*,
[*Bruxelles*], chez Denis François, 1672. In-12.

1388 Lettres et autres pièces curieuses sur les affaires du temps. [Contenant des Mémoires & lettres du baron DE LISOLA & de CAMPRICHT. ministres de l'Empereur et de l'Electeur de Cologne ; des notes sur ces pièces ; une lettre des Etats-Généraux à Louis XIV & sa réponse, de St-Germain, le 6 Janvier 1672.] A *Amsterdam*, et se vend à *Paris*, chez Seb. Mabre-Cramoisy, 1672. Petit in-16. — Pièce de 132 pages.

1389 La Hollande aux pieds du Roy. Par Monsieur DE LA VOL-PILIERE, docteur en théologie. A *Paris*, chez J. de la Tourette (de l'imprimerie de Jean Henault), 1673. In-12. — Pièce de 48 pages.

1390 Mémoire servant à la Justification de *Philippes* DE PROCÉ, Ecuier, Sieur DU PAS, ci-devant commandant de Naerden, touchant le siëge & Rendition de la Ville a Son Altesse Monseigneur le Prince d'Orange. A *Cologne*, P. Marteau, 1674. Pet. in-12.— Pièce de 72 pages.

1391 Les divertissemens de Versailles, donnez par le Roy à toute sa cour, au retour de la Conqueste de la Franche-Comté, en l'année 1674. (Par *André* FELIBIEN). *Paris*, Coignard, 1674. In-12. — Pièce de 116 pages.

1392 La France dans sa Splendevr, tant par la Revnion de son ancien Domaine, qui étoit aliéné : qve par les Traictez de Paix de Munster, des Pyrenées & d'Aix la Chappelle ; Et par les Conquestes de sa Majesté. Par *Pierre* LOVVET de Beauvais D. M. Conseiller & Historiographe de S. A. R. Souveraine de Dombes. A *Lyon*, chez François Comba, M.DC.LXXIV. In-12, 2 vol.

1393 Le vray portrait du Polypheme de Nimègue, alias Jean Brun, ministre François, Autheur du livre intitulé *Le Conseil d'extorsion. ou la volerie des François exercee dans la ville de Nimegue par le commissaire Methelot et ses supposts.* Par *Guillaume* VOIRST, licencié ès droits, Prevost de la Cour feodale à Corvei. *Bruxelles*, J. Petit, 1675. Pet. in-12. — Pièce de 65 pages.

1394 Suite des maximes fanatiques françoises, selon les mouvemens de la guerre présente. A *Liège*, aux frais de l'Auteur, 1676. Pet. in-12. — Pièce de 19 pages.

1395 Qui pro Quo, ou erreur d'Estat que plusieurs potentats firent au sujet de la Reduction de la Rochelle, qui par les suites a causé les bouleversemens, guerres et desordres les plus considerables de l'Europe, que l'on a veus depuis. *Cologne*, chez Jacques l'Ingénu, à la Verité. 1676. Pet. in-12. — Pièce de 13 pages.

1396 Caracteres de la famille Royale, des Ministres d'Etat, & des principales personnes de la Cour de France. Avec une supputation abrégée des revenus de cette couronne. Traduit de l'Anglois. A *Villefranche*, chez Paul Pinceau, 1676. Pet. in-12. — Pièce de 70 pages et 10 pages de table.

1397 Relation de ce qui s'est passé en Allemagne, entre les Armées de France et de l'Empire, [en Flandre, entre l'Armée de France, celle d'Espagne et des Confederez,] és Années 1675. 1676. & 1677. A *Lyon*, chez Thomas Amaulry, M.DC.LXXVII. In-12, 2 vol.

Les mentions interpolées sont les variantes que présente le titre du tome II.

1398 Relation de la campagne de mil six cens soixante quinze, en Allemagne, jusqu'à la mort de Monsieur de Turenne. *Page 71* : Relation du Combat de Sintzheim, et du passage du Necre, en l'année mil six cens soixantequatorze. *Cologne*, P. Marteau, 1676. In 12. — Pièce de 140 pages.

1399 Le Jvstin moderne, ou le Détail des affaires de ce Temps. Fidèlement tiré de son histoire. Avec des réflexions curieuses sur ce qui se passe à présent en Europe. *Villefranche*, Pierre Petit, (à la Sphère), 1677. Pet. in-12.— Pièce de 95 pages.

1400 Traité et capitvlation accordée par Sa Maiesté Très-
Chrestienne aux Prévost, Doyen & Chapitre de la
Métropolitaine, Prélats & autres Chapitres & Communautés, composans le Clergé de la Ville, Cité & Duché
de Cambray, Pays & Comté de Cambrésis et aux
Prevost, Eschevins, manans & habitans de ladite Ville
à la rédvction d'icelle, à son obéissance. A *Cambray*,
chez Gaspar Mairesse, imprimeur juré, 1677. Br. de
21 pages in-4°.

1401 Mémoire des Contraventions faites par la France au
Traitté de Paix conclu à Nimmegue entre Sa Majesté
Catholique & le Roy Tres-chrestien. Avec un renseing
particulier des Preuves du droit et possession de
Sa Majesté, au regard de tout ce que la France a occupé
par voye de fait ès Prouinces Luxembourg, Namur &
Brabant, depuis la publication de ladite Paix jusques au
15. de janvier 1682. *S. l.*, 1682. Pet. in-12. — Pièce de
306 pages. La dernière page est chiffrée 206, parce que
la page 245 porte par erreur le chiffre 145 et que cette
erreur se continue jusqu'à la fin de la brochure.

1402 La Conduite de la France depuis la Paix de Nimègue.
(Par *Gatien* DES COURTILZ.) *Francfort*, Jean Mar-
melstein, 1683. Pet. in-12. — Pièce de 120 pages.

La France est maltraitée dans cette brochure. L'auteur se réfuta lui-même dans
la *Réponse au livre intitulé La Conduite de la France.*
Voir les *Mémoires du P. Nicéron*, t. II, p. 169.

1403 Entretien d'un François avec un Hollandois, sur les
affaires présentes. A *Cologne*, chez Jacques le Jeune,
1683. Pet. in-12. — Pièce de 94 pages.

1404 Copie de lettre du Roy, à M^r le Marquis de Humières,
Mareschal de France, Gouverneur & Lieutenant Général
pour Sa Majesté en Flandres, & de l'Armée estant audit
Pays, du premier Novembre 1683. *S. nom d'imp.* Br.
de 2 pages in-4°.

1405 Response à la lettre d'un Premier Ministre d'un Prince d'Empire sur les causes principales & circonstances de la Guerre présente entre les couronnes de France & d'Espagne. Traduite de l'allemand en François. A *Cologne*, Jean Mylius, *s. d.* (1684). Pet. in-12. — Pièce de 142 pages.

1406 La France sans bornes, comment arrivée a ce pouvoir supreme, & par la faute de Qui. A *Cologne*, chez P. Marteau, 1684. Pet. in-12. — Pièce de 144 pages.

1407 Histoire des promesses illusoires depuis la Paix des Pirenees. (Par *Galien* DES COURTILZ.) A *Cologne*, chez Louis Clou-neuf, 1684. In-12. — Pièce de 211 pages.

1408 Capitulation faite à la reddition de Luxembovrg. Le 5 de Juin 1684. *S nom d'imp*. Br. de 8 pages in-4°.

1409 Réponce du roy catholique au second Mémoire, que le Marquis de Feuquières, Ambassadeur du Roy Très-Chrestien, présenta le 1 avril 1685. *S. nom d'imp*. Br. de 2 pages in-4°.

1410 Discovr dv doge de la sérénissime répvblique de Gênes François Marie Imperial Lercaro, fait av Roy à Versailles le XV may M.DC.LXXXV. Traduit de l'Italien en François par l'un des principaux Bourgeois de Lille. *S. nom d'imp*. Br. de 4 pages in-4°.

1411 Actes de l'Assemblée générale du Clergé de France en 1685, concernant la Religion, avec des Réflexions sur ces *Actes*. Par M. D. S. B. [GAUTIER, ministre protestant]. *La Haye*, Troyel, 1685. Pet. in-12, 1 vol.

Après les *Réflexions*, annoncées au titre, on trouve la *Suite des Reflexions....* ou *Défense des Libertez des Eglises Réformées de France.*

1412 Ce que c'est que la France toute catholique sous le Règne de Louis le Grand. *S. Omer*, J. P. Lami, 1686. Petit in-12. — Pièce de 128 pages.

1413 Discours contre les Revoltez de ce tems. (Par *Daniel* DU FRESNE). *Amsterdam,* D. du Fresne, 1686. In-12.— Pièce de 101 pages.

1414 Reflexions politiques par les quelles on fait voir que la persecution des reformez, est contre les veritables interêts de la France [par *Charles* ANCILLON] [la Sphère]. A *Cologne,* chez Pierre Marteau, 1686. In-12, 1 vol.

1415 Le vrai interêt des Princes chretiens, opposés aux faux interêts, qui ont été depuis peu mis en lumière. Traité qui représente au vrai l'intérêt que les Princes Chretiens ont à s'opposer aux pretentions d'un Roy Ambitieux, qui voudroit s'assujettir tous les Etats de l'Europe. *Cologne,* P. Marteau, 1686. Pet. in-12. — Pièce de 84 pages.

1416 Histoire du Temps ou les trois Véritez, historiques, politiques et chrestiennes. Sur les affaires du temps. Par L.G.C.D.R. [*Louis* DE GURON, conseiller du roi]. A *Cologne,* chez Pierre Marteau, M DC LXXXVI. In-4° car., 1 vol. de 3 ff. non cotés et 259 pp. chiffr.

1417 Histoire de la Decadence de la France prouvée par sa conduite. [la Sphère]. A *Cologne,* chez Pierre du Marteau, M.DC.LXXXVII. Pet. in-12, 1 vol.

1418 Legatio Marchionis Lavardini Romam, Ejùsque cum Romano Pontifice Innocentio undecimo Dissidium. Ubi agitur de jure, origine, progressu, et abusu quarteriorum franchitiarum seu asyli, &c. Et Refutantur Rationes à Lavardini Advocato productæ, in Libello Gallico, cujus initium : Si L'Auteur, &c. Anno 1688. [Auctore *Cælestino* SFONDRATI, S. R. E. Cardinali]. [*S. l. n. n.*], Anno recuperatæ Salutis, MDCLXXXVIII. In-12, 1 vol.

1419 Remarques sur le gouvernement du Royaume durant les règnes de Henry IV. Surnommé le Grand, de

Louys XIII. Surnommé le Juste, & de Louys XIV. Surnommé Dieu-Donne, le Grand, & l'Invincible (Par *Galien* SANDRAS DE COURTILZ). *Cologne,* P. Marteau, 1688. In-12. — Pièce de 197 pages et 3 pages de table non chiffrées.

1420 L'Europe esclave si l'Angleterre ne rompt ses fers. (Par *Jean-Paul*, Comte DE CERDAN). A *Cologne,* chez Jean l'Ingenu, à la Verité, 1688. Pet. in-12. — Pièce de 86 pages.

1421 Nouvelles predictions de la destinée des Princes & Etats du Monde. Traduit de l'Italien par C.L.D. — Voorseggingen van het besluyt der Vorsten en Staten van de Werelt. Uit Italiaens vertaelt door C.L.D. A *Venise,* chez Gio del Campo, 1688. Pet. in-12. — Pièce de 107 pages.

<small>Le texte français est suivi article par article de la traduction flamande.</small>

1422 Avis salutaire sur la puissance des Rois & sur la liberté des Peuples. *Cologne,* P. Marteau, 1688. Pet. in-12. — Pièce de 93 pages.

1423 Lettres sur les matières du temps. *S. n. d'imp., s. n. d'aut.* 1 br. 44 p. in-4°, M.DC.LXXXVIII.

1424 Responsio ad manifestum gallicum. *S. n. d'imp., s. n. d'auteur. Viennæ,* 18 octobre 1688. 1 br. 11 p. in-4°.

1425 Mémoire des raisons qui ont obligé le Roy à reprendre les Armes, & qui doivent persuader toute la Chrétienté des sincères intentions de Sa Majesté, pour l'affermissement de la tranquillité publique. A *Lille,* de l'Imprimerie de Balthasar le Francq, Imprimeur du Roy & de Messieurs du Magistrat. M.D.C.LXXXVIII. 1 br. non paginée in-4°, 4 p.

1426 Esclaircissement du mémoire des Raisons qui ont obligé le Roy Très-Chrestien à reprendre les armes, & qui doivent persuader toute la Chrestienneté de ses non-sincères intentions pour l'affermissement de la tranquillité publique. A *Basle*, chez Pierre Frappefort, M.CC.LXXXVIII. 1 br. 20 p. in-4°.

1427 Ludovici Magni, Gallorum imperatoris effigies, à *Jacobo* DE SALCEDO Belgâ. A *Paris*, chez André Cramoisy, rue de la Harpe, 1689. Br. texte à 2 colonnes (français et latin), 8 p. in-4°.

1428 Ordonnance du Roy portant déclaration de Guerre contre l'Espagne, qui révoque les Passe-ports & Sauves-gardes, fait défenses d'avoir aucun cōmerce, & enjoint à ses Sujets de courre sus aux Espagnols. Donnée à Versailles, le 15 Avril 1689. A *Lille*, de l'Imprimerie de Jean-Baptiste Crame, sur la Grande-Place, aux Lis Blancs, 1689. Br. non paginée in-4°.

1429 Les moiens de délivrer l'Europe de l'Usurpation de la France, & les avantages que l'Union des Princes Chrétiens a produit pour la guarantir de la Domination d'un Prince Antichrétien. A *La Haye*, Meydert Uytwerf, 1689. Pet. in-12. — Pièce de 155 pages.

1430 La France toujours ambitieuse et toujours perfide. Seconde édition. Ratisbonne. Se vend à *Bruxelles*, chez Jean Leonard, 1689, pet. in-12. — Pièce de 160 pages.

C'est la traduction libre d'un écrit publié en Allemagne, la même année, sous le titre de *Fecialis Gallus*.

1431 La France calomniatrice ou Reponse au Memoire des raisons qui ont porté le Roi de France à reprendre les armes, & qui doivent persuader toute la Chrétienté des sinceres intentions de Sa Majesté très-Chrétienne pour l'affermissement de la tranquillité publique. Servant d'Apologie pour sa Sainteté Innocent IX. Pour sa Majesté Imperiale Leopold I. Et pour Philippe Guilliaume, Electeur Palatin. A *Cologne*, chez Pierre Marteau, 1690. Pet. in-12, 1 vol. de 132 pp. et 2 feuillets de table.

1432 Avis important aux Refugiez sur leur prochain retour en France. Donné pour Estrennes à l'un d'eux en 1690. Par Monsieur C. L. A. A. P. D. P. [*Pierre* BAYLE] [*la Sphère*]. A *Amsterdam*, chez Jaques le Censeur, 1690. In-12, 1 vol.

1433 Giustificatione De'Colonnelli e Capitani Grigioni, i quali servono il re di Francia Spiegata in una lettra scritta a'Signori Capi delle trè Leghe de Grigioni da Gio. Battista Stoppa. In *Parigi*, M.DC.XC. Br. de 30 p. in-4°.

1434 Le Salut de la France à Monseigneur le Dauphin. Seconde édition. *Cologne*, P. Marteau, 1690. Pet. in-12. — Pièce de 234 pages.

1435 Requête de la France à Pasquin et la Réponse de Pasquin à la France. Traduit de l'Italien, imprimé à *Rome*, en 1690. Petite broch. de 22 pages. Gravure en frontispice.

1436 Lettre du Roy à M. le Mareschal de Humières, écrite à Versailles le 22 Janvier 1690. *S. n. d'imp*. Br. de 4 p. in-4°.

1437 Lettre du Roy, escrite à Monseigneur l'Archevesque de Paris, Duc & Pair de France, Commandeur des Ordres du Roy, pour faire chanter le *Te Deum* en l'Eglise Nostre-Dame, en action de graces de la Victoire remportée sur les troupes du Duc de Savoye par l'armée de Sa Majesté, commandée par Monsieur de Catinat. A *Lille*, de l'Imprimerie de Balthasar le Francq, Imprimeur du Roy. Br. non paginée in-4°.

1438 La Pierre de touche politique. 2 vol.

1er *volume* : douzième dialogue. Juillet 1690 : La clef du cabinet de Neufbourg, imprimé à *Heidelberg*, chez Neopolo Palatino, M.DCXC. — Août 1690 : Le Triomphe, Imp. à *Fleurus*, chez Valdekin Bien-Batu, M.DC.XC. — Septembre 1690 : Les Ombres de Schomberg & de Lorraine, Imp. à *Dublin*, chez le Vieux Belle-Montagne, MDCXC. — Octobre 1690 : La Lanterne de Diogène, Imp. à *Withehall*, chez la Vve Guillemot, M.DC.XC.—Novembre 1690 : Les Mercures ou la tabatiere des états d'Holande, Imp. à *Hermstal*, chez Emerix Hospodar, M.DC.XC. — Décembre 1690 : Le Roy des fleurs. Imp. à *Bude*, chez Léopold la Dupe, M.D.CXC.

2e volume : Janvier 1691 : Les Etrennes d'Esope, Imp. à *Bruxelles*, chez Jean Gobbin, M.DCXCI. — Février 1601 : L'Ombre du Duc d'Albe, Imp. à *Anvers*, chez Antoine Maugouverne, M.DC.XCI.— Mars 1691 : Le Carnaval de La Haye. A *La Haye*, chez Guill. l'Emballeur, MDCXCI. — Avril 1691 : Le tabouret des électeurs, Imp. à *Honslardiik*, chez Guillemin Tabouret, MDCXCI. — May 1691 : Le reveille-matin des Alliez,Imp. à *Monts*, chez Guill.le Chasseur,M DC.XCI. — Juin 1691 : Les lunettes pour les Quinze-Vingts, Imp. à *Turin*, chez Jean sans Terre, M.DC.XCI.

3 vol. petit in-8° avec gravures.

Suivent en brochures : Juin 1691 : Les lunettes pour les Quinze-Vingts (double du précédent dialogue). — Aoust 1691 : L'anneau de Gigès, Imp. à *Venise*, chez Penetrante Penetranti.—Octobre 1691 : Jean de retour. A *Loo*, chez Guill. Pié-de-Nez. — Novembre 1691 : Le Prothée. A *Lisbonne*, chez Pedre l'Endormi. 4 petites brochures petit in-8°.

1439 La Fable du Baudet extraordinaire de Juillet 1691 [par *Eustache* LE NOBLE]. Jouxte la copie imprimée à *Asnières*, chez Jean le Singe, M.DC.XCI. Pet. in-12, 1 vol. de 24 pp.

1440 Capitulation accordée par Sa Majesté Tres Chrestienne aux S^rs des Estats, Conseils, Magistrat & Communauté de ville de Mons, et Province de Haynau. [Au camp devant Mons, le 8 avril 1691]. A *Mons*, G. Havart, sans date. In-4°. — Pièce de 14 feuillets.

1441 Lettre du Roy à Monsieur le Mareschal Duc de Hu-
mières. A *Lille*, de l'Imprimerie de François Fiévet,
Imprimeur du Roy, à la Bible Royale, sur le Pont de
Fin, 1 br. non paginée in-4°, 4 pp. (1691).

1442 Capitulation faite entre M' de Catinat, Lieutenant Géné-
ral, Commandant en chef les armées de Sa Majesté en
Italie : Et M' le Marquis de Bagnase. Gouverneur de
S. A. R. au Fort de Montmeillan. A *Grenoble*, chez
Antoine Fremon, Imprimeur du Roy, pour Monsei-
gneur l'Intendant. Br. de 4 p. in-4° (1691).

1443 Recueil de diverses Pieces concernant le Monastere de
Charonne dont les Pieces se voyent dans la page suivante. Et le Procez verbal de l'Assemblée extraordinaire de Messeigneurs les Archevêques & Evêques,
tenuë en l'Archevêché de Paris, aux mois de Mars &
de May 1681. A *Cologne*, chez Nicolas Schouten.
M.DC.LXXXXI. Pet. in-12, 1 vol.

1444 Avis au petit Auteur des petits livrets sur son Philo-
sophe dégradé. *S. l. n. n.* M.DC.XCII. Pet. in-12,
1 vol. de 45 pp. daté. à la fin, du 11 décembre 1691.

1445 Relation du combat naval donné le 29 mai 1692 entre
l'Armée du Roy & celle des Anglois & Hollandois
joints ensemble. A *Lille*, chez François Fiévet, Imprimeur du Roy, à la Bible royale, sur le Pont de Fin,
1692. Br. de 8 p. in-4°.

1446 Extrait du Journal du siège et de la prise du chasteau
de Namur, fait au Camp devant Namur le 23 Juin 1692.
S. n. d'imp. Br. de 4 p. in-4°.

1447 Lettre d'vn officier principal de l'armée dv Roy à vn
gentilhomme de qualité françois réfugié en Hollande.
Fait au camp dessous le Chasteau de Namur, le
2 Juillet 1692. Br de 4 p. in-4°.

1448 Lettre du Roy à M. le Marquis de la Rablière, Lieutenant-Général des Armées de Sa Majesté, Gouverneur
de Bouchain & Commandant pour Sadite Majesté à
Lille, pour faire chanter le *Te Deum*, pour la Victoire
remportée sur ses Ennemis à Steenkercke, le 3 Aoust
1694. A *Lille*, chez François Fiévet, Imprimeur du
Roy, à la Bible Royale, sur le Pont de Fin. Br. de
4 p. in-4°.

1449 L'Esprit de Luxembourg, ou Conférence qu'il a eu (*sic*)
avec Louis XIV sur les moyens de parvenir à la Paix
[*la Sphère*]. A *Cologne*, chez Pierre Marteau, 1693.
In-12, 1 vol. de 216 pp. chiffrées.

1450 Extrait d'une lettre écrite du Camp de Landen le
29 Juillet 1693 au soir, contenant les particularités de
Victoire remportée le même jour par l'Armee du Roy,
commandée par M. le Maréchal de Luxembourg. A
Lille, chez François Fiévet, Imprimeur du Roy, à la
Bible Royale, sur le Pont de Fin, 1693. Br. de 4 p. in-4°.

1451 Pensées sur le rétablissement des Refugiez en France.
A. M. D. M. C. D. S. A. E. D. B.C'étoit toûjours le Roy
Achaz. 2. Croni. (*sic*) 28. 22. [*la Sphère*]. A *Cologne*,
chez Pierre Marteau, M.DC.XCIII. In-12, 1 vol. de
112 pp. chiffrées.

1452 Les Travaux d'Hercule. Vintiéme partie. Dialogue entre
Castanaga & le Duc de Médina Celi, Juillet 1694 [par
Eustache LE NOBLE]. A *Paris*, chez Claude Mazuel,
M.DC.XCIV. Pet. in-12, 1 vol. de 48 et 4 pp.

1453 Le Salut de l'Europe considéré dans un état de crise,
avec un Avertissement aux Alliez sur les conditions de
paix que la France propose aujourd'huy. Par l'Auteur
de la Réponse au Discours de M' de Rebenac. A
Cologne, chez Félix Constant. l'an 1694. Pet. in-12,
1 vol. de 107 pp.

1454 Les Bornes de la France réduites à la Paix des Pirennées (*sic*) et l'intérêt que les Alliez ont de ne point accepter les offres de paix qu'elle fait aujourd'hui. A *Cologne*, chez Pierre Marteau, M.DC.XCIV. Pet. in-12, 1 vol. de 136 pp., tit. rouge et noir.

1455 La Politique françoise démasquée. ou les desseins artificieux du Conseil de France, penetrés & decouverts au travers des dernieres propositions de Paix que le Roi T. C. a fait courir en divers lieux, & proposer à plusieurs Princes de l'Europe. Le tout contenu en deux Lettres. A *Utrecht*, chez P. D..., M.DC.XCV. Pet. in-12, 1 vol.

Même volume : Le Salut de l'Europe considéré dans un état de crise, avec un avertissement aux alliez sur les conditions de paix que la France propose aujourd'huy, par l'Auteur de la Réponse au Discours de Mr de Rebenac. A *Cologne*, chez Felix Constant, l'an 1694. Pet. in-12 de 6-107 pp., titre rouge et noir.

1456 Pensées morales de Louis Quatorze, Roy de France, depuis la ruïne de Dieppe, A *Cologne*, chez P. Marteau, 1695. In-12. — Pièce de 250 pages.

C'est une espèce de roman, sans valeur historique et sans aucun mérite littéraire.

1457 Capitulation de la ville et chasteau de Namvr. A *Lille*, de l'Imprimerie de Balthasar le Francq, sur la Grand'-Place, près le Corps de Garde, 1695. Br. de 4 p. in-4°.

1458 Lettre du Roy à Monsieur le Marquis de la Rablière, Commandeur, Grand-Croix de l'Ordre Royal de S. Louis, Lieutenant-Général des Armées du Roy, Gouverneur de Bouchain, & Commandant pour le service de Sa Majesté au Gouvernement de Lille, pour faire chanter le *Te Deum* pour la Paix conclue & signée entre Sadite Majesté et M. le Duc de Savoye. A *Lille*, chez François Fievet, Imprimeur du Roy, à la Bible Royale, sur le Pont de Fin, 1696. 1 br. non paginée, in-4°.

1459 La France ruïnée sous le Regne de Louis XIV. Par Qui
& Comment. Avec les moyens de la Rétablir en peu de
temps, par *Jean-Baptiste* DE CHEVREMONT. A *Cologne*,
chez P. Marteau, 1696. In-12. — Pièce de 214 pages.

1460 La peste du genre humain, ou la vie de Julien l'Apostat,
mise en parallèle avec celle de Louis XIV. A *Cologne*,
P. Marteau, 1696. In-12. — Pièce de 296 pages.

1461 Conseil privé de Louis le Grand, assemblé pour trouver
les moyens par de nouveaux impots de pouvoir conti-
nuer la guerre contre les Hauts Alliez, avec plusieurs
autres entretiens roullans sur les affaires du temps. A
Versaille, par l'abbé de LA RESSOURCE, logé aux taxes
nouvellement crées, 1696. In-12.— Pièce de 312 pages.

1462 Mémoire pour répondre aux plaintes faites par Messieurs
les ambassadeurs plénipotentiaires d'Espagne, d'Angleterre et d'Hollande, contre la déclaration du Roy du
22 Juillet 1697. *S. n. d'imp.* Br. de 11 p. in-4°.

1463 Déclaration du roy pour l'exécution de plusieurs Articles
des Traitez de Paix conclus à Riswik, qui regardent
l'interest particulier des Sujets du Roy. Donnée à Versailles le 23 juin 1680, registrée en Parlement le
Juillet 1698. A *Paris*, chez François Muguet, Premier
Imprimeur du Roy & de son Parlement, M.DC.XCVIII,
Br. de 12 p. in-4°.

1464 Le Panégirique de Louis le Grand, contenu dans le
mandement du chapitre de l'Eglise Royale & Proépis-
copale de Saint-Quentin en Vermandois, au sujet de la
Déclaration du 13 Décembre 1698, contre les Protestans ; avec une paraphrase pour une plus grande intelligence du texte. A *Cologne*, chez Jean le Sincère,
dans la rue de la Contrevérité, à l'enseigne de l'Ironie,
1699. Pet. in-12. — Pièce de 68 pages.

1465 Dialogues divers entre les Cardinaux Richelieu & Mazarin, et autres [c'est-à-dire entre Denis, Pithas (*sic*) et

Damon ; entre Radamante, Caton le Censeur & Scipion l'Affriquain (*sic*); entre Louis XII et François I.]. A *Cologne*, chez Pierre l'Enclume, 1700. Pet. in-12. — Pièce de 66 pages.

1466 Recueil de plusieurs dissertations faites sur diverses Médailles frapées (*sic*) sur les Paix de Savoye, Riswick et Carlouys. A l'honneur du Roy Guillaume, de Sa Majesté Très-Chretienne, des Etats Generaux & de Frise, de la ville d'Amsterdam et de Gouda. — 1.) Dissertation sur trois Médailles que l'on a frapée (*sic*) a l'honneur du Roy Tres-Chrestien, sur la Paix de Savoye et de Ryswick, par *Nicolas* CHEVALIER. *Amsterdam*, chez l'Auteur, sur le Rockin, au Chevalier curieux, 1700. 27 pages, une gravure. — 2.) Dissertation sur la Médaille et Boîte que le Venerable Magistrat de la ville d'Amsterdam a fait frapper pour la Paix de Ryswick, par *Nicolas* CHEVALIER. *Amsterdam*, chez l'Auteur, 1700. In-12, 31 pages, deux gravures. — Ensemble 58 pages.

1467 Remarques sur la succession du duc d'Anjou, tant par rapport à sa validité qu'à l'égard de ses conséquences. Avec des réflexions sur le Mémoire du Roi de France aux Hollandois, et sur l'intérêt de divers princes & états de la Chrétienté dans la conjoncture présente.... Traduit de l'anglois. Suivant la copie imprimée à *Londres*, 1701. In-12. — Pièce de 106 pages.

1468 Information concernant l'affaire de Darien (vers 1702). S. l. n. d. n. n. d'impr. In-4°. — Pièce de 15 pages.

Note de M. de Godefroy : « A la suite d'un livre intitulé *Essai sur la Marine* » *et sur le Commerce*, par M. Deslandes... est un Mémoire historique sur les » Indes Braves et les Forbans français du Golphe de Darien, qui explique très » bien la position et les Révolutions qui sont arrivées dans le Golphe de Darien » jusqu'à présent et la suite de l'entreprise des Ecossois. »

1469 Lettre du Roi Très-Chrétien à Sa Majesté Catholique écrite de Marly le 23 Jeanvier 1702. Dans la même brochure : Décret du Roy d'Espagne du 2 Février 1702 sur son voyage de Naples. Lettre du Roi d'Espagne à Son Excellence Monsieur le Marquis de Bedmar, Commandant général des Pais-Bas. Du 5 Février 1782. *S. n. d'imp., s. d.* Br. de 4 p. in-4°.

1470 Ordonnance du Roy portant déclaration de Guerre contre le duc de Savoye. Du 4 décembre 1703. De par le Roy. A *Lille*, chez lg. Fievet et L. Danel, Imprimeurs du Roy. 1 br. non pag. In-4°, 4 pages.

1471 Lettre du Roy au Pape contenant les motifs de la guerre de Savoye. A *Paris*, chez Florentin Delaulne, rue Saint Jacques, à l'Empereur, & au Lion d'or, M.DCCIV. Br. de 22 p. in-8°.

1472 Songe de Louis XIV, le 22 du mois d'aoust 1706, jour de la prise de Menin. A *Cologne*, suivant la copie imprimée à Paris. *S. d.* (1706). Pet. in-12. — Pièce de 19 pages.

1473 Interpretation ancienne & nouvelle du songe de Louis XIV, Roy de France. Imprimé dans le *Mercure Galand* et dans la *Gazette de Paris*, du onzième de Novembre 1689. Première interprétation faite par feu Mr Brousson, Ministre & Martyr du Saint Evangile. A *Cologne*, chez les Héritiers de Pierre Marteau, 1706. Pièce de 38 pages.

1474 Apologie du Cardinal de Bouillon. [Par *François-Timoléon*, Abbé DE CHOISY. A *Cologne, s. n. d'impr.*, 1706, pet. in-12. Pièce de 95 pages.

1475 Lettre du Roy escrite à Monseigneur le Cardinal de Noailles, Archevêque de Paris, pour faire chanter le *Te Deum* dans l'Eglise de Notre-Dame, en action de grâces de la prise de Lérida en Espagne, par les Troupes Françoises & Espagnolles, sous le Commandement de Monseigneur le duc d'Orléans. A *Paris*, chez Louis . Josse, Imprimeur de Son Eminence, M.DCCVII.

1476 Lettre du roy escrite à Monseigneur le Cardinal de Noailles, Archevesque de Paris, pour faire chanter le *Te Deum* dans l'Eglise de Notre-Dame, en action de grâces de la Naissance de Monseigneur le Prince des Asturies. A *Paris*, chez Louis Josse, Imprimeur de Son Eminence, M.DCCVII. Br. de 4 p. in-4º.

1477 Lettre du roy escrite à Monseigneur le Cardinal de Noailles, Archevêque de Paris, pour faire chanter le *Te Deum* dans l'Eglise de Notre-Dame, en actions de grâces de la Naissance de Monseigneur le Duc de Bretagne. A *Paris*, chez Louis Josse, Imprimeur de Son Eminence, M.DCCVII.

1478 *Samuelis* PUFFENDORFII dissertatio de fœderibus inter Sueciam et Galliam. In qua passim ostenditur, quam male illa a Gallis observata sint. Adiectum est suffragium in Senatu Regio, Holmiæ anno 1671 exhibitum, contra fœdus cum Gallo & Anglo, adversus Batavos incundum. *Hagæ*, Th. Johnson, 1708. In-8º. — Pièce de 90 pages.

1479 Articles proposez pour remettre la ville de Mons aux Hauts Alliez. *S. n. d'imp. s. d.* 1 br. 8 p. in-4º (1709).

1480 Lettre du roy escrite à Monseigneur le Cardinal De Noailles, Archevêque de Paris pour faire de nouvelles Prières Publiques. A *Paris*, chez Louis Josse, Imprimeur de son éminence. M. DCC. VIX (*sic*). 1 br. 4 p. in-4º.

1481 Lettre du roy à Monsieur le duc de Tresmes, pair de France, Premier Gentilhomme de la Chambre de S. M. & Gouverneur de la ville de Paris. Au sujet des propositions extraordinaires qui avaient esté faites pour la Paix, de la part des Puissances Alliées. A *Paris*, de l'Imprimerie royale, M. DCCIX.

1482 Le Triomphe de l'Auguste alliance et levée du siege de Brusselle. Par l'Armee de France sous les Ordres de son Altesse Electorale de Baviere au mois de novembre

1708. Dedié à leurs Hautes Puissances Messeigneurs les Etats Generaux des Provinces-Vnies. Par C. M. D. R. A *Nanci*, chez Dominique Gaidon, 1709. In-12. — Pièce de 105 pages.

1483 Lettre à Mylord, sur la necessité & la Justice de l'entière restitution de la Monarchie d'Espagne. Traduit de l'Anglois. A *Londres*, chez David Mortier, 1710. In-32. Pièce de 60 pages.

Cette nécessité était inscrite dans les articles des Préliminaires, dressés à La Haye au mois de mai 1710 ; on essaie ici de la justifier.

1484 Considérations sur la lettre au Roi T. C. par S. A. E. Monsr. le Cardinal de Boüillon au sujet de sa sortie du Royaume de France. A *Cologne*, chès Pierre Marteau, 1710. In-12. — Pièce de 88 pages.

1485 Lettre du roy, escrite à Monseigneur le Cardinal de Noailles, Archevêsque de Paris. Pour faire chanter le Te Deum dans l'Eglise de Notre-Dame, en action de grâces de la Victoire remportée en Castille par le Roy d'Espagne à la tête de son armée, commandée sous les Ordres de sa Majesté Catholique par M. le Duc de Vendosme. A *Paris*, chez Josse, Imprimeur de son Eminence. M. DCCX. 1 br. 4 p. in-4°.

1486 Lettre du roy, escrite à Monseigneur le Cardinal de Noailles, Archevêque de Paris. Pour faire chanter le Te Deum dans l'Eglise de Notre-Dame, en action de grâces de la naissance de Monseigneur le duc d'Anjou. A *Paris*, chez Josse, Imprimeur de son Eminence. M. DCCX. 1 br. 4 p. in-4°.

1487 Lettre du roy, escrite à Monseigneur le Cardinal de Noailles, Archevêque de Paris. Pour faire chanter le Te Deum dans l'Eglise de Notre-Dame, en action de grâces de la Prise de Girone, par l'Armée de sa Majesté, commandée par M. le Duc de Noailles. A *Paris*, chez Josse, Imprimeur de son Eminence. M. DCCXI. 1 br. 4 p. in-4°.

1488 La conduite du Duc d'Ormond, pendant la campagne de 1712 en Flandre. Où l'on voit par les lettres des Lords Oxford & Bulingbroke & des généraux Villars & Ormond toute l'intrigue du dernier Ministère d'Angleterre, pour parvenir à une *Cessation d'armes,* pour tromper les *Hollandois* et les autres *Alliés,* pour se mettre en possession de *Dunkerque* & pour obtenir une *Paix séparée,* au préjudice des *Alliés.* Traduit de l'Anglois. *La Haye,* Scheurléer, 1715. In-12. — Pièce de 156 pages.

1489 Recueil de lettres et mémoires, contenant une relation exacte & circonstanciée de l'action passée à Denain le 24 juillet 1712 & de tous les mouvemens, ordres & dispositions de l'Armée qui ont rapport à ladite action, pour en donner une connaissance parfaite accompagnée des listes, ordres, lettres & autres pièces necessaires avec une carte exacte & curieuse de tous les mouvemens & Campemens des armées, jusqu'au 25 juillet 1712 A *La Haye,* chez T. Johnson. M. DCC. XIII. 1 br. 70 p. in-4°.

1490 Réflexions sur la présente guerre entre la France et les alliez. *S. n. d'imp. s. d.* (1712). 1 br. 12 p. in-4°, texte à 2 colonnes.

1491 Journal du siège de Landau, pris en 1713 par l'Armée du Roi, commandée par Monsieur le Maréchal de Bezons. *S. n. d'imp. s. d.* 1 br. 8 p. in-4°.

1492 Journal du siege de Landau, pris en 1713 [le 20 août] par l'armée du Roi, commandée par Monsieur le Maréchal de Bezons. *S. l. n. d.* In-4°. — Pièce de 8 pages.

1493 Lettre du roy, escrite à Monseigneur le Cardinal de Noailles, Archevêque de Paris. Pour faire chanter le Te Deum. dans l'Eglise de Nostre-Dame, en action de grâces de la paix générale. A *Paris,* chez Louis Josse, Imprimeur de son Eminence Monseigneur l'Archevêque, rue St-Jacques. M. DCC. XIV. 1 br. 4 p. in-4°.

1494 Lettres de Louis XIV aux Princes de l'Europe, à ses
     Généraux, ses Ministres, &c. recueillies par Mr. ROSE,
     Secrétaire du Cabinet ; Avec des Remarques historiques,
     Par Mr. MORELLY. A *Paris*, & à *Francfort*, en Foire,
     chez Bassompierre, Libraire à Liège. M. DCC. LV.
     In-12, 2 tom. en 1 vol., tit. rouge et noir.

1495 Quelques Lettres de Louis XIV et des princes de sa
     famille 1688-1713 [publiées par *Alfred* HIVER DE
     BEAUVOIR, président de chambre à la cour de Bourges]
     A *Paris*, chez Auguste Aubry. [impr. Bonaventure et
     Ducessois]. M. D.CCCLXII. Pet. in-8°, 1 vol., tit.
     rouge et noir.

1496 Essai sur l'établissement monarchique de Louis XIV, et
     sur les altérations qu'il éprouva pendant la vie de ce
     prince. Morceau servant d'introduction à une Histoire
     critique de la France, depuis la mort de Louis XIV ;
     précédé de nouveaux mémoires de DANGEAU, contenant
     environ 1000 articles inédits, avec des notes auto-
     graphes ajoutées à ces mémoires par un courtisan de la
     même époque. Par *Pierre-Édouard* LÉMONTEY. A *Paris*,
     [imp. Firmin Didot] chez Deterville, 1818. In-8°, 1 vol.

1497 Annales de la Cour et de Paris pour les années 1697 et
     1698. [par *Galien* SANDRAS DES COURTILZ]. A *Cologne*,
     chez Pierre Marteau. M. DCCI. In-12, 2 tomes en 1
     vol. d'une seule série de pagination.

1498 Documens authentiques et détails curieux sur les dépenses
     de Louis XIV en bâtimens et chateaux royaux (particu-
     lièrement Versailles) ; en gratification et pensions
     accordées aux savans, gens de lettres et artistes depuis
     1663, en établissemens, monumens etc. etc., le tout
     accompagné de notes historiques entremêlées de
     quelques lettres de Louis XIV, de Melle Montpensier,
     du duc d'Estrées, de Colbert, de Chapelain, etc. etc.,
     par *Gabriel* PEIGNOT. *Paris*, Renouard-Lagier, *Dijon*,
     Frantin, Imp. M. DCCC. XXVII. 1 vol. pet. in-8°, grav.
     en frontispice.

1499 Louis XIV et sa cour, portraits, jugements et anecdotes
extraits des mémoires authentiques du Duc DE SAINT-
SIMON. (1694-1715). *Paris*, Lib. Hachette et Cie. Imp.
Lahure, 1853. 1 vol. pet. in-8°.

1500 Richelieu, Mazarin & la Fronde par M. CAPEFIGUE,
nouvelle édition. *Paris*, Bélin-Leprieur, Lib. Éditeur,
Comptoir des Imprimeurs-unis, 1844. 2 vol. in-12.

1501 Histoire du Ministère du Cardinal Jules Mazarin, premier
Ministre de la Couronne de France. Descrite par le
Comte *Galeazzo Gualdo* PRIORATO [et traduite d'italien
en françois]. Dans laquelle on voit les succés (*sic*) &
les principaux evenemens qui luy sont arrivés, depuis
le commencement de son Gouvernement jusques à sa
mort. A *Amsterdam*, chez Henry & Theodore Boom.
M. DC. LXXI. Pet. in-12, 3 vol., frontisp. gravé.

1502 Histoire du Cardinal Mazarin. Par M. AUBERY, Avocat
au Parlement & aux Conseils du Roi. Nouvelle édition.
A *Amsterdam*, chez Michel-Charles le Cone. M. DCC.
LI. In-12, 4 vol.

1503 Mémoire confidentiel adressé a Mazarin par *Gabriel*
NAUDÉ, après la mort de Richelieu, publié d'après le
manuscrit autographe et inédit par *Alfred* FRANKLIN de
la bibliothèque Mazarine. *Paris*, librairie ancienne de
L. Willem [impr. J. Claye] M. DCCC. LXX. Pet. in-8°.
1 vol. de xxx-108 pp., non compris faux-tit. et tit.,
caract. elzéviriens, tit. rouge et noir, n° 236 du tirage
à 260 exemplaires sur papier vergé des Vosges.

1504 Recueil de Maximes veritables et importantes povr l'Institvtion dv Roy. Contre la fausse & pernicieuse Politique du Cardinal Mazarin, pretendu Sur-Intendant de
l'education de sa Majesté. [par *Claude* JOLY, avocat au
parlement]. A *Paris*, M. DC. LIII. Pet. in-12, 1 vol.

1505 L'Esprit du Cardinal Mazarin ou entretiens sur les
matieres du Temps, sur ce qui se passe à la Cour de

France, & dans celles des autres Princes de l'Europe. A *Cologne*, chez Pierre Marteau, 1695. In-12, 1 vol., tit. rouge et noir.

1506 Testament politique de Messire Jean-Baptiste COLBERT, Ministre d'Etat. Où l'on voit tout ce qui s'est passé sous le Règne de Louis le Grand, jusqu'en 1684. Avec des remarques sur le Gouvernement du Royaume. (Par *Gatien* COURTILZ DE SANDRAS). *La Haye,* van Bulderen, 1693. In-12, 1 vol.

1507 Testament politique du Marquis DE LOUVOIS. Premier Ministre d'Etat sous le règne de Louis XIV, Roy de France. Où l'on voit ce qui s'est passé de plus remarquable en France jusqu'à sa mort. (Par *Gatien* COURTILZ DE SANDRAS). A *Cologne*, chez le Politique, 1695. In-12, 1 vol.

1508 Mémoires sur la vie publique & privée de Fouquet, surintendant des Finances, d'après ses lettres & des pièces inédites conservées à la Bibliothèque Impériale, par *Adolphe* CHÉRUEL, inspecteur-général de l'Instruction Publique. *Paris*, Charpentier, 1862. In-18, 2 vol.

1509 Recueil des défenses de Fouquet, composées pour la plus grande partie par *Paul* PELLISSON-FONTANIER. [Hollande] 1665-1669. 13 vol. in-12. Savoir :

I. Recueil des Défenses de M. Fouquet. Tome Premier. M. DC. LXV.

II. Defenses de Mr Fouquet sur tous les points de son Procez. Tome Second. M DC LXV.

III. De la Production de Mr Fouquet, contre celle de Mr Talon, Première Partie. Tome Troisième. M DC. LXV.

IV. Reponse de Mr Fouquet, a la Replique de Mr Talon. Tome Quatrième. M DC LXV.

V. De la Production de Mr Fouquet, contre celle de Mr Talon, Seconde & Troisième Partie. Tome Cinquième. M DC LXV.

VI. Production de Mr Fouquet, contre celle de Mr Talon, sur le fait de Belle-Isle. Tome Premier de la suite. M DC LXVII.

VII. Continuation de la Production de Mr Fouquet, pour servir de réponse à celle de Mr Talon, sur le pretendu crime d'Estat. Tome Deuxième de la suite. M DC LXVII.

VIII. Suite de la continuation [*etc.*] **A** la fin de laquelle on a ajoûté le Troisième Tome. M DC LXVI.

IX. Continuation de la production sur les procez verbaux. Tome Quatrième de la suite. M DC LXVII.

X. Suite de la continuation [*etc.*] Tome Cinquième de la suite. M DC LXVII.

XI. Inventaire des pieces baillées à la Chambre de Justice, par Mre Nicolas Fouquet, contre M. le Procureur General, pour répondre à quelques procez verbaux par luy produits. Tome Sixième de la suite. M DC LXVII.

XII (t. VII de la suite) et XIII : *manquent à cet exemplaire.*

XIV. Factum de Monsieur Foucquet pour servir de response aux objections de fait & de droit que l'on a formées contre l'escrit dudit sieur. Divisé en deux parties. M. DC. LXVI.

XV. Conclusion des défenses de Mr Fouquet, contenant son interrogatoire, le journal de ce qui s'est passé en son affaire, ses remarques sur le procedé qu'on a tenu contre luy, & sa sentence de bannissement. M. DC. LXVIII.

1510 Lettres inédites de Duché de Vanci, contenant la relation historique du voyage de Philippe d'Anjou, appelé au trône d'Espagne, ainsi que des ducs de Bourgogne et de Berry, ses frères, en 1700. précédées de l'exposé de ce qui s'est passé à la Cour de Versailles par Colin et Raynaud. *Paris,* Librairies de Lacroix et Sautelet. Marseille [impr. de Marius Olive]. Camoin. Anfonce. 1830. In-8°, 1 vol.

1511 Histoire des Démeslez de la Cour de France avec la Cour de Rome, au sujet de l'affaire des Corses. Par M. l'Abbé

Regnier DESMARAIS [secr. perpét. de l'Acad. Franç.]
[*S. l.*] M. DCCVII. In-4°, 1 vol., av. grav. représentant
la pyramide commémorative.

1512 Lettres historiques de Monsieur PELLISSON. A *Paris*,
chez François Barois. M. DCC. XXIX. In-12, 3 vol.

1513 Remarques sur la déclaration de guerre que le Prince
d'Orange fait sous le nom des États généraux, à la
France, ou plûtôt à toutes les puissances de l'Europe,
par une interdiction générale de Commerce. *S. n.
d'imp. s. d.* 1 br. 3 p. in-4°.

MAZARINADES.

1514 Recueil de Mazarinades en 10 volumes in-4°. Une table
manuscrite des pièces se trouve en tête de chaque
volume.

[*Vol. I.*] En tête portrait de Mazarin gravé par Montcornet.

1. La Catastrophe bvrlesqve. Svr l'enlèvement dv
Roy, auec la representation dv Miroir enchanté dans
lequel on voit la iustification de Mazarin en la place de
Grèue. A *Paris*, chez la vefue A. Mvsnier, au mont
sainct Hilaire, en la Court d'Albret, M.DC.XLIX. Avec
permission. (Voyez Moreau, Bibliographie des Mazarinades, n° 648.)

2. L'antinopcier, ov le blasme des nopces de Monsievr
de Mercœvr auec la Niepce de Mazarin. A *Amiens*
(*Paris*, 1649). (Moreau, 93).

3. Le De Profvndis de Jvlle Mazarin avec les regrets
de sa meschante vie. A *Paris*, M DC XLIX. (Moreau,
860.)

4. Le Postillon de Mazarin arrivé de divers endroits
le premier octobre. A *Paris*, M DC XLIX. (Moreau,
2825.)

5. Ballade à Jvles Mazarin svr son iev du Hoc. A *Paris,* M.DC.XLIX. (Moreau, 563.)

6. Le Satyriqve ov le Mazarin metamorphosé. Première partie. A *Paris,* chez François Noel, M.DC XLIX. (Moreau, 3596.)

7. Le congé dv Cardinal Mazarin, avec vne anagrame svr son nom et svr nom. M DC XLIX. (Moreau, 754).

8. Le départ de Jvlle Mazarin. Avec la réponse de l'Echo passant par les bons-hommes. MDCXLIX. (Moreau, 1000.)

9. Le voyage des ivstes en Italie et avtres lieux. *S. l. n. d.* (Moreau, 4063.)

10. Rondeav dv Roy contre le Cardinal Mazarin. M DC XLIX. (Moreau, 3560).

11. Le Salve Regina de Mazarin et des partisans *S. l. n. d.* (Moreau, 3578.)

12. Le Passeport et l'Adiev de Mazarin en vers bvrlesqvos. *Paris,* Claude Huot, 1649. (Moreau, 2730.)

13. Le Panégyriqve dv Cardinal Mazarini. Par L.A.B. 1649. (Moreau, 2662.)

14. Le Ministre d'Estat flambé. Iouxte la coppie imprimée à Paris, 1649. (Moreau, 2470.)

15. Le mavvais temps passé ov le ministère de Mazarin. *S. l. n. d.* (Moreau, 2423.)

16. Tython Jovem rapiens, ode in Jvlivm Mazarinvm. *Parisiis,* excudebat Dionysivs Langlævs, 1649. (Moreau, 3903.)

17. Le Crotesque Caresme prenant de Jvles Mazarin. Par dialogve. A *Paris,* 1649. (Moreau, 1520.)

18. Lettre svrprise escrite à Jvles Mazarin, par ses niepces. Bvrlesqves. *Paris,* Jacqves Gvillery, 1649. (Moreau, 2255.)

19. Recvoil de qvelqves pieces contre le Cardinal Mazarin au Cardinal Mazarin. A *Paris,* 1649. (Moreau, 3044.)

20. Sovpirs Francois svr la paix Italienne. Iouxte la Coppie imprimee à Anuers, 1649. (Moreau, 3710.)

21. Censvre ov Refvtation dv libelle intitvlé Sovpirs Francois svr la paix Italienne. *Paris*, Pierre dv Pont, 1649. (Moreau, 674.)

22. Lettre à Monsievr le Cardinal, bvrlesqve. *Paris,* Arnould Cotinet, 1649. (Moreau, 1813.)

23. Les Centvries de la naissance de Jvles Mazarin apportee de Sicile par vn covrrier à Sainct Germain en Laye. *Paris,* Michel Mettayer, 1649. (Moreau, 676.)

24. Lettre dv Mazarin, escrite à l'Agent de ses affaires à Rome pour son retour. A *Paris*, 1649. (Moreau, 2119.)

25. La lettre dv Sievr Pepoly comte Bolognois, escrite av Cardinal Mazarin, tovchant sa retraitte hors du Royaume de France. 1649. (Moreau, 2205.)

26. Lettre dv Cardinal Mazarin avx Peres Théatins, pour redoubler leurs prieres à le retirer du bourbier où il s'est veautré. *Paris,* 1649. (Moreau, 2092.)

27. Lettre intercepte dv sievr Cohon cy-devant evesqve de Dol, contenant son intelligence et cabale secrette avec Mazarin. *Paris,* 1649. (Moreau, 2243.)

28. Lettre deschifree, contenant plusieurs aduis qu'vn des Emissaires & Espions de Jules Mazarin luy donnoit de ce qui s'est passé icy depuis le 21. du mois de Fevrier mil six cens quarante-neuf. Auec l'ordre des chifres qui se peuuent lire aussi facilement que les lettres communes. A *Paris*, chez la vefue d'Antoine Coulon, 1649. (Moreau, 2066.)

29. La lettre d'vn secretaire de S. Innocent à Jvles Mazarin. *Paris,* Nicolas Boisset, 1649. (Moreau, 1896.)

30. Lettre envoyee à Dom Francisco Maria del Monacho, Sycilien, Supérieur des Théatins, Predicateur & Confesseur du Cardinal Mazarini. *Paris*, Pierre dv Pont, 1649. (Moreau, 2225.)

31. Lettre dv Sievr Mazarini au Cardinal Mazarin son fils. De Rome le 25 Octobre 1648. Auec la Responce du Cardinal Mazarin à son Pere. *S. l. n. d.* (Moreau, 2204.)

32. Lettre dechiffrée d'vn Mazariniste à Mazarin,

trouvée entre S. Germain & Paris, & traduite d'Italien en François. *Paris*, A. Cotinet, 1649. (Moreau, 2067.)

33. Lettre du Cardinal Mazarin, escrite av Serenissime Archiduc Leopold. Ensemble celle de Monsieur de la Tour Gouuerneur d'Arras, escrite à Monseigneur le Prince de Conty. *Paris*, 1649. (Moreau, 2095.)

34. Lettre du Cardinal Antonio Barberin. Envoyee de Rome av Cardinal Mazarin. A sainct Germain en Laye. Touchant les troubles de France. *Paris*, Vᵛᵉ André Musnier, 1649. (Moreau, 2086.)

35. Advis d'vn hermite solitaire à Mazarin sur les conspirations qu'il a faites contre Nosseigneurs de Vendosme & de Beaufort. A *Paris*, François Musnier, 1649. (Moreau, 503.)

36. Factvm servant av procez criminel fait av Cardinal Mazarin, touchant ses intelligences auec les Estrangers ennemis de l'Estat. *Paris*, Vᵛᵉ J. Gvillemot, 1649. (Moreau, 1368.)

37. [Factum incomplet, à la page 5, on lit] : Ensuit le Memoire enuoyé par le Cardinal Mazarin à son confident, ou l'Interrogatoire qu'il s'est fait ; Accompagné de ses réponses. *S. l. n. d.* 18 pages.

38. La Nazarde à Jvle Mazazin (*sic*). *Paris*, chez la veuve de l'autheur, 1649. (Moreau, 2527.)

39. Inventaire des merveilles dv Monde rencontrées dans le palais dv Cardinal Mazarin. *Paris*, Rolin de la Haye, 1649. (Moreau, 1729.)

40. La mine éventée de Jules Mazarin Par vn Ingenieur. Avec vn sonnet à Monseigneur le Duc de Beavfort. *Paris*, Michel Mettayer, 1649. (Moreau, 2469.)

41. La Robbe sanglante de Jvles Mazarin. Ou les veritables recits des fourbes, des impostures & autres vices. Par le sieur de Mirand, Gentilhomme Cicilien. *Paris*, François Mevsnier, 1649. (Moreau, 3554.)

42. La Jvliade ov Jvle demasqué, où se voit au vif le charactère de son ame. Par le Sieur De La Campie, Gentil-homme Périgordin. *Paris*, Vᵛᵉ F. Targa, 1649. **(Moreau, 1779.)**

43. Histoire tragiqve de trois Magisiens qvi ont accvsé à la mort Mazarin en Italie. Par le sieur H. R. Drazor, Champenois. *Paris*, François Musnier, 1640. (Moreau, 1650.)

44. Echo de la France trovblee par le dégvisé Mazarin. Représenté par la figure d'un ours. Par le S' Barroys. *Paris*, Nicolas Vivenay, 1649. (Moreau, 1178.)

45. La France vangée des malhevrs dont elle estoit menacee par les armes de Jvles Mazarin. *Paris*, Michel Mettayer, 1649. (Moreau, 1445.)

46. Le Fovdroyement des Geans Mazarinistes abysmez sovs les rvines dv famevx et desolé bovrg de Charenton. *Paris*, François Noel, 1649. (Moreau, 1404).

47. La Fvrevr des Normans contre les Mazarinistes *Paris*, Pierre Variqvet, 1649. (Moreau, 1460.)

48. Les generevx sentimens de la Noblesse Françoise, contre le mavvais govvernement de l'Estat par vn Ministre estranger. *Paris*, Denys Langlois, 1649. (Moreau, 1488.)

49. Sommaire de la doctrine cvrievse du Cardinal Mazarin. *Paris*, Nicolas Bessin, 1649. (Moreau, 3683.)

50. Les Veritez de Mazarin descouvertes. *Paris*, 1649. (Moreau, 4010.)

51. Icon tyranni in invectiva contra Mazarinvm expressa. *Parisiis*, 1649. (Moreau, 1674.)

52. Testament solemnel dv cardinal Mazarin, par luy fait av temps des baricades et trouvé depuis sa sortie de Paris, en Cabinet, datté du 29 Aoust 1648. *Paris*, François Mvsnier, 1649. (Moreau, 3766.)

53. Genealogie ou l'extraction, et vie de Jvlle Mazarin Cardinal & Ministre d'Estat en France. A *Paris*, iouxte la coppie imprimé à Envers. (Moreau, 1478.)

54. Les generevx conseils d'vn gentilhomme François, qvi a qvitté le party des Mazarins povr se retirer à Paris. *Paris,* François Noel, 1649. (Moreau, 1485.)

55. Le Genie demasqvé et le temps passé et l'advenir

de Mazarin. Par un Gentilhomme Bourguygnon. *Paris*,
Vve André Mvsnier, 1649. (Moreau, 1493.)

56. Les generevx sentimens dv veritable François,
svr la Conference et Paix de Rvel. *S. l.*, 1649. (Moreau,
1491.)

57. L'Italie vengée de son tyran. Par les armes des
bons François. Par le sieur N. R. Champenois. *Paris*,
François Mvsnier, 1649. (Moreau, 1732.)

58. Raisons d'Estat contre le Ministère Estranger.
Paris, Arnould Cotinet, 1649. (Moreau, 2962.)

59. La France desolee avx pieds dv Roy. *S. l. n. d.*
(Moreau, 1423.)

60. Le movchard ov Espion de Mazarin. *Paris*,
Clavde Bovdeville, 1649. (Moreau, 2510.)

61. Le Tableav dv Tyran Mazarin. (Commence à la
page 5.) Traduction de l'Icon tyranni. (Moreau, 1673.)

62. L'Idole renversée ov le Ministre d'Estat pvny. Par
D. P. P. Sieur de Carigny. *Paris*, François Mvsnier,
1649. (Moreau, 1675.)

63. L'Adiev de Mazarin à Monseignevr le Prince,
auec la response qu'il luy a faite pour l'empescher de
partir. *Paris*, 1649. (Moreau, 39.)

64. L'anathème et l'excommvnication d'vn ministre
d'Estat estranger. Tiré de l'Escriture Saincte. *Paris*,
Mathiev Colombel, 1649. (Moreau, 81.)

65. Lettre contenant des avis de politiqve et de conscience, enuoyée au Cardinal Mazarin à sainct Germain
en Laye, par son Confesseur le père Monaco, Supérieur
des Théatins. Traduite fidellement d'Italien en François.
Paris, Rollin de la Haye, 1649. (Moreau, 1831.)

66. L'vnion et alliance de l'Espagne avec la France.
Avec les protestations du Roy d'Espagne contre
Mazarin. Sujet aussi remarquable que curieux. *Paris*,
Pierre Variqvet, 1649. (Moreau, 3912.)

67. L'obiet de la haine pvblique ov la honte dv
ministre d'Estat décovverte. *Paris*, François Mvsnier,
1649. (Moreau, 2564.)

68. L'ambassade des Parisiens envoyee à l'Eminence Mazarine, povr son retovr dans la ville de Paris, et rendre compte du mal qu'il a fait. *Paris*, Nicolas de la Vigne, 1649. (Moreau, 69.)

69. L'ombre du grand Armand cardinal dvc de Richeliev, parlante à Jvles Mazarin. *Paris*, François Noel, 1649. (Moreau, 2593.)

70. Le Procez criminel dv Cardinal Mazarin envoyé d'Espagne. Auec la dénonciation de l'Empereur. *Paris*, Pierre Variqvet. (Moreau, 2885.)

71. La Manifestation de l'Antechrist en la personne de Mazarin et de ses adherans. *Paris*, Vᵛᵉ Jean Remy, 1649. (Moreau, 2350.)

72. La Conferance de Mazarin avec la fortvne apparve à son Eminence sovs le nom et le visage de la Dona Isabella, covrtisane Italienne. *Paris*, Pierre Sevestre, 1649. (Moreau, 738.)

73. L'ambitieux ov le portrait d'Ælivs Seianvs en la personne dv Cardinal Mazarin. *Paris*, Pierre dv Pont, 1649. (Moreau, 73.)

74. Les Entretiens de Mazarin et de la Rivière, av retovr dv sabat. *Paris*, 1649. (Moreau, 1249.)

75. Le Cardinal Mazarin pris av trébvchet. *Paris*, Pierre Sevestre, 1649. (Moreau, 636.)

76. Le grand breviaire de Mazarin, réformé à l'vsage et vtilité de la France, par Nosseignevrs de Parlement. *Paris*, Clavde Morlot, 1649. (Moreau, 1505.)

77. Le Proces verbal de la Canonisation dv bien-hevrevx Jvles Mazarin, faite dans le consistoire des partisans, par Catalan et Tabouret, seant Emeri antipape. Apothéose ironiqve. *Paris*, Clavde Bovdeville, 1649. (Moreau, 289.)

78. La miserable chevte dv Ministre d'Estat estranger et son bannissement, sa fvitte premeditée, & sa retraite en Turquie. *Paris*, François Noel, 1649. (Moreau, 2483.)

79. Le Povrtrait dv meschant Ministre d'Estat, Jvlle Mazarin, et sa chevte souhaitée. *S. l. n. d.*. Portrait de Mazarin sur le titre. (Moreau, 2824.)

80. Le Covrt-Bovillon de Mazarin, assaisonné par tovtes les bonnes villes de France. *Paris*, Clavde Morlot. (Moreau, 837.) Portr. sur bois.

81. Les Calomnies dv Cardinal Mazarin réfvtées, et reiettées sur son Eminence. *Paris*, François Prevveray, 1649. (Moreau, 618.)

82. La Confession generale de Jvlle Mazarin svr tovs les crimes par luy commis contre le Pape, & tous les Princes Chrestieus. *Paris*, 1649. (Moreau, 747.)

83. Codicile tres veritable de Jvles Mazarin fait par la permission du Roy, dans S. Germain en Laye. *Paris*, Clavde Morlot, 1649. (Moreau, 706.)

84. La Conference secrette dv Cardinal Mazarin avec le gasetier, enuoyée de Bruxelles le septieme May dernier. Iouxte la coppie imprimée à Bruxelles,'1649. (Moreau, 742.)

85. La Complainte des pavvres à la Reine Regente mere dv Roy contre le Cardinal Mazarin. *S. l. n. d.* (Moreau, 70, Additions.)

86. Le mavvais svccez de l'espion de Mazarin, enuoyé à l'Archiduc Leopold pour se sauuer en Flandre. *Paris*, Nicolas de la Vigne, 1649. (Moreau, 2422.)

87. L'iniustice des armes de Mazarin tesmoignee à Monsievr le Prince de Condé par Monsieur de Chastillon. *Paris*, Clavde Bovdeville, 1649. (Moreau, 1698.)

88. Discovrs de la Clemence et de la Jvstice av Parlement, pour & contre Jules Mazarin. *Paris*, Vᵛᵉ Antoine Covlon, 1649. (Moreau, 1114.)

89. Les covrtisans de Sainct Germain revoltez contre le Cardinal Mazarin. *Paris*, Clavde Morlot, 1649. (Moreau, 840.)

90. Discovrs prophetiqve contenant qvarante-qvatre anagrammes svr le nom de Jvles Mazarin. *Paris*, Arnould Cotinet, 1649. (Moreau, 1140.)

91. Recits veritables de ce qui s'est fait & passé à Rome & à Venise par sa Sainteté, & par la République, contre Julle Mazarin. *Paris*, Robert Feugé, 1649. (Moreau, 3032.)

92. Remerciment des imprimevrs à Monseignevr le Cardinal Mazarin. *Paris*, N. Boisset, 1649. (Moreau, 3280.)

93. Récit de ce qvi s'est passé à l'emprisonnement dv père de Jvles Mazarin. Traduit de l'Italien en François par le sieur H. R. Dazor. *Paris*, François Mvsnier, 1649. (Moreau, 2985).

94. Remonstrance dv pape et de tovs les cardinaux faite av Cardinal Mazarin , pour se retirer hors du Royaume de France. *Paris*, Pierre Variqvet, 1649. (Moreau, 3317.)

95. La Reqveste presentee av Conseil privé par les bovrgeois de la ville de Paris , avec levr lettre av Cardinal Mazarin. A *Paris*, 1649. (Moreau, 3503.)

96. Remonstrance faicte à Mazarin à S. Germain par vn bovffon svr son obstination à demeurer en France. En prose & vers bvrlesques. *Paris*, Jacques Gvillery, 1649. (Moreau, 3326.)

97. Manifeste des bons Francois. Contre Jules Mazarin Perturbateur du repos public, ennemy du Roy & de son Estat, 1649. (Moreau, 2384.)

98. Arrest de la Cour de Parlement donné tovtes les Chambres assemblées le 8, iour de Janvier 1649. Par leqvel il est ordonné que le Cardinal Mazarin vuidera le Royaume. *Paris*, imprimeurs du Roy, 1649. (Moreau, 217.)

99. Arrest de la Cour de Parlement de Rennes en Bretagne , contre le nommé Julles Mazarin , & ses autheurs & adherans. *Paris*, Vve Theod. Pepingvé & Est. Mavcroy, 1649. (Moreau, 345.)

100. Arrest de la Covr de Parlement, svr la proposition faite par Monseigneur le Prince de Conty, pour l'éloignement du Cardinal Mazarin. Du 27 Mars 1649. *Paris*, par les Imprimeurs et Libraires ordinaires du Roy, 1649. (Moreau, 258.)

101. Arrest de la Covr de Parlement, du 8 juillet 1617 donné contre le deffunct Marquis d'Ancre & sa femme. *Paris*, Vve J. Gvillemot, 1649. (Moreau, 204.)

102. Advertissement tres-important et tres-utile av Pvblic, Touchant le Retour du sieur d'Emery : avec l'Arrest de la Covr contre Jean Particelly, banqve-rovtier et favlsaire, & autres Complices, du 9. Avril 1620. *S. l.*, 1649. (Moreau, 462.)

103. L'arrest dv Conseil d'En Havt, prononcé par le Prophete Royal Dauid, contre Mazarin et les Partisans. Par F.A.S.D.R. *Paris, s. d.* (Moreau, 382.)

104. Les Apparitions épovventable, de l'esprit dv Marqvis d'Ancre venv•par ambassade à Jvles Mazarin. Le marquis d'Ancre en reproches auec Mazarin. *S. l.*, 1649. (Moreau, 144.)

105. A Mazarin. Sonnet. *S. l. n. d.* (Voir Bull. du biblio-phile de Téchener, année 1862, n° 788.)

106. Advis d'vn hermite solitaire à Mazarin. (Double, voir plus haut, n° 35.)

107. Apologie ov Deffence dv Cardinal Mazarin, tra-dvite ov imitée de l'Italien de L. *Paris*, 1649. (Moreau, 117.)

108. Advertissements charitables faits à Mazarin par son bon ange. Par N.S.B.D.C. Beausseron. *Paris*, Vve Theod. Pepingvé, & Est. Mavcroy, 1649. (Moreau, 463.)

109. Advertissement à Cohon, evesque de Dol et de Fravde. Par les cvistres de l'Vniuersité de Paris. Iouxte la copie imprimée à Doüay, 1649. (Moreau, 444).

110. Armandvs armans. *Parisiis*, apud Joannem Henavlt, 1649. (Moreau, 148.)

111. Balet ridicvle des nieces de Mazarin, ov levr Theatre renversé en France. Par P.D.P. Sieur de Carigny. *Paris*, François Mvsnier, 1649. (Moreau, 572).

[*Vol. II.*] 111bis. Recveil de diverses pieces, povr la deffence de Messievrs les Princes. *S. l.*, 1650. (Moreau, 3036.)

112. Discovrs et considérations politiqves et morales, svr la prison des Princes de Conde, Conty, et Dvc de

Longveville. Par M. L. *Paris*, Sébastien Martin, 1650. (Moreau, 1120.)

113. Lettre de Madame la Princesse Dovairiere de Condé presentée à la Reine Régente. *S. l.*, 1650. (Moreau, 1958).

114. Responce de Monseignevr le Prince et ses tres-hvmbles Remonstrances faites au Roy, à la Reine Regente, & à la France. Svr le suiet de sa détention. *S. l.*, 1651. (Moreau, 3406.)

115. L'Expédition heroique du Comte d'Harcourt, grand Escuyer de France. Au sujet de la translation des Princes. *S. l. n. d.* (Moreau, 1333.)

116. Declaration dv Roy. Povr l'innocence de Messieurs les Princes de Condé & de Conty & Duc de Longueuille, Auec restablissement de toutes leurs Charges & Gouuernemens. A *Roven*, par les Imprimeurs du Roy, 1651. (Moreau, 946.)

117. Arrest de Nosseignevrs de Parlement, portant l'esloignement du Cardinal Mazarin, et sortie hors du Royaume. Du septiesme Fevrier 1651. A *Roven*, Iouxte la copie imprimée à *Paris*, chez Jacob Cheualier, 1651. (Moreau, 288.)

118. Le Manifeste dv Cardinal Mazarin. laissé à tovs les François, avant sa sortie hors dv royavme. *S. l. n. d.* (Moreau, 2390).

119. La svitte dv Manifeste dv Cardinal Mazarin, laissé à tovs les François auant sa sortie hors du Royaume. *S. l. n. d.* (Moreau, 2390).

120. Advertissement à Messievrs les prevost des Marchands et Eschevins de Paris. Svr la fvite, et le retovr fvneste du Cardinal Mazarin. Predit par Michel Nostradamvs. Iouxte la coppie imprimée à Paris, chez I. Bovcher, 1651. (Moreau, 446).

121. Second advertissement à Messieurs les Prevost des Marchands et eschevins de Paris. Predict par Michel Nostradamvs. Iouxte la coppie imprimée à Paris, chez I. Bovcher. 1651. (Moreau, 446).

122. Recveil des pieces qvi se font par l'Assemblée de la Noblesse, tenuë à Paris aux Augustins. Lettre circvlaire de l'Assemblée de la Noblesse. *S. l. n. d.* (Moreau, 1869).

123. Harangve faite par Monsievr le Comte de Fiesqve, l'vn des Présidens, Député de la Noblesse. *Rouen*, Jacqves Besongne, Iouxte la copie imprimée à Paris, par la Vve I. Guillemot, 1651. (Moreau, 1604).

124. Recveil des pieces concernant le procez d'entre Monsievr le Dvc de Vendosme, et Monsievr le Dvc d'Elbevf. Iouxte la Coppie imprimée à Paris, 1651. (Non cité par Moreau). Recueil composé de plusieurs pièces de 4, 40, et 4 pages.

[*Vol. III*]. En tête portrait de Henry de Lorraine comte de Harcourt, gravé par Montcornet.

125. Jovrnal de ce qvi s'est fait & passé, tant durant la guerre et le siège de Bordeaux, que dans le Traité de Paix. Avec les harangves faites lors de la magnifique entrée du Roy dans ladite ville, et ce qui s'est obserué à sa sortie, 1650. (Moreau, 1744). Portrait de Philippes, duc d'Anjou, gravé par Moncornet.

126. Histoire véritable de tovt ce qvi s'est **fait et** passé en Guienne pendant la guerre de Bourdeaux..... *S. l. n. d.* 79 pages au lieu de 20 indiquées par Moreau. (Moreau, 1638).

127. En tête, portrait du duc de Bouillon, gravé par Moncornet. Procèz-verbal fait par Messievrs Le Mvsnier et Bitavlt, conseiller dv Roy en sa cour de Parlement, commissaires deputez par icelle vers sa Majesté & la Reyne Regente, pour la Pacification de la Paix de Bordeaux. *Paris*, imprimeurs et libraires ordinaires du Roy, 1651. (Moreau, 2893).

128. Jovrnal des délibérations tenves en Parlement, tovtes les Chambres assemblées, & à l'Hostel d'Orléans, depuis le 5e jour d'Aoust 1650, jusques à présent....... *S. l.* 1650. (Moreau, 1759).

129. Relation veritable de ce qui s'est passé à Bordeaux, & aux environs. Avec la prise d'vn espion Italien, envoyé par M. le Cardinal Mazarin. *S. l.* 1650. (Moreau, 3207).

130. N° 1. Arrivée extraordinaire dv Covrier François. Apportant les novvlles (sic) du Royaume de France, & ce qui s'est passé à Paris depuis le premier Mars iusques au 8 dudit mois. *Paris*, Jean Mvsnier, 1649. (Moreau, 399).

131. Le covrrier extraordinaire de l'vnivers, rapportant les véritables & plus secrettes noüvelles de tout ce qui s'est passé aux quatre parties de l'Evrope. *S. l. n. d.* (Moreau, 828).

132. Le covrrier de l'Armée apportant av Dvc de Bovillon, les facheuses Nouvelles de la prise de Belle-Garde. *Paris*, Pierre dv Pont, 1650. (Moreau, 818).

133. Le départ de levrs Maiestés de la ville de Bordeaux. *Paris*, Ant. Estienne, 1650. (Moreau, 1001).

134. Extraict des delibérations de Messieurs les Capitouls, Bourgeois & Habitans de Tolose, sur les troubles de la ville de Bourdeaux, & Prouince de Guyenne. A la fin, *Paris*, Gvillavme Sassier, 1650. (Moreau, 1343).

135. Le Covrrier de Bordeavx arriué à Paris le Dimanche 25 septembre 1650. Apportant les assevrées nouuelles de tout ce qui se passe pour l'accommodement de la Paix. *Paris*, Iacques Barlay, 1650. (Moreau, 817).

136. Le veritable covrrier, enuoyé par Messieurs les Deputez du Parlement de Paris ; de tout ce qui s'est fait & passé depuis le 16 septembre iusques à present, tant en la ville de Bordeaux, que dans la ville de Bourg Arriué le 25. *Paris*, Iacob Chevalier. 1650. (Moreau, 3930).

137. Les particvlaritez du siege & de la prise dv Chasteav de Vayres, ensemble les combats & prise de

l'isle S. George, avec ce qui s'est passé de plus remarquable à Bordeaux. *S. l.*, 1650. (Moreau, 2719.)

138. Les particvlaritez de ce qvi s'est passé à Bordeaux iusques à la conclusion de la Paix. *S. l.* 1650. (Moreau, 2705.)

139. Recit veritable de ce qui s'est passé en l'attaqve dv fort de la Bastide, apporté par le Covrrier Bovrdelois. *S. l.*. 1650. (Moreau, 3012.)

140. L'arrivee dv sixiesme covrrier Bovrdelois, apportant toute sorte de Nouuelles. *S. l.*, 1650. (Moreau, 398.)

142. Svitte de la relation portee par le Covrrier Bovrdelois, contenant ce qui s'est passé à Bordeavx depuis le vingt-vniesme luillet 1650 iusques à present. *S. l. n. d.* (Moreau, 3725.)

142. Relation de ce qvi s'est passé à l'arrivée de Madame la princesse de Condé & de Monsieur le Duc d'Enguien son fils en la ville de Bordeaux. *S. l. n. d.* (Moreau, 3111.)

143. Le dernier Covrrier povr la Paix de Bordeavx. Arriué à Paris le Mercredy 21 septembre 1650. *Paris*, lacqves Berlay, 1650. (Moreau, 1015.)

144. Le Covrrier Bordelois, apportant la novvelle resolvtion prise par les habitans de Bordeavx contre le Cardinal Mazarin. Avec la Requeste presentée par Madame la Princesse audit Parlement sur ce sujet. *S. l.*, 1650. (Moreau ne cite pas cette pièce qui est composée de 8 pages.)

145. Recit veritable dv delvge arriué en la ville de Scuille, laquelle a esté toute submergée par le débordement du fleuve Quadal-Guiuir, *Paris*, iouste la copie imprimée à Envers, *S. d.*

146. Le Remerciement de la ville de Bordeavx, avx généravx de son armée, contenant ce qui s'est passé de plus memorable pendans ses mouuemens. Piece pour seruir à l'Histoire. *S. l.* 1650. (Moreau, 3273.)

147. Le Reveille-Matin de la Fronde Royalle, svr la

hontevse paix de Bourdeaux. *S. l. n. d.* (Moreau, 3537). En tête, portrait de Léopold Gvillavme Archidvc d'Avstriche, gravé par Montcornet.

148. Response av Reveille-Matin de la Fronde Royalle, sur la hontevse paix de Bourdeaux. *S. l.*, 1650. (Moreau, 4382).

149. La sortie de Madame la Princesse et de Monsievr son fils, de Messievrs de Bovillon, de la Roche-Foucault & des autres de leur party, de la ville de Bordeavx. *S. l.*, 1650 (Moreau, 3694).

150. Sommaire de ce qui s'est fait & passé en la ville de Bourg, sur le sujet de la paix de Bordeaux. *Paris*, Iacob Chevalier, 1650. (Moreau, 3681).

151. Manifeste povr les Bovrdelois, svr la prise des chasteavx Trompette et du Ha, à Nosseigneurs du Parlement de Paris. Par G. D. G. P. Bourdelois. *S. l.*, 1650. (Moreau, 2400).

152. Relation veritable de ce qui s'est passé à Bourg, à l'arriuée de Messieurs les Deputez du Parlement de Paris, près du Roy et de la Reyne Regente. *Paris*, Jacob Chevallier, 1650. (Moreau, 3208).

153. L'Arivée dv Covrrier Mazarin, rapportant le subjet de sa sortie hors de France. Avx Mazarinistes. *S. l.*, 1651. (Moreau, 393).

154. Le merveillevx effect de la dépvtation de Messievrs dv Parlement, Auec tout ce qui s'est fait & passé en la Cour. *Paris*, Pierre Gautier, 1650. (Moreau, 2459).

155. Le Remerciement des Bovrdelois av Roy, sur le suiet de la Paix. *Paris*. Nicolas Bessin, 1650. (Moreau, 3277).

156. La Généalogie dv Prince. Et comme tovs cevx de ceste Maison ont esté funestes au Roy et au Peuple. *Paris*, N. Charles, 1650. (Moreau, 1477).

157. L'Infidélité dv Prince. *S. l.*, 1650. (Moreau, 1694).

158. La Raillerie sans venin à Monsievr le Prince. *Paris*, Denys Pelé, 1650. (Moreau, 2959).

159. Cayers des Remonstrances faites av Roy et à la Reine Régente par les dépvtez dv Parlement de Prouence. *S. l. n. d.* (Moreau, 663).

160. Le Miroir François représentant la face de ce siècle corrompv. *Paris*, 1649. (Moreau, 2480).

161. Le Tableav de l'ingratitvde de M. le Prince presenté à Monsievr le Duc de Beaufort. *S. l. n. d.* 7 pages. (Moreau, 3743).

162. La Reqveste des avthevrs presentée av Parlement, à l'encontre de Mazarin. *Paris*, Iean Hénavlt, 1649. 7 pag. (Moreau, 3484).

163. Advis sur le gouvernement de l'Estat. *S. l.*, 1650. (Moreau ne cite pas cette pièce qui a 8 pages). Voir supplément, *Bul. du Bib.*, n° 36.

164. Les secrets dv Dvc d'Espernon descovvers. *S. l. n. d.* (Moreau, 3636).

165. Dialogve XCV. Francisci Petrarchae Itali. De Tyrannide. 4 pages numérotées : 1, 6, 7, 8.

166. Ambassade de la bonne paix generale, avec un combat. Contre cevx qui pvblient un faux repos, et par consequent la méchante guerre. *S. l. n. d.* (Moreau, 68).

167. Les dernières paroles et la mort de Madame la Princesse Doüairière de Condé. *S. l.*, 1650. (Moreau, 1038).

168. Le Jovrnal fvnebre et tombeav lvminevx de la quarantenne de Madame la Princesse Doüairière de Condé, faicte dans les Carmélites du Faux-boug (*sic*) S. Jacques à Paris le 11 Ianvier 1651. *Paris*, Nicolas Iacqvard. 1651, 11 pages. (Non cité par Moreau, ni par le supplément du Bulletin du Bibliophile). (Socard 47).

169. L'ombre de Madame la Princesse apparv à la Reyne. Av Parlement, et à plusieurs autres. *S. l.*, 1651. (Moreau, 2588).

170. Les Gasconnades ov les Rodomontades des Gascons, faites aux Parisiens & aux Normands après le siege de Bordeaux. *S. l.*, 1650. (Moreau, 1465).

171. Recit veritable de deux volevrs qvi ont esté

exécuté à mort dans la ville de Nysmes pour avoir esté
conuaincu de donner de la poudre endormitoire afin
de voller le public. *Paris*, Iean Brunet, 1650.

172. Relation de tovt ce qvi s'est fait et passé en la
ville de Bourdeaux, & Prouince de Guyenne. *Paris*,
Guillaume Sassier, 1650. (Moreau, n° 3145).

173. Relation veritable de tovt ce qvi s'est fait et
passé en la bataille des Vénitiens contre les Turcs : Et
le martyre que le Grand Seigneur a fait souffrir à vn
Gentilhomme Vénitien. *Paris*, Guillaume Sassier,
1650. Gravure sur bois au verso du titre.

174. Relation veritable des Victoires remportées sur
les Ennemis par les Armes du Roy, en Lorraine,
Barrois & Bassigny. *Paris*, Guillaume Sassier, *S. d.*
(Moreau, 3261).

175. La deffence dv Prince Invincible. *S. l. n. d.*,
(Moreau, 988).

176. La Délibération des trois Estats du Languedoc,
tenuë à Pezenas, du 15 Nouëbre dernier, assemblez par
Mandement du Roy. *Paris*, Guillaume Sassier, 1650.
(Moreau, 992).

177. Relation extraordinaire de ce qui s'est passé en
Provence en faveur de Messieurs les Princes : Avec la
réünion de la Maison Royale. *Paris*, 1651. (Moreau,
3169). Portr. de Max. Eschalard, gravé par Moncornet.

178. Plainte pvblicqve sur l'interruption du commerce.
Paris, Iean Brunet, *S. d.* (Moreau, 2784).

179. Les Plaintes de la Noblesse de Prouence, contre
l'oppression du Parlement, sur le suiet de l'esloignement
du Comte d'Alais leur Gouuerneur. *S. l. n. d.* (Moreau,
2792).

180. Response dv fidele Prouençal au calomniateur
sur les troubles de Prouence. *S. l. n. d.* (Moreau,
3429).

181. Codicille et svite dv testament de tres-hono-
rable, tres-illustre, & tres-puissante Princesse Charlotte
Margveritte de Montmorency, princesse dovairiere de

Condé, decedée à Chastillon sur Loin le deuxième Decembre 1650. *Paris*, 1651. (Moreau, 705).

182. Relation veritable de tovt ce qui s'est fait & passé à la prise des Chasteaux de Linchamp & Chasteau-Regnault, proche Charleville. *Paris*, Guillaume Sassier, *S. d.* (Moreau, 3248).

183. Panégyriqve de Monseignevr le mareschal de L'Hospital, govvernevr de Paris, sur la Paix générale de Bordeaux. *Paris*, Gvillavme Sassier, 1650. 8 pages. (Non cité par Moreau).

184. Oraison fvnebre svr la vie et la mort de Madame la Princesse Doüairiere de Condé. Faicte par Mr D. L. B. E. *Paris* Nicolas Iacqvard, 1650. (Moreau, 2007).

185. Le Mavsolee de la Politiqve et de la Ivstice, Dressé à la mémoire des devx freres illvstres, M. le Comte d'Avaux, et Monsieur le President de Mesmes Decedez bien peu de temps l'vn apres l'autre. *Paris,* Iean Paslé, 1651. (Moreau, 2421).

186. La novvelle extraordinaire, contenant ce qui s'est fait & passé à Francfort, au sujet de la defaite de l'armée du Vicomte de Turenne. *Paris ,* Guillaume Sassier, 1651. (Moreau, 2545).

187. Le Te-Devm general de tovs les bons François, sur la prise de Messieurs les Princes. *S. l. n. d.* (Moreau, 3756).

188. De la Gverre des Tabovrets, livre premier. Sommaire des sections. *S. l.* 1649. (Moreau, 1525).

189. L'Estat veritable des forces de la ville de Movzon, et de la faiblesse & impuissance de l'Armée ennemie, lors de sa rédition. *S. l. ,* 1650. (Moreau, 1304).

190. Recit veritable de tovt ce qvi s'est fait et passé à l'entrée dv Roy en la ville d'Avxerre. Avec les Harangves faites à leurs Majestez par Messieurs du Clergé de ladite ville. *Paris,* Nicolas Bessin, 1650. (Moreau, 3018).

191. Relation veritable contenant les articles accordez à Madame la Princesse, & à Monsieur le Duc d'Anguien, sous le bon vouloir & plaisir du Roy, en consequence de la Paix de Bordeaux. *Paris*, G. Sassier, 1650. (Moreau, 3189).

192. Les Veritez historiqves ov l'examen fidelle des actions et desseins dv Cardinal Mazarin. *Paris*, Iean Brunet, *s. d.* (Moreau, 4011).

193. Remerciment fait av Roy par Madame la Princesse svr la délivrance de Messievrs les Princes. *Paris*, 1651. (Moreau, 3284).

194. L'ombre dv mareschal d'Ancre apparv av Cardinal Mazarin. Touchant la resolution qu'il doit prendre sur les troubles qu'il a suscitez en France, pour la seureté de sa personne. *S. l.*, 1651. (Moreau, 2595).

195. Les trois masqves de bovë, ov la savonette. *S. l.* 1651. (Moreau, 3887).

196. Entretien de la crosse et de la fronde avec le bonnet rovge. *S. l.*, 1651. (Moreau, 1236).

197. Le Chevalier de l'onde. Arriué à Paris le premier Auril 1651. *S. l. n. d.* (Moreau, 697).

198. L'interprétation dv fev d'artifice fait par Messievrs les tres-illustres, tres-magnanimes, & tres-victorieux officiers de Bordeaux : suiuie de la chanson des braues Frondeurs, pour boire à la santé du Roy & de nos Princes, sur l'air de Quolintampon. Le tout dédié à leur generosite triomphante. *Paris*, Jean Brunet, 1651. (Moreau, 1720).

199. Les Frondevrs champestres, Eglogue Allegorique svr les affaires du Temps. *S. l.*, 1651. (Moreau, 1453).

200. Le Mazarin artizané ou l'Artizan Mazariné. Par M. Q. D. F. L. *S. l.*, 1651. (Moreau, 2429).

201. La Consolation des bons, et la deffense de leurs Escrits sinceres. Contre les calomniatevrs. *S. l. n. d.* (Moreau, 772).

[*Vol. IV*]. Ce volume qui porte comme titre général :
« Recveil des pièces secretes de ce temps, 1649 » contient aussi quelques pièces postérieures à la Fronde.

202. Almanach de la Covr, qvi dit tovt. Pour l'an
1649, fait par Maistre François Vautier, grand spéculateur des choses presentes. *S. l.*, 1649 (Moreau, 61).

203. Les trois agreables conferences de devx paisans
de Saint Oven, & de Montmorency. Svr les affaires dv
temps. A *Paris*, 1649. (Moreau, 3886).

204. Le Roman des esprits revenvs à S. Germain.
Burlesque & serieux. Et le qv'as-tv vev de la Covr ou
les Contre-veritez. Sur l'imprimé à Paris, 1649. (Moreau,
3559).

205. La réception de Messievrs les gens dv Roy à
Sainct Germain en Laye, & de celle du Courier d'Espagne
au Parlement de Paris, luy présentant la lettre de
l'Archiduc Leopold, auec toutes les Harangues qui ont
esté faites, & la Response de la Reyne. Sur l'imprimé
à Paris, à *Rouen* par les Imprimeurs de la Cour. 8
pages. (Non cité par Moreau).

206. Les dernières paroles de Monsievr le Dvc de
Chastillon mourant, A Monsieur le Prince de Condé.
Sur l'imprimé à Paris, à *Rouen* par les imprimeurs de
la Cour. Paginé de 9 à 16. (Ce n'est pas la même
édition que celle que cite Moreau sous le n° 1036).

207. L'entretien familier dv Roy, et de la Reyne
Regente sa Mere, sur les affaires du temps. Et les
genereux sentimens du veritable François, sur la
Conference et Paix de Rüel. *Paris,* 1649. (Moreau,
1242 et 1491).

208. Lettre dv Pere Michel religievx hermite à
Monseigneur le Duc d'Angoulesme, sur les cruautez
Mazariniques. *S. l. n. d.* (Moreau, 2128).

209. Les Raisons ov les motifs veritables de la
delfense du Parlement & des Habitans de Paris. Iouxte
la copie, *Paris*, chez François Prevvray, 1649. A
Rouen, par les imprimeurs de la Cour. (Moreau, 2967).

210. Lettre de la petite Nichon dv Marais, à Monsieur le Prince de Condé, à Sainct Germain. *S. l. n. d.* (Moreau, 1940.)

211. Lettre dv Chevalier Georges de Paris, à Monseigneur le Prince de Condé. *S. l. n. d.* (Moreau, 2099.)

212. Lettre d'un gentilhomme Romain à vn François. *S. l. n. d.* (Moreau, 1879.)

213. Lettre d'vn gentilhomme à la Reyne. *S. l. n. d.* (Moreau, 1866.)

214. Les veritables Reproches faites à Jvles Mazarin par vn Ministre d'Estat. *S. l. n. d.* (Moreau, 3978.)

215. Le Movchard, ov Espion de Mazarin. *S. l. n. d.* (Moreau, 2510.)

216. Écho de la France trovblée par le déguisé Mazarin. Représenté par la figvre d'vn ours. *S. l. n. d.* (Moreau, 1178.)

217. Les apparitions épovventables de l'esprit du Marquis d'Ancre venu par ambassade à Jules Mazarin. *S. l. n. d.* (Moreau, 144.)

218. Le Covrt bovillon de Mazarin, assaisonné par toutes les bonnes villes de France. *S. l. n. d.* (Moreau, 837.)

219. L'Idole renversée ou le Ministre d'Estat puny. *S l. n. d.* (Moreau, 1675.)

220. La Robbe sanglante de Jules Mazarin, auec la verité reconnuë ou le veritable recit de toutes les fourbes et impostures. *S. l. n. d.* (Moreau, 3554.)

221. L'adieu de Jules Mazarin à Monsieur le Prince et la responce qu'il luy a faite. *S. l. n. d.* (Moreau, 39.)

222. Lettre d'un veritable François à Monseigneur le duc d'Orléans. *S. l. n. d.* (Moreau, 1898.)

223. La seconde lettre du Cheualier Georges à Monsieur le Prince. *S. l. n. d.*

224. Lettre de Polichinelle à Jule Mazarin. *S. l. n. d.* (Moreau, 2045.)

Les quinze pièces précédentes sont paginées de 5 à 84 et ne sont pas de la même édition que celles que cite Moreau.

225. Les glorievx travavx dv Parlement povr le maintien de l'avthorité dv Roy et povr le sovlagement de ses peuples. *S. l. n. d.* (Moreau, 1501).

226. Les genereux conseils d'un gentilhomme François, qui a quitté le party des Mazarins pour se retirer à Paris. *S. l. n. d.* 8 pages numérotées de 5 à 12. (Moreau, 1485).

227. Lettre enuoyée à quelques villes de Champagne & Picardie, pour les inciter de se résoudre à prendre le bon party du Roy, et du Parlement. Pagination de 25 à 32. *Rouen*, Jacques Besongne. (Non cité par Moreau).

228. Le théologien d'Estat à la Reine. Paginé de 33 à 54. Rouen, par les imprimeurs de la Cour. (Moreau, 3769).

229. Remonstrances à la Reyne Regente, sur le Gouuernement de l'Estat. Paginé de 65 à 73. *S. l. n. d.* (Moreau, 3334).

230. Les Visions noctvrnes de Mᵉ Matvrin Qvestier Parisien. Paginé de 76 à 88. *Roven*, Jacques Besongne. (Moreau, 4043).

231. Svitte des Visions noctvrnes de Mᵉ Mathvrin Qvestier, Parisien. Paginé de 89 à 96. *S. l. n. d.*

232. Procez verbal de la Conférence faite à Ruel, par Messieurs les Deputez du Parlement, Chambre des Comptes, & Cour des Aydes, ensemble ceux de la ville 32 pages. *S. l. n. d.* (Moreau, 2892).

233. La Déclaration dv Dvc Charles, faite à Nosseigneurs de Parlement, et aux Bourgeois de Paris, en faveur de la France. Paginé de 33 à 37. (Moreau, 837).

234. La Lettre dv Roy d'Espagne, et celle de l'Empereur, enuoyées aux Parisiens, sur les motifs de la Paix generale. Paginé de 37 à 49. *S. l. n. d.* (Moreau, 2146).

235. Lettre dv Comte dvc d'Olivarez, Ministre d'Estat dv Roy d'Espagne à Jules Mazarin, Cardinal et n'agueres Ministre d'Estat du Roy de France. Paginé de 49 à 54. (Moreau, 2101).

236. Extraict des Registres de la Cour de Parlement 22 mars 1649. 1 page.

237. Lettre circvlaire et veritable, de l'Archiduc Leopold. 1 page. (Moreau, 1828).

238. Extraict des Registres de la Cour de Parlement. 27 mars 1649.

239. Lettre d'Aristandre à Cleobvle, ou les Conjectures Politiques sur ce qui se passe à Sainct Germain. Paginé de 57 à 64. (Moreau, 1836.)

240. Lettre d'vn doctevr de l'Vniversité de Paris, à la Reyne Regente à S. Germain en Laye, svr le suiet de la Paix. Paginé de 65 à 70. (Moreau, 1862.)

241. Lettre déchiffree d'vn Mazariniste à Mazarin. Paginé de 71 à 76. (Moreau, 2067.)

242. Le mot a l'oreille, ov le Miroir qui ne flatte point. Paginé de 77 à 80. (Moreau, 2498.)

243. Les Contens et Mescontens sur le sujet du Temps. Paginé de 81 à 88. (Moreau, 782.)

244. Sermon du Cvré de Bersy. Pièce en patois remplissant le recto d'un feuillet.

245. La Description de la grande Commette apparüe au Ciel Lundy dernier, sur la grande & fameuse ville de Paris. 4 pages en vers. S. l. n. d. (1664.)

246. Relation veritable de la grande orage & Tempeste de l'ouragan, arrivée en Champagne, Lorraine & Bourgogne le 30 Aoust 1669 à cinq heures du soir. *Paris*, François Promé, 1669. 4 pages, titre compris.

247. Arrest de la Covr de Parlement, donné contre ceux de la Religion pretendüe Reformée. Du 16 Juïllet 1669. *Paris*. Martin Le Prest, 1669. 4 pages in-4°.

248. Arrest notable de la Covr de Parlement, contre une calomniatrice des Ecclésiastiques. 2 septembre 1669. *Paris*, Jean Charmot. 3 pages in-4°.

249. Factvm, povr M. Jean-Baptiste du Festel, Docteur de Sorbone, Intimé contre Eugenie Boisseau, prisonniere dans la Conciergerie appelante. *Paris*, Jean Charmot, *s. d.* 4 pages in-4°.

250. Sentence par laqvelle le livre intitulé Morale pratiqve des Jesvites, est condamné à estre lacéré & brûlé par la main de l'Exécuteur de la haute Justice. 10 sept. 1669. *Paris*, F. Muguet. 4 p. in-4°.

251. La Relation, contenant les Cérémonies faites à la Pompe Funèbre de Monseigneur le Duc de Beaufort, tant à Venise qu'à Rome, auec les regrets de tous les Princes & Seigneurs. 1669. 4 p. in-4°.

252. Lettre en vers dédiée av Roy. *Paris*, Gvillavme Adam, 1670. 4 p. in-4°.

253. Ordonnance de Monseignevr l'illvstrissime et reverendissime archevesque de Paris portant permission de manger des œufs pendant une partie de ce caresme. *Paris*, François Muguet, 1670. 4 p. in-4°.

254. Description du Mausolée dressé dans l'église de Nostre-Dame de Paris, pour la Pompe funebre de Monseigneur le Duc de Beaufort, grand Admiral de France, en Juillet 1670. *Paris*, Pierre Promé. 4 p. in-4°.

255. Arrest du Conseil d'Estat : pour le reglement des Monnoyes. *Paris* , S. Mabre-Cramoisy , 1670. 4 p. in-4°.

256. Arrest de Nosseignevrs de la Covr de Parlement, portant condamnation en la personne de François Sarrazin , d'être conduit & mené dans vn Tombereau au-deuant de l'Eglise de Paris, pour y faire Amande honorable, & y auoir le poing couppé ; puis conduit en la place de Grève, & y estre brûlé vif. *Paris*, Cl. Nego, *s. d.* 4 p. in-4°.

257. L'impiété sanglante commise dans l'Eglise de Nostre-Dame à Paris Dimanche dernier, par vn perfide Selerat (*sic*), qui a assassiné vn Prestre en celebrant la Sainte Messe. *S. l. n. d.* (1670). 4 p. in-4°. Même sujet que la pièce précédente. Complainte en vers de huit syllabes.

258. Arrest de la Covr de Parlement confirmatif de la Sentence du Bailly de Saint Victor, qui condamne le nommé Pierre Douteau de faire Amende honorable,

auoir le poing coupé & d'estre rompu vif, pour auoir tué
& assassiné son Pere. *Paris*, Ant. de S. Avrin, *s. d.*
(1671). 4 p. in-4°.

259. Cantique spirituel, sur la naissance. vie, mort et
Miracles de Sainct François de Borgia, sur le chant d'vn
cœur doux. Pièce en vers. *S. l. n. d.* 4 p. in-4°.

260. L'explication du sujet du Feu d'Artifice dressé
dans la Place de Gréve par l'Ordre de Messieurs les
Prevost des Marchands & Eschevins de la ville de Paris,
pour l'heureuse Naissance de Monsieur le Duc d'Anjou.
De l'Imprimerie de Nego, sur la Terre de Cambray,
s. d. (1671). 3 p. in-4°.

261. Declaration du Roy, portant que sur l'Or &
l'Argent qui sera fabriqué & mis en œuvre par les
Orfèvres, Batteurs & Tireurs d'Or, il sera levé trente
sols par Once d'Or & vingt sols par Marc d'Argent au
profit du Roy. *Paris*, F. Leonard, 1672. 4 p. in-4°.

262. Lettre du Roy, écrite à Monseigneur l'archevesque de Paris, svr le sviet de la gverre contre les
Hollandois. *Paris*, Fr. Muguet, 1672. 4 p. in-4°.

263. Mandement de Monseigneur l'illustrissime et
reverendissime archevesque de Paris pour l'établissement des Prieres de quarante-heures. *Paris*, Fr. Muguet,
1672. 7 p. in-4°.

264. Tres-hvmble reqveste des Hollandois aux Estats
Generaux, pour les porter à faire la Paix auec le Roy,
& à se soumettre à sa volonté. *S. l. n. d.* Pièce en vers,
4 p. in-4°.

265. L'Ombre de Molière et son Epitaphe. *Paris*,
J.-B. Loyson, 1673. Pièce en vers signée DASSOUCY.
12 p. in-4°.

266. Lettre du Roy, écrite à Monseigneur l'Archevesque de Paris, pour faire chanter le To Deum, en
action de graces de la prise de la ville de Mastricht par
Sa Majesté. *Paris*, F. Muguet, 1673. 4 p. in-4°.

267. Explication dv tableav svr la gverison dv Para-
lytique presenté à la Sainte Vierge, par Messieurs les

Orfèvres de la Ville de Paris, le premier jour de may 1673. *Paris*, Cl. Hérissant et Th. Gvillain, 1673. 4 p. in-4°.

268. Arrest notable contre les banqueroutiers, complices, fauteurs & adherens. *Paris*, Damien Foucault, 1673. 4 p. in-4°.

269. Déclaration de Monseigneur l'Illustrissime et reverendissime evesque de Troyes, sur la conduite de Catherine Charpy, que l'on disoit vivre dans l'abstinence de tout aliment. *Paris*, Clement Gasse, 1673. 4 p. in-4°.

270. Arrest de la Cour de Parlement les Chambres assemblées contre Dame Marie-Marguerite Daubray espouse du sieur Marquis de Brinvilliers. *Paris*, Jacques Villery, 1676. 4 p. in-4°.

271. Les Ceremonies dv Mariage dv Roy d'Espagne avec Mademoiselle. *Paris*, Bureau d'adresse, 12 septembre 1679. In-4°, numéroté 73, p. 433 à 448.

[*Vol. IV.*] 272. L'histoire du temps ov le veritable recit de ce qui s'est passé dans le Parlement depuis le mois d'Aoust 1647. jusques au mois de Nouembre 1648. *S. l.*, 1649. 336 p. in-4° dans lesquelles on a intercalé un certain nombre de portraits gravés par Moncornet. (Moreau, 1644.)

273. Jovrnal contenant tovt ce qvi s'est fait et passé en la Covr de Parlement de Paris, toutes les Chambres assemblées, sur le sujet des affaires du temps présent. *Paris*, Jacqves Langlois. 1649, 3° édition. (Moreau, 1741.)

273bis. Procez verbavx des devx conferences : La première tenuë à Ruel, la seconde tenuë à S. Germain en Laye. *Paris*, par les Imprimeurs ordinaires du Roy, 1649. (Moreau, 2895.)

[*Vol. V.*] 274. Relation de tovt ce qvi s'est fait et passé en la Deputation du Corps de la Milice de Paris *Paris*, P Le Petit, 1652. (Moreau, 3144.)

275. Relation veritable de ce qvi s'est passé à S. Germain en la Depvtation de la Cour des Aydes, povr le retovr de levrs Maiestez à Paris. 1649. (Moreau, 3219.)

276. La Pompe fvnebre de Voitvre. Avec la clef. 1649. 20 p. in-4°.

277. Les Articles de la Paix, conclus & arrestez à Ruol, le onzième Mars 1649. *S. l. n. d.* (Moreau, 414.)

278. Lettre dv Pere Assi tant (*sic*) de l'Ordre de S. Avgvstin; enuoyée à Rome. Contenant l'espovvantable tremblement de Terre, où plusieurs Villes, Villages & Personnes ont esté peries. Auec tout ce qui s'est passé à Bordeaux. Iouxte la copie imprimé à *Bordeaux,* 1660. 16 p. in-4°.

279. Bvlle de N. S. P. Le Pape Innocent X. Povr l'indiction, & celebration du Jubilé Vniuersel de l'Année Saincte 1650. *Paris,* Pierre Targa, 1650. 12 p. in-4°.

280. Discovrs addressé avx Soldats François. Paginé de 5 à 16. *S. l. n. d.* (Moreau, 1101.)

281. Arrest de la Covr de Parlement de Provence, contre les Perturbateurs du repos & tranquillité publique. *Aix,* 1659. (Moreau, 342.)

282. Ordonnance de Monseignevr Lovis de Vallois, contre l'Arrest du Parlement d'Aix en Prouence. *S. l. n. d.* (Moreau, 2613.)

283. Relation de ce qvi s'est passé en la ville de Bordeaux les derniers iours du mois de Juillet 1649. lors de la signification de l'Interdiction du Parlement. *Paris,* s. d. 12 p. in-4°. (Moreau, 3127.)

284. Reflexions consciencievses des bons François, svr la Regence de la Reine. *Paris,* Gvillavme Sassier, 1649. (Moreau, 3061.)

285. Response faite par le Roy à son Altesse Royale. *Pontoise,* Jvlien Covrant, 1652. (Moreau, 3446.)

286. Response d'Ariste à Clytophon svr la Pacification des trovbles de Provence. *Paris,* J. Dedin, 1649. (Moreau, 3390.)

287. Tres-Hvmble Remonstrance dv Parlement de

Provence av Roy svr le govvernement de Monsieur le Comte d'Alais. *S. l.*, 1649. Incomplet, s'arrête à la p. 12. (Moreau, 3816.)

288. La veritable harangve faite av Roy, par Monseignevr le Cardinal de Retz, povr luy demander la Paix, & son retour à Paris, au nom du Clergé, & accompagné de tous ses Deputez. *Paris*, Vve J. Gvillemot, 1652. (Moreau, 3937.)

289. Harangve prononcée avx pieds dv Roy et de la Reyne, Par Me Clement, Juré Coutelier à Paris, si renommé pour les Controuerses. Les Jurez des Corps des Métiers de la Ville, estant tous allez ensemble ce iour là protester de leur obeïssance et fidelité à leurs Majestez. *Paris*, 1649. (Moreau, 1608.)

290. Tres-hvmble remonstrance dv Parlement av Roy, et à la Reyne Regente. *Paris*, par les Imprimeurs du Roy, 1649. (Moreau, 3814.)

291. La harangve celebre faite à la Reyne svr sa regence. *Paris*, Toussainct Quinet, 1649. (Moreau, 1544.)

292. Importantes veritez povr les Parlemens protectevrs de l'Estat, conservatevrs des Loix, et Peres dv Pevple. Tirées des anciennes Ordonnances, & des Loix fondamentales du Royaume. Dédiée av Roy. Par J.A.D. *Paris*, Jacqves Villery, 1649. (Moreau, 1686.)

293. Tres-hvmble remonstrance dv Parlement av Roy et à la Reyne Regente. Même pièce que ci-dessus, n° 290. (Moreau, 3814.)

294. Remonstrances de Basile emperevr des Romains à Léon son cher fils & Compagnon à l'Empire, Pour seruir à l'éducation non seulement des Roys, mais encore de tous leurs Subjets. *Paris*, Antoine Estienne, 1649. (Moreau, 3300.)

295. Maximes morales et chrestiennes povr le repos des consciences dans les affaires presentes. *Paris*, Cardin Besongne, 1649. (Moreau, 2427.)

296. Remonstrances tres-hvmbles qve presente av Roy et à la Reyne Regente Mere de sa Majesté la

Chambre des Comptes. *Paris*, 1648. (Moreau, 3345.)

297. La magnifiqve entrée de la Paix ov les svperbes portiqves Arcs de triomphe, preparez à la venuë de leurs Majestez dans la ville de Paris. *Paris*, Pierre Dv Pont, 1649. (Moreau, 2341.)

298. L'explication generale de tovtes les peintvres, statves et tableavx des Portiques & Arcs de Triomphe, dressés pour l'Entrée du Roy & de la Reine. *Paris*, Cardin Besongne, 1660. 16 p. in-4°.

299. La Liste generale et particvliere de Messieurs les Colonels, Capitaines, Lieutenants, Enseignes, & autres Officiers, & Bourgeois de la Ville & Faux-bourgs de Paris ; Auec l'ordre qu'ils doivent tenir dans leur marche, & dans les autres Ceremonies qui s'obserueront à l'Entrée Royale de leurs Majestés. *Paris*, Jean-Baptiste Loyson, 1650. 8 p. in-4°.

300. Ordre povr la Milice de Paris, commandée pour l'Entrée de leurs Majestez, & condvite par Mᵣ le President de Guenegaud. *Paris*, P. Rocolet, 1660. 10 p. in-4°.

301. Svitte de la novvelle relation contenant la marche de Levrs Majestes pour leur Retour en leur bonne Ville de Paris. *Paris*, J.-B. Loyson, 1660. 8 p. in-4°.

302. Novvelle relation contenant la Royale Entrée de Levrs Maiestez, dans levr bonne ville de Paris. *Paris*, J.-B. Loyson, 1660. 24 p. in-4°.

303. Relation de tovtes les particvlaritez qvi se sont faites et passées dans la celebre entrée dv Roy et de la Reyne, avec l'ordre de la marche du Clergé & des Cours Souueraines. *Paris*, J. B. Loyson, 1660. 16 p. in-4°.

304. Declaration svr le sviet et la forme de l'entrée de son Aˢˢᵉ Imperiale l'Archidvc Leopold en France, et de sa Retraite, apres l'accommodement, fait entre la Regence & le Parlement de Paris, auec les Princes & Seigneurs Associez. *Cambray*, 1649. (Moreau, 958.)

305. L'explication des figvres et peintvres qvi sont representées svr le Pont Nostre-Dame, povr l'entrée dv Roy et de la Reine. *Paris*, Jean Promé, 1660. 8 p. in-4°

306. Le Covrs de la Reyne : ov le grand Promenoir des Parisiens. *Paris*, Denys Langlois , 1649. (Moreau, 836.)

[*Vol. VI.*] 307. L'apologie des bons François contre les Mazarins, ov Response au Libelle intitulé, Advertissement salvtaire donné aux Bourgeois de Paris. *S. l.*, 1650. (Moreau, 112.)

308. Apologie des Frondevrs. *S. l.*, 1650. (Moreau, 112.)

309. Decret de Nostre S. P. le Pape Innocent X. Donné en l'Assemblée generale de Nosseigneurs les Eminentissimes & Reuerendissimes Cardinaux. Contre le Catéchisme des Jansénistes, & excommunication de ses Autheurs. *Paris*, Mathieu Colombel, 1650. 7 p. in-4°.

310. Apologie particvliere pour Monsieur le Dvc de Longveville. *Amsterdam*, 1650. (Moreau, 119.)

311. Response de Monseignevr le Prince, et ses treshvmbles Remonstrances faites au Roy, à la Reine Regente, & à la France. Svr le sviet de sa détention. *S. l.*, 1651. (Moreau, 3406.)

312. Les qvarante-cinq faicts criminels dv C. Mazarin, qve les pevples instruits addressent à ceux qui ne le sont point. S. *l.*, 1650. (Moreau, 2931.)

313 L'avant-covrevr de la fin tragiqve dv Cardinal Mazarin. S. *l.*, 1651. 8 p. in-4°. (Non cité par Moreau.)

314. La Mort fvneste dv Cardinal Mazarin avec son épitaphe. *S. l. n. d.* Ce n° comprend la pièce précédente. (Moreau, 2497.)

315. La Mazarinade. Sur la copie imprimée à Bruxelles. 1651. 7 p. au lieu de 24 qu'indique Moreau. (Moreau, 2436.)

316. La Berne Mazarine svitte de la Mazarinade. Sur la copie imprimée à Bruxelles. 1651. (Moreau, 581.)

317. Le Paranimphe Mazariniqve. *S. l.*, 1651. (Moreau. 2685.)

318. Remede avx mal-hevrs de l'Estat de France, av

sviet de la qvestion Si la voix dv Pevple est la voix de Dieu. *Paris*, 1649. (Moreau, 3270.)

319. Arrest de la Cour de Parlement, portant exemption des loyers de Maisons & Chambres de cette Ville & Faux-Bourgs de Paris. *Paris*, Imprimeurs du Roy, 1649. 7 p. in-4°. (Non cité par Moreau.)

320. Arrest de la Covr de Parlement. Toutes Chambres assemblées du huictiesme Januier 1649. *Paris*, Imprimeurs du Roy, 1649. (Moreau, 218.)

321. Les occvpations clericalles dvrant les vacations extraordinaires du Palais de l'année mil six cent quarante neuf. Elégie. *S. l. n. d.* (Moreau, 2575.)

322. Jvstification de l'Assemblée de la Noblesse de France tenuë à Paris aux Cordeliers, l'An 1651. *Paris*, 1651. (Moreau, 1793.)

323. Le remerciment des Bovrdelois av Roy. Sur le sviet de la Paix. Iouxte la coppie imprimée à *Bourdeaux* par J. M. Millanges. *Paris*, Nicolas Bessin, 1650. (Moreau, 3277.)

324. Lettre et Declaration dv Roy, avec les articles en conséqvence accordez par sa Majesté pour le repos & pour la tranquillité publique de ses Subiets de la Ville de Bordeaux. *Paris*, Ant. Estiene, 1650. (Moreau, 2237.) Ce bibliographe ne cite que l'édition de Bordeaux chez Millanges.

325. La Fronde ressvscitee. *S. l.*, 1650. (Moreau, 1449.)

326. Reqveste dv Dvc de Vendosme av Parlement de Paris. Auec les Memoires & Pieces qui en dependent. *S. l.*, 1649. (Moreau, 3496.)

327. Raisons d'Estat contre le Ministère Estranger. *S. l. n. d.* (Moreau, 2962.)

328. La Liberté de France et l'Anéantissement des ministres estrangers. *Paris*, 1649. (Moreau, 2299.)

329. Dialogve de Mazarin avec ses amis. *S. l. n. d.* (Moreau, 1082.)

330. L'interest des Provinces. *Paris*, 1649. (Moreau, 1714.) Édition différente de celle que cite Moreau.

331. Tres-hvmbles remonstrances dv Parlement de Normandie av semestre de Septembre av Roy, et à la Reyne regente. *Paris*, Antoine Estiene, 1649. Exemplaire incomplet des quatorze dernières pages. (Moreau, 3833.)

332. A Nosseigneurs de Parlement. Supplie humblement François de Vendosme Duc de Beaufort, Jean François Paul de Gondy. *S. l. n. d.* 3 p. in-4°.

333. La lettre dv grand Tvrc, escrite av Roy d'Espaigne ensemble les presens enuoyez par son Camerier. *Paris*, 1649. (Moreau, 2114.)

334. La Penitence dv Prince de Condé et l'offre qv'il fait avx trois Estats de son assistance, s'ils trouuent à propos de le faire sortir de Vincenes. *S. l. n. d.* (Moreau, 2741.)

335. La Fovrberie descovverte ov le renard atrapé. *S. l.*, 1650. (Moreau, 1405.)

336. La Médaille ov la Chance retovrnée. *S. l. n. d.* (Moreau, 2437.)

337. L'Infidelité dv Prince. *S. l.*, 1650. (Moreau, 1694).

338. Le Revers dv Prince de Condé en vers bvrlesqves. Et le regret de quitter la Ville de Paris, pour aller loger au Chasteau de Vincennes. *Paris*, Vᵛᵉ Ant. Coulon, 1650. (Moreau, 3546.)

339. Les secrets dv Dvc d'Espernon descovvers. *S. l. n. d.* (Moreau, 3636.)

340. Le vray lvstre des honnestes dames ov levr parfaite œconomie. *S. l. n. d.* (Moreau, 4070.)

341. Tarif des droits qve l'entrepreneur du Magazin de grand pain Bourgeois, estably dans la ruë des Rosiers au petit Hostel Do, à costé de la vieille ruë du Temple, prend tant pour le déchet ordinaire de la farine au moulin ou ailleurs, que pour les frais dudit moulin et de la fabrique et cuisson du pain. *S. l. n. d.* (Moreau, 3751.)

342. Le remerciment des Bovrdelois av Roy sur le suiet de la Paix. 1650. Double, voir n° 323

343. De la gverre des tabovrets, livre premier. Sommaire des sections. *S. l.*, 1649. (Moreau, 1525.)

344. Le Covrrier du temps apportant ce qvi se passe de plus secret en la Cour des Princes de l'Europe. *S. l.*, 1649. (*Amsterdam*, Jean Sansonius.) (Moreau, 825.)

345. Triolets de Sainct Germain. *S. l.*, 1649. (Moreau, 3855.)

346. Liste des emperevrs et des roys qui ont perdu la vie en leur royavme par la malice de leurs Fauoris et leurs Ministres d'Estat. *Paris,* Vve André Mvsnier, 1649. (Moreau, 2311.)

347. Dialogve entre le Roy Lovys XI et Lovys XII. Sur leur différente fason de regner à sçauoir lequel est meilleur ou de les Gouuerner par amour, ou par force & puissance absoluë. *S. l.*, 1649. (Moreau, 1092.)

348. Catéchisme des covrtisans de la covr de Mazarin. *S. l.*, 1649. (Moreau, 651.)

349. L'Innocence immolée avec l'éthimologie de Mazarin avec l'explication de ses armes. *Paris*, V^vo Mvsnier, 1649. (Moreau, 1701.)

350. Preceptes saincts et necessaires pour la conduite des Roys, av Roy tres-chrestien. *Paris*, Ve A. Mvsnier, 1649.) Moreau, 2837.)

351. La disgrace dv Cardinal Mazarin arrivée depvis la Conférence de Ruel. *Paris*, Ve A. Mvsnier, 1649. (Moreau, 1156.)

352. La France en priere povr la Paix. *Paris*, Ve A. Mvsnier, 1649. (Moreau, 1426.)

553. La facecievse deffaicte d'vn bovlanger par le général Herspel Rhvsma. *Paris*, Ve Mvsnier, 1649. (Moreau, 1359.)

354. Visions astrologiqves de Michel Nostradamvs sur toutes les affaires de ce Temps. et la confvsion de Mazarin. En vers burlesques. *Paris*, Ve A. Mvsnier, 1649. (Moreau, 4038.)

355. Qvestions royales ov demandes et responces entre le Roy et Monsievr son frero povr bien & heureusement régir et govverner le royavme en paix et concorde. *Paris*, Ve Mvsnier, 1649. (Moreau, 2953.)

356. Lettre de reproche de la Reyne au Cardinal Mazarin, sur le repentir qu'elle a de l'auoir aymé. *S. l.*, 1649. (Moreau, 2051.)

357. Le svbiet dv secovrs promis par larchidvc Leopold à la ville de Paris. *Paris*, Ve André Mvsnier, 1649. (Moreau, 3730.)

358. Svitte dv gazetier desinteressé. *Paris*, Ve Mvsnier, 1649. (Moreau, 1466.)

359. Plaintes bvrlesqves dv secretaire extravagant des nourrices, des seruantes, des cochers, des lacquais, & de toute la Republique idiotte. *Paris*, Ve A. Mvsnier, 1649. (Moreau, 2785.)

368. Advis bvrlesqve dv cheval de Mazarin à son maistre. *Paris,* Ve Mvsnier, 1649. (Moreau, 494.)

361. Advis dv riche inconnv de la parabole à Mazarin. *Paris*, Ve Mvsnier, 1649. (Moreau, 513.)

362. Prophéties svr les affaires dv temps présent et advenir. Tirée de la Centurie II. Prop. 34. 35. de M. Nostradamus. Et ce que dit Kepler pour la presente année 1649. *Paris*, 1649. (Moreau, 2910.)

363. Decadence de l'inivste parti des Mazarins refugiez à S. Germain, & leurs pernicievx desseins auortez par la conclusion de la paix. *Paris*, Ve A. Mvsnier, 1649. (Moreau, 864.)

364. Lettre de l'hermite reclvs dv mont Calvairo à la Reyne. *Paris*, Ve A. Mvsnier, 1649. (Moreau, 1932.)

365. Lettre dv Cardinal Antonio Barberin enuoyée de Rome av Cardinal Mazarin à Sainct Germain en Laye. Touchant les troubles de France. *Paris*, Ve André Mvsnier, 1649. (Moreau, 2086.)

366. Motifs et raisons principales du Parlement de Roven, pour sa jonction avec celuy de Paris. *Paris*, Ve André Mvsnier, 1649. (Moreau, 2507.)

367. L'obiet de la haine pvbliqve ov la honte dv Ministre d'Estat décovverte. *Paris*, François Mvsnier, 1649. (Moreau, 2564.)

368. La Farce des covrtisans de Plvton, et levr Pelerinage en son royavme. *S. l.*, 1649. (Moreau, 1372.)

369. Plainte des Parisiens av Roy et à la Reyne, sur le desseing que leurs Maiestez ont de s'esloygner de leur bonne ville de Paris. *S. l.*, 1649. (Moreau, 2782.)

370. Discovrs important svr le govvernement de ce Royavme dédié à la Reyne Regente. *Paris,* Vᵉ Mvsnier, 1649. (Moreau, 1126.)

371. Songe bvrlesqve de Polichinel svr le despart de Jvles Mazarin. *Paris*, Vᵉ Mvsnier, 1649. (Moreau, 3687.)

372. Le Covrrier sovsterrain, apportant les nouuelles de ce qu'il a veu de plus considerable pendant son séjour au pays bas de l'autre monde. *Paris*, Vᵛᵉ Mvsnier, 1649. (Moreau, 835.)

373. Lettre d'un millors d'Angleterre, écritte à la Reyne régente à Sainct Germainen Laye. Traduite par le sieur Dupelletier. *Paris*, François Mvsnier, s. d. (Moreau, 1886.)

374. Actions de grace de la France av Prince de la Paix Monseigneur le Duc de Beau-fort. Par le sieur D.P. *Paris*, Vᵉ A. Mvsnier, 1649. (Moreau, 27.)

375. La vie infame de la Maltavte. Dédié aux curieux par les peuples de Paris. *Paris*, François Mvsnier, 1649. (Moreau, 4026.)

376. Catalogve des partisans ensemble levr généalogie et extraction, vie, mœvrs et fortvne. *S. l.*, 1649. (Moreau, 647.)

377. Lettre dv Prince de Galle envoyée à la Reyne d'Angleterre. Auec les regrets du mesme Prince sur la mort du Roy de la grand Bretagne, son Seigneur & pere. *Paris*, Vᵉ A. Mvsnier, 1649. (Moreau, 2129.)

378. Lettre de Monseignevr le Dvc de Longveville à Messievrs dv Parlement de Paris. *Paris*, Vᵉ André Mvsnier, 1649. (Moreau, 2002.)

379. Advis salvtaire envoyé par les bovlangers, caba-
retiers, bovchers et arqvebvsiers à Jvles Mazarin, à
Sainct Germain an Laye. *Paris,* Ve Mvsnier, 1649.
(Moreau, 537.)

380. L'Vnion des bons François et le Panegyriqve
qu'ils presentent à Nosseigneurs de Parlement. *Paris,*
François Mvsnier, 1649. (Moreau, 3910.)

381. L'Innocence immolée avec lethimologie de
Mazarin avec l'explication de ses armes. *Paris,* Vve Mvsnier, 1649. (Moreau, 1701.) Double.

382. Le svbiet dv secovrs promis par l'Archidvc
Léopold à la ville de Paris. *Paris,* Ve André Mvsnier,
1649. (Moreau, 3730.) Double, voir n° 349.

383. Le triomphe de la vérité sans masqve. Par le
Sr Dvpelletier. *Paris,* Ve A. Mvsnier, 1649. (Moreau,
3878.)

384. Le génie démasqvé et le temps passé et l'advenir
de Mazarin. Par un gentilhomme Bourguygnon. *Paris,*
Ve André Mvsnier, 1649. (Moreau, 1493.)

385. Articles de la Paix accordée entre Messieurs du
Parlement de Bovrdeavx et Monsievr d'Argençon. *Paris,*
Ve Mvsnier, 1649. (Moreau, 412.)

[*Volume VII.*] 386. Le Covrrier bvrlesqve envoyé
à Monseignevr le Prince de Condé pour divertir son
Altesse durant sa prison, luy racontant tout ce qui se
passa à Paris en l'année 1648 au sujet de l'Arrest
d'Vnion. Seconde partie. Iouxte la copie imprimée à
Paris, 1650. (Moreau, 816).

387. Lettre dv Roy svr la détention des Princes de
Condé et de Conty, & Duc de Longueville. Enuoyée au
Parlement le 20 Janvier 1650. *Paris,* Imprimeurs ordi-
naires de sa Majesté, 1650. (Moreau, 2197).

388. Response de Messievrs les Princes avx calomnies
& impostures du Mazarin. *S. l.,* 1650. (Moreau, 3399).

389. Discovrs av Parlement sur la détention des
Princes. *S. l. n. d.* (Moreau, 1102).

390. Advis important et nécessaire à Monsievr de Beavfort et Monsievr le Coadivtevr. *S. l.*, 1650. (Moreau, 521).

391. Advis avx Parisiens servant de response avx impostvres du Cardinal Mazaiin. *S. l.*, 1650. (Moreau, 491). 36 p. in-4°.

392. La Politiqve Sicilienne, ov les pernicievx desseins du Cardinal Mazarin ; déclarés à Monseigneur le Duc de Beavfort de la part de toutes les provinces de France. *S. l.*, 1650. (Moreau, 2817).

393. Apologie povr Messievrs les Princes, envoyée par Madame de Longveville à Messievrs dv Parlement de Paris. *S. l. n. d.* (Moreau, 126).

394. La reqveste de Monsievr le Dvc de Bovillon à Nosseigneurs de Parlement. *S. l.*, 1650. (Moreau, 3480).

395. Reqveste de Mademoiselle de Longveville, fille de Henry d'Orléans dvc de Longveville, présentée à Nosseigneurs de Parlement ; touchant la mort de Madame la Princesse Doüairiere, et le transport de Messieurs les Princes du Chasteau de Vincennes à Marcoussy et au Havre, et sur leur déliurance. *S. l n. d.* (Moreau, 3478).

306. Lettre de Messievrs les Princes prisonniers av Havre, présentée à Messievrs du Parlement de Paris, les Chambres estant assemblées le 7 Decembre 1650. *S. l. n. d.* (Moreau, 1971).

397. Cavses de récvsation contre Monsieur le premier President, Monsieur de Champlastreux son fils, leurs parens et alliez au degré de l'Ordonnance. *S. l. n. d.* (Moreau, 656).

398. Remonstrance faite av Roy par Monsievr le Premier President, pour la liberté de Messieurs les Princes. *S. l.*, 1651. (Moreau, 3328).

399. L'vnion ov association des Princes sur l'inivste detention du Prince de Condé, Conty, & Duc de Longueville. Iouxte la copie imprimée à Bourdeaux, 1650. (Moreau, 3914).

400. Jovrnal des deliberations tenves en Parlement, tovtes les Chambres assemblées, & à l'Hostel d'Orléans. *S. L.*, 1650. (Moreau, 1759).

401. Discovrs sur la sureté demandée par Madame la Princesse à Messieurs du Parlement contre le Cardinal Mazarin. *S. L. N. D.* (Moreau, 1148).

402. Relation de ce qvi s'est passé à l'arrivée de Madame la Princesse de Condé & de Monsieur le Duc d'Enghien son fils en la ville de Bordeavx. Avec l'Arrest de Messievrs du Parlement de la dite ville sur ce sujet. *S. L.*, 1650. (Moreau, 3111).

403. Le Conseiller d'Estat sans fovrbe. *S. L.* 1650. (Moreau, 763).

404. Histoire veritable de tovt ce qvi s'est fait et passé en Guienne pendant la guerre de Bourdeaux, commençant dv iovr de l'entrée de Madame la Princesse, de Messievrs les Dvcs d'Angvien, de Bouïllon, & de la Rochefoucault. Le tovt distingvé par avtant de covrses, que l'ordinaire en a fait depuis le commencement iusques au départ de la Cour de cette ville. *S. L. N. D.* (Moreau, 1638).

405. Codicille de Monsievr le Dvc d'Espernon. *S. l.*, 1650. (Moreau, 704). — Notre exemplaire paraît être incomplet dans les mêmes conditions que celui décrit par Moreau.

406. Oraison fvnèbre svr la vie et la mort de Madame la Princesse Doüairiere de Condé. Faicte par Mr D. L. B. E. *Paris*, Nicolas Jacqvard, 1650. (Moreau, 2607).

407. Le Reveille matin de la Fronde Royalle, svr la hontevse Paix de Bourdeaux. *S. L. N. D.* (Moreau, 3537).

408. Svitte dv vray Iovrnal des Assemblées dv Parlement ; contenant ce qui s'y est fait depuis la Saint-Martin mil six cens quarante-neuf, iusques à Pasques 1651. *Paris*, Gervais Alliot et Simon Langlois, 1651. (Moreau, 3728).

409. Declaration d'amnistie de ce qui s'est fait le

unziesme Decembre (1650). *S. L. N. D.* **8 p.** in-4° ;
incomplet. (Non cité par Moreau).

410. Harangve faite à Monsieur le premier President,
sur son nom historique, pour le soulagement des
Peuples. *S. L. N. D.* 3 p. in-4° au lieu de 7 indiquées
par Moreau. (Moreau, 1577).

411. Lettre escrite à Monseigneur l'Archevesqve
par vn clerc de son Diocèse. *Ambrvn*, 1651. (Moreau,
2208).

412. Declaration dv Roy, en favevr de Madame la
Duchesse de Longueville, de Monsieur le Mareschal de
Turenne, & de tous ceux qui les ont suiuy, ou exécuté
leurs ordres. Vérifiée en Parlement le 19 May 1651.
Paris, Imprimeurs ordinaires du Roy, 1651. (Moreau,
915).

413. Le Bonhevr de la France par la Paix generale
sovs le regne dv Roy Lovys qvatorze. *Paris*, Clavde
Bovdeville, 1643. (Moreau, 598).

414. La France en priere povr la Paix. *Paris*, V^e
Mvsnier, 1649. (Moreau, 1426).

415. Lettre de Madame la Princesse dovairiere de
Condé envoyée av Prince de Condé son fils, sur les
Armes qu'il a prise (*sic*) injustement contre la France.
Paris, Iean Mvsnier, 1649. (Moreau, 1952).

416. Seconde lettre de l'Archiduc Leopold envoyée à
Mademoiselle à Sainct Germain en Laye. *Paris*, V^e
Mvsnier, 1649. (Moreau, 3612).

[*Volume VIII*]. 417. Raisonnement sur les affaires
presentes, & leur différence de celles d'Angleterre.
Paris, François Prevveray, 1649. (Moreau, 2970).

418. Tres-hvmble remonstrance dv Parlement av
Roy, et à la Reyne Régente. *Paris,* imprimeurs du Roy,
1649. (Moreau, 3814).

419. Arrest de la Covr de Parlement donné tovtes les
Chambres assemblées le 8 iour de Ianuier 1649. Par
leqvel il est ordonné que le Cardinal Mazarin vuidera

Royaume, & qu'il sera fait leuée de gens de guerre pour la seureté de la Ville, & pour faire amener & apporter seurement et librement les viures à Paris. *Paris*, imprimeurs ordinaires du Roy, 1649. (Moreau, 217).

420. A Nosseigneurs de Parlement. *S. l.*, 1649. (Moreau, additions n° 2).

421. Arrest de la Cour de Parlement, portant qve tovs les biens meubles & immeubles, & reuenus des bénéfices du Cardinal Mazarin, seront saisis, & Commissaires, sequestres & Gardiens establis à iceux. *Paris*, imprimeurs ordinaires du Roy, 1649. (Moreau, 224).

422. Arrest de la Cour de Parlement contre les gens de gverre qui ont quitté les Frontières, pour empescher les viures en ceste Ville de Paris ; auec injonction aux Communes de courre sus. *Paris*, imprimeurs ordinaires du Roy, 1649. (Moreau, 222).

423. Arrests de la Covr dv Parlement de Bovrdeavx, portant deffence aux gens de guerre d'approcher de la ville. *Paris*, V° Mvsnier, 1649. (Moreau, 157).

424. Arrest de la Covr de Parlement de Rennes en Bretagne, contre le nommé Julles Mazarin, & ses fauteurs & adherans, par lequel ils sont tous declaroz criminels de leze Majesté, tous leurs biens acquis & confisquez. *Paris*, V° Th. Pepingvé & Est. Mavcroy, 1649. (Moreau, 345).

425. Declaration faite en Parlement par Monseigneur le Prince de Conty, & M^rs les Generaux, contre le Cardinal Mazarin. *Paris*, imprimeurs ordinaires du Roy, 1649. (Moreau, 934).

426. Plainte des Parisiens av Roy et à la Reyne, sur le desseing que leurs Maiestez ont de s'esloygner de leur bonne ville de Paris. *S. l.*, 1649. (Moreau, 2782).

427. Relation de ce qvi s'est passé à Paris depuis l'enleuement du Roy jusques à present. Enuoyée aux Prouinces. *Paris*, imprimeurs ordinaires du Roy, 1649. (Moreau, 3117).

428. Lettre circvlaire contenant vn charitable advis à quelques Villes de Champagne & Picardie, pour les inciter de se resoudre à prendre le bon party du Roy & du Parlement. *Paris*, Fr. Prevveray, 1649. (Moreau 1817).

429. Svite dv Iovrnal contenant tovt ce qvi s'est fait et passé en la Covr de Parlement de Paris, tovtes les Chambres Assemblées, sur le sujet des affaires du temps present. *Paris*, Gervais Aliot, 1649. (Moreau, 3726).

430. Lettre de la Covr de Parlement de Paris enuoyée aux Baillifs, Seneschaux, Maires, Escheuins & autres Officiers de ce Royaume. *Paris*, imprimeurs ordinaires du Roy, 1649. (Moreau, 1935).

431. Lettre de la Covr de Parlement de Paris, envoyée avx Parlements dv Royavme. *Paris*, imprimeurs ordinaires du Roy, 1649. (Moreau, 1936).

432. Lettre de Messievrs dv Parlement de Normandie av Roy. Touchant le refus de recevoir Monsieur le Comte d'Harcourt. *Paris*, Arnould Cotinet, 1649. (Moreau, 1968).

433. Lettre de la Covr de Parlement de Paris enuoyée aux Baillifs, Seneschaux, Maires, Escheuins & autres Officiers de ce Royaume. *Paris*, imprimeurs ordinaires du Roy, 1649. (Moreau, 1935). Double, v. n° 430.

434. Lettre circvlaire envoyée par le Roy à tovs les Govvernevrs dv Royavme de France. *Paris*, 1649. (Moreau, 1927).

435. Lettre de Monsievr de Balzac à Monseignevr le Dvc de Beavfort du 31 Ianvier 1649. *Paris*, Clavde Hvot, 1649. (Moreau, 1975).

436. Lettre de Messievrs dv Parlement de Normandie, av Roy. Touchant le refus de recevoir Monsieur le Comte d'Harcourt. *Paris*, Arnovld Cotinet, 1649. (Moreau, 1968). Double, v. n° 432.

437. Lettre circvlaire, contenant vn charitable aduis à quelques villes de Champagne & Picardie, pour les inciter de se résoudre à prendre le bon party du Roy &

du Parlement. *Paris*, François Revveray, 1649. (Moreau, 1817). Double, v. n° 428.

438. Lettre de Gvillavme sans-pevr aux trouppes de Mazarin. *Paris*, Clavde Bovdeville, 1649. (Moreau, 1928).

439. Lettre dv sievr de Nacar à l'abbé de la Rivière à Saint Germain en Laye. Sur les affaires de ce temps, où est représenté les moyens pour faire la paix. *Paris*, V° Antoine Covlon, 1649. (Moreau, 2200).

440. Lettre contenant la véritable nouuelle de la Paix, suiuant ce qui a esté arresté à la conference tenuë à Ruel. *Paris*, V° Antoine Covlon, 1649. (Moreau, 1832).

441. Lettre de Messievrs dv Parlement de Normandie av Roy. Touchant le refus de receuoir Monsieur le Comte d'Harcourt. *Paris*, Arnould Cotinet, 1649. Triple, v. n°ˢ 432 et 436.

442. Lettre dv Prince génerevx à Mademoiselle. *Paris*, Clavde Bovdeville, 1649. (Moreau, 2130).

443. Lettre contenant la véritable nouuelle de la Paix. *Paris*, Covlon, 1649. (Moreau, 1832). Double, v. n° 440.

444. A Monsievr de Brovssel conseiller du Roy av Parlement de Paris. *Paris*, François Noël, 1649. (Moreau, 5).

445. Discovrs fait par les Dépvtez dv Parlement de Provence, dans le Parlement de Paris, toutes Chambres assemblées. *Paris*, imprimeurs ordinaires du Roy, 1649. (Moreau, 1123).

446. Les Sovhaits de la France à M. Monseignevr le Dvc d'Angovlesme. *S. l. n. d.* (Moreau, 3700).

447. Discovrs important svr le Govvernement de ce Royavme. Dédié à la Reyne Regente. *S. l.*, 1649. (Moreau, 1126).

448. Harangves faites à la Reyne regente par Monseignevr le premier President du Parlement. *Paris*, 1649. 4 pages. (Moreau, 1614).

449. L'adiev et le désespoir des avthevrs et escrivains

de libelles de la gverre civile. En vers bvrlesqves.
Paris, Clavde Morlot, 1649. (Moreau, 45).

450. Svitte des visions noctvrnes de Mᵉ Mathvrin
Qvestier, Parisien. Cinqviesme partie. (Moreau, 4043).
Paris, Ant, Covlon, 1649.

451. La Harangve dv Covrrier extraordinaire envoyée
par N. S. P. le Pape à la Reine Regente. *Paris*, Gvillavme Sassier, 1649. (Moreau, 1558).

452. Raillerie vniverselle dediee avx cvrievx de ce
temps. En vers burlesques. *Paris*, Pierre Targa, 1649.
(Moreau, 2960).

453. Le Combat et le Cartel de deffit de l'Amovr à la
Paix. En dialogve. *Paris*, Clavde Morlot, 1649. (Moreau,
712).

454. La vie, mœurs et généalogie de Jvles Mazarin,
cardinal. *Anvers*, Samuel Beltrinklt le Jeune, 1649.
(Moreau, 4027).

455. Dialogve entre le Roy Lovys XI et Lovys XII.
Sur leur differente façon de regner à scauoir lequel est
meilleur ou de les gouuerner par amour, ou par force &
puissance absolüe, 1649. (Moreau, 1092).

456. Les ivstes aprehensions dv pevple de Paris svr
la demevre dv Cardinal Mazarin, et les sevls moyens
povr rendre la paix asseurée. A *Paris*, 1649. (Moreau,
1782).

457. Preceptes saincts et nécessaires pour la conduite
des Roys, av Roy tres-chrestien. *Paris*, Vᵉ A. Mvsnier,
1649. (Moreau, 2837).

458. Articles de la Paix, accordée entre Messieurs du
Parlement de Bovrdeavx et Monsievr d'Argençon.
Paris, Vᵉ A. Mvsnier, 1649. (Moreau, 412).

459. Le subiet dv secovrs promis par l'Archidvc
Léopold à la ville de Paris. *Paris*, Vᵉ André Mvsnier,
1649. (Moreau, 3730).

460. Seconde lettre de l'Archidvc Léopold envoyée à
Mademoiselle à Sainct Germain en Laye. *Paris*, Vᵉ
Mvsnier, 1649. (Moreau, 3612). Double, v. nᵒ 416.

461. Response de Madamoiselle à l'Archidvc Léopold, tovchant le traitté de l'accommodement de la Paix. *Paris*, J. Dedin, 1649. (Moreau, 3397).

462. Lettre dv Prince de Galle envoyée à la Reyne d'Angleterre. Auec les regrets du mesme Prince sur la mort du Roy de la grand Bretagne, son seigneur & père. *Paris*, Vᵉ A. Mvsnier, 1649. (Moreau, 2129).

463. Lettre dv Cardinal Antonio Barberin. Envoyée de Rome av Cardinal Mazarin à Sainct Germain en Laye. Touchant les troubles de France. *Paris*, Vᵉ André Mvsnier, 1649. (Moreau, 2086).

464. Lettre d'vn Prince Anglois envoyée à la Reyne d'Angleterre. Sur les affaires presentes du Royaume, pour l'attentat commis en la personne de son mary. Traduite par le sieur du Pelletier. *Paris*, Vᵉ A. Mvsnier, 1649. (Moreau, 1892).

465. Lettre de l'Hermite reclvs dv mont Calvaire à la Reyne. *Paris*, Vᵉ A. Mvsnier, 1649. (Moreau, 1932).

466. Advis dv riche inconnv de la parabole à Mazarin. *Paris*, Vᵉ Mvsnier, 1649. (Moreau, 313).

467. Plaintes bvrlesqves dv secrétaire extravagant. Des nourrices, des seruantes, des cochers, des lacquais & de toute la République idiotte. *Paris*, Vᵉ A. Mvsnier, 1649. (Moreau, 2785).

468. Histoire tragiqve de trois magisiens qvi ont accvsé à la mort Mazarin en Italie. Par le sieur H. R. Drazor, Champenois. *Paris*, François Mvsnier, 1649. (Moreau, 1650).

469. La Robbe sanglante de Jvles Mazarin, ou les veritables recits des fourbes, des impostures & autres vices. *Paris*, François Mevsnier, 1649. (Moreau, 3554).

470. Les apparitions épovventable de l'esprit dv marqvis d'Ancre venv par ambassade à Jvles Mazarin. Le marquis d'Ancre en reproches auec Mazarin. *S. l.* 1649. (Moreau, 144).

471. Lettre de reproche de la Reyne au Cardinal

Mazarin sur le repentir qu'elle a de l'auoir aymé. *S. l* 1649. (Moreau, 2051).

472. Description veritable d'vn phantosme qvi s'est apparv dans le cabinet de la Reine. *S. l.*, 1649. (Moreau, 1060).

473. La dérovte des partisans rotis. En vers burlesques. *Paris*, Vᵉ Mvsnier, 1649. (Moreau, 1051).

474. Manifeste des bons François contre Jules Mazarin perturbateur du repos public, ennemy du Roy & de son Estat. S. *l.*, 1649. (Moreau, 2384).

475. Le héravt et l'arrest des trois Estats. Ensemble les questions d'vne Abbesse sur la demeure du Roy. *Paris*, François Mvsnier, *S. d.* (Moreau, 1623).

476. L'obiet de la haine pvbliqve ov la honte dv ministre d'estat décovverte. *Paris*, François Mvsnier, 1649. (Moreau, 2564).

477. Actions de grace de la France av Prince de la Paix Monseigneur le Duc de Beaufort. *Paris*, Vᵉ A. Mvsnier. (Moreau, 27).

478. Plainte des Parisiens av Roy et à la Reyne, sur le desseing que leurs Maiestez ont de s'esloygner de leur bonne ville de Paris. *S. l.*, 1649. Double, voir nᵒ 166.

479. La liberté do France et l'anéantissement des ministres estrangers. *Paris*, 1649. (Moreau, 2299).

480. Le nez povrry de Theophraste Renavdot, grand gazettier de France, et espion de Mazarin. *S. l. n d.* (Voir : Socard, 60).

481. Poésie svr la barbe dv Premier Président. A *Bruxelles*, 1649. (Moreau. additions, 185).

482. Dialogve entre le Roy de Bronze et la Samaritaine sur les affaires du temps present. *Paris*, Arnovld Cotinet, 1649. (Moreau, 1090).

483. Le flambeav d'Olympe, dédié à Monseignevr le Dvc de Beavfort. Auec la voix et les vœux du peuple François, sur le sujet de ses victoires. *Paris*, Vᵛᵒ Antoine Covlon, 1649. (Moreau, 1398).

484. L'vnion des bons François et le Panégyriqve qv'ils presentent à Nosseigneurs de Parlement. *Paris*, François Mvsnier, 1649. (Moreau, 3910).

485. La Pompe fvnebre de Voitvre avec la clef. *S. l.*, 1649. 26 p. in-4°.

486. Genealogie ou l'extraction et vie de Ivlle Mazarin Cardinal & Ministre d'Estat en France. A *Paris*, iouxte la coppie imprimé à Envers. *S. d.* (Moreau, 1478).

487. Advis bvrlesqve dv cheval de Mazarin à son maître. *Paris*, Vᵉ Mvsnier, 1649. (Moreau, 494).

488. Refvtation de la response sans ivgement, av bandeav de la ivstice. *S. l.*, 1649. (Moreau, 3068).

[*Volume IX.*] 489. Agreable recit de ce qvi s'est passé avx dernières barricades de Paris. Descrites en vers burlesques. *Paris*, Nicolas Bessin, 1649. (Moreau, 56).

490. Agreable et veritable recit de ce qvi s'est passé, devant et depvis l'enlevement dv Roy, hors la ville de Paris, par le conseil de Iule Mazarin. En vers bvrlesqves. *Paris*, Iacqves Gvillery, 1649. (Moreau, 55).

491. Le iovrnal poëtiqve de la gverre Parisienne dédié aux conseruateurs du Roy, des Loix, & de la Patrie. Par M. Q. d. Fort-Lys. *Paris*, 1649, Vᵉ Ant. Covlon. (Moreau, 1763).

492. Le premier Covrrier François tradvit fidellement en vers burlesques. *Paris*, Clavde Bovdeville, 1649. Les deux premiers nᵒˢ seulement. (Moreau, 2848).

493. Le Covrier de la Covr apportant les nouuelles de ce qui s'est passé à S. Germain en Laye, depuis le vingt-deuxième Mars iusques au dernier iour du mesme mois. En vers burlesques. *Paris*, Vᵉ Mvsnier, 1649. 2ᵉ partie seulement, contrefaçon. (Moreau, 821).

494. Svite dv Covrier de la Covr, portant les novvelles de S. Germain, depuis le 22 mars 1649 iusques au 29. *Paris*, Langlois, 1649. 2ᵉ partie seulement, première édition. (Moreau, 821).

495. Les visions noctvrnes de M⁰ M. Qvestier, Parisien. Dans l'explication desquelles l'on verra naïfuement dépeint les affaires du temps present. *Paris*, Vᵉ Anthoine Covlon, 1649. Les deux premières parties seulement. (Moreau, 4043).

496. La Raillerie sans fiel ov l'innocent iev d'esprit en vers bvrlesqves. *Paris*, 1649. (Moreau, 2958).

497. L'eschelle des Partisans en vers bvrlesqves. *S. l.*, 1649. (Moreau, 1177).

498. Triolets de Sainct Germain. *S. l.*, 1649. (Moreau, 3855).

499. Le Babillard dv temps en vers bvrlesqve. *Paris*, Nicolas de la Vigne, 1649. 5 pièces chacune de 8 pages. (Moreau, 556).

500. Almanach de la Covr, pour l'an 1649, fait par Maistre François le Vautier, grand spéculateur des choses presentes. *Paris*, 1649. (Moreau, 61).

501. Le tovt en tovt dv temps. *S. l. n. d.* (Moreau, 3789).

502. Le noctvrne enlevement dv Roy hors de Paris, fait par le cardinal Mazarin, la nuict des Roys. En vers bvrlesqves. *Paris*, Arnovld Cotinet, 1649. (Moreau, 2530).

503. Le siege d'Avbervilliers. En vers bvrlesqves. *Paris*, Mathvrin Henavlt, 1649. (Moreau, 3669).

504. La gverre civile en vers bvrlesqves. *Paris*, Clavde Hvot, 1649. (Moreau, 1522).

505. Le Decalogve François. *Paris*, 1649. (Moreau, 867).

506. Le Piqvet de la Covr. *S. l. n. d.* (Moreau, 2767).

507. Discovrs facetievx et politiqves, en vers bvrlesqves, sur toutes les Affaires du Temps. Par O. D. C. *Paris*, Gvillavme Sassier, 1649. (Moreau, 1121).

508. Les Rois sans Roy ov reflexions des Rois de la Febve, svr l'enlevement du Roy, hors sa bonne ville de Paris. *Paris*, Mathvrin et Iean Henavlt, 1649. (Moreau, 3558).

509. Les triolets dv temps, selon les visions d'vn petit-fils dv grand Nostradamvs. Faits povr la consolation des bons François et dédiés av Parlement. *Paris,* Denys Langlois, 1649. (Moreau, 3859).

510. Triolets svr le ton Royal povr la conference de Rvel. *Paris,* Iacqves Gvillery, 1649. (Moreau, 3872).

511. Plainte dv Carnaval et de la foire de S. Germain en vers bvrlesqves. *Paris,* Clavde Hvot, 1649. (Moreau, 2794).

512. Le heravt et l'arrest des trois estats. Ensemble les questions d'vne Abbesse sur la demeure du Roy. *Paris,* François Mvsnier, *S. d.* (Moreau, 1623).

513. L'avgvre favorable à la bonne ville de Paris svr les affaires presentes. Exprimé dans une Ode Latine et Françoise. Par J. L. M. M. *Paris,* Sébastien Martin, 1649. (Moreau, 433).

514. La France affligée svr l'enlevement dv Roy Avec vne pièce contre les Maltoutiers. *Paris,* 1649 (Moreau, 1419).

515. Le Povr et Contre de la Covr. *S. l. n. d.* (Moreau, 2832).

516. La vie infame de la Maltavte. Dédié aux curieux par les peuples de Paris. *Paris,* François Mvsnier, 1649. (Moreau, 4026).

517. Le retovr de l'abondance dans les ports & places publiques de la ville de Paris. En vers burlesques. *Paris,* Mathvrin Henavlt, 1649. (Moreau, 3528).

518. La Satyre dv temps, ov la gverre declarée avx partisans. En vers bvrlesqves. *Paris,* Nicolas de la Vigne, 1649. (Moreau, 3591).

519. Les plaintes de la France svr l'estat présent. *S. l. n. d.* (Moreau, 2791).

520. La rvine de la Chicane ; ou la misère des Aduocats, Procureurs, Greffiers, Notaires, Huissiers, Clercs, Practiciens, & autres, & de leurs femmes. *Paris,* 1649. (Moreau, 3566).

521. La gazette de la place Mavbert ov svitte de la

gazette des Halles. Tovchant les affaires du temps. Seconde novvelle. *Paris*, Michel Mettayer, 1649. (Moreau, 1469).

522. La France sans espoir. *S. l.*, 1649. (Moreau, 1442).

523. Les acclamations de ioye des bons Parisiens, svr l'hevrevse arrivee de la Paix. *Paris*, Nicolas de la Vigne, 1649. (Moreau, 17).

524. Le dialogve de S. Germain en Laye. En forme de tragédie. Par lequel on remarquera la fidélité des Parisiens au Roy. Dédié à Monseigneur le Duc de Beavfort par le S. D. B. P. C. D. S. M. Première partie. *Paris*, Lovis Sevestre, 1649. (Moreau, 1084).

525. Le Commerce restably en vers bvrlesqves, *Paris*, Nicolas de la Vigne, 1649. (Moreau, 719).

526. Le Povlet. *Paris*, 1649. (Moreau, 2831).

527. Les Maltotiers ov les peschevrs en eav trovble. En vers burlesques, langue Normande. Les pesqvevx en yav trovble. *Paris*, 1649. (Moreau, 2344).

528. Paris debloqvé ov les passages ouverts. En vers bvrlesqves. *Paris*, Clavde Hvot, 1649. (Moreau, 2692).

529. Vers bvrlesqves envoyez à Monsievr Scarron svr l'arrivée dv convoy à Paris. *Paris*, Clavde Bovdeville, 1649. (Moreau, 4016).

530. Le retovr et restablissement des arts et mestiers. Vers bvrlesqves. *Paris*, 1649. (Moreau, 3533).

531. L'onophage ov le mangevr d'asne. *Paris*, 1649. (Moreau, 2599).

532. L'apologie du théatre dv monde renversé, ov les comédies abbatves dv temps présent. Par J. C. D. L. *Paris*, Rolin de la Haye, 1649. (Moreau, 116).

533. Svitte et devxiesme apologie dv théatre dv monde renversé ov la comédie des comédies abbatve du temps présent. Par J. C. D. L. *Paris*, Rolin de la Haye, 1649, (Socard, 83).

534. Le Dveil de Paris svr l'éloignement du Roy. *Paris*, 1649. (Moreau, 1064).

535. La Parnasse alarmé. *Paris*, 1649. 16 p. in-4°.

536. Tableav racovrci des covrtisans. En vers bvr-lesqves. *Paris*, 1649. (Moreau, 3749).

537. L'homme indifférent en vers bvrlesqves. *Paris*, G. S. 1649. (Moreau, 1659).

538. Le tocsein de la France povr le maintien du Roy et de sa covronne. *Paris*, 1649. (Moreau, 3777).

539. Le bvrlesqve On de ce temps, qvi scait tovt, qvi fait tovt, et qvi dit tovt. *Paris*, 1649. Première partie seulement. (Moreau, 611).

540. Les lamentations de la Durié de S. Clovx, touchant le siege de Paris. *Paris*, 1649. (Moreau, 1800).

541. Le festin de la paix et de la gverre interrompv. En vers bvrlesqves. *Paris*, Sébastien Martin, 1649. (Moreau, 1377).

542. Coq-à-l'asne ov lettre bvrlesqve dv sievr Voiture ressvscité, av prevx chevalier Gvischevs, aliàs le mareschal de Grammont. Sur les affaires et nouuelles du temps. *Paris*, 1649. (Moreau, 797).

543. Ode svr Dom Ioseph du Illescas prétendv envoyé de l'archidvc Leopold. *S. l.*, 1649. (Moreau, 2582).

544. Le rabais dv pain. En vers bvrlesqves. *Paris*, Clavde de Hvot, 1649. (Moreau, 2957).

545. Caprice bacchiqve et bvrlesqve svr la Paix. *Paris*, 1649. (Moreau, 624).

546. L'astrologve bvrlesqve. *S. l.*, 1649. (Moreau, 429).

547. La piece de cabinet, dédiée aux Poëtes du Temps. *Paris*, Iean Paslé, 1648.

548. Diverses pièces svr les colomnes et pilliers des Maltotiers et les vingt Rimes sur leur Patriarche. *Paris*, Iacqves Gvillery, 1649. (Moreau, 1161).

549. La gverre sans canons, raillerie en vers bvr-lesqves. *Paris*, Denys Langlois, 1649. (Moreau, 1531).

550. Le govvernement present ov éloge de son Emi-nence. Satyre, ov la Miliade. *S. l. n. d.* (Moreau, 1503).

HISTOIRE DE FRANCE PAR ÉPOQUES. — LOUIS XV.

1515 Le Régent et la Cour de France sous la minorité de
Louis XV. Portraits, jugements et anecdotes extraits
des mémoires authentiques du Duc DE SAINT-SIMON,
(1715-1723). *Paris,* Lib. Hachette et Cⁱᵉ ; Imp. Ch.
Lahure. 1853. 1 vol. pet. in-8°.

1516 Les avantures de Componius, chevalier romain, ou Histoire de notre Tems. Où l'on trouve l'Histoire secrète
de Philippe duc d'Orléans, Régent de France, et du
Cardinal du Bois, premier Ministre. [Par LABADIE,
bénédictin, revues et publiées par l'abbé PREVOST
D'EXILES]. A *Rome,* chez Mornini pour les Héritiers de
Ferrante Pallavicini [*Rouen*], 1728. In-12, 1 vol.

   A la fin : Recueil de Pièces touchant la Régence.
1.) Les Noels de la Régence. — 2.) Chanson sur la Régence. — 3.) Relation de l'enregistrement ordonné au
Parlement des quatre sols pour livre. — 4.) Les adieux
du Parlement. — 5.) Sommaire des chapitres de la
grande Chronique de Sotermelec. — 6.) Suivent les
Prophéties du temps. — 7.) Relation abrégée du rétablissement de la Calotte. — 8.) Couplets. — 9.) Parodie
d'une scène de Mithridate. — 10.) Les Philippiques,
trois odes [par *François-Joseph* DE CHANCEL, dit DE LA
GRANGE-CHANCEL].

1517 La Vie de Philippe d'Orléans, petit-fils de France, Régent
du Royaume pendant la minorité de Louis XV, par
M. L. M. D. M. [LA MOTHE, dit LA HODE, ex-jésuite].
Londres, aux dépens de la Compagnie, 1736. In-12,
2 vol.

1518 Les fastes de Louis XV, de ses Ministres, Maîtresses,
Généraux et autres notables Personnages de son règne
[par *Paul-Philippe* GUDIN, Sʳ DE LA BRENELLERIE]. A
Ville-Franche, chez la Vᵉ Liberté, 1782. In-12, 2 vol.
Attribué à BOUFFONIDOR par Barbier.

1519 Vie privée de Louis XV, ou principaux événemens, particularités & anecdotes de son règne [par MOUFLE D'ANGERVILLE, avocat]. A *Londres,* P. Lyton, 1785. In-12, 4 vol. Portraits.

1520 Les Amours de Zéokinisul, Roi des Kofirans (Louis quinze, roi des Français), ouvrage traduit de l'arabe du voyageur Krinelbol (*Claude-Prosper* JOLYOT DE CRÉBILLON). A *Amsterdam,* aux dépens de Michel, 1748. In-12. — Pièce de 122 pages.

1521 Le Gazetier cuirassé : ou Anecdotes scandaleuses de la Cour de France (Par *Charles* THEVENEAU DE MORANDE). Imprimé à cent lieues de la Bastille à l'enseigne de la Liberté. (*Londres*), 1771. In-12, 87 pages.

> *A la suite, avec une pagination nouvelle :* 1.) Mélanges confus sur des matières fort claires, par l'auteur du Gazettier cuirassé. 46 pages. — 2.) Le Philosophe cynique, pour servir de suite aux Anecdotes scandaleuses de la Cour de France. 44 pages. — 3.) *De la page 45 à la 54ᵉ et dernière :* Nouvelles transparentes. — Ces différents pamphlets forment ensemble une brochure de 187 pages.

1522 Étude sur le caractère et la politique personnelle de Louis XV d'après sa correspondance secrète inédite, par *E.* BOUTARIC. *Paris,* Henri Plon, Imp.-Édit. 1866. 1 vol. broché in-8°.

1523 Law, son système et son époque, par *P.-A.* COCHUT (1716-1729). *Paris,* librairie de L. Hachette et Cⁱᵉ, 1853. Pet. in-8, 1 vol.

1524 Mémoires pour servir à l'Histoire de la Calotte [par *G.* PLANTAVIT DE LA PAUSE, abbé de Margon, l'abbé *P.-F.* GUYOT-DESFONTAINES, *J.* AYMON, *F.* GACON, *P.-C.* Roy et autres]. Nouvelle édition augmentée d'un tiers. A *Moropolis,* [Hollande], chez le Libraire de Momus, à

l'enseigne du Jésuite démasqué. M.DCC.XXXII. In-12,
2 tomes en 1 vol.

1525 Extrait des Registres de Parlement. Du jeudy, douzième
septembre mil sept cens quinze, de relevée le roy Louis
XVe du nom tenant son Lict de Justice en son Parle-
ment. A *Paris,* chez la Veuve de François Muguet,
Hubert Muguet, premier Imprimeur du Roy, & Louis
Denis de la Tour, Libraire, rue de la Harpe, aux trois
Rois. 1715. 1 br. 8 p. in-4°.

1526 Déclaration du Roy, qui ordonne que lorsque des Ordonnances, Édits, Déclarations & Lettres patentes émanées
de la seule autorité du Roy, seront adressées au Parlement de Paris avec des Lettres de cachet pour les faire
enregistrer, le Parlement avant que d'y procéder pourra
représenter au Roy ce qu'il jugera à propos pour le
bien public du Royaume. Donnée à Vincennes le 15 septembre 1715. A *Paris,* chez la veuve de François Muguet & Hubert Muguet, 1715. 1 br. 4 p. in-4°.

1527 Lettres patentes, qui ordonnent l'enregistrement en la
Chambre des Comptes à Paris, de l'arrêt prononcé en
la Cour de Parlement le douzième du présent mois, le
Roy séant en son Lit de Justice, qui a déclaré Monsieur
le Duc d'Orléans, Régent en France, pendant la minorité de Sa Majesté. Données à Vincennes, le vingt-
deuxième septembre 1715. 1 br. 4 p. in-4°, S. n. d'imp.

1528 Lettres patentes du 24 septembre 1715 pour ordonner
l'enregistrement de l'Arrêt de la Cour de Parlement de
Paris, par lequel le Roy scéant en son Lit de Justice a
déclaré S. A. R. Monseigneur le Duc d'Orléans Régent
de son Royaume pendant sa Minorité. S. n. d'imp. 1 br.
4 p. in-4°.

1529 Recueil général des pièces touchant l'affaire des Princes
légitimes & légitimez. Mises en ordre. A *Roterdam,*
1717. In-12, 4 vol.

La table des pièces est imprimée dans chacun des volumes.

1530 Réponse au livre du Docteur Fils Moris. *S. l. n. d.* (vers 1718). In-12. — Pièce de 18 pages.

Les *Lettres de M. Filtz-Moritz sur les affaires du temps, traduites de l'Anglais par M. de Garnesay, jouxte la copie imprimée à Londres ; Rotterdam,* 1718, in-12, traitent surtout de la Renonciation de Philippe V à la couronne de France. — « C'est M. le Duc d'Orléans, dit Fontette, qui a fait faire cet ou- » vrage et il n'a point été traduit de l'anglais ». Le but de la présente *Réponse* est de réduire à rien cette imputation.

1531 Manifeste sur les sujets de rupture entre la France et l'Espagne. A *Paris,* de l'Imprim. royale. M.D.CC.XIX. 1 br. 24 p. in-4°.

1532 Lettre du Roy, écrite à Monseigneur le Cardinal de Noailles, Archevêque de Paris, pour faire chanter le Te Deum dans l'église de Nostre-Dame, en action de grâces de la prise de la Ville & du Chasteau de Saint-Sébastien. A *Paris ,* chez Jean-Baptiste Delespine , Imprimeur & Libraire ordinaire du Roy. MDCCXIX. 1 br. 4 p. in-4°.

1533 Ordonnance du Roy, pour la Publication de la suspension d'armes par mer, entre Sa Majesté & le Roy d'Espagne. A *Paris,* le 10 juillet 1720, s. n. d'imp. 1 feuillet.

1534 Dernière partie de la Relation du sacre et couronnement du Roy, et de ce qui s'est passé pendant le voyage de Sa Majesté. A Paris, du bureau d'adresse, le 9 novembre 1722. A *Bordeaux,* chez N. de la Court Imprimeur du Roy. 1 br. 4 p. in-4°.

1535 Procès-verbal de ce qui s'est passé au lit de justice, tenu par le Roy au Parlement, le vendredy 8° jour de juin 1725. A *Paris,* de l'imprimerie royale, M.D.CC.XXV. 1 br. 15 p. in-4°.

1536 Relation des cérémonies observées , à l'occasion du mariage du Roy. A *Paris ,* du bureau d'adresse. M.DCC.XXV. 1 br. 26 p. in-4°.

1537 Mandement et discours de S. A. E. Mgr le Cardinal de Rohan, pour la célébration du Mariage de Sa Majesté avec la Princesse Marie. A *Paris*, chez la veuve Raymond Mazières, et J.-B. Garnier. 1 br. 11 p. in-4° (1725).

1538 Harangue faite à la Reine, à Fontainebleau, le 10 septembre 1725, par Mgr l'évêque d'Angers. A *Paris*, chez Pierre Simon, MDCCXXV. 1 br. 8 p. in-4°.

1539 Harangue faite au Roy, à Fontainebleau, le 10 septembre 1725, par Mgr l'évêque de Luçon. A *Paris*, chez Pierre Simon, M D CC XXV. 1 br. 8 p. in-4°.

1540 Journal historique du premier voyage du Roy Louis XV dans la ville de Compiègne. De l'ouvorture du Congrès convoqué à Soissons. Du voyage de S. A. S. M. la Duchesse, depuis Rotthembourg jusqu'à la Cour de France, & de son mariage avec S. A. S. M. le Duc de Bourbon. Du premier voyage de la Reine dans la ville de Paris, & à quelle occasion. De la maladie du Roy à Fontainebleau. Du rétablissement de sa santé. Et de plusieurs autres événemens remarquables. Avec un recueil des discours, harangues & ouvrages de poésie qui ont été faits à l'occasion de ces époques. Dédié au Roy, par le chevalier [*Louis-Pierre*] DAUDET, Ingénieur-Géographe ordinaire du Roy et de la Reine. *Paris*, Mesnier, 1729. 1 vol. in-12.

1541 Mandement de Monseigneur l'archevesque de Paris, pour ordonner des prières pour l'heureux accouchement de la Reine. A *Paris*, chez Pierre Simon, Imprimeur de Monseigneur l'Illustrissime et Reverendissime archevêque, 1730. 1 br. 3 p. in-4°.

1542 Collection historique, ou Mémoires pour servir à l'Histoire de la guerre terminée par la paix d'Aix-la-Chapelle en 1748. Avec quelques plans gravés en taille-douce [par le chevalier O'HANLON, revue par

Anne-Gabriel Meusnier de Querlon]. *Paris,* Duchesne, 1758. In-12, 1 vol.

Pièces qui composent cette collection : 1.) Lettre sur l'expédition faite en Écosse par le Prince Édouard en 1745. — 2.) Journal de voyage fait aux Indes sur l'Escadre françoise armée en guerre, sortie de l'Isle de France, sous les ordres de M. Mahé de la Bourdonnaye, du premier février au 24 mars 1746, par M. de Rostaing, capitaine d'artillerie. — 3.) Relation du siège de Pondichéry levé par les Anglois en 1748.

1543 Lettres et Mémoires choisis parmi les papiers originaux du maréchal de Saxe, [par le général *P.-H.* de Grimoard], et relatifs aux événemens auxquels il a eu part, ou qui se sont passés depuis 1733 jusqu'en 1750, notamment aux Campagnes de Flandre de 1744 à 1748. A *Paris,* chez J.-J. Smits. L'an second de la République françoise, 1794 (vieux style). In-8°, 5 vol.

1544 Motifs des résolutions du Roy. A *Lille,* de l'imprimerie de C.-M. Cramé, Imprimeur ordinaire du Roy. 1 **br.** 8 p. in-4°. (1733).

1545 Réponse à l'écrit qui a pour titre : Motifs des résolutions du Roy. A *Bruxelles,* chez George Fricx, Imprimeur de Sa Majesté Impériale et Catholique, 1733. 1 br. 42 p. in-4°. S. nom d'aut.

1546 Sistème de pacification générale dans la présente conjoncture. A *La Haye,* chez Henri Scheurler, Imprimeur. 1 br. 4 p. in-4°. (1733 ou 1734).

Deux exemplaires.

1547 Harangues prononcées à la cour de France par le Révérend Père Marcel de Sainte-Anne, Général des Carmes Déchaussez, dans les audiences publiques qu'il a eues à Versailles le 23 juin 1736. S. n. d'imp., s. d. 1 br. 8 p. in-4°.

1548 L'ordre de la marche pour la publication de la paix, qui se fera le lundi premier juin 1739. De l'Imprimerie de P.-G. Lemercier, Imprimeur-Libraire ordinaire de la Ville, rue St-Jacques, au Livre d'or, 1739. 1 br. 4 p. in-folio.

1549 Capitulations renouvellées entre le Roy et le Grand-Seigneur. A *Paris*, de l'imprimerie royale, MDCCXLI. 1 br. 23 p. in-4°.

1550 Geschichte des Siebenjahrigen Krieges (signé) ARCHEN-HOLTZ. Siebentes Buch, 1759. S. n. d'imp. 1 vol. petit in-8°.

1551 Réponse à la déclaration de guerre de la France et au second mémoire de Malbran de la Noüe. A *Bruxelles*, de l'Imprimerie de François Claudinot. 1 br. 50 p. in-8°.

1552 Mémoire présenté par le Marquis DE FÉNELON à Leurs Hautes-Puissances, le 11 décembre 1742, avec des réflexions d'un voyageur cosmopolite. *S. l.*, 1742. In-4° — Pièce de 11 pages.

Pièce satirique. — 2 exemplaires.

1553 Lettre d'un *Anglois* à son Ami, sur le changement du système politique de la France, et de ses Alliez, contre l'Archiduchesse Reine. Traduite de l'anglois. A *Londres*, 1742. In-8°. — Pièce de 32 pages.

1554 Lettre de M. de...... Seigneur allemand, à M...... à Paris. *Berne*, 20 octobre 1742, s. n. d'imp., 1 br. 12 p. in-4°.

1555 Lettres & négotiations de Monsieur VAN HOEY, Ambassadeur de Hollande à la Cour de France. — Pour servir à l'Histoire de la vie du Cardinal de Fleury. A *Londres*, chez John Nourse, à l'Agneau, près du Temple Bar, 1743. In-12. — Pièce de 168 pages.

« M. Van Hoey tâche dans ses lettres de détourner les Hollandais d'entrer » dans une guerre qui ne peut leur être que très préjudiciable : il prétend aussi

» les prémunir contre les intentions des Anglois. Ses détails sont intéressans ; et
» les portraits dont il a orné quelquefois ses récits, n'en sont pas un des moindres
» agrémens. Il y développe partout les vues pacifiques de la cour de France. Au
» reste, ses réflexions libres sur la conduite des alliés de sa république, & sur
» celle de ses états mêmes, lui attirèrent des reproches & une espèce de disgrâce.
» Ce fut quelqu'un du parti des Anglois, qui, ayant eu communication de ses
» lettres, crut devoir les publier ».   (Note de M. de Godefroy).

1556 [Discours de Monsieur le Marquis DE FÉNELON aux États-
Généraux de Hollande]. A *Douay,* chez J.-F. Wil-
lerval, Imp. du Roi & de la Cour de Parlement, 1744.
(Le titre manque). 1 br. 10 p. in-12.

1557 Ordonnance du Roy, portant déclaration de guerre
contre le Roy d'Angleterre, du 15 mars 1744. A *Paris,*
de l'imprimerie royale, M DCC XLIV. 1 br. 4 p. in-f°.

1558 A Sa Majesté Très Chrétienne, Sire, les Grand-Bailli,
Avoué, Echevins et Conseil de la Ville & Cité d'Ypres
supplient très-humblement Votre Majesté qu'il lui plaise
à la réduction & reddition de laditte Ville & Banlieue
sous son obéissance par la force de ses armes de leur
vouloir accorder par un éfet de sa bénignité et clémence
les points & articles suivants, 26 juin 1744. A *Ypres,*
chez Pierre-Jacques de Rave. 1 br. 29 p. in-4°.

1559 Sur l'arrêt de Monsieur le Marechal de Belleisle, dans
les terres de l'Electorat d'Hanover. On a joint la Correspondance de M. le Mal de Noailles, en 1744, au sujet
des Cartels, avec M. le Cte.de Grandville, alors Baron
Carteret, & avec M. le Général Wade, commandant
l'armée de la Grande-Bretagne, & de ses alliés en
Flandre. *S. l.* 1745. In-4°. — Pièce de 24 p.

1560 Pièces concernant la destination des Garnisons qui ont
défendu Tournay & Dendermonde. S. n. d'imp., 1745.
1 br. 8 p. in-4°.

1561 Articles proposés au Roi par les trois Etats de la Ville &
Cité de Tournay, au sujet de la Réduction de ladite

Ville à l'obéissance de Sa Majesté, le 24 may 1745. A *Tournay*, chez D. Varlé, Imprimeur juré près de la Catédralle, 1745. 1 br. 19 p. in-4°.

1562 Seconde lettre d'un noble suisse, à un Officier Général de l'armée du Roi de France en Flandre, son intime ami, sur le moïen de faire une Paix générale. Permis de distribuer & colporter à Berlin ce 26 octobre 1745. S. n. d'imp., 1 br. 16 p. in-8°.

1563 Déclaration du Roy, en faveur des Corses fidèles à la République de Gênes, & contre ceux qui cherchent à se soustraire à sa domination, du 9 avril 1746. A *Paris,* de l'imprimerie royale, M D CC XLVI. 1 br. 4 p. in-4°.

1564 Lettre du Roi adressée au Parlement de Flandres au sujet de la prise des Places de St-Ghislain & Charleroy (6 août 1746). S. nom d'imp., s. d. 1 br. 3 p. in-4°.

1565 Plan impartial & raisonné de Pacification générale & perpétuelle. Du 8 Novembre 1746. A *Londres*, 1746, in-8°. — Pièce de 52 pages.

1566 Relation de la Bataille de Loeffel, du 2 Juillet 1747. Avec le Plan. Se vend a *Lille*, chez A. J. Panckoucke, Libraire, Place de Rihour. *A la fin* : A *Lille,* de l'Imprimerie de la Veuve Danel & Fils, Libraires sur la Grand'-Place, 1747, in-8°. — Pièce de 8 pages.

Le plan, joint à cette *Relation*, a été gravé par Remi Morel qui était établi graveur dans la rue des Arts, vis-à-vis des Récollets, soit vis-à-vis du Lycée actuel.

1567 Déclaration communiquée par ordre de Sa Majesté Très-Chrétienne, aux Seigneurs États Généraux des Provinces-Unies. A *Lille*, de l'Imprimerie de Charles-Louis Prevost, Imprimeur-Libraire sur la petite Place. 1747. 1 br. de 4 pages in-4°.

2 exemplaires.

1568 Extrait d'une lettre de La Haye, sur la Paix. A *Lille,* de l'imprimerie de P. S. Lalau, 1748. — Pièce de 8 pages in-8°.

1569 Éclaircissement au sujet des prétendus avantages que la France a partout faussement grossis & débités avoir été remportés sur les Armes de la Reine de Hongrie & de Bohëme, auxquelles il a plu au Tout-Puissant d'accorder sa Bénédiction. S. d., s. n. d'imp., 1 br. de 4 pages in-4°.

1570 Mémoires secrets pour servir à l'Histoire de Perse. A *Amsterdam,* aux dépens de la Compagnie, 1745, in-12, 1 vol.

Ces *Mémoires* sont attribués par la plupart des bibliographes au Chevalier DE REYSSEGUIER, de Toulouse, officier aux Gardes ; d'autres leur donnent pour auteur ou PECQUET, commis aux affaires étrangères ; ou Mme DE VIEUX-MAISONS; ou VOLTAIRE, ou même LA BEAUMELLE. Barbier, qui rapporte ces différentes opinions, ne se prononce pour aucune. — La Clef des noms propres comprend 11 pages.

1571 Mémoires secrets pour servir à l'Histoire de Perse. *Amsterdam,* aux dépens de la Compagnie, 1746, in-12. 1 vol.

Voir le n° précédent. — Il y a dans cette édition onze pages ajoutées à ce que contenait celle de l'année précédente.

1572 Memoire pour le Sieur [Bertrand-François Mahé] de la Bourdonnais. Avec les pièces Justificatives. [Par M. DE GENNES, avocat au Parlement de Paris]. *Paris,* Delaguette, 1751, in-12. 3 vol. cartes.

1573 Mémoire à consulter pour la Famille du Sr Dupleix contre M. Mahé de la Bourdonnais par M. DE GENNES, avocat au Parlement de Paris. 108 pages. A *Paris,* Imp. Antoine Boudet, MDCCLI. 1 vol. in-4°.

Dans le même volume : Suite des pièces justificatives, 91 pages. — Second mémoire à consulter pour la famille du Sr Dupleix, 16 pages. — Supplément au mémoire du Sieur de la Bourdonnais, 57 pages. A *Paris,* Imp. Dela-

guette, MDCCLI.— Chargement fait à Madraz des vaisseaux de l'Escadre Françoise, année 1740, 19 pages et
un tableau. — Observations sur les deux mémoires à
consulter distribués par la famille du sieur Dupleix.
Imprimerie Delaguette à Paris, 11 pages. — Extrait du
jugement rendu le 3 février 1751 par les Commissaires
concernant le Sʳ de la Bourdonnais. (Cette dernière
pièce est manuscrite.)

1574 Recueil des Remontrances du Parlement faites au Roi le
4 mai 1751, le 15 avril 1752, le 9 avril 1753. — Tradition
des faits qui manifestent le systeme d'indépendance que
les évêques ont opposé dans les différents siècles aux
principes invariables de la Justice souveraine du Roi sur
tous ses sujets indistinctement ; & la nécessité de laisser
agir les Juges séculiers contre leurs entreprises pour
maintenir l'observation des lois et la tranquillité publique.
— Monuments précieux de la sagesse de nos Rois....
concernant les Évocations, Interdictions, Surséances,
Cassations... contraires aux Loix ou à l'usage, style et
réglement du Parlement.— Dispositions des Capitulaires
sur le Sacrement de l'Eucharistie. — Collection d'Arrêts
& Arrêtés depuis le 16 décembre 1752, Jusqu'à l'Exil
des Enquêtes & Requêtes. — Lettres Patentes, Déclarations & Discours prononcés à la rentrée du Parlement,
le 4 septembre 1754. (*Paris*), 1754, in-12. 1 vol.

Presque toutes les pièces de ce Recueil ont trait aux luttes engagées par le Parlement contre l'autorité ecclésiastique et royale à propos des refus des Sacrements
aux appelants de la Bulle *Unigenitus.*

1575 Conduite des François, par rapport à la Nouvelle Écosse,
depuis le premier établissement de cette colonie jusqu'à
nos jours. Ouvrage où l'on expose la foiblesse des argu-
ments dont ils se servent pour éluder la force du Traité
d'Utrecht et pour justifier leurs procédés illégitimes,
dans une Lettre à un membre du Parlement. Traduit de
l'Anglois [de *Tom.* JEFFERYS]. Avec des Notes d'un
François, [*Geor. Mar.* BULTEL-DUMONT]. dans lesquelles

il disculpe sa Nation... et établit les droits de la France sur les Possessions qu'elle occupe dans l'Amérique Septentrionale. *Londres*, Vaillant, 1755, in-12. 1 vol.

1576 Relation de la nouvelle Descente des Anglois à Saint-Malo. Permis d'imprimer à Rennes, ce 12 septembre 1758. De l'Imprimerie de J. Vatar. 1 br. 4 pages in-4°.

1577 Pièces originales et procédures du proces, fait à Robert François Damiens, tant en la Prevôté de l'Hotel qu'en la cour de Parlement. A *Paris*, chez Pierre Guillaume Simon, Imp. du Parlement, M DCC LVII. 1 vol. in-4°, titre noir et rouge.

En tête se trouve un précis historique concernant Robert-François Damiens.

1578 La Gazette de France, organe officiel, à partir du 1er janvier 1762 (n° précédé du prospectus), jusqu'au 30 décembre 1776, à raison de deux numéros par semaine. Pet. in-fol., 15 vol. (un par année).

1579 Table ou Abrégé des cent trente-cinq volumes de la Gazette de France, depuis son commencement en 1631 jusqu'à la fin de l'année 1765. [par *Edme Jacques* Genest]. A *Paris*, de l'imprimerie de la Gazette de France, M.DCC.LXVI [-LXVIII]. Pet. in-fol., 3 vol.

1580 Lettres de Mr. le Maréchal, Duc de Belle-Isle, a Mr. le Maréchal de Contades. Avec les Extraits de quelques unes de M. de Contades au Duc, & autres Lettres. Trouvées parmi les papiers de Mr. de Contades, après la Bataille de Minden. A *Francfort*, chez les Freres Van Duren, M.DCC.LXI. Pet. in-8°, 1 vol.

1581 Mémoires de Lachalotais, procureur-général au parlement de Bretagne; précédés d'une introduction par M. Gilbert de Voisins, et suivis de documents extraits des registres du parlement. *Paris*, Moutardier, 1826. In-12, 1 vol , imp. par Gaultier-Laguionie.

1582 Paris, histoire véridique, anecdotique, morale & critique,

avec la Clef. Par M. [*François-Antoine*] CHEVRIER. A
La Haye, 1767, in-12. — Pièce de 88 pages.

1583 Mémoires pour le Duc d'Aiguillon (Par *Simon-Nicolas-
Henri* LINGUET). *Paris*, Boudet, 1770, in-12. 1 vol.

1584 Affaires du Parlement : 1° Edit du roi, portant règlement
pour la procédure, donné à Versailles, février 1771.
Registré le 17 Mai. *Arras*, Michel Nicolas.— 2° Remontrances d'un citoyen aux Parlemens de France. 1771.—
3° Considérations sur l'Edit de décembre 1770. —
4° Réflexions d'un citoyen, sur l'Edit de Décembre 1770.
— 5° Sentimens des six Conseils établis par le Roi, et
de tous les bons citoyens. — 6° Très-humbles et très-
respectueuses remontrances du grenier à sel, au Roy. —
7° Très-humbles et très-respectueuses remonstrances de
la Communauté des Clercs du Palais, dite la Bazoche,
au Roi. — 8° La teste leur tourne. — 9° Reflexions d'un
Maître Perruquier sur les affaires de l'État. — 10° Lettre
du Parlement de Flandres au Roi, du 27 mars 1771. —
Le tout en un vol. pet. in-8°.

1585 Considérations sur l'Édit de décembre 1770. *S. l. n. d.*
(1771), in-12. — Pièce de 86 pages.

Autre exemplaire de la même brochure. Favorable à l'édit et contraire au Parlement.

1586 La Teste leur tourne. *S. l. n. d.* (vers 1771), in-12. —
Pièce de 48 pages.

Contre les prétentions des Parlements. — 2 exemplaires.

1587 Réflexions d'un Maître Perruquier sur les affaires de
l'État. *S. l. n. d.* (vers 1771), in-12. — Pièce de 24 pages.

Il s'agit du Parlement à la cause duquel cet écrit est opposé.

1588 Recueil de diverses pièces insérées dans les Procès-
Verbaux des Lits de Justice du 26 août 1718 & 3 septembre 1732. Avec la Réponse faite par le Roi, tenant
son Parlement de Paris le 3 mars 1766, aux Remon-

trances de ladite Cour, au sujet de ce qui s'est passé à Pau & à Rennes. *S. l.*, 1771, in-12.— Pièce de 42 pages.

1589 Lettre du Parlement de Flandres au Roi, du 27 mars 1771. *S. l. n. d.* (*Douai*, 1771), in-12. — Pièce de 11 pages.

Dans cette lettre, le Parlement de Flandre adresse au Roi « les plus pressantes » représentations sur la dispersion générale & indéfinie des membres du Parle- » ment de Paris » en exécution de l'édit du 3 décembre 1770.

1590 Lettre écrite à M***, Président du Parlement de Rouen, par un Membre d'un Présidial dans le Ressort de ce Parlement. *S. l. n. d.* (vers 1771), in-12. — Pièce de 24 pages.

Écrit anti-parlementaire.

1591 Tres-humbles & tres-respectueuses Remontrances de la Communauté des clers du Palais, dite *la Bazoche*, au Roi. *S. l. n. d.* (vers 1771), in-12. — Pièce de 16 pages.

C'est une pièce satirique au sujet de l'exil du Parlement et dirigée contre ce corps.

1592 Remontrances d'un citoyen aux Parlemens de France. *S. l.*, 1771, in-12. — Pièce de 80 pages.

Pièce anti-parlementaire.

1593 Pièces intéressantes sur les affaires actuelles des Parle-mens. *S. l. n. d.* (1772), in-12. — Pièce de 61 pages.

1594 Ils reviendront ; Ils ne reviendront pas ; ou le Pour & le Contre. *S. l. n. d.* (1772), in-12. — Pièce de 50 pages.

Il s'agit des Parlements & cet écrit leur est opposé car il conclut : « Certai-nement ils ne reviendront pas ! »

1595 Les Efforts de la Liberté et du Patriotisme contre le Des-potisme, du Sr. de Maupeou Chancelier de France, ou Recueil des écrits Patriotiques publiés pour maintenir l'Ancien Gouvernement Français [*savoir :* le Maire du

Palais, par *Clément* DE BOISSY ; le Parlement justifié par
l'Impératrice de Russie, par BLONDE, avocat ; Lettres
d'un homme à un autre homme sur les affaires du temps,
par *G. J. B.* TARGET ; extraits de sermons de M. Mas-
sillon ; Lettre de M. D'ORMESSON ; Correspondance de
M. DE MAUPEOU et de M. DE SORHOUET, etc., etc.] A
Londres, M. DCC. LXXII [-LXXIII]. In-8°, 5 tom. en
2 vol.

1596 Journal historique de la Révolution opérée dans la Cons-
titution de la Monarchie Françoise par M. de Maupeou,
Chancelier de France. [Par *Matthieu-François* PIDAN-
SAT DE MAIROBERT en collaboration de MOUFFLE D'AN-
GERVILLE.] A *Londres (Amsterdam),* 1775-1776, in-12.
7 vol.

Les deux derniers volumes ont pour titre : *Du Rétablissement de la Magis-
trature : pour servir de suite à la Révolution opérée.... par M. de Maupeou.*
— Sur la garde du premier volume, il y a une note de la main de Denis-Joseph
Godefroy ainsi conçue : « J'ai fait, étant à Strasbourg, en 1776, une table des
» matières de cet ouvrage, dont on m'a offert quarante Louis : je n'ai pas voulu
» les avoir parce que je n'en avois pas besoin. » Sur le revers du feuillet, une
autre note de la même main dit : « Je me suis amusé à faire en 1776 étant à
» Strasbourg une table des matières de cet ouvrage. Un libraire m'en a offert
» 1,500 fr. pour la faire imprimer, j'ay voulu en avoir trois mille francs, elle ne
» l'a point été. — Je crois qu'elle seroit cependant très utile. J'en ai encore le
» manuscrit en 1816. »

M. le Marquis de Godefroy-Ménilglaise a conservé le travail de son père et il
se trouve présentement dans la Bibliothèque de Lille, dans le Portefeuille n° 25,
des papiers et manuscrits qui font partie du legs de M. de Godefroy. Cette table
forme un cahier in-4° de 154 pages, auquel il faut joindre un autre petit cahier
de 16 pages, donnant la liste des ouvrages et brochures cités dans les 7 volumes.

1597 Heures nouvelles, à l'usage des magistrats et des bons
citoyens. Diligite Justitiam, qui judicatis Terram. Sap.
Cap. I. v. I *S. l. n. n.* [*Lille*? Henry?] M.DCC.LXXVI.
1 vol., in-18, tit. encadré.

1598 Souvenirs de la Marquise DE CRÉQUY, 1710-1800 et 1802,
publiés par M. MÉLINE. *Bruxelles,* J. P. Méline, Imprimerie Vanderborght fils, 1834-1836. 7 vol. in-18.

HISTOIRE DE FRANCE PAR ÉPOQUES. — LOUIS XVI.

1599 Annales Françaises, depuis le commencement du règne de Louis XVI, jusqu'aux États-Généraux. 1774 à 1789. Par *Guy-Marie* SALLIER, ancien Conseiller au Parlement de Paris. Seconde édition. A *Paris,* chez Leriche, Thomine, [impr. Rougeron], 1813. In-8°, 1 vol.

2 exemplaires.

1600 Annales Françaises, mai 1789 - mai 1790, par *Guy-Marie* SALLIER, ancien conseiller au parlement de Paris, ex-député de la Côte-d'Or, etc. A *Paris,* chez Leriche et Thomine, imprimerie d'Hippolyte Tilliard, 1832. In-8°, 2 vol.

1601 Le Sacre et Couronnement de Louis XVI, roi de France et de Navarre, dans l'Église de Reims, le 11 Juin 1775; précédé de recherches sur le Sacre des Rois de France, depuis Clovis jusqu'à Louis XVI [par *Nicolas* GOBET]; et suivi d'un Journal Historique de ce qui s'est passé à cette auguste Cérémonie, [par l'abbé *Th.-J.* PICHON], Enrichi d'un très-grand nombre de Figures en taille-douce, gravées par le Sieur Pattas, avec leurs Explications. A *Paris* , chez Vente, [et chez Patas, impr. par Mailles], M. DCC. LXXV. In-4°, 1 vol., frontisp. gravé, faux-tit. encadré, nombreuses gravures.

1602 Éloge de Louis, Dauphin de France, père du Roi; Discours qui a remporté le prix proposé par une Société amie de la religion et des lettres. Par M. l'abbé (*Étienne-Antoine* DE) BOULOGNE. *Paris,* Mérigot, 1781, in-8°. — Pièce de 100 pages.

1603 CAPEFIGUE. Louis XVI, ses relations diplomatiques avec l'Europe , l'Inde , l'Amérique et l'Empire Ottoman. *Paris,* Amyot, édit. Typ. Lahure, MDCCCLVI. 1 vol. in-12.

1604 Les Réformes sous Louis XVI, Assemblées provinciales et Parlements, par *Ernest* SERNICHON, Avocat, ancien Conseiller général. *Paris,* librairie académique Didier et Cⁱᵉ, [typ. Pillet et Dumoulin], 1876. In-8°, 1 vol.

1605 Essais historiques sur la vie de Marie-Antoinette d'Autriche. Reine de France, pour servir à l'histoire de cette Princesse. *Londres,* Stampe, 1789. In-8°. — Pièce de 80 pages.

Suivant M. Barbier, ce pamphlet devrait être attribué à *P.-E.-A.* GOUPIL; suivant M. P. Lacroix, il serait dû à BRISSOT, soudoyé par le duc d'Orléans.

1606 Notice historique sur les faits et particularités qui se rattachent à la Chapelle expiatoire de Louis XVI et de la Reine Marie-Antoinette, d'après documents officiels pleins d'émouvantes révélations par l'abbé SAVORNIN, aumônier de cette chapelle. *Paris,* Vaton, lib.-édit. Imp. Adrien Le Clere, 1865. 1 vol. in-12, gravure en frontispice.

1607 Les entretiens de l'autre monde sur ce qui se passe dans celui-ci ; ou Dialogues grotesques & pittoresques entre feu Louis XV, feu le Prince de Conti, feu M. Turgot, feu M. l'abbé Terray, feu M. de Clugny ; feu le Comte de Muy, feu le Comte de St. Germain, feu le Duc de la Vrillière, feu le Comte de Maurepas & autres personnages. A *Londres,* 1784. In-12, 1 vol.

1608 Histoire impartiale des événemens militaires & politiques de la dernière guerre, dans les quatre parties du monde Par M. DE L. [*Pierre* DE LONGCHAMPS, de la Rochelle]. *Paris,* Duchesne, 1785. In-12, 3 vol.

1609 Exposé des Motifs de la conduite du Roi, relativement à l'Angleterre. A *Paris,* de l'imprimerie royale, M DCC LXXIV. 1 br. 14 pages in-4°.

1610 Recueil de pièces concernant les Assemblées des Notables. 1787-1788.

1. Discours du Roi, à l'Assemblée des Notables, tenue à Versailles, le 22 février 1787. A *Versailles,* imp. Pierres, MDCCLXXXVII.

2. Discours prononcé de l'ordre du Roi et en sa présence par M. de Calonne, contrôleur général des Finances, dans l'assemblée des notables, tenue à Versailles, le 22 février 1787. *Versailles,* imp. Pierres, MDCCLXXXVII.

3. Début du discours prononcé par M. le Contrôleur général dans l'assemblée des notables, le lundi 12 mars 1787. *Versailles,* imp. Philippe-Denys Pierres, *s. d.*

4. Discours du Roi, prononcé à l'assemblée des notables du Lundi 23 avril 1787. *Versailles,* imp. Pierres, *s. d.*

5. Discours prononcés à l'assemblée des notables du vendredi 25 mai 1787. *Versailles,* imp. Pierres, M.DCC LXXXVII.

6. Observations présentées au Roi par les Bureaux de l'Assemblée des Notables, sur les Mémoires remis à l'assemblée ouverte par le Roi à Versailles 23 février 1787. *Versailles,* imp. Pierres, MDCCLXXXVII.

7. Collection de mémoires présentés à l'assemblée des notables, première et seconde division. *Versailles,* imp. Ph. D. Pierres. MDCCLXXXVII.

8. Déclaration du Roi concernant le Timbre, donnée à Versailles le 4 août 1787. *Paris,* imp. Nyon, 1787.

9. Procès-verbal de ce qui s'est passé au Lit de Justice tenu par le Roi à Versailles, le lundi 6 août 1787. *Paris,* chez N. H. Nyon, imp., MDCCLXXXVII.

10. Édit du Roi de révocation, tant de celui du mois d'Août dernier portant suppression des deux vingtièmes, & établissement d'une subvention territoriale, que de la déclaration du quatre du même mois, concernant le timbre ; et prorogation du second vingtième, pendant les années mil sept cent quatre vingt onze et mil sept

cent quatre vingt douze. Donné à Versailles au mois de septembre 1787. Registré en Parlement le dix-neuf septembre mil sept cent quatre vingt sept. *Paris,* chez Nyon, imp., 1787.

11. Discours, du Roi, de M. le Garde des Sceaux et de M. le Directeur général des Finances à l'ouverture de l'assemblée des Notables tenue à Versailles le 6 novembre 1788. (2ᵐᵉ assemblée des notables). *Paris,* imp. Royale, 1788.

12. Compte rendu au Roi, au mois de mars 1788 et publié par ses ordres. *Paris,* imp. Royale, 1788. 1 vol. in-4º.

1611 Objets présentés à l'Assemblée des Notables par de zélés citoyens ; premier objet, Administrations provinciales, |se composant : 1º du Mémoire concernant l'utilité des États provinciaux (par le marquis DE MIRABEAU) ; 2º de l'Extrait du Mémoire de NECKER, présenté au roi en 1778 ; 3º d'un projet d'administration municipale des généralités districts & arrondissements (par LE TELLIER, avocat) ; 4º de l'Examen des administrations provinciales (par *François-Emmanuel* GUIGNARD DE SAINT-PRIEST)]. *Paris,* de l'impr. polytype, 1787. In-8º. — Pièce de 70 pages.

1612 Discours du Roi, à l'assemblée des notables, tenue à Versailles, le 22 Février 1887. A *Versailles,* de l'imp. de Ph. D. Pierres, 1787. 1 br. 4 pages in-4º non paginées.

1613 Discours prononcé par M. de CALONNE, contrôleur général des finances, dans l'assemblée des notables, tenue à Versailles, le 22 Février 1787. A *Versailles,* de l'Imp. de Ph. D. Pierres, 1787. 1 br. 33 pages in-4º.

1614 Requête au Roi, adressée à Sa Majesté, par M. DE CALONNE, Ministre d'État. De l'imp. de T. Spilsbury, Snowhill. *Londres,* MDCCLXXXVII. 1 vol. 100 pages in-4º.

1615 Discours en vers à l'occasion de l'assemblée des Notables, en mil-sept-cent quatre-vingt-sept. *Paris,* de l'impr. de Monsieur, 1787. In-8°. — Pièce de 8 pages.

1616 Liste des bureaux de Notables en l'année M DCC LXXXVIII. S. n. d'imp. 1 br. 8 pages in-4°.

1617 Discours du Roi, de M. le Garde des Sceaux, et de M. le directeur général des finances, à l'Ouverture de l'Assemblée des Notables, tenue à Versailles, le 6 Novembre 1788. A *Paris,* de l'imprimerie royale, 1788. 1 br. 18 pages in-4°.

1618 Recueil de pièces intéressantes. A *Sens,* chez l'imprimeur de l'archevêque, 1788. In-8°.— Pièce de 124 pages.

Contenu du Recueil : 1. Les Quand, les Si, les Mais, les Car ; — 2. Jeu de Quilles ; — 3. Mémoire des Marchandes du palais à M. le Garde des Sceaux ;— 4. Lettre à M. le baron de P***, officier aux Gardes-Françoises, sur les devoirs du militaire françois ; — 5. Les réflexions & la résolution d'un bon roi ; — 6. Apologie de la Cour plénière ; — 7. Requête de l'exécution des hautes œuvres aux Juges-Consuls.... de la ville de Paris ; — 8. Lettre à M. de Lamoignon, Garde des Sceaux de France ; — 9. Observations d'un homme impartial ; — 10. Lettre du Prince de Guiménes (*sic*) au Roi ; — 11. Arrêt du Conseil d'État du peuple françois.

1619 Le Moniteur. — Major rerum nascitur ordo (attribué à *M. J. A. N.* CARITAT DE CONDORCET, *J.-P.* BRISSOT et *Ét.* CLAVIÈRE. S. *l.,* 1788. In-8°. — Pièce de 50 pages.

1620 Le Bon-Sens. Par un gentilhomme breton. (*Armand-Guy-Simon* DE KERSAINT.) S. *l.,* 1788. In-8°. — Pièce de 238 pages.

1621 Lettre sur le Mémoire des Princes, présenté au Roi. S. *l. n. d.* (1788). In-8°. — Pièce de 45 pages.

1622 Mémoire sur l'importance, pour la Colonie de St-Domingue, d'avoir des représentants à l'assemblée des États-Généraux, & sur la forme la plus légale de procéder à l'élection de ses députés. (Par le marquis DE GOUY-D'ARSY.) *Paris,* Clousier, 1780. In-8°.— Pièce de 12 pages.

1623 Réclamations du Tiers-État & supplique au Roi. *S. d.*, novembre 1788. In-8°. — Pièce de 18 pages.

On demande que les députés du Tiers ne soient ni nobles, ni ennoblis, ni privilégiés ; que les deux premiers ordres réunis forment une Chambre, et le Tiers une autre Chambre ; qu'une Commission, formée d'un nombre égal de membres tirés de chaque Chambre, dresse un projet qui organise la composition des États-Généraux.

2 exemplaires.

1624 Discours de Monsieur LEFEBVRE D'ORMESSON, premier président du Parlement, à l'ouverture de l'Assemblée des Notables, tenue à Versailles le 6 Novembre 1788. *S. l. n. d.* In-8°. — Pièce de 7 pages.

1625 Arrêté du Parlement du 5 décembre 1788, les Pairs y séant, sur la situation actuelle de la Nation. *S. l. n. d.*, 1788. In-8°. — Pièce de 8 pages.

1626 Arrêté du Parlement, les Pairs y séant, du 22 décembre 1788. *S. l. n. d.* In-8°. — Pièce de 2 pages.

1627 Jugement du Champ de Mars, rendu le Peuple assemblé, les Laboureurs y séant. Du 26 décembre 1788. (Par LE TELLIER , avocat.) *S. l. n. d.* In-8°. — Pièce de 53 pages.

Autre exemplaire de la même pièce.

1628 Résultat du Conseil d'État du Roi, tenu à Versailles le 27 Décembre 1788. A *Paris,* de l'imprimerie royale, 1788. 1 br. 26 pages in-4°.

1629 A la Nation Françoise. Sur les vices de son *Gouvernement* ; sur la nécessité d'établir une *Constitution* ; & sur la *Composition* des *États-Généraux.* (Par *Jean-Paul* RABAUT SAINT-ÉTIENNE.) *Paris,* Novembre 1788. In-8°. — Pièce de 96 pages et 6 pages de Précis des matières.

2 exemplaires.

1630 Projet d'édit pour la restauration de la chose publique, la convocation régulière des États-Généraux, la Restauration des anciennes cours plénières, le Rappel des Parlements, l'Établissement de ces cours dans chaque Généralité, l'arrondissement du ressort de chaque Sénéchaussée, la Création d'une justice royale dans chaque Bailliage, la Suppression de la vénalité des charges, des commissions et de tous les tribunaux d'exception : ouvrage précédé de lettres à Leurs Majestés, & suivi de l'Esquisse d'un Code uniforme pour tout le Royaume, par l'auteur de *l'Abus et les dangers de la contrainte par corps*. (DUCLOSEL D'ARNERY). *S. l.*, 1788. In-8°. — Pièce de 115 pages.

1631 Réflexions sur les pouvoirs et instructions à donner par les provinces à leurs députés aux États-Généraux. (Par *C. L.* HUGUET DE SEMONVILLE.) *S. l. n. d.* (1788). In-8°. — Pièce de 24 pages.

1632 Avis au Tiers-État, suivi de trois lettres sur la forme des États-Généraux. A *Londres,* 1788. In-8°. — Pièce de 77 pages.

La première des trois lettres a pour titre : *Lettre écrite par plusieurs citoyens du Clergé, de la Noblesse & des Communes du Dauphiné à Messieurs les Syndics-Généraux des Etats de Béarn* ; elle a été rédigée par *Jean-Joseph* MOUNIER, secrétaire des trois ordres du Dauphiné.

1633 Des États-Généraux, de leur forme & de la cause de leur Convocation. *S. l.,* 1788. In-8°. — Pièce de 116 pag.

1634 Vues d'un citoyen sur la composition des États-Généraux. Par M. MOURGUE DE MONT-REDON, membre & ancien directeur de la Société Royale des Sciences de Montpellier. *S. l.,* 1788. In-8°. — Pièce de 66 pages avec un tableau des généralités.

1635 Manière équitable & juste de convoquer & d'assembler les États-Généraux. A *Amsterdam,* 1788. In-8°. — Pièce de 60 pages et trois tableaux in-fol.

1636 Lettres aux Notables sur la forme & l'objet des États-

Généraux, par M. *P. V.* DE CALONGES. A *Londres*, & se
trouve à *Paris,* chez les marchands de nouveautés.
In-8°. — Pièce de 59 pages.

1637 L'Écho de l'Élisée , ou dialogues de quelques morts
célèbres, sur les États-Généraux de la nation & des
provinces. (Par DINGÉ, ex-bibliothécaire du Prince de
Condé.) *S. l.*, octobre 1788. In-8°.— Pièce de 111 pages.

1638 Code national, dédié aux États-Généraux. (Par *Charles-
Pierre* BOSQUILLON , avocat au Parlement de Paris.)
Genève (*Paris*), 1788. In-8°. — Pièce de 233 pages.

   2 exemplaires.

1639 [Recueil factice, en 4 vol. in-8°, de pièces diverses relatives à la convocation et aux délibérations des États-
Généraux de 1789, savoir :]

   [I]. 1. Questions à examiner avant l'assemblée des
États-Généraux ; par le Marquis DE CASAUX, de la
Société royale de Londres. [*S. l. n. n.*], 1788. In-8°,
100 pp., outre f.-tit. et tit.

   2. Mémoire sur les formes qui doivent précéder &
accompagner la convocation des États-Généraux. Dans
lequel on traite toutes les questions proposées dans
l'Arrêt du Conseil du 5 juillet 1788, & plusieurs autres
accessoires, par M. LEVRIER, Lieutenant-Général du
Bailliage-Royal de Meullent (*sic*). [*S. l. n. n.*], 1788.
In-8°, 87 pp., y compris tit.

   3. Avis au Tiers-État, suivi de trois Lettres sur la
forme des États-Généraux, par le marquis DE BEAUVEAU.
A *Londres*, 1788. In-8°, 77 pp., outre titre.

   4. Dissertation sur les assemblées nationales, sous
les trois races des rois de France, par M. le Comte de
LAURAGUAIS. A *Paris*, ce 10 octobre 1788. In-8°, 103
pp., y compris titre.

   5. Principes sur la Constitution de la France et des
États-Généraux, [*S. l. n. n., daté, à la fin,* M. DCC.
LXXXVIII]. In-8°, 47 pp., y compris titre.

6. Mémoire pour le Peuple françois [par *J.-A.-J.* Cérutti]. Seconde édition corrigée et augmentée. [*S. l. n. n.*], 1788. In-8°, xxii-76 pp., y compris tit.

7. Un Bon-homme aux États-Généraux, sur quelques objets relatifs aux Arts ; sur M. Ployet & les Plagiaires, etc., etc., etc. Un Paon muoit : un Geai prit son plumage. *Londres*, décembre 1788. In-8°, 28 pp., y compris f.-tit. et tit.

[II]. 1. Des États-Généraux, ou Histoire des assemblées nationales en France, des Personnes qui les ont composées, de leur forme, de leur influence, & des objets qui y ont été particulièrement traités, par M. de Landine, Avocat, Correspondant de l'Académie des Inscriptions. A *Paris*, chez Cuchet, M.DCC.LXXXVIII. In-8°, tit., xxii pp. ch., 2 pp. n. ch. et 279 pp. ch.

2. Histoire du Gouvernement françois, depuis l'assemblée des notables, tenue le 22 février 1787, jusqu'à la fin de décembre de la même année, par l'abbé *Jean-Pierre* Papon. A *Londres* [et *Paris*], M.DCC.LXXXVIII. In-8°, xiv pp., y compris f.-tit. et tit., 2 pp. n. ch. et 29 pp. ch.

[III]. 1. Le Vœu de la raison, pour les paroisses, les curés et les pauvres, à Louis XVI, dans l'assemblée des notables de son royaume. [*S. l. n. n.*], 1787. In-8°, 133 pp., y compris tit., et 3 pp. de tab.

2. Vues impartiales sur l'établissement des assemblées provinciales, sur leur formation, sur l'impôt territorial, et sur les traités, par Boislandry, négociant. A *Londres*, et se trouve à *Paris*, chez Pierre-J. Duplain, 1787. In-8°, 90 pp., outre faux-titre et titre.

3. Le Conciliateur ou Lettres d'un ecclésiastique à un magistrat sur les affaires présentes, par feu M. *Anne-Robert-Jacques* Turgot, Ministre & Secrétaire d'État, [et *Etienne-Charles* de Loménie de Brienne. Seconde édition, publiée par *J.-A.* Naigeon, membre de l'Institut. [*S. l. n. n.*], 1788. In-8°, 2 ff. n. ch. et 51 pp. ch.

4. Considérations sur les intérêts du Tiers-État, adressées au peuple des provinces, par un Propriétaire foncier. [*Jean-Paul* RABAUT DE SAINT-ÉTIENNE]. [*S. l n. n.*], 1788. In-8°, 107 pp., y compris tit.

5. Lettres d'un militaire, sur les changements qui s'annoncent dans le système politique de l'Europe [par *E.-P.-S.* RICARD, depuis général, comte et pair de France. A *Bouillon* [et à *Paris,* chez Volland]. Le 1ᵉʳ novembre 1787. In-8°, 94 pp., outre titre.

6. Lettre ou Mémoire historique sur les troubles populaires de Paris, en août et septembre 1788, avec des notes, par M. CHARON. *Londres,* M.DCC.LXXXVIII. In-8°, 60 pp., y compris tit.

[IV]. 1. Nouvelles observations sur les États-Généraux de France, par M. MOUNIER, Secrétaire des États de la Province de Dauphiné. [*S. l. n. n.*], 1789. In-8°, 282 pp., y comp. tit., et 2 pp. de table.

2. Les quatre États de la France, [par *L.-P.* BÉRENGER]. [*S. l. n. n.*], 1789. In-8°, 99 pp., y comp. tit.

3. Considérations sur l'ancienneté de l'existence du Tiers-État, et sur les causes de la suspension de ses droits pendant un temps; sur l'institution des communes, et sur les effets qu'elles ont produits, par M. G. D. S. [GAUTIER DE SIBERT]. A *Paris*, chez Barrois l'aîné, 1789. In-8°, IV-119 pp., non compris faux-tit. et tit.

4. Le Disciple de Montesquieu, à MM. les Députés aux États-Généraux, ou supplément à la Pétition des Bourgeois de Paris, & au Rapport; suivi de quelques réflexions sur des Instructions attribuées à S. A. S. Mgr le duc d'Orléans, par P. M. L. au R. D. C. [*Pierre* MARCON, lieutenant au régiment Dauphin cavalerie]. [*S. l. n. n.*], 1789. In-8°, 98 pp., y compris tit. et préface, mais non compris faux-titre, plus 1 p. d'observation, additions et corrections.

1640 État de la France en 1789, par *Paul* BOITEAU. *Paris,*

Perrotin, Lib. Edit. Imp. Simon Raçon et Comp. 1861.
1 vol. in-8°.

1641 La Galerie des États-Généraux (par le Marquis *J.-P.-L.*
DE LUCHET, le Comte *A.* DE RIVAROL, le Comte DE
MIRABEAU & *P.-A.-F.* CHODERLOS DE LACLOS. *S. l.*,
1879. In-8°, 2 vol.

1642 Ouverture des États-Généraux, faite à Versailles le
5 mai 1789. — Discours du Roi ; Discours de M. le
Garde des sceaux ; Rapport de M. le Directeur Général
des finances, fait par ordre du Roi. *Paris,* Imp. Royale,
1789. In-8°. — Pièce de 118 pages, avec un État général
des revenus & des dépenses fixes.

1643 Procès-verbal des Conférences sur la vérification des
pouvoirs, tenues par MM. les Commissaires du Clergé,
de la Noblesse & des Communes, tant en la salle du
Comité des États-Généraux, qu'en présence de MM. les
Commissaires du Roi, conformément au désir de Sa
Majesté. *Paris,* Baudouin, imprimeur de l'Assemblée
Nationale, 1789. In-8°. — Pièce de 216 pages.

1644 Mémoire sur les Etats-Généraux, leurs droits et la
manière de les convoquer, par M. le Comte (*Emm.-
L.-H.* DELAUNAY) D'ANTRAIGUES. *S. l.*, 1789. In-8°. —
Pièce de 279 pages.

1645 Lettre de M. (*Nicolas*) BERGASSE sur les États-Généraux.
S. l., 1789. In-8°. — Pièce de 64 pages.

1646 Réflexions d'un membre du Tiers-État à ses confrères.
S. l. n. d., (1789). In-8°. — Pièce de 15 pages.

1647 Copie d'une lettre de M. (*J.-A.-J.*) CERUTTI, à M. le
Comte de Lauraguais, ce 28 janvier à 8 heures du soir.
— Réponse de M. (*Louis-Léon-Félicité,* duc DE BRAN-
CAS), comte DE LAURAGUAIS, ce 28 janvier 1789, à 9
heures du soir. *S. l.* In-8°. — Pièce de 4 pages.

1648 Lettre de l'Optimiste à son ami Morinval, sur l'état présent des affaires. A *Tours*, 1789. In-8°. — Pièce de 20 pages.

1649 Lettre de M. C*** (CERUTTI) à Mad. de ****, au sujet de deux billets ridicules que M. de L*** (le comte de Lauraguais) a fait courir et imprimer. *S. l.*, 1789. In-8°. — Pièce de 18 pages.

1650 Suite de l'État des pensions sur le Trésor royal. — Seconde classe. *S. l.* (1789). In-8°. — Pièce de 71 pages (de la page 33 à 104).

La première classe, comprenant 32 pages, manque.

1651 Supplément historique & essentiel à l'état nominatif des pensions sur le trésor royal, imprimé par ordre de l'Assemblée nationale. *S. l.*, 1789. In-8°. — Pièce de 62 pages.

1652 Observations rapides sur la lettre de M. de Calonne au Roi (par *Joseph-Antoine-Joachin* CERUTTI). *Paris*, 1789. In-8°. — Pièce de 103 pages.

1653 Credo du Tiers-État, ou Symbole politico-moral à l'usage de tous les amis de l'État & de l'Humanité. *S. l.*, 1789. In-8°. — Pièce de 17 pages.

1654 Instruction donnée par S. A. S. Monseigneur le duc d'Orléans, à ses représentants aux Bailliages. Suivie de délibérations à prendre dans les Assemblées. (*Paris*), 1789. In-8°. — Pièce de 75 pages.

1655 Commentaire roturier, sur le noble discours adressé, par Monseigneur le prince de Conti, à Monsieur, frère du Roi, dans l'Assemblée des Notables, le .... 1788 (par *Antoine-Michel-Joseph* SERVAN). A *Paris*, 1789. In-8°. — Pièce de 40 pages.

1656 Mémoire sur la séance inconstitutionnelle d'Évêques, Bénéficiers et Gentilshommes étrangers. à l'Assemblée des Etats-Généraux du Royaume. A *Lille*, de l'imp. de Léonard Danel. 1 br. 8 p. in-4°.

2 exemplaires.

1657 Origine des richesses ecclésiastiques & démonstration de leur utilité pour le bien public. *S. l.*, 1789. In-8°. — Pièce de 42 pages.

1658 Peuple français vous êtes trompé. *S. l.*, 1789. In-8°. — Pièce de 39 pages.

1659 L'Aristocratie enchaînée & surveillée par le Roi & par le Peuple. — Aristocratie des Provinces. Seconde édition. Premier cahier, contenant un Plan de constitution des Provinces, suivi d'un Mémoire de MM. les Barons nés des États de Languedoc, & la Réponse à leurs prétentions, par M. J. L. G. S. *S. d.*, 1789. In-8°. — Pièce de 75 pages.

HISTOIRE DE FRANCE PAR ÉPOQUES. — RÉVOLUTION.

1660 Études critiques des Historiens de la Révolution française, ou histoire des Histoires de cette Révolution, par *Cyprien* DESMARAIS. Deuxième édition. *Paris,* Paul Méquignon, Lib. Édit. *Sceaux,* Imp. de H. Baudouin, 1835. 1 vol. in-8°.

1661 Dernières années du Règne et de la Vie de Louis XVI, par *François* HUE, l'un des officiers de la chambre du roi, appelé par ce prince, après la journée du 10 août, à l'honneur de rester auprès de lui et de la famille royale. A *Paris*, de l'Imprimerie Royale [Galland, Desenne, Petit], 1814. In-8°, 1 vol., portr. de Louis XVI.

1662 Essais pour servir d'introduction à l'histoire de la Révolution française, par *Guy-Marie* SALLIER, ancien Conseiller au Parlement de Paris, Maître des Requêtes au Conseil d'État. Seconde édition. A *Paris,* chez Leriche [impr. Rougeron], 1819. In-8°, 1 vol.

1663 Essais sur l'histoire de la Révolution françoise, par une
Société d'Auteurs latins [par *Ant.-Mar.* Héron de
Villefosse, ingénieur en chef des mines ; Chambry &
Ch.-Fr. Durozoir]. *Romœ, prope Cæsaris hortos,* &
à *Paris,* près du Jardin des Tuileries (12 fructidor
an VIII-1800). In-8°, 1 vol.

A l'aide de Centons tirés des ouvrages de Cicéron, Salluste, Tite-Live, Tacite,
Velleius Paterculus, Suétone, Cornelius Nepos, Quinte-Curce, Aurelius Victor,
Aulu-Gelle, Lactance, Horace, Virgile, etc., les auteurs ont composé l'Histoire
de la Révolution française. Ils mettent toujours le texte latin des auteurs, en
regard de leur traduction.

1664 Essais sur l'histoire de la Révolution française, par une
Société d'auteurs latins [par *A.-M.* Héron de Ville-
fosse, Chambry et *Ch.-Fr.* Durozoir. Nouvelle édition,
précédée de quelques réflexions sur les principes de la
Philosophie moderne, et augmentée de Citations. *Romœ,*
Prope Cæsaris hortos. [*Paris,* près le jardin des Tui-
leries]. Et se trouve, à *Londres,* chez Dulau ; à *Dublin,*
chez Jones ; à *Malte,* chez Capaci ; à *Lisbonne,* chez
Paul Martin ; à *Pétersbourg,* chez Jay ; à *Berlin,* chez
Nicolaï, 1803. In-8°, 1 vol.

1665 Histoire de la Révolution française, depuis 1789 jusqu'en
1814, par *F.-A.* Mignet. Sixième édition. *Bruxelles,*
Dumont, 1833. In-18, 2 tom. en 1 vol.

1666 Histoire de la Révolution française, par M. *A.* Thiers,
Ministre d'État et Député. Troisième édition. *Paris,*
[typog. Firmin Didot frères], Lecointe et Pougin, éditeurs, M DCCC XXXII. In-8°, 10 tom. en 5 vol.

1667 Précis historique de la Révolution française. Assemblée
constituante : suivi de Réflexions politiques sur les
circonstances, par *J.-P.* Rabaut. Ouvrage orné de six
gravures d'après les dessins de Moreau. Quatrième édition. A *Paris,* chez Treuttel et Würtz, de l'imprimerie
de Didot jeune, 1807. Pet. in-12, 1 vol.

1668 Précis historique de la Révolution française, par LACRE-
TELLE jeune. Seconde édition. 1° *L'Assemblée législative. Paris*, Imp. Didot jeune, 1804, 2 gravures ;
2° *Convention nationale.* Imp. Didot jeune, 1806. =
2 volumes contenant chacun 4 gravures ; 3° *Directoire
exécutif.* Imp. Didot jeune, 1806. = 2 volumes contenant chacun 4 gravures. Ensemble 5 volumes in-18.

1669 Considérations politiques sur la Révolution de France,
par *E. (Ernest)* BANDES, secrétaire intime de la Chancel-
lerie d'Hanovre. Traduit de l'allemand, sur la troisième
édition. A *Paris*, chez les Marchands de Nouveautés,
1791. In-8°. — Pièce de 182 pages.

1670 Réflexions sur la Révolution de France, et sur les procédés de certaines Sociétés à Londres, relatifs à cet
événement. En forme d'une lettre, qui avait dû être
envoyée d'abord à un jeune homme à Paris, par le
Right honourable *Edmund* BURKE. Traduit de l'anglais,
sur troisième édition, par DUPONT, ancien conseiller aux
enquêtes. Se trouve à *Paris,* chez Laurent fils, et à
Londres, chez Edward-Pall-Mall (*sic*), n° 102. [*S. d.*,
1790]. In-8°, 1 vol. de VIII-536 pp. chiffr. et 4 pp. d'avis
au lecteur et errata.

[*Même vol.* : I]. Lettre de M. Burke, membre de la
chambre des communes d'Angleterre. Au traducteur
de son discours sur la situation actuelle de la France.
Contenant son opinion sur la permanence de l'Assemblée nationale, et le décret sur la religion, A *Paris,*
[*S. d.*, 1790]. In-8°, 39 pp., outre titre et un feuillet.

[II]. Discours de M. Burke, sur la situation actuelle
de la France, prononcé par ce célèbre Orateur, & un
des Chefs de l'*Opposition,* dans la Chambre des *Communes d'Angleterre,* le 9 février 1790, lors du fameux
débat sur les *estimations de l'Armée.* Traduit littéralement de l'anglois, & dédié à l'Assemblée nationale.
[*S. l. n. d., Paris,* 1790]. In-8°, 28 pp.

[III]. Lucubrations philosophiques du célèbre Burke, sur divers objets de politique, traduites de l'anglois. N° 1. Décadence de la monarchie françoise. Précédées d'une Réponse à la Note importante de M. Cérutti, sur M. Burke. Au Club de la Raison et de la Morale. [*Paris*], 1790. In-8°, 42 pp.

1671 Mémoires tirés des papiers d'un Homme d'État [*Charles-Auguste* DE HARDENBERG], sur les causes secrètes qui ont déterminé la politique des cabinets dans les guerres de la Révolution, [par *A.-Fr.* D'ALLONVILLE, *A.* DE BEAUCHAMP et *A.* SCHUBART. A *Paris*, [impr. Moreau, puis P. Dupont], chez L.-G. Michaud, 1831 [-38]. In-8°, 13 vol.

1672 Histoire des principes, des institutions et des lois, pendant la Révolution française, depuis 1789 jusqu'à 1804 ; dédiée à la jeunesse française, par M. *F.* LAFERRIÈRE, professeur honoraire et inspecteur général de l'ordre du droit. Deuxième édition. *Paris,* Cotillon, [*Corbeil,* impr. Crété], 1851-1852. In-12, 1 vol.

1673 Histoire des journaux et des journalistes de la Révolution française (1789-1796), précédée d'une introduction générale par M. *Léonard* GALLOIS. *Paris,* impr. Schneider et Langrand, 1845. 2 vol. in-8°, portraits.

Cet exemplaire est incorrect dans le deuxième vol., de la page 25 à la page 35, des pages sont répétées, d'autres ne se suivent pas. Cela provient de la suppressions de deux en-quarts dans le dernier tiers de l'édition, à cause de certain passage qui avait déplu à MM. Séguier et Panckoucke, qui y figuraient d'une façon peu flatteuse.

1674 Des États généraux, et autres assemblées nationales. A *la Haye,* et se trouve à *Paris,* chez Buisson, Lib., 1788. 4 vol. in-8°.

1675 Journal du baron de GAUVILLE, député de l'ordre de la noblesse aux États généraux depuis le 4 mars 1789 jusqu'au 1er juillet 1790, publié pour la première fois d'après un manuscrit autographe, [avec une introduction par *Edouard* DE BARTHÉLEMY]. *Paris*, Gay, [imp. Lainé et Havard], 1864. In-12, 1 vol. de XXVIII-82 pp., outre faux-titre, titre et table. N° 279 d'un tirage à 300 exemplaires.

1676 Discours et Opinions de MIRABEAU, précédés d'une notice historique sur sa vie, par M. BARTHE, Avocat; et de l'oraison funèbre prononcée par CERUTTI lors de ses funérailles; d'un parallèle de Mirabeau et du cardinal de Retz, par M. le comte BOISSY D'ANGLAS; et des jugemens portés sur Mirabeau par CHÉNIER et M. le comte GARAT. A *Paris*, [impr. Plassan], chez Kleffer et Aug. Caunes, janvier [-avril] 1820. In-8°, 3 vol., les trois premiers de la collection des *Orateurs français*.

1677 Correspondance entre le Comte DE MIRABEAU et le Comte DE LA MARCK pendant les années 1789, 1790 et 1791, recueillie, mise en ordre et publiée par M. *Ad.* DE BACOURT, ancien ambassadeur. *Paris*, [imprimerie et] librairie Vᶜ Le Normant, 1851. In-8°, 3 vol.

1678 Mémoire de M. le Comte DE LALLY-TOLLENDAL, ou seconde lettre à ses commettans. *Paris*, Desenne, 1790. In-8°. — Pièce de 192 pages, avec 144 pages de Pièces justificatives contenant différentes motions de M. le Comte DE LALLY-TOLLENDAL.

Autre exemplaire du même Mémoire.

1679 Opinion de M. DE RULLY, député à l'Assemblée nationale, sur la nouvelle Constitution. *S. l. n. d.* (1790). In-8°. — Pièce do 83 pages. Avec un tableau des citoyens qui doivent être employés dans la Législature & dans les Administrations de Département et de District..... & Apperçu (*sic*) de la dépense fictive par la perte de temps de ceux qui ne sont pas salariés.

1680 Mémoire sur le remboursement des dettes du clergé. *S. nom d'imp.*, *s. d.* 1 br. 10 p. in-4°.

1681 Régénération de la France, suivie d'observations critiques sur les grandes opérations de l'Assemblée nationale, par M. le Comte de ***. Troisième édition. Seconde partie. A *Bruxelles*, 1790. In-8°. — Pièce de 155 pages.

1682 Proclamation du Roi, concernant les démarches qui ont été faites à Ruel et à Courbevoie, vers le corps des Gardes-Suisses. A *Paris*, chez N. H. Nyon, 1790. 1 br. 3 p. in-4°.

1683 Courrier extraordinaire ou le premier arrivé, par M. Duplain, du jeudi 16 décembre 1790. A *Paris*, de l'Imp. de la Société littéraire. 1 br. 8 p. in-8°.

1684 Motion lue par M. le Comte DE STE-ALDEGONDE-NOIRCAMES, au Club des Jacobins, le 17 mars 1790, après la lettre qui précède. *S. n. d'imp.* 1 br. 16 p. in-8°.

1685 Ambition et égoïsme de l'Assemblée nationale, par l'auteur de l'*État actuel de la France* (*Antoine-François-Claude,* Comte FERRAND). *Paris,* 1790. In-8°. — Pièce de 14 pages.

1686 Lettre à M. de Calonne, en réponse à son ouvrage sur l'*État de la France, présent et à venir,* par M. DE-SERRES-LATOUR, citoyen français. *Paris,* Chalon, 1790. In-8°. — Pièce de 144 pages.

1687 La prise des Annonciades. Seconde édition, corrigée & augmentée des noms (par le Marquis *François* DE BONNAY). *S. l.,* 1790. In-8°. — Pièce de 22 pages.

1688 L'Ombre de Favras à Bonne-Savardin. *S. l. n. d.* (1790). In-8°. — Pièce de 31 pages.

1689 Junius au Roi. Lettre troisième. *S. l.,* 1790. In-8°. — Pièce de 22 pages.

1690 *Junius au Corps collectif de la Nation. Lettre seconde. S. l.,* 1790. In-8°. — Pièce de 19 pages.

1691 Lettres de Junius à la minorité de l'Assemblée. *S. l.*,
1790. In-8°. — Pièce de 15 pages.

Un autre exemplaire de la même brochure.

1692 Tableau de la Conduite de l'Assemblée prétendue nationale, adressé à elle-même, par l'auteur d'un ouvrage
intitulé : *Nullité et Despotisme, etc.* (*Antoine-François-
Claude,* Comte FERRAND). *Paris,* 1790. In-8°. — Pièce
de 80 pages.

1693 Compte-Rendu par une partie des membres de l'Assemblée nationale, sur le décret du 28 mars 1791. A *Paris,*
au Bureau de l'Ami du Roi, 1791. In-8°. — Pièce de
20 pages.

Sur la défense du Roi de sortir de France. Les signataires, au nombre de 234,
s'opposent au décret, et parmi eux DE NÉDONCHEL, député de la noblesse du
bailliage du Quesnoi et DE LANNOY, député de Lille.

Autre exemplaire de la même brochure.

1694 Motifs de confiance et règles de conduite pour le tems
présent ; ou Réponse d'un ami à son ami (par l'abbé
Rémi POTHIER). *Paris,* Crapart, 1791. In-8°. — Pièce
de 36 pages.

1695 Des monstres ravagent tout [signé le Comte ****]. *Paris,*
l'Imp. d'un royaliste (1791). In-8°. — Pièce de 104 pages.

1696 Appel au tribunal de l'opinion publique, du Rapport de
M. Chabroud & du décret rendu par l'Assemblée nationale, le 2 octobre 1790. Examen du Mémoire du duc
d'Orléans, et du Plaidoyer du Comte de Mirabeau, &
nouveaux éclaircissements sur les crimes du 5 et du
6 octobre 1789, par M. (*Jean-Joseph*) MOUNIER. *Genève,*
1791. In-8°. — Pièce de 352 pages.

1697 Extraits de saint CYPRIEN & de saint JEAN-CHRYSOSTÔME
à l'usage des François en 1792. *Paris,* Crapart. In-32.
— Pièce de 64 pages.

1698 Le Comité de Salut public aux Agents nationaux des
Districts. *S. n. d'imp., s. d.* 1 br. non pag. 2 p. in-4°.

1699 Prophéties pour les huit derniers mois de l'année 1792 quatrième de la Liberté. *Paris*, les marchands de Nouveautés, 1792. In-8°. — Pièce de 39 pages.

1700 Déclaration de Son Altesse Sérénissime, le Duc Régnant de Brunswick de Lunebourg, commandant les armées combinées de Leurs Majestés l'Empereur & le Roi de Prusse, adressée aux Habitants de la France. [Datée du Quartier-Général de Coblentz, le 25 juillet 1792]. *Tournay*, Varlé. In-8°. — Pièce de 7 pages.

1701 Catechisme de la Constitution républicaine, mis à la portée des jeunes citoyens Français. A *Blois*, chez Masson & Durie, l'an second de la république francaise (*sic*). Tr.-pot. in-8°, 1 vol. de 72 pp. chiffr.

1702 Bibliothèque de l'amateur rémois. — Messe des Sansculottes, chantée a la Belle-Tour, de Reims, [avec une notice sur le Culte Décadien, par *Joseph* MONGIN, capitaine au 20⁰ régiment de chasseurs, datée du 24 pluviôse an 2]. Précis historique, par *Louis* PARIS. Se vend à *Reims*, chez Brassart-Binet, M DCCC LIV. Plaquette *in-12, de* x-62 *pp. chiffrées.*

1703 Constitution de la République Française. [Lois relatives à la Constitution. Tome II.] A *Paris*, de l'Imprimerie Nationale, an IV. In-12, 2 vol.

1704 Les Actes des Apôtres, commencés le jour des Morts, & finis le jour de la Purification. Version Première. A Paris, l'an de la Liberté. [Publiés par *Jean-Gabriel* PELTIER, ayant pour collaborateurs le général comte DE LANGERON, le comte DE LAURAGUAIS, le comte DE RIVAROL, REGNIER, DE MESNIL-DURAND, D'AUBONNE, GORGES, BEVILLE, LANGLOIS, ARTAUD, BERGASSE, l'abbé DE LA BINTAILLE, & le chanoine TURMÉNIE. *Paris*, Gattey, nov. 1789]. In-12, 12 tom. rel. en 6 vol.

Les *Actes des Apotres* comprennent onze versions contenant 311 chapitres ou numéros. Nos six volumes ne donnent que les quatre premières versions, en

179 chapitres. Ils appartiennent à l'édition contrefaite qui a été publiée en 20 volumes. — Voir pour cette satire l'*Histoire de la Presse en France* par M. Eugène Hatin, T. VII, pages 7 à 78.

1705 La Duchesse d'Angoulème. Relation de la Captivité de la Famille Royale à la tour du Temple, publiée pour la première fois dans son intégrité et sur un manuscrit authentique. *Paris,* lib. Poulet-Malassis. Imp. Poupart-Davyl, 1862. 1 pet. vol. in-18, titre noir et rouge.

1706 Les Otages de Louis XVI et de sa famille [par *Th.-Pascal* Boulage]. A *Paris,* chez Pillet, 1814. In-8°, 1 vol., suivi de :

1. Liste des Personnes qui ont péri par jugement du Tribunal révolutionnaire, depuis le 26 août 1792, jusqu'au 13 juin 1794 (25 prairial an 2). Et dont les corps ont été inhumés [etc., certifiée par M. *Olivier* Descloseaux]. [*Paris,* impr. de J.-R. Lottin de S.-Germain, 1814]. In-8°, 51 pp. chiffrées, sans feuillet de titre.

2. Discours en faveur des départemens ravagés par la guerre, prononcé à Paris, le 22 février 1815, dans l'église de S.-Thomas-d'Aquin, par M. l'abbé Le Gris Duval. A *Paris* [impr. de Lefebvre], chez Potey, 1815. In-8°, iii-39 pp. chiffrées, non compris faux-titre et titre.

3. Voyage du Roi à Saint-Omer, suivi d'une liste alphabétique de toutes les personnes qui ont eu l'honneur d'accompagner Sa Majesté, de lui être présentées et de la complimenter, publié par *A.* Pihan Delaforest, ancien Professeur de Rhétorique. *Paris,* A. Pihan Delaforest, imprimeur, 1827. In-8°, x-175 pp. chiffrées, non compris faux-titre et titre.

1707 Le Procès de Louis XVI, ou Collection complette des Opinions, Discours et Mémoires des Membres de la Convention nationale, sur les crimes de Louis XVI ; ouvrage enrichi des diverses pièces justificatives, mises sous les yeux de la Convention, telles que celles qui ont été trouvées chez l'Intendant de la liste civile, dans l'Armoire de fer, etc.; [par *J.-Ch.* PONCELIN DE LA ROCHE-TILHAC, prêtre et journaliste]. A *Paris*, chez Debarle, l'an III de la République (1795). Pet. in-4°, 9 tom. en 7 vol., savoir 5 tom. d'*Opinions* et 4 tom. de *Pièces*.

1708 Relation de la mort de Louis XVI, suivie de son testament qu'il a remis au citoyen Baudrais, officier municipal, de service au Temple, au moment même où il allait marcher au supplice. (Extrait du Journal de la Convention nationale du 22 Janvier 1793.) *Lille,* Lefort, libraire à la Croix-Saint-Étienne, 1793. In-8°. — Pièce de 11 pages.

Un autre exemplaire de la même brochure.

1709 Procès de Marie-Antoinette, dite Lorraine d'Autriche, veuve de Louis Capet. Condamnée à la peine de mort par le tribunal révolutionnaire, le 25e jour du 1er mois de la 2e année républicaine, et exécutée le même jour, mercredi 16 octobre 1793 (vieux style). A *Paris,* chez Caillot et Courcier, Deuxième Année Républicaine. In-12, 1 vol. de 178 pp. chiffrées.

1710 Almanach des Prisons, ou Anecdotes sur le régime intérieur de la Conciergerie, du Luxembourg, etc., et sur différens prisonniers qui ont habité ces maisons, sous la tyrannie de Robespierre, avec les chansons, couplets qui y ont été faits [par COISSIN]. Troisième édition. A *Paris,* chez Michel, l'An III de la République. Pet. in-12, 1 vol.

1711 Correspondance de *Louis-Philippe-Joseph* d'ORLÉANS, avec Louis XVI, la Reine, Montmorin, Liancourt, Biron, Lafayette, etc. etc.; avec des détails sur son exil à Villers-Cotterets, et sur la conduite qu'il a tenue au 5 et 6 octobre, écrite par lui: suivie de ses lettres à sa femme, à ses enfans, et de celles de madame de Genlis, auxquelles on a joint un extrait du journal du fils aîné de d'Orléans, écrit jour par jour par lui-même. Publiée par *L. C.* R. [Roussel, avocat]. A *Paris,* chez Lerouge, imprimeur, Debraye, libraire, 1800. In-8°, 1 vol.

1712 Histoire de l'Emigration (1789-1825), par M. *F.* de Montrol. *Paris,* Ponthieu, 1825. In-8°, 1 vol.

1713 Défense des Émigrés Français, adressée au Peuple Français; par *Trophime-Gerard* de Lally-Tolendal. A *Paris,* chez Cocheris, An cinquième de la République (1797, vieux style). In-8°, 2 part. et 1 table des décrets sur les émigrés, le tout en 1 vol.

1714 Lettre de M. du Saix d'Arnans sur les émigrés, au Lord Burcke, membre du Parlement. *Lons-le-Saulnier,*1797. In-8°. — Pièce de 14 pages.

1715 Lyon en 1793. Procès-verbaux authentiques et inédits du Comité de surveillance de la section des droits de l'Homme l'une des 32 sections de cette commune pendant le siège, contenant jour par jour le récit des calamités supportées par les Lyonnais pendant leur rébellion contre le gouvernement de leur patrie, précédés de là description officielle des fêtes républicaines célébrées à Lyon et dans le département de Rhône et Loire pendant ce siège désastreux. *Lyon,* A. Mothon, imp., M.DCCC XLVII. 1 br. 199 pages in-4° avec gravures et fac-simile.

1716 Tableau des prisons de Lyon pour servir à l'histoire de la Tyrannie de 1792 et 1793, par *A. F.* Delandine, ci-devant Bibliothécaire à Lyon, l'un des prisonniers. A *Lyon,* chez Joseph Daval, imp.-lib., 1797. 1 vol. pet. in-8°, gravure en frontispice, notice biographique manuscrite en tête du volume.

1717 Correspondance des Terroristes de 93, précédée de quelques mots sur la situation actuelle par *Lucien* de la Hodde. *Paris,* Julien, Lanier et Cⁱᵉ, édit., imp.-lib. au Mans, 1851. 1 br. 110 pages pet. in-12.

1718 La Terreur dans le Pas-de-Calais et dans le Nord. — Histoire de Joseph Le Bon et des Tribunaux révolutionnaires d'Arras et de Cambrai, par *A.-J.* PARIS, licencié ès-Lettres & Docteur en droit. Deuxième édition. *Arras,* chez Rousseau-Leroy, MDCCCLXIV. In-8°, 2 tom. en 1 vol., titre rouge et noir.

1719 Esquisses dramatiques du Gouvernement révolutionnaire de France aux années 1793, 1794 et 1795. Par M. *P.-C.* DUCANCEL, ancien sous-préfet et avocat. *Paris,* librairie catholique d'Édouard Bricon, 1830. In-8°, 1 vol., imp. par Poussielgue-Rusand à Paris.

1720 Histoire des Guerres de l'Ouest Vendée, chouannerie (1792-1815), par M. *Théodore* MURET. *Paris,* Édouard Proux et Cie, Dentu, 1848. In-8°, 5 vol.

1721 Héros et Martyrs. Épisodes des Guerres de l'Ouest sous la Terreur, par Mme la Comtesse *Eug.-D.* DE LA ROCHÈRE. *Paris,* Julien Lanier et Cie, édit. Typog. Julien Lanier et Cie au Mans, 1856. 1 vol. in-8°.

1722 Souvenirs de la Révolution dans les départements de l'Ouest. Conspiration des Bazinistes. Épisode de la lutte entre la Gironde et la Montagne, par Dom *Paul* PIOLIN, Bénédictin de la Congrégation de France. *Paris,* L. Willem, édit. *Arras,* typ. Schoutheer, 1870. 1 vol. in-12.

1723 Histoire de la Vendée militaire, quatrième édition, par *J.* CRÉTINEAU-JOLY. *Paris,* Plon frères, 1851. In-8°, 4 vol.

1724 Histoire des trois derniers Princes de la Maison de Condé, prince de Condé, duc de Bourbon, duc d'Enghien, d'après les correspondances originales et inédites de ces princes, par *J.* CRÉTINEAU-JOLY. *Paris,* Amyot [impr. gén. de Ch. Lahure], M DCCCLXVII. In-8°, 2 vol., portraits et autographes.

1725 Histoire de l'Armée de Condé [1789-1844], par M. *Théodore* MURET. *Paris,* [imp. E. Proux]. Au bureau de la mode, chez Dentu, 1844. In-8°, 2 vol.

1726 Lettre d'un Officier des troupes de ligne, membre de la Société des Amis de la Constitution de Paris, à un Député de l'Assemblée Nationale, sur l'état actuel des Frontières. De l'imp. de Demonville, *s. d.* 1 br. 8 pages in-8°.

1727 Karte vom Kriegestheater der vereinigten preussischen und östreichischen Armeen in Frankreich. nach der grossen Cassinischen Karte und dem neuen Atlas-National in VI Blättern Zweites Heft entworfen von *D. J.* SOTZMANN. *Berlin,* 1793, im Verlag der Königl. Preuss. Akad. Kunft. und Buchhandlung.

1° Lille, St-Omer, Mons; 2° Enghien, Verviers; 3° Orléans, Auxerre; 4° Bâle, Belfort; 5° Dijon, Bourbonne-les-Bains, Langres; 6° Calais, Bruges, Middelbourg.

1728 Rapport sur la liberté des Cultes, fait au nom des Comités de Salut Public, de Sureté générale & de Législation réunis; par BOISSY D'ANGLAS, membre du Comité de Salut public; dans la séance du 3 ventôse an IIIe de la République française, une & indivisible. Imprimé par ordre de la Convention Nationale & envoyé aux Départements. *Paris,* Impr. Nat., ventôse an III. In-8°. — Pièce de 19 pages.

1729 Questions sur les serments, ou promesses politiques en général, et en particulier sur le vœu de haine à la Royauté. (Par *Jean-François* VAUVILLIERS.) *Bâle,* Thourneisen, 1796. In-8°. — Pièce de 74 pages.

1730 Manuel pour la Concordance des Calendriers républicain et Grégorien depuis la première année (1792-1793) jusques et compris la vingt-cinquième année (1816-1817). A *Lille,* chez Blocquel, imp.-lib. 1 pet. vol. in-12.

1731 Concordance des Calendriers Républicain et Grégorien. *Paris*, imp. Aubry. 1 tableau.

1732 Discours prononcé par *M. J.* CHENIER, de l'Institut national, à la Cérémonie funèbre celebrée au Champ de Mars le 20 prairial an VII de la République française, en l'honneur de nos Ministres plénipotentiaires assassinés par l'Autriche. *Paris*, Laran, galeries du Palais-Égalité, an VII. In-18. — Pièce de 30 pages.

1733 De l'État de la France, à la fin de l'an VIII. A *Paris*, chez Henrics (Brumaire an 9, octobre 1800). 1 vol. in-8°.

L'auteur de cet ouvrage est le Comte D'HAUTERIVE, membre de l'Ambassade à Constantinople, puis Directeur aux Affaires étrangères, Conseiller d'État, directeur des Archives des Affaires étrangères, mort en 1830.

1734 Lettre des Génois à Bonaparte (Premier Consul). Par GOUPY, banquier fondé de pouvoirs. (*Paris*), Goujon, *s. d.* In-8°. — Pièce de 14 pages.

1735 Recueil factice, en 3 vol., de pièces diverses relatives au rôle et à l'attitude du clergé de France dans la Révolution de 1789, savoir :

[*T. I.*] 1. Remontrances du Clergé, présentées au Roi le Dimanche 15 Juin 1788 [et réponse du Roi]. *S. l. n. d.* In-8°, 32 pp.

2. Mémoire pour les curés de France, relativement à la Convocation prochaine des États-généraux. A *Avignon*, chez les Libraires Associés, M.DCC.LXXXVIII. In-8°, 94 pp.

3. Rapport du bureau des moyens, sur la vérification des Biens Ecclésiastiques [1788]. In-8°, 40 pp., sans feuille de titre.

4. Délibération du Chapitre métropolitain de Toulouse, à l'occasion de la translation de M. de Brienne à l'Archevêché de Sens. A *Toulouse*, et se trouve à *Paris*, chez Planche, et chez les Marchands de Nouveautés, 1788. In-12, 20 pp.

5. Hommage à l'Humanité, Dénonciation au Gouvernement & États-Généraux, sur l'abus du pouvoir temporel des Évêques de France. [*S. l.*], 1789. In-8°, 53 pp.

6. Mémoire du Clergé au Roi. [*S. l. n. d.*] Pet. in-4°, 8 pp., sans feuille de titre.

7. Cahier du Clergé du Bailliage de S..... [*S. l.*], 12 avril 1789. In-8°, 96 pp.

8. Doléances du Clergé de second ordre. [*S. l. n. d.*, 1789]. In-8°, 32 pp.

9. Cahier de l'ordre du clergé des bailliages de Melun et Moret. [*S. l.*], 1789. In-8°, 28 pp.

10. Mandement et Instruction pastorale de Monseigneur l'Archevêque de Bordeaux, [*Jér.-Mar.* CHAMPION DE CICÉ] qui ordonne des Prières publiques, pour demander au Ciel l'heureux succès des États-généraux du royaume, convoqués par le Roi. [*S. l.*], 1789. In-8°, 32 pp.

11. Mandement de Monseigneur l'Archevêque et Comte de Lyon, [*Yves-Alex.* DE MARBŒUF]. Portant permission de manger du Beurre, du Lait, du Fromage & des Œufs, pendant le Carême de l'année 1789. [*S. n. d. Paris*, 1789]. In-12, 20 pp.

12. Pièces relatives à la démarche de MM. les Curés [du Poitou, Le Cesve, Ballard et Jallet] qui ont passé dans la Salle Nationale le 12 Juin 1789, & les jours suivans. [*S. l. n. d., Paris*, 1789]. In-8°, 33 pp.

13. Le Bouquet du Clergé [ode], présenté à Nosseigneurs après l'inauguration des États généraux de 1789. [*S. l., Paris*], 1789. In-8°, 21 pp.

14. Projet de réglemens pour le Clergé & les Religieux de tous les Ordres, leur conduite & leurs revenus fixés. [*Paris,* Nyon le jeune, 1789]. Pet. in-4°, 8 pp., sans feuille de titre.

15. Lettre pastorale de M. l'Archevêque de Paris, [du 7 févr. 1791] au Clergé séculier et régulier, et aux fideles de son diocese. [*S. l.*], 1791. In-12, 21 pp.

[*T. II.*] 1. Bref du Pape Pie VI, à S. E. M. le Cardinal de la Rochefoucault, M. l'Archevêque d'Aix, & les autres Archevêques & Évêques de l'Assemblée Nationale de France, au sujet de la Constitution civile du Clergé, décrétée par l'Assemblée Nationale. [*S. l.*], 1791. In-8°, 94 pp.

2. Bref du Pape a tous les Cardinaux, Archevêques, Évêques, au Clergé, et au Peuple de France. Seconde édition, Revue et corrigée. A *Rome*, 1791. In-8°, 47 pp.

3. Ordonnance de M. l'Évêque de Soissons, [*H.-J.-Cl.* DE BOURDEILLES]. Portant diverses dispositions pour prévenir le Schisme qui menace l'Eglise et le Diocèse de Soissons. A *Paris*, de l'imprimerie de Guerbart, 1791. In-12, 22 pp.

4. Lettre de M. l'Évêque de Rennes a Messieurs les électeurs du département d'Isle (*sic*) et Vilaine. [*Rennes*, Laillet, 1791]. In-8°, 16 pp.

5. La Légitimité du serment civique, par M*** [BAILLET], convaincue d'erreur [par *H.* JABINEAU]. *S. l. n. d.*, [*Paris*, Dufresne, 1791]. In-8°, 53 pp. outre titre.

6. Déclaration de M. l'Archevêque de Lyon, Primat des Gaules ; [*Yves-Alex.* DE MARBŒUF] En réponse à la proclamation du département de Rhône et Loire, du 15 novembre 1790, concernant l'exécution des décrets sur la constitution civile du clergé. *Paris*, à l'Assemblée nationale, chez Artaud, [impr. Briand, 1791]. In-8°, 16 pp.

7. Pétition des citoyens catholiques de la ville d'Alais, [et du chapitre de la ville de St-Omer]. A *Paris*, 1790 In-8°, 31 pp.

8. Réflexions d'un curé sur l'administration des biens de l'Église. [*S. l. n. d.*] In-8°, 16 pp.

9. Discours du clergé de Lyon au tiers-état. [prononcé par M. l'abbé DE POIX, le 19 mars 1789. *S. l. n. d.*] 4 pp.

10. Les Prêtres devenus citoyens, ou Abolition du Célibat religieux. A l'Assemblée Nationale. *Paris*, chez

Garnéry, l'an premier de la liberté [1791]. In-8°, 72 pp. plus 1 f. de titre et 1 f. de table.

11. Réponse a la motion de M. Camus, ou Supplément aux Considérations politiques et commerciales, sur la nécessité de maintenir l'Ordre de Malte tel qu'il est. Par Monsieur DE MAYER. [S. l.], 1790. In-8°, 36 pp.

12. Observations sur l'état actuel de M. le Cardinal de R**** [Rohan]. [S. l. n. d., 1788]. 4 pp., sans feuillet de titre.

13. Déclaration de M. l'évêque de Soissons. [adressée au directoire du département de l'Aisne]. A *Paris*, de l'imprimerie de Crapart, 1790. In-8°, 13 pp.

14. Lettre de son Altesse Eminentissime Monseigneur le Cardinal DE ROHAN, Prince-Évêque de Strasbourg, à MM. les Administrateurs du District de la même ville, en réponse à celle qu'ils lui ont écrite sur la nouvelle circonscription des Paroisses de la ville et de la campagne. [et Lettre de M. l'évêque de Verdun aux officiers municipaux de cette ville]. [S. l. n. d.]. n-8°, 16 pp.

15. Lettre de M. l'évêque de Blois, aux Électeurs du Département de Loir et Cher. A l'Assemblée Nationale, [*Paris*] chez Artaud, 1791. In-8°, 14 pp.

16. Opinion d'un curé [MAYET], membre de l'assemblée nationale, sur l'emploi des biens ecclésiastiques. A *Paris*, chez Gueffier, [s. d., (1790)]. In-8°, 2 ff. de titre et 42 pp.

17. Lettre aristocratique et incendiaire de M. l'archevêque d'Auch, aux prêtres de son diocèse ; et Complot ecclésiastique découvert hier au soir dans la rue Saint-Germain l'Auxerrois. [S. l. n. d., *Paris*, L. Girard.] 8 pp. sans feuillet de titre.

18. Discours de M. l'évêque de Clermont [sur le serment exigé par l'assemblée nationale, prononcé dans la séance du 2 janvier 1791]. [*Paris*], à l'Assemblée Nationale, chez Artaud, [1791]. In-8°, 14 pp.

19. Lettres de Monsieur l'évêque de Beauvais, trouvées dans une botte de foin. Plaintes contre le Parlement

de Rouen [n° du 13 août 1789 des *Nouvelles de Versailles* publiées par de Beaulieu. *Paris*, Seguy-Thiboust,
1789]. 8 pp. sans feuillet de titre.

20. Consultation pour la portion des Religieux Capucins, désignés dans leur Ordre sous le nom de Freres
Lais ou Laïcs. Au sujet des Décrets de l'Assemblée
Nationale, du 19 & du 20 Février 1790, sur le traitement
des Religieux qui sortiront de leurs maisons [par Linguet. *Paris*, Vezard et Le Normant, 1790]. 12 pp.

[*T. III.*] 1. Opinion de M. Camus, dans la Séance du
31 Mai 1790, sur le plan de constitution du clergé, proposé par le Comité ecclésiastique, imprimée par ordre
de l'assemblée nationale. [*Paris*, Imp. Nat., 1790]. In-8°,
44 pp., sans feuillet de titre.

2. Exhortation d'un curé sur les circonstances présentes ; prononcée dans l'Église Cathédrale de Grenoble,
par M. Hélie, Curé de Saint-Hugues, le 18 octobre
1789. [*Paris*, J. Girouard, 1789.] In-8°, 16 pp. s. f. de
titre.

3. Adresse des officiers de l'évêché de strasbourg a
l'assemblée nationale. [datée de Saverne, 9 août 1790,
signée de Truchsès, etc. *S. l. n. d.*] 4 ff. non cotés sans
feuillet de titre.

4. Tableau comparatif exact et impartial, contenant
les noms, offices, & diocèses des Ecclésiastiques de la
ville de Paris, qui ont prêté le serment civique, les
dimanche 9 & 16 janvier 1791, & de ceux qui ne l'ont
pas prêté. A *Paris*, de l'imprimerie de Girouard, [1791].
In-12, 24 pp.

5. Lettre de M. l'évêque de Nantes. A MM. les Électeurs du Département de la Loire Inférieure. [du
2 février 1791. *S. l. n. d.*, *Paris*, 1791.] 8 pp. sans
feuillet de titre.

6. Lettre au révérend père La Lande, prêtre de
l'Oratoire, sur son Apologie de la Constitution civile du
Clergé. A *Paris*, de l'imprimerie de Guerbart, [*s. d.*,
1790]. In-8°, 52 pp.

7. Lettre pastorale de M. l'Évêque de Bl*, au clergé de son diocèse. Salva nos Domine, perimus. Seconde édition. *Paris,* mars 1790. In-8°, 16 pp.

8. Réponse de M. l'Archeveque de Sens, [M. DE LO-MÉNIE DE BRIENNE] à M. de Calonne. Relativement à sa Lettre écrite au Roi. [*S. l. n. d., Paris*, 1789.] In-8°, 22 pp. sans feuillet de titre.

9. Suite de la Réponse à l'Examen pacifique du Serment. [*S. l. n. d.*] In-8°, 50 pp. outre titre.

10. Réponse de M. l'évêque de Séez, à l'Arrêté de Messieurs les Administrateurs du Département de l'Orne, qui lui a été signifié, le 6 de ce mois, à la requête de M. le Procureur-Général-Syndic. [avec les adhésions du chapitre et des curés.] A *Paris,* chez Pichard, 1791. In-8°, 31 pp.

11. Lettre de M. l'évêque de Clermont, à MM. les Électeurs du Département du Puy-de-Dôme. A *Paris,* de l'imprimerie de Guerbart, 1791. In-8°, 24 pp.

12. Moyens principaux de Réforme importante & nécessaire dans l'Administration, la Discipline & les Mœurs du Clergé ; présentés par plusieurs Ecclésiastiques de la Prévôté & Vicomté de Paris, à MM. les Rédacteurs des Cahiers pour les États-Généraux. [*S. l. n. d., Paris,* 1789.] 20 pp.

13. Cahier de doléances et remontrances du Clergé de Paris, intra muros. A *Paris*, chez Cl. Simon, 1789. In-8°, 31 pp.

14. Cahier du Clergé régulier. Sans être Pythagoricien, je crois une Métempsycose qui, d'un Corps ne servant à rien, en fait un propre à quelque chose. [*S. l.*] 1789. 17 pp., outre titre.

15. Opinion de *Stanislas* DE CLERMON (*sic*)-TONNERRE, sur le traitement du Clergé actuel. [discours prononcé le 23 juin 1790.] [*S. l. n. d.*] In-8°, 27 pp., outre titre.

16. Lettre pastorale de Monseigneur l'évêque de Toulon, aux fideles de son diocese. [du 1er juillet 1790. *S. l. n. d.*] In-8°, 16 pp., sans feuillet de titre.

17. Les Sept Péchés Capitaux, ou Exemples tirés de l'État ecclésiastique, occupant actuellement le Clergé de France. *Credo in Deum*, & voilà tout. Par un Exci-devant-soi-disant J...., & copié littéralement par un homme qui s'amuse de tout. A *Paris,* chez le Prieur de l'abbaye Saint-Germain-des-Prés, & chez le Suisse du Nonce du Pape, rue Saint-Dominique, 1789. In-8°, 50 pp.; manquent les pp. 29-38, relatives à la luxure, qui ont été coupées comme l'indique une note de la main de M. de Godefroy.

18. Lettre de M. l'Archevêque de Besançon [*Claude Lecoz*] A MM. les Curés, Vicaires, Desservans et autres Prêtres de son Diocèse. [*Besançon*, J.-Fr. Daclin, an X-1802.] In-12, 22 pp., sans feuille de titre.

19. Errata. 2 ff. non cotés d'errata qui ne se rapportent à aucun des ouvrages de la présente collection.

20. Avertissement pastoral du citoyen Le Coz, Eveque d'Ille et Vilaine, sur l'état actuel de la Religion catholique. A *Fougères,* de l'Imprimerie de J.-M. Vannier, an VII [1799]. In-8°, 2 ff. non cotés et 73 pp. chiffrées.

1736 Recueil factice, en six volumes, de pièces diverses relatives à l'histoire de la Révolution française, à savoir :

[*T. I*er.] 1. Correspondance des Vivans et des Morts. Tome premier [1re et 2e lettres]. A *Paris,* chez Desenne, Petit, l'an 3 de l'ère française. In-8°, 32 pp.

2. Le Cri des Familles, ou discussion d'une motion faite à la Convention Nationale, par le Représentant du peuple Lecointre, le 22 frimaire de l'an troisième de la République, relativement à la révision des jugemens des tribunaux révolutionnaires [par l'abbé *André* MOREL-LET]. A *Paris*, l'an III de la République. In-8°, 56 pp.

3. Dialogue des Morts de la Révolution. Entre Loustalot et l'Abbé Royou, sur la Liberté des Opinions. Entre Marat et Vergniaux, sur le Fédéralisme par l'auteur du Club infernal. [*J.-P.* GALLAIS]. A *Paris,* chez les Marchands de Nouveautés, [*s. d.*, an III]. In-8°, 24 pp.

4. *Double du précédent.*

5. Le Marchand de Nouveautés, ou sixième Dialogue des Morts de la Révolution : entre Philippe d'Orléans, Phélipeaux, Sulecin, et Madame Rolland, sur les Réputations, les Journaux, les Pamphlets, et les Mots Nouveaux [par *J.-P.* GALLAIS]. In-8°, 40 pp. chiffr., 73-112. sans feuille de titre, datées, à la fin, du 14 pluv. an 3.

6. Correspondance des Vivans et des Morts. Lettre III. In-8°, 48 pp. chiffr. 33-80, sans feuille de titre, suite du n° 1.

7. Réflexions sur le Divorce, par Mme NECKER [née *Suzanne* CURCHOD]. A *Lausanne,* et se trouve, à *Paris,* chez P. F. Aubry et Desenne, [s. d., 1794]. In-8°, 96 pp., imp. par J.-M. Chevet à Paris.

8. Reponse du neveu de mon oncle [*J. J.* DUSSAULT, 27 therm. an III], a Real. Rodrigue as-tu du cœur. A *Paris,* chez Maret, Neuville. In-8°, 14 pp.

9. Des Assassinats et des Vols politiques, ou des Proscriptions et des Confiscations. Par *Guillaume-Thomas* RAYNAL. A *Londres,* et se trouve à *Paris,* chez Debarle, 1795. In-8°, 64 pp.

10. Le C.^{en} BÉRENGER, ci-devant Commissaire-général des Fontes de l'Artillerie, aux Représentans du peuple près l'armée du Nord. [*S. l. n. d., Douai,* Lagarde aîné, 1793.] In-8°, 16 pp. chiffr., sans feuille de titre.

11. Liberté, égalité, indivisibilité. — *Jean* BÉRENGER, ancien Commissaire des Fontes de l'Artillerie de la République, aux Représentans du Peuple. [*Douai,* Lagarde aîné, 1794]. 7 pp. chiffr., sans feuille de titre.

12. HÉKEL a M. Marchéna, sur les Prêtres insermentés. A *Paris,* chez Maret, 1795. In-12, 23 pp. chiffrées.

13. Réponse de LACRETELLE le jeune a Tallien. [*S. l. n. d., Paris,* an III]. In-8°, 16 pp. chiffrées, sans feuille de titre.

14. Éclaircissemens véridiques de TALLIEN, représentant du peuple, envoyé en mission à Bordeaux. En Réponse aux Éclaircissemens nécessaires de Collot,

ancien membre du Comité de Salut Public. [*S. l. n. d.,
Paris*, an II]. Pet. in-4°, 24 pp. chiffr., sans feuille de
titre.

15. Pétition de tous les Chiens de Paris, a la Convention Nationale, relativement aux subsistances. [*S. l.
n. d., Paris,* an II.] In-8°, 15 pp. chiffr., sans feuille de
titre.

[*T. II.*] 1. Les Crimes de sept membres des anciens
comités de salut public et de sureté générale, ou Dénonciation formelle a la Convention Nationale ; contre
Billaud-Varennes, Barere, Collot-d'Herbois, Vadier,
Voulaud, Amar et David, suivie de pièces justificatives,
indication d'autres pièces originales existantes dans les
Comités, preuves et témoins indiqués à l'appui des faits;
par *Laurent* LECOINTRE, Député du département de
Seine et Oise. Prix : trois livres pour le Public. Se
trouve chez Maret, [*Paris,* 20 vendém. an III]. — Je
signe chaque imprimé, parce que s'agissant d'une dénonciation grave et importante, je dois me mettre en garde
contre toutes contrefactions. [*sign. ms.*] L. Le Cointre.
In-8°, 2 ff. non cotés et 214 pp. chiffrées.

2. Les Souvenirs d'un jeune Prisonnier, ou Mémoires
sur les prisons de la Force et Duplessis (*sic*), pour servir
a l'histoire de la révolution. A *Paris,* chez la Citoyenne
Brigitte Mathé, an 3ᵉ de la république. In-8°, 88 pp.

3. Histoire du Terrorisme dans le département de la
Vienne. Par *A.-C.* THIBAUDEAU Représentant du Peuple.
Se vend a *Paris,* chez le citoyen Maret et chez la
citoyenne Barbier. De l'imprimerie des femmes. In-8°,
VII-84 pp. chiffrées.

4. Histoire du Siège de Lyon, ou Récit exact des événemens qui se sont passés dans cette ville, sous le commandement du général Précy, et des horreurs qui s'y
sont commises par ordre des Proconsuls Collot-
d'Herbois, Abbitte, Fouché (de Nantes) et autres scélé-
rats. Par un officier de l'etat-major du siege, échappé
au carnage, et retiré en Suisse. [*Paul-Emilien* BÉRAUD].
Lausanne, [*Paris*], 1795. In-8°, 115 pp. **chiffrées.**

5. Le Procès des 31 mai, 1ᵉʳ et 2 juin, ou la Défense des 71 Représentans du Peuple. Par *Michel-Edme* PETIT, Député du Département de l'Aisne. De l'Imp. de J. B. Colas, [*Paris*, an III], se trouve chez la citoyenne Justine Mathey, Le Boucher, Maret. In-8°, 33 pp. chiffr., outre titre.

[*T. III.*] 1. Du Gouvernement, des Mœurs, et des Conditions en France, avant la Révolution ; avec le caractère des principaux personnages du Règne de Louis XVI. Par M. SENAC DE MEILHAN, ancien Intendant de Valenciennes. A *Hambourg*, chez Benjamin Gottlob Hoffmann, 1795. In-8°, faux-titre, titre, table, et 216 pp. chiffrées.

2. Histoire secrette de Coblence, dans la Revolution des François. Extraite du cabinet diplomatique électoral, et de celui des princes frères de Louis XVI. Attribuée à M. de Rivarol. [par *J.-G.-M.* ROCQUES DE MONTGAILLARD, revue par RIVAROL.] A *Londres*, 1795. In-8°, titre, table et 152 pp.

3. Des Fugitifs Français et des Émigrés, par RŒDERER. [*Paris,* imp. du Journal de Paris, 24 therm. an III]. In-8°, 28 pp.

4. Réflexions sur la Paix, adressées a M. Pitt et aux Français. Par Madame DE STAEL. [*Paris,* Michel], 1795. In-8°, VIII-64 pp.

5. Mémoire adressé a la Nation, pour Marie-Thérèse-Charlotte de Bourbon, fille de Louis XVI, ci-devant roi des Français, détenue à la tour du Temple, suivi d'une Opinion adressée à la Convention nationale pour la fille de Louis XVI, pour Louise-Marie-Adélaïde Bourbon-d'Orléans, et Louise-Thérèse-Bathilde Bourbon d'Orléans, accompagné de notes curieuses et intéressantes sur la prison de Marie-Antoinette d'Autriche, et sur les autres prisonniers du Temple [par *A.* de BEAULIEU]. *Paris*, chez les Marchands de Nouveautés, 1795. In-12, 24 pp. chiffrées.

[*T. IV.*] 1. Des Gouvernemens qui ne conviennent pas à la France ; par *J.-Th.* LANGLOYS. A *Paris,* chez les Marchands de Nouveautés, 1795. Pet. in-4°, 78 pp., outre titre.

2. Fragment pour servir a l'histoire de la Convention nationale, depuis le 10 Thermidor, jusqu'à la dénonciation de Lecointre, inclusivement. Par *J. J.* DUSSAULT. A *Paris,* chez les Marchands de Nouveautés, [29 fruct. an II]. In-8°, 31 pp.

3. Considérations sur la nature de la Révolution de France, et sur les Causes qui en prolongent la durée. Par M. MALLET DU PAN. A *Londres,* [et *Paris,* chez Maret, *s. d.,* 1793]. In-8°, VIII-80 pp. chiffrées.

4. Causes secrètes de la Révolution du 9 au 10 Thermidor, par VILATE, ex-Juré au Tribunal Révolutionnaire de Paris, détenu à la Force. A *Paris,* l'an III de la République. In-8°, 70 pp. chiffrées.

5. Principes qui assurent la Bonne Foi dans les conventions, la Sureté dans leur exécution. Donnent à chaque Propriétaire un crédit, aux engagemens du commerce une confiance jusqu'alors inconnus. Offrent à la Nation sur ses immeubles, et pour sa dette, le même crédit, lui procurent la facilité d'éteindre ses assignats, de subvenir aux dépenses de quatre campagnes, sans en émettre, sans aucun nouvel impôt, sans avoir même besoin des biens des condamnés ; qui la dispensent, pour rétablir ses finances, de réduire le capital et les arrérages de la dette constituée, ceux de ses rentes viagères, et d'exercer la rigueur des déchéances. Comparaison de ces Principes avec ceux adoptés par le gouvernement anglais. Par *P. M.* MENGIN, auteur du Système hypothécaire. A *Paris,* chez Gueffier, [s. d., 1794]. In-8°, 179 pp. chiffrées.

6. Anecdotes curieuses et peu connues sur différens personnages qui ont joué un role dans la révolution. [par *C.* COSTE D'ARNOBAT.] *Genève,* et se trouve à *Paris,* chez Michel. Fin d'Août 1793 (vieux style). In-8°, 104 pp. chiffrées.

[*T. V.*] 1. Observations sur un article du Journal de Paris, du sextidi 6 floréal, relatif a l'ouvrage intitulé : la Cause des Peres ; et Réponse du citoyen [abbé *André*] MORELLET, aux reproches du représentant Chazal. A *Paris*, chez Maret, [*s. d.*, an II]. In-8°, 29 pp. chiffrées, non compris titre.

2. Supplément a la Cause des Peres. Par [l'abbé] *André* MORELLET. A *Paris*, chez Maret et chez les Marchands de nouveautés, l'an III de la république. In-8°, 135 pp. chiffrées.

3. Convention Nationale. Réponse des Membres de l'ancien comité de salut public dénoncés [Billaud-Varennes, Barère, Collot-d'Herbois], aux pièces communiquées par la Commission des vingt-un. [sur la dénonciation de L. Lecointre, pièce n° 1 du t. II]. Imprimée par ordre de la Convention nationale. [*Paris*, Imp. Nat., ventôse an III]. In-8°, 142 pp. chiffrées, sans feuille de titre.

4. Pensées libres sur la liberté de la presse, a l'occasion d'un rapport du représentant Chénier, a la Convention nationale du 12 Floréal [an III, par l'abbé *André* MORELLET]. A *Paris*, chez Maret, [*s. d.*, an III]. In-8°, 16 pp. chiffrées, dat. du 16 flor. et sign. A. M.

5. La Liberté de la Presse défendue par La Harpe contre Chénier. A *Paris*, chez Migneret, et chez tous les Marchands de Nouveautés, l'an III. In-12, 22 pp. chiffrées.

[*T. VI.*] 1. Notice sur la vie de Sieyes, membre de la première Assemblée Nationale et de la Convention. Écrite à Paris, en messidor, deuxième année de l'ère républicaine (vieux style, juin 1794) [par *E.-J.* SIEYÈS lui-même, ou plutôt par *C.-E.* ŒLSNER]. *En Suisse*, et se trouve à *Paris*, chez Maradan, l'an troisième. In-8°, 66 pp. chiffrées.

2. Adolphe, ou Principes élémentaires de politique, et Résultats de la plus cruelle des expériences. Par M. MOUNIER [ancien député du tiers à l'Assemblée

Nationale]. A *Londres*, [*Genève*, s. d., 1795]. In-8°, iv-108 pp. chiffrées.

3. Appel aux principes. Par J. M. D. M. A *Paris*, chez Maret, Brigitte Mathé, et tous les Marchands de Nouveautés, an III de la République. In-8°, 144 pp. chiffrées.

4. Lettre de *J. J.* DUSSAULT, A J. B. Louvet, Député à la Convention Nationale, au sujet de son Journal. A *Paris*, chez Maret, et chez tous les Marchands de Nouveautés, an IIIᵉ (1795). In-8°, 24 pp. chiffrées.

5. Quelques chapitres [de politique], par *Honoré* RIOUFFE. A *Paris*, chez Louvet, et chez les Marchands de nouveautés [*s. d.*, an III]. In-8°, 59 pp. chiffrées.

6. Motion sur la nécessité de laisser au peuple l'élection libre de la totalité du prochain corps législatif, par SALADIN, Représentant du peuple, Député par le département de la Somme. A *Paris*, de l'imprimerie du dépôt des lois, et se trouve chez tous les marchands de nouveautés, An IIIᵉ de la République. In-8°, 15 pp. chiffr.ʳ

7. Rapport du citoyen BENABEN, Commissaire du Département de Maine et Loire, près des Armées destinées à combattre les Rebèles (*sic*) de la Vendée ; aux Administrateurs du même Département : ou Récit exact des événemens les plus remarquables qui se sont passés sur les deux rives de la Loire dans cette guerre désastreuse. A *Angers*, de l'Imprimerie Nationale, chez Mame, an III. In-8°, xv-111 pp. chiffrées.

HISTOIRE DE FRANCE PAR ÉPOQUES. — CONSULAT ET EMPIRE.

1737 Précis des Événemens militaires, ou Essais historiques sur les **Campagnes** de 1799 à 1814, avec Cartes et Plans ; par M. le Comte *Mathieu* DUMAS, lieutenant-général des armées du roi. A *Paris*, chez Treuttel et Würtz ; à *Strasbourg* et à *Londres*, [impr. Crapclet] ;

à *Hambourg*, chez Perthès et Besser, 1817 [-16]. In-8°,
4 vol., comprenant les campagnes de 1799 et 1800.
Envoi d'auteur au prince de Talleyrand sur le faux-titre
des tomes I et III.

La collection complète comprend 19 vol. in-8° et 8 atlas in-fol. (1816-27).

1738 Mémoires relatifs à l'expédition anglaise partie du Bengale en 1800 pour aller combattre en Égypte l'armée
d'Orient ; par M. le Comte DE NOÉ, pair de France, avec
dix-neuf lithographies coloriées et deux cartes. Imprimé
à l'Imprimerie Royale, 1826 ; chez Nepveu à *Paris*.
1 vol. in-8°.

1739 Histoire de l'Expédition des Français en Égypte, par
NAKOULA-EL-TURK, publiée et traduite par M. DES-
GRANGES aîné, secrétaire interprète du roi. *Paris,* à
l'Imprimerie Royale [libr. Dondey-Dupré], M DCCC
XXXIX. In-8°, 1 vol.

1740 Journal d'*Abdurrahman* GABARTI, pendant l'occupation
Française en Égypte, suivi d'un précis de la même campagne, par *Mou' Allem Nicolas* EL. TURKI, secrétaire
du Prince des Druzes, traduits de l'Arabe par *Alexandre*
CARDIN, drogman chancelier du Consulat général de
France en Égypte. *Paris,* chez l'Éditeur, rue Jacob, 19 ;
imp. Fournier, 1838. 1 vol. in-8°.

1741 Arrêté du préfet, relatif au Te Deum qui doit être chanté
dans toutes les paroisses et succursales, en actions de
grâces de la nomination de Napoléon Bonaparte à la
Dignité Impériale. A *Douai*, de l'imprimerie de Marlier,
rue des Écoles. 1 feuillet.

1742 Collection complète des Bulletins de la Grande-Armée,
contenant les Campagnes des années 1806 et 1807, en
Saxe, en Prusse et en Pologne ; avec d'autres nouvelles
intéressantes, proclamations et discours de S. M. l'Empereur et Roi, et les traités de paix, conclus entre la
France, la Russie et la Prusse. Suivie de la Négociation

de Paix entre la France et l'Angleterre, entamée à
Paris, le 20 Février 1806, et rompue le 30 Septembre,
même année. A *Boulogne,* chez Guerin, [*s. d.*, 1807].
In-4°, 1 vol.

1743 Bulletins officiels de la Grande Armée, recueillis et
publiés par *Alexandre* GOUJON, ancien officier d'artillerie légère, membre de la Légion d'Honneur. *Paris,*
Baudouin frères, 2 décembre 1820 [-25 mars 1821].
In-12, 4 vol.

> I. Austerlitz, Iéna. — II. Prusse, Pologne, Autriche. —
> III. Russie, Saxe. — IV. Saxe, France, Pyrénées.

1744 Histoire critique du Sénat-conservateur, depuis sa création, en nivôse an VIII, jusqu'a sa dissolution, en avril
1814. Par *R. S.* DURDENT. *Paris* [impr. de Poulet], à
la librairie d'éducation et de jurisprudence d'Alexis
Eymery, 1815. In-8°, 1 vol.

1745 Souvenirs sénatoriaux, précédés d'un essai sur la formation de la Cour des Pairs ; par le comte DE CORNET, pair
de France. *Paris,* [impr. de Fain], Baudouin frères,
1824. In-8°, 1 vol.

1746 Voyage du Premier Consul à Bruxelles, par M^r. BARBET,
Inspecteur de la Loterie, auteur des *trois Hommes
illustres,* etc. etc. A *Bruxelles,* chez Weissenbruch,
imprimeur, an XI. Pet. in-4°, 1 vol., comprenant titre,
225 pp. chiffr. et 3 pp. de table et errata.

1747 Recueil factice de divers écrits sur Buonaparte, savoir :

> 1. De l'Assassinat de Monseigneur le duc d'Enghien,
> et de la justification de M. de Caulaincourt [par le baron
> DE MARGUERIT]. Seconde édition, corrigée et considé-
> rablement augmentée. A *Orléans,* et se trouve à *Paris,*
> 1814. In-8°, 48 pp.
> 2. Notice historique sur Louis-Antoine-Henri de
> Bourbon-Condé, duc d'Enghien, prince du sang royal,

suivie de son oraison funèbre, prononcée dans la chapelle catholique de St.-Patrice, à Londres, en présence de la famille royale. Par l'abbé de BOUVENS. A *Paris,* chez Michaud frères, de l'imprimerie de L. G. Michaud, M.DCCCXIV. In-8°, 40 pp.

3. Impostures, usurpations, crimes et vexations tyranniques de Napoléon Buonaparte. Proclamations, discours et lettres de Napoléon Buonaparte, lors de sa campagne d'Égypte. Vers adressés à Napoléon Buonaparte. Énigme. Vaticinor tibi, pars bona! non mala pars! *Paris,* chez F. Schoell, 1814. In-8°, 59 pp.

4. Fuite de Bonaparte de l'Égypte. Pièces authentiques sur sa désertion, sur l'armée qu'il a laissée sans chef, sans argent, sans vivres, sans armes, sans munitions, etc. etc.; suivies de plusieurs Lettres qu'il a adressées au Grand-Vizir, et qui ont été interceptées par la corvette de S. M. Britannique El Vincejo. A *Paris,* chez Lerouge et chez Petit, 1814. In-8°, 86 pp. chiffrées, plus 1 feuillet, impr. par Lefebvre à Paris.

5. Oraison funèbre de Buonaparte, par une société de gens de lettres [recueillie par *A.-J.-Q.* BEUCHOT] prononcée au Luxembourg, au Palais-Bourbon, au Palais-Royal et aux Tuileries. Seconde édition. A *Paris,* [Delaunay] chez les marchands de nouveautés, 1814. In-8°, 28 pp.

6. Les Crimes de Buonaparte et de ses adhérens, ou les Ennemis de l'autorité légitime en conspiration permanente par F. T. D***** [DELBARE]. Troisième édition, considérablement augmentée et accompagnée de notes. ainsi que du récit des derniers troubles de Nismes. *Paris,* J. G. Dentu, imprimeur-libraire, 1815. In-8°, 134 pp., non compris faux-titre et titre.

7. Porte-feuille de Buonaparte, pris à Charleroi le 18 Juin 1815. *Paris,* Le Normant, 1815. In-8°, 48 pp.

1748 Cri d'alarme. (Proclamation contre Napoléon). *S. nom d'imp., s. d.* 1 feuillet.

1749 Extrait du Moniteur universel du lundi 21 décembre 1812. *S. n. d'imp.* 1 br. non pag., 4 pages in-8°.

1750 *Joseph* DE SAINT-GENOIS DE GRANDBREUCQ, membre du Collège Electoral du département de Jemmapes, au général Mortier, président du collège électoral du département du Nord, et à ses collègues. Présenté le 28 ventose, an XII (19 mars 1804). 1 br. 4 pages in-4°.

1751 Lettres sur la Guerre de Russie en 1812 ; sur la ville de Saint-Pétersbourg, les mœurs et les usages des habitans de la Russie et de la Pologne ; par *L. V.* DE PUIBUSQUE. Seconde Édition. A *Paris,* chez Magimel, Anselin et Pochard, [imp. Demonville] 1817. In-8°, 1 vol.

1752 Histoire militaire de la campagne de Russie en 1812. Par le colonel [*D.-P.* DE] BOUTOURLIN, aide-de-camp de S. M. l'empereur de Russie. A *Paris,* [impr. Firmin Didot] chez Anselin et Pochard ; à *Petersbourg,* chez Saint-Florent ; [*Moscou,* chez Riss ; *Odessa,* chez Collin ; *Varsovie,* chez Glucksberg], 1824. In-8°, 2 vol. (la feuille 13, qui manque au t. Ier, est remplacée par 16 pp. mss.).

1753 Tableau de la campagne d'automne de 1813, en Allemagne, depuis la rupture de l'armistice jusqu'au passage du Rhin par l'armée française ; avec une Carte topographique des environs de Leipzig [et quatre tableaux in-fol. pliés] par un officier russe [le colonel *D.-P.* de BOUTOURLIN, aide-de-camp de l'empereur, revu par le général baron DE JOMINI]. A *Paris,* chez Arthus Bertrand, Magimel, Anselin et Pochard, [impr. Poulet] 1817. In-8°, 1 vol.

1754 Manuscrit de mil huit cent douze, contenant le précis des événemens de cette année, pour servir à l'Histoire de l'empereur Napoléon ; par le baron FAIN, son secrétaire-archiviste à cette époque. *Paris,* Delaunay [impr. Fain], 1827. In-8°, 2 vol., avec carte.

1755 Manuscrit de mil huit cent treize, contenant le précis des événemens de cette année ; pour servir à l'Histoire de l'empereur Napoléon ; par le Baron FAIN, secrétaire du cabinet à cette époque. *Paris*, Delaunay [impr. Fain ; *Strasbourg*, Treuttel et Würtz, etc.], 1824. In-8°, 2 vol., avec carte.

1756 Copies des lettres originales et dépêches des généraux, ministres, grands officiers d'état, etc., écrites de Paris à Buonaparte pendant son séjour à Dresde, ainsi qu'une Correspondance de divers personnages de cette même famille entr'eux ; interceptées par les avant-postes des Alliés dans le Nord de l'Allemagne. A *Paris*, [impr. Nouzou], chez les marchands de nouveautés, 1814. In-8°, 1 vol.

1757 La Défection de Marmont en 1814, ouvrage suivi d'un grand nombre de documents inédits ou peu connus d'un précis des jugments de Napoléon Ier sur le maréchal Marmont, d'une notice bibliographique avec extraits de tous les ouvrages publiés sur le même sujet, etc. etc., par [*Pierre-Nicolas*] RAPETTI [ancien professeur au Collége de France]. *Paris [et Alençon]*, Poulet-Malassis et de Broise, 1858. In-8°, 1 vol., titre rouge et noir.

1758 Mémoires des Contemporains, pour servir à l'histoire de France, et principalement à celle de la République et de l'Empire. Deuxième livraison [*comprenant le* Manuscrit de mil huit cent quatorze, trouvé dans les voitures impériales prises à Waterloo, contenant l'histoire des six derniers mois du règne de Napoléon ; par le Baron FAIN. Troisième édition. *Paris [Leipsich et Londres]*, Bossange frères, [impr. Lachevardière] 1825. In-8°, 1 vol., avec autographe en fac-similé.

1759 Bulletin de Paris, ou Relation historique des évènemens qui sont arrivés en France en 1814 et 1815, et particulièrement pendant le siège de Paris, depuis le 22 juin jusqu'au 8 juillet, époque de la rentrée du roi dans sa capitale; suivi de Pièces Secrètes qui ont été distribuées à Paris contre Buonaparte et ses agens, pendant les mois de mars, avril, mai et juin 1815. *Paris*, Lerouge, Davi et Locard [impr. d'Hautel], 1815. In-8° 1 vol.

1760 Mémoires pour servir à l'histoire de la vie privée, du retour et du règne de Napoléon en 1815. Par M. FLEURY DE CHABOULON, ex-secrétaire de l'empereur Napoléon et de son cabinet. *London* : printed for Longman, Hurst, Rees, Orme, and Brown [by A. Strahan], 1820. In-8°, 2 vol.

1761 [Recueil factice, en 4 vol. in-8°, de pièces diverses relatives aux dernières années du premier empire et aux Cent-Jours, savoir :]

[I.] 1. Exposition sincère des raisons et des motifs qui engagèrent S. M. C. le roi Ferdinand VII à faire le voyage de Bayonne en 1808; Dans laquelle on voit la candeur et la loyauté aux prises avec la perfidie et la mauvaise foi, et les trames ourdies par Napoléon, pour attirer le roi dans le piège qu'il lui avait préparé; suivi des pièces justificatives et des entretiens très-curieux qui eurent lieu à Bayonne entre Napoléon et l'Auteur, et d'autres détails intéressans et non publiés jusqu'à présent. Adressée en espagnol au public d'Espagne et de l'Europe, Par Son Exc. Don *Juan* ESCOIQUIZ, ancien Gouverneur de S. M. C. le Roi Ferdinand VII, traduite en français, Augmentée de Notes, et suivie d'une Lettre du Traducteur à l'Auteur, Par Don *Joseph-Marie* DE CARNERERO. *A Toulouse*, De l'Imprimerie de Douladoure, 1814. In-8°, 156 pp. y compris tit.

2. Exposé des Moyens employés par l'empereur Napoléon pour usurper la couronne d'Espagne, par Dom *Pedro* CEVALLOS, premier secrétaire d'état et de dépêches de S. M. C. Ferdinand VII. Publié à Madrid,

le 1er septembre 1808, et traduit par M. Nettement, ancien Secrétaire de la Légation française à Londres, avec des notes historiques, suivi des pièces officielles. Troisième édition, augmentée du manifeste de la junte, et de plusieurs autres pièces officielles. A *Paris*, chez Petit, L. G. Michaud, M.DCCC.XIV. In-8°, 196 pp., outre faux-tit. et tit.

3. Manifeste de la Nation Espagnole à l'Europe, Où la Junte suprême découvre à toutes les Puissances le pressant besoin de se coaliser pour renverser le colosse tyrannique qui avait osé siéger sur le trône de Saint-Louis, de Henri IV et de l'infortuné Louis XVI, ouvrage qui a donné l'élan à toute l'Europe, et qui par conséquent a secondé les heureux événemens qui ramènent à la France ses Princes légitimes. A *Dijon*, chez Noellat, [*s. d.*, 1814]. In-8", 31 pp. y compris tit.

4. De Buonaparte, des Bourbons, et de la nécessité de se rallier à nos princes légitimes, pour le bonheur de la France et celui de l'Europe, par *F.-A.* de Chateaubriand. A *Auxerre*, de l'imprimerie de Laurent Fournier. 1814. In-8°, 52 pp. y compris tit.

5. Du principe et de l'Obstination des Jacobins, en réponse au Sénateur Grégoire. Par l'Abbé Barruel. [*S. l. n. d.*]. In-8", 15 pp. sans feuillet de titre.

6. La régence à Blois, ou les derniers momens du gouvernement impérial, recueillis par un habitant de Paris réfugié à Blois. [*J.-B.-G.* Fabry]. Seconde édition] *Paris*, Chez Le Normant, Fantin, imprimerie de Le Normant, 1814. In-8", 27 pp. y compris tit.

7. Oraison funèbre de Buonaparte, par une société de gens de lettres ; prononcée au Luxembourg, au Palais-Bourbon, au Palais-Royal et aux Tuileries. [recueillie par *A.-J.-Q.* Beuchot]. Troisième edition. Aux dépens des auteurs. A *Paris*, Chez Delaunay, Blanchard, Pelicier, Dentu, [imp. Chanson] 1814. In-8, 32 pp. y compris faux-tit. et tit.

8. La Lanterne Magique de la Rue Impériale. [par

Antoine CAILLOT. *S. l. n. d., Paris,* Cellot, 1814.]
In-8°, 8 pp. sans feuillet de tit.

9. Épître Sur l'avénement de Louis XVIII au trône.
[signé *J.-B.* DE MASTAING, géomètre à Dijon, 24 avril
1814. [*Dijon,* Noellat, 1814] 2 pp.

10. Épitre du Diable à Buon'aparte (*sic*). [*S. l.*] Mai
1814. In-8°, 16 pp. y compris tit.

[II.] 1. Histoire de l'Ambassade dans le Grand Duché
de Varsovie en 1812, par M. DE PRADT, archevêque de
Malines, alors ambassadeur à Varsovie. Sixième édition.
A *Paris,* chez Pillet, 1815. In-8°, X, XXII et 239 pp.,
non compris faux-tit. et tit.

2. La Régence à Blois, ou les derniers moments du
gouvernement impérial. [par *J.-B.-G.* FABRY]. Troisième édition, revue et augmentée de nouveaux
détails, et de plusieurs pièces intéressantes. *Paris,* Chez
Le Normant, Fantin, imprimerie de Le Normant. 1814.
In-8°, 51 pp. y compris tit.

3. Itinéraire de Buonaparte, depuis son départ de
Doulevent, Le 29 Mars, jusqu'à son embarquement à
Fréjus, Dans la nuit du 28 au 29 avril ; avec quelques
détails sur ses derniers momens à Fontainebleau, et
sur sa nouvelle existence à Porto-Ferrajo ; pour servir
de suite à la Régence à Blois. [par *J.-B.-G.* FARRY].
IIIe édition augmentée de quelques nouveaux détails, et
d'une description de l'île d'Elbe. *Paris,* Chez Le Normant, Delaunay, Fantin, 1815. In-8°, 108 pp. non compris faux-tit. et tit.

4. Nouvelle Relation de l'Itinéraire de Napoléon de
Fontainebleau à l'île d'Elbe, rédigé par le comte de
WALDBOURG-TRUCHSESS, commissaire nommé, par sa
majesté le roi de Prusse, pour l'accompagner. Ouvrage
traduit de l'allemand, [par Mme *C.-L.-F.* PANCKOUCKE]
sous les yeux de l'Auteur, et augmenté de plusieurs
faits qui ne sont pas dans l'original. Quatrième édition.
On a ajouté plusieurs Anecdotes relatives à la bataille
de Craonne et deux lettres de l'archiduchesse Marie-

Louise. *Paris*, Chez Plancher, C. L. F. Panckoucke, Eymery. Lenormand, 1815. In-8°, 76 pp. non compris f.-t. et tit.

5. Itinéraire de Buonaparte, de l'île d'Elbe à l'île Sainte-Hélène, ou Mémoires pour servir à l'histoire des événemens de 1815, avec le recueil des principales pièces officielles de cette époque. Par l'Auteur de *la Régence à Blois*, et de l'*Itinéraire de Buonaparte en 1814*. [*J.-B.-G.* FABRY]. *Paris*, Chez Le Normant, Rey et Gravier, 1816. In-8°, VI, 254 et 214 pp. non compris tit.

[III.] Notice historique sur Louis-Antoine-Henri de Bourbon-Condé, duc d'Enghien, prince du sang royal, suivie de son Oraison funèbre, prononcée dans la chapelle catholique de St-Patrice, à Londres, en présence de la famille royale. Par l'abbé de BOUVENS. A *Paris*, Michaud frères, de l'imprimerie de L. G. Michaud. M.DCCC.XIV. In-8°, 40 pp. y compris tit.

2. Discours à la mémoire du très-haut, très-puissant, très-excellent prince Charles-Ferdinand d'Artois, duc de Berri, fils de France ; par M. l'abbé FEUTRIER, Secrétaire général de la Grande-Aumônerie de France. Seconde édition. A *Paris*, Chez Adr. Leclerc, 1820. In-8°, 55 pp. y compris tit.

3. Histoire de la naissance, de la vie privée et militaire, et de la fin tragique du duc d'Enghien, Écrite en Allemagne, par M. *S.-C.-L.* WOP, avec portrait. A *Paris*, [imp. Mame] Au Bureau du Lavater. Chez A. G. Debray, Désanges. 1814. In-8°, 38 pp. y compris faux-tit. et tit.

4. De l'Assassinat de monseigneur le duc d'Enghien, et de la justification de monsieur de Caulincourt, [par le baron DE MARGUERIT]. A *Orléans*, et se trouve à *Paris*, chez les marchands de nouveautés, 1814. In-8°, 48 pp. y compris tit.

5. Pièces sur les grands événemens arrivés en France, depuis 1813 jusqu'à l'époque de l'abdication de Napoléon

Buonaparte, et le retour de la famille des Bourbons. A *Paris*, Au Bureau du Lavater, Chez A. G. Debray, Desanges. 1814. In-8, 120 pp y compris faux-tit. et tit.

6. Réflexions de M. BERGASSE, ancien député à l'assemblée constituante, sur l'acte constitutionnel du Sénat. [*S. l. n. d.*, 1814]. In-8, 16 pp. sans feuillet de tit.

7. Entree de S. M. Louis XVIII à Paris. [*Brest*, impr. Michel, 8 mai 1814]. In-8°, 8 pp. sans feuillet de tit.

8. L'Entrée du Roi à Paris. [par le comte DE LALLY-TOLENDAL]. *Paris*, imprimerie de Le Normant. 1814. In-8°, 14 pp. y compris tit.

9. Corps Législatif. Procès-verbal de la séance du Conseil des Cinq-Cents Tenue à Saint-Cloud le 19 Brumaire, an 8. A *Saint-Cloud*, de l'Imprimerie Nationale. [1799]. In-8°, 58 pp., non compris faux-tit. et tit.

10. Discours de Lucien Bonaparte, Président du Conseil des Cinq-Cents, Prononcés au palais de Saint-Cloud, à la séance du 19 brumaire an 8. [*Paris*, Baudouin, 1799]. In-8°, 14 pp. y compris tit.

11. Mon Agonie de trente-huit heures ; ou Récit de ce qui m'est arrivé , de ce que j'ai vu et entendu, pendant ma détention dans la prison de l'Abbaye St-Germain, Depuis le 22 Août jusqu'au 4 Septembre ; (Par JOURGNIAC-SAINT-MÉARD), Ci-devant Capitaine-Commandant des Chasseurs du régiment d'infanterie du Roi. Quatrième édition. A *Paris*, Chez Desenne, 1792. In-8°, 61 pp. y compris faux-tit. et tit.

12. Opinions sur la loi de haute police, prononcées aux deux Chambres, par MM. le comte LANJUINAIS, pair de France ; TOURNEMINE, ROYER-COLLARD, LEVOYER D'ARGENSON, DE SERRE, le baron PASQUIER, tous cinq députés. *Paris*, chez tous les marchands de nouveautés. 1815. In-8°, 32 pp.

13. Discussion à la Chambre des Députés, sur la loi de la liberté individuelle. (Session de 1816.) 1° Opinion

de M. Camille-Jordan ; 2° Opinion de M. Royer-Collard ; 3° Discours de M. de Serre, Rapporteur de la
Commission : 4° Discours de M. le Comte Decazes,
Ministre de la Police générale, recueillis par le sténo-
graphe. A *Paris*, [impr. Gueffier] Chez les marchands
de Nouveautés. 1817. In-8°, 68 pp. y compris tit.

14. Discussion sur la loi des journaux (session de
1816). Chambre des Députés. Exposé des motifs du
Projet de loi, présenté par M. le Comte Decazes, Ministre de la police générale ; Rapport fait par M. Ravez,
au nom de la Commission centrale ; Opinion de M. Du-
vergier de Hauranne ; Opinion de M. Royer-Collard ; Opinion de M. Courvoisier ; Opinion de M. *Ca-
mille* Jordan ; Discours de M. le comte Decazes ;
Chambre des Pairs. Opinion de M. le comte Molé ;
Opinion de M. le comte Dessolle ; Opinion de M. le
comte de Fontanes ; Discours de M. le comte Decazes.
A *Paris*, Chez Delaunay, P. Gueffier. 1817. In-8°, 200
pp., non compris faux-tit. et tit.

15. Buonaparte. ou l'Abus de l'Abdication, pièce
héroïco-romantico-bouffonne, en cinq actes et en prose,
ornée de danses, de chants, de combats, d'incendies,
d'évolutions militaires, etc. etc. etc. [par *Alphonse*
Martainville]. *Paris*, J. G. Dentu. 1815. In-8°, II-156
pp., non compris tit.

[IV.] 1. Exposé justificatif de la conduite politique
de M. le lieutenant-général comte Clausel, depuis le
rétablissement des Bourbons en France jusqu'au
24 juillet 1815, contenant la relation exacte des circonstances qui ont précédé et suivi son entrée à Bordeaux,
en qualité de gouverneur de la 11° div. militaire, par
lui-même. Avec une carte géographique. A *Paris*, chez
Pillet, 1816. In-8°, f.-tit., carte, tit., 2 ff. et 136 pp.

2. Procès du maréchal-de-camp baron Debelle, officier de la légion d'honneur, Contenant la séance du
Conseil de guerre permanent de la 2ᵐᵉ division militaire, les pièces du procès, le plaidoyer de Mᵉ Berryer,

les conclusions du rapporteur, le discours du général Debelle, le jugement qui le condamne à la peine de mort, et la commutation de cette peine en une détention pendant dix ans ; *Précédé d'une Notice historique sur ce Général.* A *Paris*, Chez Plancher, Eymery, Delaunay, [imp. Doublet] 1816. In-8°, tit. 1 feuillet et 36 pp.

3. Procès du maréchal-de-camp Rigau, contumax, et du capitaine Thomassin, commandant de la gendarmerie à Chalons ; Contenant la séance du deuxième Conseil de la 1re division militaire, les pièces du procès, la lettre du capitaine Thomassin au général Lallemand, et son *discours ; les conclusions du rapporteur,* le jugement qui condamne à la peine de mort et aux frais du procès le général Rigau, et qui acquitte le capitaine Thomassin. A *Paris*, Chez Plancher, Eymery, Delaunay, [imp. Doublet]. 1816. In-8°, 26 pp. non compris tit.

4. Procès des auteurs et fauteurs de la conspiration de 1816, contenant L'Acte d'Accusation porté contre les 28 Accusés, les Pièces du Procès, les Débats, le Playdoyer des Avocats, le Résumé du Procureur du Roi, les Discours des Accusés : le Jugement qui condamne Pleignier, Carbonneau et Tolleron, Charles, Lefranc, la femme Picard, Desbaunes, Dervin, Lebrun, Warin et Lascaux, Sourdon, Descubes, Gonneau et Philippe, Henry Oseré et Bonnassier père, Bonnassier fils et Jacques Oseré, Carlier. A *Paris*, Chez Chassaignon, [imp. Ch. Baudouin], 1816. In-8°, 95 pp., y compris f.-t. et tit.

5. Procès du contre-amiral Comte Durand de Linois, gouverneur de la Guadeloupe, et de l'adjudant-commandant Baron Boyer de Peyreleau, commandant de la même colonie. Tous deux prévenus de s'être rendus coupables de crimes prévus par le Code pénal militaire ; suivi Du Jugement de la mise en liberté de l'Amiral Linois, et de la condamnation *à la peine de mort,* de l'Adjudant-Commandant Boyer. A *Paris*, Chez Plan-

cher, Eymery, Delaunay, [impr. Doublet, et *Bruxelles*, libr. Lecharlier]. 1816. In-8°, 93 pp. outre titre.

6. Procès de l'Oligarchie contre la Monarchie. Par *L. G. J. M.* BÉNABEN. A *Paris*, de l'imprimerie de Brasseur. 1817. In-8°, tit., 1 feuillet et 67 pp.

1762 Recueil factice de 5 brochures sur les Cent-Jours, savoir :

[I.] Esquisse historique sur les Cent Jours et Fragments inédits relatifs aux séances secrètes des Chambres, à la marche du gouvernement provisoire, et aux négociations d'Haguenau. *Paris*, Baudouin frères, Delaunay, 1819. In-8°, XXXIV-108 pp.

[II.] Trois Mois de Napoléon, ou Relation des événemens politiques et militaires qui ont amené la belle journée du 8 juillet 1815 ; examen de la conduite de la Chambre des représentans ; du budget qui y a été proposé, etc. par M. BRETON DE LA MARTINIÈRE. Seconde édition. *Paris*, Chez Gueffier jeune, Le Normant, 1815. In-8°, 111 pp.

[III.]. Considérations sur le retour de Napoléon, ou examen de tout ce qui s'est passé à Paris du 6 au 20 mars 1815. Par *J.-B.* TRUCHY (de l'Yonne.) *Paris*, [imp. Jeunehomme] Delaunay, Plancher, 8 avril 1815. In-8°, 67 pp.

[IV.] Précis des événemens politiques, qui ont précédé les deux abdications de Buonaparte ; et nouveau système administratif, judiciaire et financier pour la France ; par *H. G.* DELORME, du Département du Cher. A *Paris,* Chez Petit, Delaunay, Dantu, (1817) Valade, Imprimeur. In-8°, VIII-145 pp.

[V.] Histoire des quinze Semaines, ou le dernier Règne de Bonaparte. [par M. MICHAUD]. Douzième édition. A *Paris*, Chez Longchamps, Imprimerie de Moreaux, Août 1815. In-8°, 80 pp.

1763 Campagne de dix-huit cent quinze, ou Relation des opérations militaires qui ont eu lieu en France et en Belgique, pendant les cent jours; écrite à Sainte-Hélène, Par le général GOURGAUD. *Paris*, P. Mongie ainé, [imp. Fain] 1818. In-8°, 1 vol., av. carte.

1764 Histoire de la Campagne de 1815. Waterloo. Par le Lt-Colonel CHARRAS. *Bruxelles*, Moline, Cans et Cie, 1858. In-18, 2 tom. rel. en 1 vol. cartes.

1765 Sir *Hudson* LOWE. Histoire de la Captivité de Napoléon à Sainte-Hélène d'après les documents officiels inédits et les manuscrits de Sir Hudson Lowe publiée par *William* FORSYTH, traduit de l'anglais. *Paris*, [imp. E. Meyer, et *Coulommiers*, imp. Moussin] librairie d'Amyot.[*s. d.*, 1850]. In-8°, 4 vol.

1766 Discours de Napoléon sur les vérités et les sentiments qu'il importe le plus d'inculquer aux hommes pour leur bonheur, suivi de pièces sur quelques époques importantes de sa vie, publié par le général GOURGAUD. *Paris*, [impr. de Lachevardière], Baudouin frères. *Bruxelles*, 1826. In-8°, 1 vol., portrait (on a ajouté à l'exemplaire une pièce portant la signature de Bonaparte, premier consul).

[*Même volume.*] Testament de Napoléon, avec une traduction anglaise. *Londres*, imprimé pour J. Ridgway, Piccadilly, 1824. In-8°, 2 ff. non cotés et 58 pp. chiffrées.

1767 Mémoires anecdotiques sur l'intérieur du Palais et sur quelques événemens de l'Empire depuis 1805 jusqu'au 1er mai 1814 pour servir à l'histoire de Napoléon par *L.-F.-J.* DE BAUSSET, ancien préfet du palais impérial. Avec deux Portraits et cent vingt fac-simile. *Paris*, [imp. J. Tastu] Baudouin frères, 1827 [28-29]. In-8°, 4 vol.

1768 Témoignages historiques, ou Quinze ans de haute police sous Napoléon, par M. [*Pierre-Marie*] DESMAREST, chef de cette partie pendant tout le consulat et l'empire. *Paris*, Alphonse Levavasseur, Bousquet, [imp. Vve Poussin] 1833. In-8°, 1 vol.

1769 Études sur Napoléon par le lieutenant-colonel DE BAUDUS, ancien aide-de-camp des maréchaux Bessières et Soult. *Paris*, Debécourt, [imp. E. Duverger] M.D.CCC.XLI. In-8°, 2 vol.

1770 Histoire et Généalogie des quatre branches de la famille Bonaparte Depuis 1183 jusqu'en 1855. Par A.-P-M. [*Aloys* PERRAULT-MAYNAND, ancien chef d'institution à Lyon. Périsse Frères. *Lyon-Paris*. 1855. In-8°, 1 vol.

1771 Lettre de M. DIEUDONNÉ, préfet du Nord, aux maires du département pour les inviter à faire voter par les citoyens l'hérédité de la dignité impériale dans la famille de Bonaparte. *Sans nom d'imp. Douai*, 3 prairial an XII. 1 br. 8 p. in-4°.

1772 Relation du Capitaine MAITLAND, ex-commandant du Bellérophon, concernant l'embarquement et le séjour de l'Empereur Napoléon à bord de ce vaisseau ; traduite de l'anglais, Par *J.-T.* PARISOT, ancien officier de marine. *Paris*, [imp. Fain] : Audouin frères. *Bruxelles*, 1826. In-8°, 1 vol. suivi de :

Réfutation de la Relation du Capitaine Maitland, commandant le Bellérophon, touchant l'embarquement de Napoléon, à son bord : rédigée par M. BARTHE, avocat à la cour royale de Paris, sur les documens de M. le comte de Las Cases ; augmentée du testament original de Napoléon. *Paris*, [imp. J. Pinard]. Ambroise Dupont et Cie, Charles-Béchet, 1827. In-8°.

1773 Mémoires pour servir à l'Histoire de France, sous Napoléon, écrits à Sainte-Hélène, Par les généraux qui ont partagé sa captivité, [le général comte DE MONTHOLON et le général baron GOURGAUD et publiés sur les manuscrits entièrement corrigés de la main de Napoléon.

Paris, Firmin Didot, père et fils, Bossange frères, 1823
1825, *Berlin,* G. Reimer. In-8°, 8 vol. tomés 1 à 6
et 1-2.

1774 Souvenirs du Directoire et de l'Empire, par Madame la
Baronne de V*** [Mme DE VIEL-CASTEL , ancienne dame
d'honneur de l'Impératrice Joséphine, d'après M. de
Manne. — Mme la Baronne DE VILLEXON ou plutôt DE
·VAUDEY, d'après les *Supercheries.*] *Paris,* Cosson, 1848,
in-8°. — Pièce de 90 pages.

HISTOIRE DE FRANCE PAR ÉPOQUES. — RESTAURATION.

1775 Histoire de la Restauration par M. *F.-P.* LUBIS. Deuxième
Édition. *Paris,* Parent-Desbarres. *Versailles,* impr.
Beau jeune] 1848. In-8°, 6 vol.

1776 Note historique sur les événements des dix premiers
mois de l'année 1814, par le *Marquis* DE MONCIEL.
précédée d'une notice sur l'auteur. *Besançon,* Imp. et
Lithog. J. Jacquin, 1869. 1 broch. in-4°, 28 p., portrait
de l'auteur en frontispice.

1777 Correspondance politique et administrative, commencée
au mois de mai 1814, et dédiée à M. le comte de Blacas
d'Aulps, par *J.* FIÉVÉE. *Paris,* Le Normant, imprimeur-
libraire, 1816. [-19]. In-8°, 15 tom. en 3 vol., recueil
complet.

1778 Discours Prononcé à S. E. Monseigneur le Duc de Tré-
vise, Maréchal de France, Commissaire du Roi dans la
16° division Militaire, Par le Procureur général Marquis
DE BEAUMEZ, Chevalier de la Légion d'honneur, membre
et organe de la députation chargée par la Cour Royale
de Douai, de présenter ses hommages à son Excellence.
De l'Imprimerie de la veuve Wagrez, imprimeur de la
Cour Royale. (1er mai 1814). 1 br. 2 p. in-4°.

1779 Sur les élections. 1815. *S. n. d'imp.*, *s. d.* 1 br. non pag. 4 p. in-8°.

1780 La cause de la France est-elle liée à celle de Bonaparte ? *S. nom d'imp.*, *s. d.* Br. 2 p. in-4°.

1781 Le cri de l'honneur, Adressé à la Garde impériale par un de ses principaux chefs qui se fera bientôt connaître. *Sans nom d'imp*, *s. d.* 1 br. 4 p. in-8°.

1782 Lettre de M. le Maréchal, Duc de Raguse, à M. de Caulaincourt, Relativement à des ouvertures de rapprochement que lui faisoit celui-ci, de la part de Buonaparte. *Sans nom d'imp.*, 1 br. 4 p. in-4°.

1783 Protestation contre la convocation des collèges électoraux par Napoléon 1er en 1815. *S. n. d'imp.*, *s. d.* 1 feuillet.

1784 Le transfuge Benjamin de Constant au peuple français. Extrait du journal des Débats du 19 mars 1815. *Sans nom d'imp.* 1 br. 2 p. in-4°.

1785 Explication du nouveau langage employé en France depuis le 21 mars 1815, vocabulaire à l'usage des lecteurs de journaux, adresses, décrets, proclamations, etc., etc. *S. n. d'imp.*, *s. d.* 1 br. 2 p. in-4°.

1786 Ordonnance du Roi, Publiée à Gand le 14 avril, dans le Journal Officiel intitulé : Journal Universel, Donné à Lille, 23 mars 1816. A la suite : Armée royale de France, Place de Courtrai, Avis officiel aux militaires françois de tous grades, 20 avril 1815. Ordre du jour du général comte Maison au camp d'Alost, 22 avril 1815. *Sans nom d'imp.* 1 br. 2 p. in-4°.

1787 Déclaration du Roi, Gand, le 15 avril 1815. *S. n. d'imp.* 1 pièce, 2 p. in-4°.

1788 Lettre du Roi à toutes les gardes nationales de la France. Ath, 27 avril 1815. A la suite : Copie d'une circulaire adressée aux Préfets, Sous-Préfets, Maires et autres fonctionnaires publics du Royaume. *S. nom d'imp.* 1 br. 2 p. *in-4°.*

1789 Vote inscrit et motivé, le 1er mai 1815, à la Préfecture de la Seine. *Sans nom d'imp.* 1 br. 3 p. in-4°.

1790 Avis à tous les négocians françois. Lille, 1er mai 1815. *Sans nom d'imp.* 1 br. 3 p. in-4°.

1791 Bonaparte au 4 mai 1815. *S. nom d'imp.*, s. d. 1 feuillet. 2 p. in-4°.

1792 *Proclamation* de son altesse royale Monsieur, colonel-général des gardes nationales du royaume, à la garde nationale parisienne. Cholet, le 25 mai 1815. *Sans nom d'imp.* 1 feuil. 2 p. in-4°.

1793 Arrêté du préfet du département du Nord portant à la connaissance des habitants la déclaration des Puissances assemblées au Congrès de Vienne. A *Lille*, chez Marlier. Imprimeur du Roi, rue Française, N° 23, *s. d.* 1 feuillet.

1794 Le Patriotisme des Volontaires Royaux de l'École de droit de Paris, par *Alexandre* GUILLEMIN, docteur en droit, avocat à la cour royale de Paris, volontaire royal. *Paris,* Adrien Egron. [A Leclère, N. Pichard], novembre, 1822. In-8°, 1 vol.

1795 Histoire des révolutions des villes de Nîmes et d'Uzès, suivie de toutes les pièces justificatives ; dédiée à Messieurs les Députés. Par *Adolphe* DE PONTÉCOULANT, *Nîmes, Gaude fils. Paris,* Dentu, 1820. In-8°, 1 vol., suivi de :

    1. Dissensions et Persécutions, dans l'arrondissement du Vigan, département du Gard, Par *A.* ARMAN, ex-sous-préfet, ad interim, du Vigan. *Paris,* L'Huillier, Delaunay, [imp. Renaudière] 1818. In-8°.

    2. Défense des Protestants du Bas-Languedoc. [par

MARTIN-ROLLIN, pasteur d'Orange et d'Avignon. [*S. l.*] 1815. In-4°, 16 pp.

1796 Procès des maréchaux Cambronne, Ney et Masséna, réunis en 1 vol., savoir :

1. Procès du maréchal-de-camp Baron Cambronne, précédé d'une notice historique très-détaillée, sur la vie et le caractère de cet officier-général, Par L. Th*****. [*Léon* THIESSE]. Cet ouvrage contient les interrogatoires, les pièces du procès, les débats, le discours du rapporteur, le plaidoyer entier de M⁰ BERRYER, le jugement et le pourvoi. A *Paris*, [imp. Doublet] Chez Plancher, Eymery, Delaunay. |*Bruxelles*, chez Lecharlier], 1816. In-8°, 88 pp., outre faux-tit. et tit.

2. Le maréchal Ney devant les maréchaux de France. *Paris*, de l'imprimerie de C.-F. Patris. Chez Chaumerot jeune, libraire, 1815. In-8°, 41 pp., outre faux-titre et tit., port. de Ney.

3. Lettre de M. le maréchal prince de la Moskowa, A S. Exc. M. le duc d'Otrante. [*Paris*, imp. Valade, 26 juin 1815]. In-4°, 8 pp., sans feuillet de tit.

4. Mémoire de M. le maréchal Masséna, duc de Rivoli, prince d'Essling, Sur les événemens qui ont eu lieu en Provence, pendant les mois de mars et d'avril 1815 ; suivi de pièces justificatives et d'une carte géographique. *Paris*, Delaunay, libraire. [imp. de Fain] 1816. In-8°, 89 pp., outre faux-titre et titre.

1797 Affaire de Grenoble. Mémoire pour le vicomte Donnadieu, lieutenant-général des armées du roi ; sur la plainte en calomnie par lui portée contre les Srs Rey, Cazenave et Regnier, Auteurs et signataires d'une pétition pour quelques habitants de Grenoble. [par BERRYER fils, avocat]. *Paris*, J.-G. Dentu, 1820. In-8°, 1 vol.

1798 Histoire de la Conspiration de Grenoble en 1816 ; avec un fac-simile des dernières lignes écrites par DIDIER, par *Joseph* REY, ancien conseiller à la cour royale de

Grenoble. *Grenoble,* J.-L. Barnel, Vellot et Cie, 1847. In-8°, 1 vol.

1799 Relation concernant les Evénemens qui sont arrivés à Thomas Martin, laboureur à Gallardon, en Beauce dans les premiers mois de 1816. Nouvelle édition, revue et augmentée de plusieurs lettres du Sr MARTIN écrites en 1821, sur de nouvelles apparitions, avec un exposé de plusieurs autres qui lui sont arrivées en 1830, par M. S***, ancien Magistrat. *Paris,* L.-F. Hivert, Lib. Edit. Imp. de Pihan de la Forest. Janvier 1831. 1 vol. pet. in-8°.

1800 Histoire de la Session de 1815, par *J.* FIÉVÉE. Deuxième édition. *Paris,* Le Normant. Imp. Lib., 1816. 1 vol. pet. in-8°.

1801 Histoire de la Session de 1816, par *J.* FIÉVÉE. *Paris,* Le Normant, 1817. In-8°, 1 vol.

1802 Histoire de la Session de 1817. Par *J.* FIÉVÉE. *Paris,* Le Normant, 1818. In-8°, 1 vol.

[*Même vol.*] Histoire de la Session de 1820. Par *J.* FIÉVÉE. A *Paris,* chez Le Normant, 1821. In-8°.

1803 Le Conservateur. [par DE CHATEAUBRIAND, DE BONALD, FIÉVÉE, DE VILLÈLE, CORBIÈRE, DE CASTELBAJAC, O'MAHONY, DE LA MENNAIS, DE GENOUDE, DE LAMARTINE, BERRYER, MARTAINVILLE, et autres]. Le Roi, la Charte, et les Honnêtes Gens. *Paris,* au bureau du Conservateur, chez Le Normant fils, M.DCCC.XVIII. [-XX]. Octobre 1818 à mars 1820, 78 N^os en 6 tom. In-8°.

1804 Recueil en 1 vol., des quatre pièces suivantes, relatives à l'histoire de la Restauration :

1. Procès de la Conspiration des patriotes de 1816, au nombre de vingt-huit, savoir : Pleignier, Carbonneau, Tolleron, Charles, Lefranc, Picard (femme de), Desbaunes, Dervin, Oseré (Emmanuel), [Oseré] (Henri),

[Oseré] (Jacques), Sourdon, Descubes, Gonneau, Bella-
guet, Bonnassier, Dietrich, Lebrun, Bonnassier, Philippe, Warin, Lascaux, Lejeune, Drouot, Houzeaux,
Carlier, Garlier, Blançon, tous Prévenus d'être les
auteurs, complices, fauteurs ou adhérents d'un attentat
et d'un complot contre la vie et la personne du Roi et
contre la vie et la personne des membres de la famille
royale. *Paris*, Patris, Guillaume, Corbet, Delaunay et
Pélicier, Juillet 1816. Pet. in-4°, faux-titre, titre et
183 pp. chiffr.

2. La Violette et les Œillets rouges, hommage poétique et lyrique, dédié à Thémistocle Napoléon-le-Grand,
Empereur des Français, Roi d'Italie, Protecteur de la
Confédération du Rhin, Médiateur des Cantons Suisses,
Sauveur de la France. Petite *Macédoine* par une *bande*
de Fédérés, arrangée par leur Secrétaire responsable
[qui signe Judas le Franc] Premier bouquet. [*Il n'en a
point paru d'autre*]. A *Paris* [impr. C.-F. Patris], chez
Delaunai, Août 1815. In-8°, 64 pp. chiffr., y compris
titre.

3. Procès de MM. Wilson, Hutchinson, Bruce, et
autres, complices de l'évasion du sieur Marie Chamans
de Lavalette. Pet. in-4°, commençant à la p. 5 et finissant à la p. 187, manque le titre.

4. Français ! voilà la véritable cause de nos malheurs,
et le seul moyen de les réparer. Par J. P. B*****. A
Paris, chez Le Normant, Delaunay, Pélicier [impr.
Dondey-Dupré], 1815. In-8°, 117 pp. chiffr., y compris
titre.

1805 Quatre procès et un pamphlet du commencement de la
Restauration, recueillis et réunis en 1 vol., savoir :

1. Procès du lieutenant-général comte Drouot, grand
officier de la légion d'honneur, précédé d'une Note historique sur cet Officier-Général, et orné de son Portrait
[par *Évariste* DUMOULIN]. Seconde édition. A *Paris*,
[impr. Vᵉ Jeunehomme], chez C. S. L'huillier, Pillet,
Delaunay, 1816. In-8°, VIII-63 pp. chiffr.

2. Procès du lieutenant-général comte Bertrand, aide-de-camp de Bonaparte ; contumax ; contenant l'Ordonnance du Roi du 24 juillet 1815, la séance du Conseil de guerre permanent de la 1re division militaire, les pièces du procès, l'acte d'adhésion du général, les conclusions du rapporteur, et le jugement qui le condamne à la peine de mort ; précédé d'une Notice historique sur ce Général. A *Paris* [imp. Doublet], chez Plancher, Eymery, Delaunay, 1816. In-8°, 16 pp. chiffr., outre faux-titre et titre.

3. Procès du lieutenant-général Lefebvre-Desnouettes, contumax ; contenant l'Ordonnance du Roi du 24 juillet 1815, la séance du Conseil de guerre permanent de la 1re division militaire, les pièces du procès, la lettre du général Lefebvre-Desnouettes à S. Exc. le ministre de la guerre, les conclusions du rapporteur, et le jugement qui le condamne à la peine de mort ; précédé d'une Notice historique sur ce Général. A *Paris* [imp. Doublet], chez Plancher, Eymery, Delaunay, 1816. In-8°, 16 pp chiffr., outre faux-titre et titre.

4. Procès des trois Anglais, Robert-Thomas Wilson, John-Ely Hutchinson, Michel Bruce, et autres, accusés d'avoir facilité l'évasion de Lavalette ; contenant le Résumé de M. l'Avocat-Général, les Plaidoyers des Avocats, et les Discours des Accusés, *recueillis par les Sténographes*, avec l'Acte d'accusation, tous les Débats, *le Résumé de M. le Président et l'arrêt* textuel. Précédé d'une Notice Historique sur Lavalette, d'un Extrait des Interrogatoires préliminaires subis par les Anglais ; suivi de leur Mémoire devant la Chambre d'accusation, *en Anglais et en Français*, et d'une relation exacte de la manière dont Lavalette est sorti de France, après son évasion de prison, écrite par M. Dupin, avocat, et revue par ses cliens ; orné de Cinq Portraits au trait d'après nature. *Paris* [imp. Patris], Guillaume, Corbet ; *London*, Berthoud, Whetley and C. V., Avril 1816. Pet. in-4°, 236 pp. chiffr., y compris titre.

5. Procès de Buonaparte par *Lewis* GOLDSMITH, auteur
de l'histoire du cabinet de S.-Cloud, ou adresses, lettres,
écrits, débats survenus en Angleterre touchant la dépor-
tation de Napoléon Buonaparte, traduit de l'anglais [par
Charles MALO]. Deuxième édition, augmentée de Notes
inédites. [*Paris*, impr. Doublet], chez Plancher, Eymery,
Delaunay; [*Bruxelles*, Lecharlier], 1816. In-8°, 188 pp.
chiffr., y compris faux-titre et titre.

1806 Recueil factice, en 4 vol. in-8°, de divers fascicules de
publications périodiques du temps de la Restauration,
réunis sous le titre général de *Échantillons de la
liberté illimitée de la presse,* à savoir :

[*T. I*ᵉʳ.] 1. Mémorial de l'Homme public, ou le Défenseur des Libertés françaises, par une réunion de juris-
consultes, de publicistes et d'hommes de lettres [par
Gabriel DE BOURBON-BUSSET, dit BOURBON-LEBLANC,
attribué aussi à *J.-L.* VOIDET]. Tome premier. Iʳᵉ Partie.
A *Paris*, au bureau du Mémorial de l'Homme public,
M.DCCC.XVIII. In-8°, 76 pp. (L'ouvrage complet comprend 14 livraisons, de juillet 1818 à janvier 1819.)

2. Éphémérides Militaires, depuis 1792 jusqu'en 1815,
ou Anniversaires de la valeur française, par une société
de militaires et de gens de lettres [par *Louis-Eugène*
D'ABBENAS]. Avril. A *Paris*, chez Pillet, 1818. In-8°,
179 pp. (L'ouvrage complet comprend 6 vol. de 1818 à
1820.)

3. L'Observateur royaliste, ou Annales destinées à
servir à l'histoire secrète de la Révolution, à présenter
successivement le tableau fidèle de la situation politique
et morale de la France et des nations étrangères; [*etc.*],
par une société de gens de lettres et de publicistes, [par
F.-Th. DELBARE]. Livraisons I à III. *Paris*, à la librairie
de Gide fils, 1819. In-8°, pp. 271 à 378.

4. L'Indépendant, à M. le Comte de Cazes [par
Michel PICHAT et AVENEL]. Première Lettre. *Paris*,
L'huillier, Delaunay, 1818. In-12, 23 pp. (L'ouvrage
complet comprend deux lettres.)

5. La Sentinelle de l'Honneur [par JOUSLIN DE LA-SALLE, n° 4]. In-8°, imp. à *Paris* par C.-F. Patris, pp. 133 à 171. (Le recueil complet comprend 8 nᵒˢ.)

6. Le Furet, par Charles ****** [ROBERT]. A *Paris*, [imp. Patris], chez Delaunay [*etc.*], 1818. In-8°, 51 pp.

7. Les Paquets, ambigu politique, moral et littéraire. Suum cuique. 5ᵉ Livraison. (14 Février 1818). Pet. in-4°, imp. à *Paris* par Sétier, pp. 117 à 140. (Le recueil complet comprend 10 livraisons.)

[*T. II.*] 1. Lettres sur le Congrès d'Aix-la-Chapelle. [1ʳᵉ lettre]. A *Paris*, chez J.-L. Chanson, Delaunay, 1818. In-8°, 32 pp. (Le recueil complet comprend trois lettres.)

2. L'Observateur au Congrès, ou Relation historique et anecdotique du Congrès d'Aix-la-Chapelle, en 1818, précédé d'un coup-d'œil sur la Situation des différents Peuples de l'Europe et du Nouveau-Monde, à l'ouverture du Congrès. [1ʳᵉ livraison.] *Paris* [imp. Baudouin], chez A. Eymery (27 septembre 1818). In-8°, 30 pp. (Le recueil complet comprend 10 livraisons.)

3. Aix-la-Chapelle, ses reliques, et le Congrès; ou Table des matières qu'auraient pu traiter les souverains réunis en congrès à Aix-la-Chapelle. A *Paris* [imp. P. Gueffier], chez Plancher, 1818. In-8°, IV-128 pp., outre faux-titre et titre.

4. Le Diplomate. [1818]. In-8°, pp. 1 à 36, sans feuille de titre.

5. VIIᵉ Lettre. — VIIIᵉ Lettre, signées St. S. (SAINT-SIMON, 1820?). In-8°, pp. 63 à 116, sans feuille de titre.

6. La Dominicale, ou le Panache blanc, par SALGUES, MESSONNIER, MÉJAN, SARRAN (1819). In-8°, pp. 201 à 236, sans feuille de titre.

7. Mercure Royal de France, par le chevalier de FOU-VIELLE (1820). In-8°, pp. 249 à 288, sans feuille de titre.

8. Le Démocrite Français, Ouvrage Politique, Critique et Littéraire. [1819]. In-8°, pp. 1 à 40, sans feuille de titre.

9. Nouveau Dictionnaire français [par le comte DE FORTIA DE PILES. *Paris*, Pélicier, 1818]. In-8°, pp. 1 à 48, sans feuille de titre.

10. L'Ami de la Royauté, par MAGLOIRE et *Charles* ROBERT (1821). In-8°, pp. 241 à 288 du t. Ier, sans feuille de titre.

11. Annales de la Session de 1817 à 1818 [par *Benjamin* CONSTANT, SAINT-AUBIN et autres]. 5e livraison du tome Ier. In-8°, pp. 269 à 327, imp. par Patris à *Paris*. sans feuille de titre.

12. Journal des Journaux. Un chat est un chat et Rolet un fripon. Boileau. Prospectus. In-8°, pp. 1 à 14, imp. par Lottin de Saint-Germain à *Paris*.

[*T. III.*] 1. Mémoires de l'Académie des Ignorants [par le chevalier DE FONTVIELLE, 1818]. In-8°, pp. 1 à 64, sans feuille de titre.

2. La Bouche de fer, ambigu moral, politique et littéraire, à l'usage des gens du monde, des aveugles, des sourds et des muets [par DESQUIRON DE SAINT-AIGNAN]. A *Paris*, chez Plancher, 1818. In-8°, pp. 1 à 32.

3. Le Fureteur, ou l'Anti-Minerve [par ROYON, *Armand* CARREL, *G.* JAL, etc., 1818]. In-8°, pp. 1 à 72, imp. par Dubray à *Paris*, sans feuille de titre.

4. Le Post-Scriptum [par le général JUBÉ, n° 2, 1818]. In-8°, pp. 49 à 96, sans feuille de titre.

5. Le Vendéen, ou l'Éplucheur politique, moral et littéraire, n° 1, 1818. In-8°, 4 et 28 pp., imp. par Migneret à *Paris*.

6. Le Publiciste [par *Ch.* LOYSON et DE LOURDOUEIX], 1818, n° 1. In-8°, pp. 1 à 34, imp. par Dubray à *Paris*.

7. Annales de la Session de 1817 à 1818. 4° livraison du tome Ier. Partie financière, par M. SAINT-AUBIN, ancien membre du tribunat. De l'imprimerie de C.-F. Patris. A *Paris*, chez F. Béchet, et à *Bruxelles*, chez Le Charlier. 1818. In-8°, pp. 197 à 268.

8. La Petite Croisade littéraire. Et, s'il ne m'est pas permis de le dire au papier [avril 1818]. In-8°, pp. 73 à 96, imp. par Dubray à *Paris*, sans feuille de titre.

9. La Revue, ou Chronique Parisienne, par Labbee, t. II, n° 14, 1817. In-8°, pp. 173 à 208, sans feuille de titre.

10. Le Correspondant Électoral, n° 1, 1818. In-8°, pp. 1 à 28, sans feuille de titre.

11. Annales des faits et des sciences militaires, faisant suite aux Victoires et Conquêtes des Français, de 1792 à 1815 ; par MM. Barbié-Dubocage, Bardin, Beauvais, Bernhard, Berton, Cadet de Gassicourt, Calmet, Beauvoisin, Carrion-Nisas, Esménard, Fournier, Gal, Goujon, Guingret, Jullien, Langlès, Laurent, Millin, Parisot, Percy, Saint-Aubin, Thiébault, Vaidy, Viennet. Tome premier. *Paris*, C. L. F. Panckoucke, 1818. In-8°, 4 ff. non cotés et pp. 1 à 94 (livr. de janvier).

[*T. IV.*] **1.** L'Ultra, Archives politiques, morales et littéraires, pour servir à l'Histoire des temps présens [par *A. S.* de Montferrier]. Vive le Roi, quand même ! Tome premier. [n° 1]. A *Paris*, au bureau de l'Ultra, de l'imprimerie de Nouzou, 1819. In-8°, pp. 1 à 32.

2. Le Parachute ou Mémoires de l'Académie des Ignorants [par le chevalier de Fonvielle]. Tome troisième [livr. 12 et 15]. Que sais-je ? (Montaigne.) A *Paris*, de l'imprimerie d'Anth° Boucher, Janvier 1819. In-8°.

3. Le Surveillant politique et littéraire, par Darmaing fils, n° 3, 1818. In-8°, pp. 69 à 100, sans feuille de titre.

4. Le Politique. Mélanges [par Saint-Simon et *Augustin* Thierry, n° 1, 1819]. In-8°, pp. 1 à 55, sans feuille de titre.

5. Jupiter Tonnant, recueil scandaleux, politique, moral, religieux, littéraire et théâtral [par Nelson, n° 1, 1818]. In-8°, pp. 1 à 34, imp. par Dubray à *Paris*, sans feuille de titre.

6. La Dominicale, par une société de gens de lettres et d'hommes du monde. [Salgues, Messonier, *Maurice* Méjan, Sarran, etc.] Tome premier [n° 1]. A *Paris*, au bureau de la Dominicale, 1819. In-8°, pp. 1 à 32.

7. Le Doctrinaire, 1818. In-8°, pp. 49 à 96, sans feuille de titre.

8. L'Oracle français, suite de l'Ultra, par *A. S.* DE MONTFERRIER ; t, Ier, n° 10, 1819. In-8°, pp. 289 à 320, sans feuille de titre.

9. Le Chevalier François, dédié à la noblesse et à l'armée. Tout est perdu, fors l'honneur. Tome premier [n° 1]. A *Paris*, de l'imprimerie de C.-F. Patris, 1819. In-8°, pp. 1 à 40.

10. Le Propagateur (1823 ?), 16e extrait, pp. 249 à 264. In-8°, sans feuille de titre, imp. par Renaudin à *Paris*.

11. Le Spectateur religieux et politique. Confidite, ego vici mundum. Tome I [n° 1]. *Paris* [imp. Gueffier], à la librairie ecclésiastique de Beaucé-Rusand, 1818. In-8°, pp. 1 à 32.

12. Le Modérateur, par BÉNABEN, n° 1, 1818. In-8°, pp. 1 à 38, imp. par Dubray à *Paris*, sans feuille de titre.

13. Démocrite, par MARTAINVILLE, n° 1, 1819. In-8°, pp. 1 à 32, sans feuille de titre.

14. L'Antidote [lettres beaunoises]. Premier cahier. J'aurai la gloire au moins de l'avoir entrepris. *Paris*, J. G. Dentu, 1818. In-8°, pp. 4 à 14.

1807 Les erreurs militaires de M. de Lamartine. Examen critique de son Histoire de la Restauration, par *A.* DU CASSE, Capitaine au Corps d'État-major. *Paris*, Giraud et Dagneau, lib.-édit., imp. Martinet, 1853. 1 vol. in-8°.

1808 Pamphlets politiques et littéraires de *Paul-Louis* COURIER. *Paris*, Paulin, 1832 [précédé d'un essai sur la vie et les écrits de P.-L. Courier par *Armand* CARREL]. In-12, 3 tom. en 1 vol., portrait (imprim. H. Fournier).

1809 Proclamation du Roi, 1820. A *Lille*, chez L. Danel, imprimeur du Roi et de la Préfecture. 1 br. non pag., 3 p. in-4°.

1810 Projet de la proposition d'accusation contre M. le duc Decazes, pair de France, ancien président du conseil des ministres, ancien ministre de l'intérieur et de la police générale du royaume, à soumettre à la Chambre de

1820, par M. Clausel de Coussergues, membre de la Chambre des députés, conseiller à la cour de cassation. Troisième Edition, augmentée d'une réponse à l'écrit de M. le comte d'Argout, pair de France, sur ce projet d'accusation. A *Paris*, chez J. G. Dentu et A. Égron, [Le Normant, Michaud, Pillet], MDCCCXX. In-8°, 1 vol.

1811 Histoire du Procès de Louvel, assassin de S. A. R. Mᵍʳ. le duc de Berry, publié par M. *Maurice* Méjan, avocat à la cour royale. *Paris*, J. G. Dentu, imprimeur-libraire, 1820. In-8°, 2 tom. en 1 vol.

1812 Roullet [libraire de l'Opéra, dont la femme était ouvreuse de la loge du Roi], Récit historique des Événements qui se sont passés dans l'administration de l'Opéra la nuit du 13 février 1820 (assassinat du duc de Berry). *Paris*, librairie Poulet-Malassis, 1862. Jolie plaquette in-12 de 93 pp., titre rouge et noir.

1813 Pièces relatives aux conspirations du carbonarisme sous la Restauration, savoir :

1. Procès de la conspiration du 19 août 1820. Audience de la Cour des Pairs du 9 mai 1821. Réquisitoire de M. le Procureur général Bonneville de Marchangy. *Paris*, imp. de J. Gratiot. In-8°, 80 pp.

2. Procès d'Augustin-Joseph Caron, lieutenant-colonel en retraite (*sic*), et de Frédéric-Dieudonné Roger, écuyer ; tous deux domiciliés à Colmar, département du Haut-Rhin ; traduits le dix-huit septembre 1822, devant le 1ᵉʳ conseil de guerre permanent de la 5.ᵐᵉ division militaire, séant à Strasbourg, pour crime d'embauchage. *Strasbourg*, chez Jean-Henri Heitz, imprimeur-libraire [*s. d.*, 1822]. In-8°, 207 pp.

3. Précis du Procès de MM. Trolé, Valterre et Peugnet, ex-officiers d'artillerie, prévenus d'attentat contre le gouvernement royal et d'associations sécrètes (*sic*) dans leurs corps respectifs ; jugé par le deuxième conseil de guerre permanent de la cinquième division militaire, séant à Strasbourg, dans les séances des 22,

23 et 24 juillet 1822. Parturiunt montes. *Strasbourg,* chez Jean-Henri Heitz, imprimeur-libraire, 1822. In-8°, 128 pp.

1814 Plaidoyer de M. [Bonneville] de Marchangy, avocat-général à la cour royale de Paris ; prononcé le 29 août 1822, devant la cour d'assises de la Seine, dans la conspiration de La Rochelle. A *Paris*, chez Anth°. Boucher, 1822. Pet. in-4°, 1 vol., envoi d'auteur signé (manquent les pp. 25 à 72).

1815 Mémoire à consulter sur un Système religieux et politique, tendant à renverser la Religion, la Société et le Trône : par M. le Comte de Montlosier. *Paris,* [imp. J. Testu], Ambroise Dupont et Roret, Moutardier [et *Bruxelles*, Grignon], 1826. In-8°, 1 vol.

1816 Dénonciation aux Cours Royales, relativement au système religieux et politique signalé dans le Mémoire à Consulter ; précédée de nouvelles observations sur ce système, et sur les apologies qu'on en a récemment publiées, par M. le comte de Montlosier. *Paris* [impr. de J. Tastu], Ambroise Dupont et C° , Baudouin frères, 1826. In-8°, 1 vol.

1817 Les Jésuites, les Congrégations et le Parti prêtre en 1827. Mémoire à M. le Comte de Villèle, président du conseil des ministres, par M. le Comte de Montlosier. *Paris* [imp. de J. Tastu], Ambroise Dupont et C°, Décembre 1827. In-8°, 1 vol.

1818 Voyage du Roi au camp de Saint-Omer et dans les départemens du Nord. Septembre 1827. (Extrait du Moniteur.) *Paris*, de l'Imprimerie Royale, 1827. In-8°, 1 vol. de 237 pp. non compris faux-titre et titre.

1819 Voyage du Roi dans les départements de l'Est, et au camp de manœuvres de Lunéville. Septembre 1828. *Paris*, de l'Imprimerie Royale, 1828. In-4°, 1 vol.

1820. Victor Hugo et la Restauration, étude historique et littéraire par *Edmond* BIRÉ. *Paris*, Lecoffre fils. *Nantes*, Vincent Forest et Émile Grimaud, 1869. In-18, 1 vol. (tiré à 300 exempl.).

1821 Des Moyens de mettre la Charte en harmonie avec la Royauté ; par M. COTTU, Conseiller à la Cour Royale de Paris. *Paris*, Charles Gosselin [impr. Gaultier-Laguionie], MDCCCXXVIII. In-8°, 1 vol.

1822 Congrès de Vérone. Guerre d'Espagne. Négociations ; Colonies espagnoles. Par M. DE CHATEAUBRIAND. *Paris*, Delloye, 1841. In-18, 2 tom. rel. en 1 vol.

HISTOIRE DE FRANCE PAR ÉPOQUES. — DEPUIS 1830.

1823 Saint-Cloud, Paris et Cherbourg. Mémoires pour servir à l'histoire de la révolution de 1830 ; publiés par M. *Alex.* MAZAS, secrétaire du dernier président du conseil des ministres, nommé par le roi Charles X. Mission de M. le duc de Mortemart, pendant la semaine de juillet. Nouveaux détails politiques sur le *voyage de Cherbourg*. *Paris* [impr. Béthune], Urbain-Canel, Adolphe Guyot, M.DCCC.XXXII. In-8°, 1 vol.

1824 Souvenirs historiques sur la Révolution de 1830, par *S.* BÉRARD, député de Seine-et-Oise. *Paris*, Perrotin, [imp. Firmin Didot], 1834. In-8°, 1 vol.

1825 La Garde Royale pendant les événemens du 26 juillet au 5 août 1830, par un officier employé à l'état-major. [*Hippolyte* PONCET DE BERMOND]. *Paris*, imprimerie-librairie de G. A. Dentu, M D CCC XXX. In-8°, 1 vol.

[*Même vol.*] Procès de M. le comte Florian de Kergorlay, à la cour des Pairs [publié par lui-même]. A *Paris*, chez G. A. Dentu, M D CCC XXX. In-8°, 94 pp.

1826 Procès des ex-Ministres, précédé de notices historiques, **contenant des faits inédits sur MM. de Polignac, de Pey-**

ronnet, Chantelauze et de Guernon de Ranville, par
Émile BABEUF. *Paris*, A. Hocquart jeune, 1830. In-18,
5 vol.

1827 De la nouvelle France & de ses représentans. Par
A. J. LHERBETTE. *Paris*, Sautelet, 1828. In-8°. — Pièce
de 109 pages.

1828 Proclamation de Louis-Philippe d'Orléans aux habitants
de Paris (1830). Imp. de A. Guyot. 1 affiche.

1829 Appel à la France contre la division des opinions. Extrait
de la *Gazette de France*. (Par *Jacques-Honoré* LELARGE
DE LOURDOUEIX). Troisième édition, à laquelle on a joint
un *Projet d'organisation municipale, départementale
& provinciale. Paris*, Bureau de la *Gazette de France*,
rue du Doyenné (Imprimerie de Casimir, rue de la Vieille-
Monnaie), 1831. In-8°. — Pièce de 131 pages.

1830 Lettres sur la Liste Civile, & sur l'Apanage [du Duc de
Nemours], par M. [*Louis-Marie* DE LA HAYE vicomte]
DE CORMENIN. 11ᵉ édition. *Paris*, Pagnerre, 1837. In-32.
1 vol.

1831 Un mot sur le pamphlet de police, intitulé : La Liste civile
dévoilée. Par [*Louis-Marie* DE LA HAIE, vicomte]
DE CORMENIN. *Paris*, Pagnerre, 1837. In-32. — Pièce
de 30 pages.

1832 Un mot sur le pamphlet de police, intitulé : La liste civile
dévoilée par M. DE CORMENIN. *Paris*, Pagnerre, éditeur.
Imprimerie de Mᵐᵉ Porthmann, 1837.

A la suite : La liste civile dévoilée, Lettre d'un Elec-
teur de Joigny à M. de Cormenin, député de l'Yonne.
Cinquième édition. *Paris*, Delaunay, lib. Typog.
Rignoux, 1837. Le tout en un vol. in-18.

1833 L'Algérie. Des moyens de conserver et d'utiliser cette
conquête, par le Général BUGEAUD, gouverneur-général
de l'Algérie. *Paris*, Dentu, libraire. *Marseille*, typographie des hoirs Feissat aîné et Demonchy, 1842.

38

1834 Algérie. Quatorze observations sur le dernier Mémoire du général Bugeaud, par le Général DUVIVIER, ancien élève de l'école polytechnique, 1842. *Paris*, H. L. Delloye, éditeur ; F. Locquin, imprimeur. 1 br. de 142 pages in-8°.

1835 Appel à la France pour la colonisation de l'Algérie par l'abbé LANDMANN, chanoine honoraire d'Alger. *Paris*, chez J. Lecoffre et Cie, libraires. Imprimé par Plon frères. 1 br. de 88 pages in-4°.

1836 Quatre-vingt-deux jours de commandement de la province d'Oran, par M. le général de BROSSARD. *Perpignan*, imprimerie de J. B. Alzine, 1838. 1 br. de 60 pages in-8°.

1837 Galerie des Pritchardistes par le *National*. [Articles publiés dans le *National* par *Armand* MARRAST, les 12, 13, 14, 15, 16, 17, 18, 19, 20 & 21 Juillet 1846]. Deuxième édition. *Paris*, Pagnerre, 1846. In-32. — Pièce de 192 pages.

1838 Souvenir du séjour de M. le Comte de Chambord et des Français à Ems, par M. *Auguste* JOHANET, *Paris*, chez Jeanne ; Imprimerie d'Aubusson, 1849. 1 pet. broch. de 89 pages. (La couverture imprimée sert de titre.)

1839 La Révolution c'est l'Orléanisme. Par *Henri* DE LOURDOUEIX, Directeur de la *Gazette de France*. Quatrième édition, revue, corrigée & augmentée de plusieurs nouveaux documents inédits & autographiés. *Paris*, Dentu, 1852. In-18, 1 vol.

1840 Expédition de Chine, par *Paul* VARIN. *Paris*, Michel Lévy frères, lib.-édit. Imp. Tinterlin et Cie, 1862. 1 vol. broch. in-8°, 4 plans à la fin.

1841 Proclamation de l'Empereur, 23 Avril 1870. Imp. impériale. 1 affiche.

HISTOIRE DE FRANCE. — PRÉROGATIVES ROYALES.
DROITS DU ROI SUR DIVERS PAYS.

1842 De la Sovveraineté dv Roy, et qve sa Maiesté ne la peut souzmettre à qui que ce soit, ny aliener son Domaine à perpetuité. Auec les preuues & authoritez, contre un Auteur incogneu. Par Mre *Iehan* SAVARON, Conseiller du Roy. A *Paris*, chez P. Mettayer. M.DCXX. Pet. in-8°, 1 vol.

1843. De Formvlæ Regnante Christo In veterum monumentis Vsv, Iustas pro Regibus maximis Philippo I & II, summaque Regum omnium potestate, vindicias complexa Diatribe. Auctore *D.* [*avide*] BLONDELLO. *Amstelodami*, apud Ioannem Blaev. M DC XLVI. In-4°, 1 vol., rel. parchemin.

1844 Recueil des anciens édits et ordonnances du Roy, concernant les Domaines, et droits de la Couronne. Avec les Commentaires de *Loüis* CARONDAS LE CARON ; et plusieurs Edits, déclarations, arrêts & règlemens concernans le domaine de Sa Majesté, & autres droits y joints, jusques à présent, et devx tables, l'une cronologique, et par ordre des temps ; et l'autre par sujets et matières. *Paris*, Th. Charpentier, Christ. Ballard & Henry Charpentier, MDC. XC. 1 vol. in-4°.

1845 La Recherche des Droicts du Roy, & de la Couronne de France, svr les Royavmes, Dvchez, Comtez, Villes & Païs occupez par les Princes estrangers : appartenans aux Roys tres-chrestiens, par Conquestes, Successions, Achapts, Donations, & aultres Tiltres legitimes. Ensemble de levrs Droicts svr l'Empire, & des deuoirs & hommages deubs à leur Couronne, par diuers Princes estrangers. A Monseignevr le Cardinal de Richeliev. Par M. *Iacqves* DE CASSAN, Conseiller du Roy, & son premier Aduocat au siege Presidial de Beziers. A *Paris*, chez Nicolas Trabovillet, M.DC.XXXIV. In-4°, 1 vol., **frontisp. gravé, couv. parchemin.**

1846 Traitez tovchant les Droits dv Roy Tres-Chrestien svr plvsievrs Estats et seignevries possedées par diuers Princes voisins : et povr provver qv'il tient a ivsto titre plusieurs Prouinces contestées par les Princes Estrangers. Recherches, povr monstrer qve plvsievrs Prouinces & Villes du Royaume sont du Domaine du Roy. Vsvrpations faites svr les Trois Eveschez, Mets, Toul & Verdun : & quelques autres Traitez concernant des matieres publiques. Le tout composé & recueilli du Tresor des Chartes du Roy & autres Memoires, par Monsieur DVPVY Conseiller du Roy en ses Conseils. A *Paris*, chez Avgvstin Covrbé, M. DC. LV. In-f⁰, 1 vol., titre rouge et noir.

1847 Memoires et Instrvctions, povr servir dans les negociations et affaires concernant les droits du Roy de France. [par *Théodore* GODEFROY, historiographe de France et Conseiller d'Etat.] A *Paris*, chez Sebastien Cramoisy, M.DC.LXV. In-12, 1 vol., édition originale.

C'est à tort que les bibliographies attribuent cet ouvrage à Denys Godefroy, fils de Théodore, ainsi qu'il appert d'une note manuscrite dudit Denys qu'on peut lire sur la feuille de garde du présent exemplaire.

1848 Memoires et Instructions, pour servir dans les negociations et affaires concernant les droits du Roy de France. [par *Théodore* GODEFROY, conseiller d'Etat et historiographe de France]. [*la Sphère*]. A *Amsterdam*, [sur l'édition originale de Paris, tirée à très-petit nombre] chez Antoine Michel, M.DC.LXV. Pet. in-12, 1 vol.

1849 Procès Verbal entre les Procureurs des deux Roys [*Nicolas* FAVIER, procureur du roi de France & DE MALEINGREAU, procureur du roi d'Espagne], devant les Commissaires de leurs Majestez deputez à la Conference de Courtray. S. l., 1681. In-32. — Pièce de 83 et 84 pages, ensemble 167 pages.

Il s'agit des droits du roi de France sur les villes, bourgs, villages et autres ieux qu'il a conquis et qui ne sont pas compris dans les Articles des cessions portées par le Traité de Paix conclu à Nimègue, c'est-à-dire : Le Vieux-Bourg de Gand ; la ville et châtellenie d'Alost avec ses appartenances, dépendances et annexes ; la ville de Grammont ; Renaix ; la ville de Ninove ; Rudershove ; le Pays de Beveren ; le Métier d'Assenede ; le Métier de Bouchant; Weert ; Heert-Brugge ; Opdorp ; Moortselle ; S. Amand ; le Pays de Bornhem ; la terre de Flobecq et Lessines.

1850 Deduction des Maximes de la France, ecrites en faveur de la vérité, et représentées au Parlement de Paris, le 12 avril 1684. Suivant la copie imprimée. A *Anvers,* 1684. Pet. in-12. — Pièce de 46 pages.

Écrit contre les droits du roi et de la France.

1851 Nouveau bouclier d'Etat & de Justice où l'on découvre le peu de fondement qu'ont les Rois de France dans leurs pretentions à l'Empire & aux autres Royaumes de Char-lemagne. Et où on combat les Paradoxes avancez par le Père Maimbourg dans son Histoire de la Décadence de l'Empire de Charlemagne (Par *Pierre* PREUDHOMME , chanoine de Cambrai). A *Amsterdam,* P. Chayer, 1696. In-12. — Pièce de 129 pages.

1852 De l'avtorite dv Roy tovchant l'aage necessaire à la Pro-fession solemnelle des Religieux. [Par *Roland* LE VAYER DE BOUTIGNY, avocat au Parlement & depuis, Intendant à Soissons]. *Paris,* I. Cottin, 1669. In-12, 1 vol.

1853 De la Sanction royale. Par (*Philippe-Antoine*) MERLIN, député de Douay à l'Assemblée Nationale. S. *l.,* 1789. In-8°. — Pièce de 20 pages.

1854 Traicté en forme de Contredicts tovchant le Comté de Sainct-Pavl , dressé par le commandement dv Roy Henry le Grand. Par Messire *Iacqves* DE LA GVESLE son Procureur general. Auquel les droicts de la Couronne de France sur ledit Comté sont amplement exposez, & l'injuste pretension des Archiducs pertinemment contre-dite. A *Paris,* chez Iacqves Villery, M.DC.XXXIII. In-4°, 1 vol., couvert. parchemin.

1855 Qvestion historiqve, si les provinces de l'ancien royavme de Lorraine doivent estre appelees terres de l'Empire [par *Louis* CHANTEREAU LE FÈVRE]. A *Paris,* chez Robert Berthavlt, M.DC.XLIV. Pet. in-8°, 1 vol.

1856 Memoires povr l'Histoire de Navarre et de Flandre, contenans le Droict dv Roy av Royavme de Navarre, et aux
Duchez de Pegnafiel, de Gandie et de Montblanc, à la
Comté de Ribagorce, à la Vicomté de Castelbon, à la
Villa de Balaguier, & à la Seigneurie de Castillon de
Farfagna, le Droit particvlier dv Roy comme seignevr
des Villes & Chastellenies de Dunkerque, de Bour-
bourg, & de Gravelines en Flandre ; et comme seignevr
chastelain de Lille, le Droit de la Covronne de France
svr les Villes & Chastellenies de Lille, Doüay &
Orchies : et sur la Comté de Flandre et le Pays de
Waes. Le tout dressé sur les Titres & Memoires du
Cabinet de feu Messire *Avgvste* GALLAND, Conseiller du
Roy & Procureur general de sa Maison, A *Paris*, chez
Mathiev Gvillemot, M. DC. XLVIII. In-f°, 1 vol.

1857 Discours des Histoires de Lorraine & de Flandres. Au
Roy treschrestien Henry II [par *Charles* ESTIENNE]. A
Paris, chez Charles Estienne Imprimeur du Roy,
M. D. LII. Par priuilege dudict Seigneur. In-4°, 1 vol.
de 56 ff. non cotés, couvert. parchemin.

1858 Discours des Histoires de Lorraine & de Flandres [par
Charles ESTIENNE, médecin, puis imprimeur, frère et
successeur de Robert], Au Roy treschrestien Henry .2.
[*S. l. n. n.*, *Paris*, Ch. Estienne], M.D.LII. Par priuilege dudict Seigneur. Pet. in-8°, 1 vol. de 59 ff. non
cotés.

1859 Barrvm Campano-Francicvm, Nævorum Lothariensi
Commentario à *Joanne Jacobo* CHIFFLETIO (ut fucum
Serenissimo Duci Carolo III faceret) edito adspersorum
demonstratio ; Auctore *Davide* BLONDELLO. *Amstelœ-
dami*, ex Typographejo Joannis Blaev. M D C LII.
Gr. in-4°, 1 vol.

1860 Catalania Galliæ vindicata adversus Hispaniensium scriptorum imposturas : sive Dissertatio historica de legitimo
Regum Francorum in eam Provinciam imperio... Auc-

tore Fr. *Ludovico* Mesplede, Narbon. Acad... ac Provinciale Occit. Ord. Prædicatorum. *Parisiis*, Seb. Hure, 1643. In-8°, 1 vol.

1861 Traité des Droits de la Reyne Tres-Chrétienne, svr divers Etats de la Monarchie d'Espagne. [Par *Antoine* Bilain, avocat.] A *Paris*, de l'Imprimerie Royale, M.DC.LXVII. In-12, 2 parties de 208 et 216 pages, et un appendice de 8 pages, le tout en 1 vol.

1862 Suite du Dialogve sur les droits de la Reyne Tres-Chrestienne [par le baron *F. P.* de Lisola]. Nouvelle Edition. Reveüe, corrigée & augmentée. [*S. l. n. n.*], M. DC. LXVIII. In-12, 1 vol. de 8 ff. non cotés et 335 pp. chiffrées.

1863 Les droicts de la Reyne de France pretendvs par les Francois svr le dvché de Brabant & avtres provinces dv Paybas &ra destrvits par evx mesmes. — Missive tovchant le droit pretendv de la Reyne par droit de dévolution. Par M. B. D. *S. l. n. d.* (1667). In-4°. — Pièce de 20 pages.

1864 Remarqves povr servir de reponce à deux Ecrits [de Stockmans] Imprimez à Bruxelles contre les Droits de la Reine sur le Brabant, et sur divers lieux des Païs-bas [par *Guy* Joly, conseiller au Châtelet]. A *Paris*, chez Sebastien Mabre-Cramoisy, M.DC.LXVII. In-12, 1 vol.

1865 La Verité defendue. des Sophismes de la France et Responce a l'Autheur, Des Pretentions du Roy Tres Chrestien, sur les Estats du Roy Catholique. Traduit de l'Italien [de *Domenico* Federici]. [*la Sphère*]. [*S. l. n. n.*], M. D.C.LXVIII. In-12, 2 part. en 1 vol.

1866 Lettre d'un Gentilhomme Ligeois (*sic*, *i.e.* Liégeois), envoyée à l'Autheur des Remarques, qui servent de réponse à deux escrits imprimez à Bruxelles, contre les Droits de la Reyne sur le Brabant. [*la Sphère*]. A *Liege*, chez Tovssaint Clement, 1668. In-12, 1 vol.

1867 Remarqves envoyées a Mr Stochmans, pour servir de
     réponse à la seconde Partie de son Traité du droit de
     Devolution [par *Guy* JOLY, conseiller au Châtelet]. A
     Paris, chez Sebastien Mabre-Cramoisy, M.DC.LXVIII.
     In-12, 1 vol.

1868 *M. Henrici* KIPPINGI. Notæ et Animadversiones in
     Axiomata politica Gallicana Quæ Dn. Aubry Galliæ
     Regis Consiliarius & Advocatus Parlamenti Parisiensis
     evulgavit, de justis Prætensionibus Regis super Impe-
     rium, et Prœrogativa ejusdem. *Bremæ*, Sumptibus
     Erhardi Bergeri Bibliopolæ, Anno Christi 1668. In-12,
     1 vol. de 223 pp. chiffrées.

1869 Ad Franc. Hotomani Franco-galliam *Anthonii* MATHA-
     RELLI, Reginæ Matris a rebus procurandis primarii,
     Responsio. In quo agitur de initiis Regni Frāciæ, suc-
     cessione Regum, publicis negotiis, & politia, ex fide
     Annalium nostrarum, Germaniæque et aliarum gentium,
     Græcisque et Latinis scriptoribus. *Lutetiæ*, Fr. Morellus,
     1575. In-8°. — Pièce de 164 pages et 12 pages non folio-
     tées contenant des vers de différents poètes à la louange
     de Matharel.

1870 De svccessione prærogativæ primi principis Franciæ,
     morte Francisci Valesii, Dvcis Andegavensis, Carolo
     Cardinali Borbonio, per legem Regni, delata ex tractatu
     Matthæi Zampini recanatensis J. C. *Parisiis*, apud
     Joannem Bessault, via Jacobæa sub signo Elephantis et
     apud Typographum Rolinum Thierry, M.D.LXXXVIII.
     1 br. de 39 pages in-4°.

1871 La contention de l'Espee avec la Robbe, sur les parties
     du prince et pour le retour de Roy. Av Roy tres-chres-
     tien Lovis XIII. Par *Henry* DE MONTAGV, Sieur DE LA
     COSTE en Languedoc. *Paris*, David Gilles et Claude
     Hulpeau, 1616. Pet. in-12. — Pièce de 160 pages.

Une phrase de l'Épilogue marque très bien le but et la conclusion de cette
contestation : « C'est un dire louable au Prince que son espee soit attachee par
les loix et sa puissance comme bridee par la iustice. »

1872 Traitté des Vsurpations des Roys d'Espagne sur la Couronne de France depuis Charles VIII. Ensemble un
Discours sur le commencement, progrez, declin et
demembrement de la Monarchie Françoise, droicts &
pretentions des Roys tres-chrestiens sur l'Empire.
Reveu et augmenté par l'Autheur d'vn sommaire des
droicts de cette Couronne, sur les Comtez de Bourgongne, Cambray, Haynault, Duchez de Genes &
Luxembourg. Av Roy, par C. [*Christophe*] BALTHAZARD
[Conseiller d'Etat, Intendant en Languedoc]. *Paris*,
C. Morel, 1626. In-8°. — Pièce de 103 pages.

1873 Veridicus Belgicus Pupilli advocatus Respondens Gallico
causarum Patrono in vicem fictitii suppositi in Dialogo
alioque libello nuper per illum edito Super prætensis
juribus Reginæ Christianissimæ in Belgicas Provincias.
Pars Prima. M.D.LXIX. [*Cette date est faulive, c'est
1669 qu'il faut lire*]. *A la page 87* : Vindiciæ Ducum
Brabantiæ Pipini præsertim dicti à Landis, Et indubitata
ab eo descendentium in Ducatum præfatum hereditariæ
successionis continua series, qua solidatur firmaturque
responsum veridici Advocati Belgici Devolutionis præ-
tenso jure dictorum Ducum successionibus incognito.
Pars Altera. [Auctore *Huberto* LOYENS, Secretario
Supremi Brabantiæ Concilii]. *S. l.*, 1668. In-8°. — Pièce
de 145 pages.

1874 Lottres patentes du Roy, pour conserver au Roy d'Espagne le droit de succession à la Couronne de France,
données à Versailles au mois de Décembre 1700, Registrées en Parlement le premier Février 1701. A *Paris*,
chez François Muguet, Premier Imprimeur du Roy, &
de son Parlement, M D C C I. 1 br. de 7 pages in-4°.

1875 Lettres patentes du Roy, qui admettent la Renonciation
du Roy d'Espagne à la Couronne de France, & celles
de M. le Duc de Berry & de M. le Duc d'Orléans à la
Couronne d'Espagne, et qui révoquent les Lettres
Patentes de Sa Majesté du mois de Décembre 1700

données à Versailles au mois de Mars 1713 & Registrées en Parlement. A *Cambray*, chez Nicolas-Joseph Douilliez, 1713. 1 br. de 56 p. in-4°.

1876 Edit du Roy, qui révoque & annulle celuy du mois de Juillet 1714 & la Déclaration du 13 May 1715, du Mois de Juillet 1717. S. n. d'imp. 1 br. de 4 pages in-4°.

1877 Déclaration du Roy, du 26 Août 1718, en interprétation de l'Edit du mois d'Aoust 1718. S. n. d'imp. 3 pages in-4°.

1878 Monumens précieux de la sagesse et de la fermeté de nos Rois, pour le maintien de leur autorité. S. n. d'imp., s. n. d'aut., M DCC LXXI. 1 br. de 72 pages in-4°.

1879 Des droits directs et éventuels des Bourbons d'Espagne, de Naples et de Parme. *Paris*, chez Dentu, libraire, 1840. *Lille*, imp. de Cailleaux-Lecocq. 1 br. de 131 pages in-8°.

1880 Du mariage d'Isabelle d'Espagne, par l'auteur des droits directs et éventuels des Bourbons d'Espagne, de Naples et de Parme. *Paris*, chez Dentu, libraire, 1843. *Lille*, imp. de Cailleaux-Lecocq. 1 br. de 23 pages in-8°.

HISTOIRE DE FRANCE. — CÉRÉMONIAL.

1881 Le Theatre d'honnevr et de magnificence, preparé av Sacre des Roys. Auquel il est traité de l'Inauguration des Souuerains ; du lieu où elle se fait, & par qui ; de la Vérité de la Sainte Ampoule ; des Roys qui en ont été Sacrez ; du Couronnement des Reynes ; des Entrées Royales & Ceremonies du Sacré (*sic*) & de la Dignité de nos Roys. Par Dom *Gvillavme* MARLOT Docteur en Theologie, & grand Prieur de l'Abbaye S. Nicaise de Reims. A *Reims*, et se vend à *Paris*, chez Gvillavme Macé, M.DC.XLIII. In-4° carré, 12 ff. non cotés et 760 pp. chiffrées, 1 vol.

1882 Histoire des sacres & couronnements de nos Rois, faits à Reims; à commencer par Clovis, jusqu'à Louis XV. Avec un Recueil du Formulaire le plus moderne qui s'observe au sacre & couronnement des Rois de France; contenant toutes les Prières, Cérémonies et Oraisons. Le tout tiré d'Auteurs fideles par M^r. R. C. [*N*. REGNAULT, Chanoine de St. Simphorien à Reims]. *Reims*, Florentain, 1722. In-12, 1 vol.

1883 Histoire des Inaugurations des Rois, Empereurs, et autres souverains de l'univers; depuis leur origine jusqu'a présent. Suivie d'un précis de l'état des Arts & des Sciences sous chaque Regne : des principaux faits, mœurs, coutumes & usages les plus remarquables des François, depuis Pepin jusqu'à Louis XVI. Par M***. [*D. Charles-Joseph* DE BÉVY, bénédictin.] A *Paris*, chez Moutard, M. DCC. LXXVI. In-8°, 1 vol. orné de 13 pl. de costumes grav., impr. par Demonville.

1884 Des Cérémonies du Sacre, ou Recherches Historiques et critiques sur les mœurs, les coutumes, les institutions et le droit public des Français dans l'ancienne monarchie; par M. *C*. LEBER, chef du premier bureau des communes au ministère de l'intérieur. Orné de 48 Planches. *Paris*, [impr. J. Tastu] Baudouin frères, *Reims*, Frémau fils, 1825. In-8°, 1 vol.

1885 Du Sacre des Rois de France, et des rapports de cette auguste cérémonie avec la constitution de l'état aux différens ages de la monarchie. Par M. CLAUSEL DE COUSSERGUES, conseiller à la cour de cassation, membre de la chambre des députés. Deuxième édition. *Paris*, Adrien Egron, Mai 1825. In-8°, 1 vol.

1886 Recherches historiqnes sur les derniers jours des Rois de France, leurs funérailles, leurs tombeaux; suivies d'une notice sur Saint-Denis, le sacre des rois et leur couronnement. Par BERTHEVIN. A *Paris,* [imp. Fain] chez François Louis, 1825. In-8°, 1 vol.

1887 Des Sépultures nationales et particulièrement de celles des Rois de France, par LEGRAND d'AUSSY (de l'Institut): suivi des Funerailles des rois, reines, princes et princesses de la monarchie française, depuis son origine jusques et y compris celles de Louis XVIII. Par M. DE ROQUEFORT, Membre de la Société des Antiquaires de Paris. A *Paris* [imp. David], chez J. Esneaux, 1824. In-8°, 1 vol.

1888 Les miracvlevx effecis de la Sacrée main des Rois de France très-Chrestiens : pour la Guarison des Malades, & Conuersion des Hérétiques, dédié av Roy par *I.* BARBIER Aduocat consistorial au parlement de Dauphiné. A *Paris*, chez Iean Orry, MDC.XVIII. Br. pet. in-8° de 75 pages.

1889 Cosmorama, XIV° année, 157° et 158° expositions. Janvier 1821, Exposition extraordinaire. Le Sacre et Couronnement des Rois de France à Reims. Notices historiques. Imp. de Le Normant, à *Paris*, 1821. 1 br. paginée de 89 à 100.

1890 De la presséance des Rois de France sur les Rois d'Espagne (par Mr BULTEAU). *Paris,* Louis Billaine, M.DC. LXXIV. 1 vol. in-4°.

1891 Déclaration du Roy, du 26 d'avril 1723, concernant les Rangs & Honneurs des Princes légitimes dans les Cours de Parlement. S. n. d'imp. Br. de 4 pages in-4°.

1892 Lettre escrite par le Sieur de Baillot, Secrétaire de Monseigneur le Duc de Neuers, à présent Duc de Mantoue & de Montferrat, de son arriuée & réception audit lieu, A Monsieur de Charnizay, Gouuerneur de Monseigneur le Duc de Mayenne. A *Paris,* par Jacques Dvgaast, demeurant rue de la vieille Bouclerie, à l'enseigne du gros Tournois, M DC XXVIII. Br. de 8 pages pet. in-4°.

Incomplet.

1893 Le véritable discovrs des cérémonies dv baptesme de

Monseigneur le Daulphin, & de mes Dames les Sœurs. Ensemble l'ordre des Princes, Princesses & grands Seigneurs, auec leurs noms & qualitez. Plus les noms des Parrains & Marraines, & leurs qualitez, & en quel ordre & rang ils marchoient, auec le seruice du festin, faict après le Baptesme, & les noms des Princes & grands Seigneurs qui seruaient. Plus le discours du bal qui se fit après souper, avec le nom des Princes & Princesses qui en estoient. A *Paris*, par Flevry Bovrriqvant, au mont S. Hilaire, près le puits certain, aux Fleurs Royalles. Br. de 10 pages pet. in-4°.

Incomplet.

HISTOIRE DE FRANCE. — ÉTAT POLITIQUE. GOUVERNEMENT. LOI SALIQUE. MONARCHIE FRANÇAISE.

1894 Leges salicæ illvstratæ : illarvm natale solvm demonstratvm : cvm glossario Salico vocvm advaticarvm : avctore *Gottefrido* WENDELINO, Taxandro-Salio I.V.D. canonico Condatensi, et officiale Tornacensi. *Antverpiæ*, et officinâ Plantiniana Balthasaris Moreti, M.DC XLIX. 1 vol. in-4°, avec une carte.

1895 Leges Francorum Salicæ et Ripvariorvm, cvm additionibvs regvm et imperatorvm variis, ex msstis codicibvs emendatæ, avctæ, et notis perpetvis illvstratæ : accedunt præterea I. Formvlæ veteres Alsaticæ ; II. G. G. LEIBNITII Lib. de Origine Francorvm, posterioribvs cvris avctior, III. Annales Francici Regni à *Theodoro* RVINARTO ex Gregorio Tvronensi, Fredegario, aliisqve collecti ; IV. *Friderici* ROSTGAARDII Emendationes Otfridinæ, ex Codice Palatino-Vaticano ; omnia opera et studio *Jo. Georgii* ECCARDI. *Francof.* et *Lipsiæ*, Svmtibvs Nicolai Foersteri, anno M DCC XX. In-f°, 1 vol., titre rouge et noir, bois dans le texte, rel. parchemin.

1896 Histoire de l'ancien Gouvernement de la France. Avec

XIV. Lettres Historiques sur les Parlemens ou Etats-Generaux par feu M. le C. DE BOULAINVILLIERS. A *la Haye* & *Amsterdam*, aux dépends de la Compagnie, M.DCC.XXVII. Pet. in-8°, 3 vol., titre rouge et noir.

1897 Considérations sur le Gouvernement ancien et présent de la France [œuvre posthume de *Marc-René* LE VOYER, marquis D'ARGENSON]. A *Amsterdam*, chez Marc Michel Rey, M.DCC.LXV. In-8°, 1 vol de XVI-328 pp., titre rouge et noir.

1898 Considérations sur le Gouvernement ancien et présent de la France, comparé avec celui des autres États ; suivies d'un nouveau plan d'administration. Par M. le Marquis D'ARGENSON. Deuxième édition. A *Liege*, chez C. Plompteux, M. DCC. LXXXVII. In-8°, 1 vol.

1899 Histoire constitutionnelle de la France, du cinquième au dix-neuvième siècle, par *Ch.* DE MONTAIGU. Troisième Édition. A *Paris*, chez Parent-Desbarres et G. Dentu, [*Troyes*, impr. Cardon], 1847. In-8°, 1 vol., envoi d'auteur signé à M. de Godefroy.

[*Même vol.*] De la Souveraineté française selon l'histoire par M. *Alfred* DE BROSSARD. *Paris*, Dentu [impr. G. Gratiot], 1851. In-8°.

1900 Les Constitutions françaises depuis 1789 y compris les décrets du Gouvernement provisoire et la Constitution républicaine du 4 novembre 1848 suivies de la Constitution des États-Unis d'Amérique. Deuxième édition par *Louis* TRIPIER Docteur en droit. *Paris*, librairie de Cotillon [Corbeil, impr. Crété], 1849. In-12, 1 vol.

1901 1541. La grãd monarchie de France, composee par Messire *Claude* DE SEYSSEL lors euesque de Marseille & depuis Archeuesque de Thurin, adressant du Roy treschrestian, Frãcoys premier de ce nom. La loy Salicque, premiere loy des Francoys. On les vend en la grand salle du Palays, au premier pillier en la boutiçque de Galiot du pre libraire iure en luniuersité de Paris. Pet.

in-8°, 1 vol. de 12 feuillets, non cotés, de titre, prologue et table, et 162 feuillets cotés, titre gravé sur bois, ainsi que la marque du libraire à la fin du vol. *F° 162 v°, on lit* : Ce present liure a esté acheué d'imprimer à *Paris* par Denys Ianot, le dernier iour de Decembre, Pour Galliot du Pré, libraire iuré en L'uniuersité de Paris.

1902 De la Monarchie Française, depuis son établissement jusqu'à nos jours ; ou Recherches sur les anciennes institutions françaises, leurs progrès, leur décadence, et sur les causes qui ont amené la révolution et ses diverses phases jusqu'à la déclaration d'empire ; avec un Supplément sur le gouvernement de Buonaparte, depuis ses commencemens jusqu'à sa chute ; et sur le retour de la Maison de Bourbon ; par M. le comte DE MONTLOSIER, député de la noblesse d'Auvergne aux États-généraux. *Paris*, H. Nicolle, A. Egron, Gide fils, M. DCCC. XIV. In-8°, 3 vol.

1903 Génie de la Monarchie par *Alexandre* WEILL. *Paris*, chez Dentu, à la Librairie [impr. J.-B. Gros], 1850. In-12, 1 vol.

1904 Théorie des Loix politiques de la Monarchie Françoise [par *Marie-Pauline* DE LEZARDIÈRE]. *Paris*, chez Nyon ainé & Fils [impr. de Vᵛᵉ Desaint], 1792. In-8°, 8 tomes en 5 vol.

1905 Plan des Travaux littéraires ordonnés par sa Majesté pour la recherche, la collection et l'emploi des Monumens de l'Histoire & du Droit public de la Monarchie françoise (par M. MOREAU, historiographe de France). *Paris*, Imp. royale, MDCCLXXXII. — *A la suite* : Progrès des travaux littéraires ordonnés par Sa Majesté et relatifs à la législation, à l'Histoire, et au droit public de la Monarchie françoise. 1737. — *Puis enfin* : Lettre de M. MOREAU, historiographe de France, à M. G.P.C.D.F. à l'occasion des dépenses assignées aux travaux littéraires relatifs à la législation, à l'histoire & au droit public. 1788. — Le tout en 1 vol. pet. in-8° (notice manuscrite en tête du volume).

1906 De la Restauration de la Société Française [par *H.* DE LOURDOUEIX]. A *Paris* [imp. Casimir], aux bureaux de la Gazette de France, 1833. In-8°, 1 vol.

HISTOIRE DE FRANCE. — ÉTATS GÉNÉRAUX. PAIRIES. COURS SOUVERAINES. ADMINISTRATION MUNICIPALE. OFFICES. PARLEMENTS.

1907 Traitté des Parlemens ou Estats generaux. Composé par *Pierre* PICAULT. *Cologne*, Chez Pierre Marteau. 1679. In-12, 1 vol. de 167 pp. chiffrées.

1908 Histoire de la Pairie de France et du Parlement de Paris. Où l'on traite aussi des Électeurs de l'Empire et du Cardinalat. Par Monsieur de B. [*Jean* LÉVESQUE DE BURIGNY]. On y a joint des Traités touchant les Pairies d'Angleterre, et l'origine des Grands d'Espagne. *Londres,* S. Harding, 1740. In-12, 1 vol.

1909 Lettres historiques, sur les fonctions essentielles du Parlement : sur le droit des Pairs, et sur les lois fondamentales du Royaume. [Par *Louis-Adrien* LE PAIGE, avocat au Parlement de Paris et Bailly du Temple]. *Amsterdam,* la Compagnie, 1753. In-12, 2 parties en 1 vol.

Cet ouvrage est favorable au Parlement. Il fut écrit à l'occasion du différend entre le clergé et ce corps, arrivé en 1753. Il devait avoir une suite qui n'a jamais paru.

1910 Tableau historique, généalogique et chronologique des trois cours souveraines de France. [par *Pierre* BOUQUET, avocat]. A *la Haye*, Chez le Neutre, à l'Enseigne de la Bonne-Foi. Et se trouve à *Paris*, Chez Merlin. M.DCC. LXXII. In-12, 1 vol.

1911 Histoire, Actes et Remontrances des Parlemens de France,

Chambres des Comptes, Cours des Aides, et autres
cours souveraines, depuis 1461 jusqu'à leur suppression
[1790], Par *P.-J.-S.* DUFEY (de l'Yonne), avocat.*Paris,*
[imp. Guiraudet] Galliot. 1826, In-8°, 2 vol.

1912 Questions de Droit public sur une matière très intéressante. [Par *Louis-Valentin* DE GOEZMANN]. A *Amsterdam* (Paris), *S. n. d'impr.*, 1770. In-12, 1 vol.

A la fin du volume : 1.) Analyse de l'ouvrage ayant
pour titre : Questions de Droit public. — 2.) Seconde
lettre d'un Publiciste allemand à un Jurisconsulte allemand.

L'auteur des *Questions de Droit public* plus connu par les *Mémoires* de Beau-
marchais que par ses écrits, examine ici, à l'occasion du Procès du duc d'Aiguillon, si la *Cour des Pairs de France* est distincte de la *Cour du Parlement* et se
déclare pour l'affirmative. — Par l'inadvertance du relieur, l'ordre des pages de
l'*Analyse* se trouve interverti ; mais l'opuscule est complet.

1913 Qu'est-ce que les Parlements en France ? Par *Jacq.*
LESÈNE DESMAISONS. *La Haye (Paris)*, 1788. In-8°. —
Pièce de 73 pages.

1914 Histoire du Parlement de Paris, par M. l'Abbé Big [par
AROUET DE VOLTAIRE. A *Amsterdam*, M D CC LXIX.
In-8°, 2 tom. en 1 vol.

1915 Augustissimo Galliarum Senatui Panegyricus Dictus in
Regio Ludovici Magni Collegio Societatis Jesu à *Jacobo*
DE LA BAUNE, ejusdem Societatis Sacerdote. *Parisiis,*
Ex Officina Gabrielis Martini, M.DC.LXXV. In-4°.
1 vol., blasons gravés dans le texte.

1916 Les Eloges de tovs les Premiers Presidens dv Parle-
ment de Paris, depvis qv'il a esté rendv sedentaire
[1330] ivsqves a present. Ensemble levrs Genealogies
Epitaphes, Armes & Blazons, en taille douce. Dédié à
Monseigneur le Premier President [Matthieu Molé].
Par *Jean Baptiste* DE L'HERMITE-SOVLIERS, Cheualier de
l'Ordre du Roy, Gentil-homme ordinaire de sa Chambre,
Et *François* BLANCHARD, Escuyer, sieur DE LA BORDE.
Imprimé aux despens des Autheurs. Et se vendent. A

39

Paris, Chez Cardin Besongne. M.DC.XLV. Gr. in-4°, 1 vol. frontisp. et blasons gravés, couv. parchemin.

1917 Les Presidens av mortier dv Parlement de Paris. Leurs Emplois, Charges, Qualitez, Armes, Blasons & Genealogies : Depuis l'an 1331. iusques à present. Ensemble vn Catalogve de tovs les Conseillers, selon l'ordre des temps et de leurs receptions : Enrichy du Blason de leurs Armes, & de plusieurs remarques concernans leurs Familles. le tovt ivstifié par les Registres dv Parlement, Tiltres Domestiques, Chartes d'Eglise, Epitaphes, & avtres preuues authentiques. Par *Francois* (*sic*) BLANCHARD, Bourbonnois. A *Paris,* Chez Cardin Besogne. M.DC.XXXVII. In-f°, 1 vol., frontisp. gravé, blasons gravés dans le texte.

1918 Arrests dv Conseil de la Covr de Parlement de Paris, et dv Parlement de Bordeaux. Portant reiglement (*sic*), pour les substituds (*sic*) de Messieurs les gens du Roy, & adioncts (*sic*) aux Enquestes. Creez par Edickt, & declaration du Roy en chacun Bailliage, & Seneschaussée, Preuosté, Vicomté, & Iurisdiction Royalle de ce Royaume. A *Paris,* Chez Abraham Savgrain. M.DC.XX. Pet. in-4°, 56 pages de diverses séries de pagination.

1919 Remonstrances du Parlement de Paris. Arrêtées le 24 juillet 1787. [Au sujet de la Déclaration sur le Timbre]. *S. l. n. d.* (1787). In-12. — Pièce de 19 pages.

1920 Le Parlement de Bovrgongne, son Origine, son Etablissement et son Progrès : avec les Noms, Svr-noms, Qvalités, Armes & Blasons des Presidents, Chevaliers, Conseillers ; Aduocats & Procureurs Generaux, & Greffiers, qui y ont esté iusques à présent. Par *Pierre* PALLIOT, Parisien, Imprimeur du Roy, Libraire & graueur. A *Diion,* Chés ledit Palliot. M.DC.XLIX. In-f°, 1 vol. tit. rouge et noir, blasons gravés.

1921 Le Parlement de Bourgogne depuis son origine jusqu'a

sa chute ; précédé d'un discours préliminaire sur la ville
de Dijon et ses institutions les plus reculées comme
capitale de cette ancienne province ; par M. DE LACUI-
SINE, Président à la Cour impériale de Dijon, orné du
portrait de Brulard. *Dijon*, Loireau-Feuchot. *Paris*,
A. Durand, 1857. In-8°, 2 vol.

1922 Essais historiques sur le Parlement de Provence depuis
son origine jusqu'a sa suppression. 1501-1790. Par
M. *Prosper* CABASSE, conseiller a la cour royale d'Aix.
Paris, A. Pihan-Delaforest, [imprimeur éditeur, 1826.]
In-8°, 3 vol.

1923 Remontrances du Parlement de Flandres, Au sujet du
Vingtième denier. *S. l. ni nom d'impr.* 1750. In-8°.—
Pièce de 16 pages.

1924 Des Etats généraux et autres assemblées nationales. A *la
Haye*, et se trouve à *Paris*, chez Buisson, Libraire,
1788-1789. 17 vol. in-8°.

Le tome 15° manque à la collection.

1925 Exposition des objets discutés dans les Etats-Généraux
de France, depuis l'origine de la Monarchie. Par M. le
Marquis de S*** (SERENT). *S. l.*, 1788. In-8°. — Pièce
de 180 pages et trois pages de table des matières.

1926 Des Etats-Généraux & de leur convocation ; avec la
chronologie des Etats-Généraux par (*Jean*) SAVARON, et
l'analyse des fameux Etats assemblés à Tours, qui
comprend l'ordre & les députés des bailliages, etc. Un
plan nouveau, suivi de l'indication des meilleurs
ouvrages imprimés, ou manuscrits, qui peuvent donner
les connaissances relatives aux Assemblées nationales
et autres Etats-Généraux, & des endroits où ils se
trouvent. A *Villefranche* & se trouve à *Paris* chez les
marchands de nouveautés, 1788. In-8°. — Pièce de
76 pages.

Réimpression. La première édition est de 1615.

1927 Chronologie raisonnée des Etats-Généraux les plus inté-
ressants, Avec l'analyse des célèbres Etats de Tours,
faisant suite à la brochure intitulée des *Etats-Généraux*
& de leur convocation, accompagnée d'un Catalogue
très-nombreux de livres sur cette matière & sur l'Histoire de France. *Paris*, Royez, 1788. In-8°. — Pièce
de 63 pages.

1928 Exposition et défense de notre Constitution monarchique
françoise, précédée de l'Historique de toutes nos
Assemblées nationales ; dans deux Mémoires , où l'on
établit qu'il n'est aucun changement utile dans notre
Administration, dont cette Constitution même ne nous
présente les moyens; Par M. MOREAU, Conseiller-
Honoraire en la Cour des Comptes, Aides & Finances
de Provence, premier Conseiller & Secrétaire des
Commandemens de Monsieur, & Historiographe de
France. A *Paris*, Chez Moutard. M.DCC.LXXIX.
In-8°, 2 vol., *dono auctoris*.

1929 Des Assemblées Nationales en France, depuis l'établissement de la monarchie jusqu'en 1614, par M. le baron
HENRION DE PANSEY, premier président de la cour de
cassation, conseiller d'état. Seconde édition. *Paris*, Théophile Barrois père et Benjamin Duprat, [impr. J. Didot
aîné] 1829. In-8°, 2 tom. en 1 vol.

1930 Histoire complète des Etats-généraux et autres assemblées représentatives de la France depuis 1302 jusqu'en
1626, par M. *A.* BOULLÉE, ancien magistrat. Ouvrage
mentionné honorablement par l'Institut. *Paris*, [impr.
G. Gratiot] Langlois et Leclercq, chez Léopold-Michel-
sen, à Leipsig. 1845, In-8°, 2 vol.

1931 Histoire des États Généraux de France, suivie d'un examen comparatif de ces assemblées et des parlements
d'Angleterre, ainsi que des causes qui les ont empêchées
de devenir, comme ceux-ci, une institution régulière.
Par *E. J. B.* RATHERY, De la bibliothèque du Louvre,

Mémoire couronné par l'Académie des Sciences morales
et politiques. *Paris,* [impr. Cosse et J. Dumaine] imprimerie et librairie de Cosse et N. Delamotte. 1845. In-8°,
1 vol.

1932 Recveil concernant les Etats tenvs sovs plvsievrs Roys
de France [à Paris sous Charles VI ; à Tours sous
Charles VIII ; à Orléans, en 1560, sous Charles IX,
avec une figure gravée au trait sur cuivre ; à Blois, en
1576 & 1588, sous Henri III.] Auec Figure, Harangues,
Ordre & Ceremonies obseruées en iceux. Comme il se
peut plus amplement voir en la page suivante. A *Paris,*
Martin Gobert, 1614, avec Permission. In-12. — Pièce
de 48 ff.

1933 Liste des notables qui ont assisté aux assemblées tenues
en 1596, 1626 & 1627, précédées du tableau chronologique de toutes les assemblées nationales convoquées
depuis l'an 422 jusqu'à l'année 1627. *Paris,* Impr. Polytype, 1787. In-8°. — Pièce de 23 pages.

Les listes des Notables des assemblées de 1596, 1626 et 1627, sont copiées
textuellement dans le *Cérémonial François* de *Théodore* et *Denys Godefroy,*
T. II.

1934 L'Histoire, le cérémonial & les droits des Etats-Généraux
du Royaume de France ; où l'on a ajouté l'Histoire des
vains efforts qu'on a faits sous les règnes de Louis XIV
& de Louis XV, pour obtenir la convocation des Etats-
Généraux. — Première partie. — (Par le duc DE
LUYNES). S. *l.,* 1789. In-8°. — Pièce de 223 pages.

La seconde partie, écrite par l'abbé J.-L. Giraud-Soulavie, manque.

1935 Exposé historique des administrations populaires aux
plus anciennes époques de notre Monarchie, dans
lequel on fait connaître leurs rapports, et avec la puissance royale, et avec la liberté de la nation, par M.
MOREAU, Conseiller honoraire en la Cour des Comptes,
Aides & finances de Provence. A *Paris,* chez Briand,
Lib., 1789. 1 vol. pet. in-8°.

1936 Essai historique sur le droit d'élection et sur les anciennes assemblées représentatives de la France, par *Adrien* BAVELIER, ancien avocat au Conseil d'Etat et à la Cour de Cassation. *Paris*, Lib. de Firmin Didot frères, fils et Cie. Typ. Firmin Didot. (Mesnil. Eure). 1874. 1 vol. in-8°.

1937 Livre des Offices de France, ou continuation dv Recveil d'Edicts faits sur creations d'Estats & Offices de iudicature, Reglemens notables donnez par les Cours Souueraines, entre Ecclesiastiques, pour la celebration du seruice diuin : Iuges, Magistrals & autres Officiers Royaux : & des Seigneurs Iusticiers inferieurs & subalternes, pour l'exercice de leurs Offices, rangs, seances, prerogatiues, institutions & destitutions d'iceux. Par *Iean* CHENV de Bourges, Aduocat en Parlement. A *Paris*, Chez Robert Foüet. M.DC.XX. In 4°, 1 fort vol., tit. rouge et noir, rel. parchemin.

1938 Recveil des Edits, Declarations, Lettres patentes dv Roy, Arrests de reglement, et avtres Pieces, Concernant les Offices des Conseillers du Roy & Substituts de Monsieur le Procureur Général, & Adioints aux Enquestes, Instructions des Procès criminels, & autres Commissions de la Cour. A *Paris*, Chez Sebastien Cramoisy, M.DC. LX. In-4°, 1 vol., couvert. parchemin.

1939 Histoire du Conseil du Roy, depuis le commencement de la Monarchie, jusqu'à la fin du Regne de Louis le Grand, par rapport a sa jurisdiction ; avec un Recueil d'Arrests de ce Tribunal, pour en connoistre la Jurisprudence, & pour servir de Préjugez sur différentes Matieres. Par M° GUILLARD, Avocat au Conseil du Roy. A *Paris*, Chez Antoine-Urbain Coustelier. M.DCCXVIII, In-4°, 1 vol.

1940 Histoire des Conseils du Roi depuis l'origine de la monarchie jusqu'à nos jours, par M. DE VIDAILLAN, ancien maître des requêtes au Conseil d'Etat, ancien préfet.

Paris, Amyot. [imp. E. Brière]. M D CCC L VI. In-8°, 2 vol.

1941 Le Conseil d'État avant et depuis 1789. Ses transformations, ses travaux et son personnel. Étude historique et bibliographique par M. *Léon* Aucoc, président de section au Conseil d'État. *Paris.* Imprimerie Nationale. [E. Plon, éditeurs]. M DCCC LXXVI. In-8°, 1 vol.

1942 Declaration du Roy, Portant établissement de plusieurs Conseils pour la direction des affaires du Royaume Donnée à Vincennes le 15 Septembre 1715. A *Paris,* Chez la Veuve François Muguet, & Hubert Muguet, Premier Imprimeur du Roy, & de son Parlement, rue de la Harpe, aux trois Rois, 1715. 1 br. 8 p. in-4°.

1943 Traicté de la Chambre des Comptes de Paris. Divisé en deux parties. Contenant l'Establissement d'icelle : le nombre de ses officiers, quelles sont leurs fonctions, la forme des serments desdits Officiers : Pourquoy elle est establie : Les affaires qui s'y traictent.... Avec un Traicté concernant les charges et fonctions des Secretaires d'Estat, Des Surintendans et Controlleur general des Finances : des Intendans d'icelle : De l'ordre qui s'observe en l'execution et enuoy des Commissions des Tailles, et ensuite des estats de la valeur et plusieurs choses particulières. Par *Claude* DE BEAVNE, practitien. *Paris,* Robin, 1647. In-8°, 1 vol.

1944 Traité de la Chambre des comptes, de ses officiers, et des matières dont elle connoist. [Par *Jean* LOFFROY, greffier du Plumitif de la Chambre des Comptes de Paris]. *Paris,* Morel, 1702. In-12, 1 vol.

1945 Chambre des Comptes de Paris. Pièces justificatives pour Servir à l'histoire des premiers Présidents (1506-1791) publiée par *A.-M.* DE BOISLISLE, sous les auspices de M. le Marquis de Nicolay. Notice préliminaire. *Nogent-le-Rotrou,* Imp. de A. Gouverneur, M.DCCCLXXIII. une broch. in-4°.

1946 Souvenirs Sénatoriaux précédés d'un essai sur la formation de la Cour des Pairs ; par le Comte DE CORNET,
pair de France. *Paris*, Baudouin frères, Lib. Imp. de
Fain, 1824. 2 parties en 1 vol. broché in-8°.

1947 *Edmond* DEMOLINS. Le mouvement communal et municipal au moyen âge. Essai sur l'origine, le développement et la chute des libertés publiques en France, précédé d'une lettre de M. *F.* LE PLAY. *Paris*, Lib. Didier
et Cⁱᵉ. Le Puy, typog. Marchesson, 1875. 1 vol. in-12.

1948 Mémoire sur l'établissement des assemblées provinciales.
S. n. d'imp. 1 br. 12 p. in-4°.

1949 Factum pour Monsieur le Duc de Luxembourg, contre
Messieurs les Ducs et Pairs. [par Mᵉ CHAPPÉ, Avocat en
Parlement. *Paris*, J.-B. Coignard, imprimeur, M DC L
XXXXIV]. In-4°, 1 vol. de 144 pp.

1950 Edit du Roy, Portant Dérogation à la Déclaration du
5 May 1694 & aux Edits des mois de May 1711 &
Juillet 1717. Du mois d'Août 1718. *S. n d'imp.* 1 br.
4 p. in-4°.

HISTOIRE DE FRANCE. — GRANDES CHARGES.
FONCTIONS PUBLIQUES.

1951 La France législative, ministérielle, judiciaire et administrative sous les quatre dynasties. Ouvrage indispen-
sable à tout Fonctionnaire public. Par M. V.****
[*Nicolas* VITON DE SAINT-ALLAIS. A *Paris*, de l'imprimerie de P. Didot l'ainé, 1813. In-18, 4 vol.

1952 Memoires et Advis concernans les Charges de M. (*sic*)
les Chanceliers & Gardes des Sceaux de France. Et
autres discours, &c. Par Messire *Iacqves* RIBIER, Conseiller du Roy en son Conseil d'Estat, &c. A *Paris*,
Chez Sébastien Cramoisy, M.DC.XXIX. In-4°, 1 vol.
de 2 ff. non cotés et 90 pp. chiffr.

1953 Histoire des Ministres d'Estat, qvi ont servi sous les Roys de France de la troisiesme lignee. avec le sommaire des regnes auxquels ils ont vescu. le tout ivstifié par les Chroniqves des Auteurs contemporains ; Chartes d'Eglises ; Lettres & Memoires des Affaires d'Estat ; Registres anciens, & autres bonnes preuues. [par *Charles* DE COMBAULT, baron d'Auteuil]. A *Paris*, Chez Avgvstin Covrbé. M.DC.XLII. In-f°, 1 vol. tit. rouge et noir.

1954 Histoire des Secrétaires d'Estat contenant l'origine, le progrès et l'établissement de levrs charges, auec les Eloges, les Armes, Blasons, & Généalogies de tous ceux qui les ont possédées jusqu'à present. Par le sieur FAVVELET-DV-TOE, Secrétaire des Finances de Monsieur Frère Vniqve du Roy. *Paris*, Ch. de Sercy, 1668. 1 vol. in-4°, grand papier, blasons coloriés.

On a ajouté un état manuscrit des Secrétaires d'Estat de 1547 à 1754.

1955 Le véritable Estat dv Govvernement de la France, en la presente Année. [1657, 1 vol.; 1661, 1 vol.; 1665, 2 vol.; 1677, 2 vol.; 1680, 1 vol. (manque le 2ᵉ), par *N.* BESONGNE ; 1708, 3 vol.; 1718, 3 vol., par *L.* TRABOUILLET] ov a esté adiovsté plusieurs recherches curieuses pour l'intelligence de l'Histoire iusqu'à present ; Avec les Blasons, Armes & fonctions des principaux Officiers de la Couronne. Ensemble les Estats des Maisons du Roy, de la Reyne, du Duc d'Anjou. & du Duc d'Orleans. A *Paris*, Chez Cardin Besongne, [*puis* Guillaume de Luynes, *puis* Henry Charpentier, *puis* Guillaume Cavelier]. M.DC.LVII. [M DCC XVIII]. In-12, 13 vol.

1956 *Almanach royal* (pour les années 1714, 1717, 1718, 1727, 1733, 1738, 1743, 1745, 1758, 1761, 1765, 1771, 1772, 1774 (en double), 1777, 1780, 1787, 1789. — *Almanach National* pour l'année 1793. — *Almanach Impérial*. Années 1809, 1811, 1812. — *Almanach Royal*. Années 1822 à 1831. 33 vol. in-8°.

HISTOIRE DE FRANCE. — ARMÉE DE TERRE ET DE MER.

1957 Abrégé chronologique et historique de l'origine, du
progrès et de l'état actuel de la Maison du Roi et de
toutes les troupes de France, tant d'Infanterie que de
Cavalerie et Dragons, avec des Instructions pour servir
à leur Histoire, & un Journal historique des Sièges,
Batailles, Combats & Ataques, où ces corps se sont
trouvés depuis leurs Institutions. Par M. *Simon Lamo-
ral* LE PIPPRE DE NŒUFVILLE. *Liège,* Everard Kints,
1734-35. 3 vol. in-4°, front., blasons et têtes de pages
gravés.

Tome 1ᵉʳ. Contenant les Gardes du Corps de Gendarmes
de la Garde.

Tome 2ᵐᵉ. Contenant les Chevaliers-Légers de la Garde,
les deux Compagnies des mousquetaires, les Grenadiers à
cheval, et toute la Gendarmerie.

Tome 3ᵐᵉ. Contenant les Gardes Françoises et les Gardes
Suisses.

1958 Essais historiques sur les Régimens d'Infanterie, Cavalerie et Dragons. Par M. DE ROUSSEL. *Paris,* Guillyn,
1767. In-12, 1 vol.

1959 Carte generale de la Monarchie Françoise, Contenant
l'Histoire Militaire, Depuis Clovis premier Roy Chrêtien
(*sic*), jusqu'à la quinzieme année accomplie du Regne de
Louis XV avec l'explication de plusieurs Matieres inte-
ressantes, tant pour les Gens de Guerre que pour les
Curieux de tous états, lesquelles y sont traitées en
vingt Tables enrichies de Tailles douces qui se joignent
en une seule Carte, présentée au Roy le XVII. février
M.DCC.XXX. Par le Sieur LEMAU DE LA JAISSE, de
l'Ordre de S. Lazare, & ancien Officier de S. A. R. feuë
Madame : Mise au jour [à *Paris*] par l'Auteur en 1733,
avec Approbation & Privilege du Roy. Tr. gr. in-f°,
1 vol., rel. aux armes de la maison de France.

1960 Histoire des divers Corps de la Maison Militaire des Rois de France, depuis leur création jusqu'a l'année 1818. Par M. BOULLIER, Garde-du-Corps de Monsieur. *Paris*. Imprimerie de Le Normant, 1818. In-8°, 1 vol.

1961 État militaire de France contenant l'état actuel des troupes, les uniformes et les noms des principaux officiers de chaque corps ; les gouvernements des Provinces et États-Majors des places, et le précis des Ordonnances de l'année 1757 concernant le militaire par les Sʳˢ DE MONTANDRE-LONCHAMPS... et le Chevalier DE MONTANDRE et DE ROUSSEL. *Paris*, Guillyn, Michel Lambert, Nicol. Bon. Duchesne-Onfroy, 1758-1789. Années 1758 à 1763, 1765 (en double) à 1780, 1782, 1783, 1785 à 1787 et 1789. 28 vol. in-12.

1962 Carte militaire des troupes françoises, autrichiennes et prussiennes, sur pied en décembre 1756, dressée selon les changemens les plus nouveaux avec la composition & la solde des régimens françois & Prussiens. A *Liège*, sans nom d'auteur, d'imprimeur et *s. d.* 1 petit volume broché.

1963 Plans des principales Places de guerre et Villes maritimes frontieres du royaume de France, distinguez par Départemens, Gouvernemens Generaux & Particuliers des Provinces, avec les Officiers generaux et principaux qui y commandent en chef au premier juillet 1736. Presentez au Roy, par LEMAU DE LA JAISSE, de l'Ord. de S. Lazare. A *Paris*, chez Didot, Quillau, Nully, M. DCC. XXXVI. Pet. in-4°, 1 vol.

1964 La France divisée en ses trente-deux Gouvernemens Militaires, dressée sur les Observations Astronomiques, par *C. F.* DELAMARCHE, Géographe, successeur de Robert de Vaugondy. A *Paris*, Barriere sculpsit, Dien scripsit. 1 carte, *s. d.*

1965 Histoire de l'Administration de la Guerre, par *Xavier* AUDOUIN, ci-devant secrétaire général du ministere de la guerre, historiographe attaché au dépôt de la guerre, etc. A *Paris,* de l'imprimerie de P. Didot l'aîné [Firmin Didot, Treuttel et Würtz], M. DCCCXI. In-8°, 4 vol.

1966 Histoire générale de la Marine contenant son origine chez tous les Peuples du Monde, ses progrès ; son état actuel, et les expéditions maritimes anciennes et modernes (par *J. B.* Torchet de Boismelé, avocat au Parlement de Paris). Tome premier. *Paris,* Pierre Prault, Antoine Boudet, MDCCXLIV. 1 vol. in-4°, grav. en frontispice.

1967 Considérations sur la Constitution de la Marine Militaire de France. [Par *Jean-Baptiste* baron de Secondat, conseiller au Parlement de Bordeaux]. *Londres, s. n. d'imp., s. d.* In-12, 1 vol.

Dans le même volume et du même auteur : 1.) Lettres sur un libelle intitulé : Considérations sur la Constitution de la Marine Militaire de France. — 2. Essai sur la nécessité & sur les moyens d'indemniser les propriétaires & les intéressés dans les navires François pris par les Anglois & retenus induement dans les états de S. M. Britannique ; et aussi de procurer à la France un grand nombre de frégates, propres pour la course & pour protéger la navigation de nos vaisseaux marchands.

1968 Note sur l'état des Forces navales de la France, avec l'Appendice & les Notes. (Par *Léon* Guerin). Nouvelle édition illustrée d'un magnifique portrait du prince de Joinville par Raffet. *Paris,* Impr. de Béthune & Plon, 1846. In-18. — Pièce de 36 pages.

1969 Le petit Mercvre Vallon des gverres de Savoie & de Boheme. Contenant en bref le récit veritable de la conduite de ces guerres, & les effets les plus remarquables & militaires des Soldats Vallons, depuis leur arrivee en ces pays iusques a la fin de leurs troubles. Auec la liste particulière des morts et blessés, tant officiers que gentils-hommes de Compagnies, & le plan de la bataille

de Prague au vray representé P.L.S.D.C. (Par le Sieur
DU CORNET). A *Dovay*, Balt. Bellère, au compas d'or,
l'an 1622. Pet. in-12. — Pièce de 94 pages.

1970 La noblesse militaire ou le patriotisme françois. (Par le
Chevalier D'ARCQ). A *Paris*, de l'Imprimerie de la
Noblesse commerçante, 1765. In-12.

Un deuxième exemplaire du même ouvrage.

1971 Etat du Régiment des Gardes Françoises du Roy par rang
de Compagnie et suivant l'ancienneté de Messieurs les
Officiers & Sergens. *Paris*, chez G. Lamesle, imp.,
avril 1762. 1 pet. vol., nombreuses corrections manuscrites.

1972 Etat du Régiment des Gardes Françoises du Roi au mois
de Juin 1789. A *Paris*, imp. Lamesle, MDCC.LXXXIX.
1 pet. vol. in-12.

HISTOIRE DE FRANCE. — FINANCES. COMMERCE. INDUSTRIE.

1973 Histoire financière de la France depuis l'origine de la
Monarchie jusqu'à l'année 1828 précédée d'une introduction sur le mode d'impôts en usage avant la Révolution, suivie de Considérations sur la marche du crédit
public et les progrès du système financier, et d'une table
analytique des noms et des matières, par *Jacques*
BRESSON, membre correspondant de la Société Impériale des Sciences de Lille, de celle de Toulouse. *Paris*,
au bureau de la Gazette des Chemins de fer, typog.
Plon, 1857. 2 vol. in-8° (portrait de l'auteur).

1974 Recherches et Considérations sur les Finances de France
depuis l'année 1595 jusqu'à l'année 1721, par M. VERON
DE FORBONNAIS, Inspecteur Gal de France. A *Basle*, aux
dépens des freres Cramer, MDCCLVIII. 2 vol. in-4°,
titre noir et rouge.

Le 1er vol. comprend les trois premières époques.
Le 2e vol. comprend les deux dernières époques.

1975 De l'Administration des Finances de la France, par M. NECKER. M.DCC.LXXXV. In-12, 3 vol.

1976 Le Secret des Finances de France, descouuert et departi en trois liures par *N*. FROVMENTEAV, et maintenant publié, pour ouurir les moyens légitimes et necessaires de payer les dettes du Roy, descharger ses suiets des subsides imposez depuis trente un ans, et recouurer tous les deniers prins à sa Maiesté. [*Paris*), s. n. d'impr., 1581. Pet. in-8°, 3 part. en 1 vol.

M. Weiss croit que le nom, mis au titre, est le pseudonyme de*Nicolas* BAR-NAUD DU CREST, médecin protestant, ami de Socin. MM. Haag (*France protes-tante*, t. II), qui ont étudié cette question avec soin, n'admettent pas l'exactitude de cette identification. M. Brunet (*Manuel du Libraire*, t. II, col. 1414), dit qu'il y a deux éditions de ce livre sous le titre que nous avons transcrit « l'une en beau « papier, l'autre en papier très commun ; dans celle que nous regardons comme » la meilleure, l'article *Le*, qui se trouve au haut du frontispice, est en capitales « italiques : dans la contrefaçon il est en capitales romaines ». Notre exemplaire serait donc de la bonne édition. — M. de Godefroy-Ménilglaise apprécie, comme il suit, ce livre étrange et curieux : « Ce travail est fort curieux, surtout pour une » époque où l'on ne connaissait guère la statistique. Ce qui y manque, c'est « l'indication des sources. Elle serait d'autant plus nécessaire que l'auteur ne » paraît pas se recommander par un esprit d'impartialité. Toutefois, laissant en » suspens la question de confiance, il y a encore beaucoup à apprendre dans ce » livre, ne fût-ce que comme indication du mécanisme administratif d'alors. »

1977 Particularités et Observations sur les Ministres des finances de France les plus célèbres, depuis 1660 jusqu'en 1791 [par *Antoine-Jean-Baptiste-Robert* AUGET, baron DE MONTYON]. *Paris*, Le Normant, impri-meur-libraire, 1812. In-8°, 1 vol.

1978 Recveil des Reiglemens, edicts, ordonnances et observa-tions svr le faict des Finances, diuisez en trois parties. Auec deux Traictez, l'un de la charge des Thresoriers generaux de France, & l'autre de l'action de tous les Officiers de la Chambre des Comptes. *Paris*, Claude de Monstrœil, 1600. In-8°, 1 vol.

1979 Memoires presentés à Monseigneur le Duc d'Orleans, Régent de France, contenant les moyens de rendre ce Royaume très puissant, & d'augmenter considerablement

les revenus du Roi & du Peuple. Par le *C.* DE BOULAIN-
VILLIERS. A *la Haye* & *Amsterdam*, aux dépends de la
Compagnie, M.DCC.XXVII. Pet. in-8°, 2 tom. en 1 vol.,
titre rouge et noir.

1980 Bail des Gabelles de France, Entrées & Sorties du
Royaume, Doüane de Lyon & Valence, Patente du Languedoc, Convoy & Comptablie de Bourdeaux, Entrées
de Paris & Roüen, Aydes de France, Fret, & autres
Fermes Royales unies ; Fait à Maistre François le
Gendre, Bourgeois de Paris, pour six années, commencées au premier Octobre 1668, moyennant la somme
de Trente-neuf millions cent mil livres, pour la premiere, & pour chacune des suivantes, quarante millions
cent mil livres. A *Paris*, chez Frederic Leonard, Imprimeur ordinaire du Roy, M.DC.LXX. In-12, 1 vol.

1981 Bail des Gabelles de France, et des Eveschez de Metz,
Toul, & Verdun : Des Salines & Domaines de Lorraine,
Et du Comté de Bourgogne : Des Fermes des Aides &
Entrées de Paris & Rouen, & des Droits y joints : Et
des cinq grosses Fermes de France, & autres unies ;
fait à Maître Claude Boutet, bourgeois de Paris, pour
six années, commencées au premier Octobre 1680 &
qui finiront au dernier Septembre 1686. A *Paris*, chez
Federic Leonard, Imprimeur du Roy, M.DC.LXXXI.
Pet. in-12, 1 vol. de 223 pages et 10 ff. de table.

1982 Bail des Gabelles de France et Droits y joints ; des
Gabelles des Eveschez de Metz, Toul & Verdun ; des
Salines & Domaines de Lorraine ; des Salines & Do-
maines du Comté de Bourgogne ; de la Ferme generale
des Aydes de France, & des Entrées de Paris & Roüen,
& des Droits joints ausdites Fermes ; des Entrées &
Sorties du Royaume ; des Doüannes de Lyon & de
Valence ; de la Patente de Languedoc ; du Droit du
Fret ; du Commerce du Tabac [*etc., etc., etc.*] ; fait à
Me Jean Fauconnet, pour six années, commencées le
premier Octobre 1681. & qui finiront le dernier

Decembre 1687. A *Paris*, par Jacques Langlois , M.DC. LXXXV. In-4°, 1 vol. de 13 ff. non cotés et 218 pp. chiffr., couv. parchemin.

1983 Bail general des Aydes et Domaines de France, fait par le Roy a M⁰ Cristofle Charriere le 18. Mars 1687. pour six années , qui commenceront au premier Octobre 1687. & qui finiront au dernier Septembre 1693. A *Paris* de l'Imprimerie de Frederic Leonard, M.DC.XCI. In-4°, 1 vol. de 66 pp., y compris titre, couvert. parchemin.

1984 Le Financier à Messieurs des Estats. *S. l. n. d.* (1615). In-12. — Pièce de 40 pages.

Voir Lelong et Fontette, sous le n° 28002, une note intéressante sur cette brochure contre les financiers.

1985 L'Anti-Financier, ou relevé de quelques-unes des malversations dont se rendent journellement coupables les Fermiers-Généraux, & des vexations qu'ils commettent dans les provinces : servant de réfutation d'un écrit intitulé : *Lettre servant de réponse aux remontrances du Parlement de Bordeaux*. Précédée d'une epître au Parlement de France, accompagnée de notes historiques. (Par M. DARIGUANT, avocat). A *Amsterdam* (*Paris*), 1763. In-8°. — Pièce de 108 pages.

Un autre exemplaire de la même brochure.

1986 Lettre d'un Parisien à un ami d'Amsterdam, sur l'Edit d'emprunt du 21 Décembre 1785. A *Amsterdam*, 1786. Br. de 5 pages in-4°.

1987 Rapport fait à l'Assemblée du Clergé de 1788 (par l'abbé DE GRUMET), sur les moyens de parvenir à un meilleur département exact des impositions ecclésiastiques. (*Paris*), 1788. In-8°. — Pièce de 94 pages et un tableau des classes des différentes contributions.

NÉGOCIATIONS DIPLOMATIQUES : EUROPE (1).

1988 L'Ambassadevr, par le sieur de Vill. H. (*Jean* HOTMAN Sʳ DE VILLIERS). A *Paris*, J. Perier, 1603. In-12. — Pièce de 112 pages.

1989 Instrvctions et Missives des Roys Tres Chrestiens & de leurs Ambassadevrs et autres pieces concernant le Concile de Trente. Pris sur les Originavx. [Recueil formé par *Jacqves* GILLOT, conseiller-clerc au Parlement de Paris, chanoine de la Sainte-Chapelle, revu par *Pierre* DUPUY. [*Paris*], M.DC.X,II. In-4°, 1 vol.

1990 *Ioannis Iacobi* CHIFLETII, Eqvitis, et Regii Archiatrorvm Comitis, Opera politico-historica, ad pacem pvblicam spectantia : qvorvm series ; I. Vindiciæ Hispanicæ, in quibus Arcana Regia publico Pacis bono luce donantur. II. Lvmina nova, Genealogica, Salica, Præ rogativa ; siue Responsa ad Francorum obiectiones. III. Lampades Historicæ contra nouas Marci Antonij Dominici cauilla tiones, parte alterâ rediuiuæ (vt ipse comminiscitur) Ansberti Senatoris Familiæ. IV. Alsatia, iure Proprie tatis & Protectionis, Philippo Regi Catholico vindicata. V. Lotharingia mascvlina aduersus Anonymum Pari siensem. VI. Commentarivs Lothariensis ; quo præser tim Barrensis Dvcatvs Imperio asseritur ; Iura eius Regalia Serenissimo Principi Carolo III, Duci Lotha ringiæ & Barri absolutè vindicantur. [VII. Stemma Avstriacvm annis abhinc millenis. *Hieronymvs* VIGNE RIVS priores nouem Gradus elucubrauit ; Ioan. Iac. Chif fletivs, asserüit atque illustrauit. VIII. De Pace cvm Francis inevnda Consilivm a præteritorvm exemplis

(1) Voir : Catalogue de Jurisprudence, Droit international, Droit des Gens, Diplomatie, Traités de paix.

40

missvm in Hispaniam anno M. DC. XLVII. IX. De Am·
pvlla Remensi nova et accvrata Disqvisitio. X. Ten-
nevrivs expensvs ; eivs Calvmniæ palam repvlsæ.
Adiuncta est Appendix ad Corollarium de Baptismo
Clodouei I. Regis. Accedunt prætereà Leges Salicæ
illustratæ illarum Natala Solvm demonstratum, cum
Glossario Salico vocum Atuaticarum : Auctore *Gole-
frico* WENDELINO, Taxandro-Salio, I.V.D. Canonico Condatensi & Officiale Tornacensi. [Imago Francici Ever-
soris, Davidis Blondelli, Ministri Calvinistæ: Clypei
Avstriaci Liber prodromvs. Auctore Ioanne Iacobo
Chiffletio. *Eivsdem* Vervm Stemma Childebrandinvm ;
contra Dauidem Blondellum. Lilivm Francicvm, veritate
historica, botanica et heraldica illvstratvm. Avctore
eodem.] *Antverpiæ,* ex Officina Plantiniana Balthasaris
Moreti, M.DC.L.[-LVIII]. In-f°, 2 vol., titre rouge et
noir, gravures.

1991 Differentiæ inter Politicem genvinam ac diabolicam. Cum
nonnullis actis publicis et articulis Pacis inter ambas
coronas initæ : ex Gallico in latinum translatæ, à
Joachimo PASTORIO [HIRTENBERG] D. Juxta Exemplar
Amstelodami, 1659. In-18, 1 fort vol.

1992 Interests et Maximes des Princes & des Estats souverains [par le duc *Henry* DE ROHAN]. Seconde Edition.
[*la Sphère*]. A *Cologne*, chez Jean du Païs, M.DC.LXX.
In-12, 1 vol.

[*In eod. volum.*:] Maximes des Princes et Estats
souverains. Seconde Edition. [*la Sphère*]. A *Cologne,*
M.DC.LXX. In-12.

1993 Recueil de diverses Relations remarquables des principales Covrs de l'Europe. Ecrites, pour la pluspart, par
des Ambassadeurs, qui ont Residé a ces cours. Traduites
en François d'un Manuscrit Italien, qui n'a point cy
devant été mis en lumiere. A *Cologne*, chez Pierre
du Marteav, 1681. In-12, 1 fort vol.

1994 Traitté de la triple ligue conclue entre l'Empereur, le Roy de Pologne & la République de Venise. A *Brvxelles*, se vendent chez Pierre de Cleyn, *s. n. d'imp.*, *s. d*. Br. de 4 pages in-4°.

1995 Conventio pro Evacuatione Catalauniæ & Armistitio in Italia. — Convention pour l'évacuation de la Catalogne & l'Armistice d'Italie. — Convention pour une Cessation d'Armes entre le Roi Très-Chrétien d'une part, & S. A. R. de Savoye de l'autre. A *la Haye*, chez Guillaume de Voys, Marchand Libraire dans le Pooten, à l'Enseigne de Hugo Grotius. Br. de 11 pages in-4°.

1996 Memoires et Negociations secrettes de diverses Cours de l'Europe, contenant ce qui s'y est passé depuis la Communication du second Traité de Partage [etc. T. II] jusques à la Paix de Bade, precedée du Traité de Radstadt, & suivie de celui de la Barrière [etc. T. V]. Par Mr. DE LA TORRE. A *la Haye*, chez la veuve d'Adrien Moetjens, M.DCC.XXII - M.DCC.XXV. Pet. in-8°, 4 tomes en 2 vol. Le tome Ier (1721) manque.

1997 Memoires pour servir a l'histoire du XVIIIe Siecle, [1700-31], contenant les Negociations, Traitez, Resolutions, et autres Documens authentiques concernant les Affaires d'Etat; liez par une Narration Historique des principaux Evenemens dont ils ont été précédez ou suivis, & particuliérement (*sic*) de ce qui s'est passé à la Haïe (*sic*), qui a toujours été comme le centre de toutes ces Négociations. Par Mr. DE LAMBERTY [*Guillaume*]. [Tomes I-XII]. A *La Haye*, chez Henri Scheurleer, [et *Amsterdam*, Pierre Mortier], MDCCXXIV. [-XXXIV]. In-4°, 12 vol. (la collection complète en comprend 14).

1998 Les Interêts presens des Puissances de l'Europe, fondez sur les Traitez conclus depuis la Paix d'Utrecht inclusivement, & sur les Preuves de leurs Prétensions (*sic*) particulieres. Par Mr. *J*. ROUSSET, Membre de la Société Roïale des Sciences de Berlin, &c. A *La Haye*, chez Adrien Moetjens, M.DCC.XXXIII. In-4°, 2 vol. (manquent les 2 vol. de supplém.), titre rouge et noir.

1999 Lettre de Monsieur D... M... à Monsieur L.C.D., au sujet du traité conclu à Vienne le 16 Mars 1731. A *Utrecht*, ce 22 Avril 1731. Br. de 8 pages in-4°, *s. nom d'imp.*

2000 Etat politique de l'Europe. [Par *Antoine-Augustin* BRUZEN DE LA MARTINIÈRE]. *La Haye*, Moetjens, 1738-1740. 6 tom. en 7 vol. in-12.

Incomplet ; l'ouvrage doit avoir 13 volumes.

2001 Recueil Historique d'Actes, Negotiations, Memoires et Traitez. Depuis la Paix d'Utrecht jusqu'au Second Congrès de Cambray inclusivement. Par Mr. ROUSSET. A *la Haye*, chez Henri Scheurleer, M.DCC.XXVIII. — A *Amsterdam*, chez Meynard Uytwerf, MDCCXLV. Pet. in-8°, 19 vol., dont la tomaison est 1 à 13 et 13 bis à 18, titre rouge et noir.

2002 Histoire politique du siècle où se voit développée la conduite de toutes les Cours, d'un Traité à l'autre, depuis la Paix de Westphalie jusqu'à la dernière Paix d'Aix-la-Chapelle inclusivement. Avec une Préface, où l'Editeur du Testament Pol. du C. Alberoni répond à ses critiques. [Par *Jean-Henri* MAUBERT DE GOUVEST], *Londres* aux depens de la Compagnie (*Lausanne*), 1754. In-12, 2 vol.

2003 Antidote au Congrès de Rastadt, ou Plan d'un nouvel équilibre politique en Europe, par l'Auteur des Considérations sur la France [par l'abbé DE PRADT]. *Londres*, 1798. In-8°, 1 vol. de xxiv-302 pp. chiffr. et 1 p. de tab.

2004 Arcana Secvli decimi sexti. *Hvberti* LANGVETI Legati, dum viveret, et Consiliarii Saxonici Epistolæ secretæ ad principem svvm Avgvstvm Sax. Dvcem & S.R.I. Septemvirvm, ex Αρχειωι Saxonico descriptas primvs e **mvseo edit Io. Petr. Lvdovicvs in Friderician. Prof.**

P. Ord. *Halæ Hermvndvror.* An. cɪɔ ɪɔ xccɪx [*sic*, 1699]. Impensis Ioh. Friderici Zeitleri. Henr. Georgii Mvsselii. In-4°, 1 vol., titre rouge et noir, portr. d'Hubert Languet.

2005 Reverendissimis, celsissimis... ordinibus Sacri Romani Imperii & eorum Legatis, Ratisbonæ Congregatis. *Franciscus* DE SOUZA COUTINIUS, a Consiliis Serenissimi Regis Portugalliæ Joannis nomine quarti... ipsius Regiæ Magestatis Legatus extraordinarius in partes septentrionales, per has litteras dicendi licentiam reverenter imploro. *S. l.* (*Holmiæ*), anno 1641. In-4°. — Pièce de 8 pages non foliotées.

François de Souza demande qu'il lui soit permis de se présenter à la Diète pour obtenir que D. Duarte (Édouard) de Bragance, frère du roi de Portugal, Jean IV, depuis six ans au service de l'Empire, et qu'on avait, à la demande du roi d'Espagne, Philippe IV, arrêté comme otage, fut rendu à la liberté.

2006 Le Denovement des Intrigues du temps par la Responce au Livret intitulé, Lettres et autres pieces curieuses sur les affaires du temps. Fait par le S.I.P.P.B. [le baron *François-Paul* DE LISOLA] [*la Sphère. S. l. n. d.*, *Bruxelles*, 1672]. Pet. in-12, 1 vol.

2007 Mémoire présenté aux Seigneurs Estats Généraux, de Provinces Unies, par le Chevalier DE CRAMPRICH, Ministre de Sa Majesté Impériale le 15 May 1685. *S. n. d'imp.* Br. non paginée de 8 pages in-4".

2008 Remarques, Mémoires & Lettres sur les presentes negociations de la paix [contenant en outre 1. La Lettre de l'Empereur aux Etats-Généraux ; 2. Mémoire du baron DE BOTHMAR, envoyé extraordinaire de l'Electeur de Hanovre, touchant la paix, présenté à la Reine d'Angleterre le 9 décembre ; 3. La Harangue de la Reine aux deux Chambres, prononcée le 18 décembre 1711]. Traduit de l'Anglois. A *Utrecht*, Léonard de Putte, 1712. In-12 — Pièce de 55 pages.

2009 Memoires et Negociations secrettes, de *Ferdinand*

Bonaventure Comte d'HARRACH, Ambassadeur Plenipot. de sa Majesté Imperiale à la Cour de Madrid, depuis de la Paix de Riswick ; Contenant ce qui s'est passé le plus Secret et le plus Remarquable pendant le dernier Regne du Charles II depuis l'année 1695, jusques au premier Traité du Partage. Par Monsr. DE LA TORRE. A *la Haye*, chez Pierre Husson, M.D.CC.XX. Pet. in-8°, 2 tomes en 1 vol.

2010 Mémoires et Lettres inédits du chevalier DE GENTZ, publiés par *G.* SCHLESIER. *Stoutgart*, L. Hallberger, libraire, 1841. In-8°, 1 vol.

2011 La Relation de trois Ambassades de Monseigneur le Comte DE CARLISLE, de la part du Serenissime & Trespuissant Prince Charles II Roy de la Grande Bretagne, vers leurs Serenissimes Majestés Alexey Michailovitz Czar & Grand Duc de Moscovie, Charles Roy de Suede, & Frederic III, Roy de Dannemarc & de Norvege. Commencées en l'an 1663 & finies sur la fin de l'an 1664. [par *Guy* MIÈGE]. A *Amsterdam*, chez Jean Blaeu, M D C LXX. In-12, 1 vol.

Deux exemplaires.

2012 Ambassade extraordinaire de Mylord FAUCOMBERG, Lieutenant de sa Majesté Britannique dans la Comté d'York, vers quelques Princes & Estats d'Italie par le Sieur DE HAUTERIVE. [*la Sphère*]. A *Amsterdam*, chez Henry & Theodore Boom, M. DC. LXXI. Pet. in-12 de 6 ff. non cotés, 34 pp. chiffr. et 1 f. d'errata.

2013 Mémoire présenté par Monsr CHUDLEY, envoyé extraordinaire de sa Maj. Britannique à Messrs les Estant (*sic*) Généraux des Provinces Unies, l'an 1682. *S. n. d'imp.* Br. non paginée de 8 pages in-4°.

2014 Memoires et Instructions pour les Ambassadeurs ou Lettres et Negotiations de WALSINGHAM, Ministre & Secretaire d'Etat, sous Elisabeth Reine d'Angleterre. Avec les Maximes Politiques de ce Ministre, & des

Remarques sur la vie des principaux Ministres &
Favoris de cette Princesse. Traduit de l'Anglois [par
Louis BOULESTEIS DE LA CONTIE]. A *Amsterdam*, chez
George Gallet, M.DCC. In-4°, 1 vol., titre rouge et noir.

2015 Relation du Voyage que fit Monsieur P....r, Gentil-
homme Ang***s, à la Cour de Fr...ce, en Juillet 1711.
Au sujet des négociations de la Paix (par DU BAUDRIER).
Traduit de l'Anglois. Imprimé à *Londres,* pour Jean
Morphew, 1711. In-4°. — Pièce de 14 pages.

C'est le récit du Voyage secret que Mathieu Prior fit à Paris en juillet 1711,
pour entamer les négociations pour la paix qui se continuèrent d'abord à Londres,
dans sa propre maison, puis officiellement à Utrecht, en janvier 1712.

2016 Memoires de Mr. *Jean* KER DE KERSLAND ; contenant ses
Négociations sécrètes (*sic*) en Ecosse, en Angleterre,
dans les Cours de Vienne, de Hanover, & en d'autres
Païs étrangers. Avec une Relation de l'Origine & des
progrès de la Compagnie d'Ostende. *Publiez par lui-
même*, & Traduits de l'Anglois. A *Rotterdam*, chez
Jean Daniel Beman, M.DCC.XXVI. In-8°, 1 vol., titre
rouge et noir.

2017 Mémoire contenant le précis des faits, avec leurs pieces
justificatives, pour servir de Réponse aux *Observations*
envoyées par les Ministres d'Angleterre, dans les Cours
de l'Europe [au sujet des limites du Canada et de
l'Acadie]. A *Paris*, de l'Imprimerie Royale, M. DCC
LVI. In-4°, 1 vol.

Deux exemplaires.

2018 Mémoires historiques relatifs à une mission à la cour de
Vienne en 1806, par sir *Robert* ADAIR, G.C.B., avec un
choix de ses dépêches ; traduits par *Octave* DELEPIERRE,
correspondant du ministère de l'instruction publique de
France. *Bruxelles*, Adolphe Wahlen et Cie, 1845. In-8°,
1 vol.

2019 Lettres et Mémoires de *François* DE VARGAS, de *Pierre*
DE MALVENDA, et de quelques Evêques d'Espagne, tou-

chant le Concile de Trente, traduits de l'Espagnol, avec
des remarques, par M' *Michel* LE VASSOR. *Amsterdam*,
chez Pierre Brunel, March. Lib. 1 vol. in-8°, avec frontispice et un portrait, titre rouge et noir.

2020 Acta pacificationis quæ coram Sac. Cæsareæ maiestatis
commissariis, inter Seren. Regis Hispaniarum et principis Mathiæ Archiducis Austriæ, gubernatoris &ª.
Ordinumque Belgii legatos, Coloniæ habita sunt: fideliter ex Protocolo legatorum Ordinum descripta, et quæ
Germanice vel Gallice concepta erant, in linguam Latinam translata *Antverpiæ*, ex officina Christophori Plan-
tini, 1580. In-8°, 1 vol.

Les Conférences tenues à Cologne, en 1579, pour la paix entre les Provinces
Unies du Pays-Bas et l'Espagne n'eurent aucun résultat, et l'on se sépara sans
rien conclure.

2021 *Avgerii Gislenii* BVSBEQVII D. legationis Tvrcicæ epistolæ quatuor. Qvarvm priores dvæ ante aliquot annos
in lucem prodierunt sub nomine Itinerum Constantino-
politani & Amasiani. Adiectæ svnt dvæ alteræ. Eiusdem
de re militari contra Turcam instituenda consilium.
Cum Indice omnium locupletissimo. *Francofvrti*,
A. Wecheli hered., 1595. In-12, 1 vol.

2022 *Avgerl Gislenl* BVSBEQVI Epistolarvm Legationis Gallicæ
Libri II. Ad Maximilianvm II. et Rvdolphvm II. Romanorvm Imperatores. E bibliotheca Io. Bapt. Hovwaert
I. C. Patricii Brvxell. *Brvxellis*, apvd Ioannem Peper-
manvm [*s. d.*, 1632]. In-4° carré, 6 ff. non cotés et
280 pp., 1 vol.

2023 Lettres du Baron DE BUSBEC [*Augier-Guislain* DE BOUS-
BECQUE], Ambassadeur de Ferdinand I, Roy des Romains, de Hongrie &ª, auprès de Soliman II, Empereur
des Turcs. Nommé ensuite Ambassadeur de l'Empereur
Rodolphe II à la Cour de France, sous le règne de
Henry III, traduites en françois avec des notes historiques et géographiques. Par M. l'Abbé [*Louis-Étienne*]

DE FOY, chanoine de l'Eglise de Meaux. *Paris*, J. B. Bauche, 1748. In-12, 3 vol.

2024 Relation de ce qui est passé le 12 Aoust 1657 en la rencontre des ambassadevrs d'Espagne et de France à la Haye. *Bruxelles*, imp. G. Scheybels, 1657. Br. de 8 pages in-4°.

2025 Suspension d'armes & cessation d'hostilités prolongée sans limitation de temps entre leurs Majestés Catholique & Très-Chrétienne, à Paris 21 Juin 1659. *Bruxelles*, H. A. Velpius, 1659. In-4°. — Pièce de 12 pages non foliotées.

2026 Traitté politique sur les affaires de la Monarchie d'Espagne, avec la conduite de ses Rois, leur fort, & leur foible, et un recit des demeslez de la France & de l'Angleterre. Par le Sieur DE GALARDI [*la Sphère*]. A *Leyde*, chez Antoine Pauwels, 1671. In-12, 1 vol.

2027 Mémoire présenté par Son Excellence le Marquis DE CASTEL MONCAYO, Ambassadeur de Sa Majesté Catholique aux Seigneurs les Estats Généraux des Provinces-Unies. *S. n. d'imp.* Br. de 4 pages in-4°.

2028 Mémoire présenté à Messieurs les Estats Généraux, par le Marquis DE CASTEL MONCAYO, Envoyé Extraordinaire d'Espagne. Touchant la République de Gênes. A *la Haye*, le 12 Juin 1684. — Mémoire de S. E. M^r le Comte D'AVAUX, Ambassadeur Extraordinaire de Sa Majesté très-Chrétienne, présenté aux Estats Généraux des Provinces Unies le 15 Juin 1684.

Deux exemplaires de format différent.

2029 Mémoire, que le Marquis DE CASTEL MONCAYO, Envoyé Extraord. d'Espagne presenta à Messieurs les estats Généraux à la Haye, le 7 Février 1684. *S. n. d'imp.* Br. de 4 pages in-4°.

Dans la même brochure : Mémoire présenté à Messieurs les Estats Généraux, par le Marquis DE CASTEL-

MONCAYO, Envoyé Extraordinaire d'Espagne, livré dans
la Conférence tenu avec les Ministres des Hauts Alliez,
le 9 Juin 1684.

2030 Discours de son excellence Monsieur le Marquis BERETTI-
LANDI, Ambassadeur d'Espagne, prononcé le 12 Octobre
1758 dans la Chambre de Trêves, devant Messieurs les
Députez de L.L.H.H.P.P. les Etats Généraux des Provinces-Unies. *S. n. d'imp.* Br. de 3 pages in-4°.

2031 Memoires de Monsieur l'Abbé DE MONTGON, publiés par
lui-même, contenant les differentes *Négociations* dont
il a été chargé dans les Cours de France, d'Espagne, &
de Portugal ; & divers événemens qui sont arrivés
depuis l'année 1725. jusqu'à présent. Tacere ultrà non
oportet, Cyprian. ad Demet. [*S. l. n. n., La Haye* et
Geneve], M.DCC.L. In-12, 6 tomes en 7 vol.

Les tomes I–V vont de 1725 à 1727. Le tome VI contient les pièces justificatives. V. le n° suivant.

2032 Memoires de Monsieur l'Abbé DE MONTGON, publiés par
lui-même. Contenant les differentes *Négociations* dont
il a été chargé dans les Cours de France, d'Espagne, &
de Portugal ; & divers événements qui sont arrivés
depuis l'Année 1725. Tacere ultrà non oportet, Cyprian
ad Demetr. A *Lausanne*, chez Marc-Mic. Bousquet &
Comp., MDCCLII[-LIII]. In-12, 3 vol., titre rouge et
noir.

Ces tomes, numérotés VI-VIII, font suite aux tomes I-V du n° précédent, et
vont de 1728 à 1731.

2033 Recueil des lettres & Mémoires ecrits par M. l'Abbé
[*Charles-Alexandre*] DE MONTYON, (*Liége*), 1731. In-12.
1 vol.

2034 Lettres et Negociations entre Mr Jean de Witt, Conseiller
Pensionnaire et Garde des Sceaux des Provinces de
Hollande et de West-Frise et Messieurs les Plenipo-
tentiaires des Provinces Unies des Pais-bas. Aux Cours
de France, d'Angleterre, de Suede, de Danemarc, de

Pologne, &c. Depuis l'Année 1652. jusqu'à l'an 1669. inclus. Traduites du Hollandois. A *Amsterdam*, Chez les Janssons-Waesberge, M. DCC. XXV. In-12, 4 vol., tit. rouge et noir.

2035 Mémoire de Messieurs van Citters, ambassadeur, et van Beuningen, envoyés extraordinaires de Messieurs les Estats Généraux des provinces unies au Roy de la Grande Bretagne. Avec la suitte de cette Negociacion. *S. n. d'imp.*, MD. C. LXXXI. 1 br. non paginée de 12 pages in-4°.

2036 Demandes specifiques faites par les Hauts Alliez à Sa Majesté Très-Chrétienne pour la Paix Générale, Demandes faites au Nom de S. M. Imperiale & Catholique, & de l'Empire. Fait à Utrecht le 5 Mars 1712. *S. n. d'imp.* 1 br. de 17 p. in-4°.

2037 Resolutions importantes de leurs nobles et grandes Puissances les Etats de Hollande et de West-Frise, pendant le ministere de M^r. Jean de Witt, Conseiller-pensionnaire. Traduites du Hollandois. A *Amsterdam*, Chez les Janssons van Waesberge. M. DCC. XXV. In-12, 1 vol., tit. rouge et noir.

2038 Dépêches des Ambassadeurs Milanais sur les campagnes de Charles-le-Hardi, duc de Bourgogne, de 1474 à 1477. Publiées d'après les pièces originales avec sommaires analytiques et notes historiques, par le baron *Fréd.* de Gingins la Sarra. *Paris*, Joel Cherbuliez; *Genève*, Joel Cherbuliez; [*Lausanne*, impr. Corraz et Rouiller], 1858. In-8°, 2 vol.

2039 Memorie overo Diario del Card. Bentivoglio. In *Amsterdam*, Giovanni Janssonio, 1648. In-12, 1 vol.

2040 Négociations ov Lettres d'affaires ecclésiastiqves, et politiqves. escrittes av pape Pie IV et au Cardinal Borromée, depuis canonizé Saint. Par *Hyppolyte* d'Est, Cardinal de Ferrare, Légat en France, au commencement des Guerres civiles. Tradvction dv manvscrit italien, où dans les principales annotations, adjoustées à la marge, se voit la grande conformité de ses Memoires avec ceux de l'histoire de H. C. Davila. *Paris*, Siméon Piget, M. DC. LVIII. 1 vol. in-4°.

2041 La Sardaigne paranymphe de la Paix. Aux souvenirs de l'Europe. A *Boulogne*, 1714. In-12, pièce de 128 pages.

A la suite, avec une pagination différente, sous le titre de Pièces annexes : A.) Sentiments et déclarations du Comte de Sinzendorf, sur les propositions faites à Gertruydenberg le 21 & 22 de Mars 1710, par les Ministres de France à Mrs Buys et Van der Dussen, dont le rapport a été fait le 24 de Mars de la même année. — B.) Décret de S. M. Impériale contre l'Électeur de Bavière, par lequel ce prince est mis au Ban de l'Empire, & déclaré déchu de ses Etats & Dignitez. — C.) Traité d'Ilbersheim, près Landau, le 7 nov. 1704, entre l'Empereur, et Thérèse, Électrice de Bavière. — D.) Extrait de la conférence tenue à Utrecht le 22me du mois de mars 1713 entre les Plénipotentiaires de l'Empereur, de la France & de l'Angleterre.

2042 Copie du Mémorial adressé au Grand Turc par le second ambassadeur du roi de Suède. Traduite de l'Italien. *S. l. n. d.* In-4. Pièce de 4 pages.

NÉGOCIATIONS DIPLOMATIQUES : FRANCE.

2043 Lettres et négociations de *Philippe* DE COMMINES publiées avec un commentaire historique et biographique, par M. le Baron KERVYN DE LETTENHOVE, membre de l'Académie royale de Belgique. *Bruxelles*, Comptoir universel d'Imprimerie et de librairie Victor Devaux & Cie, 1867-1868. 3 vol. in-8°, 7 gravures dans le texte du 1er vol.

2044 Relation du Voyage et de l'Ambassade de *Jean* SARRAZIN, abbé de St-Vaast et archevêque de Cambray, en Espagne et en Portugal. Extrait d'un Manuscrit du xvie siècle, précédé d'une Notice Biographique sur ce Prélat, par *Louis* DE BAECKER. Imprimerie de Vande-casteele-Werbrouck. *Bruges*, 1851. In-8°, 1 vol.

2045 Relations politiques de la France et de l'Espagne avec l'Écosse au XVIe siècle, papiers d'état, pièces et docu-ments inédits ou peu connus, tirés des Bibliothèques et des archives de France, publiés par *Alexandre* TEULET, archiviste aux Archives de l'Empire, nouvelle Edition. *Paris*, Veuve Jules Renouard, Edit.; *Bordeaux*, Impri-merie de P. Gounouilhou, 1862. 5 vol. in-8°.

TOME 1er : Correspondances Françaises , 1515-1560. TOME 2me, 1559-1573.

TOME 3me, 1575-1585. TOME 4me, 1585-1603. TOME 5me, Correspondances espagnoles, 1562-1588.

2046 Essai sur les négociations diplomatiques entre la France et l'Autriche durant les trente premières années du XVIe siècle, par M. LE GLAY, correspondant de l'Ins-titut (Acad. des Inscriptions et Belles-Lettres), Conser-vateur des Archives du Dép. du Nord. *Paris*, Imp. Royale, Novembre 1845. 1 vol broché in-4°.

2047 [Recueil des dépêches, rapports, instructions et mémoires Des Ambassadeurs de France en Angleterre et en Écosse pendant le XVIe siècle, publiés pour la première fois sous la Direction de M. *Charles* PURTON COOPER.] Correspondance diplomatique de *Bertrand* DE SALIGNAC DE LA MOTHE FÉNÉLON, ambassadeur de France en Angle-terre, de 1568 a 1575, publiée sur les manuscrits conservés aux Archives du Royaume. *Paris* et *Londres*, 1838. [les 2 prem. vol., impr. Panckoucke, et 1840, tous les autres, imp. Béthune et Plon]. In-8, 7 vol., les seuls parus dans cette collection.

2048 Ambassades de Messieurs de NOAILLES [*Antoine* &

François, évêque d'Acqs, sous Henri II et François II.]
en Angleterre. Rédigées par feu M. l'abbé René AUBERT
DE VERTOT. Ouvrage posthume de cet auteur. [Edité
par les soins de *François* VILLARET]. *Paris*, Desaint
et Saillant, 1763. In-12, 5 vol.

2049 Les Lettres de Messire *Pavl* DE FOIX, Archevesque de
Tolose, & Ambassadeur pour le Roy auprés du Pape
Gregoire XIII, escrites av Roy Henri III. A *Paris*, par
Charles Chappellain, M. DC. XXVIII. In-4°, 1 vol.

2050 Essai sur les Diplomates du temps de la Ligue, d'après
des documents nouveaux & inédits. Par *Edouard*
FLEURY. *Paris*, Dentu, 1873. In-18, 1 vol.

2051 Lettres de l'Illvstrissime et Reverendissime Cardinal
D'OSSAT, Evesqve de Bayevx au Roy Henry le Grand et
à Monsievr de Villeroy, depuis l'année M. D. XCIV
jvsqves à l'année M. DC. IIII. Dernière édition Reveve
et avgmentée. *Paris*, par Ioseph Bovillerot. M. DC. XVII.
1 vol. in-4° avec portrait du Cardinal d'Ossat.

Ce volume est suivi de « Qvelqves lettres de l'illvstrissime Cardinal d'Ossat par luy dressées sous le nom
de l'Illustrissime Cardinal de Ioyeuse. Ensemble trois
lettres du Pape Clément XIII, l'vne au Duc de Lorraine,
l'autre au Duc de Bar son fils & l'autre à Madame sœur
vnique du Roy Henry IIII, desquelles trois lettres est
fait mention en la lettre cccix fol. 706 des Lettres du dit
Cardinal d'Ossat. *Paris*, Ioseph Boüillerot, M.DC.XXVI.

2052 Mémoires touchant M' de Thou où l'on voit ce qui s'est
passé de plus particulier durant son ambassade en
Hollande. Par M'. D. L. R. A *Cologne*, chez Pierre
Marteau, 1710. In-12. Pièce de 100 pages.

2053 Lettres latines de Monsievr DE BONGARS, Resident et
Ambassadevr sous le Roy Henry IV, en diverses nego-
ciations importantes, tradvites en francois & dédiées a
Monseignevr le Davphin, [par l'abbé *Cl.-Or*. FINÉ DE
BRIANVILLE]. A *Paris*, chez Pierre le Petit, M. D. C.
LXVIII. In-12, 1 vol.

2054 Lettres et négociations de *Paul* CHOART, Seigneur de Buzanval, ambassadeur ordinaire de Henri IV en Hollande, et de François d'Aerssen, agent des Provinces unies en France (1598-1599), suivies de quelques pièces diplomatiques concernant les années 1593-1596 et 1602-1606, publiées pour la première fois par G. G. VREEDE , Professeur de droit des gens à l'Université d'Utrecht. A *Leide*, chez S. & J. Luchtmans, 1846. 1 vol. in-8°.

2055 Lettres d'HENRY IV, roi de France, et de Messieurs DE VILLEROY et DE PUISIEUX, à M. Antoine Le Fevre de la Boderie, Ambassadeur de France en Angleterre. Depuis 1606 jusqu'en 1611. A *Amsterdam*, aux depens de la Compagnie, MDCCXXXIII. In-8°, 2 tom. en 1 vol., tit. rouge et noir.

2056 Les Ambassades et Negotiations de l'Illustrissime & Reuerendissime Cardinal DV PERRON, Archevesqve de Sens, Primat des Gaules et de Germanie, & Grand Aumosnier de France. Auec les plus belles & eloquentes Lettres qu'il a écrittes sur toutes sortes de sujets, aux Roys, Princes, Princesses & autres diuerses qualitez. Et celles qui luy ont esté addressées de leur part. Ensemble les relations enuoyées au Roy Henry le Grand, des particularitez des Conclaves, où il s'est trouué à Rome, pour la creation de diuers Papes. Recueillies, & accompagnées de Sommaires & Aduertissements, par *Cesar* de LIGNY , Secretaire dudit Seigneur. A *Paris*, par Antoine Estiene, M. DC. XXIII. In-fol., 1 vol., rel. parchemin.

2057 Les Negotiations de Monsievr le Président IEANNIN aux Pays-Bas , de 1607 à 1609, suivies de ses Œuvres meslées. Iouste la copie à *Paris*, chez Pierre le Petit, 1659. In-12, 2 vol. imp. en caract. elzéviriens.

2058 Ambassade du Mareschal DE BASSOMPIERRE en Espagne l'an 1621. A *Cologne [à la Sphère]*, chez Pierre du Marteau, cIↄ Iↄc LXVIII. In-12, 1 vol.

Dans le même volume : Negociation du Mareschal DE BASSOMPIERRE, envoyé Ambassadeur Extraordinaire, en Angleterre de la part du Roy tres-Chrestien, l'an 1626. A *Cologne*, [*à la Sphère*], chez Pierre du Marteau, cIɔ Iɔc LXVIII. In-12, imp. en Hollande, ainsi que le précédent.

2059 Ambassade du Mareschal DE BASSOMPIERRE en Suisse l'an 1625. A *Cologne*, [*à la Sphère*], chez Pierre du Marteau, cIɔ Iɔc LXVIII. In-12, 2 tomes en 1 vol, imp. en Hollande.

2060 Lettres & Négociations de [*Manasses* DE PAS, Marquis DE FEUQUIÈRES, Ambassadeur extraordinaire du Roi en Allemagne, en 1633 & 1634], editées par l'abbé *Gabriel-Louis* CALABRE PERAU. *Paris*, Desaint, 1753. In-12, 3 vol.

2061 Ambassades & Negociations de Monsieur le Comte [*Gode-froy*] D'ESTRADES, en Italie, en Angleterre & en Hollande, depuis l'année 1637 jusqu'en l'année 1662. *Amsterdam*, Bernard, 1718. In 12, 2 vol.

2062 Renovatio fœderis triennalis Coronæ Galliæ & Sueciæ de novo bello gerendo in Germania. Annexis petitionibus Hasso-Cassellanis exhibitis Monasterii 25 aprilis anno 1647. *S. l. n. d.* In-4°. Pièce de 8 pages non foliotées.

A la fin : Une lettre de B. VAN GENT, plénipotentiaire hollandais à Munster, qui se plaint aux Etats, que Servien, plénipotentiaire de France, se permette de le qualifier d'ami de l'Espagne et d'ennemi de la France.

2063 Lettre de Monsieur [*Abel*] SERVIENT, Plenipotentiaire de France, addressée à chacune des Provinces Unies des Païs-bas separement, exceptée celle de Hollande. [*S. l. n. n. Hollande*] M. DC. L. Pet. in-8°, 1 vol.

2064 Memoires du Chevalier DE TERLON. Pour rendre compte au Roy, de ses Negociations, depuis l'année 1656 jusqu'en 1661. Tome premier. [*la Sphère*] Suivant la copie imprimée à *Paris*, chez Louis Billaine, 1682. Tome second. A Paris, chez Clavde Barbin, M. DC. LXXXI. In-12, 1 vol. de 359 pp. chiffrées.

2065 Lettres, Mémoires & Negociations de M. le Comte [*Godefroi*] D'ESTRADES, Ambassadeur de Sa Majesté Tres-Chrétienne auprès de Leurs Hautes Puissances Messeigneurs les Etats-Généraux des Provinces Unies des Païs-Bas, pendant les années 1663 jusques en 1668 inclus. *Bruxelles*, Henry le Jeune (*Amsterdam*, Louis de Lorme), 1709. In-12, 5 vol.

2066 Lettres & Négociations de Messieurs le Maréchal [*Godefroi* Comte] D'ESTRADES, [*Charles*] COLBERT, marquis DE CROISSY, & [*Jean* DE MESMES] comte D'AVAUX, Ambassadeurs plénipotentiaires du Roi de France à la Paix de Nimègue, & les Réponses & Instructions du Roi & de Monsieur [*Simon* ARNAULD, marquis] DE POMPONNE. *La Haye*, Moetjens, 1710. In-12, 5 vol.

2067 Lettres, Memoires et Negociations de Monsieur le Comte D'ESTRADES, tant en qualité d'Ambassadeur de S. M. T. C. en Italie, en Angleterre, & en Hollande, que comme Ambassadeur Plénipotentiaire à la Paix de Nimègue, conjointement avec Messieurs Colbert & Comte d'Avaux; avec les Reponses du Roi et du Secretaire d'Etat : ouvrage où sont compris l'achat de Dunkerque et plusieurs autres choses très-intéressantes. Nouvelle édition, [publ. par *Prosper* MARCHAND]. Dans laquelle on a rétabli tout ce qui avoit été supprimé dans les précédentes. A *Londres* [*la Haye*], chez J. Nourse, proche Temple-Bar, M DCC XLIII. In-12, 9 vol., tit. rouge et noir.

2068 Lettres et Ambassade de Messire *Philippe* CANAYE, seignevr de Fresne, Conseiller du Roy en son Conseil d'Estat. Avec vn Sommaire de sa Vie. Et un Recit particulier du Procés criminel fait au Mareschal de

Biron, composé par Monsieur DE LA GUESLE, lors Procureur General, [le tout publié par les soins du *P. Robert* REGNAULT, Minime]. A *Paris*, chez Adrian Tavpinart, M. DC. XLV [-XLIV]. In-fol., 3 vol., rel. parchemin.

2069 Negociations a la Cour de Rome, et en differentes Cours d'Italie, de Messire *Henri* ARNAULD, Abbé de S. Nicolas, depuis Evêque d'Angers, sous le Pontificat du Pape Innocent X, pendant les années 1645, 1646, 1647 & 1648, [publiées par *Paul-Denis* BURTIN]. [*Paris*] M. DCC. XLVIII. In-12, 5 vol.. tit. rouge et noir.

2070 Memoires de Monsieur DE LYONNE au Roy, interceptez par ceux de la Garnison de Lille la campagne passée. Le Sr. Heron, Courier du Cabinet, les portant de l'Armée à Paris. [*Hollande*] M. DC. LXVIII. [*plus :*] Traitté de Ligue offensive et défensive, entre Louis XIV et Alfonce VI, Roy de Portugal.

Remarques sur le procedé de la France touchant la Negociation de la Paix.

Conference sur les interests de l'estat present de l'Angleterre, touchant les desseins de la France, M. DC. LXVIII.

Lettre touchant l'estat present de la negotiation de la paix entre les couronnes de France et d'Espagne, M. DC. LXVIII.

Le tout en 1 vol. in-12.

2071 Svitte des fausses démarches de la France sur la négociation de la paix. *S. l. n. d.* (1673). In-4°. Pièce de 26 pages.

2072 Négociations de la Paix et de l'Armistice, entre Sa Majesté Très-Chretienne, les Couronnes du Nord, & Monsieur l'Electeur de Brandebourg. A *Villefranche*, chez le Couragieux, 1679. Pet. in-12. Pièce de 166 pages.

2073 Mémoire du comte DE CRÉCY, Plenipotentiaire de France,

présenté aux Estats de l'Empire assemblés à Ratisbonne
le 24 juillet 1683. *S. nom d'impr.* 1 br. 4 p. in-4°.

2074 Memoire de Monsieur le comte D'AVAUX, **ambassadeur**
extraordinaire de France a La Haye, presenté aux
Estats Generaux des Provinces Unies, le 5 novembre
[1683] : avec les Remarques sur ledit Memoire, et la
Liste de villes, chasteaux, et plat pays, dont la France
s'est emparée au Pays-bas par voye de fait, depuis la
cessation d'armes, et la publication de la Paix de
Nimmegue (*sic*), jusques au mois de septembre 1681 &
dont la reparation a esté demandée dès ce temps de la
part de Sa Majesté Catholique. [*S. l. n. d.*] In-4°, 1 vol.
de 18-147 pp. chiffr., non compris tit.

2075 Discours de M. le comte D'AVAUX, Ambassadeur extraordinaire du Roy très-Chrétien, fait aux Etats Généraux
le 5 novembre 1683. *S. n. d'imp.* 1 br. non paginée in-4°,
4 pages.

2076 Réponse faite par S. E. M. le Comte D'AVAUX, Ambassadeur ext. de France, aux Députés de Mess les Estats
Généraux, sur les Propositions qu'ils luy ont faittes de
la part de leurs alliés. Fait à la Haye le 13 d'avril 1684.
S. n. d'impr. 1 br. 4 p. in 4°.

2077 Nouveau mémoire du comte D'AVAUX aux Etats Generaux
après la prise de Luxembourg. Fait à la Haye le 5 juin
1684. Signé : Comte d'Avaux. *S. n. d'imp.* 1 br. 1 p. in-4°.
   Le titre manque.

2078 Mémoire des offres faites de la part du Roy, au Duc de
Savoye, pour le rétablissement du repos de l'Italie. A
Lille, chez François Fievet, Imprimeur du Roy, à la
Bible Royale, sur le Pont de Fin, 1692. 1 br. 4 p. in-4°.

2079 Projet de paix, délivré par les Ambassadeurs Plenipo-
tentiaires de France au Baron de Lelienroot, Ambassa-

deur Plenipotentiaire et Médiateur de Suède, à la Haye le 20 juillet 1697. *S. n. d'imp.* 1 br. 11 p. in-4°.

2080 Diplomatie de la France et de l'Espagne depuis l'avènement de la maison de Bourbon, par M. CAPEFIGUE, 1698-1846. *Paris*, Gerdès, 1846. In-8°, 1 vol.

2081 Mémoire que Sa Majesté Très-Chrétienne a envoié à Mr. Barré son Resident à la Haie pour présenter aux Etats Généraux des Provinces Unies. *S. n. d'imp. s. d.* 1 br. 3 p. in-4° (1700).

2082 Mémoire de Mr le Comte D'AVAUX, Ambassadeur extra-ordinaire de Sa Majesté Très-Chrétienne, présenté à Messieurs les Etats Generaux des Provinces Unies, à la Haie, le 26 juillet 1701. *S. n. d'imp. s. d.* 1 br. 4 p. in-4°.

2083 Reponse des Hauts & Puissants Seigneurs les Etats Généraux des Provinces-Unies, au Mémoire présenté à Leurs Hautes Puissances, par Monsieur le Comte d'Avaux, Ambassadeur extraordinaire de Sa Majesté Très-Chrétienne, le 26 juillet 1701. *S. n. d'imp.* 1 br. 8 p. in-4°.

2084 Explication specifique des offres de la France pour la paix générale, à la satisfaction de tous les interressez à la guerre présente. *S. n. d'imp. s. d.* 1 feuillet (1712).

2085 Avis aux négociateurs sur les nouveaux plans de partage, traduit de l'Anglois. A *Londres*, M. DCC. XII. 1 vol. in-8°.

2086 Raisons pourquoi Sa Majesté Impériale n'a pas concouru à la paix conclue à Utrecht le 11 avril 1713. A *la Haye*, chez Guillaume de Voys dans le Poten, M. DCC. XIII. 1 br. 27 p. in-4°.

2087 Conditions offertes, & demandées par le Roi T. Chrétien, pour la paix à faire avec la Maison d'Autriche et l'Empire. A *Utrecht,* le 11-14 avril 1713. 1 br. 4 p. in-4°.

2088 Memoires, pour servir a l'histoire du Congrès de Cambrai, où l'on voit l'origine, & l'examen des difficultez qui en ont retardé l'ouverture par raport (*sic*) aux Investitures d'Italie. [pub. par BRUZEN DE LA MARTINIÈRE] [*S. l.*, *la Haye*] M DCC XXIII. In-4°, 1 vol.

2089 Mémoire historique sur la negociation de la France et de l'Angleterre, depuis le 26 mars 1761 jusqu'au 20 septembre de la même année, avec les pièces justificatives. (Par le duc *Et.-Fr.* DE CHOISEUL-STAINVILLE). *Paris*, jouxte la copie de l'Imprimerie Royale, 1761. In-12. Pièce de 192 pages.

L'avant-propos, écrit par I. F. de Bastide, manque à cet exemplaire ; voir le N° suivant.

2090 Mémoire historique sur la négociation de la France & de l'Angleterre depuis le 26 mars 1761 jusqu'au 20 septembre de la même année, avec les pièces justificatives, [par le duc *Et.-Fr.* DE CHOISEUL-STAINVILLE et *J.-F.* DE BASTIDE] A *Paris*, de l'Imprimerie Royale, M DCCLXI. In-12, 1 vol.

2091 Lettres, Mémoires & négociations particulières du chevalier [*Charles - Geneviève - Louis - André - Timothée* DE BEAUMONT] D'ÉON, Ministre plénipotentiaire auprès du Roi de la Grande Bretagne : avec MM. les Ducs de Praslin, de Nivernois, de Sainte-Foy, & Regnier de Guerchy, Ambassad. extr. &ⁿ &ª. Londres, *s. n. d'imp.*, 1765. In-12, 3 part. en 1 vol.

2092 Histoire de l'Ambassade dans le grand dûché de Varsovie en 1812, par M. DE PRADT, Archevèque de Malines, alors Ambassadeur à Varsovie. Deuxième édition. *Paris*, Pillet, Imp. Lib., 1815. 1 vol. pet. in-8°.

A la suite : Récit historique sur la Restauration de la Royauté en France le 31 mars 1814 (*même auteur*). *Paris*, Rosa, lib.-imp. Perronneau, 1816.

2093 Politique de la Restauration en 1822 et 1823, par le comte DE MARCELLUS, ancien ministre plénipotentiaire

41*

Paris, Jacques Lecoffre et Cie, [imp. Firmin] M DCCC
LIII. In-8°, 1 vol.

2094 Documents pour servir à l'histoire des relations entre la
France et la Perse suivis des Traités de commerce
conclus entre ces deux pays la Perse et la Normandie,
par *Jules* THIEURY, conservateur du musée de la ville
de Dieppe, etc., etc. *Évreux*, de l'imprimerie d'Auguste
Hérissey, 1866.

TABLE DES MATIÈRES.

HISTOIRE.

TOUT PAR LABEUR

www.ingramcontent.com/pod-product-compliance
Lightning Source LLC
Chambersburg PA
CBHW071137270326
41929CB00012B/1784